本书得到教育部人文社会科学重点研究基地

北京大学中国考古学研究中心 2002 年度重大研究项目资助

江西省文物考古研究院考古发掘报告之二

丰城洪州窑址

北京大学中国考古学研究中心
江西省文物考古研究院　编著
江西省丰城市博物馆

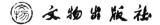

文物出版社

北京·2018年

图书在版编目（CIP）数据

丰城洪州窑址／北京大学中国考古学研究中心，江
西省文物考古研究院，江西省丰城市博物馆编著．—北
京：文物出版社，2018.8

ISBN 978 - 7 - 5010 - 5218 - 9

Ⅰ．①丰…　Ⅱ．①北…②江…③江…　Ⅲ．①窑址（
考古）－文化遗址－研究－丰城　Ⅳ．①K878.54

中国版本图书馆 CIP 数据核字（2017）第 214881 号

丰城洪州窑址

编　　著：北京大学中国考古学研究中心
　　　　　江 西 省 文 物 考 古 研 究 院
　　　　　江 西 省 丰 城 市 博 物 馆

责任编辑：谷艳雪　张若衡
封面设计：程星涛
责任印制：陈　杰

出版发行：文物出版社
社　　址：北京市东直门内北小街 2 号楼
邮　　编：100007
网　　址：http://www.wenwu.com
邮　　箱：web@wenwu.com
经　　销：新华书店
印　　刷：中国铁道出版社印刷厂
开　　本：889mm×1194mm　1/16
印　　张：36
版　　次：2018 年 8 月第 1 版
印　　次：2018 年 8 月第 1 次印刷
书　　号：ISBN 978 - 7 - 5010 - 5218 - 9
定　　价：380.00 元

Hongzhou Kiln Sites in Fengcheng

(With an English Abstract)

by

Center for the Study of Chinese Archaeology of Peking University

Jiangxi Provincial Institute of Cultural Relics and Archaeology

Fengcheng Municipal Museum of Jiangxi Province

Cultural Relics Press

Beijing · 2018

目　录

插图目录

插表目录

彩版目录

图版目录

第一章　概述

第一节　窑址的分布与地理环境

洪州窑是东汉晚期至五代时期的著名青瓷窑之一。其窑址分布在江西省丰城市曲江镇的罗湖村、郭桥村、曲江村，同田乡的龙凤村（龙雾洲）、沿江村、钞塘村，尚庄镇的石上村，河洲乡的罗坊村，石滩乡的港塘村等。每个村发现的数量不等，多者达 10 处，少者仅 1 处，总计 31 处，即罗湖村的象山、狮子山、寺前山、外宋、管家、南坪、对门山、上坊、尚山、乌龟山，郭桥村的罗湖闸、落水坳、缺口城，龙凤村的李子岗、松树山、乌龟山、白鹭山、牛岗山，沿江村的麦园，钞塘村的蛇头山、蛇尾山、交椅山，曲江村的孟家山、窑仔岗，丰城市区的公安大楼建筑工地，石上村的黄金城，罗坊村的罗坊、窑里，港塘村的清丰河、新村、小学前窑址①，皆坐落于赣江或与赣江相通的清丰山溪、药湖岸畔的山坡和丘陵岗阜地带（图一）。从最南边的河洲乡罗坊窑址至最北边的同田乡麦园窑址的距离约 20 千米，最宽处的曲江镇罗湖窑址群宽约 1 千米。

洪州窑各窑址皆分布在赣江沿岸的丘陵地带。窑址所在地，水路交通方便，制瓷原料（胎料、釉料）比较丰富，窑址附近原生长着茂盛的树木、灌木，为烧造瓷器提供了充足的燃料。这里具有良好的制瓷条件。

第二节　历史沿革与窑址名称

洪州窑址所在地丰城市（县），据唐代李吉甫《元和郡县图志》卷第二十八《江南道（四）》"洪州"条记载："本汉南昌县地，晋武帝太康元年（280 年）移于今县南四十一里，名丰城。"其又载"隋开皇九年（589 年）平陈，置洪州，因洪崖井为名。武德元年（618 年）改为总管府，七年（624 年）改为都督府。"② 自此，丰城县除隋代一度改称"广丰"县③、元代升丰城为富州④外，其他时代均称丰城县（市）。隋唐五代时期皆为洪州管辖⑤。

在唐宋时期，一些著名瓷窑的名称往往以窑场所在州的名称称之。例如，今浙江上虞、慈

---

① 江西省文物考古研究所等：《江西丰城洪州窑遗址调查报告》，《南方文物》1995 年第 2 期。
② 中华书局，1983 年。
③ 《隋书》卷三十一《地理志（下）》"豫章郡"条，中华书局，1973 年。
④ 《元史》卷六十二《地理志（五）》"富州"条载：丰城县元至元"二十三年（1286 年）升为富州"；龙兴路条也载：元至元二十三年"丰城县升富州"。中华书局，1976 年。
⑤ a.《旧唐书》卷四十《地理志（三）》"洪州上都督府"条，中华书局，1975 年。
　　b.《新唐书》卷四十一《地理志（五）》"洪州豫章郡"条，中华书局，1975 年。

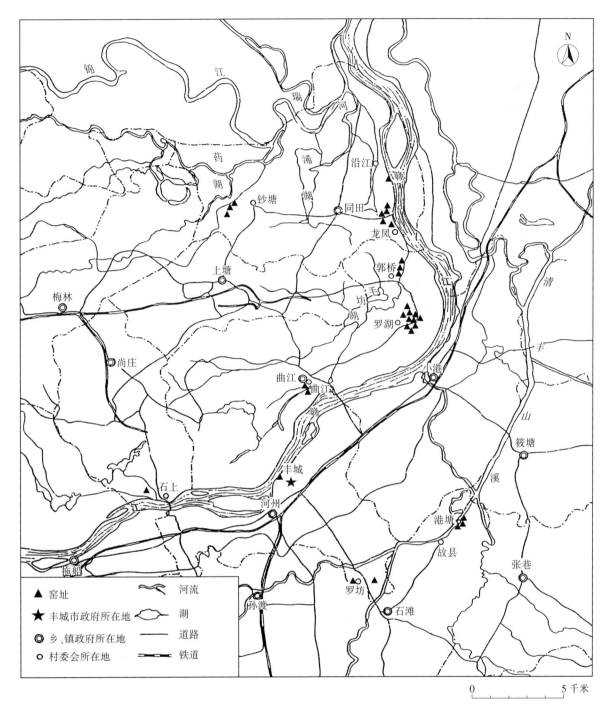

图一 洪州窑遗址分布图

溪一带的窑址，其所在地唐代归越州管辖，所以称之为越窑（越州窑、越州瓷）；湖南湘阴窑
址，其所在地唐代归岳州管辖，所以称之为岳州窑（岳州瓷）；河南宝丰窑址，其所在地宋代
归汝州管辖，所以称之为汝窑（汝州窑）；陕西铜州黄堡镇窑址，其所在地宋代归耀州管辖，
所以称之为耀州窑（耀州瓷）等等。洪州窑址所在地的丰城，其唐代归洪州管辖，那自然就称
之为洪州窑了。

第三节　以往的考古与研究工作简况

　　洪州窑最早著录于唐代陆羽《茶经》。《茶经》卷中《四之器》记载："碗，越州上，鼎州次，婺州次，岳州次，寿州、洪州次……越州瓷、岳州瓷皆青，青则益茶，茶作白红之色。邢州瓷白，茶色红；寿州瓷黄，茶色紫；洪州瓷褐，茶色黑，悉不宜茶。"① 有关唐代洪州窑的另一条重要史料是《旧唐书》卷一百五《韦坚传》的记载：唐玄宗天宝初年，陕郡太守、水陆转运使韦坚，于长安城东长乐坡下、浐水之上架苑墙，于其东面望春楼下凿潭通船，玄宗赐名"广运潭"，韦坚以新船数百艘置于潭侧，匾榜郡名，各陈郡中珍货于船上，其中"豫章郡船，即名瓷、酒器、茶釜、茶铛、茶碗"，玄宗随后将这些"外郡进土物，赐贵戚朝官"②。这两条记载皆是当时人的记录，十分可靠，现已成为研究洪州窑的重要文献资料。记载中虽然已明确洪州窑在洪州（豫章郡）境内，但是未记载具体地点。

　　洪州窑五代南唐以后停烧，渐渐湮没无闻，成为历史的陈迹。当后人因撰书、写文章再提起洪州窑时，对它的具体地点一度众说纷纭，莫衷一是。清代蓝浦认为："洪州烧造者，亦见唐代洪州，今南昌府。"③ 民国吴仁敬、辛安潮认为："洪州，今江西南昌之旧名也，唐于此烧瓷，故名洪（州）窑。"④ 江思清认为，洪州窑址不在南昌，"唐代的洪州窑，即是景德镇窑"⑤。《景德镇陶瓷史稿》称："洪州窑即景德镇窑，洪州器即景德镇器。"⑥ 20 世纪 60 年代初，陈万里对上述两种意见做了总结性的评论，指出"所谓洪州窑，有人主张是在南昌，也有人认为就在景德镇，两说都不可靠。究竟在哪里，也需要实际调查的。"⑦

　　1958 年文物普查时，曾在丰城县曲江镇曲江街东端发现古代瓷窑遗址一处（当时称"陶窑遗址"，即今曲江村窑仔岗窑址）⑧，没有引起学术界的重视。1977 年文物考古工作者在丰城县曲江镇罗湖村考古调查时，发现了一处面积较大、堆积较厚、延续时间较长（东晋至唐代）的青瓷窑址⑨。这一发现立刻引起了有关单位的重视和学术界的广泛关注。并于 1979 年对这处瓷窑遗址进行了考古发掘，出土了两座龙窑窑炉遗迹和一大批瓷器、窑具等遗物⑩。通过对考古调查、发掘所获资料的研究，以确凿的证据说明，罗湖村一带就是洪州窑窑址所在地⑪。使"长时期悬而未决的问题初步得到了解决"⑫。之后，对这一地区又进行了多次考古调查，在罗湖村以外的乡镇村庄又陆续发现了一批窑场遗址⑬。前

---

① 唐·陆羽：《茶经》，宋·左圭：《百川学海》本，中国书店，1990 年。
② 《旧唐书》，中华书局，1975 年。
③ 清·蓝浦：《景德镇陶录》卷七《古窑考》，《中国陶瓷名著汇编》，中国书店，1991 年。
④ 吴仁敬、辛安潮：《中国陶瓷史》第七章《隋唐时代》，北京图书馆出版社，1998 年。
⑤ 江思清：《关于唐代洪州窑问题》，《文物参考资料》1958 年第 2 期。
⑥ 江西省轻工业厅陶瓷研究所：《景德镇陶瓷史稿》第二篇第一章《景德镇陶瓷工业的起源及其发展》，生活·读书·新知三联书店，1959 年。
⑦ 陈万里：《中国陶瓷史上存在着的问题》，《文物》1963 年第 1 期。
⑧ 江西省文物管理委员会：《丰城县曲江镇发现古代陶窑遗址》，《文物工作资料》（江西省）1958 年第 3 期。
⑨ 江西省历史博物馆：《江西考古三十年》，《文物考古工作三十年》（1949~1979），文物出版社，1979 年。
⑩ 江西省历史博物馆等：《江西丰城罗湖窑发掘简报》，《中国古代窑址调查发掘报告集》，文物出版社，1984 年。
⑪ 陈柏泉：《洪州窑驳议》，《江西历史文物》1981 年第 1 期。
⑫ 冯先铭：《三十年来陶瓷考古的主要收获》，《文物》1979 年第 10 期。
⑬ a. 万良田：《从丰城东汉青瓷窑址谈洪州窑的创烧时代和承启关系》，《江西历史文物》1986 年第 1 期。
　　b. 万良田等：《江西丰城龙雾洲瓷窑调查简报》，《考古》1993 年第 10 期。
　　c. 万良田：《丰城县考古简讯·调查晚唐古窑址》，《江西历史文物》1980 年第 1 期。

后发现总计 31 处，即现在所见到的遗址情况。

洪州窑的研究长期以来都是围绕着"洪州窑窑址在何处"这一问题进行的。这一问题的研究应该说是取得了突破性的进展，确定了窑址所在地点，并搞清了分布范围，了解了产品的基本情况。由于资料的缺乏，对洪州窑的全面、系统研究尚未展开，仅是有的研究者对洪州窑的一些基本问题做过分析[①]。

第四节　1992～1994 年考古发掘工作概况

为了全面、深入研究洪州窑，复原洪州窑的生产面貌，1992 年江西省文物考古研究所、北京大学考古学系、丰城市博物馆三个单位联合组成洪州窑遗址考古队，于 1992～1994 年对洪州窑遗址进行了较大规模的考古发掘。由江西省文物考古研究所余家栋任领队，北京大学考古学系权奎山任副领队。江西省文物考古研究所张文江、余江安，丰城市博物馆丁柯、万德强，参加了全部的考古发掘工作。丰城市博物馆万良田、刘耀辉参加了部分发掘工作。北京大学考古学系硕士研究生李梅田、贺世伟参加了 1992 年的发掘工作，陈玮静、刘小艳参加了 1994 年的发掘工作。吉林大学考古学系硕士研究生彭善国参加了 1993 年的发掘工作。

1992 年 9 月考古队进入考古发掘现场。在正式考古发掘之前，考古队全体队员对已发现的洪州窑的窑场址做了考古调查和复查，进一步确认了各窑场址之间的关系，基本搞清楚了各窑场址生产的主要时代和产品的主要风格[②]。在此基础上，选择了七处窑址做了正式考古发掘，即有港塘清丰河窑址、龙凤乌龟山窑址、龙凤李子岗窑址、罗湖寺前山窑址、罗湖尚山窑址、罗湖象山窑址、曲江窑仔岗窑址。共开探方、探沟 27 个，发掘面积 451.9 平方米，出土了一批遗迹和一大批瓷器、窑具等遗物。

这批出土资料十分重要，对深入、全面研究洪州窑、研究东汉晚期至五代时期的制瓷手工业乃至中国陶瓷史有重要的学术价值，急需整理、研究和发表。2001 年 12 月 26 日经专家论证和主管部门批准，这批资料的考古发掘报告被立为教育部人文社会科学重点研究基地北京大学中国考古学研究中心 2002～2005 年重大研究项目。课题组负责人是北京大学考古文博学院教授权奎山。成员有江西省文物考古研究所研究员余家栋、副研究员张文江，北京大学考古文博学院副教授吴小红、讲师路菁、高级工程师刘伟，北京师范大学历史学系讲师李梅田。在整理、研究过程中，江西省文物考古研究所助理研究员余江安，丰城市博物馆丁柯、万德强、熊国栋、徐卫星做了部分工作。

为了全面、客观公布这批资料和便于深入探讨问题，我们将发掘的七个窑址出土的资料，分别做了整理和研究，除罗湖象山窑址外，每个窑址各为一章[③]。

① a. 余家栋：《江西古瓷窑址综述——兼谈对洪州窑的几点粗浅认识》，《中国考古学会第一次年会论文集》（1979），文物出版社，1980 年。

b. 余家栋：《试析洪州窑》，《中国古代窑址调查发掘报告集》，文物出版社，1984 年。

c. 万良田：《从丰城东汉青瓷窑址谈洪州窑的创烧时代和承启关系》，《江西历史文物》1986 年第 1 期。

d. 余家栋：《洪州窑的历史地位及其与唐代各名窑的相互关系》，日本《三上次男颂论文集》，日本平凡社，1986 年。

② 江西省文物考古研究所等：《江西丰城洪州窑遗址调查报告》，《南方文物》1995 年第 2 期。

③ 此次发掘的罗湖象山窑址，因编写体例等原因，其资料和研究作为本报告附录三予以刊布。

第二章 港塘清丰河窑址

第一节 位置及地层堆积

一 位置及保存状况

港塘窑址位于洪州窑遗址的南部，分布在石滩乡港塘村及其附近。迄今共发现窑址 3 处，即新村（彩版一，1）、小学前、清丰河窑址（彩版一，2；彩版二，1），坐落在赣江支流清丰山溪的东岸。这里地势较为平坦，村落密布，有的窑址就在村子里。由于常常取土修田地、筑河堤等，窑址绝大部分被损，保存状况普遍较差。

二 探方分布及发掘面积

港塘窑址面积较大，但文化堆积较薄，加之保存不佳，很难选择一合适的地点进行发掘。1992 年 12 月在清丰河窑址处开了两个探沟，编号为 92 丰·石·港·清 T1、T2。大小分别为 2 米×1 米、4 米×2 米，计 10 平方米，出土了一批遗物，未见遗迹。

三 堆积及地层

清丰河窑址发掘面积内的堆积不但薄，而且还很简单，从堆积结构和出土遗物上看，T2 似早年被扰动过，不像是原生堆积。

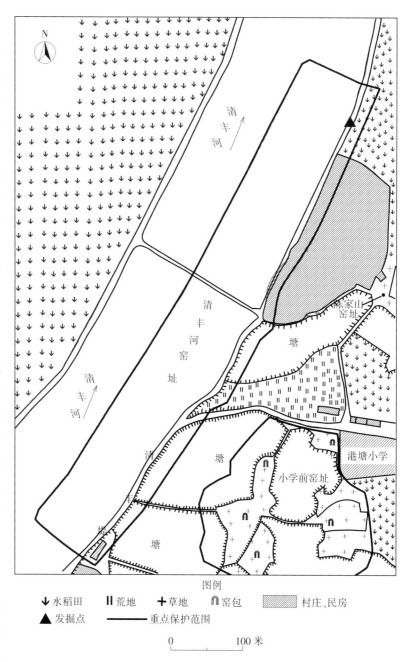

图例

↓水稻田　‖荒地　✚草地　∩窑包　▨村庄、民房
▲发掘点　——重点保护范围

0　　　　100 米

图二 A　港塘清丰河窑址范围及探方位置分布图

地层除表土层外，文化层只有一层。现以 T1 东壁和 T2 南壁剖面为例介绍如下。

T1 东壁（图二 B，1）：

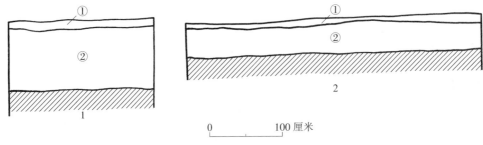

图二 B　港塘清丰河窑址地层剖面图
1. T1 东壁　2. T2 南壁

第①层　表土层，上面长满矮草，亦称草皮层。厚 0.06～0.1 米。未见遗物。

第②层　厚 0.85～0.95 米。灰泛红色土，内夹有大量的碎窑砖和窑渣，结构疏松，呈颗粒状。出土遗物不甚丰富，主要有陶罐和青瓷双唇罐、罐、盏及支具等。

T2 南壁（图二 B，2）：

第①层　表土层。厚 0.05～0.1 米。出土有少量碎瓷片。

第②层　厚 0.3～0.45 米。灰黄色土，较疏松。出土遗物不多，有陶罐、板瓦和青瓷双唇罐、罐、钵、盘、盏等。

第二节　出土遗物

出土遗物不多，选取标本 47 件，可分陶器、瓷器和窑具三类。

一　陶器

9 件，陶器的器形有罐、瓦，发现器类很少。

1. 罐

8 件。均残，仅存部分口、肩部，个别的还存上腹部。灰色或深红色胎，质地较坚硬，属于硬陶类。外侧饰弦纹、小方格纹等。根据口部形制的不同，可分为四型。

A 型　2 件。宽平沿，沿翘起。

标本 T2②：15，灰色胎。沿面饰弦纹，身部饰小方格纹，腹部戳印钱纹。残高 9.8、口径约 26 厘米（图三，1）。

B 型　3 件。方唇、折沿。

标本 T1②：16，灰色胎。唇、沿面饰弦纹。有半环形横系。残高 5.8 厘米（图三，4）。

C 型　2 件。尖唇、折沿。

标本 T1②：12，灰色胎。饰小方格纹。有半环形竖系。残高 9.7 厘米（图三，5）。

标本 T2②：14，深红色胎。外侧饰弦纹、小方格纹。有半环形竖系。残高 12 厘米（图三，3）。

D 型　1 件。侈口、无沿。

标本 T2②：12，鼓腹，平底内凹。黑灰色夹砂胎。外侧饰斜方格纹。高 6.2、口径 7.6、底径 4 厘米（图三，2；图版一，1；彩版二，2）。

2. 板瓦

1 件。

标本 T2②：25，呈弧形。深灰色胎。粗麻布纹。残长 23、宽 10.8 厘米（图四，1）。

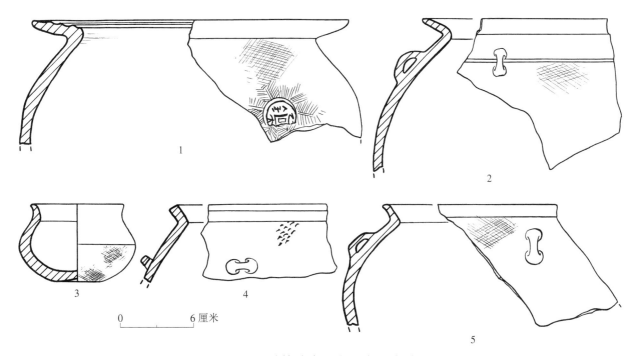

图三　港塘清丰河窑址出土陶罐

1. A 型（T2②：15）　2. D 型（T2②：12）　3. C 型（T2②：14）　4. B 型（T1②：16）　5. C 型（T1②：12）

二　瓷器

33 件，瓷器的器形有双唇罐、罐、壶、钵、碗、盘、盏、杯、盅、砚台，均属于青瓷系统，釉的色调深浅不一，差别较大。

1. 双唇罐

3 件。皆残存部分口部，内唇高于外唇，肩置系。灰色或黑灰色胎，釉保存不好，大部分剥落，有的饰小方格纹。

标本 T1②：1，黑灰色胎。施黑色釉，局部泛黄色。残高 8.8、口径 10 厘米（图四，2）。

标本 T2②：1，灰色胎。施青泛黄色釉，大部分剥落。残高 8、口径 9.2 厘米（图四，3）。

2. 罐

20 件。标本皆残，不能复原。深灰色或灰色胎。施黑泛黄、青泛黄、青深黄色釉，剥落严重。有的外饰弦纹或方格纹。根据口部形制的不同，可分为五型。

A 型　14 件。方唇、折沿。唇、沿面多饰弦纹。

标本 T1②：8，有半环形横系。灰色胎，较粗。施青深黄色釉，部分剥落。残高 15.4 厘米（图四，6）。

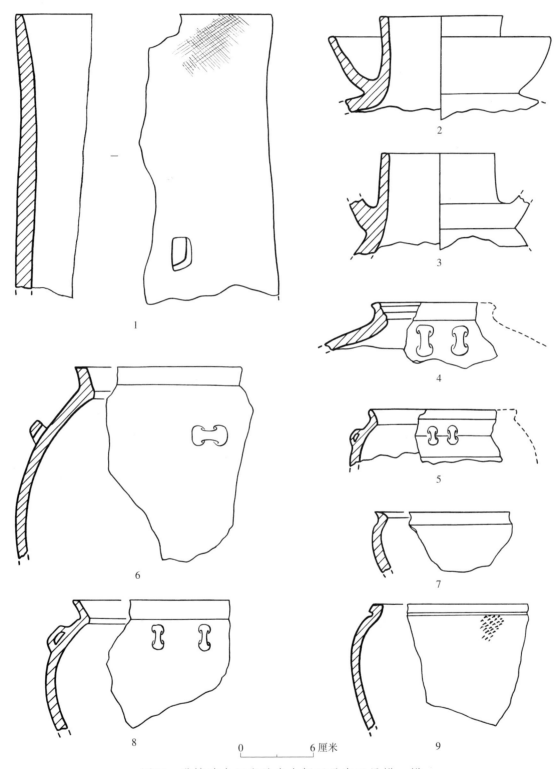

图四　港塘清丰河窑址出土板瓦及瓷双唇罐、罐

1. 板瓦（T2②：25）　　2. 瓷双唇罐（T1②：1）　　3. 瓷双唇罐（T2②：1）　　4. 瓷罐 A 型（T2②：11）
5. 瓷罐 E 型（T2②：17）　6. 瓷罐 A 型（T1②：8）　7. 瓷罐 C 型（T1②：17）　8. 瓷罐 B 型（T1②：14）
9. 瓷罐 D 型（T2②：10）

标本T2②：11，有半环形竖系。深灰色胎。施青深黄色釉。残高5.2、口径约10厘米（图四，4）。

B型　2件。尖唇、折沿。

标本T1②：14，半环形竖系。深灰色胎。沿面饰弦纹，身部饰小方格纹。施青深黄色釉。残高10.4厘米（图四，8）。

C型　1件。尖唇、宽折沿。

标本T1②：17，深灰色胎。饰小方格纹。施青深黄色釉。残高4.8厘米（图四，7）。

D型　2件。尖唇、窄平沿。施青深黄色釉。饰小方格纹。

标本T2②：10，深灰色胎。残高10厘米（图四，9）。

E型　1件。圆唇、侈口。

标本T2②：17，半环形竖系。灰色胎。施青泛黄色釉，多剥落。肩部饰弦纹，口沿部点饰褐彩。残高4.4、口径12厘米（图四，5）。

3. 壶

1件。长束颈，半环形竖系。

标本T2②：8，口和肩以下残失。深灰色胎。施深青泛深黄色釉。外侧饰斜方格纹。残高7.8厘米（图五，1）。

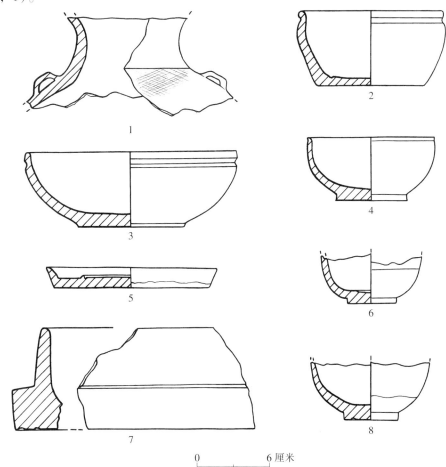

图五　港塘清丰河窑址出土瓷壶、钵、碗、盘、杯、砚台、盏

1. 壶（T2②：8）　2. 钵B型（T2②：20）　3. 钵A型（T2②：19）　4. 碗（T2②：27）
5. 盘（T2②：21）　6. 盏（T2②：23）　7. 砚台（T2②：26）　8. 杯（T2②：24）

4. 钵

3件。侈口，曲壁，平底或有一很矮的假圈足。灰色胎。施青或青泛黄色釉，剥落严重。口部外侧有一周较宽的弦纹。根据壁外撇角度的不同，可分为二型。

A型　1件。壁外撇角度较大，腹较浅。

标本T2②：19，施青泛黄色釉，几乎全部剥落。高6、口径17.2、底径8.4厘米（图五，3；图版一，2；彩版二，3）。

B型　2件。壁外撇角度较小，腹较深。

标本T2②：20，施青泛黄色釉，大部分剥落。高6、口径12、底径8.8厘米（图五，2）。

5. 碗

1件。直口，曲壁，矮假圈足。

标本T2②：27，灰色胎。施青泛黄色釉。高5、口径10.4、足径6厘米（图五，4；图版一，3）。

6. 盘

1件。敞口，斜直壁，大平底。

标本T2②：21，浅腹，内底中部有凸线圈。浅灰色胎。施青色釉，内满外施至壁下部。开细纹片。高1.6、口径14、底径12.8厘米（图五，5）。

7. 盏

1件。曲壁，假圈足，浅腹。

标本T2②：23，口残。浅灰色胎。釉全部剥落。残高3.8、足径4厘米（图五，6）。

8. 杯

1件。口部微敛，曲壁，假圈足，深腹。

标本T2②：24，残。浅灰色胎。施青黄釉，几乎全部剥落。残高4.6、足径4.4厘米（图五，8）。

9. 盅

1件。敛口，壁略曲，平底，浅腹。

标本T1②：19，灰色胎。釉全部剥落。高2.3、口径6.5、底径4厘米。

10. 砚台

1件。直口。

标本T2②：26，残，不能复原。浅灰色胎。施青泛黄色釉，大部分剥落。残高8厘米（图五，7）。

三　窑具

5件，皆为支具。深灰色粗胎。根据形制的不同，可分为二型。

A型　2件。圆筒形，上部细下部逐渐变粗。上沿平，沿面粘连细沙粒。

标本T1②：24，沿外侧微下斜，壁上部开两个不规则的小圆孔。高25.5、上径11.4、下径14.4厘米（图六，1；图版一，4）。

B型　3件。残，不能复原。圆筒束腰形，支面中部开一大圆孔，壁上部设椭圆形或三角形孔。支面粘连细沙粒。

标本T1②：23，残存部分有两个椭圆形气孔。残高14、上径15.8厘米（图六，2）。

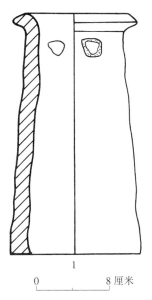
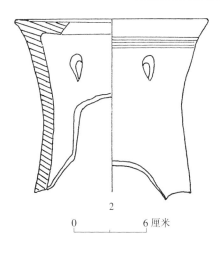

图六 港塘清丰河窑址出土窑具（支具）
1. A 型（T1②：24） 2. B 型（T1②：23）

第三节 分期与年代

一 分期

发掘的两个探方，地层非常简单，文化层仅有一层。T2 出土遗物的特征差别较大，年代分散，不是原生堆积，是挪动后的二次堆积。T1 出土遗物的风格比较接近，年代也比较集中，是原生堆积，未被后人扰动过。现以 T1 出土的遗物为标准，可将 T1、T2 出土的遗物分为两组（表一）。

表一 港塘清丰河窑址出土器物分组表

器类 型式 组别	陶器		瓷器										窑具	备注
	罐	板瓦	双唇罐	罐	壶	钵	碗	盘	盏	杯	盅	砚台	支具	
第一组	A B C D	√	√	A B C D	√	A B					√		A B	出土于 T1、T2
第二组				E			√	√	√	√		√		出土于 T2

从表一和第二节对出土遗物的描述中可以看出第一、二组差别十分明显，并第一组陶瓷器较粗糙，应早于第二组。两个组器物类、型的增减已基本形成了一个较清晰的发展序列，代表了港塘清丰河窑址的两个发展阶段，即两期。

二 各期特征

第一期，产品有陶器和瓷器。陶器主要是罐，均为硬陶，胎质较粗，一般呈灰色。常见的纹饰有弦纹和小方格纹，个别的还饰钱纹。瓷器的器类较陶器多，出土的有双唇罐、罐、壶、钵、盅，罐的形制与陶罐相近。双唇罐和罐，胎质较粗，质地坚硬，呈深灰色或灰色。釉的色调普遍较深，作黑泛黄色或青深黄色等。由于成型后修坯不细，胎体表面较粗糙，施釉薄者，釉面粗涩；施釉厚者，釉面较光滑。多饰弦纹、小方格纹。钵和盅，胎质较细密，呈灰色或浅灰色。施青色或青泛黄色釉，保存不佳，绝大部分剥落。钵的口部外侧有一周较宽而深的凹弦纹。窑具仅有支具，作筒形或筒形束腰。

第二期，发生了明显的变化，产品中不见了硬陶器。瓷器中罐的类型减少，碗、盘、盏、杯等饮食器较流行，还出现了砚台。胎呈灰色或浅灰色，以浅灰色为主，质地细密。施青色或青泛黄色釉，有的保存不佳，剥落严重。一般不见花纹装饰，仅 E 型罐上有弦纹和褐色点彩。

三 年代推断

港塘清丰河窑址没有出土纪年器物，各期的年代据纪年和年代明确的墓葬中出土的陶瓷器来推断。

第一期，B 型陶罐和 A 型瓷罐的口部形制与江西南昌东汉晚期墓（JM2）出土的一件瓷罐（原报告称釉陶坛）相似[①]，C 型陶罐的形制与江西清江武陵东汉晚期墓（M2）出土的一件陶罐相似[②]，B 型陶罐和瓷双唇罐、盅的形制、纹饰与江西南昌东吴嘉禾元年至七年（232～238 年）高荣墓出土的同类器物相同或相似[③]，钵的形制与江西南昌东吴晚期墓（M1、M4）出土的青瓷钵相似[④]。可见，这一期的年代应在东汉晚期至东吴时期，即约公元 2 世纪后半至 280 年。

第二期，E 型瓷罐的形制与江西兴国东晋"平固令"墓[⑤]、江西九江蔡家洼水库东晋墓[⑥]出土的六系罐相似，瓷盘的形制与江西九江蔡家洼水库东晋墓[⑦]、九江沙河街东晋墓[⑧]出土的瓷盘相似。这一期与第一期之间没有明显的缺环。所以，这一期年代约在西晋灭东吴之后的西晋和东晋时期（280～420 年）。

① 江西省博物馆：《江西南昌东汉、东吴墓》，《考古》1978 年第 3 期。
② 黄颐寿：《江西清江武陵东汉墓》，《考古》1976 年第 5 期。
③ 江西省历史博物馆：《江西南昌市东吴高荣墓的发掘》，《考古》1980 年第 3 期。
④ 唐昌朴：《江西南昌东吴墓清理简记》，《考古》1983 年第 10 期。
⑤ 兴国县革命历史博物馆：《兴国县发现东晋墓和南朝纪年墓》，《江西历史文物》1984 年第 2 期。
⑥ 九江县文物保护管理所：《江西九江县清理一座东晋墓》，《江西文物》1990 年第 1 期。
⑦ 九江县文物保护管理所：《江西九江县清理一座东晋墓》，《江西文物》1990 年第 1 期。
⑧ 刘晓祥：《江西九江县东晋墓》，《南方文物》1997 年第 1 期。

第三章　龙凤乌龟山窑址

第一节　位置与地层堆积

一　位置及保存状况

龙凤窑址（亦称"龙雾洲窑址"）位于洪州窑遗址的北部，分布在同田乡龙凤村境内，迄今共发现窑场址 5 处，即李子岗、松树山、乌龟山、白鹭山、牛岗山窑场址（参见图三九）。乌龟山窑址坐落在龙凤窑址群的中部（图七；彩版三，1）。这里虽然没有民房，但由于常年辟田、修路、造坟等活动，窑址破坏十分严重，保存状况不佳。

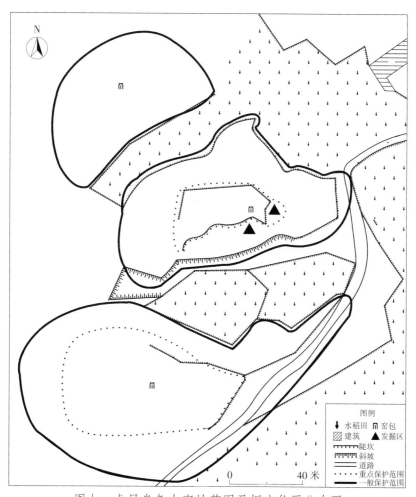

图七　龙凤乌龟山窑址范围及探方位置分布图

二 探方位置及发掘面积

乌龟山是一座低矮的小山，窑址主要分布于山坡上。由于人们生产、生活活动频繁，原貌大部分已不复存在，现已很难选择一片原貌保存较好的地方进行发掘。1994 年 9 月至 10 月对该遗址进行了首次考古发掘，这次发掘是据地面和人工造成的断面上暴露出来遗物和堆积情况，在乌龟山的东坡和南坡中部开了三个探方，编号为 94 丰·同·龙·乌 T1、T2、T3。每方大小为 4 米 × 2 米，共计 24 平方米。出土了一大批遗物，未发现遗迹。

三 堆积及地层

乌龟山窑址发掘面积内的堆积较厚，是由旁边的窑炉清窑时倒出来的废品而形成的。T1 分三层，T2 分四层，T3 分两层。现以 T2 东壁、T1 西壁剖面为例介绍如下。

T2 东壁（图八，1）：

第①层 表土层。厚 0.1 ~ 0.2 米。棕黑色土，结构较疏松，内夹杂沙粒，本层遍布整个探方，上面杂草丛生。出土有少量的青瓷碎片等。

第②层 厚 0.45 ~ 0.6 米。棕黄色土，较疏松，内夹杂红烧土块，本层分布在整个探方。出土遗物有罐、盘口壶、鸡首壶、钵、碗、盘、杯、盅、盏、砚台、纺轮、匣钵、间隔具、支具及刻刀等。

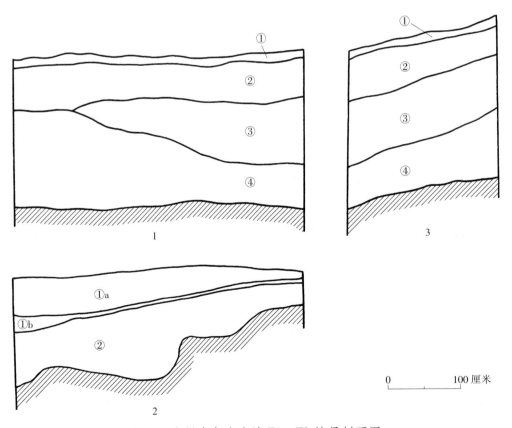

图八 龙凤乌龟山窑址 T1、T2 地层剖面图

1. T2 东壁 2. T1 西壁 3. T2 南壁

第③层　厚 0~0.85 米。棕褐色土，较松散，内夹杂红烧土块，本层分布在探方的中、南部，北部无此层。出土遗物有罐、鸡首壶、盘口壶、钵、碗、盘、杯、盅、盏、香熏、纺轮、匣钵、间隔具、支具等。

第④层　厚 0.55~1.25 米。深棕褐色土，较疏松，内夹杂红烧土块，本层遍布整个探方。出土遗物有罐、鸡首壶、钵、碗、盘、杯、盅、盏、灯、香熏、香熏座、匣钵、间隔具、支具等。

T1 西壁（图八，2）：

第①a 层　扰土层，即早年开荒辟田时从下面翻上来的堆积层。厚 0.1~0.5 米。黄色土，结构疏松，夹有杂质，本层遍布整个探方，上面长满杂草。出土遗物有罐、钵、碗、盘、盏、间隔具、支具等。

第①b 层　第①层堆积形成以前的表土层。厚 0.06~0.2 米。灰黑色土，较松散，本层基本遍布整个探方。出土遗物有钵、盏、间隔具等。

第②层　厚 0.26~1 米。黄色沙土，结构松散，内夹杂红烧土块、窑渣等，本层分布在整个探方中，厚薄不匀。出土遗物有钵、碗、杯、盏、间隔具等。

第二节　出土遗物

乌龟山窑址各探方的各层位皆出土有遗物。T1 第①a 层是扰土层、第①b 层是原表土层，T2 第①层是表土层，所出遗物较杂乱，不予介绍。T1 第②层，T2 第②、③、④层，T3 第②层，是未经扰动的原生层，出土遗物丰富，可分瓷器、窑具、制瓷工具三类。现选择 1660 件标本，分类介绍如下。

一　瓷器

共 1302 件。器形可分为罐、小盘口壶、盘口壶、鸡首壶、钵、莲瓣纹碗、碗、莲花纹盘、盘、莲瓣纹杯、菊瓣纹杯、杯、盅、小盏、盏、水盂、香熏、灯、砚台、插钵、纺轮、器盖、兽。均为青瓷，胎呈灰或灰黄色，以灰色为主。釉的色调不一，有青、淡青、青泛黄、青黄色多种，釉层均匀或较均匀。正烧者，釉面晶莹光亮，开细纹片；过烧、生烧者，釉色不显。

1. 罐

9 件。侈口，矮领，鼓腹，平底，肩置 4 个半环形系。灰或灰黄色胎。施青或淡青色釉，内满外施至下腹部。外侧肩部划饰弦纹，部分口部饰褐色点彩。高 8.4~13.2、口径 8.2~13.2、底径 8.8~11.6 厘米。依据形制的差异，分为三式。

Ⅰ式　2 件。广肩，腹部凸鼓，体形较矮扁。

标本 T2④：275，砖红色胎。釉色不显。高 8.4、口径 8.4、底径 8.8 厘米（图九，1；图版二，1）。

Ⅱ式　2 件。圆肩，腹部圆鼓，体形较Ⅰ式高。

标本 T2④：303A，灰色胎。淡青色釉。高 9.2、口径 9.1、底径 9.6 厘米（图九，2；图版二，2；彩版三，2）。

Ⅲ式　5 件。肩较窄圆，腹部大弧形外鼓，形体较Ⅱ式高。

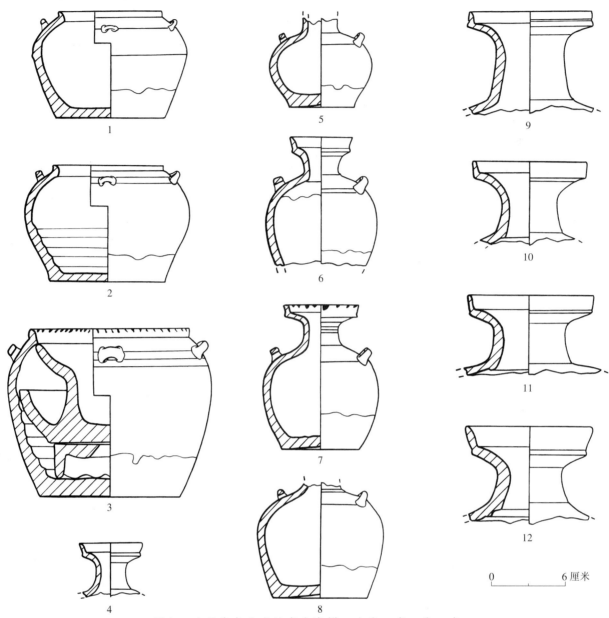

图九　龙凤乌龟山窑址出土瓷罐、小盘口壶、盘口壶

1. 罐Ⅰ式（T2④：275）　2. 罐Ⅱ式（T2④：303A）　3. 罐Ⅲ式（T2③：304）　4. 小盘口壶Ⅳ式（T1②：9）　5. 小盘口壶Ⅰ式（T2④：276）　6. 小盘口壶Ⅱ式（T2④：277）　7. 小盘口壶Ⅲ式（T2③：305）　8. 小盘口壶Ⅳ式（T2②：143）　9. 盘口壶Ⅰ式（T2④：263）　10. 盘口壶Ⅱ式（T1②：7）　11. 盘口壶Ⅱ式（T2②：151）　12. 盘口壶Ⅲ式（T1②：6）

标本 T2③：304，内粘连一灯盏托座，其下置一锯齿形间隔具。口部饰褐色点彩，彩点较小而密。高 13.2、口径 13.2、底径 11.6 厘米（图九，3；图版二，3）。

2. 小盘口壶

8 件。个体较小，盘口，颈较长，鼓腹，平底，肩置二个半环形横系，肩部饰一或二道弦纹。灰色胎。釉呈青、青泛黄或青黄色，内施至肩部，外至下腹部。有的口部饰褐色点彩。依据形体的差异，分为四式。

Ⅰ式　1 件。广肩，圆鼓腹，形体较矮扁。

标本 T2④：276，口、颈残。施青色釉。残高 7、底径 5.2 厘米（图九，5）。

Ⅱ式 1件。圆肩，腹部圆鼓，形体较Ⅰ式高。

标本 T2④：277，底残。施青色釉。残高 10、口径 5.2 厘米（图九，6）。

Ⅲ式 2件。丰肩，腹部弧形外鼓，形体较Ⅱ式高。

标本 T2③：305，施青色釉。口部饰褐色点彩，彩点较大而疏。高 11.4、口径 6.2、底径 6.4 厘米（图九，7；彩版三，3）。

Ⅳ式 4件。丰肩，腹部圆鼓，腹以下较斜直缓收，形体较Ⅲ式略高。

标本 T2②：143，口、颈残。施青黄色釉，绝大部分剥落。残高 9、底径 7.8 厘米（图九，8）。

标本 T1②：9，颈以下残。釉全部剥落。残高 4.2、口径 5.2 厘米（图九，4）。

3. 盘口壶

6件。个体较大，颈以下皆残。盘口，长颈。灰色胎。青、青泛黄或青黄色釉，现存部分内外皆施釉。依据口、颈形态的差异，分为三式。

Ⅰ式 1件。盘口较浅，壁直立，颈长而粗。

标本 T2④：263，施青泛黄色釉。残高 8、口径 10 厘米（图九，9）。

Ⅱ式 4件。盘口较Ⅰ式略深，壁微外斜，颈较Ⅰ式短。

标本 T1②：7，施青泛黄色釉，部分剥落。残高 6.4、口径 9.4 厘米（图九，10）。

标本 T2②：151，施青黄色釉，大部分剥落。残高 6.4、口径 10.2 厘米（图九，11）。

Ⅲ式 1件。盘口较Ⅱ式深，壁外斜，颈较Ⅱ式略短、细。

标本 T1②：6，施青色釉。残高 7.8、口径 10.4 厘米（图九，12）。

4. 鸡首壶

17件。均残，不能复原。口颈 2件，鸡首 6件，柄 9件。灰色胎。青、青泛黄或青黄色釉。分口颈、鸡首、柄介绍如下。

口颈 2件。浅盘口，壁外斜，长颈较细，口部粘连柄上端。

标本 T1②：2，青泛黄色釉。残高 7、口径 8.4 厘米（图一〇，1）。

标本 T1②：1，青泛黄色釉。残高 6.8、口径 9.6 厘米（图一〇，2）。

鸡首 6件。由头和颈组成。头部昂起，高冠直立，圆筒状嘴。实心或中有孔。

标本 T2④：303B，鸡冠残。青色釉。残高 8.6 厘米（图一〇，3）。

标本 T2②：149，青泛黄色釉。残高 10.2 厘米（图一〇，4）。

标本 T1②：3，鸡冠残。青泛黄色釉。残高 9 厘米（图一〇，5）。

标本 T1②：4，鸡冠残。青泛黄色釉。残高 9.4 厘米（图一〇，6；图版二，4）。

标本 T3①：38，鸡冠残。灰色胎。青泛黄色釉。残高 9.3 厘米。

柄 9件。皆残，断面呈圆形，实心，从下向上渐细。

标本 T2②：148，下部呈钝锥状，与壶身插接。青色釉。残高 7 厘米（图一〇，7）。

标本 T2②：147，下部平，与壶身平接。青色釉。残高 8.6 厘米（图一〇，8）。

5. 钵

214件。大平底，多内凹，无足。灰或灰黄色胎。施青、青泛黄或青黄色釉，内满外施至下腹部，釉层均匀。正烧者，釉面光亮。开细纹片，口部外侧饰弦纹，部分口部饰褐色点彩。高 4.1～7.8、口径 12～21.6、底径 8.5～13.8 厘米。根据口部形制的不同，可分为三型。

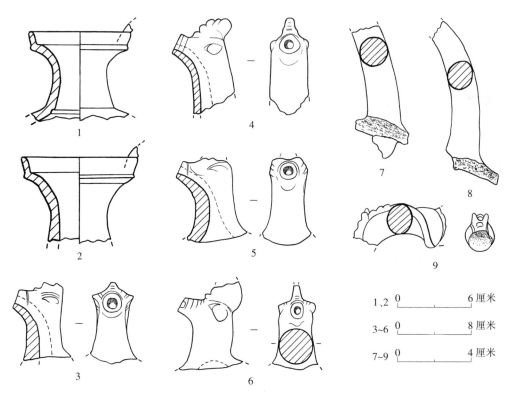

图一〇　龙凤乌龟山窑址出土瓷鸡首壶、兽

1. 鸡首壶口颈（T1②：2）　2. 鸡首壶口颈（T1②：1）　3. 鸡首壶鸡首（T2④：303B）　4. 鸡
首壶鸡首（T2②：149）　5. 鸡首壶鸡首（T1②：3）　6. 鸡首壶鸡首（T1②：4）　7. 鸡首壶柄
（T2②：148）　8. 鸡首壶柄（T2②：147）　9. 兽（T2②：150）

A 型　1 件。敞口，斜直壁。

标本 T2④：7，口部饰两道较宽的凹弦纹。灰色胎。青色釉。高 7.4、口径 17.2、底径 11.6
厘米（图一一，1；图版三，1）。

B 型　90 件，侈口或口部微侈，曲壁。根据壁形制的不同，又分为三亚型。

Ba 型　9 件。壁呈圆弧形。依据腹深浅等差异，分为二式。

Ⅰ式　4 件。腹较浅，口部弦纹较宽、深。

标本 T2④：35，口部褐色点彩的彩点较大而疏。灰色胎。青釉。高 6、口径 17.2、底径 10.4
厘米（图一一，2）。

Ⅱ式　5 件。腹较深，口部弦纹较细、浅。

标本 T2④：34，口部褐色点彩的彩点较小而疏。灰色胎。釉色不显。高 6.6、口径 19.6、底
径 12.8 厘米（图一一，3；图版三，2）。

标本 T2④：9，灰色胎，釉色不显。高 6、口径 15.2、底径 9.6 厘米（图一一，4）。

Bb 型　67 件。壁呈大弧形。依据腹深浅等差异，分为四式。

Ⅰ式　13 件。腹较浅，口部弦纹宽而深，褐色点彩的彩点大而疏。

标本 T2④：41，无褐色点彩。灰色胎。青色釉。高 5.8、口径 18.4、底径 11.6 厘米（图一一，5；
图版三，3）。

标本 T2④：26，灰色胎。青釉。高 5.8、口径 19.2、底径 13.1 厘米（图一一，6；图版三，4）。

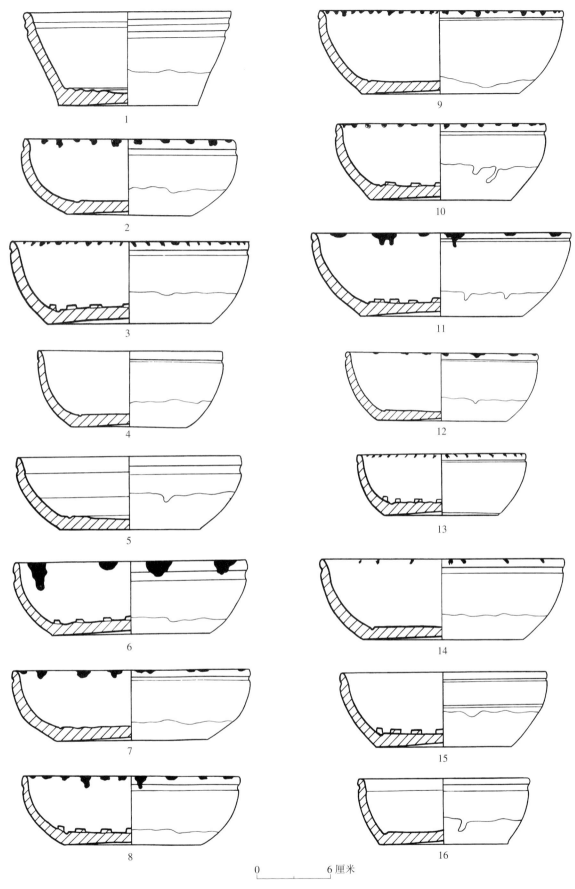

0 ———— 6 厘米

图一一　龙凤乌龟山窑址出土瓷钵

1. A 型（T2④：7）　　2. Ba 型 I 式（T2④：35）　　3. Ba 型 II 式（T2④：34）　　4. Ba 型 II 式（T2④：9）　　5. Bb 型 I 式（T2④：41）　　6. Bb 型 I 式（T2④：26）　　7. Bb 型 I 式（T2④：27）　　8. Bb 型 I 式（T2④：31）　　9. Bb 型 II 式（T2④：39）　　10. Bb 型 II 式（T2④：43）　　11. Bb 型 II 式（T2③：48）　　12. Bb 型 III 式（T2③：34）　　13. Bb 型 III 式（T1②：345）　　14. Bb 型 III 式（T1②：324）　　15. Bb 型 IV 式（T2②：14）　　16. Bc 型 I 式（T2④：4）

标本 T2④：27，灰色胎。釉色不显。高 5.6、口径 19.6、底径 12.6 厘米（图一一，7）。

标本 T2④：31，灰色胎。淡青色釉。高 5.5、口径 18、底径 11.6 厘米（图一一，8；图版三，5）。

Ⅱ式　15 件。腹较Ⅰ式深。口部弦纹多细而浅，少数较宽。褐色点彩的彩点多较Ⅰ式小而密，个别的仍大而疏。

标本 T2④：39，灰色胎。釉色不显。高 6.6、口径 20.4、底径 13.2 厘米（图一一，9；图版三，6）。

标本 T2④：43，灰色胎。青色釉。高 6、口径 17.2、底径 11.6 厘米（图一一，10；图版四，1）。

标本 T2③：48，灰色胎。青黄色釉。高 6.6、口径 21.6、底径 13.6 厘米（图一一，11）。

Ⅲ式　25 件。腹较Ⅱ式略深。口部弦纹多细而浅，少数较宽，彩点较Ⅱ式小，多排列较密。

标本 T2③：34，灰色胎。青色釉。高 5.4、口径 16.4、底径 11.2 厘米（图一一，12）。

标本 T1②：345，灰黄色胎。釉全部剥落。高 4.8、口径 14、底径 9.6 厘米（图一一，13）。

标本 T1②：324，灰黄色胎。釉全部剥落。高 6.4、口径 20.4、底径 13.5 厘米（图一一，14）。

Ⅳ式　14 件。腹较Ⅲ式深，弦纹细而浅。

标本 T2②：14，灰色胎。青泛黄色釉。高 6、口径 17.2、底径 11.4 厘米（图一一，15）。

Bc 型　14 件。壁上部外弧，下部斜直内收。依据腹深浅等差异，分为四式。

Ⅰ式　4 件。腹较浅。弦纹较宽而深，腹下部内收较缓。

标本 T2④：4，灰色胎。釉色不显。高 5.2、口径 14.4、底径 10.8 厘米（图一一，16；图版四，2）。

标本 T2④：2，灰色胎。釉色不显。高 5.4、口径 14.8、底径 10.8 厘米（图一二，1）。

Ⅱ式　2 件。腹较Ⅰ式深，弦纹较宽，腹下部内收较急。

标本 T2④：1，灰色胎。釉色不显。高 5、口径 12.8、底径 10 厘米（图一二，2；图版四，3）。

标本 T2③：36，高 5.7、口径 17、底径 11.4 厘米（图一三，10；图版四，4）

Ⅲ式　5 件。腹较Ⅱ式略深，弦纹较窄，腹下部急收又直收。

标本 T2③：5，灰色胎。釉全部剥落。高 5、口径 12.8、底径 10 厘米（图一二，3）。

标本 T2③：1，高 5.7、口径 12、底径 9 厘米（图一三，9）。

Ⅳ式　3 件。腹较Ⅲ式略深，弦纹细而浅，腹下部斜直急收。

标本 T2②：2，灰色胎。青色釉。高 4.8、口径 12.2、底径 9.4 厘米（图一二，4）。

C 型　123 件。敛口或口部微敛，曲壁。根据壁形制的不同，又分为四亚型。

Ca 型　22 件。壁呈圆弧形。依据腹深浅的差异，分为四式。

Ⅰ式　6 件。腹较浅，弦纹较宽、深，彩点较大而疏。

标本 T2④：23，内底粘有锯齿状间隔具的齿尖部，灰色胎。釉色不显。高 6、口径 20、底径 12.4 厘米（图一二，5；图版四，5）。

Ⅱ式　3 件。腹较Ⅰ式略深，弦纹细、浅，彩点较小而疏。

标本 T2④：38，灰色胎。釉色不显。高 6、口径 17.2、底径 11.6 厘米（图一二，6；图版四，6）。

Ⅲ式　11 件。腹较Ⅱ式略深，弦纹细而浅，彩点较小而疏。

标本 T1②：335，灰黄色胎。釉全部剥落。高 5.8、口径 18.2、底径 12.8 厘米（图一二，7）。

标本 T1②：334，灰色胎。釉不显。高 6.3、口径 18、底径 12.4 厘米（图一二，8）。

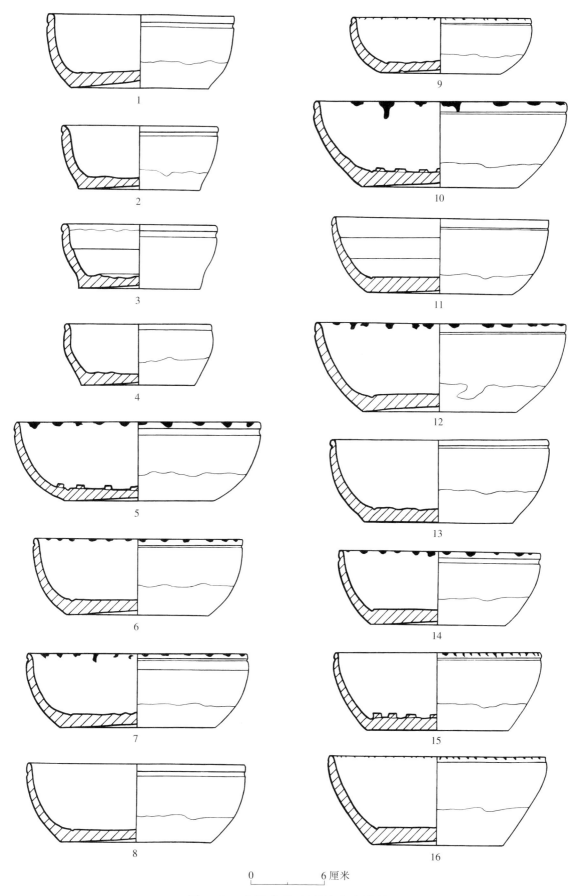

0   6厘米

图一二　龙凤乌龟山窑址出土瓷钵

1. Bc 型Ⅰ式（T2④:2）　2. Bc 型Ⅱ式（T2④:1）　3. Bc 型Ⅲ式（T2③:5）　4. Bc 型Ⅳ式（T2②:2）　5. Ca 型
Ⅰ式（T2④:23）　6. Ca 型Ⅱ式（T2④:38）　7. Ca 型Ⅲ式（T1②:335）　8. Ca 型Ⅲ式（T1②:334）　9. Ca 型
Ⅳ式（T1②:344）　10. Cb 型Ⅰ式（T2④:36）　11. Cb 型Ⅱ式（T2④:12）　12. Cb 型Ⅱ式（T2③:40）　
13. Cb 型Ⅲ式（T1②:333）　14. Cb 型Ⅲ式（T2②:19）　15. Cc 型Ⅰ式（T2④:13）　16. Cc 型Ⅱ式（T2③:16）

Ⅳ式　2件。腹较Ⅲ式浅，弦纹较细，彩点小而密。

标本T1②：344，灰黄色胎。釉全部剥落。高4.4、口径14.8、底径10厘米（图一二，9）。

Cb型　78件。壁呈大弧形，下部缓收。依据腹深浅等差异，分为三式。

Ⅰ式　17件。腹较浅，弦纹较窄，彩点大而疏。

标本T2④：36，灰色胎。青釉。高6.8、口径20.8、底径13厘米（图一二，10；图版五，1）。

Ⅱ式　21件。腹较Ⅰ式略深，细弦纹，彩点较大而疏。

标本T2④：12，灰色胎。青泛黄色釉。高6、口径18、底径12厘米（图一二，11）。

标本T2③：40，灰色胎。青色釉。高7、口径20.8、底径12.8厘米（图一二，12；图版五，2）。

Ⅲ式　40件。腹较Ⅱ式略深，细弦纹，彩点较小而略密。

标本T1②：333，灰色胎。青泛黄色釉。高6.6、口径18.2、底径12.4厘米（图一二，13）。

标本T2②：19，灰色胎。釉色不显。高5.8、口径16.8、底11.2厘米（图一二，14）。

Cc型　19件。腹上部弧鼓，下部急收，细弦纹。依据腹深浅等差异，分为三式。

Ⅰ式　3件。腹较深，下部略斜直内收，彩点小而密。

标本T2④：13，灰色胎。青釉。高6.2、口径17.2、底径11.9厘米（图一二，15；图版五，3）。

Ⅱ式　6件。腹较Ⅰ式略深，下部斜直内收，彩点较小而密。

标本T2③：16，灰色胎。青色釉。高7、口径18、底径11.2厘米（图一二，16）。

标本T2③：8，灰色胎。青色釉。高5.6、口径14.8、底径10.8厘米（图一三，1）。

Ⅲ式　10件。腹较Ⅱ式略浅，下部急收线略内弧，彩点颇小而密。

标本T1②：380，灰色胎。釉色不显。高6.5、口径18、底径12厘米（图一三，2）。

标本T1②：384，灰黄色胎。釉全部剥落。高6.2、口径18、底径12厘米（图一三，4）。

标本T1②：352，灰色胎。青泛黄色釉。高6.1、口径17.2、底径12.4厘米（图一三，5）。

标本T2②：15，高6.9、口径17.7、底径10.8厘米（图一三，3）。

Cd型　4件。壁上部略弧，下部微弧内收，深腹，细弦纹。依据腹深浅的差异，分为二式。

Ⅰ式　1件。深腹。

标本T2④：8，灰黄色胎。釉色不显。高7.4、口径15.6、底径10.4厘米（图一三，6；图版五，4）。

Ⅱ式　3件。腹较Ⅰ式略浅。

标本T2③：28，灰色胎。青色釉。高7、口径15.6、底径9.2厘米（图一三，7）。

标本T2②：14，灰黄色胎。釉全部剥落。高6.9、口径15.6、底径10.4厘米（图一三，8）。

6. 莲瓣纹碗

19件。曲壁，假圈足，有的内凹。灰或灰黄色胎。施青、淡青或青泛黄色釉，内满外施至足部，釉层均匀。正烧者，釉面晶莹光亮。开细纹片。外侧口部饰一或二道凹弦纹，弦纹以下划或刻剔仰式莲瓣纹。划出的莲瓣由三或四重线组成。刻剔者，先以线划出莲瓣，然后将莲瓣外、肩以上的部分剔去一层，莲瓣具有浅浮雕效果。一般高6.7～8.9、口径12.4～16.5、足径6.4～8厘米，个别较大或较小。根据口部形制的不同，可分为三型。

A型　7件。敛口。根据壁形制的不同，又分为二亚型。

Aa型　6件。壁外弧较小。依据腹深浅等差异，分为二式。

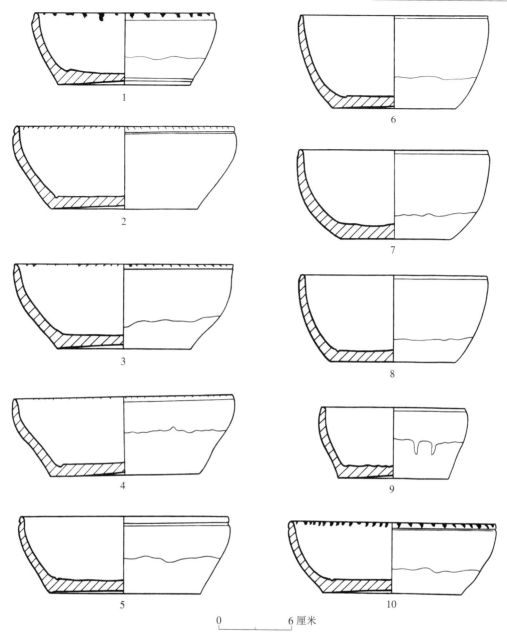

图一三　龙凤乌龟山窑址出土瓷钵

1. Cc 型 Ⅱ 式（T2③：8）　2. Cc 型 Ⅲ 式（T1②：380）　3. Cc 型 Ⅲ 式（T2②：15）　4. Cc 型 Ⅲ 式
（T1②：384）　5. Cc 型 Ⅲ 式（T1②：352）　6. Cd 型 Ⅰ 式（T2④：8）　7. Cd 型 Ⅱ 式（T2③：28）
8. Cd 型 Ⅱ 式（T2②：4）　9. Bc 型 Ⅲ 式（T2③：1）　10. Bc 型 Ⅱ 式（T2③：36）

　　Ⅰ式　1件。深腹。

　　标本 T2④：261，划花，莲瓣短肥。碗内粘一块窑渣。灰色胎。淡青色釉。高6.8、口径
12.4、足径6.4厘米（图一四，1）。

　　Ⅱ式　5件。腹较Ⅰ式浅，刻剔花，莲瓣较瘦长。

　　标本 T3②：13，灰黄色胎。釉全部剥落。高7.4、口径15.6、足径7.2厘米（图一四，2）。

　　标本 T3①：103，灰色胎。青色釉。高7.6、口径15.6、足径6.8厘米（图一四，3）。

　　Ab 型　1件。壁外弧较大，呈圆弧形。

　　标本 T3①：159，据残片复原。深腹，刻剔花，莲瓣瘦长。灰黄色胎。釉全部剥落。高12、

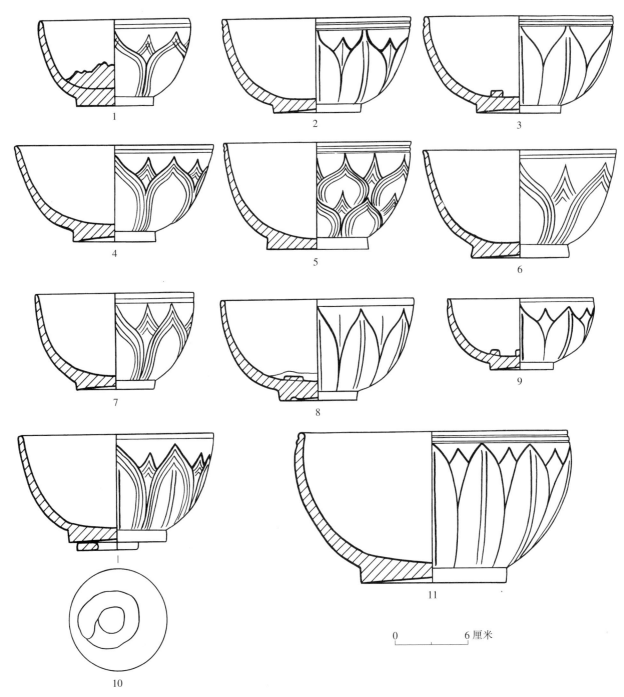

图一四　龙凤乌龟山窑址出土瓷莲瓣纹碗

1. Aa 型 I 式（T2④：261）　2. Aa 型 II 式（T3②：13）　3. Aa 型 II 式（T3①：103）　4. B 型 I 式（T2④：260）
5. B 型 II 式（T2③：432）　6. B 型 III 式（T2②：110）　7. C 型 I 式（T2③：245）　8. C 型 II 式（T3①：140）
9. C 型 III 式（T3①：106）　10. B 型 II 式（T2③：241）　11. Ab 型（T3①：159）

口径 22、足径 12 厘米（图一四，11）。

　　B 型　5 件。侈口。依据腹深浅的差异分为三式。

　　I 式　1 件。腹较深。

　　标本 T2④：260，划花，莲瓣短肥。灰色胎。淡青色釉。高 7.6、口径 16.4、足径 6.8 厘米
（图一四，4；图版五，5）。

Ⅱ式 3件。腹较Ⅰ式深，刻剔花或划花。

标本T2③：241，刻剔花，莲瓣较Ⅰ式瘦长。灰色胎。淡青色釉。高8.6、口径16.4、足径8厘米（图一四，10；图版五，6）。

标本T2③：432，划花，上下二层莲瓣，莲瓣短肥。灰黄色胎。釉全部剥落。高8.4、口径15.6、足径8.4厘米（图一四，5；图版六，1）。

Ⅲ式 1件。腹较Ⅱ式略深。

标本T2②：110，划花，莲瓣较短肥。灰色胎。青泛黄色釉。高8.6、口径16、足径8厘米（图一四，6；图版六，2）。

C型 7件。直口。依据腹深浅等差异，分为三式。

Ⅰ式 5件。深腹，划花，莲瓣较短肥。

标本T2③：245，灰色胎。淡青色釉。高7.6、口径13.2、足径6.4厘米（图一四，7；图版六，3）。

Ⅱ式 1件。腹较Ⅰ式浅。

标本T3①：140，刻剔花，莲瓣较瘦长。灰色胎。青泛黄色釉。高8、口径16、足径6.4厘米（图一四，8；图版六，4）。

Ⅲ式 1件。腹较Ⅱ式浅。

标本T3①：106，刻剔花，莲瓣较短肥。灰色胎。青泛黄色釉。高5.6、口径12、足径5.2厘米（图一四，9；图版六，5）。

7. 碗

56件。曲壁。假圈足，有的内凹。灰或灰黄色胎。施青、青泛黄或青黄色釉，大部分内满外施至下腹部或足部，少数内不及底外至足部。釉层均匀，正烧者，釉面光莹，开细纹片。外侧口部绝大多饰一道凹弦纹。高5.6～8.2、口径12.8～22.4、足径6～15.6厘米。根据口部形制的不同，可分为四型。

A型 45件。敛口。根据足形制的不同，又分为三亚型。

Aa型 37件。足矮、大。部分口部饰褐色点彩。依据腹深浅等差异，分为四式。

Ⅰ式 6件。腹较浅，弦纹宽、深，彩点大而疏。

标本T2④：50，灰色胎。青色釉。高6、口径19.2、足径13.1厘米（图一五，1；图版六，6）。

标本T2④：45，灰色胎。釉全部剥落。高6.2、口径19.6、足径12.8厘米（图一五，2）。

标本T2④：57，灰色胎。青色釉。高6.4、口径18.8、足径10.8厘米（图一五，3；图版七，1）。

Ⅱ式 8件。腹较Ⅰ式深，弦纹较宽或细，彩点大而疏。

标本T2④：46，内底粘一圆形锯齿状间隔具。灰色胎。青色釉。高7、口径19.6、足径12.4厘米（图一五，4；彩版四，1）。

标本T2④：56，灰色胎。青色釉。高6.8、口径20.5、足径15.6厘米（图一五，5；图版七，2；彩版四，2）。

Ⅲ式 9件。腹较Ⅱ式深，弦纹较窄，彩点较小而密。

标本T2③：59，灰色胎。青泛黄色釉。高7.8、口径21.2、足径14.4厘米（图一五，6）。

Ⅳ式 14件。腹较Ⅲ式深，细弦纹，彩点小而密。

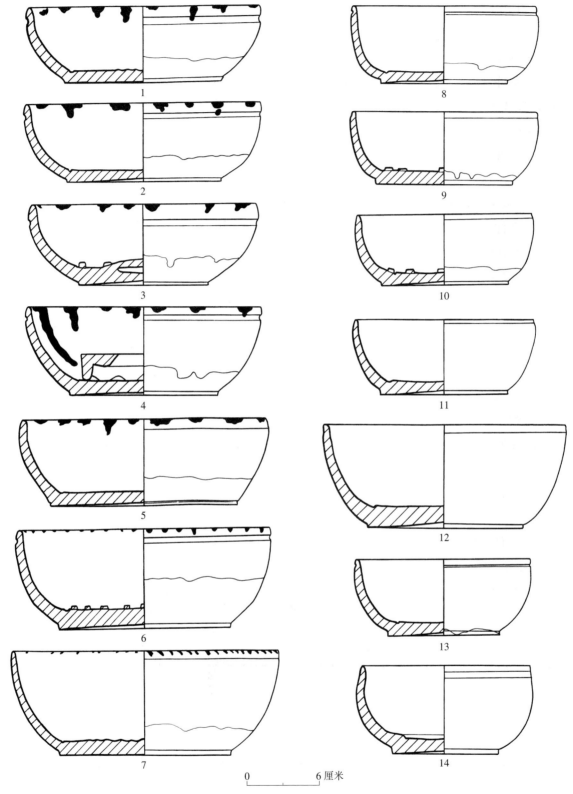

0　　　　6厘米

图一五　龙凤乌龟山窑址出土瓷碗

1. Aa 型 I 式（T2④：50）　2. Aa 型 I 式（T2④：45）　3. Aa 型 I 式（T2④：57）　4. Aa 型 II 式（T2④：46）
5. Aa 型 II 式（T2④：56）　6. Aa 型 III 式（T2③：59）　7. Aa 型 IV 式（T1②：323）　8. Ab 型 I 式（T2④：44）
9. Ab 型 II 式（T2③：67）　10. Ab 型 II 式（T2③：56）　11. Ab 型 III 式（T1②：347）　12. Ab 型 III 式（T2②：26）
13. Ac 型 I 式（T2④：54）　14. Ac 型 II 式（T2②：28）

标本 T1②：323，灰色胎。青色釉。高 8.2、口径 22.4、足径 14.4 厘米（图一五，7；图版七，3）。

Ab 型 6 件。足较 Aa 型小，细弦纹，有的口部饰褐色点彩。依据腹形态的差异，分为三式。

Ⅰ式 1 件。腹较深，下腹部弧线缓收，较宽肥。

标本 T2④：44，灰黄色胎。釉全部剥落。高 6.2、口径 15.3、足径 10.4 厘米（图一五，8；图版七，4）。

Ⅱ式 3 件。腹深浅略同Ⅰ式，下腹部内收线弧度较Ⅰ式小，较其窄瘦。

标本 T2③：67，灰色胎。青色釉。彩点颇小而密，高 6、口径 14.8、足径 10.8 厘米（图一五，9）。

标本 T2③：56，灰色胎。青泛黄色釉。高 5.6、口径 14.4、足径 10.4 厘米（图一五，10）。

Ⅲ式 2 件。腹较Ⅱ式深，下腹部内收线略弧，较Ⅱ式窄瘦。

标本 T1②：347，灰色胎。釉全部剥落。高 6、口径 14.4、足径 10.3 厘米（图一五，11）。

标本 T2②：26，灰色胎。釉色不显。彩点颇小而密，高 8.2、口径 20、足径 12.8 厘米（图一五，12）。

Ac 型 2 件。足较 Ab 型小而略高，细弦纹。依据腹深浅等差异，分为二式。

Ⅰ式 1 件。腹较深，壁外弧度较小。

标本 T2④：54，灰色胎。青色釉。高 6.1、口径 14.4、足径 9.2 厘米（图一五，13）。

Ⅱ式 1 件。腹较Ⅰ式深，壁外弧度较大。

标本 T2②：28，腹圆鼓，灰色胎。青色釉。高 7、口径 14、足径 8.8 厘米（图一五，14）。

B 型 6 件。侈口。根据足形制的不同，又分为二亚型。

Ba 型 4 件。矮足，较大。依据腹深浅等差异，分为三式。

Ⅰ式 1 件。腹较浅，弦纹较宽、深。

标本 T2④：53，灰色胎。釉色不显。高 6.4、口径 20、足径 10.8 厘米（图一六，1；图版七，5）。

Ⅱ式 2 件。腹较Ⅰ式深，弦纹较宽、深。

标本 T2④：48，灰色胎。青色釉。高 5.9、口径 17.2、足径 10.1 厘米（图一六，2；图版七，6）。

标本 T2④：58，灰色胎。青色釉。高 6.2、口径 18、足径 10.8 厘米（图一六，3；图版八，1）。

Ⅲ式 1 件。腹较Ⅱ式深，细弦纹。

标本 T1②：319，灰色胎。青色釉。高 5.8、口径 15.2、足径 10.8 厘米（图一六，4）。

Bb 型 2 件。小足，较 Ba 型高。细弦纹。依据腹深浅的差异，分为二式。

Ⅰ式 1 件。深腹。

标本 T2④：262，灰色胎。青泛黄色釉。高 6.6、口径 12.8、足径 7.2 厘米（图一六，5）。

Ⅱ式 1 件。腹较Ⅰ式浅。

标本 T1②：449，灰色胎。青色釉。内外均施至下腹部。高 7.1、口径 15.6、足径 6.8 厘米（图一六，6）。

C 型 4 件。直口。根据足形制的不同，又分为二亚型。

Ca 型 2 件。矮足，较大。腹较浅，细弦纹。

标本 T2③：57，内底粘有圆形锯齿状间隔具的端部。灰色胎。青色釉。高 5.8、口径 15.2、足径 9.5 厘米（图一六，7；图版八，2）。

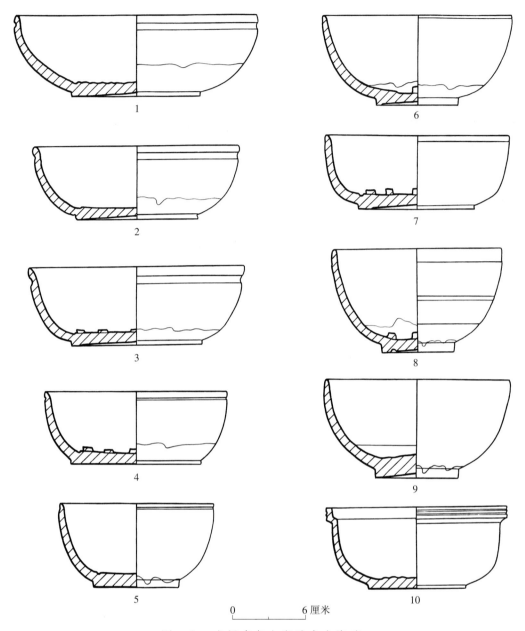

图一六　龙凤乌龟山窑址出土瓷碗

1. Ba 型 I 式（T2④∶53）　2. Ba 型 II 式（T2④∶48）　3. Ba 型 II 式（T2④∶58）　4. Ba 型 III
式（T1②∶319）　5. Bb 型 I 式（T2④∶262）　6. Bb 型 II 式（T1②∶449）　7. Ca 型（T2③∶
57）　8. Cb 型（T3①∶134）　9. Cb 型（T3①∶99）　10. Cc 型（T3①∶92）

Cb 型　2 件。小足，较 Ca 型高。深腹。灰色胎。青泛黄色釉，内施至下腹，外至下腹部或
足部。

标本 T3①∶134，外侧口下、腹部饰凹弦纹。内底粘有垫块。高 8.2、口径 14.1、足径 6 厘米
（图一六，8；图版八，3）。

标本 T3①∶99，高 7.8、口径 15.2、足径 6.8 厘米（图一六，9）。

D 型　1 件。折直口。

标本 T3①∶92，口部外折又上折，内侧外形成一斜台。矮足较小，腹较深。口外侧饰两道细
弦纹。灰色胎。内满外半施青泛黄色釉，大部分剥落。高 6.4、口径 15、足径 8 厘米（图一六，

10；图版八，4）。

8. 莲花纹盘

10件。敞口，曲壁，浅腹。灰或灰黄色胎。施青或青泛黄色釉，内满外近足或及足。内侧口部饰一道、上部饰两道凹弦纹，弦纹内划饰或刻饰五瓣莲花纹一朵，中间划出莲蓬。莲瓣均较瘦长。划花者莲瓣由四或五重线组成，刻花者莲瓣线条较宽、深，莲蓬一般由三或五个重圈纹构成。内底大多粘有支钉端部或支钉痕迹。根据有无足的不同，可分为二型。

A型　9件。假圈足，多内凹。高3～4、口径14.8～16、足径6.8～7.8厘米。依据腹深浅等差异，分为二式。

Ⅰ式　2件。腹较浅，划花。

标本T3②：9，内外底上均粘有支钉。灰色胎。青泛黄色釉。高4、口径15.2、足径7.6厘米（图一七，1；图版八，5）。另有标本T3③：151，残（图一七，5）。

Ⅱ式　7件。腹较Ⅰ式浅，划花或刻花。

标本T3①：148，划花。内底粘有支钉。灰色胎。青泛黄色釉。高3.6、口径14.8、足径7.8厘米（图一七，2；图版八，6）。

标本T3①：150，划花。内外底上均粘有支钉。灰色胎。青泛黄色釉。高3.6、口径16、足径7.2厘米（图一七，3）。

标本T3②：10，刻花。灰色胎。青泛黄色釉。高3、口径16、足径7.2厘米（图一七，4；图版九，1）。

标本T3①：133，不能复原。划花。灰黄色胎。釉全部剥落。残高1.4、残口径10.2、足径6.8厘米（图一七，6）。

B型　1件。平底，无足。

标本T3①：145，划花。外底粘有支钉。灰色胎。青色釉。残高1.2、残口径11、底径8.4厘米（图一七，7）。

9. 盘

35件。敞口。浅腹。灰或灰黄色胎，施青、青泛黄或青黄色釉，内满釉，外施釉至口沿、中腹、近底或及底部。根据底、足形制的不同，可分为三型。

A型　30件。大平底，大多内凹。壁外斜，腹颇浅。内侧底中部有刻划较宽的圆圈纹，内底大部留有圆形锯齿状间隔具的齿痕。高1.6～2.6、口径14.4～16、底径12～14.4厘米。根据壁形制的不同，又分为二亚型。

Aa型　14件。壁上部微内弧，下部外凸并斜直内收。依据壁外敞角度的差异，分为三式。

Ⅰ式　2件。壁外敞角度较大。

标本T2④：301，灰黄色釉。釉色不显。高2、口径16、底径12.8厘米（图一八，1）。

标本T2④：317，灰色胎。青色釉。高2.2、口径16、底径13.4厘米（图一八，2；图版九，2）。

Ⅱ式　8件。壁外敞角度较Ⅰ式小。

标本T2③：318，灰色胎。青色釉。高2、口径15.8、底径14厘米（图一八，3；图版九，3）。

标本T2③：332，灰黄色胎。釉色不显。高2.2、口径14.8、底径12厘米（图一八，4）。

Ⅲ式　4件。壁外敞角度较Ⅱ小。

图一七 龙凤乌龟山窑址出土瓷莲花纹盘

1. A 型 I 式（T3②：9）　2. A 型 II 式（T3①：148）　3. A 型 II 式（T3②：150）　4. A 型 II 式（T3②：10）
5. A 型 I 式（T3③：151）　6. A 型 II 式（T3①：133）　7. B 型（T3①：145）

标本 T1②：22，灰色胎。青黄色釉。高 2.6、口径 14.4、底径 12 厘米（图一八，5；图版九，4）。

标本 T1②：440，高 2.1、口径 16.2、底径 12 厘米（图一八，6；图版九，5）。

Ab 型　16 件。壁微内弧或斜直。依据壁外敞角度的差异，分为二式。

I 式　7 件。壁外敞角度较大。

标本 T2③：328，灰黄色胎。青黄色釉。高 1.6、口径 14.4、底径 12.4 厘米（图一八，8）。

标本 T1②：17，灰黄色胎。釉全部剥落。高 1.9、口径 16.4、底径 14.4 厘米（图一八，9）。

II 式　9 件。壁外敞角度较 I 式小。

标本 T1②：18，灰黄色。釉全部剥落。高 2、口径 16、底径 14.4 厘米（图一八，10）。

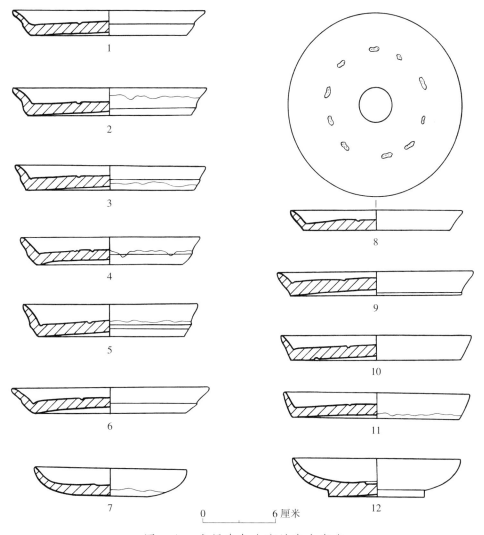

图一八　龙凤乌龟山窑址出土瓷盘

1. Aa 型 I 式（T2④：301）　2. Aa 型 I 式（T2④：317）　3. Aa 型 II 式（T2③：318）　4. Aa 型 II 式
（T2③：332）　5. Aa 型 III 式（T1②：22）　6. Aa 型 III 式（T1②：440）　7. B 型（T3①：147）
8. Ab 型 I 式（T2③：328）　9. Ab 型 II 式（T1③：17）　10. Ab 型 II 式（T1②：18）　11. Ab 型 II 式
（T1②：20）　12. C 型（T3①：152）

标本 T1②：20，灰色胎。青黄色釉，大多剥落。高 2、口径 15.6、底径 14 厘米（图一八，11）。

B 型　3 件。小平底，曲壁，腹颇浅。高 2.2 ~ 2.9、口径 12 ~ 17、底径 4 ~ 6 厘米。

标本 T3①：147，灰色胎。青泛黄色釉。高 2.2、口径 12.4、底径 6 厘米（图一八，7）。

C 型　2 件。假圈足，曲壁，腹较浅。高 3 ~ 3.7、口径 14 ~ 15.4、足径 7 ~ 8 厘米。

标本 T3①：152，灰黄色胎。釉全部剥落。高 3、口径 14、足径 8 厘米（图一八，12；图版九，6）。

10. 莲瓣纹杯

7 件。曲壁，深腹，假圈足。灰色胎。施青、淡青、青泛黄色釉，内满釉，外施釉至近足、至足或足侧面。外侧口部划饰二道弦纹，弦纹以下划饰莲瓣纹，莲瓣由二、三或四重线构成。高 4.8 ~ 6、口径 8.4 ~ 10.4、足径 4.3 ~ 5.2 厘米。根据口部形制的不同，可分为三型。

A 型　2 件。敛口。依据腹深浅等差异，分为二式。

I 式　1 件。深腹。

标本 T2③：256，下腹部较瘦，莲瓣较窄瘦。青泛黄色釉。高 5.2、口径 9.2、足径 4.5 厘米（图一九，1）。

Ⅱ式　1 件。腹较Ⅰ式微浅。

标本 T2③：240，下腹部较胖。莲瓣较宽肥。青色釉。高 5.8、口径 10.4、足径 5.2 厘米（图一九，2；图版一〇，1）。

B 型　3 件。直口。依据腹深浅等差异，分为二式。

Ⅰ式　2 件。深腹，下腹部较瘦。莲瓣较圆肥。内粘连窑渣。

标本 T2③：259，青泛黄色釉。高 6、口径 9.6、足径 4.8 厘米（图一九，3；图版一〇，2）。

Ⅱ式　1 件。腹较Ⅰ式浅，下腹部较胖。莲瓣较宽肥。

标本 T2②：115，内粘连窑渣。青色釉。高 4.8、口径 8.4、足径 4.3 厘米（图一九，4；彩版四，3）。

C 型　2 件。侈口。依据腹深浅等差异，分为二式。

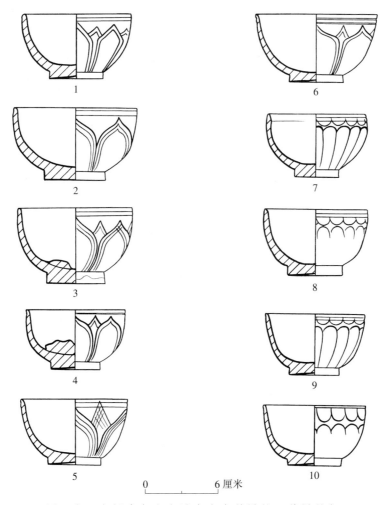

图一九　龙凤乌龟山窑址出土瓷莲瓣纹、菊瓣纹杯

1. 莲瓣纹杯 A 型Ⅰ式（T2③：256）　2. 莲瓣纹杯 A 型Ⅱ式（T2③：240）

3. 莲瓣纹杯 B 型Ⅰ式（T2③：259）　4. 莲瓣纹杯 B 型Ⅱ式（T2②：115）

5. 莲瓣纹杯 C 型Ⅰ式（T2③：255）　6. 莲瓣纹杯 C 型Ⅱ式（T2②：119）

7. 菊瓣纹杯 A 型Ⅰ式（T2③：254）　8. 菊瓣纹杯 A 型Ⅱ式（T2②：116）

9. 菊瓣纹杯 B 型Ⅰ式（T2③：253）　10. 菊瓣纹杯 B 型Ⅱ式（T2③：252）

Ⅰ式　1件。深腹，下腹部较瘦。莲瓣较圆肥。

标本T2③：255，青色釉。高5.2、口径9、足径4.5厘米（图一九，5；图版一○，3）。

Ⅱ式　1件。腹较Ⅰ式浅，下腹部较胖。莲瓣较宽肥。

标本T2②：119，青泛黄色釉。高5.4、口径10、足径4.4厘米（图一九，6；图版一○，4）。

11. 菊瓣纹杯

5件。曲壁，深腹，假圈足。灰色胎。施青或淡青色釉，内满釉外施釉至足侧面。外侧口部划饰二道弦纹，弦纹下的上部划饰一短覆菊瓣纹，下部划饰短或长仰菊瓣纹。菊瓣均由单线构成。高4.8～5.2、口径8～8.4、足径3.6～4.4厘米。根据口部形制的不同，可分为二型。

A型　3件。敛口。依据腹深浅等差异，分为二式。

Ⅰ式　1件。深腹，下腹部较瘦。

标本T2③：254，釉色不显。高5、口径8、足径3.6厘米（图一九，7；图版一○，5）。

Ⅱ式　2件。腹较Ⅰ式浅，下腹部较胖。

标本T2②：116，釉色不显。高5.2、口径8.4、足径4.3厘米（图一九，8；图版；图版一○，6）。

B型　2件。侈口。依据腹深浅等差异，分为二式。

Ⅰ式　1件。深腹，下腹部较瘦。

标本T2③：253，青色釉。高4.8、口径8.2、足径4.1厘米（图一九，9；图版一一，1）。

Ⅱ式　1件。腹较Ⅰ式浅，下腹部较胖。

标本T2③：252，淡青色釉。高4.8、口径8.4、足径4.4厘米（图一九，10；彩版四，4）。

12. 杯

58件。曲壁，假圈足。灰或灰黄色胎。施青、淡青、青泛黄或青黄色釉，内满釉，外施釉至下腹部或近足部。外侧口部划饰一或二道弦纹，个别的口部饰褐色点彩。高3.8～5.8、口径7.8～10.4、足径4～6厘米，口径绝大部分在8～10厘米之间。根据口部形制的不同，可分为三型。

A型　9件。敛口。依据腹深浅的差异，分为三式。

Ⅰ式　2件。腹较深。

标本T2④：227，灰色胎。釉色不显。高3.8、口径8.4、足径5.2厘米（图二○，1）。

Ⅱ式　3件。腹较Ⅰ式深。

标本T2③：215，灰色胎。青色釉。高4.2、口径8.8、足径5.4厘米（图二○，2）。

Ⅲ式　4件。腹较Ⅱ式深。

标本T1②：48，灰色胎。青色釉。高4.8、口径9、足径6厘米（图二○，3；图版一一，2）。

B型　30件。直口。根据体形高矮和壁形制的不同，又分为三亚型。

Ba型　6件。体形较高，下部较斜直内收，较窄瘦。依据腹深浅的差异，分为三式。

Ⅰ式　1件。腹较深。

标本T2④：234，灰黄色胎。青黄色釉。高5.4、口径10、足径6厘米（图二○，4）。

Ⅱ式　4件。腹较Ⅰ式略深。

标本T2④：236，灰黄色胎。青黄色釉。高4.8、口径8.4、足径4.4厘米（图二○，5；图版一一，3）。

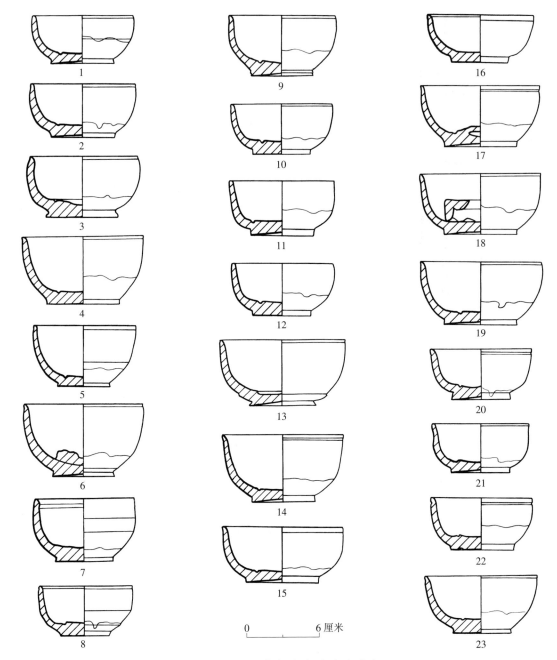

图二〇　龙凤乌龟山窑址出土瓷杯

1. A 型 I 式（T2④∶227）　2. A 型 II 式（T2③∶215）　3. A 型 III 式（T1②∶48）　4. Ba 型 I 式（T2④∶234）
5. Ba 型 II 式（T2④∶236）　6. Ba 型 II 式（T2③∶238）　7. Ba 型 III 式（T2②∶117）　8. Bb 型 I 式（T2③∶226）
9. Bb 型 II 式（T1②∶138）　10. Bc 型 I 式（T2④∶220）　11. Bc 型 II 式（T2③∶209）　12. Bc 型 II 式（T2②∶91）
13. Ca 型 I 式（T2④∶238）　14. Ca 型 II 式（T2③∶239）　15. Cb 型 I 式（T2③∶219）　16. Cb 型 I 式（T2③∶218）
17. Cb 型 II 式（T2②∶103）　18. Cb 型 III 式（T1②∶142）　19. Cb 型 III 式（T2②∶104）　20. Cc 型 I 式（T1②∶143）
21. Cc 型 II 式（T1②∶55）　22. Cc 型 II 式（T2②∶105）　23. Ca 型 II 式（T2③∶257）

标本 T2③∶238，内粘连一块窑渣。灰色胎。青色釉。高 5.8、口径 10、足径 5.2（图二〇，6）。

III 式　1 件。腹较 II 式略深。

标本 T2②∶117，灰色胎。青色釉，绝大部分剥落。高 5.1、口径 8.1、足径 4.8 厘米（图二〇，7）。

Bb 型　2 件。体形较矮扁，下部较斜直内收，较窄瘦。依据腹深浅的差异，分为二式。

Ⅰ式　1 件。腹较浅。

标本 T2③：226，灰色胎。釉色不显。高 4、口径 7.8、足径 4 厘米（图二〇，8）。

Ⅱ式　1 件。腹较Ⅰ式深。

标本 T1②：138，灰色胎。青色釉，绝大部分剥落。高 4.8、口径 8.8、足径 5.2 厘米（图二〇，9）。

Bc 型　22 件。体形矮扁，下部缓收，较宽胖。依据腹深浅的差异，分为二式。

Ⅰ式　9 件。腹较浅。

标本 T2④：220，灰色胎。青色釉。高 4、口径 8.4、足径 4.8 厘米（图二〇，10）。

Ⅱ式　13 件。腹较Ⅰ式略深。

标本 T2③：209，灰黄色胎。釉全部剥落。高 4.4、口径 8.8、足径 5.2（图二〇，11）。

标本 T2②：91，灰色胎。青色釉。高 4.2、口径 8.4、足径 4.8 厘米（图二〇，12）。

C 型　19 件。侈口。根据体形高矮和壁形制的不同，又分为三亚型。

Ca 型　6 件。体形较高，下部较斜直内收，较窄瘦。依据腹深浅的差异，分为二式。

Ⅰ式　1 件。腹较深。

标本 T2④：238，灰色胎。青色釉。高 5.2、口径 10.4、足径 5.6 厘米（图二〇，13）。

Ⅱ式　5 件。腹较Ⅰ式略深。

标本 T2③：239，灰色胎。釉色不显。高 5.4、口径 10、足径 5.2 厘米（图二〇，14）。

标本 T2③：257，灰色胎。青黄色釉，大部分剥落。高 4.6、口径 9.2、足径 4.7 厘米（图二〇，23）。

Cb 型　7 件。体形较矮扁，下部较急内收，较窄瘦。依据腹深浅的差异，分为二式。

Ⅰ式　3 件。腹较浅。

标本 T2③：219，灰色胎。青色釉。口部褐色彩点小而密。高 4.6、口径 10、足径 6 厘米（图二〇，15）

标本 T2③：218，灰色胎。青色釉，局部不显。高 4、口径 8.4、足径 4.8 厘米（图二〇，16）。

Ⅱ式　4 件。腹较Ⅰ式深。

标本 T2②：103，灰色胎。青色釉，大部分剥落。高 4.8、口径 9.8、足径 6 厘米（图二〇，17）。

标本 T1②：142，内粘有一圆形锯齿状间隔具，灰色胎，青泛黄色釉，口部褐色彩点颇小而密，高 4.8、口径 10、足径 6 厘米（图二〇，18）。

标本 T2②：104，灰色胎。青色釉。高 5、口径 10、足径 6 厘米（图二〇，19）。

Cc 型　6 件。体形较矮扁，下部缓收，较宽胖。依据腹深浅的差异，分为二式。

Ⅰ式　3 件。腹较浅。

标本 T1②：143，灰色胎。青泛黄色釉，大部分剥落。高 4、口径 8.4、足径 4.8 厘米（图二〇，20）。

Ⅱ式　3 件。腹较Ⅰ式略深。

标本 T1②：55，灰色胎。青泛黄色釉，大部分剥落。高 3.9、口径 8、足径 4.8 厘米（图二〇，21）。

标本 T2②：105，灰色胎。釉全部剥落。高 4.2、口径 8.4、足径 5.2 厘米（图二〇，22）。

13. 盅

51 件。曲壁，平底或假圈足。灰或灰黄色胎。施青、淡青、青泛黄或青黄色釉，内满釉，外施釉至腹、下腹或底侧，大部分剥落。高 1.8～3.2、口径 4.4～6.9、底（足）径 3.2～4.8 厘米，口径大多在 5～6.5 厘米之间。依据口部形制的不同，可分为三型。

A 型　45 件。敛口。根据有无足和壁形制的不同，又分为五亚型。

Aa 型　7 件。圆弧形壁，平底。依据腹深浅的差异，分为二式。

Ⅰ 式　1 件。腹较浅。

标本 T2④：253，灰色胎。釉色不显。高 2.3、口径 5.8、底径 3.6 厘米（图二一，1）。

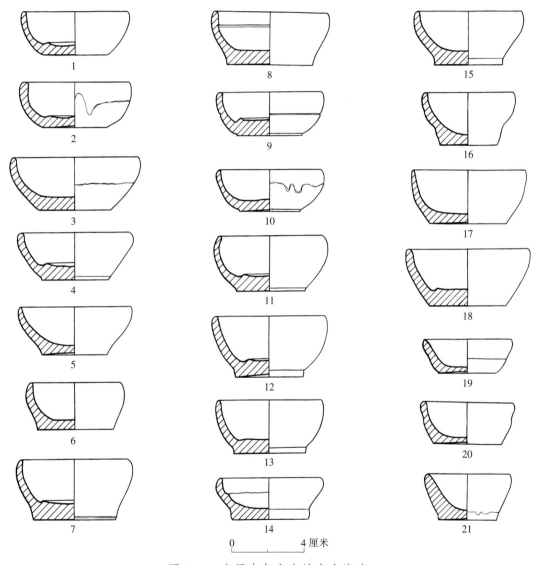

图二一　龙凤乌龟山窑址出土瓷盅

1. Aa 型 Ⅰ 式（T2④：253）　2. Aa 型 Ⅱ 式（T2③：277）　3. Ab 型 Ⅰ 式（T2④：252）　4. Ab 型 Ⅱ 式（T2③：272）　5. Ab 型 Ⅲ 式（T1②：38）　6. Ac 型 Ⅰ 式（T2③：278）　7. Ac 型 Ⅱ 式（T2②：125）　8. Ac 型 Ⅱ 式（T1②：36）　9. Ad 型 Ⅰ 式（T2④：259）　10. Ad 型 Ⅱ 式（T2③：263）　11. Ad 型 Ⅲ 式（T1②：31）　12. Ad 型 Ⅳ 式（T1②：35）　13. Ad 型 Ⅳ 式（T2②：123）　14. Ae 型 Ⅰ 式（T2③：265）　15. Ae 型 Ⅱ 式（T2③：268）　16. B 型 Ⅰ 式（T2③：267）　17. B 型 Ⅱ 式（T1②：42）　18. B 型 Ⅱ 式（T1②：37）　19. C 型 Ⅰ 式（T1②：34）　20. C 型 Ⅱ 式（T1②：43）　21. C 型 Ⅲ 式（T3①：162）

Ⅱ式　6件。腹较Ⅰ式深。

标本 T2③：277，灰色胎。釉色不显。高 2.4、口径 5.8、底径 3.6 厘米（图二一，2）。

Ab 型　12件。口部以下斜直或微弧内收，平底。依据腹深浅等差异，分为三式。

Ⅰ式　2件。腹较浅。

标本 T2④：252，灰色胎。釉色不显。高 2.8、口径 6.9、底径 4 厘米（图二一，3）。

Ⅱ式　7件。腹较Ⅰ式略深。

标本 T2③：272，灰黄色胎。釉色不显。高 2.5、口径 6、底径 3.7 厘米（图二一，4）。

Ⅲ式　3件。腹较Ⅱ式深。

标本 T1②：38，灰色胎。釉全部剥落。高 2.5、口径 6.1、底径 3.6 厘米（图二一，5）。

Ac 型　7件。壁上部圆鼓，下部急收，又略内弧。依据腹深浅的差异，分为三式。

Ⅰ式　1件。腹较浅，下腹部较胖。

标本 T2③：278，灰黄色胎。釉色不显。高 2.5、口径 5、底径 4.2 厘米（图二一，6）。

Ⅱ式　5件。腹较Ⅰ式略浅，下腹部较瘦长。

标本 T2②：125，灰黄色胎。釉全部剥落。高 3.2、口径 5.9、底径 4.6 厘米（图二一，7）。

标本 T1②：36，灰色胎。釉全部剥落。高 2.8、口径 6.2、底径 4.8 厘米（图二一，8）。

Ⅲ式　1件。腹较Ⅱ式深，下腹部长瘦。

标本 T2③：267，灰色胎。青泛黄色釉，大部剥落。高 2.8、口径 4.8、底径 3.1 厘米（图二一，16）。

Ad 型　15件。圆弧形壁，假圈足，足颇矮。依据腹深浅的差异，分为四式。

Ⅰ式　3件。腹较浅，下腹部较胖。

标本 T2④：259，灰黄色胎。釉色不显。高 2.3、口径 5.6、足径 3.6 厘米（图二一，9；图版一一，4）。

Ⅱ式　5件。腹较Ⅰ式略深，下腹部亦略瘦。

标本 T2③：263，灰色胎。青黄色釉。高 2.2、口径 5.6、足径 3.4 厘米（图二一，10）。

Ⅲ式　4件。腹较Ⅱ式深，下腹部亦较长瘦。

标本 T1②：31，灰黄色胎。釉全部剥落。高 2.9、口径 5.6、足径 3.7 厘米（图二一，11）。

Ⅳ式　3件。腹较Ⅲ式深，下腹部较长瘦。

标本 T1②：35，灰色胎。青黄色釉。高 3.2、口径 6、足径 3.8 厘米（图二一，12）。

标本 T2②：123，灰色胎。釉色不显。高 2.8、口径 5.6、足径 4 厘米（图二一，13）。

Ae 型　4件。壁上部圆鼓，下部斜直急收，假圈足。依据腹深浅的差异，分为二式。

Ⅰ式　2件。腹较浅，下腹部较胖。

标本 T2③：265，灰黄色胎。釉全部剥落。高 2.2、口径 5.4、足径 4.2 厘米（图二一，14）。

Ⅱ式　2件。腹较深，下腹部较长瘦。

标本 T2③：268，灰黄色胎。釉全部剥落。高 2.8、口径 5.6、足径 3.8 厘米（图二一，15）。

B 型　3件。直口。下腹部斜直内收，平底。依据腹深浅等差异，分为二式。

Ⅰ式　1件。腹较深，下腹部较短胖。

标本 T2③：267，高 2.8、口径 4.8、底径 3 厘米（图二一，16，图版一一，5）。

Ⅱ式 2件。腹较Ⅰ式略浅，下腹部较长瘦。

标本 T1②：42，灰色胎。釉全部剥落。高 2.8、口径 6.2、底径 4.2 厘米（图二一，17）。

标本 T1②：37，灰色胎。釉全部剥落。高 3、口径 6.6、底径 4.2 厘米（图二一，18）。

C 型 3件。敞口。壁斜直，有的略弧，平底。依据腹深浅的差异，分为三式。

Ⅰ式 1件。浅腹。

标本 T1②：34，灰色胎。釉全部剥落。高 1.8、口径 4.8、底径 3.2 厘米（图二一，19）。

Ⅱ式 1件。腹较Ⅰ式深，下腹部较宽胖。

标本 T1②：43，灰黄色胎。无施釉痕迹。高 2.2、口径 4.8、底径 3.8 厘米（图二一，20；图版一一，6）。

Ⅲ式 1件。腹较Ⅱ式深，下腹部较长瘦。

标本 T3①：162，灰色胎。青泛黄色釉，大部分剥落。高 2.4、口径 4.4、底径 3.2 厘米（图二一，21）。

14. 小盏

602件。曲壁，平底或假圈足。灰或灰黄色胎，施青、青泛黄或青黄色釉，内满釉，外施釉至腹部或下腹部，保存不佳，剥落十分严重。口部外侧一般均饰弦纹，个别的饰褐色点彩。高 2.4~4.6、口径 6.8~9.6、底（足）径 3~6.4 厘米，口径大部分是 8~9 厘米。根据口部形制的不同，可分为四型。

A 型 270件。敛口。根据有无足和壁形制的不同，又分为五亚型。

Aa 型 125件。平底，壁外斜微弧。依据腹深浅的差异，分为三式。

Ⅰ式 15件。浅腹。

标本 T2④：249，灰色胎。釉全部剥落。高 2.4、口径 6.8、底径 4.4 厘米（图二二，1）。

Ⅱ式 68件。腹较Ⅰ式深。

标本 T2④：246，灰色胎。釉全部剥落。高 2.9、口径 7.6、底径 4.8 厘米（图二二，2）。

Ⅲ式 42件。腹较Ⅱ式深。

标本 T2③：87，灰色胎。青色釉。高 3.4、口径 8.4、底径 5.5 厘米（图二二，3）。

Ab 型 108件。假圈足颇矮，较大。壁下部斜直急收。依据腹深浅的差异，分为四式。

Ⅰ式 15件。浅腹。

标本 T2④：114-2，灰色胎。釉色不显。高 2.6、口径 8.8、足径 5.2 厘米（图二二，4）。

Ⅱ式 42件。腹较Ⅰ式深。

标本 T2③：189，灰色胎。青色釉。内粘一块窑渣。高 3、口径 9、足径 5.2 厘米（图二二，5）。

Ⅲ式 35件。腹较Ⅱ式深。

标本 T2③：171，灰色胎。青色釉。高 3.2、口径 9.2、足径 4.8 厘米（图二二，6）。

Ⅳ式 16件。腹较Ⅲ式深。

标本 T3①：98，灰色胎。釉全部剥落。高 3.4、口径 9.6、足径 5.6 厘米（图二二，7）。

Ac 型 12件。假圈足较矮小，弧形壁。依据腹深浅的差异，分为三式。

Ⅰ式 4件。浅腹。

标本 T2④：67，灰色胎。釉色不显。高 2.8、口径 7.6、足径 4.8 厘米（图二二，8）。

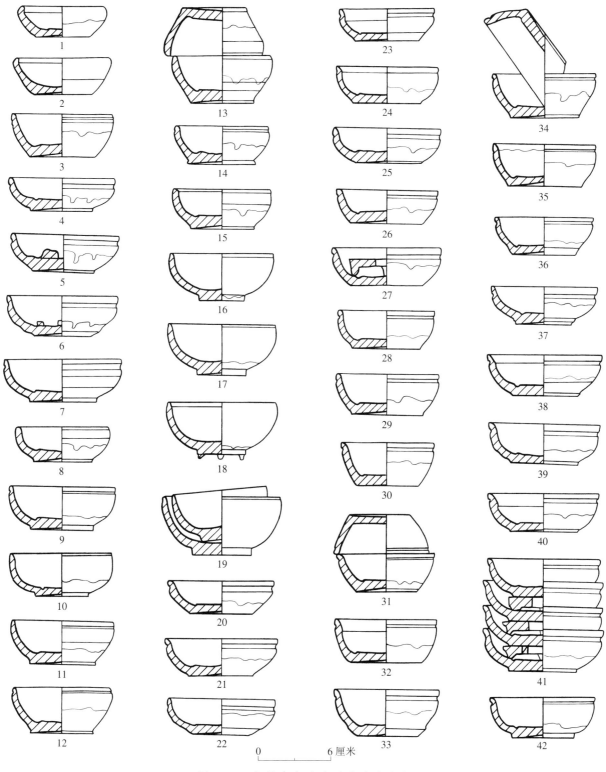

0   6 厘米

图二二　龙凤乌龟山窑址出土瓷小盏

1. Aa 型 I 式（T2④：249）　　2. Aa 型 II 式（T2④：246）　　3. Aa 型 III 式（T2③：87）　　4. Ab 型 I 式（T2④：114-2）

5. Ab 型 II 式（T2③：189）　　6. Ab 型 III 式（T2③：171）　　7. Ab 型 IV 式（T3①：98）　　8. Ac 型 I 式（T2④：67）

9. Ac 型 II 式（T2③：231）　　10. Ac 型 III 式（T2②：98）　　11. Ad 型 I 式（T2④：79）　　12. Ad 型 II 式（T2③：68）

13. Ad 型 II 式（T1②：173）　　14. Ad 型 III 式（T2②：69）　　15. Ad 型 III 式（T2②：302）　　16. Ae 型 I 式（T3①：164）

17. Ae 型 II 式（T3①：158）　　18. Ae 型 II 式（T3①：156）　　19. Ae 型 II 式（T3①：114）　　20. Ba 型 I 式（T2④：182）

21. Ba 型 II 式（T2③：183）　　22. Ba 型 II 式（T2②：83）　　23. Ba 型 III 式（T3②：6）　　24. Bb 型 I 式（T2④：130）

25. Bb 型 I 式（T2④：121）　　26. Bb 型 II 式（T2③：166）　　27. Bb 型 II 式（T2③：196）　　28. Bb 型 III 式（T1②：295）

29. Bb 型 IV 式（T2②：59）　　30. Bc 型 I 式（T2④：69）　　31. Bc 型 II 式（T2③：250）　　32. Bc 型 III 式（T1②：122）

33. Bc 型 III 式（T2②：187）　　34. Bc 型 III 式（T1②：84）　　35. Bd 型 I 式（T2③：101）　　36. Bd 型 II 式（T1②：146）

37. Be 型 I 式（T2④：406）　　38. Be 型 II 式（T2②：100）　　39. Be 型 III 式（T2②：97）　　40. Bf 型 I 式（T2④：135）

41. Bf 型 I 式（T2④：129）　　42. Bf 型 II 式（T2④：240）

Ⅱ式   3件。腹较Ⅰ式深。

标本 T2③：231，灰色胎。釉色不显。高3.4、口径8.8、足径5.2厘米（图二二，9）。

Ⅲ式   5件。腹较Ⅱ式深。

标本 T2②：98，灰色胎。釉全部剥落。高3.4、口径8.4、足径4.4厘米（图二二，10）。

Ad 型   17件。假圈足颇矮，较小。壁上部弧鼓，下部较斜直急收。依据腹深浅的差异，分为三式。

Ⅰ式   7件。腹较深。

标本 T2④：79，灰黄色胎。釉色不显。高3.4、口径8.4、足径5.5厘米（图二二，11）。

Ⅱ式   6件。腹较Ⅰ式略深。

标本 T2③：68，灰黄色胎。釉色不显。高3.6、口径8、足径5.2厘米（图二二，12）。

标本 T1②：173，灰色胎。青釉。口沿上粘一扣置的形制相同的小盏。高3.8、口径8、足径5.2厘米（图二二，13）。

Ⅲ式   4件。腹较Ⅱ式浅。

标本 T2②：69，灰色胎。青色釉。高3、口径7.6、足径5.6厘米（图二二，14）。

标本 T1②：302，灰色胎。青泛黄色釉，部分剥落。高3.2、口径8、足径5.2厘米（图二二，15）。

Ae 型   8件。假圈足较高小，圆弧形壁。依据腹深浅的差异，分为二式。

Ⅰ式   2件。腹较深。

标本 T3①：164，灰色胎。青泛黄色釉。高3.8、口径8.4、足径3.6厘米（图二二，16）。

Ⅱ式   6件。腹较Ⅰ式略深。

标本 T3①：158，灰色胎。青泛黄色釉。高4、口径8.8、足径4厘米（图二二，17）。

标本 T3①：156，灰色胎。青黄色釉，大部分剥落。足粘三个间隔用的支钉，高4.2、口径8.8、足径4厘米（图二二，18）。

标本 T3①：114，灰色胎。青泛黄色釉。内粘一小盏。高4.6、口径9.6、足径4.8厘米（图二二，19）。

B 型   256件。侈口。根据有无足和壁形制的不同，又分为九亚型。

Ba 型   45件。平底，壁下部较斜直内收。依据腹深浅的差异，分为三式。

Ⅰ式   8件。浅腹。

标本 T2④：182，灰色胎。青色釉。高2.6、口径8.8、底径5.2厘米（图二二，20）。

Ⅱ式   22件。腹较Ⅰ式略深。

标本 T2③：183，灰色胎。青色釉。高3、口径9.2、底径5.2厘米（图二二，21）。

标本 T2②：83，灰色胎。釉全部剥落。高2.8、口径8.8、底径4.8厘米（图二二，22）。

Ⅲ式   15件。腹较Ⅱ式略深。

标本 T3②：6，灰色胎。青黄色釉，大部分剥落。高2.6、口径7.8、底径5.2厘米（图二二，23）。

Bb 型   59件。平底，壁呈弧形，下部缓收。依据腹深浅等的差异，分为三式。

Ⅰ式   10件。浅腹，壁弧度较大。

标本 T2④：130，灰色胎。釉全部剥落。高2.9、口径8.4、底径5.6厘米（图二二，24）。

标本 T2④：121，灰色胎。青色釉。高2.8、口径8.8、底径5.2厘米（图二二，25）。

Ⅱ式   36件。腹较Ⅰ式略浅，壁弧度亦较小。

标本 T2③：166，灰色胎。青色釉，局部不显。高 2.6、口径 8.4、底径 6 厘米（图二二，26）。

标本 T2③：196，灰色胎。青色釉。内底粘一圆形锯齿状间隔具。高 3、口径 9、底径 6 厘米（图二二，27）。

Ⅲ式　13 件。腹较Ⅱ式略深，壁下部较斜直内收。

标本 T2②：59，灰色胎。釉全部剥落。高 3.2、口径 8.4、底径 6 厘米（图二二，29）。

标本 T1②：295，灰黄色胎。釉全部剥落。高 3、口径 8、底径 5.6 厘米（图二二，28）。

Bc 型　25 件。平底，壁略外弧缓收。依据腹深浅的差异，分为三式。

Ⅰ式　6 件。腹较深。

标本 T2④：69，灰色胎。釉全部剥落。高 3.4、口径 7.8、底径 5.3 厘米（图二二，30）。

Ⅱ式　8 件，腹较Ⅰ式略浅。

标本 T2③：250（下），灰色胎。青色釉，大部分剥落。口部粘一形制相同的扣置的小盏。高 3、口径 8、底径 5.2 厘米（图二二，31；图版一二，1）。

Ⅲ式　11 件。腹较Ⅱ式略深。

标本 T1②：122，灰色胎。青泛黄色釉。高 3.4、口径 8.4、底径 6 厘米（图二二，32）。

标本 T2②：187，灰黄色胎。釉色不显。高 3.7、口径 8.8、底径 5.2 厘米（图二二，33）。

标本 T1②：84，灰色胎。青色釉。内侧粘一形制相同的小盏。高 3.4、口径 8.4、足径 5.6 厘米（图二二，34）。

Bd 型　11 件。平底，壁上部外鼓，下部斜直或微内弧急收。依据腹深浅的差异，分为二式。

Ⅰ式　5 件。腹较深。

标本 T2③：101，灰色胎。青泛黄色釉，大部分剥落。高 3.4、口径 8.4、底径 6.1 厘米（图二二，35）。

Ⅱ式　6 件。腹较Ⅰ式浅。

标本 T1②：146，灰黄色胎。釉全部剥落。高 3、口径 8.2、底径 5.2 厘米（图二二，36）。

Be 型　36 件。假圈足颇矮，较小。壁下部微弧急收。依据腹深浅的差异，分为三式。

Ⅰ式　12 件。浅腹。

标本 T2④：406，灰色胎。釉全部剥落。高 3、口径 8.8、足径 4.4 厘米（图二二，37）。

Ⅱ式　8 件。腹较Ⅰ式深。

标本 T2②：100，灰色胎。釉全部剥落。高 3.2、口径 9.6、足径 5.6 厘米（图二二，38）。

Ⅲ式　16 件。腹较Ⅱ式深。

标本 T2②：97，灰色胎。青泛黄色釉。高 3.2、口径 9.2、足径 5.6 厘米（图二二，39）。

Bf 型　40 件。假圈足，多很矮，较小。圆弧形壁。依据腹深浅的差异，分为三式。

Ⅰ式　12 件。浅腹。

标本 T2④：135，灰色胎。釉全部剥落。高 3、口径 9.2、足径 5.6 厘米（图二二，40）。

标本 T2④：129（下），灰色胎。青色釉。4 件叠烧粘连在一起。高 3.4、口径 10、足径 5.6 厘米（图二二，41；图版一二，2）。

Ⅱ式　15 件。腹较Ⅰ式深。

标本 T2④：240，灰色胎。青色釉。高 3.2、口径 8.8、足径 5.2 厘米（图二二，42；图版一二，3）。

Ⅲ式   17件。腹较Ⅱ式深。

标本T1②：255，灰色胎。青泛色釉，部分剥落。高3.2、口径8.4、足径5.2厘米（图二三，1）。

Bg型   14件。假圈足颇矮，较大。壁略外弧。依据腹深浅的差异，分为三式。

Ⅰ式   3件。腹较深。

标本T2④：92，灰色胎。釉全部剥落。高3.2、口径8.8、足径6.4厘米（图二三，2）。

Ⅱ式   7件。腹较Ⅰ式深。

标本T2③：84，灰色胎。青色釉。高3.2、口径8.4、足径5.6厘米（图二三，3）。

Ⅲ式   4件。腹较Ⅱ式深。

标本T2②：51，灰色胎。釉全部剥落。高3.4、口径8.2、足径6厘米（图二三，8）。

标本T1②：127，灰黄色胎。釉全部剥落。高3.4、口径8、足径5.2厘米（图二三，4）。

Bh型   10件。假圈足颇矮，较小。壁上部外弧，下部微内弧急收。依据腹深浅的差异，分为三式。

Ⅰ式   2件。腹较深。

标本T2④：86，灰色胎。青泛黄色釉，大部分剥落。高3.4、口径8.4、足径6厘米（图二三，5）。

Ⅱ式   4件。腹较Ⅰ式略深。

标本T2③：121，灰黄色胎。釉色不显。高3.6、口径8.8、足径6厘米（图二三，6）。

标本T2③：159，灰色胎。青色釉。高3.6、口径9.2、足径6.4厘米（图二三，7）。

Ⅲ式   4件。腹较Ⅱ式深。

标本T2②：57，灰黄色胎。釉色不显。高3.8、口径8.4、足径5.6厘米（图二三，9）。

标本T1②：249，灰色胎。青黄色釉。高3.4、口径8.3、底径5.6厘米（图二三，10）。

标本T1②：133，灰色胎。青泛黄色釉，局部剥落。高3.9、口径8、足径5.6厘米（图二三，11）。

Bi型   16件。假圈足较高小，圆弧形壁。依据腹深浅的差异，分为三式。

Ⅰ式   2件。腹较浅。

标本T2④：131，灰色胎。青泛黄色釉。高3.6、口径9、足径4.8厘米（图二三，12）。

Ⅱ式   5件。腹较深。

标本T2④：230，灰色胎。青色釉。高3.8、口径8.8、足径4.8厘米（图二三，13）。

标本T2④：242，灰黄色胎。釉色不显。高3.8、口径8.8、足径4.8厘米（图二三，14）。

Ⅲ式   9件。腹较Ⅱ式深。

标本T1②：199，灰色胎。青泛黄色釉。高4、口径8.8、足径5.2厘米（图二三，15）。

C型   50件。直口。根据有无足和壁形制的不同，又分为四亚型。

Ca型   22件。平底，壁下部斜直内收。依据腹深浅的差异，分为二式。

Ⅰ式   9件。腹较深。

标本T2③：83，灰色胎。青色釉。高3.3、口径7.8、底径5.7厘米（图二三，16）。

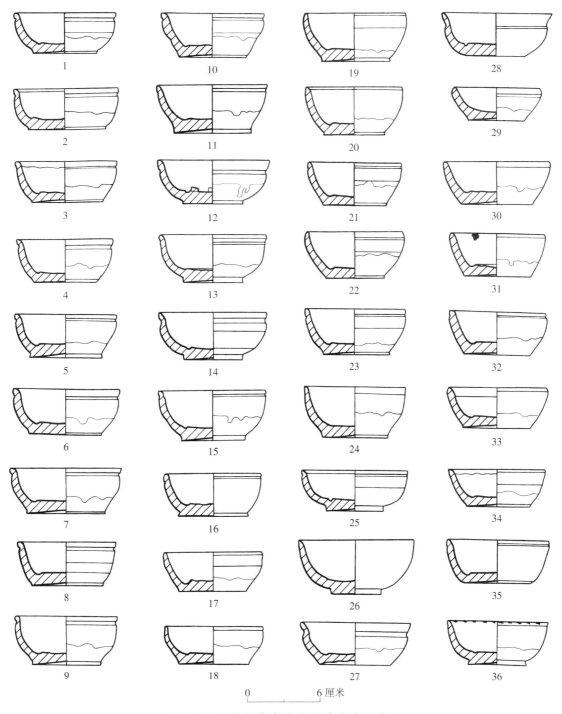

图二三 龙凤乌龟山窑址出土瓷小盏

1. Bf 型 Ⅲ 式（T1②：255） 2. Bg 型 Ⅰ 式（T2④：92） 3. Bg 型 Ⅱ 式（T2③：84） 4. Bg 型 Ⅲ 式（T1②：127）
5. Bh 型 Ⅰ 式（T2④：86） 6. Bh 型 Ⅱ 式（T2③：121） 7. Bh 型 Ⅱ 式（T2③：159） 8. Bh 型 Ⅲ 式（T2②：51）
9. Bh 型 Ⅲ 式（T2②：57） 10. Bh 型 Ⅲ 式（T1②：249） 11. Bh 型 Ⅲ 式（T1②：133） 12. Bi 型 Ⅰ 式（T2④：
131） 13. Bi 型 Ⅱ 式（T2④：230） 14. Bi 型 Ⅱ 式（T2④：242） 15. Bi 型 Ⅲ 式（T1②：199） 16. Ca 型 Ⅰ 式
（T2③：83） 17. Ca 型 Ⅱ 式（T2④：45） 18. Ca 型 Ⅱ 式（T1②：174） 19. Cb 型 Ⅰ 式（T2③：237） 20. Cb
型 Ⅱ 式（T2②：44） 21. Cc 型 Ⅰ 式（T2②：41） 22. Cb 型 Ⅱ 式（T2②：33） 23. Cc 型 Ⅰ 式（T1②：144）
24. Cc 型 Ⅱ 式（T2②：99） 25. Cd 型 Ⅰ 式（T1②：316） 26. Cd 型 Ⅱ 式（T3①：110） 27. Da 型 Ⅰ 式（T2④：
188） 28. Da 型 Ⅱ 式（T3①：94） 29. Db 型 Ⅰ 式（T2④：250） 30. Db 型 Ⅱ 式（T2④：85） 31. Db 型 Ⅲ 式
（T2③：150） 32. Db 型 Ⅲ 式（T1②：88） 33. Db 型 Ⅳ 式（T2②：85） 34. Dc 型 Ⅰ 式（T2④：65） 35. Dc 型
Ⅱ 式（T2②：63） 36. Dd 型（T2②：93）

Ⅱ式　13件。腹较Ⅰ式浅。

标本 T2②：45，灰色胎。釉全部剥落。高 3.1、口径 8、底径 5.6 厘米（图二三，17）。

标本 T1②：174，灰色胎。釉全部剥落。高 3、口径 8、底径 5.6 厘米（图二三，18）。

Cb 型　16件。假圈足较矮小，壁略外弧。依据腹深浅的差异，分为二式。

Ⅰ型　6件。腹较深。

标本 T2③：237，灰色胎。青色釉，局部釉色不显。高 3.8、口径 8.4、足径 5.6 厘米（图二三，19）。

Ⅱ式　10件。腹较Ⅰ式略深。

标本 T2②：44，灰色胎。青色釉。高 3.8、口径 8、足径 5.2 厘米（图二三，20）。

标本 T2②：33，灰色胎。青色釉。高 3.6、口径 8、足径 4.8 厘米（图二三，22）。

Cc 型　5件。假圈足颇矮，较小。壁上部外弧，下部较斜直或微内弧急收。依据腹深浅的差异，分为二式。

Ⅰ式　3件。腹较深。

标本 T2②：41，灰色胎。釉全部剥落。高 3.4、口径 7.8、足径 5.2 厘米（图二三，21）。

标本 T1②：144，灰黄色胎。无施釉痕迹。高 3.6、口径 8.4、足径 5.5 厘米（图二三，23）。

Ⅱ式　2件。腹较Ⅰ式略深。

标本 T2②：99，灰色胎。青泛黄色釉，局部釉色不显。高 4、口径 8.4、足径 5.5 厘米（图二三，24）。

Cd 型　7件。假圈足较高小，弧形壁。依据腹深浅的差异，分为二式。

Ⅰ式　2件。浅腹。

标本 T1②：316，灰色胎。釉全部剥落。高 3.2、口径 8.8、足径 4.8 厘米（图二三，25）。

Ⅱ式　5件。腹较Ⅰ式深。

标本 T3①：110，灰色胎。青泛黄色釉。高 4.3、口径 9.6、足径 4.2 厘米（图二三，26）。

D 型　26件。敞口。依据有无足和壁形制的不同，又分为四亚型。

Da 型　8件。平底，壁弧鼓。依据腹深浅的差异，分为二式。

Ⅰ式　3件。腹较浅。

标本 T2④：188，灰色胎。釉全部剥落。高 3.4、口径 9.2、底径 6 厘米（图二三，27）。

Ⅱ式　5件。腹较Ⅰ式略深。

标本 T3①：94，灰色胎。釉全部剥落。高 3.4、口径 9.2、底径 4.9 厘米（图二三，28）。

Db 型　12件。平底，壁斜直或微弧。依据腹深浅的差异，分为四式。

Ⅰ式　4件。浅腹。

标本 T2④：250，灰色胎。青色釉。高 2.6、口径 7.2、底径 4.6 厘米（图二三，29）。

Ⅱ式　3件。腹较Ⅰ式深。

标本 T2④：85，灰色胎。青色釉。高 3.4、口径 8.8、底径 6 厘米（图二三，30）。

Ⅲ式　3件。腹较Ⅱ式深。

标本 T2③：150，灰色胎。青色釉。高 3.4、口径 8、底径 5.6 厘米（图二三，31；图版一二，4）。

标本 T1②：88，灰色胎。青泛黄色釉，绝大部分剥落。高 3.4、口径 8、底径 5.6 厘米（图二三，32）。

Ⅳ式 2件。腹较Ⅲ式浅。

标本 T2②：85，灰黄色胎。釉色不显。高 3.2、口径 8.2、底径 5.6 厘米（图二三，33）。

Dc 型 6件。假圈足颇矮，较大。壁略外弧。依据腹深浅的差异，分二式。

Ⅰ式 2件。腹较深。

标本 T2④：65，灰色胎。青色釉。高 3、口径 8、足径 5.2 厘米（图二三，34）。

Ⅱ式 4件。腹较Ⅰ式深。

标本 T2②：63，灰黄色胎。釉色不显。高 3.4、口径 8.4、足径 5.6 厘米（图二三，35）。

Dd 型 2件。假圈足较高小。

标本 T2②：93，腹较深。灰色胎。青黄色釉，大部分剥落。口部饰褐色点彩。高 3.4、口径 8.4、足径 4.8 厘米（图二三，36）。

15. **盏**

131 件。曲壁，平底或假圈足。灰或灰黄色胎，施青、青泛黄或青黄色釉，内满釉，外施釉至腹、下腹或底足部。口部外侧均饰弦纹，有些饰褐色点彩。高 3.2～6、口径 9.6～13.2、底（足）径 4.9～7.5 厘米，口径大部分在 10～12 厘米之间。根据口部形制的不同，可分为三型。

A 型 47 件。敛口。假圈足。根据有无足和壁形制的不同，又分为三亚型。

Aa 型 8 件。假圈足矮大，壁弧度较小。依据腹深浅的差异，分为二式。

Ⅰ式 2 件。浅腹，弦纹较细。

标本 T2④：114，灰黄色胎。青色釉，大部分不显。彩点较大而疏。高 3.7、口径 11.2、足径 6.8 厘米（图二四，1；图版一二，5）。

标本 T2④：63，灰色胎。釉全部剥落。高 3.8、口径 11.6、足径 7.3 厘米（图二四，2）。

Ⅱ式 6 件。腹较Ⅰ式略深，细弦纹。

标本 T1②：305，灰色胎。青泛黄色釉，几乎全部剥落。口部彩点小而密。高 4、口径 10.4、足径 5.4 厘米（图二四，3）。

标本 T1②：307，灰色胎。青泛黄色釉，大部分剥落，高 4.2、口径 12、足径 7.6 厘米（图二四，4）。

标本 T1②：52，灰黄色胎。无施釉痕迹。高 3.8、口径 10、足径 6 厘米（图二四，5）。

Ab 型 7 件。假圈足较 Aa 型小，壁弧度较大，细弦纹。依据腹深浅的差异，分为二式。

Ⅰ式 5 件。腹较浅。

标本 T2③：230，灰色胎。青色釉。高 4.2、口径 10.4、足径 6.4 厘米（图二四，6）。

Ⅱ式 2 件。腹较Ⅰ式深。

标本 T1②：57，灰黄色胎。无施釉痕迹。高 4.4、口径 10.4、足径 6.3 厘米（图二四，7；图版一二，6）。

标本 T2③：206，高 4.5、口径 10.5、足径 6.9 厘米（图二四，8）。

Ac 型 32 件。假圈足多较 Ab 型小而高，壁呈圆弧形。依据腹深浅的差异，分为二式。

Ⅰ式 3 件。腹较深。

标本 T1②：58，灰色胎。青泛黄色釉，大部分剥落。口部上腹部各饰一道弦纹。高 5.2、口径 11.2、足径 5.8 厘米（图二四，9）。

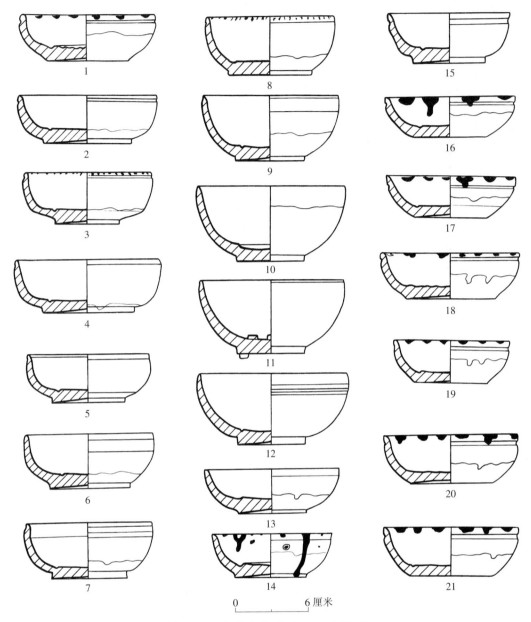

图二四 龙凤乌龟山窑址出土瓷盏

1. Aa 型 Ⅰ 式（T2④：114） 2. Aa 型 Ⅰ 式（T2④：63） 3. Aa 型 Ⅱ 式（T1②：305） 4. Aa 型 Ⅱ 式（T1②：307）
5. Aa 型 Ⅱ 式（T1②：52） 6. Ab 型 Ⅰ 式（T2③：230） 7. Ab 型 Ⅱ 式（T1②：57） 8. Ab 型 Ⅱ 式（T2③：206）
9. Ac 型 Ⅰ 式（T1②：58） 10. Ac 型 Ⅱ 式（T1②：8） 11. Ac 型 Ⅱ 式（T3①：112） 12. Ac 型 Ⅱ 式（T3①：13）
13. Ba 型 Ⅰ 式（T2④：212） 14. Ba 型 Ⅱ 式（T1②：318） 15. Ba 型 Ⅲ 式（T2②：95） 16. Bb 型 Ⅰ 式（T2④：
115） 17. Bb 型 Ⅰ 式（T2④：167） 18. Bb 型 Ⅱ 式（T2④：113） 19. Bb 型 Ⅱ 式（T2④：205） 20. Bb 型 Ⅲ 式
（T2③：198） 21. Bb 型 Ⅲ 式（T2③：191）

Ⅱ式 29件。腹较Ⅰ式深。

标本 T3①：112，灰色胎。青泛黄色釉。细弦纹。内底、足粘有残支钉。高5.8、口径12、足径5.6厘米（图二四，11）。

标本 T3②：8，灰色胎。釉全部剥落。高6、口径12.4、足径5.6厘米（图二四，10）。

标本 T3①：13，灰色胎。青色釉。上腹部饰四道较细的弦纹。高5.6、口径12.4、足径5.6

厘米（图二四，12）。

B 型 77 件。侈口。根据有无足和壁形制的不同，又分为五亚型。

Ba 型 4 件。假圈足较矮大，壁弧度较小。依据腹深浅的差异，分为三式。

Ⅰ式 2 件。浅腹，细弦纹。

标本 T2④：212，灰色胎。青色釉。高 3.5、口径 11.2、足径 5.6 厘米（图二四，13）。

Ⅱ式 1 件。腹较Ⅰ式深，细弦纹。

标本 T1②：318，灰色胎。青色釉。彩点较大而疏。高 3.5、口径 10、足径 6 厘米（图二四，14）。

Ⅲ式 1 件。腹较Ⅱ式深，宽弦纹。

标本 T2②：95，灰色胎。青黄色釉。高 4、口径 10.2、足径 6 厘米（图二四，15）。

Bb 型 28 件。平底，无足，壁较 Ba 型略弧。依据腹深浅等差异，分为四式。

Ⅰ式 6 件。浅腹，宽弦纹。

标本 T2④：115，灰色胎。青色釉。彩点大而疏。高 3.2、口径 10.8、底径 6 厘米（图二四，16）。

标本 T2④：167，灰色胎。青色釉。彩点大而疏。高 3.2、口径 10.8、底径 6 厘米（图二四，17；图版一二，7）。

Ⅱ式 6 件。腹较Ⅰ式深，弦纹较宽或细。

标本 T2④：113，灰色胎。青色釉。彩点较大而疏。高 3.6、口径 11.6、底径 7.3 厘米（图二四，18；图版一二，8）。

标本 T2④：205，灰色胎。青色釉。彩点较大而疏。高 3.4、口径 9.6、底径 6 厘米（图二四，19；图版一三，1）。

Ⅲ式 11 件。腹较Ⅱ式深，弦纹较宽或细。

标本 T2③：191，灰色胎。青色釉。彩点较大而疏。高 3.8、口径 11.2、底径 6.8 厘米（图二四，21）。

标本 T2③：198，灰色胎。青色釉。彩点较大而疏。高 3.8、口径 11.2、底径 6.8 厘米（图二四，20）。

Ⅳ式 5 件。腹较Ⅲ式深，弦纹较宽。

标本 T2②：80，灰色胎。青黄色釉。彩点较大而疏。高 4.2、口径 11.6、底径 7.5 厘米（图二五，1；图版一三，2）。

标本 T3②：5，灰色胎。青黄色釉。高 3.6、口径 11.2、底径 6.4 厘米（图二五，2）。

Bc 型 12 件。假圈足较矮，壁较 Bb 型外弧大。依据腹深浅的差异，分为三式。

Ⅰ式 3 件。腹较浅，宽弦纹。

标本 T2④：146，灰色胎。青色釉。彩点大而疏。高 3.6、口径 10.8、足径 6 厘米（图二五，3）。

标本 T2④：233，灰色胎。淡青色釉。高 4.2、口径 12.4、足径 7.3 厘米（图二五，4）。

Ⅱ式 6 件。腹较Ⅰ式深，细弦纹。

标本 T2④：232，灰色胎。淡青色釉。彩点较小而密。高 4.2、口径 10.4、足径 6.4 厘米（图

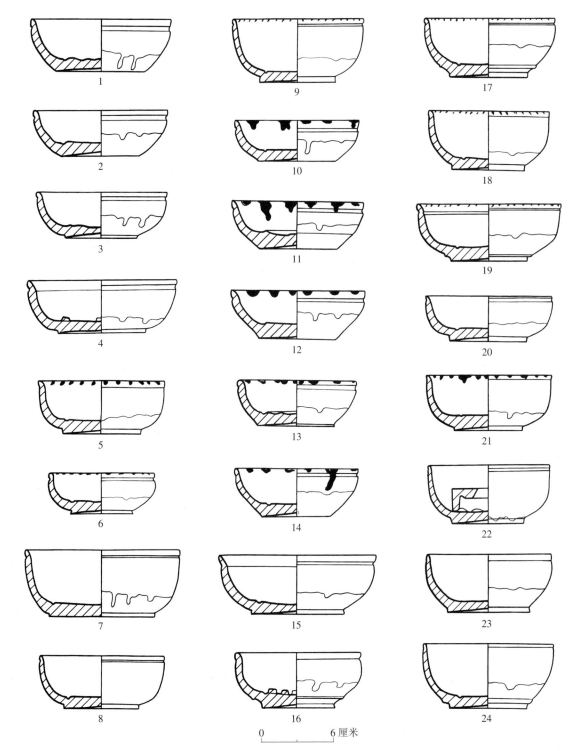

图二五 龙凤乌龟山窑址出土瓷盏

1. Bb 型Ⅳ式（T2②：80） 2. Bb 型Ⅳ式（T3②：5） 3. Bc 型Ⅰ式（T2④：146） 4. Bc 型Ⅰ式（T2④：233）
5. Bc 型Ⅱ式（T2④：232） 6. Bc 型Ⅱ式（T2③：232） 7. Bc 型Ⅱ式（T2③：54） 8. Bc 型Ⅲ式（T1②：306）
9. Bc 型Ⅲ式（T2②：102） 10. Bd 型Ⅰ式（T2④：162） 11. Bd 型Ⅱ式（T2④：134） 12. Bd 型Ⅱ式（T2④：
145） 13. Bd 型Ⅲ式（T2③：154） 14. Bd 型Ⅳ式（T2②：84） 15. Be 型Ⅰ式（T2④：52） 16. Be 型Ⅱ式（T2
③：229） 17. Be 型Ⅲ式（T2②：96） 18. Be 型Ⅲ式（T2③：218） 19. Be 型Ⅲ式（T1②：141） 20. Ca 型Ⅰ式
（T2④：218） 21. Ca 型Ⅱ式（T2④：213） 22. Ca 型Ⅲ式（T1②：140） 23. Cb 型Ⅰ式（T1②：51） 24. Cb 型
Ⅱ式（T1②：137）

二五，5；图版一三，3）。

标本 T2③：232，灰色胎。淡青色釉。彩点较小而密。高4、口径9.6、足径6厘米（图二五，6）。

标本 T2③：54，灰色胎。青色釉。高5.3、口径12.8、足径8.8厘米（图二五，7）。

Ⅲ式 3件。腹较Ⅱ式深，弦纹细或较窄。

标本 T1②：306，灰色胎。釉全部剥落。高4.2、口径10.2、足径6.2厘米（图二五，8）。

标本 T2②：102，灰黄色胎。釉全部剥落。彩点小而密。高5、口径10.9、足径6.4厘米（图二五，9）。

Bd型 26件。平底，无足，壁上部外鼓，下腹部较斜直内收。依据腹深浅的差异，分为四式。

Ⅰ式 7件。浅腹，宽弦纹。

标本 T2④：162，灰色胎。釉色不显。彩点大而疏。高3.2、口径10.4、底径6.4厘米（图二五，10；图版一三，4）。

Ⅱ式 13件。腹较Ⅰ式略深，弦纹较窄。

标本 T2④：134，灰黄色胎。釉色不显。彩点大而疏。高3.6、口径11、底径6.4厘米（图二五，11）。

标本 T2④：145，灰色胎。青色釉。彩点大而疏。高3.8、口径11.2、底径6.4厘米（图二五，12）。

Ⅲ式 4件。腹较Ⅱ式略深，窄弦纹。

标本 T2③：154，灰色胎。青色釉。彩点较小而疏。高3.6、口径6.4、底径10厘米（图二五，13；图版一三，5；彩版四，5）。

Ⅳ式 2件。腹较Ⅲ式深，窄弦纹。

标本 T2②：84，灰色胎。青色釉。彩点较大而疏。高3.8、口径10.4、底径5.6厘米（图二五，14）。

Be型 7件。假圈足很矮，壁上部较直微外弧，下部较斜直内收。细弦纹。依据腹深浅的差异，分为三式。

Ⅰ式 1件。腹较浅。

标本 T2④：52，彩点较小而密。灰色胎。青色釉，大部分不显。高4.6、口径13.2、足径7.6厘米（图二五，15）。

Ⅱ式 2件。腹较Ⅰ式深。

标本 T2③：229，灰色胎。青色釉。内底粘有支钉。高4.4、口径10.4、足径6厘米（图二五，16）。

Ⅲ式 4件。腹较Ⅱ式略深。

标本 T2②：96，灰色胎。青黄色釉，绝大部分剥落。彩点颇小而密。高4.7、口径10.8、足径6.4厘米（图二五，17）。

标本 T2③：218，高4.5、口径9.9、足径6厘米（图二五，18）。

标本 T1②：141，灰色胎。青黄色釉，大部分剥落。彩点颇小而密。高4.4、口径12、足径6.4厘米（图二五，19）。

C 型　7件。直口。假圈足，细弦纹。根据壁形制的不同，又分为二亚型。

Ca 型　4件。壁下部缓收，较胖。依据腹深浅的差异，分为三式。

Ⅰ式　2件。浅腹。

标本 T2④：218，灰色胎。青色釉。高3.6、口径10.4、足径6.4厘米（图二五，20）。

Ⅱ式　1件。腹较Ⅰ式深。

标本 T2④：213，灰色胎。青黄色釉。彩点较大而疏。高4.4、口径10.2、足径5.6厘米（图二五，21）。

Ⅲ式　1件。腹较Ⅱ式深。

标本 T1②：140，灰色胎。青泛黄色釉。内底粘有一圆形锯齿状间隔具。高4.6、口径10、足径6厘米（图二五，22）。

Cb 型　2件。壁下部较斜直急收，较瘦。依据腹深浅的差异，分为二式。

Ⅰ式　1件。腹较深。

标本 T1②：51，灰色胎。青色釉。高4.6、口径10.4、足径6.8厘米（图二五，23）。

Ⅱ式　1件。腹较Ⅰ式深。

标本 T1②：137，灰色胎。釉全部剥落。高5.2、口径10.8、足径6.4厘米（图二五，24；图版七，8）。

16. 水盂

4件。敛口，曲壁，深腹，平底。灰色胎。施青、淡青或青泛黄色釉，内满釉，外施釉至腹、下腹或底部外侧。高2.6~3.8、口径5.2~7、底径3~4厘米。

标本 T2④：254，釉色不显。高3、口径5.2、底径3.4厘米（图二六，14）。

标本 T3①：171，青色釉，大部分剥落。高3.8、口径7、底径4厘米（图二六，15）。

17. 香熏

6件。由熏罐和托座二部分组成，托座由浅腹底钵、筒形柱和碟形托口构成。出土时熏罐、托座或分离或残。灰或灰黄色胎。施青或青泛黄色釉，托钵内外半釉或内满外施至底外侧，托柱外满或下半无釉，托口内外满釉，熏罐内半外满釉或内外满施釉。分熏罐、托座介绍如下。

熏罐　3件。

标本 T2④：305，敛口，翻唇，鼓腹，平底，在最大腹径以上开两周等距离的三角形孔。灰色胎。青色釉。口部饰褐色点彩。高6.6、口径6.4、底径7.2厘米（图二六，1；图版一三，6；彩版四，6）。

标本 T2③：335，最大腹径以上残，残存部分为鼓腹，平底。灰色胎。青色釉。残高3.9、底径7.6厘米（图二六，2）。

托座　3件。

标本 T2④：300，灰黄色胎。釉色不显。底钵口部饰褐色点彩，彩点大而疏。高6.7、托口径8.4、底钵口径14.8、底径10厘米（图二六，4；图版一四，1；彩版四，6）。

标本 T2④：298，托口上粘连熏罐的下腹部和底。灰色胎。青泛黄色釉。残高7.2、托口径8、底钵口径14、足径8.4厘米（图二六，5；图版一四，2）。

标本 T1②：388，底钵残，托口上粘连熏罐的下腹部和底。灰色胎。青泛黄色釉，大部分剥落。残高6.4、托口径6.6厘米（图二六，3）。

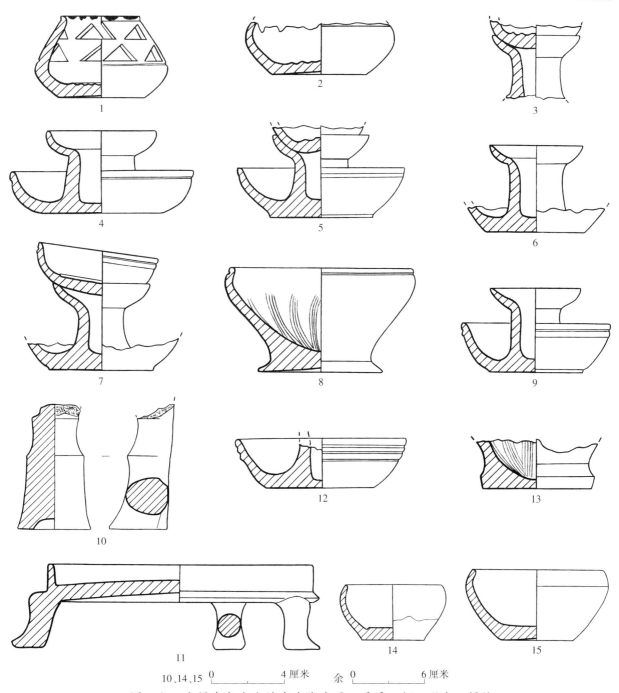

图二六 龙凤乌龟山窑址出土瓷水盂、香熏、灯、砚台、擂钵

1. 香熏熏罐（T2④：305） 2. 香熏熏罐（T2③：335） 3. 香熏托座（T1②：388） 4. 香熏托座（T2④：300）
5. 香熏托座（T2④：298） 6. 灯（T2④：405） 7. 灯（T2④：297） 8. 擂钵（T2④：306） 9. 灯（T2④：296） 10. 砚台足（T3①：42） 11. 砚台（T3①：41） 12. 灯（T2④：299） 13. 擂钵（T3①：4） 14. 水盂（T2④：254） 15. 水盂（T3①：171）

18. 灯

4件。由灯盏和托座组成，托座由浅腹底钵、圆筒形托柱和碟形托口构成。灰或灰黄色胎。施青或青泛黄色釉，底钵内满釉、外施釉至近底部，托柱、托口内外满釉，灯盏内满外近底部。

标本T2④：297，底钵口、腹部残，灯盏斜。灰色胎。青色釉。残高10.2、灯盏口径9.8、托口径8、底钵底径8.4厘米（图二六，7；图版一四，3）。

标本 T2④：296，仅存托座。灰色胎。青色釉。高 6.8、托口径 7.6、底钵口径 12.4、足径 7.6 厘米（图二六，9；图版一四，4）。

标本 T2④：405，托座、底钵口、腹残。灰色胎。青色釉。高 7、托口径 7.6、底钵底径 8.4 厘米（图二六，6；图版一四，5）。

标本 T2④：299，仅存底钵和托柱的下部。灰黄色胎。青黄色釉，局部釉色不显。底钵高 4、口径 14、底径 8.8 厘米（图二六，12；图版一四，6）。

19. 砚台

3 件。均残。

标本 T3①：40、41，直口，浅腹，底部略隆，下置三蹄状足。灰色胎。施青泛黄色釉，内底（研面）无釉。T3①：41 可复原，高 6.9、口径 21.8 厘米（图二六，11；图版一五，1）。

标本 T3①：42，仅存一足，个体较大，呈蹄状。灰黄色胎。施青泛黄色釉。残高 6.8 厘米（图二六，10）。

20. 擂钵

2 件。

标本 T2④：306，敛口，凸鼓腹，最大腹径在口下部，腹径以下较斜直急收，近底部又外展，平底，口部外侧饰一道凹弦纹。内侧有十组臼线，每组由四条较宽、深的凹线组成。灰色胎。外侧施青黄色釉，内侧无釉，高 8.4、口径 15、底径 10.2 厘米（图二六，8；图版一五，2）。

标本 T3①：4，仅存半个底和底稍上部分，内侧刻剔出臼线。灰黄色胎。内侧无釉，现存部分外侧亦无釉。残高 4、底径 9.2 厘米（图二六，13）。

21. 纺轮

11 件。圆饼形，上下同粗或上略粗于下，上下面平齐，中有一圆孔。灰或灰黄色胎，5 件施青色釉，6 件无釉。外侧多有以锥刺点组成的多条斜线纹。直径上 3～3.8、下 2.8～3.8、厚 1～1.5 厘米。根据厚薄的不同，可分为三型。

A 型　2 件。厚 1.2 厘米。

标本 T2③：337，灰色胎。青色釉。直径上 3、下 2.8 厘米（图二七，1；图版一五，3 左）。

标本 T2③：336，灰色胎。无釉。有锥刺点组成的斜线纹。直径上下均 3 厘米（图二七，2；图版一五，4 左）。

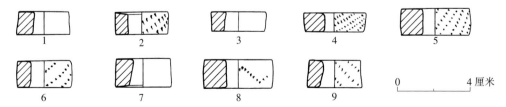

图二七　龙凤乌龟山窑址出土瓷纺轮

1. A 型（T2③：337）　2. A 型（T2③：336）　3. B 型（T1②：395）　4. B 型（T1②：390）
5. C 型（T1②：389）　6. C 型（T1②：392）　7. C 型（T1②：394）　8. C 型（T2②：146）
9. C 型（T2②：145）

B 型 2 件。厚 1 厘米。

标本 T1②：395，灰色胎。施青色釉，绝大部分剥落。直径上下均 3 厘米（图二七，3）。

标本 T1②：390，灰色胎。青色釉，绝大部分剥落。直径上 3.4、下 3.2 厘米（图二七，4；图版一五，3 右）。

C 型 7 件。厚 1.4～1.5 厘米。

标本 T1②：389，灰色胎。无釉。有锥刺斜线纹。直径上下均 3.8、厚 1.4 厘米（图二七，5；图版一五，5 右）。

标本 T1②：392，灰色胎。无釉。有锥刺斜线纹。直径上、下均 3、厚 1.4 厘米（图二七，6）。

标本 T1②：394，灰色胎。无釉。直径上 3.2、下 3、厚 1.5 厘米（图二七，7；图版一五，5 左）。

标本 T2②：146，灰黄色胎。釉色不显。有锥刺斜线纹。直径上、下均 3.8、厚 1.5 厘米（图二七，8；图版一五，4 右）。

标本 T2②：145，灰黄色胎。无釉。有锥刺斜线纹。直径上 3、下 2.8、厚 1.4 厘米（图二七，9）。

22. **器盖**

43 件。半环形纽，盖面凸起，子口。灰或灰黄色胎。施青、青泛黄或青黄色釉，外满釉，内侧仅唇、边部施釉。31 件盖面上饰褐色点彩。有的纽周饰凹弦纹。盖个体相差较大，可能是所盖器类不同，故根据盖的大小不同，可分为二型。

A 型 24 件。个体较大，高 3.4～4.4、直径 12～17.6 厘米。根据盖形制的不同，又分为四亚型。

Aa 型 14 件。盖上部平，是一台面，子口长出盖口。依据盖面形制的差异，分为三式。

Ⅰ式 2 件。坡较陡短，坡下较平外伸。

标本 T2④：281，灰色胎。青色釉。彩点较大而疏。高 3.4、直径 14.8 厘米（图二八，1；图版一五，6）。

Ⅱ式 11 件。坡较缓长，下部略翘。

标本 T2④：294，灰色胎。青色釉。彩点大而疏。高 4、直径 15.6 厘米（图二八，2；图版一五，7）。

Ⅲ式 1 件。坡较Ⅱ式缓，中部略下弧。

标本 T2②：136，纽残。灰色胎。青黄色釉。彩点大而疏。残高 2.6、直径 14.4 厘米（图二八，3）。

Ab 型 5 件。盖上部平，亦是一台面，子口隐于盖内。依据盖面形制的差异，分为三式。

Ⅰ式 1 件。盖面略隆，下部微翘。

标本 T2④：278，纽残。灰色胎。青色釉。残高 2.6、直径 15.6 厘米（图二八，6）。

Ⅱ式 1 件。盖面斜直。

标本 T2④：286，纽残。灰色胎。青色釉。彩点较大而疏。残高 3、直径 14.4 厘米（图二八，7；图版一六，1）。

Ⅲ式 3 件。盖面上部斜直，中部下弧。

标本 T2③：311，灰色胎。青色釉。彩点大而疏。高 4.4、直径 16 厘米（图二八，4；图版一六，2；彩版五，1）。

标本 T2③：314，灰色胎。青黄色釉，局部釉色不显。彩点较小而密。高 3.4、直径 13.2 厘米（图二九，1）。

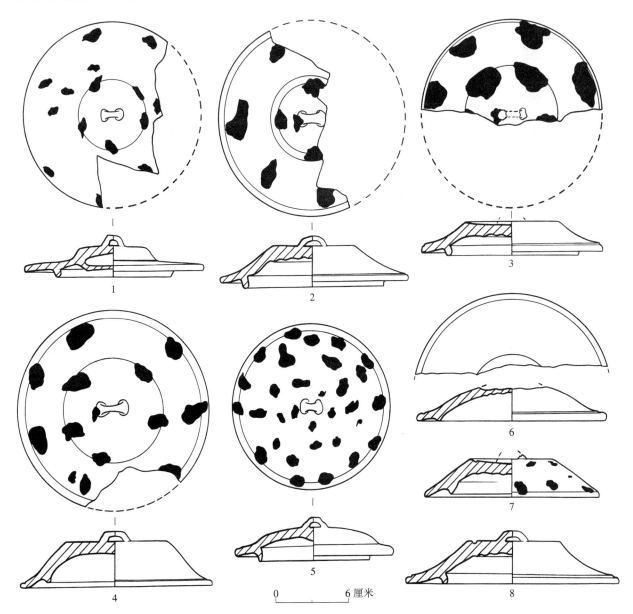

图二八　龙凤乌龟山窑址出土瓷器盖

1. Aa 型 I 式（T2④：281）　2. Aa 型 II 式（T2④：294）　3. Aa 型 III 式（T2②：136）　4. Ab 型 III 式（T2③：311）
5. Ac 型 II 式（T1②：25）　6. Ab 型 I 式（T2④：278）　7. Ab 型 II 式（T2④：286）　8. Ab 型 III 式（T2③：309）

标本 T2③：309，灰色胎。青色釉。高 4.2、直径 17.6 厘米（图二八，8；图版一六，3）。

Ac 型　3 件。盖上部、纽处略平，子口长出盖口。依据盖面形制的差异，分为三式。

I 式　1 件。盖面呈弧形。

标本 T2④：279，纽残。灰色胎。青色釉。彩点较大而疏。残高 2.6、直径 12.8 厘米（图二九，2）。

II 式　1 件。盖面较平缓，上部略弧，下部略翘。

标本 T1②：25，灰色胎。青黄色釉。彩点较大而密。高 3.4、直径 13.2 厘米（图二八，5；图版一六，4）。

III 式　1 件。盖面较陡，上部微弧，下部微翘。

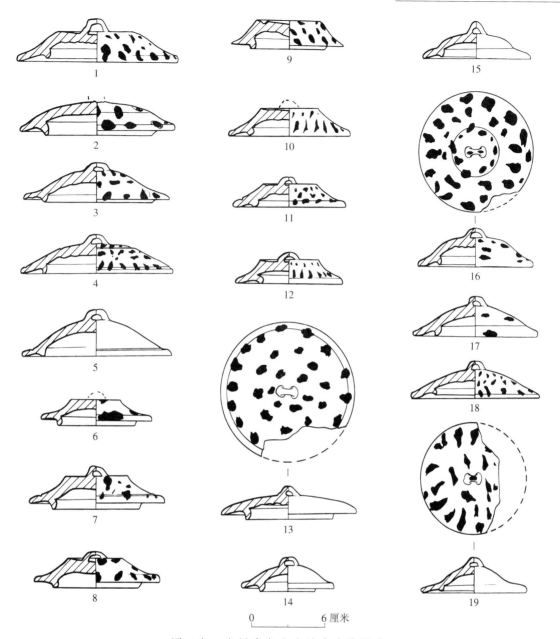

图二九 龙凤乌龟山窑址出土瓷器盖

1. Ab 型Ⅲ式（T2③：314） 2. Ac 型Ⅰ式（T2④：279） 3. Ac 型Ⅲ式（T1②：28） 4. Ad 型Ⅰ式（T1②：30）
5. Ad 型Ⅱ式（T1②：26） 6. Ba 型Ⅰ式（T2④：20） 7. Ba 型Ⅱ式（T2③：308） 8. Ba 型Ⅱ式（T2③：309）
9. Ba 型Ⅲ式（T2②：135） 10. Bb 型Ⅰ式（T2④：293） 11. Bb 型Ⅱ式（T1②：23） 12. Bb 型Ⅱ式（T1②：24）
13. Bc 型Ⅰ式（T1②：29） 14. Bc 型Ⅱ式（T3①：34） 15. Bd 型Ⅰ式（T2③：315） 16. Bd 型Ⅱ式（T2③：313）
17. Bd 型Ⅲ式（T2③：316） 18. Bd 型Ⅲ式（T1②：27） 19. Bd 型Ⅳ式（T2③：138）

标本 T1②：28，灰色胎。釉色不显。彩点较小而密。高 3.1、直径 12 厘米（图二九，3）。

Ad 型 2 件。盖上部微弧，子口隐于盖内。依据盖面形制的差异，分为二式。

Ⅰ式 1 件。盖面颇缓，上部微弧，下部斜直。

标本 T1②：30，灰色胎。青泛黄色釉，局部剥落。彩点小而密。高 3、直径 12.4 厘米（图二九，4；图版一六，5）。

Ⅱ式 1 件。盖面较陡、略弧，下部微翘。

标本 T1②：26，灰色胎。青黄色釉。高 3.7、直径 12.4 厘米（图二九，5；图版一六，6）。

B 型　19 件。个体较小，高 2.4~3.4、直径 7.6~11.2 厘米。根据盖形制的不同，又分为四亚型。

Ba 型　7 件。盖面上部平，是一台面，子口长出盖口。依据盖面形制的差异，分为三式。

Ⅰ式　1 件。盖面下弧较大。

标本 T2④：20，纽残。灰色胎。青色釉。彩点大而疏。残高 2、直径 9.2 厘米（图二九，6）。

Ⅱ式　5 件。盖面下弧较小。

标本 T2③：308，灰色胎。青色釉。彩点大小相间，排列较疏。高 3.4、直径 11.2 厘米（图二九，7；图版一六，7）。

标本 T2③：309，灰色胎。青色釉。彩点较大。高 2.8、直径 10.4 厘米（图二九，8）。

Ⅲ式　1 件。盖面微下弧。

标本 T2②：135，纽残。灰色胎。青黄色釉，绝大部分剥落。彩点较小而密。残高 2.2、直径 9.2 厘米（图二九，9）。

Bb 型　3 件。盖面上部作平台状，子口隐于盖内。依据盖面形制的差异，分为二式。

Ⅰ式　1 件。盖面较陡，微下弧。

标本 T2④：293，纽残。灰黄色胎。釉色不显。彩点呈条状，排列较密。残高 2.2、直径 10 厘米（图二九，10）。

Ⅱ式　2 件。盖面较缓，略下弧。

标本 T1②：23，灰色胎。青黄色釉，绝大部剥落。彩点小而密。高 2.4、直径 9.4 厘米（图二九，11）。

标本 T1②：24，灰色胎。青黄色釉，绝大部分剥落。彩点略呈长条状，排列较密。高 2.4、直径 8.8 厘米（图二九，12）。

Bc 型　3 件。盖上部弧鼓，子口长出盖口。依据盖面形制的差异，分为二式。

Ⅰ式　1 件。盖面略弧，较平缓。

标本 T1②：29，灰色胎。釉全部剥落。彩点较小而密。高 2.6、直径 11.2 厘米（图二九，13）。

Ⅱ式　2 件。盖面较陡，略弧，下部微翘。

标本 T3①：34，灰色胎。釉全部剥落。高 2.7、直径 7.6 厘米（图二九，14）。

Bd 型　6 件。盖上部略弧鼓，子口隐于盖内。依据盖面形制的差异，分为四式。

Ⅰ式　1 件。盖面弧鼓，较缓。

标本 T2③：315，灰色胎。釉色不显。高 3、直径 9.2 厘米（图二九，15；图版一六，8）。

Ⅱ式　1 件。盖面弧度较Ⅰ式小。

标本 T2③：313，灰色胎。青色釉。彩点较大而密。高 3、直径 9.6 厘米（图二九，16；图版一七，1）。

Ⅲ式　2 件。盖面弧度较Ⅱ式小。

标本 T2②：316，灰色胎。青黄色釉。彩点较大而疏。高 3.2、直径 10.4 厘米（图二九，17）。

标本 T1②：27，灰色胎。釉全部剥落。彩点较小而密。高 3、直径 10.8 厘米（图二九，18；图版一七，2）。

Ⅳ式　2 件。盖面微弧，较陡，下部翘起又斜平伸。

标本 T2②：138，灰色胎。釉色不显。彩点呈长条状，排列较密。高 2.8、直径 8.7 厘米（图二九，19；图版一七，3）。

23. **兽**

1 件。

标本 T2②：150，嘴部残，长颈，双角后倾，后部是断裂面。原应附在一件器上，是器物的附件。灰色胎。青泛黄色釉。残长 5 厘米（图一〇，9）。

二　窑具

共计 357 件。种类有支具、间隔具、匣钵、匣钵盖、试火具。胎色有灰、深灰、灰黄、灰褐、灰红、灰紫色等多种，间隔具质地较细，其余较粗，有的甚至夹细砂。部分支具和匣钵上有釉。

1. 支具

39 件。根据形制的不同，可分为四型。

A 型　6 件。倒筒形，束腰。高 11 ~ 12.5、上径 12 ~ 13、下径 7.8 ~ 12.2 厘米。依据壁形制的差异，分为三式。

Ⅰ式　2 件。支面下凹，壁中部内弧，下口部内折，壁上部开二个倒三角形孔。体形较粗壮。

标本 T2④：307，深灰色胎。高 12.4、上径 12.4、下径 12.2 厘米（图三〇，1；图版一七，4）。

Ⅱ式　2 件。支面略下凹，1 件中部开一大圆孔，壁内弧，上部开二个椭圆形孔。体形较Ⅰ式略细。

标本 T2③：349，灰色胎。外侧局部有薄釉。高 10.8、上径 12、下径 11.2 厘米（图三〇，2）。

Ⅲ式　2 件。支面微下凹，皆残，从残迹观察，中部应有大圆孔。壁内弧较Ⅱ式大，中部开二个较小的椭圆形孔。体形较Ⅱ式细。

标本 T2②：157，深灰色胎。高 12.2、上径 12、下径 10.8 厘米（图三〇，3）。

B 型　9 件。倒扁筒形。支面下凹。高 4.2 ~ 6.6、上径 13 ~ 14.8、下径 12.8 ~ 14 厘米。依据壁形制的差异，分为三式。

Ⅰ式　2 件。壁上部由上往下外斜，下部微内收。体形矮扁。

标本 T2④：322，灰紫色胎。高 5.8、上径 14、下径 14 厘米（图三〇，4；图版一七，5）。

Ⅱ式　4 件。壁上部直，下部较斜直内收。体形较Ⅰ式矮扁。

标本 T2④：323，灰黄色胎。高 5.4、上径 14.6、下径 12.8 厘米（图三〇，5）。

Ⅲ式　3 件。直壁，体形较Ⅱ式矮扁。

标本 T1②：396，灰色胎。高 4.2、上径 13.6、下径 14 厘米（图三〇，6）。

C 型　4 件。直壁或曲壁，下口部内折，支面开一大圆孔。高 3.4 ~ 4.4、上径 10.4 ~ 16、下径 10 ~ 15.6 厘米。根据壁形制的不同，又分为二亚型。

Ca 型　3 件。直壁。

标本 T2④：318，灰红色胎。高 4.4、上径 13.2、下径 13.2 厘米（图三〇，7；图版一八，1）。

标本 T2④：320，灰红色胎。高 3.4、上径 10.4、下径 10 厘米（图三〇，8）。

Cb 型　1 件。壁上部内束，中、下部略外弧。

标本 T2④：316，深灰色胎。高 4.2、上径 16、下径 15.6 厘米（图三〇，9）。

D 型　20 件。侧视呈浅腹盘形。高 2 ~ 2.8、口径 12.8 ~ 16、底径 10.8 ~ 13.6 厘米。根据底

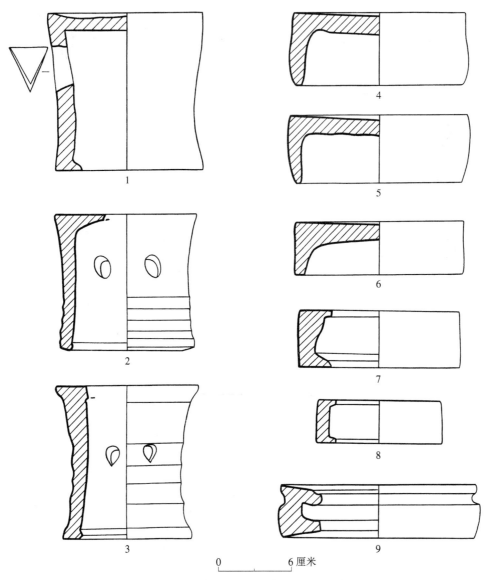

图三〇　龙凤乌龟山窑址出土窑具（支具）

1. A 型 I 式（T2④：307）　2. A 型 II 式（T2③：349）　3. A 型 III 式（T2②：157）　4. B
型 I 式（T2④：322）　5. B 型 II 式（T2④：323）　6. B 型 III 式（T1②：396）　7. Ca 型
（T2④：318）　8. Ca 型（T2④：320）　9. Cb 型（T2④：316）

部形制的不同，又分为二亚型。

Da 型　11 件。平底，内凹。依据支面形制的差异，分为四式。

I 式　5 件。支面较宽平。

标本 T2④：310，灰黄色胎。高 2.4、口径 12.8、底径 10.8 厘米（图三一，1；图版一八，2）。

标本 T2④：313，深灰色胎。高 2、口径 13.5、底径 11.2 厘米（图三一，2）。

II 式　3 件。支面内折较小，面平齐。

标本 T2④：312，灰黄色胎。高 2、口径 14.4、底径 12 厘米（图三一，3）。

III 式　2 件。支面内折较 II 式大，面内斜。

标本 T2③：342，灰黄色胎。高 2.4、口径 14.8、底径 14 厘米（图三一，4）。

IV 式　1 件。支面内折，较 III 式大，面内斜。

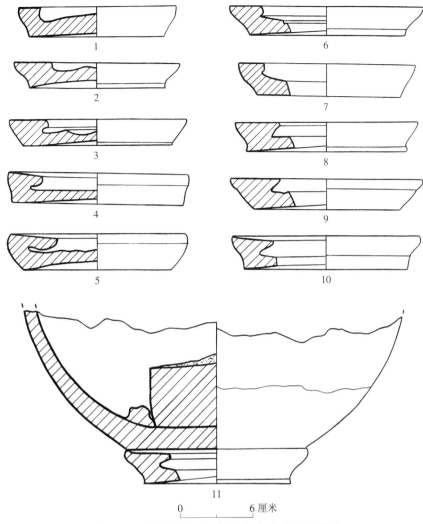

图三一　龙凤乌龟山窑址出土窑具（支具）

1. Da 型 Ⅰ 式（T2④：310）　　2. Da 型 Ⅰ 式（T2④：313）　　3. Da 型 Ⅱ 式（T2④：312）　　4. Da 型 Ⅲ 式（T2③：342）　　5. Da 型 Ⅳ 式（T2②：155）　　6. Db 型 Ⅰ 式（T2④：314）　　7. Db 型 Ⅰ 式（T2③：346）　　8. Db 型 Ⅱ 式（T2④：315）　　9. Db 型 Ⅱ 式（T2③：347）　　10. Db 型 Ⅲ 式（T2②：156）　　11. Db 型 Ⅱ 式（T2②：299）

标本 T2②：155，灰黄色胎。高 2.8、口径 14.4、底径 12 厘米（图三一，5）。

Db 型　9 件。平底，多内凹，中部开一大圆孔。依据支面形制的差异，分为三式。

Ⅰ 式　2 件。支面略内折，面平齐。

标本 T2④：314，深灰色胎。高 2.4、口径 16、底径 12.8 厘米（图三一，6）。

标本 T2③：346，灰色胎。高 2.6、口径 14.8、底径 12 厘米（图三一，7；图版一八，3）。

Ⅱ 式　6 件。支面内折较 Ⅰ 式大，面多平齐，个别的微内斜。

标本 T2④：315，灰红色胎。高 2.4、口径 15.2、底径 13.2 厘米（图三一，8）。

标本 T2③：347，灰色胎。高 2.4、口径 16、底径 12 厘米（图三一，9）。

标本 T2③：299，上粘连一罐底和下腹部。灰色胎。高 2.6、口径 14.8、底径 12 厘米（图三一，11）。

Ⅲ 式　1 件。支面内折较 Ⅱ 式大，面内斜。

标本 T2②：156，灰褐色胎。高 2.6、口径 15.6、底径 13.6 厘米（图三一，10）。

2. 间隔具

292 件。根据形制的不同，可分为三型。

A 型　196 件。圆筒形，上面平整，中部有一大圆孔，下边为锯齿状。一般高 1.6～5.3、上径 5.2～14.4、下径 5.2～13.4 厘米。根据壁形制的不同，又分为七亚型。

Aa 型　49 件。壁直立。

标本 T2④：349，灰色胎。高 3.6、直径 12 厘米（图三二，1）。

标本 T2④：350，灰色胎。高 3.3、直径 11.4 厘米（图三二，2）。

标本 T2④：352，灰色胎。高 3、直径 10 厘米（图三二，4）。

标本 T2③：402，灰黄色胎。高 2.4、直径 10.8 厘米（图三二，3）。

标本 T1②：415，灰黄色胎。高 3.4、直径 6.8 厘米（图三二，5）。

标本 T1②：413，灰色胎。高 2.6、直径 6.8 厘米（图三二，6）。

标本 T2④：46（图版一八，4）。

Ab 型　43 件。壁内弧。

标本 T2④：375，灰色胎。高 3、上径 10.8、下径 10.4 厘米（图三二，7）。

标本 T1②：412，灰色胎。高 3.4、上径 9.6、下径 9 厘米（图三二，8）。

标本 T2③：382，灰色胎。高 3.6、上径 8.8、下径 8.8 厘米（图三二，9）。

标本 T2③：387，灰色胎。高 3.2、上径 7.2、下径 7.2 厘米（图三二，12）。

标本 T1②：404，灰色胎。高 3.4、上径 10.8、下径 10.4 厘米（图三二，11）。

标本 T1②：425，灰色胎。高 3.6、上径 6、下径 6 厘米（图三二，13）。

标本 T2②：179，灰色胎。高 2.8、上径 7.6、下径 7.6 厘米（图三二，10）。

标本 T2②：193，灰色胎。高 2、上径 6、下径 6 厘米（图三二，14）。

Ac 型　29 件。壁由上向下渐内斜。

标本 T2④：360，灰黄色胎。高 3.8、上径 14.4、下径 13.4 厘米（图三二，15）。

标本 T2④：366，灰色胎。高 2.8、上径 13.2、下径 12.4 厘米（图三二，16）。

标本 T2③：370，灰色胎。高 3.2、上径 11.6、下径 10.4 厘米（图三二，17）。

标本 T2③：390，灰色胎。高 3、上径 10、下径 9.6 厘米（图三二，18）。

标本 T2②：176，灰黄色胎。高 2.6、上径 10.4、下径 9.6 厘米（图三二，19）。

标本 T2②：181，灰色胎。高 2.4、上径 6.4、下径 6 厘米（图三二，20）。

标本 T1②：434，灰色胎。高 3、上径 10.8、下径 9.6 厘米（图三二，21）。

Ad 型　20 件。壁由上向下渐外斜。

标本 T2④：357，灰色胎。高 3、上径 10.4、下径 10.8 厘米（图三二，22；图版一八，5）。

标本 T2④：351，灰色胎。高 2.8、上径 10.8、下径 11.2 厘米（图三二，23；图版一八，6；彩版五，2）。

标本 T2②：396，灰色胎。高 2.4、上径 5.2、下径 5.6 厘米（图三二，26）。

标本 T1②：407，灰色胎。高 3、上径 10、下径 10.8 厘米（图三二，24）。

标本 T1②：426，灰黄色胎。高 1.6、上径 6、下径 6.7 厘米（图三二，25）。

Ae 型　31 件。壁略外弧。

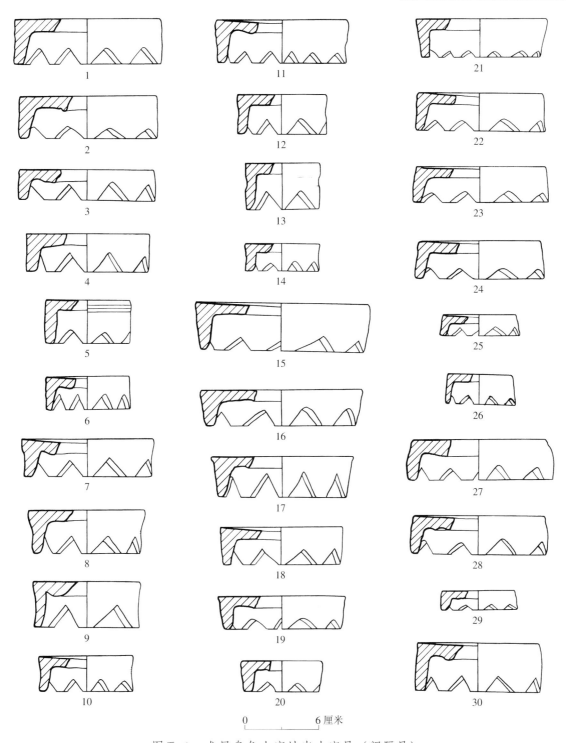

0   6厘米

图三二　龙凤乌龟山窑址出土窑具（间隔具）

1. Aa型（T2④：349）　　2. Aa型（T2④：350）　　3. Aa型（T2③：402）　　4. Aa型（T2④：352）　　5. Aa型（T1②：415）　　6. Aa型（T1②：413）　　7. Ab型（T2④：375）　　8. Ab型（T1②：412）　　9. Ab型（T2③：382）　　10. Ab型（T2②：179）　　11. Ab型（T1②：404）　　12. Ab型（T2③：387）　　13. Ab型（T1②：425）　　14. Ab型（T2②：193）　　15. Ac型（T2④：360）　　16. Ac型（T2④：366）　　17. Ac型（T2③：370）　　18. Ac型（T2③：390）　　19. Ac型（T2②：176）　　20. Ac型（T2②：181）　　21. Ac型（T1②：434）　　22. Ad型（T2④：357）　　23. Ad型（T2④：351）　　24. Ad型（T1②：407）　　25. Ad型（T1②：426）　　26. Ad型（T2②：396）　　27. Ae型（T2④：342）　　28. Ae型（T2③：398）　　29. Ae型（T2②：183）　　30. Ae型（T2③：403）

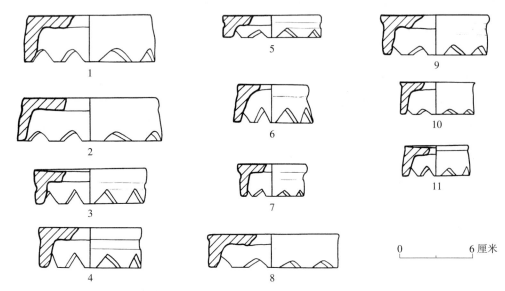

图三三　龙凤乌龟山窑址出土窑具（间隔具）

1. Ae 型（T2②：174）　　2. Af 型（T2②：170）　　3. Af 型（T2④：331）　　4. Af 型（T2③：384）
5. Af 型（T2④：339）　　6. Af 型（T2③：401）　　7. Af 型（T2②：182）　　8. Ag 型（T2②：169）
9. Ag 型（T2④：329）　　10. Ag 型（T2②：192）　　11. Ag 型（T2③：396）　　12. Aa 型（T2②：167）

标本 T2④：342，灰黄色胎。高 3.2、上径 11.2、下径 12 厘米（图三二，27）。

标本 T2③：398，灰黄色胎。高 3、上径 10.8、下径 11.2 厘米（图三二，28；彩版五，3）。

标本 T2③：403，灰色胎。高 3.8、上径 10、下径 10.4 厘米（图三二，30）。

标本 T2②：174，灰紫色胎。高 3.6、上径 10、下径 10.8 厘米（图三三，1）。

标本 T2②：183，灰色胎。高 1.6、上径 6、下径 6.4 厘米（图三二，29）。

Af 型　18 件。壁上部内束，下部微外斜或较立直。

标本 T2④：331，灰紫色胎。高 2.8、上径 9.2、下径 8.8 厘米（图三三，3）。

标本 T2④：339，灰紫色胎。高 1.8、上径 8、下径 8 厘米（图三三，5）。

标本 T2③：401，灰紫色胎。高 3、上径 5.6、下径 6.4 厘米（图三三，6；图版一九，1）。

标本 T2③：384，灰紫色胎。高 3.2、上径 8.4、下径 8.4 厘米（图三三，4）。

标本 T2②：182，灰紫色胎。高 2.4、上径 5.6、下径 5.2 厘米（图三三，7）。

标本 T2②：170，灰黄色胎。高 3.4、上径 11.2、下径 12 厘米（图三三，2；彩版六，1）。

Ag 型　6 件。上部出小檐，壁略外斜。

标本 T2④：329，灰紫色胎。高 3.2、上径 8.8、下径 8.4 厘米（图三三，9）。

标本 T2③：396，灰紫色胎。高 2.4、上径 5.2、下径 5.6 厘米（图三三，11）。

标本 T2②：169，灰黄色胎。高 2.6、上径 10.8、下径 10.8 厘米（图三三，8）。

标本 T2②：192，灰紫色胎。高 2.6、上径 6、下径 6 厘米（图三三，10）。

B 型　47 件。环形三足。高 1.4～2.4、直径 5～9.2 厘米。根据环形制的不同，又分为三亚型。

Ba 型　25 件。环断面略呈横长方形。其制作方法是，先做出泥圆饼，然后在中部挖一大圆孔，成一有棱有角的环，最后在环的一面粘贴上三个高矮相同的圆锥状足。

标本 T2④：380，灰色胎。高2.1、直径9.2厘米（图三四，1）。

标本 T2④：383，灰紫色胎。高2、直径5.6厘米（图三四，2）。

标本 T2③：414，灰紫色胎。高1.6、下径5.8厘米（图三四，4）。

标本 T2③：415，灰紫色胎。高1.8、直径5.4厘米（图三四，7）。

标本 T2③：409，灰紫色胎。高1.7、直径5.4厘米（图三四，5）。

标本 T2②：198，足残。灰色胎。残高1.2、直径6.4厘米（图三四，8）。

标本 T1②：448，灰色胎。高2.3、直径6.8厘米（图三四，3）。

标本 T1②：442，灰色胎。高1.6、直径6厘米（图三四，9）。

标本 T1②：443，灰色胎。高1.4、直径7.6厘米。

Bb 型 21 件。环断面略呈横长方形，三足在环的一面捏出，其余做法与 Ba 型相同。

标本 T2④：384，灰色胎。高2.4、直径5.5厘米（图三四，13）。

标本 T2④：386，灰紫色胎。高2、直径6厘米（图三四，10）。

标本 T2④：394，灰紫色胎。高1.8、直径5.6厘米（图三四，11）。

标本 T2④：402，灰紫色胎。高1.5、直径5.6厘米（图三四，12）。

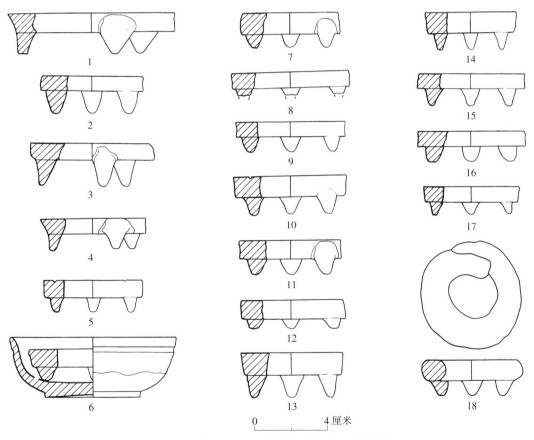

图三四 龙凤乌龟山窑址出土窑具（间隔具）

1. Ba 型（T2④：380） 2. Ba 型（T2④：383） 3. Ba 型（T1②：448） 4. Ba 型（T2③：414） 5. Ba 型（T2③：409） 6. Bb 型（T2④：381） 7. Ba 型（T2③：415） 8. Ba 型（T2②：198） 9. Ba 型（T1②：442） 10. Bb 型（T2④：386） 11. Bb 型（T2④：394） 12. Bb 型（T2④：402） 13. Bb 型（T2④：384） 14. Bb 型（T2③：406） 15. Bb 型（T1②：444） 16. Bb 型（T2②：201） 17. Bb 型（T1②：446） 18. Bc 型（T2④：382）

标本T2③：406，灰色胎。高2、直径5厘米（图三四，14；彩版六，2）。

标本T2②：201，灰色胎。高1.6、直径6厘米（图三四，16；图版一九，2左）。

标本T1②：444，灰色胎。高1.7、直径6厘米（图三四，15）。

标本T1②：446，灰色胎。高1.5、直径5.2厘米（图三四，17）。

标本T2④：381，粘连在一小盏内，灰色胎，高1.7、直径7厘米（图三四，6）。

Bc型　1件。环断面略呈扁圆形。

标本T2④：382，其制作方法是，先做出一泥棍，然后二端相接围成一圆，最后粘贴上三个高矮相同的圆锥状足。灰色胎，高1.9、直径5.5厘米（图三四，18；图版一九，2右）。

C型　49件。环形。其制作方法是，先做出一泥棍或泥条，然后二端相接围一加圆。厚0.5~2、直径2.7~6.8厘米。根据环断面形状的不同，又分为三亚型。

Ca型　13件。环断面略呈立椭圆形或立长方形，中孔较大。依据厚薄的差异，分为四式。

Ⅰ式　2件。较厚。

标本T2④：404，灰色胎。厚1.7、上径6.1、下径6.8厘米（图三五，1）。

标本T2③：418，灰色胎。厚2、直径7厘米（图三五，2）。

Ⅱ式　3件。较Ⅰ式薄。

标本T2③：430，灰色胎。厚1.4、直径5.6厘米（图三五，3）。

标本T2③：431，灰色胎。厚1.4、直径5厘米（图三五，5）。

Ⅲ式　5件。较Ⅱ式薄。

标本T2②：232，灰黄色胎。厚1.2、直径5.4厘米（图三五，4）。

标本T2②：203，灰黄色胎。厚1.2、直径5.2厘米（图三五，6）。

标本T2③：423，厚1.1、直径4厘米（图三五，7）。

Ⅳ式　3件。较Ⅲ式薄。

标本T2②：246，灰色胎。厚1、直径3.5厘米（图三五，8）。

标本T2②：243，浅灰色胎。厚0.8、直径3.4厘米（图三五，9）。

Cb型　32件。环断面略呈圆形或扁圆形，中孔较Ca型小。依据厚薄的差异，分为四式。

Ⅰ式　1件。较厚。

标本T2④：403，灰黄色胎。厚1.5、直径5.2厘米（图三六，1）。

Ⅱ式　3件。较Ⅰ式薄。

标本T2③：422，灰紫色胎。厚1.2、直径5.5厘米（图三六，2；彩版六，3）。

标本T2③：417，二件粘在一起，浅灰色胎，下一件厚1、直径5.3厘米（图三六，10）。

Ⅲ式　19件。较Ⅱ式薄。

标本T2③：421，灰色胎。厚0.8、直径4.6厘米（图三六，4；图版一九，3左）。

标本T2②：418，厚1、直径5.8厘米（图三六，3；图版一九，3右）。

标本T2②：251，灰黄色胎。厚0.8、直径5厘米（图三六，5）。

标本T2②：233，灰黄色胎。厚0.7、直径3.6厘米（图三六，6）。

Ⅳ式　9件。较Ⅲ式薄。

标本T2②：202，灰色胎。厚0.6、直径3厘米（图三六，7）。

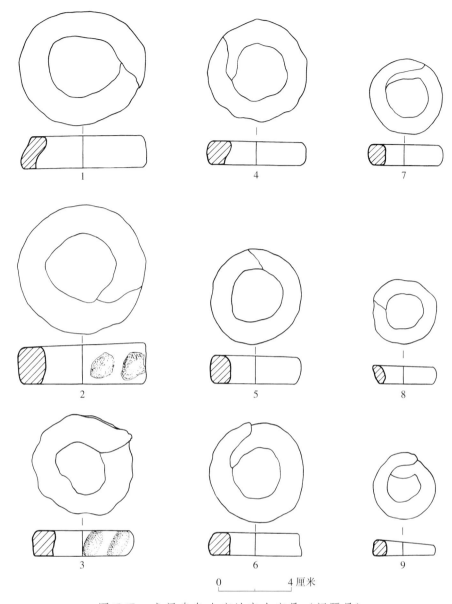

图三五　龙凤乌龟山窑址出土窑具（间隔具）

1. Ca 型 Ⅰ 式（T2④：404）　　2. Ca 型 Ⅰ 式（T2③：418）　　3. Ca 型 Ⅱ 式（T2③：430）
4. Ca 型 Ⅲ 式（T2②：232）　　5. Ca 型 Ⅲ 式（T2③：431）　　6. Ca 型 Ⅲ 式（T2②：203）
7. Ca 型 Ⅲ 式（T2③：423）　　8. Ca 型 Ⅳ 式（T2②：246）　　9. Ca 型 Ⅳ 式（T2②：243）

标本 T2②：206，灰黄色胎。厚 0.5、直径 3.3 厘米（图三六，8）。

标本 T2②：209，灰黄色胎。厚 0.5、直径 5 厘米（图三六，9）。

Cc 型　4 件。环断面略呈扁圆形，上面有一周很浅的槽，中孔较 Ca 型小。均较薄。

标本 T2③：419，灰色胎。厚 0.7、直径 5.2 厘米（图三六，11；图版一九，3 中）。

标本 T2③：420，灰色胎。厚 0.6、直径 5.8 厘米（图三六，12）。

标本 T2②：235，灰黄色胎。厚 0.8、直径 5.3 厘米（图三六，13）。

3. 匣钵

18 件。筒形或扁筒形，壁中下部开二至四个较大的三角形、水滴形、圆形、椭圆形或长方形孔，以四个为多，部分匣钵的口沿开弧形或角形缺口。根据体形的不同，可分为二型。

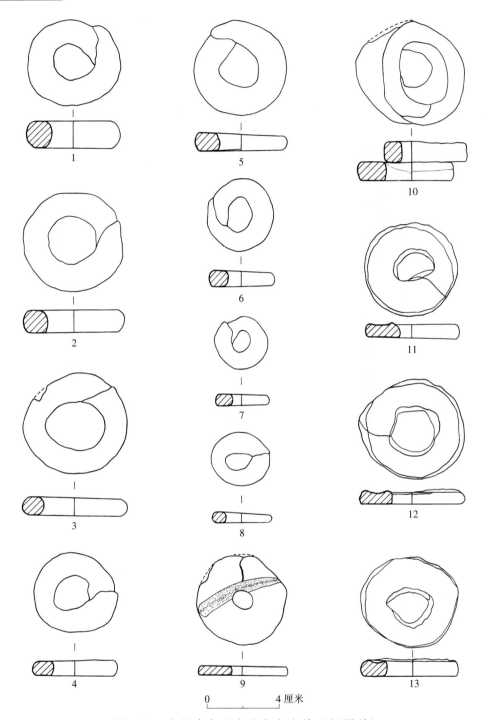

图三六　龙凤乌龟山窑址出土窑具（间隔具）

1. Cb 型 I 式（T2④：403）　　2. Cb 型 II 式（T2③：422）　　3. Cb 型 III 式（T2②：418）　　4. Cb 型 III 式
（T2③：421）　　5. Cb 型 III 式（T2②：251）　　6. Cb 型 III 式（T2②：233）　　7. Cb 型 IV 式（T2②：202）
8. Cb 型 IV 式（T2②：206）　　9. Cb 型 IV 式（T2②：209）　　10. Cb 型 II 式（T2③：417）　　11. Cc 型
（T2③：419）　　12. Cc 型（T2③：420）　　13. Cc 型（T2②：235）

　　A 型　17 件。筒形。高 7.6 ~ 20.2、口径 11.5 ~ 36、底径 11.1 ~ 34 厘米。根据口部形制的不
同，又分为三亚型。

　　Aa 型　5 件。口部内倾。依据壁形制的差异，分为二式。

Ⅰ式　1件。口部以下较斜直缓收。

标本 T2④：324，开四个长三角形孔。灰黄色胎。内底和内壁局部有釉，孔壁和孔外侧周围亦有釉，釉呈青灰色。高8、口径12、底径11.6厘米（图三七，1）。

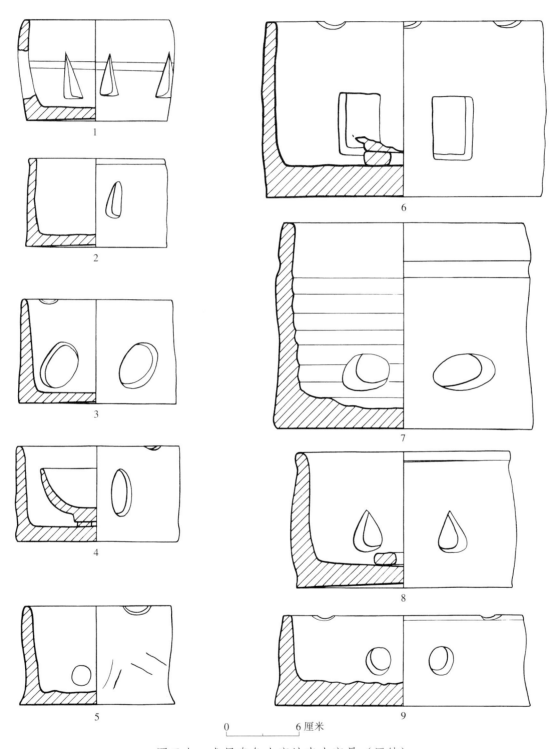

0　　　　　6厘米

图三七　龙凤乌龟山窑址出土窑具（匣钵）

1. Aa 型Ⅰ式（T2④：324）　2. Aa 型Ⅱ式（T2②：166）　3. Ab 型Ⅰ式（T2③：356）　4. Ab 型Ⅱ式（T2③：354）　5. Ab 型Ⅲ式（T2②：165）　6. Aa 型Ⅱ式（T2②：159）　7. Ab 型Ⅳ式（T3①：2）　8. Ac 型（T2②：162）　9. B 型（T2②：163）

Ⅱ式　4件。口部以下较直。

标本 T2②：166，残，可复原。残存部分有一长三角形孔，口沿有一弧形缺口。灰黄色胎。内侧壁局部有釉。高 7、口径 11.2、底径 11.6 厘米（图三七，2）。

标本 T2②：159，开三个长方形孔，口沿有三个弧形缺口。灰色胎。内底有一层深青色釉，壁外侧有一层很薄的酱黑色釉。内底中部粘一环形间隔具。高 14、口径 22.8、底径 22.8 厘米（图三七，6）。

Ab 型　11件。口部较直。依据壁形制的差异，分为四式。

Ⅰ式　4件。壁由上向下微外斜。

标本 T2③：356，开四个圆形孔，口沿存二个弧形缺口。灰色胎。内底、内外壁局部、孔壁有釉。高 8.2、口径 12.4、底径 13 厘米（图三七，3）。

Ⅱ式　3件。壁中上部直立，近底部略内弧。

标本 T2③：354，开二个椭圆形孔，与二孔对应的另一边壁上各有二条短透线，以起通气作用，口沿有一弧形缺口。灰色胎。内底和外侧局部酱黑色釉。内底粘有一青瓷杯，下置环形间隔具。高 7.6、口径 13.2、底径 13.2 厘米（图三七，4；图版一九，4）。

Ⅲ式　2件。壁上部微外弧，下部又内弧。

标本 T2②：165，开二个圆形孔，二孔之间各有二条短线组成的二组透线，以起通气作用，口沿存一弧形缺口。灰黄色胎。内底和壁外侧局部有青褐或酱黑色釉。高 7.8、口径 12、底径 12.8 厘米（图三七，5）。

Ⅳ式　2件。壁上部微外弧，中部内弧。

标本 T3①：2，开二个扁圆形孔，二孔之间的外侧刻划“×”纹。灰紫色胎，高 16.4、口径 20、底径 21.2 厘米（图三七，7）。

Ac 型　1件。口部略外撇，壁外弧，底部又内直收。

标本 T2②：162，开三个水滴形孔，口沿存一“V”形缺口。灰色胎。内底有深青色釉，外壁有一层酱黑色釉。内底中部粘有环形间隔具。高 10.8、口径 18、底径 18 厘米（图三七，8）。

B 型　1件。扁筒形。口部较直，壁上部微外弧，下部又内弧。

标本 T2②：163，开四个圆形孔，口沿存二弧形缺口。灰色釉。高 7.2、口径 20、底径 21.2 厘米（图三七，9）。

4. 匣钵盖

6件。匣钵叠擺时盖在最上面的一件上。倒置呈浅腹、敞口盘形。根据盖面形制的不同，可分为二型。

A 型　2件。上面平，下凹。高 2.2～3.4、上径 8.8～12、下径 12～20 厘米。依据盖侧面形制的差异，分为二式。

Ⅰ式　1件。盖侧面较斜直。

标本 T2③：341，灰紫色胎。高 2.2、上径 8.8、下径 14 厘米（图三八，1）。

Ⅱ式　1件。盖侧面、上部斜直，中部略折，下部微内弧。

标本 T2②：153，灰黄色胎。上面周有二凹线组成的同心圆纹。高 3.4、上径 12、下径 20 厘米（图三八，2）。

B 型　4件。上面凸起，下凹，类似盘的假圈足。高 2.8～3.2、上径 10.4～12、下径 16.8～

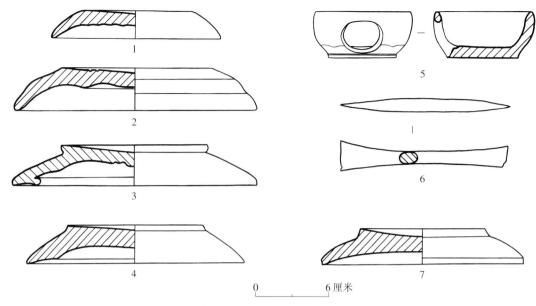

图三八　龙凤乌龟山窑址出土匣钵盖、试火具、铁刀

1. 匣钵盖 A 型 I 式（T2③：341）　2. 匣钵盖 A 型 II 式（T2②：153）　3. 匣钵盖 B 型 I 式（T2③：339）　4. 匣钵盖 B 型 II 式（T2③：340）　5. 试火具（T2④：97）　6. 铁刀（T3①：8）　7. 匣钵盖 B 型 III 式（T2③：161）

20 厘米。依据盖侧面、口部形制的差异，分为三式。

I 式　1 件。盖侧面较斜直，口部内折，形成一微上弧的宽面。

标本 T2③：339，灰色胎。胎表呈紫黑或黑色。高 3.2、上径 12、下径 20 厘米（图三八，3）。

II 式　1 件。盖面微弧，口部做出上斜又微上弧的宽面。

标本 T2③：340，灰黄色胎。外侧呈灰紫色。高 3、上径 11.2、下径 18 厘米（图三八，4）。

III 式　2 件。盖面上弧较 II 式大，口部无宽面。

标本 T2③：161，灰黄色胎。胎表呈灰紫或黑色。高 2.8、上径 10.4、下径 16.8 厘米（图三八，7）。

5. 试火具

2 件。呈小盏形，即将已施釉的小盏壁上挖一扁圆形的大孔，验火时，以铁钩钩住孔将其拉出窑外。盏形制是敛口或侈口，曲壁，矮假圈足。灰色胎，釉色不显或剥落，内满外施至下腹部。根据口部形制的不同，可分为二型。

A 型　1 件。敛口，腹较深。

标本 T2④：97，釉色不显。高 3.6、口径 8、足径 5.6 厘米（图三八，5；图版一〇，2）。

B 型　1 件。侈口，腹较浅。

标本 T1②：267，釉全部剥落。口部外侧饰凹弦纹。高 3.2、口径 8.4、足径 5.6 厘米（彩版五，4）。

三　制瓷工具

铁刀，1 件。

标本 T3①：8，长 14 厘米，中部断面呈椭圆形，直径 0.8 厘米；尾部、前部渐薄，尾边平齐，宽 2.4 厘米；刃边呈斜面弧形，宽 1.6 厘米。锈蚀严重（图三八，6）。

第三节　分期与年代

一　分期

龙凤乌龟山窑址发掘的地层叠压关系清楚。因此，分期拟以地层为基础，以出土遗物的类型为依据来进行分析。

1. 地层的分组

乌龟山窑址发掘的三个探方，以土质、土色为标准分为3、4或2层，但它们不连在一起，且相距较远，各探方在层位上无法对应分组。因此，地层的分组拟从出土遗物来考虑，凡出土遗物的类型相同或绝大部分相同的地层合为一组，反之，则另立一组。按照这个原则，根据第二节对出土遗物的整理结果，除T1①a、T1①b、T2①层为表土或扰土层外，其余地层可分为四组：

第一组　T2④层。

第二组　T2③层。

第三组　T2②层；T1②层；T3②层。

第四组　T3①层。

这里需要说明的是，T3①层早年被扰动过，或是将其他地方的堆积移堆于此。所以这一层出土的遗物比较复杂，既有与第一、二、三组相同的，也有不同的。这里所分的第四组是指与第一、二、三组不同的那部分。

2. 分期

上面所分的四组地层，从探方地层的叠压顺序可知，第一组为最早，以下三组次之。现将各组地层出土的遗物及其类型列成表二。

从表二中可以看出，各组各型的式别少有交错现象。将表二和第二节的文字描述及附图结合起来考虑，不难看出四个组地层出土的遗物种类、主要器物的增减及其形制演变已基本形成了一个较清晰的发展序列，可代表乌龟山窑址的四个发展阶段，即四期。

二　各期特征

第一期，这一期出土的瓷器器类比较丰富，皆是生活用器，以钵、碗、盘、杯、盅等饮食器为大宗，造型多较规整。胎质一般较细，质地坚硬，以灰色为主，少数为灰黄色。釉层均匀，正烧者，釉面光莹。釉色以青色为主，少数呈青泛黄或青黄色。过烧现象较为严重，釉色均不显。装饰技法有划花和点彩二种，划花的内容为弦纹和莲瓣纹，点彩是以褐色彩点饰在器物的口沿部、器盖的盖面上。弦纹使用很普遍，一般饰于器物的口部外侧，较宽、深。莲瓣纹发现的数量很少，仅用于碗的外侧，制作规整，线条流畅、自然。点彩比较流行，彩点较大，在器物上的排列、布局比较稀疏。窑具多为支具和间隔具，匣钵的数量极少。此外，还发现了在烧成过程中用来观察烧成情况的试火具。装烧方法一般都是叠置裸烧，个别的以匣钵装烧。

表二　龙凤乌龟山窑址各组地层出土器物类型表

（一）瓷器：罐、壶、钵、碗、盘、杯类

器类 / 型式　组别	罐	小盘口壶	盘口壶亚	鸡首壶亚	钵	莲瓣纹碗	碗	盘	莲花纹盘	盘	莲瓣纹杯	菊瓣纹杯	杯	典型地层	备注
第一组	I	I II	✓		Bb I A Ba I Bb II Bc I Ba II Bc II Ca I Cb I Cd I Ca II Cb II Cc I	Aa I B I	Aa I Ab I Ac I Ba I Ba II	Ad I	A I A II	Aa I Ab I Aa II Ab II	A I B I C I A II	A I B I A II	A I Ba I Bc I Ca I	T2④	
第二组	II III	III		✓	Bb III Bc III Bb IV Ac III Ca II Cb II Cb III Cc II Cc III Cd III	B II C I Aa I	Aa III Ab II	Ad III	A II B	Aa I Ab II Aa II Ab III	B II A II	A I B II A II	A II Bb I Bc I Bc II Ca II Cb I	T2③	
第三组	III	III IV		✓	Bb IV Bc IV Ca III Cb III Ca IV	B III	Aa IV Ab III Ac III Ba III Bb II	Ac II Ad I Ad III Ac III Ad IV	A I A II	Ab III Ab IV	B II C II	A II	A III Ba II Bb II Ba III Bc II Cb II Cc I Cc II	T2② T1②	
第四组		✓			C III	Aa II Ab C II	B C		A II B	AbⅣ				T3① （部分）	

（二）瓷器：盏、小盏、盅、器盖类

器类 / 型式　组别	盏	小盏	盅	器盖	典型地层	备注
第一组	Ba I Bb I Bc I Bd I Be I Ca I Bb II Bc II Bd II Ca II	Bc I Bf I Bg I Bh I Bi I Bf II	Da I Db I Dc Db II	Aa I Ab I Ba I	T2④	
第二组	Bb II Bc II Bd III Be II	Bc II Bf II Bg II Bh II Bf III	Db III	Aa II Ab II Ba II Ab III	T2③	
第三组	Bc II Be II Bd IV Be III BdⅣ Be III Ca III Cb III Cb II	Bb III Bc III Bd II Be I Bb III Bc III Be II Bd III Be III	Db III Dc Dd Da I Da II Cc Cd I Cc II	Aa III Ad I Ba III Ac III Ad II	T2② T1②	
第四组	Ac II	AbⅣ	Cd II Da II	AbⅣ	T3①（部分）	

（三）窑具、制瓷工具及其他

器类 / 型式　组别	水盂	香薰	灯	砚	擂台钵	纺轮	兽	支具	间隔具	窑具	匣钵	画钵盖	试火具	制瓷工具（铁刀）	典型地层	备注
第一组	✓	✓	✓	✓		✓	A I B I Ca Cb Da I Db I B II Da II Db II	Aa I B I Ca Ba Ba Ag Ba Bb Bc	Aa Ab Ac Ad Ae Af Ag Ba Bb	Aa I	B	A	A		T2④	第一期
第二组	✓	✓				A	Bd I Bd II	A II B III	Da III Db II	Aa II Ab I Ab II	Ca Cb III Ca II Cb III	A I B II	B		T2③	第一期
第三组		✓			BC	Bd III BdⅣ	A III B III	DaⅣ Db III	Aa II Ab Ad Af Ag Bb Ac	Ca II Cb III Ca II Cb III CaⅣ CbⅣ	A II B III				T2② T1②	第一期
第四组	✓	✓✓		✓			Bc II	✓	Aa Ab Ac Ad Af Ag Bb	CaⅣ CbⅣ	AbⅣ			✓	T3①（部分）	第二期

注：1. 大写英文字母代表型，小写英文字母代表亚型，罗马数字代表式。

　　2. "√"表示有某种器，图1件或多件形制相同或残碎不能分型式。

第二期，这一期的器类、胎、釉与第一期相比无太大的变化，仅是在釉色上出现了淡青色。这种色釉，釉质细腻，釉面晶莹，效果颇好。装饰技法除划花、点彩之外，新增了刻剔花。划花的内容有弦纹、莲瓣纹和菊瓣纹，刻剔花均为莲瓣纹。弦纹较窄细。莲瓣纹流行，用于碗、杯的外侧。菊瓣纹是这一期新出现的一种纹样，见于杯的外侧。点彩仍很盛行，但彩点变小了，排列也密了一些。在窑具中，匣钵的数量增多，装烧方法仍以叠置裸烧为主，匣钵装烧法被较多地使用。值得注意的是，还发现了罐套烧法，即是将小件器物放在罐内烧制。

第三期，这一期的器类、胎、釉和装饰技法及其内容与第二期相比无明显的区别。青泛黄、青黄色釉的数量增多。花纹内容中，新增了莲花纹，用于盘的内侧。弦纹一般均为细弦纹。点彩的彩点小，排列密或很密。匣钵装烧法的使用范围有所扩大。

第四期，这一期发现的器类较少，以碗、盘、小盏、盏为主，造型秀美大方。胎质普遍较前三期细密，一般均呈灰色，釉色以青泛黄色为主。装饰技法出现了刻花，不见了褐色点彩。花纹内容有弦纹、莲瓣纹、莲花纹，菊瓣纹消失。弦纹的用量减少，有些碗、小盏、盏的口部已不用弦纹了。莲瓣纹仍用于碗的外侧，莲瓣多变得瘦长，做工较草率。莲花纹仍见于盘的内侧，制作较为精细，具有良好的装饰效果。窑具中，未见支具，间隔具仅有 C 型一种，且数量少。匣钵装烧法流行。

三　年代推断

乌龟山窑址发掘出土的遗物中没有纪年器物和铜钱等，各期的年代只有据纪年和年代明确的墓葬中出土的瓷器来推断。

第一期，Ⅰ式罐、Cc 型Ⅰ式钵的形制与江西靖安虎山西晋太康九年（288 年）墓（M2）出土的同类器物相似或相同[1]，香熏的熏罐（T2④：305）、托座（T2④：298、300）的形制、褐色点彩装饰与南京象山东晋初年墓（M7）出土香熏相似或相同[2]。所以，这一期的年代约在西晋至东晋早期，即公元 265 年至 4 世纪前半叶。

第二期，Ab 型Ⅰ式盘的形制与南京吕家山东晋宁康三年（375 年）李纂墓（M2）出土的盘相似[3]，与南京南郊南朝永初二年（421 年）谢珫墓出土的青瓷盘（M6：3）相同[4]，Ⅲ式小盘口壶的形制与江西九江东晋中晚期墓出土的同类器物相似[5]，Cc 型Ⅱ式钵的形制与江西赣县南朝宋景平年间（423～424 年）墓出土的褐色点彩钵相同[6]。可见，这一期的年代约为东晋中晚期至南朝早期（宋前期），即公元 4 世纪后半叶至 5 世纪前半叶。

第三期，A 型Ⅰ式莲花纹盘的形制、花纹与江西清江南朝宋泰始六年（470 年）墓（M3）出土的莲花纹盘相似[7]，Ba 型Ⅲ式碗、Cc 型Ⅰ式杯的形制与江西吉安南朝齐永明十一年（493 年）

①　陈定荣等：《靖安虎山西晋、南朝墓》，《江西历史文物》1985 年第 2 期。
②　南京市博物馆：《南京象山 5 号、6 号、7 号墓清理简报》，《文物》1972 年第 11 期。
③　南京市博物馆：《南京吕家山东晋李氏家族墓》，《文物》2000 年第 7 期。
④　南京市博物馆等：《南京南郊六朝谢珫墓》，《文物》1998 年第 5 期。
⑤　九江市博物馆吴水存等：《九江市郊发现一座晋墓》，《江西历史文物》1984 年第 1 期。
⑥　赣州地区博物馆等：《江西赣县南朝宋墓》，《考古》1990 年第 5 期。
⑦　江西省博物馆考古队：《江西清江南朝墓》，《考古》1962 年第 4 期。

墓出土的同类器物相似①。由此可见，这一期的年代约为南朝宋后期至齐时期，即公元 5 世纪后半叶。

第四期，Ac 型 Ⅱ 式盏的形制与南京尧化门南朝梁墓出土的同类器物相似②，Cb 型碗的风格与江西清江经楼南朝陈至德三年（584 年）墓出土的同类器物（原报告称"杯"）相近③。因此，这一期的年代约为南朝梁陈时期，即公元 502~589 年。

---

①　平江等：《江西吉安县南朝齐墓》，《文物》1980 年第 2 期。
②　南京博物馆：《南京尧化门南朝梁墓发掘简报》，《文物》1981 年第 12 期。
③　清江县博物馆：《江西清江经楼南朝纪年墓》，《文物》1987 年第 4 期。

第四章　龙凤李子岗窑址

第一节　位置与地层堆积

一　位置及保存状况

龙凤（龙雾洲）窑址是 1978 年 11 月发现的[①]。1992 年 9 月，再次对其进行了详细调查[②]。

窑场坐落在同田乡境所属龙凤村（龙雾洲）的赣江西岸渡口江湾畔，属黄土丘陵地带，山陵丘坡起伏连绵，窑群东临赣江，就势构筑。南起李子岗，北至牛岗山。面积约 15000 平方米（图三九；彩版七）。境内散布大量瓷片、窑具，俯拾皆是。从该窑址群地理环境看，同田乡位于丰城市东北部，地处锦江与赣江汇合的三角地带，东与龙雾洲隔江相望，与南昌县岗上乡仅一水之隔；北为尧峰岭，界临新建县的流湖乡；西与丰城梅林乡接壤；南与丰城曲江镇和上塘镇相邻。赣江古道河床原直插龙雾洲而过，后因泥沙堵塞改道，该窑场正好位于缓冲港湾丘陵平坡地段。河湾附近丘陵地带有大量的瓷土原料和茂密的林木燃料，运输有便利的赣江大动脉北达南昌，外输扬子，南通吉、虔，远销闽、粤，东会旴、抚，西连锦江。这些优越的自然条件，也是当时窑业产生和兴旺发展的基础。

李子岗为沿江一凸起窑包，坡度约 43°。因早年兴建砖瓦厂（现在为乡造纸厂），再加上造纸厂扩建及以后民居村落的大面积修建，窑址遭受很大破坏，其面积也愈来愈小。现在的保存情况与 1978 年调查时原貌已大相径庭。如今已是村舍林立，房屋栉比，几乎没有空地可供发掘了。

二　探方分布及发掘面积

经勘查，1994 年 9 月至 10 月择重点对李子岗两处堆积较厚、面积较大、保存也较完好的地方同时布方、发掘。编号为 94 丰·同·龙·李 T1、T2。均为正南北向。T1 位于东南部，T2 位于西北部，两方相距约 50 米。其中 T1 发掘面积为 12 平方米（4 米×3 米），T2 发掘面积为 16 平方米（4 米×4 米）。总计揭露面积为 28 平方米（图四〇）。

两处堆积被民居隔断。T1 处堆积，北端紧靠一幢人字顶灰色民房，东南约 5 米处为一处院落民居，西北约 60 米为乡造纸厂车间，西南约 30 米为造纸厂厂部。现仅存一长条状堆积，东西长约 8～9 米，南北宽约 3～4 米，高出地表约 1～3 米，总面积约 30 平方米。大体呈西北高东南低的走势，

①　万良田、万德强：《江西丰城龙雾洲瓷窑调查》，《考古》1993 年第 10 期。
②　权奎山等：《江西丰城洪州窑遗址调查报告》，《南方文物》1995 年第 2 期。

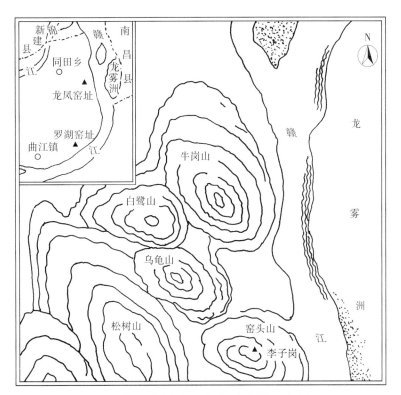

图三九　龙凤李子岗窑址位置示意图

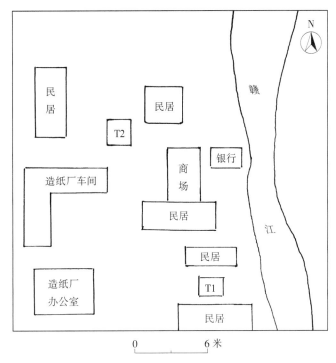

图四〇　龙凤李子岗探方位置图

西、北二个断面较陡峭，南面为缓坡状。地面长满杂草、荆棘和灌木丛等。T2处堆积，一条道路由西向东从南面擦边而过，西面约3米处为一现代水井，东面民居将其围绕。现仅存一块小台地，东西宽约4~6米，南北长约4~7米，高出地表约1~1.2米，总面积约40平方米。大体呈北、东、南三面高而西部低的簸箕状。

三 堆积及地层

现将两个探方的地层堆积，分别介绍。

T1 依土质、土色及包含物变化可分为二层。以东壁为例（图四一）。

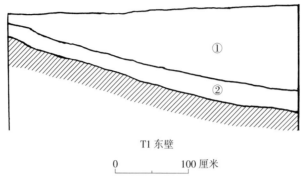

T1 东壁

0   100 厘米

图四一 龙凤李子岗窑址 T1 东壁剖面图

第①层 厚 10～115 厘米。红褐色土，土质粗松含沙质，呈颗粒状，近似"五花土"。包含物有碎匣钵、匣钵盖、圆柱形与圆饼形托珠、扁平状垫圈及青黄色釉碗、盘、杯、盏、盏托等，另有少许现代碎砖块、石块、灰瓦及青花瓷片。

第②层 深 10～115 厘米，厚 20～78 厘米。灰褐色土，土质细腻较紧密。包含物丰富，遗物平面分布主要位于东北部。出有碎匣钵、匣钵盖、圆柱形与圆饼形托珠、扁平形环状垫圈、网格纹陶瓮、青绿釉罐与盘口壶、青黄釉鸡首壶以及青与青黄釉碗、盘、盏、盅和莲瓣纹碗、盘、盏盘、盏等。

T2 依土质、土色及包含物变化可分为二层。以南壁为例（图四二）。

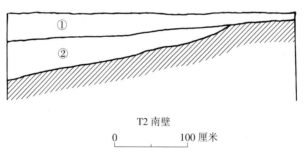

T2 南壁

0   100 厘米

图四二 龙凤李子岗窑址 T2 南壁剖面图

第①层 厚 10～40 厘米。黄色土，间夹杂黑、白煤灰，土质坚硬。无包含物。

第②层 深 10～40 厘米，厚 0～78 厘米。棕黄色土，间夹杂红烧土块。遗物平面分布主要位于西、北部。包含物有匣钵、匣钵盖、锯齿状垫圈、扁平状垫圈、圆柱形与圆饼形托珠及桥形六系罐、钵、碗、莲瓣纹碗、盘、盏、杯、盅等。器物多施青釉或青泛黄釉，釉面光洁，开细小纹片。

第二节　出土遗物

出土物主要为瓷器和窑具等。现分别叙述。

出土的器物主要是人们日常生活用具，计有陶瓮及瓷罐、鸡首壶、盘口壶、平底钵、莲瓣纹碗、碗、莲瓣纹盘、盘、盏盘、盏托、莲瓣纹杯、杯、盏、盅等。胎色主要有灰白、深灰、浅灰。釉色主要有青绿、青黄、青灰，纹饰多为莲瓣纹。莲瓣形式丰富多彩且富于变化。

一　陶器

陶器，数量极少，仅出一件。

陶瓮　1 件。

标本 T1②：10，残，不能复原。方唇，沿外折，溜肩，环形系，器表饰网格纹。

二　瓷器

共计 366 件。器形有六系罐、四系小罐、罐、盘口壶、鸡首壶、莲瓣纹钵、钵、莲瓣纹碗、碗、莲瓣纹盘、盘、盏盘、盏托、莲瓣纹杯、杯、芒口杯、盏、盅、砚台。

1. 罐

4 件。依系的数量不同，可分为为二型。

A 型　六系，3 件。皆残。圆唇，侈口，矮领，鼓腹，底残形制不详。肩部设置对称桥形系六个，系下环肩部饰凹弦纹两道。依肩部差异，分为二式。

Ⅰ 式　1 件。溜肩。

标本 T2②：91，残。生烧，胎色灰白偏黄。釉脱落。残高 13 厘米（图四三，1）。

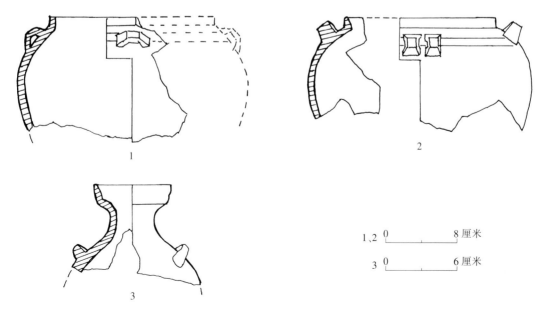

图四三　龙凤李子岗窑址出土瓷罐、盘口壶
1. A 型 Ⅰ 式罐（T2②：91）　2. A 型 Ⅱ 式罐（T1②：14）　3. 盘口壶（T2②：7）

Ⅱ式　2件。残。丰肩。

标本T1②：14，胎色灰白。通体施青绿色釉，釉面光洁，釉汁莹润，开细片，釉下有不规则成片黑斑。残高12、口径17厘米（图四三，2）。

B型　四系罐，1件。圆唇，侈口，溜肩，鼓腹。

标本T1②：12，残。肩部设环形系四个，系下环肩部饰凹弦纹两道。胎色灰白。通体施青绿色釉，开细片，釉下有不规则成片黑斑。残高5厘米。

2. 盘口壶

1件。圆唇，盘口，束颈，溜肩，鼓腹。

标本T2②：7，底残，肩部设置对称半环形系两个。浅灰色胎。施青黄色釉，开细片，釉面光洁，釉汁莹润。残高7.8、口径6.2厘米（图四三，3；图版二〇，1）。

3. 鸡首壶

1件。

标本T1②：13，残，仅见鸡首壶柄上部。胎质灰白。施青黄色釉，釉汁莹润，开细片。

4. 莲花纹钵

2件。足内凹，曲壁，口残。内侧釉下划花。依瓣脉的有无，可分为二式。

Ⅰ式　1件。莲瓣肥短且较尖，瓣脉清晰。

标本T2②：81，纹饰为四子重瓣莲花纹。深灰胎。施青釉，开细片，聚釉处呈碧绿色。残高3.3、底径3.6厘米（图四四，1；图版二〇，2）。

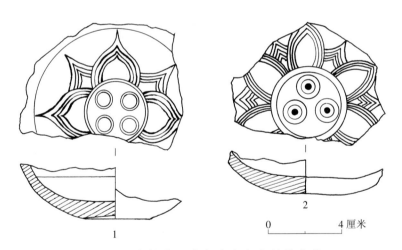

图四四　龙凤李子岗窑址出土瓷莲花纹钵
1. Ⅰ式（T2②：81）　2. Ⅱ式（T1②：164）

Ⅱ式　1件。莲瓣短且较尖，莲瓣无脉。

标本T1②：164，纹饰为三子重瓣莲花纹辅以三组弦纹衬托。浅灰胎。生烧，釉已脱落。残高1.6、底径3.6厘米（图四四，2）。

5. 平底钵

4件。平底或平底内凹。依口沿不同，可分为三型。

A型　2件。直口，口沿下饰一道凹弦纹，腹壁斜直。深灰胎。施灰青色釉，内满外施至腹部。高5.6~6、口径12.2~12.6、底径9.6~10厘米。

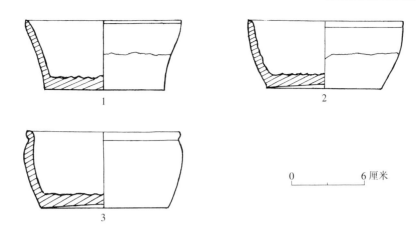

图四五　龙凤李子岗窑址出土瓷钵
1. A 型（T2②：146）　2. B 型（T2②：147）　3. C 型（T2②：144）

标本 T2②：146，高 5.6、口径 12.2、底径 9.6 厘米（图四五，1；图版二〇，3）。

B 型　1 件。口微敛，腹壁斜直。

标本 T2②：147，口沿下饰一道凹弦纹。深灰胎。施灰青色釉，内满外施至腹部。高 5.3、口径 12、底径 9.4 厘米（图四五，2；图版二〇，4）。

C 型　1 件。口微侈，腹略鼓。

标本 T2②：144，口沿下饰一道凹弦纹。深灰胎。过烧，釉色不显。高 6 厘米、口径 12.4、底径 10.4 厘米（图四五，3）。

6. 莲瓣纹碗

18 件。曲腹，假圈足，有的内凹。浅灰或深灰色胎。施青或青黄色釉。釉面光洁，釉汁莹润，开细片纹。有的釉下有不规则黑斑。莲瓣装饰有划花与刻剔花之分。划花者，线条清晰流畅，刻剔者，刀法犀利，立体感较强，呈半浮雕状。个别形体较大或较小。依口沿不同，可分为三型。

A 型　11 件。直口，曲壁，假圈足。外壁或底足（仅一例）刻划莲瓣纹。依壁形制和莲瓣差异，又分为三亚型。

Aa 型　4 件。壁外弧较大。高 5.8~6.4、口径 10.2~11.4、足径 5~5.5 厘米。依腹部深浅差异，分为三式。

Ⅰ式　1 件。圆唇，腹较浅。

标本 T2②：80，外壁釉下划仰姿重瓣莲花纹，莲瓣无脉，肥大且较尖。深灰胎。施青釉，聚釉处呈碧绿色。高 5.8、口径 10.2、足径 5 厘米（图四六，1）。

Ⅱ式　2 件。圆唇，腹较深。外壁釉下划仰姿重瓣莲花纹，莲瓣无脉，较Ⅰ式瘦长。

标本 T2②：78，深灰色胎。施青釉，聚釉处呈碧绿色。高 6.1、口径 11、足径 5 厘米（图四六，2；图版二〇，5）。

标本 T2②：79，深灰色胎。施青釉，聚釉处呈碧绿色。高 6.4、口径 11.4、足径 5.3 厘米（图四六，3；图版二〇，6）。

Ⅲ式　1 件。圆唇，腹较深，下腹内收较Ⅱ式明显。

标本 T2②：77，外壁采取划与刻、剔（类似减地）花结合手法，做出仰姿重瓣莲花纹，莲瓣

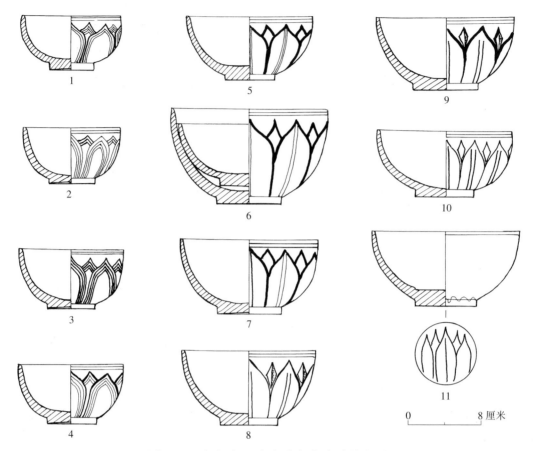

图四六　龙凤李子岗窑址出土瓷莲瓣纹碗

1. Aa 型 I 式（T2②：80）　2. Aa 型 II 式（T2②：78）　3. Aa 型 II 式（T2②：79）　4. Aa 型 III 式（T2②：77）
5. Ab 型 I 式（T2②：117）　6. Ab 型 II 式（T2②：109）　7. Aa 型 III 式（T1②：109）　8. Ac 型 I 式（T2②：
110）　9. Ac 型 II 式（T1②：108）　10. Ac 型 III 式（T1②：193）　11. Ac 型 IV 式（T1②：93）

无脉，较 II 式瘦长。深灰胎。施青釉，聚釉处呈碧绿色。高 6.4、口径 11.4、足径 5.4 厘米（图四六，4；图版二一，1）。

Ab 型　3 件。壁外弧较小。高 6.2 ~ 9.8、口径 13.8 ~ 17、足径 5.4 ~ 7.4 厘米。依腹部深浅差异，分为三式。

I 式　1 件。圆唇，腹较浅。

标本 T2②：117，外壁采取划花与刻、剔花结合手法，做出仰姿重瓣莲花纹，莲瓣有脉，肥大且较尖。呈浅浮雕状。胎色浅灰。过烧，釉色不显。高 6.2、口径 13.8、足径 5.4 厘米（图四六，5）。

II 式　1 件。圆唇，腹较深。

标本 T2②：109，外壁采取划花与刻、剔（减地）花结合手法，做出仰姿重瓣莲花纹，莲瓣有脉，肥大且较尖。胎色深灰。施青釉。内底粘连一叠烧素面碗。高 9.8、口径 17、足径 7.4 厘米（图四六，6；图版二一，2）。

III 式　1 件。圆唇，腹较深，下腹内收较 II 式明显。

标本 T1②：109，足部粘连一扁平状垫圈。外壁采取划花与刻、剔（减地）花结合手法，做出仰姿重瓣莲花纹一周，口沿下饰凹弦纹两道，莲瓣瘦长，瓣尖圆弧，有瓣脉。胎色浅灰，施青黄色釉，釉下有不规则成片黑斑。内底粘连托珠一个。高 7.7、口径 15、足径 7.2 厘米（图四六，

7；彩版八，1）。

Ac 型　4件。壁外弧较急。高6.2～8.1、口径13～15.8、足径5.5～6.8厘米。依腹部深浅差异，分为四式。

Ⅰ式　1件。圆唇，腹较深。造型较高。

标本 T2②：110，口沿下有两道凹弦纹。外壁采取划花与刻剔（减地）花结合手法，做出仰姿重瓣莲花纹一周，莲瓣有脉，肥大且较尖。浅灰色胎。过烧，釉色不显。内底粘连三个托珠。高6.2、口径13、足径5.5厘米（图四六，8；图版二一，3；彩版八，2）。

Ⅱ式　1件。圆唇，造型较Ⅰ式略矮，下腹内收较明显。

标本 T1②：108，外底粘连泥条状垫圈。口沿下有凹弦纹两道，外壁采取划花与刻、剔（减地）花结合手法，做出仰姿重瓣莲花纹一周，莲瓣瘦长，瓣尖圆弧，有脉。胎色浅灰。施青黄色釉，釉下有不规则成片黑斑。高7.4、口径15.6、足径7.5厘米（图四六，9；图版二一，4）。

Ⅲ式　1件。圆唇，下腹内收较缓。造型较Ⅱ式略矮，腹亦较Ⅱ式略浅。

标本 T1②：193，口沿下有两道凹弦纹，外壁采取划花与刻、剔（减地）花结合手法，做出仰姿重瓣莲花纹，莲瓣较Ⅱ式瘦长，瓣脉清晰。胎色浅灰。施青黄色釉，脱落严重。高7.1、口径14.6、足径6.5厘米（图四六，10；彩版八，3）。

Ⅳ式　1件。圆唇，深腹，收腹较缓。

标本 T1②：93，内底平坦，有三个托珠痕。外底足下刻划仰姿重瓣莲花纹一朵，刻划随意无雕饰感，莲瓣瘦长且较尖，瓣脉清晰。胎色浅灰。釉下有不规则成片黑斑。高8.1、口径15.8、足径6.8厘米（图四六，11；图版二一，5）。

B 型　5件。口微敛，曲壁收腹，假圈足，外壁饰莲瓣纹。高5.9～11、口径11.8～21、足径5.5～9.6厘米。依壁形制差异，又可分为二亚型。

Ba 型　1件。壁外弧较大。

标本 T2②：107，圆唇。外壁采取划花与刻、剔（减地）花结合手法，做出仰姿重瓣莲花纹一周，无瓣脉。深灰色胎。施青釉，聚釉处呈碧绿色。高8.2、口径14.1、足径7.4厘米（图四七，1）。

Bb 型　4件。壁外弧较小。依腹部差异，分为四式。

Ⅰ式　1件。圆唇，深腹。造型较大。

标本 T2②：114，外壁采取划花与刻、剔（减地）花手法，做出仰姿重瓣莲花纹一周，莲瓣硕大且较尖，瓣脉清晰。底足粘一垫圈。内底粘二个托珠，另一个托珠痕清晰可见。胎色深灰。施青釉，聚釉处呈碧绿色。高11、口径19.5、足径9厘米（图四七，2；图版二二，1；彩版八，4）。

Ⅱ式　1件。圆唇，腹渐内收。

标本 T1②：8，内底平坦粘圆饼状托珠三个。外壁采取划花与刻、剔（减地）花手法，做出仰姿莲花纹一周，莲瓣较Ⅰ式瘦长且较尖，瓣脉清晰。胎色浅灰。施青黄色釉，内半外及底，釉下有不规则成片黑斑。高8、口径14、足径6.8厘米（图四七，3）。

Ⅲ式　1件。圆唇，收腹较Ⅱ式明显。

标本 T1②：72，为五件叠烧粘连在一起，依次顺序为碗、莲瓣纹碗、莲瓣纹碗、碗、杯。故高与足径无法测量，莲瓣纹碗一件口径12.5厘米，一件口径15厘米。外壁采取划花与刻、剔（减地）花手法，做出仰姿重瓣莲花纹一周，莲瓣瘦长且较尖，瓣脉清晰。胎色浅灰。施青黄色

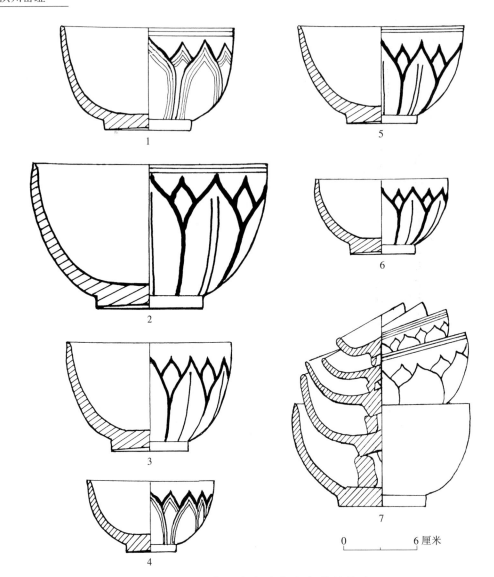

图四七　龙凤李子岗窑址出土瓷莲瓣纹碗

1. Ba 型 (T2②：107)　2. Bb 型 I 式 (T2②：114)　3. Bb 型 II 式 (T1②：8)　4. Cb 型 (T2②：82)　5. Ca 型 (T1②：147)　6. Bb 型 IV 式 (T1②：121)　7. Bb 型 III 式 (T1②：72)

釉，釉下有不规则成片黑斑（图四七，7；图版二二，2；彩版八，5）。

IV式　1件。圆唇，口沿下饰一道凹弦纹，收腹较缓。

标本 T1②：121，内底平坦，有三个支钉痕。外壁采取划花与刻、剔（减地）花手法，做出仰姿重瓣莲花纹一周，瓣脉清晰。胎色浅灰。施青黄色釉。高 5.9、口径 11.8、足径 5.5 厘米（图四七，6）。

C 型　2件。口微侈，曲壁收腹，假圈足。外壁或内底饰莲瓣纹。高 3.5～7.2、口径 10～14.8、足径 3.6～6.2 厘米。依造型差异，又可分为两亚型。

Ca 型　1件。圆唇，口沿下饰凹弦纹两道，收腹较缓。

标本 T1②：147，内底平坦，外壁采取划花与刻、剔（减地）花结合手法，做出仰姿重瓣莲花纹一周，莲瓣修长较尖，瓣脉清晰。胎色浅灰。施青釉，内半外及底。高 7.2、口径 13.5、足径 5.7 厘米（图四七，5）。

Cb 型　1 件。个体稍小。圆唇，口沿下饰凹弦纹两道，曲壁收腹。

标本 T2②：82，外壁采取划花与刻、剔花手法，做出仰姿重瓣莲花纹一周，莲瓣较肥短，尖如锯齿状，莲瓣无脉。深灰胎。施青釉，聚釉处呈碧绿色。高 5.6、口径 10.5、足径 4.2 厘米（图四七，4；图版二二，3）。

7. 莲花纹碗

11 件。造型秀丽，胎薄体轻，制作精巧、别致，个体较小。薄唇，曲壁收腹。口沿下饰一道弦纹。内底饰重瓣莲花纹一周，辅以三组弦纹衬托。纹饰细密工整。依腹部差异，分为三式。

Ⅰ 式　5 件。曲壁腹较弧。

标本 T1②：146，胎色浅灰。施青黄色釉，釉下有不规则成片黑斑。高 5.1、口径 11、足径 3.6 厘米（图四八，1；图版二二，4）。

Ⅱ 式　2 件。曲壁收腹较 Ⅰ 式略急。

标本 T1②：143，胎色浅灰。过烧，釉色不显。高 3.8、口径 10.5、足径 4 厘米（图四八，2；图版二二，5）。

标本 T1②：144，胎色浅灰。过烧，釉色不显。高 3.6、口径 10、足径 4.3 厘米（图四八，3）。

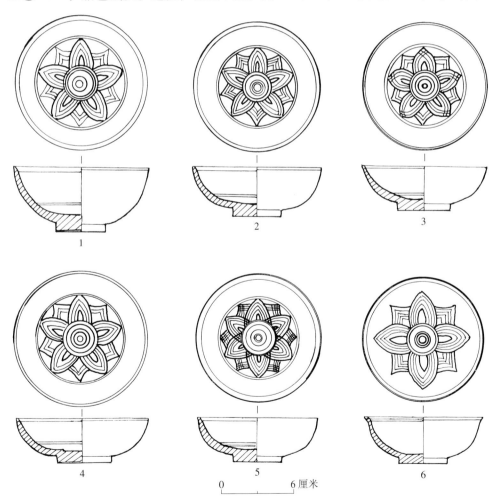

图四八　龙凤李子岗窑址出土瓷莲花纹碗

1. Ⅰ式（T1②：146）　2. Ⅱ式（T1②：143）　3. Ⅱ式（T1②：144）　4. Ⅲ式（T1②：141）
5. Ⅲ式（T1②：145）　6. Ⅲ式（T1②：194）

Ⅲ式 4件。腹较浅。

标本T1②：141，胎色浅灰。施青黄色釉，釉下有不规则成片黑斑。高3.6、口径10.6、足径4.3厘米（图四八，4；图版二二，6）。

标本T1②：145，胎色浅灰。过烧，釉色不显。高3.5、口径10、足径3.9厘米（图四八，5；图版二三，1）。

标本T1②：194，内底莲瓣有脉。浅灰胎。施青黄色釉。高3.8、口径10、足径4厘米（图四八，6）。

8. 碗

167件。其器形和规格大小，不尽一致。胎色有深灰、浅灰。釉色有青、青黄且均开细片，釉面光洁，釉汁莹亮。有的口沿下有一道凹弦纹；有的底足有圆圈纹；有的内底有一周旋削痕迹；有的底腹间有一周旋削痕迹并形成宽窄不一的台面。依口沿不同，可分为三型。

A型 35件。依整体形态差异，又分为二亚型。

Aa型 34件。曲壁，假圈足。高5~10、口径10~16.4、足径4.2~7.5厘米。依腹部差异，分为四式。

Ⅰ式 4件。腹较深，内底有旋削纹一圈。

标本T2②：118，浅灰色胎。施青黄色釉。内底有三个托珠痕。高7.5、口径15、足径7.2厘米（图四九，1；彩版八，6）。

标本T2②：103，浅灰胎。施青黄色釉，内底有落渣现象。高8、口径15、足径6.5厘米（图四九，2）。

Ⅱ式 4件。腹较Ⅰ式略浅，收腹亦较Ⅰ式稍缓，内底有旋削纹一圈。

标本T2②：100，浅灰色胎。过烧，釉色不显，内满外施至腹部，内底有三个托珠痕。高7.2、口径14.5、足径6.6厘米（图四九，3）。

标本T2②：86，浅灰色胎。施青黄色釉，内底有落渣现象。高6.5、口径13、足径5.8厘米（图四九，4；图版二三，2）。

Ⅲ式 15件。腹较Ⅱ式略浅，内底有一周旋削痕。

标本T1②：148，浅灰色胎。施青黄色釉，釉下有不规则成片黑斑。内底残留三个小支钉。高4.5、口径10、底径4.2厘米（图四九，5）。

标本T1②：120，浅灰色胎。生烧，釉已脱落。口沿下饰凹弦纹一道。高5.4、口径12.6、足径5.2厘米（图四九，6；图版二三，3）。

Ⅳ式 11件。腹较浅，收腹较Ⅲ式稍缓，底腹间有一道旋削痕，内底有旋削纹一圈。

标本T1②：2，浅灰色胎。施青绿色釉，釉下有不规则成片黑斑。口沿下饰凹弦纹一道。高5.2、口径11.5、足径5.2厘米（图四九，7）。

标本T1②：7，浅灰色胎。施青黄色釉，釉下有不规则成片黑斑。高6.9、口径15、足径7.5厘米（图四九，8）。

Ab型 1件。直口，深腹，假圈足。

标本T2②：112，浅灰色胎。施青黄色釉。高7.6、口径11.8、足径6厘米（图四九，9；图版二三，4）。

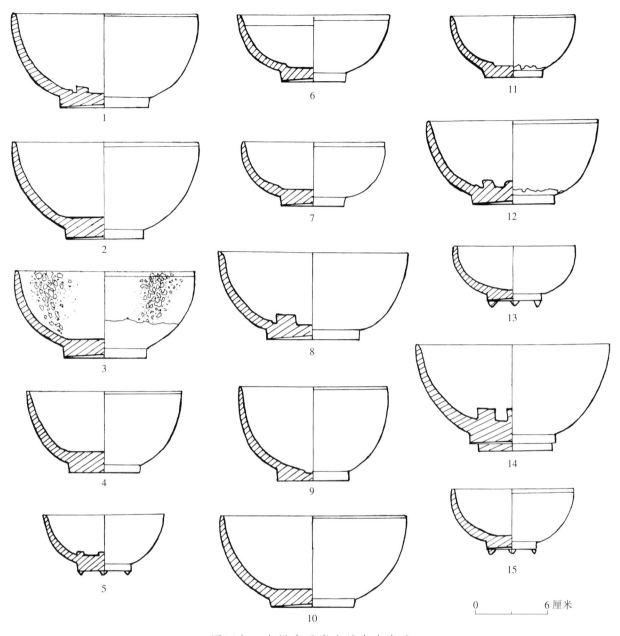

图四九　龙凤李子岗窑址出土瓷碗

1. Aa 型 I 式（T2②：118）　2. Aa 型 I 式（T2②：103）　3. Aa 型 II 式（T2②：100）　4. Aa 型 II 式（T2②：86）
5. Aa 型 III 式（T1②：148）　6. Aa 型 III 式（T1②：120）　7. Aa 型 IV 式（T1②：2）　8. Aa 型 IV 式（T1②：7）
9. Ab 型（T2②：112）　10. B 型 I 式（T2②：124）　11. B 型 I 式（T2②：47）　12. B 型 II 式（T1②：80）
13. B 型 II 式（T1②：138）　14. B 型 III 式（T1②：105）　15. B 型 III 式（T1②：155）

　　B 型　91 件。口微敛，曲壁，假圈足。高 4 ~ 8、口径 9.2 ~ 16、足径 4.2 ~ 7.6 厘米。依腹部差异，分为三式。

　　I 式　11 件。下腹略弧鼓，内底有一圈旋削纹。

　　标本 T2②：124，浅灰色胎。施青釉，底足聚釉处呈碧绿色。内底有三个托珠痕。高 7.3、口径 15、足径 6.8 厘米（图四九，10）。

　　标本 T2②：47，浅灰胎。施青釉，底足聚釉处呈碧绿色。高 5、口径 10.5、足径 4.6 厘米（图四九，11；彩版九，1 左）。

Ⅱ式　65件。曲壁腹壁较Ⅰ式略浅，收腹亦较Ⅰ式稍明显，内底平坦有一周旋削纹。

标本T1②：80，浅灰色胎。施青黄色釉，内满外施至下腹部，釉下有不规则成片黑斑。内底粘有圆饼状托珠3个，平面呈等腰三角形分布。高6.6、口径14.5、足径7厘米（图四九，12；图版二三，5；彩版九，1右）。

标本T1②：138，浅灰色胎。施青黄色釉。高4.8、口径9.8、足径4.2厘米（图四九，13）。

Ⅲ式　15件。曲壁腹较深，收腹较Ⅰ、Ⅱ式更为明显。

标本T1②：105，浅灰胎。施青黄色釉，釉下有不规则成片黑斑。内底粘连两个圆柱状托珠，外底亦粘连一扁平状垫圈。高8、口径16、足径7.2厘米（图四九，14）。

标本T1②：155，浅灰色胎。施青黄色釉，釉下有不规则成片黑斑。高4.8、口径10、足径4.2厘米（图四九，15）。

C型　41件。口微侈，曲壁收腹，假圈足。高4.7～8.8、口径10.5～15.2、足径3.9～9.6厘米。依腹部差异，分为三式。

Ⅰ式　25件。曲壁深腹，内底有一圈旋削纹。

标本T2②：111，浅灰胎。过烧，釉色不显。内底粘有三个圆饼状托珠。高7.7、口径15.2、足径7厘米（图五〇，1）。

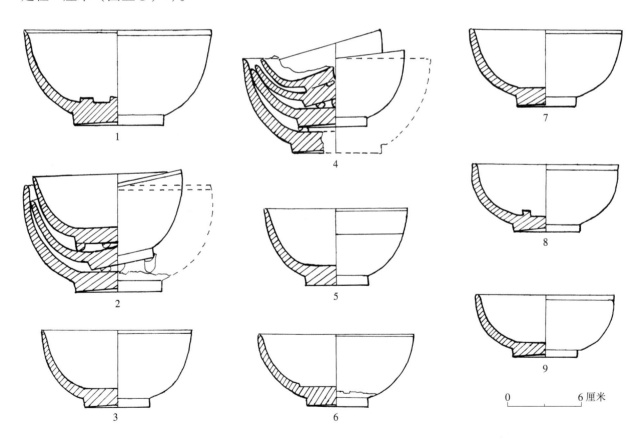

图五〇　龙凤李子岗窑址出土瓷碗

1. C型Ⅰ式（T2②：111）　　2. C型Ⅰ式（T2②：353）　　3. C型Ⅰ式（T2②：82）　　4. C型Ⅰ式（T1②：94）
5. C型Ⅱ式（T1②：79）　　6. C型Ⅱ式（T2②：85）　　7. C型Ⅱ式（T2②：87）　　8. C型Ⅲ式（T1②：81）
9. C型Ⅲ式（T1②：39）

标本 T2②：353，三件叠烧粘连在一起，第二件为标本。深灰色胎。施青釉，聚釉处呈碧绿色。高 6.2、口径 13 厘米（图五〇，2；图版二三，6）。

标本 T2②：82，施青黄色釉。内底有三个托珠痕。高 6、口径 12.5、足径 5.3 厘米（图五〇，3）。

标本 T1②：94，浅灰色胎。施青黄色釉，釉下有不规则成片黑斑。4 件叠烧在一起，第二件为标本。高 5.7、口径 11.8、足径 5.3 厘米（图五〇，4；图版二四，1）。

Ⅱ式　8 件。曲壁深腹，收腹较Ⅰ式稍缓，内底平坦有一周旋削纹。

标本 T1②：79，浅灰色胎。施青黄色釉，内底有三个支钉痕。高 6.3、口径 12、足径 5.4 厘米（图五〇，5）。

标本 T2②：85，浅灰色胎。施青釉。内底有三个托珠痕。高 5.7、口径 12.6、足径 5.3 厘米（图五〇，6）。

标本 T2②：87，浅灰色胎。施青黄色釉。内底有三个托珠痕。高 6、口径 12.5、足径 4.8 厘米（图五〇，7；图版二四，2）。

Ⅲ式　8 件。曲壁浅腹，收腹较Ⅱ式略缓，内底有一周旋削纹，底腹间亦有一道旋削痕且形成一窄平台面。

标本 T1②：81，浅灰色胎。施青黄色釉，釉下有不规则成片黑斑。内底有三个支钉痕。高 5.2、口径 11.5、足径 5.6 厘米（图五〇，8）。

标本 T1②：39，浅灰色胎。施青釉，釉下有不规则成片黑斑。内底有三个支钉痕。高 4.9、口径 11.5、足径 5.3 厘米（图五〇，9；图版二四，3）。

9. 莲花纹盘

30 件。依足部不同，可分为二型。

A 型　29 件。圆唇，敞口，曲壁浅腹，假圈足。内侧采用划花或剔、刻、划花结合手法，做出莲花纹并辅以三组弦纹衬托。纹饰刻划较深，线条清晰流畅，构图工整且灵活自由。莲花纹有二子单瓣、三子单瓣；无子重瓣、三子重瓣、四子重瓣、六子重瓣和有瓣脉无瓣脉之分。胎色浅灰，施青釉或青黄色釉，釉面光洁，釉汁莹亮，开细片。有的釉下有不规则成片黑斑。高 3.0 ~ 3.5、口径 14.5 ~ 15.5、底径 6.8 ~ 8.5 厘米。依腹壁差异，分为二式。

Ⅰ式　2 件。盘壁较直略弧，内底饰莲花纹。

标本 T1②：178，内侧采用剔、刻、划花结合手法，做出五子重瓣莲花纹一周并辅以三组弦纹衬托，莲瓣较短且肥，瓣尖较锐，呈桃形状，有瓣脉。胎色浅灰。施青黄色釉，釉下有不规则成片黑斑。高 3.2、口径 15.5、足径 7.4 厘米（图五一，1；图版二四，4）。

标本 T1②：181，内侧采取剔、刻、划花结合手法，做出三子重瓣莲花纹一周并辅以三组弦纹衬托，莲瓣较肥短，瓣脉清晰。胎色灰红。过烧，釉脱落无存。高 3.2、口径 14.8、足径 7.6 厘米（图五一，2；图版二四，5）。

Ⅱ式　27 件。盘壁较Ⅰ式略斜直。内底饰莲花纹一周，莲瓣较Ⅰ式瘦长。

标本 T1②：175，内侧釉下划花，纹饰为四子重瓣莲花纹并辅以三组弦纹衬托，莲瓣无脉。胎色浅灰。施青釉。高 3.5、口径 15.8、足径 7.4 厘米（图五一，3）。

标本 T1②：174，内侧釉下划花，纹饰为四子重瓣莲花纹并辅以三组弦纹衬托，莲瓣无脉。胎色浅灰。过烧，釉色不显且脱落严重。高 3.5、口径 15.5、足径 7.8 厘米（图五一，4）。

图五一　龙凤李子岗窑址出土瓷莲花纹盘

1. A 型 I 式（T1②：178）　2. A 型 I 式（T1②：181）　3. A 型 II 式（T1②：175）　4. A 型 II 式（T1②：174）

5. A 型 II 式（T1②：169）　6. A 型 II 式（T1②：168）

标本 T1②：169，内侧釉下划花，纹饰为三子重瓣莲花纹并辅以三组弦纹衬托，莲瓣无脉。胎色浅灰。过烧，釉色不显。高 3.5、口径 14.8、足径 7.2 厘米（图五一，5）。

标本 T1②：168，内侧釉下划花，纹饰为三子重瓣莲花纹并辅以三组弦纹衬托，莲瓣无脉。胎色浅灰。过烧，釉色不显。高 3.1、口径 15、足径 7.5 厘米（图五一，6；图版二四，6）。

标本 T1②：167，内侧釉下划花，纹饰为三子重瓣莲花纹并辅以三组弦纹衬托，莲瓣无脉。胎色浅灰。过烧，釉色不显。高 3.5、口径 14.4、足径 7.1 厘米（图五二，1；图版二五，1）。

标本 T1②：131，内侧釉下划花，纹饰为无子重瓣莲花纹并辅以三组弦纹衬托，莲瓣无脉。胎色浅灰。施青绿色釉。高 3.4、口径 15.2、足径 7 厘米（图五二，2）。

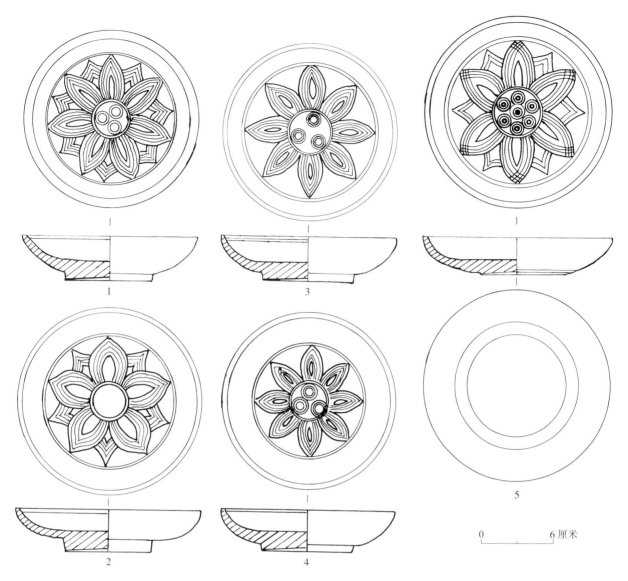

图五二　龙凤李子岗窑址出土瓷莲花纹盘

1. A 型Ⅱ式（T1②：167）　2. A 型Ⅱ式（T1②：131）　3. A 型Ⅱ式（T1②：173）　4. A 型Ⅱ式（T1②：192）
5. B 型（T1②：162）

　　标本 T1②：173，内侧釉下划花，纹饰为三子单瓣莲花纹并辅以三组弦纹衬托，莲瓣无脉。胎色浅灰。过烧，釉色不显。高 3.5、口径 14.5、足径 7.4 厘米（图五二，3）。

　　标本 T1②：192，内侧釉下划花，纹饰为三子单瓣莲花纹并辅以三组弦纹衬托，莲瓣无脉。胎色浅灰。施青绿色釉。高 3.3、口径 14.2、足径 7.5 厘米（图五二，4）。

　　B 型　1 件。圆唇，敞口，曲壁浅弧腹，平底微内凹。

　　标本 T1②：162，内底釉下划花，纹饰为七子重瓣莲花纹并辅以三组弦纹衬托，莲瓣瘦长无脉。外底有二道凹弦纹。胎色浅灰。施青黄色釉，内满外不及底，釉面光洁，釉汁莹亮，开细片。高 2.9、口径 15.6、底径 8.2 厘米（图五二，5）。

　　10. 盘

　　12 件。圆唇，敞口，平底。内底心饰一圈凸弦纹。高 1.7～2.2、口径 13.5～14、底径 12.5～

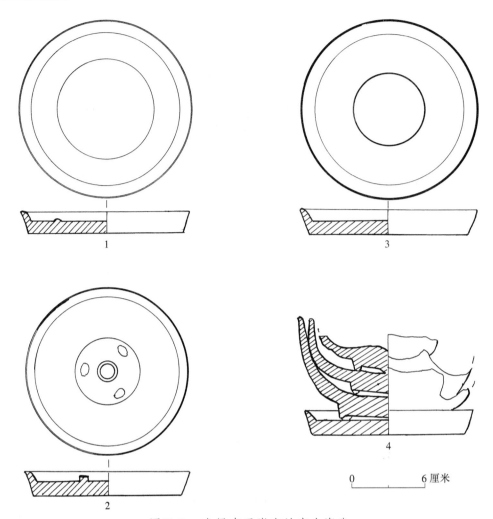

图五三　龙凤李子岗窑址出土瓷盘

1. Ⅰ式（T2②：134）　2. Ⅰ式（T2②：127）　3. Ⅱ式（T1②：163）　4. Ⅱ式（T2②：125）

13厘米。依腹壁差异，分为二式。

Ⅰ式　9件。外壁微内凹，腹较浅。

标本T2②：134，浅灰胎。过烧，釉色不显。高2、口径14、底径12.9厘米（图五三，1）。

标本T2②：127，浅灰胎。施青黄色釉，开细片。高2.1、口径13.6、底径13厘米（图五三，2；图版二五，2）。

Ⅱ式　3件。外壁斜直，腹较Ⅰ式略深。

标本T1②：163，胎色浅灰。过烧，釉色不显。高2.2、口径14.3、底径12.8厘米（图五三，3）。

标本T2②：125，盘内底粘连叠烧碗三个。浅灰胎。施青黄色釉，开细片。高2、口径14、底径13厘米（图五三，4）。

11. 盏盘

1件。盘体硕大。圆唇，敞口，曲壁浅弧腹，平底微内凹。

标本T1②：160，内底平坦，釉下采取剔、刻、划花结合手法饰多子重瓣莲花纹一周，并辅以三组弦纹衬托，莲瓣肥硕呈桃形，瓣脉清晰。盘外底有两圈凹弦纹。胎色灰红。过烧，釉脱落无存。高5.1、口径25.5、底径11.7厘米（图五四；图版二五，3）。

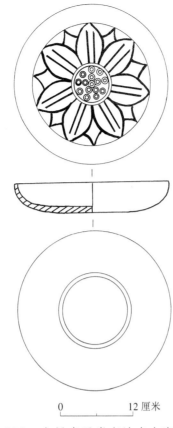

0　　　　　12厘米

图五四　龙凤李子岗窑址出土瓷盏盘

12. 莲瓣纹杯

5件。曲腹。假圈足，有的略外撇。浅灰或深灰胎，施青或青黄色釉。釉面光洁，釉汁莹润透亮，开细片。外壁饰仰姿重瓣莲花纹。划花者，线条清晰流畅，刻、剔、划花结合者，刀法犀利，立体感强，呈浅浮雕状。高5~5.6、口径9~10、足径4.3~5.4厘米。依据口沿不同，可分为二型。

A型　2件。直口，曲壁，下腹内收较明显，假圈足。口沿下有一至二道凹弦纹。莲瓣较尖，无脉。高5~5.1、口径8.2~10、足径4.3~4.4厘米。

标本T2②:20，口沿下饰一道凹弦纹，外壁划仰姿重瓣莲花纹一周。浅黄色胎。生烧，釉色不显。高5、足径4.3厘米。

标本T2②:51，口沿下有二道凹弦纹，外壁采取剔、刻、划花结合手法，做出仰姿重瓣莲花纹一周。深灰胎。施青釉，聚釉处呈碧绿色。高5.1、口径10、足径4.4厘米（图五五，1；图版二五，4）。

B型　3件。口微敛，曲壁腹较圆弧，假圈足。口沿下有一至三道凹弦纹，外壁饰仰姿重瓣莲花纹一周，莲瓣无脉。器形敦实、稳重。高5~5.6、口径9~9.6、足径4.9~5.4厘米。依据腹部差异，分为二式。

I式　2件。曲壁腹较圆弧。口沿下有一至二道凹弦纹。

标本T2②:39，口沿下有二道凹弦纹，外壁采取剔、刻、划花结合手法，做出仰姿重瓣莲花纹一周，莲瓣无脉，瓣尖呈锯齿状。深灰胎。施青釉，聚釉处呈碧绿色。高5.6、口径9.8、足径4.8厘米（图五五，2）。

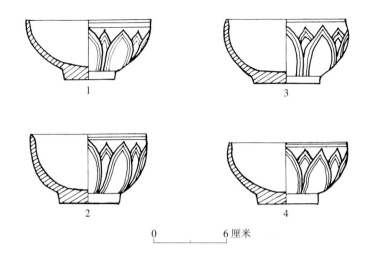

图五五 龙凤李子岗窑址出土瓷莲瓣纹杯
1. A型（T2②：51） 2. B型Ⅰ式（T2②：39） 3. B型Ⅰ式（T2②：37） 4. B型Ⅱ式（T2②：71）

标本T2②：37，口沿下有二道凹弦纹，外壁釉下划花，纹饰为仰姿重瓣莲花纹，莲瓣无脉，釉层较厚，莲瓣仍清晰可见。深灰胎。施青釉，聚釉处呈碧绿色。高5.1、口径9.6、足径5.4厘米（图五五，3）。

Ⅱ式 1件。腹较圆弧，下腹内收较Ⅰ式明显，假圈足略外撇。

标本T2②：71，口沿下有二道凹弦纹，外壁釉下划花，纹饰为仰姿重瓣莲花纹，莲瓣无脉。深灰胎。过烧，釉色不显。器表粘有窑渣。高5、口径9、足径5厘米（图五五，4）。

13. 杯

71件。造型与规格大小不尽一致。胎色有深灰、浅灰、灰泛紫、浅黄；釉色有青、青黄且均开细片。有的口沿下有一至二道凹弦纹，有的内底有一圈旋削纹，有的釉下有不规则成片黑斑。依据口沿不同，可分为三型。

A型 20件。直口，曲壁收腹，假圈足。高3.5～6.5、口径8.2～10、足径3.5～5.6厘米。依据腹壁差异，又分为二亚型。

Aa型 1件。壁外弧较小。

标本T2②：44，深腹，收腹较明显，假圈足略外撇。深灰胎。施青绿色釉。高6.5、口径10、足径5.6厘米（图五六，1）。

Ab型 19件。壁外弧较大。依据造型差异，分为四式。

Ⅰ式 10件。腹深且弧。

标本T2②：48，深灰色胎。施青釉，聚釉处呈碧绿色。高4.3、口径9、足径3.7厘米（图五六，2；图版二五，5）。

标本T2②：30，深灰色胎。施青釉，聚釉处呈碧绿色。高4.2、口径9、足径4.2厘米（图五六，3）。

标本T2②：49，浅灰色胎。施青釉。高4.3、口径9、足径3.5厘米（图五六，4；图版二五，6）。

Ⅱ式 6件。造型较Ⅰ式略矮。

标本T1②：200，内底平坦，有旋削纹一周。浅灰胎。过烧，釉色不显。高4.1、口径8.2、足径3.8厘米（图五六，5）。

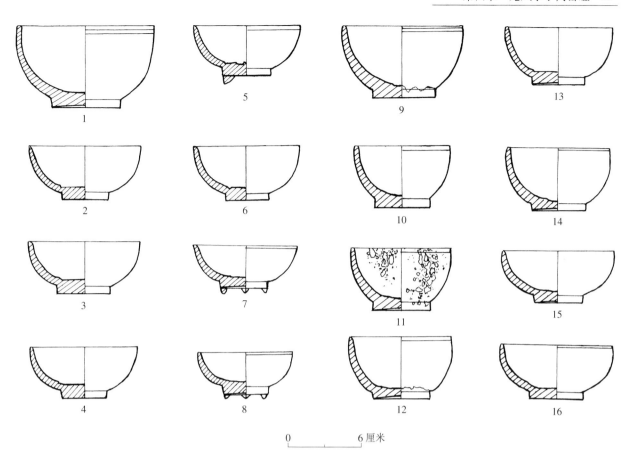

0   6厘米

图五六　龙凤李子岗窑址出土瓷杯

1. Aa 型（T2②：44）　　2. Ab 型 I 式（T2②：48）　　3. Ab 型 I 式（T2②：30）　　4. Ab 型 I 式（T2②：49）　　5. Ab 型 II 式（T1②：200）　　6. Ab 型 III 式（T1②：211）　　7. Ab 型 IV 式（T1②：201）　　8. Ab 型 III 式（T1②：219）　　9. Ba 型（T2②：13）　　10. Ba 型（T2②：8）　　11. Bb 型 I 式（T2②：12）　　12. Bb 型 II 式（T2②：53）　　13. Bc 型 I 式（T2②：18）　　14. Bc 型 I 式（T2②：16）　　15. Bc 型 II 式（T2②：31）　　16. Bc 型 II 式（T2②：46）

III 式　2 件。腹较浅，造型较 II 式略矮，收腹亦较缓。

标本 T1②：211，内底平坦，有旋削纹一周。浅灰胎。施青黄色釉，内半外施至足部。高 4.2、口径 8.5、足径 3.8 厘米（图五六，6）。

标本 T1②：219，内底平坦，有旋削纹一周。浅灰胎。施青黄色釉，内半外施至足部。高 3.5、口径 8.5、足径 3.8 厘米（图五六，8）。

IV 式　1 件。收腹较 III 式明显。造型较 III 式略矮，口沿下有一道弦纹。

标本 T1②：201，胎色浅灰。施青黄色釉。高 3.6、口径 7.4、足径 3.6 厘米（图五六，7）。

B 型　26 件。口微敛，曲壁收腹，假圈足。高 3~5.6、口径 7.5~10、足径 3~5 厘米。依据腹深浅差异，又分为三亚型。

Ba 型　2 件。腹较深，假圈足略外撇。收腹较明显。

标本 T2②：13，口沿下饰一道凹弦纹。深灰色胎。施青釉。高 5.6、口径 10、足径 5 厘米（图五六，9）。

标本 T2②：8，浅黄色胎。施青黄色釉，脱落严重，粘有窑渣。高 5、口径 8、足径 4.2 厘米（图五六，10）。

Bb 型　2 件。腹略浅，依据造型差异，分为二式。

Ⅰ式　1 件。造型较高瘦，收腹较明显。

标本 T2②：12，胎色灰泛紫。施青黄色釉，器表沾有窑渣。高 5、口径 8、足径 4.6 厘米（图五六，11）。

Ⅱ式　1 件。造型较Ⅰ式矮胖，腹壁较Ⅰ式略直，下腹内收不及Ⅰ式明显。

标本 T2②：53，口沿下饰一道弦纹。深灰胎。施青釉。略变形，高 5、口径 8.4、足径 4.6 厘米（图五六，12）。

Bc 型　22 件。腹较浅。依据壁的差异，分为四式。

Ⅰ式　2 件。壁较直，下腹渐收。

标本 T2②：18，浅灰胎。过烧，釉色不显。高 4.5、残口径 8.8、足径 4.4 厘米（图五六，13；图版二六，1）。

标本 T2②：16，浅灰胎。过烧，釉色不显。高 5、口径 8.4、足径 4.5 厘米（图五六，14）。

Ⅱ式　4 件。造型较Ⅰ式略矮，下腹内收较Ⅰ式明显。

标本 T2②：31，胎色灰泛紫。施青釉。内底有落渣现象。高 4.2、口径 9、足径 3.9 厘米（图五六，15）。

标本 T2②：46，胎色浅黄。过烧，釉色不显。高 4.4、口径 9、足径 4.4 厘米（图五六，16）。

标本 T2②：50，深灰色胎。施青黄色釉。高 4.5、口径 9、足径 3.6 厘米（图五七，1）。

Ⅲ式　10 件。造型较Ⅱ式略矮，腹较Ⅱ式略浅。

标本 T1②：225，浅灰色胎。施青黄色釉。高 4、口径 8.5、足径 4.3 厘米（图五七，2）。

标本 T1②：226，浅灰色胎。施青黄色釉。高 5.1、口径 8、足径 3 厘米（图五七，3）。

Ⅳ式　6 件。腹壁斜直，收腹较明显。

标本 T1②：212，浅灰胎。过烧，釉色不显。高 3.9、口径 8.2、足径 3.4 厘米（图五七，4）。

标本 T1②：151，浅灰胎。施青黄色釉。高 4.6、口径 10、足径 4.4 厘米（图五七，5）。

C 型　25 件。高 4.2~5.2、口径 8~9、足径 3.8~5.2 厘米。口微侈，曲壁收腹，假圈足。依据腹壁差异，又分为二亚型。

Ca 型　15 件。曲壁收腹。依据腹的深浅差异，分为三式。

Ⅰ式　3 件。腹较深。

标本 T2②：55，深灰胎。施青釉。高 4.2、口径 9、足径 3.6 厘米（图五七，6；图版二六，2）。

Ⅱ式　5 件。造型较Ⅰ式略矮，腹较Ⅰ式稍浅。

标本 T1②：223，浅灰胎。过烧，釉色不显。高 3.8、口径 8.5、足径 3.8 厘米（图五七，7；图版二六，3）。

标本 T1②：203，浅灰胎。施青黄色釉，釉下有不规则成片黑斑。高 3.6、口径 8、足径 3.7 厘米（图五七，8）。

Ⅲ式　2 件。造型较Ⅱ式略高，下腹内收较Ⅱ式明显。

标本 T1②：199，浅灰胎。过烧，釉色不显。高 4.3、口径 9、足径 3.4 厘米（图五七，9）。

标本 T1②：214，浅灰胎。施青黄色釉，釉下有不规则成片黑斑。高 4.2、口径 9、足径 3.8 厘米（图五七，10）。

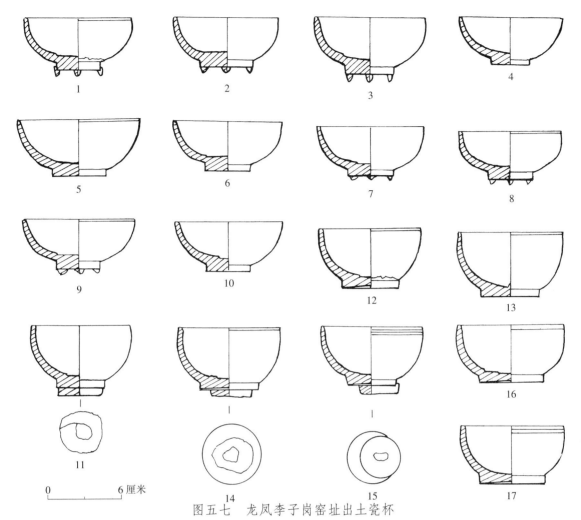

图五七 龙凤李子岗窑址出土瓷杯

1. Bc 型 Ⅱ 式（T2②：50） 2. Bc 型 Ⅲ 式（T1②：225） 3. Bc 型 Ⅲ 式（T1②：226） 4. Bc 型 Ⅳ 式（T1②：212） 5. Bc 型 Ⅳ 式（T1②：151） 6. Ca 型 Ⅰ 式（T2②：55） 7. Ca 型 Ⅱ 式（T1②：223） 8. Ca 型 Ⅱ 式（T1②：203） 9. Ca 型 Ⅲ 式（T1②：199） 10. Ca 型 Ⅲ 式（T1②：214） 11. Cb 型 Ⅰ 式（T2②：11） 12. Cb 型 Ⅱ 式（T2②：40） 13. Cb 型 Ⅱ 式（T2②：10） 14. Cb 型 Ⅲ 式（T2②：14） 15. Cb 型 Ⅲ 式（T2②：57） 16. Cb 型 Ⅳ 式（T2②：42） 17. Cb 型 Ⅳ 式（T2②：38）

Cb 型 15 件。腹壁较直。依据腹的深浅差异，可分为四式。

Ⅰ式 2 件。均变形，深腹，下腹内收较明显。胎薄体轻，造型别致，工艺高超。

标本 T2②：11，浅灰胎。施青泛黄色釉，聚釉处呈碧绿色。底足粘连垫圈一个。高 5.3、足径 4.5 厘米（图五七，11）。

Ⅱ式 4 件。腹较 Ⅰ 式略浅，下腹内收亦无 Ⅰ 式明显，造型较 Ⅰ 式稍矮。

标本 T2②：40，浅灰胎。施青泛黄釉。内底有落渣现象。高 5、口径 8.5、足径 4.8 厘米（图五七，12）。

标本 T2②：10，浅灰胎。施青黄色釉。高 5.3、口径 8、足径 5 厘米（图五七，13；图版二六，4）。

Ⅲ式 4 件。腹略弧，下腹内收，造型较 Ⅱ 式略矮。

标本 T2②：14，深灰胎。施青釉。高 5.1、口径 8.5、足径 5 厘米（图五七，14；图版二六，5）。

标本 T2②：57，深灰胎。施青黄色釉。高4.9、口径8.5、足径4.2厘米（图五七，15）。

Ⅳ式　5件。腹较浅，下腹内收较缓。

标本 T2②：42，深灰胎。施青黄色釉，聚釉处呈碧绿色。高4.7、口径8.8、足径5.4厘米（图五七，16）。

标本 T2②：38，口沿下饰二道凹弦纹。深灰色胎。施青黄色釉。高4.8、口径8.4、足径5.3厘米（图五七，17）。

14. 芒口杯

2件。芒口微敛，曲壁弧腹，假圈足。底腹间有旋削瓷一道，形成一圈窄平台面。施青或青黄色釉，开细片。釉面光洁，釉汁莹亮。釉下有不规则零星黑斑。高4.8～5.2、口径9.6、足径4～5厘米。依据腹部差异，分为二式。

Ⅰ式　1件。腹圆弧。

标本 T1②：158，外底粘连三个支钉，内底亦有三个支钉痕，平面均呈等腰三角形分布。浅灰胎。施青黄色釉。高5.2、口径9.6、足径5厘米（图五八，1；图版二六，6）。

Ⅱ式　1件。下腹内收较Ⅰ式明显。

标本 T1②：159，外底粘连三个支钉，内底亦有三个支钉痕，平面均呈等腰三角形分布。浅灰

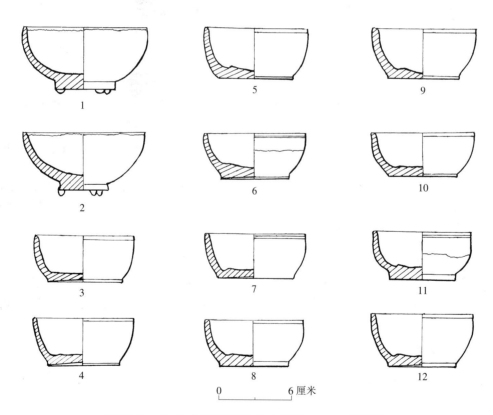

图五八　龙凤李子岗窑址出土瓷芒口杯、平底盏

1. 芒口杯Ⅰ式（T1②：158）　2. 芒口杯Ⅱ式（T1②：159）　3. 盏A型Ⅰ式（T2②：151）　4. 盏A型Ⅰ式（T2②：168）　5. 盏A型Ⅱ式（T2②：161）　6. 盏A型Ⅲ式（T2②：170）　7. 盏B型Ⅰ式（T2②：165）　8. 盏B型Ⅱ式（T2②：157）　9. 盏B型Ⅲ式（T2②：149）　10. 盏C型Ⅰ式（T2②：155）　11. 盏C型Ⅱ式（T2②：156）　12. 盏C型Ⅲ式（T2②：158）

胎。施青釉。高4.8、口径9.6、足径4厘米（图五八，2；图版二七，1）。

15. 平底盏

22件。平底。形制不尽相同。胎色有红褐和灰色；釉色有青和青黄色。有的口沿下有一道凹弦纹。依据口沿差异，可分为三型。

A型 8件。圆唇，直口，曲壁收腹，平底。高3.6～4、口径8～8.2、底径5～6厘米。依腹部差异，分为二式。

Ⅰ式 4件。腹壁斜直。

标本T2②：151，口沿下有一道凹弦纹。深灰胎。施青黄色釉，内满外施至腹中部。高3.6、口径8、底径6厘米（图五八，3）。

标本T2②：168，口沿下有一道凹弦纹。深灰胎。过烧，釉色不显。高3.6、口径8、底径5.7厘米（图五八，4）。

Ⅱ式 4件。腹壁斜直，收腹较Ⅰ式明显。

标本T2②：161，口沿下有一道凹弦纹。深灰胎。过烧，釉色不显。高4、口径8.2、底径6厘米（图五八，5）。

标本T2②：170，口沿下有一道凹弦纹。深灰胎。施青黄色釉，内满外至腹中部。高3.6、口径8、底径5.6厘米（图五八，6）。

B型 9件。圆唇，口微敛，曲壁收腹。高3.6～3.9、口径8～8.2、底径5.4～6厘米。依腹部差异，分为三式。

Ⅰ式 2件。腹壁斜直。

标本T2②：165，口沿下有一道凹弦纹。深灰胎。过烧，釉色不显。高3.5、口径8、底径6厘米（图五八，7）。

Ⅱ式 5件。收腹较Ⅰ式明显。

标本T2②：157，口沿下有一道凹弦纹。红褐色胎。施青黄色釉，内满外至腹中部。高3.6、口径8.1、底径5.7厘米（图五八，8）。

Ⅲ式 2件。壁较直，腹较Ⅰ、Ⅱ式深，收腹亦较Ⅱ式明显。

标本T2②：149，口沿下有一道凹弦纹。深灰胎。过烧，釉色不显。高4、口径8.2、底径6厘米（图五八，9）。

C型 5件。圆唇，口微侈，曲壁收腹。高3.4～4.3、口径7.9～8.3、底径5.1～5.7厘米。依腹部差异，分为三式。

Ⅰ式 2件。腹壁较斜直。

标本T2②：155，深灰胎。过烧，釉色不显。高3.4、口径8.3、底径5.6厘米（图五八，10）。

Ⅱ式 2件。腹较Ⅰ式略深，收腹较Ⅰ式明显。

标本T2②：156，口沿下有一道凹弦纹。深灰胎。施青黄色釉，内满外至腹中部。高3.8、口径7.8、底径5.2厘米（图五八，11）。

Ⅲ式 1件。腹较Ⅱ式略深。

标本T2②：158，红褐色胎。过烧，釉色不显。高4.3、口径8.2、底径5.4厘米（图五八，12）。

16. **盏**

11件。依口沿不同，可分为二型。

A型 4件。直口，曲壁收腹，平底。高2.5～2.9、口径4.5～6.4、底径3～4.6厘米。依腹壁差异，分为三式。

Ⅰ式 1件。弧腹，下腹内收明显。

标本T2②：173，胎色深灰。施青黄色釉，开细片，内满外至腹部。高2.8、口径5.8、底径4.6厘米（图五九，1）。

Ⅱ式 2件。腹壁斜直。

标本T2②：172，胎色灰白。生烧，釉色不显。高2.9、口径5.8、底径3厘米（图五九，2）。

Ⅲ式 1件。腹壁较Ⅱ式斜直。

标本T1②：227，浅灰胎。施青黄色釉，釉面光洁，釉汁莹亮，开细片，釉下有不规则成片黑斑。高2.7、口径6.4、底径4.6厘米（图五九，3）。

B型 7件。口微敛，曲壁收腹，平底。高2.2～3.5、口径4.5～6.3、足径3.3～4.7厘米。依腹壁差异，分为四式。

Ⅰ式 1件。腹略鼓，下腹内收明显。

标本T2②：171，胎色灰黄。施青黄色釉，开细片，内满外至腹部。高3.5、口径6.2、底径3.8厘米（图五九，4）。

Ⅱ式 4件。腹略鼓，下腹内收无Ⅰ式明显，造型亦较Ⅰ式稍矮。

标本T2②：162，深灰胎。施青黄色釉，开细片。内满外至腹部。高3.3、口径6.3、底径4.6厘米（图五九，5）。

标本T1②：14，红褐色胎。施青黄色釉，开细片，内满外不及底。高2.7、口径6.2、底径4.2厘米（图五九，6；图版二七，2）。

Ⅲ式 1件。腹壁较直略弧，下腹内收。

标本T1②：129，浅灰胎。施青黄色釉，釉面光洁，釉汁莹亮，开细片，釉下有不规则零星黑

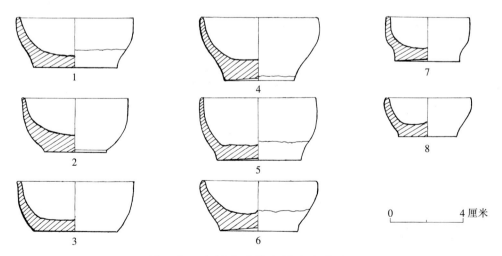

图五九 龙凤李子岗窑址出土瓷盏

1. A型Ⅰ式（T2②：168） 2. A型Ⅱ式（T2②：172） 3. A型Ⅲ式（T1②：227） 4. B型Ⅰ式（T2②：171）
5. B型Ⅱ式（T2②：162） 6. B型Ⅱ式（T1②：14） 7. B型Ⅲ式（T1②：129） 8. B型Ⅳ式（T1②：230）

斑。高2.4、口径4.5、底径3.3厘米（图五九，7）。

Ⅳ式　1件。弧壁收腹较Ⅲ式急。

标本T1②：230，圆唇，红褐色胎。施青釉，开细片。高2.2、口径4.5、底径3厘米（图五九，8）。

17. 盏托

3件。圆唇，敞口，曲壁弧腹，假圈足。内底心下凹，环以一圈凸棱，形成托圈，用以承托盏体。内底釉下划花，纹饰为重瓣莲花纹，纹饰清晰流畅，构图工整且灵活自由。胎色浅灰。施青或青黄色釉，开细片，釉下有不规则成片黑斑。高2.4~4、口径15~15.6、足径7~8.1厘米。依腹部差异，分为三式。

Ⅰ式　1件。腹较深且弧。

标本T1②：198，莲瓣有脉。浅灰胎。施青黄色釉。高4、口径15.2、足径8.1厘米（图六〇，1）。

Ⅱ式　1件。腹较Ⅰ式略浅。

标本T1②：196，釉层较厚，莲纹不甚清晰。胎色浅灰。施青釉，釉面光洁，釉汁莹润。高3.1、口径15.6、足径7.4厘米（图六〇，2；图版二七，3；彩版九，2右）。

Ⅲ式　1件。腹较Ⅱ式略浅。

标本T1②：197，莲瓣无脉且较尖。浅灰胎。施青黄色釉。高2.4、口径15、足径7厘米（图六〇，3；图版二七，4；彩版九，2左）。

18. 砚台

1件。

标本T2②：140，残。圆形，兽足，仅存在1/4砚台面。胎色浅灰。施青黄色釉，开细片。砚面无釉。

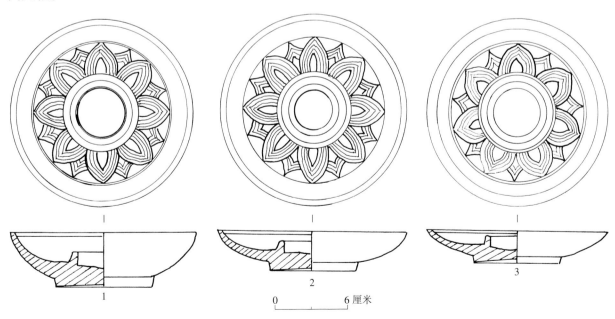

图六〇　龙凤李子岗窑址出土瓷盏托
1. Ⅰ式（T1②：198）　2. Ⅱ式（T1②：196）　3. Ⅲ式（T1②：197）

三　窑具

种类有支具、间隔具、匣钵、匣钵盖、试火具。胎色有红褐、灰白、灰泛紫等多种。间隔具质地较细。

1. 支具

仅出 1 件。

标本 T1②：9，夹砂灰红陶质。圆形，平顶，微束腰，足外撇至底向内平折，剖面近似梯形，整体如覆钵。用以支烧器物。高 2、顶径 12、底径 14.2 厘米（图六一，1；图版二七，5）。

2. 间隔具

依形制不同，可分为四型。

A 型　锯齿状垫圈。仅出一件。

标本 T2②：230，夹砂红褐色胎。圆形，平顶，中有一孔，下刻设七个锯齿状支点。高 2.6、直径 6、孔径 2 厘米（图六一，2；图版二七，6）。

B 型　泥条状环形垫圈。数量很多，均为扁平状泥条捏制。夹砂胎，近圆形，呈环状。垫圈大小视所间隔器物大小而定。起间隔器物，防止器物粘连作用。厚 0.3 ~ 2.4、直径 2.6 ~ 12、孔径 0.8 ~ 8 厘米（图版二八，1）。

标本 T2②：278，厚 2 ~ 2.4、直径 8 ~ 9、孔径 3 ~ 4.5 厘米（图六一，3）。

标本 T2②：321，厚 1.2 ~ 1.5、直径 6 ~ 6.5、孔径 3.8 厘米（图六一，4）。

标本 T2②：334，厚 0.6 ~ 0.8、直径 4、孔径 1.2 厘米（图六一，5；图版二八，2）。

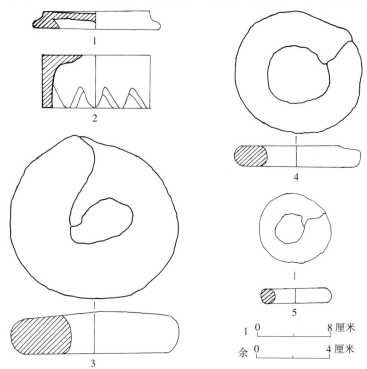

图六一　龙凤李子岗窑址出土窑具（支具、间隔具）

1. 支具（T1②：9）　2. 间隔具 A 型（T2②：230）　3. 间隔具 B 型（T2②：278）
4. 间隔具 B 型（T2②：321）　5. 间隔具 B 型（T2②：334）

C 型　托珠。数量众多，有圆柱状与圆饼状之分。依形状差异，又分为二亚型（图版二八，3）。

Ca 型　柱状。托珠高为 2.8～3、直径为 2.2～2.3 厘米。

Cb 型　圆饼状。托珠高为 2～2.2 厘米，直径与柱状托珠相近。胎质细腻，胎色灰白。均用于间隔器物，防止器物粘连。两种托珠根据器形及具体情况分别使用。

D 型　支钉。起间隔器物，防止粘连作用。支钉大小视具体器物而定，三个或四个成组使用（图五七，3）。

3. 匣钵

42 件。均为夹砂胎，胎色灰泛紫。有的施酱褐、青褐色釉，有的器表有刻符。依形制不同，可分为四型。

A 型　13 件。圆筒形，腹略鼓，平底。腹部近底及口沿上均设有排气孔。高 9～19、口径 13～28、底径 12～27 厘米。

标本 T1②：3，腹部近底部有二个对称桃形排气孔。口残，仅见一半圆形排气孔。外壁腹部有刻符。匣钵内粘连碗二个，二碗之间用托珠间隔叠烧。高 14.5、口径 19、底径 20 厘米（图六二，1；图版二八，4）。

标本 T2②：213，腹部近底有二个近圆形排气孔。口残，仅见一半圆形排气孔。外壁有刻符。高 13、口径 20、底径 22 厘米。

B 型　12 件。圆筒形，腹壁较斜直，由口至底直线放大，平底。腹部近底及口沿上均设有排气孔。高 12.5～16、口径 19～19.5、底径 18～23 厘米。

标本 T1②：1，方唇，口微敛，腹部近底有二个对称桃形气孔，口沿上亦有四个对称半圆形气孔。匣钵内粘连叠烧碗二个，依次顺序为仰姿重瓣莲花纹碗及素面碗。二碗釉色均为青泛黄，开细片。二碗之间用托珠间隔叠烧。高 14、口径 19、底径 20.5 厘米（图六二，2；图版二八，5）。

标本 T1②：2，形制与 T1②：1 相同，匣钵内粘连莲瓣纹碗一个，碗内底有三个柱状托珠。高 14.5、口径 19.5、底径 21 厘米。

C 型　3 件。圆盒状，口小底大。方唇，口微敛，浅腹，腹壁较斜直，平底。腹部近底及口沿上均有气孔。高 7.2～10、口径 18～23、底径 19.5～24.5 厘米。

标本 T2②：196，腹部近底有四个椭圆形气孔，口沿上亦有四个半圆形气孔。高 10、口径 23、底径 24.5 厘米（图六二，3；图版二八，6）。

标本 T2②：195，残，腹部近底仅见三个椭圆形气孔，口沿上仅见二个半圆形气孔。腰部饰二道凹弦纹，有酱褐色釉。高 7.2、口径 18、底径 19.5 厘米（图六二，4；图版二九，1）。

D 型　14 件。体较小，圆筒状。方唇，腹壁较斜直，平底。高 7.5～10、口径 12～14、底径 12.5～15 厘米。

标本 T2②：174，腹部近底有三个近圆形气孔，口沿上亦有三个半圆形气孔。外壁腹部有刻符。有青褐色釉。高 7.5、口径 12、底径 12.6 厘米（图六二，5；图版二九，2）。

标本 T2②：188，腹部近底有三个近圆形气孔，口沿上亦有三个半圆形气孔。外腹壁部有刻符。有酱褐色釉。高 8.5、口径 12、底径 13.5 厘米。

标本 T2②：177，匣钵内粘连残破假圈足杯一个，为一匣一器装烧。匣钵腹部近底处有三个近

图六二　龙凤李子岗窑址出土窑具（匣钵、匣钵盖、火照）

1. 匣钵 A 型（T1②：3）　2. 匣钵 B 型（T1②：1）　3. 匣钵 C 型（T2②：196）　4. 匣钵 C 型（T2②：195）
5. 匣钵 D 型（T2②：174）　6. 匣钵 D 型（T2②：177）　7. 匣钵 D 型（T2②：185）　8. 匣钵盖 A 型（T2②：
222）　9. 匣钵盖 B 型（T2②：221）　10. 火照（T2②：163）　11. 匣钵盖 C 型（T1②：2）

圆形气孔，因残口沿上仅见二个半圆形气孔。有酱褐色釉。高 9、口径 13、底径 13 厘米（图六二，6；图版二九，3）。

标本 T2②：185，匣钵内粘连一个残破假圈足杯，为一匣一器装烧。腰部近底有三个近圆形气孔，因残口沿上仅见二个半圆形气孔。高 8.5、口径 12.5 底径 13.5 厘米（图六二，7）。

4. 匣钵盖

10 件。皆为夹砂胎，胎色灰泛紫。有的有酱褐色釉或灰青色釉，有的器表有刻划符号。依形制不同，可分三型。

A 型　7 件。覆盘状。盖沿呈八字形外撇，上小下大，断面近似梯形。高 2.5~4、盖顶直径 13.5~15、盖底直径 18~23 厘米。

标本 T2②：222，夹砂紫灰色胎。施酱褐色釉，盖内有一刻符。高 3、盖顶直径 14.5、盖底直径 22 厘米（图六二，8）。

B 型　1 件。圆饼状盖，上小下大不甚明显。

标本 T2②：221，变形。紫灰色胎。有酱褐色釉。高 2.7、盖顶直径 19.5、盖底直径 21.5 厘米（图六二，9）。

C 型　2 件。盖顶平坦，弧形盖沿，倒置似平底盘，断面近梯形。

标本 T1②：2，紫灰色胎。施灰青色釉。高 3.5、直径 21 厘米（图六二，11）。

5. 试火具

1 件，火照。

标本 T2②：163，在一敛口平底盏的腹部最厚处挖一圆形孔，在口沿最薄处切割"V"形切口。盏高 3.7、口径 7.7、底径 4.8 厘米（图六二，10；图版二九，4）。

第三节　分期与年代

一　分期

龙凤李子岗窑址发掘的地层叠压关系清楚。因此，分期拟以地层为基础，以出土遗物的类型为依据来进行分析。

1. 地层的分组

李子岗窑址发掘的两个探方，以土质、土色为标准皆分为 2 层，但它们不连在一起，并相距较远，各探方在层位上无法对应分组。因此，地层的分组从出土遗物来考虑，凡出土遗物的类型相同或绝大部分相同的地层合为一组，反之，则另立一组。按照这个原则，根据第二节对出土遗物的整理结果，将 T2②和 T1②地层分为二组：

第一组　T2②层

第二组　T1②层

2. 分期

上面所分的二组地层，从出土遗物的类型学排比并参照有关纪年墓资料可知，第一组为最早，第二组次之。现将各组地层出土的遗物及其类型列成表三。

表三　龙凤李子岗窑址各组地层出土器物类型表

瓷器

型式 组别 \ 器类	罐	盘口壶	鸡首壶	莲瓣纹钵	平底钵	莲瓣纹碗	素面碗	连花纹碗	连花纹盘	平底盘	典型地层	期别
第一组	A I	√		I	A B C	AaI AbI AcI Ba BbI Cb AaII AbII AcII AaIII	AaI Ab BI CI AaII CII			I II	T2②	第一期
第二组	A II B		√	II		AbIII AcII BaII Ca AcIII BbIII AcIV BbIV	AaIII BII CI AaIV BIII CII AaIV BIII CIII	I II III	A I B A II	II	T1②	第二期

瓷器

型式 组别 \ 器类	盏盘	连瓣纹杯	素面纹杯	芒口杯	盘	平底盏	盏托	砚台	典型地层	期别
第一组		A I B II	Aa AbI Ba BbI CaI CbI BbII CbII CbIII CbIV		AI BI AII BII	AI BI CI AII BII CII BIII CIII		√	T2②	第一期
第二组	√		AbI AbII BcIII CaII AbIII BcIV CaIII AbIV	I II	AIII BIII BIII BIV		I II III		T1②	第二期

窑具

型式 组别 \ 器类	支烧具	间隔具	匣钵	匣钵盖	测温具	典型地层	期别
第一组	√	A B Ca Cb D	A B	A B	√	T2②	第一期
第二组		B Ca Cb D	A B C D	C		T1②	第二期

注：1. 大写英文字母代表型，小写英文字母代表亚型，罗马数字代表式。
2. "√"表示该种器物未能分出型式。

从表三中可以看出，各组各型的式少有交错现象。将表三和第二节的文字描述及附图结合起来考虑，可以看出两组地层出土的遗物种类、主要器物的增减及其形制演变已基本形成了一个较清晰的发展序列，可代表李子岗窑址的两个发展阶段，即两期。

二　各期特征

第一期，出土器物均为日常生活用具，12 类 20 型（不含工具、窑具）。一期胎骨厚实，造型端庄，生烧、过烧和变形现象较明显，胎色有深灰与浅灰之分，釉色多呈青绿，聚釉现象明显。盛行莲瓣纹辅以弦纹衬托，莲瓣肥短且较尖，瓣脉明显。

第二期，出土器物 13 类 15 型（亦不含工具、窑具），较一期减少了盘口壶、平底钵、莲瓣纹杯、平底盏、砚台 5 类产品，增加了四系小罐、罐、鸡首壶、盏盘、盏托、芒口杯 6 类产品。胎骨趋薄，造型秀丽，胎多为浅灰色胎，釉色由青绿色向青黄色过渡，釉下出现不规则黑斑，聚釉现象几乎不见。但一至二期胎釉结合均不够紧密，脱釉现象严重。莲瓣瘦长，瓣尖圆弧，叶脉由有脉向无脉过渡。

综观上述，一、二期虽有一定变化，但联系密切，年代互相衔接。

三　年代推断

由于历代封建王朝重农轻商思想及对手工业生产的重视程度不够，文献上记载洪州窑的资料极为稀少，仅《旧唐书》卷一百五《韦坚传》[①]、《新唐书》卷一百三十四《韦坚传》[②] 有天宝初年洪州瓷以贡瓷身份漕运进京，深得玄宗赞赏的记载。另唐陆羽从品茶角度，在《茶经》中对洪州窑的釉色、瓷质品位有过论述[③]。唐以前洪州窑诸窑场史实至今无文献可考。加上李子岗窑场后期破坏严重，发掘面积极其有限，T1、T2 两方堆积简单，均仅存两层。叠压关系不够理想，亦无遗迹打破关系，并无补于论述本窑址的年代。

各地古窑址、古墓葬调查、发掘资料为李子岗窑的年代考证提供了依据。前面根据考古地层学和考古类型学原理将该窑址分为二期。下面根据各期出土遗物中有年代可考证的，或有明显时代特征的加以论述，以确定各期时代。

第一期，器物具有东晋、南朝时期的明显特征，有些还是典型器物。如桥形六系罐、盘口壶、

① 《旧唐书》卷一百五《韦坚传》："坚预于东京、汴、宋取小斛底船三二百只置于潭侧，其船皆署牌表之。若广陵郡船，即于栿背上堆积广陵所出锦、镜、铜器、海味；丹阳郡船，即京口绫衫缎；晋陵郡船，即折造官端绫绣；会稽郡船，即铜器、罗、吴绫、绛纱；南海郡船，即玳瑁、珍珠、象牙、沉香；豫章郡船，即名瓷、酒器、茶釜、茶铛、茶碗；宣城郡船，即空青石、纸笔、黄连；始安郡船，即蕉葛、蚺蛇胆、翡翠。船中皆有米，吴郡即三破糯米、方纹绫。凡数十郡。驾船人皆大笠子、宽袖衫、芒屦、如吴、楚之制。先是，人间戏唱歌词云：……及此潭成，陕县尉崔成甫为坚制陕郡太守凿成新潭，又致扬州铜器，翻出此词，广集两县官，使妇人唱之，言：'得宝弘农野，弘农得宝耶！潭里船车闹，扬州铜器多。三郎当殿坐，看唱《得宝歌》。'成甫又作歌词十首，自衣缺胯绿衫，锦半臂，偏袒膊，红罗抹额，于第一船作号头唱之。和者妇人一百人，皆鲜服靓妆，齐声接影，鼓笛胡部以应之。余船洽进，至楼下，连樯弥亘数里，观者山积。"中华书局，1975 年，第 3222～3223 页。
② 《新唐书》卷一百三十四《韦坚传》亦纪此事，然细节颇多不同，兹庋录所载进物于次："若广陵则锦、铜器、官端绫绣；会稽则罗、吴绫、绛纱；南海玳瑁、象齿、珠琲、沉香；豫章力士瓷饮器、茗铛、釜；宣城空青、石绿；始安蕉葛、蛇胆、翠羽；吴郡方纹绫。船皆尾相衔进，数十里不绝。"中华书局，1975 年，第 4560～4561 页。
③ 唐·陆羽《茶经·四之器》："碗，越州上，鼎州次，婺州次，岳州次，寿州次，洪州次。……越州瓷、岳瓷皆青，青则益茶，茶作白红之色；邢州瓷白，茶色红；寿州瓷黄，茶色紫；洪州瓷褐，茶色黑，悉不宜茶"（宋·左圭《百川学海》本）。

钵、盏是东晋至南朝时期的流行器物。A、B、C 型钵与清江洋湖永和十二年（356 年）、升平元年（357 年）、宁康二年（374 年）东晋纪年墓所出相同①，盘与武汉市郊南朝宋孝建二年（455 年）墓所出相似②，莲瓣纹碗、杯与南昌市郊、清江山前南朝元嘉十八年至泰始六年（441～470 年）墓所出相似③。

这一期出土遗物东晋器数量较少，主要为南朝时期遗物。且多具刘宋元嘉至泰始时期特征，南朝刘宋晚期至萧齐初年（南朝早期）可作为一期下限；考虑到少量东晋器与南朝器共存于一层，早期风格的器物有延续生产的可能性，但锯齿状垫圈间隔叠烧工艺在南朝时已消失，故其上限定在东晋中期偏晚似更稳妥。

第二期，出土遗物与一期联系紧密，年代互相衔接，有些第一期器物在这一期依然存在，如 C 型 I 式、II 式碗，II 式盘，B 型 II 式盅；有些器物的型式虽略有变化，但仍具有南朝风格，如 Aa 型 III 式、IV 式碗，Ab 型 III 式、Ac 型 II 式、Ac 型 III 式、Ac 型 IV 式、Bb 型 II 式、Bb 型 III 式、Bb 型 IV 式莲瓣纹碗等。

这一期遗物中以莲瓣纹碗、莲花纹盘、盏盘、盏托最具时代特色，在江西南昌、清江、吉安、赣州、泰和宋元嘉后期到齐永明、建武墓中均有大量出土。其中尤与南昌市郊、清江山前元嘉十八年到泰始六年（441～470 年）和吉安齐永明十一年（493 年）墓出土的相似。青瓷碗、盅等在宁都、南昌、新干、清江的梁天监、大同、陈至德墓中也有出土④。

综观第二期出土遗物，多为南朝特征，且有纪年遗物勘比，故属南朝中晚期。此期有些器物造型接近隋瓷风格，有的在底腹间有一道旋削痕；有的假圈足下有一至二道凹弦纹类似玉璧底，以上特征表明第二期下限似有延续至隋初的迹象。

---

① 秦光杰等：《江西清江洋湖晋墓、南朝墓》，《考古》1965 年第 4 期。
② 王善才：《武汉地区四座南朝纪年墓》，《考古》1965 年第 4 期。
③ a. 程应麟等：《江西南昌市郊南朝墓发掘简报》，《考古》1962 年第 4 期；
　　b. 陈柏泉：《江西清江南朝墓》，《考古》1962 年第 4 期。
④ 万良田、万德强：《江西丰城龙雾洲瓷窑调查》，《考古》1993 年第 10 期。

第五章　罗湖寺前山窑址

第一节　位置与地层堆积

一　位置及保存状况

罗湖窑址位于洪州窑遗址的中心区域，分布在曲江镇罗湖村沿赣江西岸一带的丘陵岗阜地带。目前共发现窑场场址 10 处，即象山、狮子山、寺前山、管家、外宋、南坪、对门山、上坊、尚山、乌龟山等。其中罗湖寺前山窑址位于丰城市曲江镇罗湖村委寺前山自然村所在地寺前山的北部、东部及南部坡地上。寺前山窑址处在洪州窑遗址的中心腹地，是该遗址延烧时间较长的窑场之一。寺前山是一座红色丘陵山岗，呈东北—西南走向，山东南角约 500 米为象山窑址，东距狮子山窑址 150 米，北部与对门山窑址相望，两者相距约 100 米，西北角约 100 米为上坊村。有一条乡村公路穿山而过，往东通往外宋、郭桥村，往西南通向曲江镇，距镇政府约 7 千米。罗湖寺前村处在丰城市所在地剑光镇西北，赣江西岸约 1 千米处。丰城市西与新建县毗邻，东隔赣江与南昌县相望，北距南昌市约 30 千米。现今之寺前山西部及南部建有民房，村子因山得名，为罗湖村委会所在地。在寺前山窑址上到处可见青釉瓷器残片和窑具，民房的墙体上可见有用碎瓷片、匣钵残片嵌砌的。整个窑址的保护面积约在 5000 平方米，窑址面积广大，堆积丰富，有的文化层厚约 5～6 米，在寺前山北部有 6 个明显的窑包高出周围水田，其余大部分压在现代民居之下（图六三；彩版一〇）。20 世纪五六十年代这些窑包上仍长着茂密的森林，现只见低矮的灌木丛和稀疏的草木。寺前山窑址除早年因居民造房和修堤筑坝破坏外，其中心部分仍保存较好。1979 年江西省文物工作队曾对该窑址进行过首次发掘，揭示龙窑遗迹 2 座，出土一批青釉瓷器和窑具标本。

二　探方分布及发掘面积

1992 年和 1993 年，我们先后在寺前山窑址布探方（沟）12 个。其中 1992 年在寺前山北坡中部布一条探沟，编号为 92 丰·曲·罗·寺 T1，方向正南北，南北长 4、东西宽 2 米，面积 8 平方米，探沟北低南高。在距 T1 西壁 10 米的寺前山西北坡布 5 个相连的探方，编号为 92 丰·曲·罗·寺 T2～T6，T2 的南壁距寺前村到外宋村的道路北侧约 2 米；距探方的南壁 25 米处为 1979 年发掘的一条龙窑窑炉遗迹。方向正南北，T2 为南北长 5 米、东西宽 7 米，其余南北长 5、东西宽 5 米，面积计 135 平方米。1992 年考古发掘面积计 143 平方米，清理龙窑遗迹一处。

1993 年在距 1992 年发掘的 T2～T6 东壁 17 米的寺前山东北坡地，布探沟一条，编号为 93 丰·曲·罗·寺 T7，其南壁距寺前村至外宋村的道路北侧 5 米，方向正南北，南北长 2 米、东西

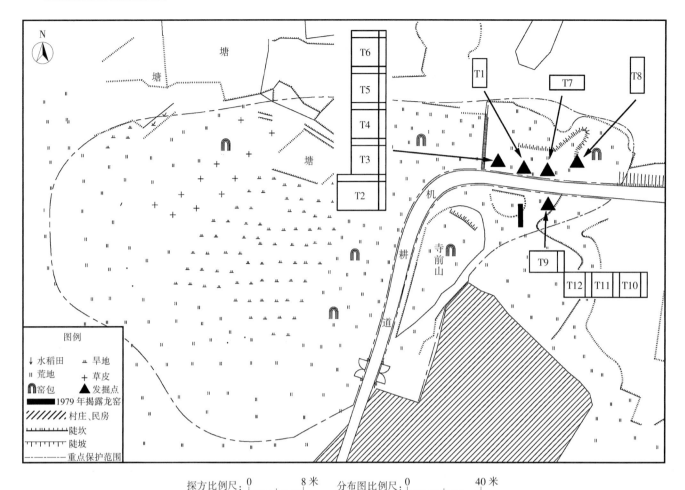

探方比例尺：0 ____ 8 米   分布图比例尺：0 ____ 40 米

图六三 罗湖寺前山窑址范围及探方位置分布图

宽5米，面积为10平方米。在T7的东北角布一条南北长5、东西宽2米的探沟，编号为93丰·曲·罗·寺T8，T8探沟南壁距寺前村至外宋村的道路北侧约10米，其西壁距T7的东壁14米，方向正南北，面积10平方米。后在寺前山窑址的东坡布探沟一条，编号为93丰·曲·罗·寺T9，南北长2米、东西宽5，面积为10平方米，后往北扩1米，面积扩为15平方米，其北壁距寺前村至外宋村的道路南侧约3米，距离T7约15米，西距1979年揭露的窑炉10米。为了清理暴露于地表的窑炉遗迹，在紧临T9的东南角布三个相连的探方，其东面为低矮的稻田，编号为93丰·曲·罗·寺T10～T12，方向为正南北，南北长为3.5米、东西宽分别为5、4、4米，面积计45.5平方米。1993年考古发掘面积计80.5平方米。清理残破龙窑遗迹一处、灰坑二个，我们将其分别编号为93丰·曲·罗·寺Y2和93丰·曲·罗·寺H1、H2。

寺前山窑址两次共计发掘面积为223.5平方米。

三 堆积及地层

这两次考古发掘都是主动性的，为了使我们收集获取的资料更富有代表性，除了发掘92·寺Y1和93·寺Y2开联方外，其他探方均采取跳跃式的布方，故各个探方的地层堆积不相同，就是相连一起的探方，有的因高度落差太大和早年的破坏，地层堆积也不完全一样。现择典型探方的典型地层分述如下。

1. T1 地层堆积

T1 的地层分 5 层，地势北低南高。以探方西壁为例（图六四，1）。

第①层，地表草皮层。厚 5～15 厘米。灰色土，结构紧密。没有收集遗物。

第②层，深 5～15 厘米，厚 70～115 厘米。黄色土呈粉状，较疏松，含大量瓷片、碎窑具等，夹杂窑砖、红烧土块和窑渣等。出土物有青釉钵、碗、盘、碟、杯、盏、小盂及间隔具等。

第③层，深 75～115 厘米，厚 25～55 厘米。灰黑色土，结构较紧密，夹有少量灰白色瓷泥及大量碎窑砖。出土遗物有青釉双唇罐、盘口壶、钵、碗、盘、杯等。

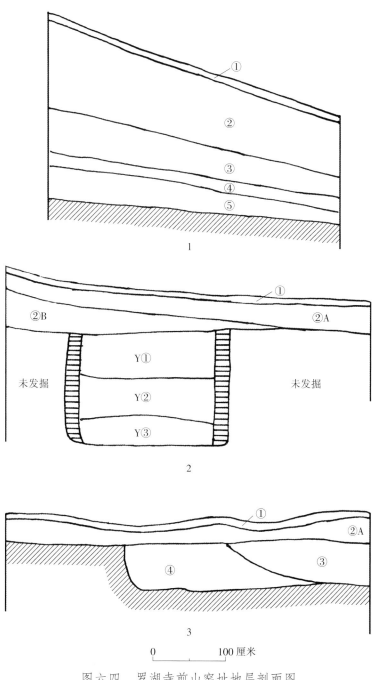

图六四　罗湖寺前山窑址地层剖面图
1. T1 西壁剖面图　2. T6 北壁剖面图　3. T6 南壁剖面图

第④层，深 105 ~ 180 厘米，厚 15 ~ 40 厘米。灰白色土，土质坚硬，呈块状。出土物有青釉碗、高足盘、杯及间隔具等。

第⑤层，深 130 ~ 205 厘米，厚 15 ~ 75 厘米。灰黑色土质，较板结，坚硬。出土物有青釉瓮、釜、罐、盘口壶、大足碗、钵、盘、盏、烛台、器盖、擂钵及间隔具、匣钵等。

2. T6 地层堆积

T2、T3、T4、T5、T6 相连在一起，各方的堆积略有所不同，但基本相似，现以 T6 北、南壁为例加以说明（图六四，2、3）。

第①层，地表草皮层。厚 5 ~ 10 厘米。结构紧密。没有收集遗物。T2、T3、T4、T5、T6 中均有此层。

第②A 层，深 5 ~ 10 厘米，厚 15 ~ 40 厘米。灰色土，土质疏松。出土物有青釉唾盂、盆、钵、碗、高足盘、盘、高足杯、杯等。②A 层在 T2、T3、T4、T5、T6 中均有分布，其中 T2②A 层下直接叠压 92 丰·曲·罗·寺 Y1。

第②B 层，深 30 ~ 40 厘米，厚 0 ~ 55 厘米。灰黄色土，结构疏松，呈颗粒状。出土物有青釉瓮、双唇罐、罐、盘口壶、瓶、盆、钵、碗、高足盘、盘、高足杯、杯、大盂、三足炉、砚台、器盖、纺轮及间隔具等。②B 层在 T3、T4、T5、T6 有分布，其中 T3、T4、T5、T6 的②B 层下叠压着 92 丰·曲·罗·寺 Y1。

第③层，深 35 ~ 45 厘米，厚 0 ~ 60 厘米。灰色土，结构紧密。③层分布在 T2、T3、T4、T5、T6 中的 Y1 窑炉遗迹外及 T6 中的窑头部分，为保护 Y1 仅发掘 T6 中的窑头部分。这一层应是 Y1 废弃后的堆积。出土物有青釉瓮、罐、盘口壶、瓶、盆、钵、碗、盘、杯、大盂、砚台、器盖、纺轮、擂棒及间隔具等。

第④层，深 25 ~ 100 厘米，厚 0 ~ 59 厘米。灰白色土，含瓷土较多，结构紧密呈块状。④层仅分布在 T6 的南部。出土物有青釉瓮、盆、钵、碗、盘、杯、大盂、纺轮及匣钵等。

3. T7 地层堆积

T7 分为 6 层，现以北壁为例加以说明（图六五）。

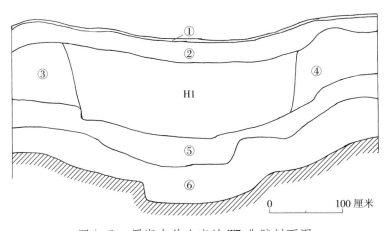

图六五　罗湖寺前山窑址 T7 北壁剖面图

第①层，地表草皮层。厚3.5~5厘米。结构板结紧密，没有收集遗物。

第②层，深3.5~5厘米，厚8~30厘米。黄色土，较松散。遗物有青釉瓷、窑具及铜钱。青釉瓷有瓮、双唇罐、罐、钵、碗、盘、杯、盏、小盂。窑具有间隔具、匣钵。铜钱仅1枚，为"开元通宝"，方孔圆形钱。②层下叠压灰坑H1。

第③层，深25~30厘米，厚0~80厘米。主要分布在T7西北部，为较致密的红褐土。出土物有青釉瓶、碗、杯、大盂及间隔具等。

第④层，深10~50厘米，厚0~80厘米。分布在T7东部，灰色土，细腻紧密。出土物有青釉瓮、钵、莲瓣纹碗、碗、高足盘、莲瓣纹盘、杯、盏、盅及间隔具、匣钵等。

第⑤层，深82~130厘米，厚12~46厘米。在整个探方中均有分布。红褐土，较紧密，夹杂废窑渣、碎窑砖等。出土物有青釉钵、碗、高足盘、高足杯、杯、盏及间隔具、匣钵等。

第⑥层，深140~170厘米，厚12~76厘米。灰色土，较致密，分布在全探方。出土物有青釉罐、钵、碗、高足盘、盘、杯、盏及匣钵等。

4. T8地层堆积

T8分5层，以西壁为例加以说明（图六六，1）。

第①层，地表草皮层。厚4~6厘米。没有收集出土遗物。

第②层，深4~6厘米，厚25~105厘米。黄色土，较板结，呈块状。夹杂窑渣、碎砖块。出

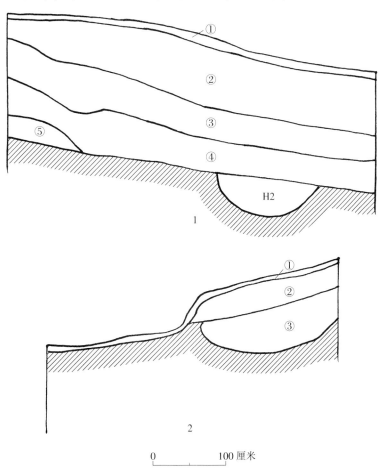

图六六　罗湖寺前山窑址地层剖面图
1. T8西壁剖面图　2. T11南壁剖面图

土物有青釉钵、碗、高足盘、盘、杯、七联盂及匣钵等。

第③层，深30~115厘米，厚50~75厘米。灰黑色土，结构致密，土中夹有较大的窑渣颗粒及红色烧土块。出土物有青釉唾盂、钵、莲瓣纹碗、碗、高足盘、高足杯、杯、盏、盅、砚台及匣钵、匣钵盖等。

第④层，深90~120厘米，厚35~105厘米。灰白色土，土质较疏松，包含物丰富，含有较多的瓷片和窑具。出土物有青釉瓮、罐、碗、高足盘、莲瓣纹盘、盘、高足杯、杯、盏、小盂及间隔具、匣钵盖、匣钵。④层下压灰坑H2。

第⑤层，深135~180厘米，厚0~60厘米。仅在T8的南部有分布。灰褐色土，结构较致密，夹杂大量的瓷片、窑渣等。出土物有青釉罐、鸡首壶、小盘口壶、钵、大足碗、碗、盘、杯、盏、盅、器盖及支具、间隔具、匣钵等。

5. T11 地层堆积

T10、T11、T12为清理部分裸露的Y2窑炉遗迹而布，地层简单，出土物少。现以T11的南壁为例说明（图六六，2）。

第①层，地表草皮层。厚4~6厘米。没有收集遗物。

第②层，深4~6厘米，厚0~40厘米。黄色土，土质较疏松。出土物有青釉钵、碗、高足盘、盘、大盂及匣钵等。

第③层，深35~45厘米，厚0~65厘米。红褐色土，土质坚硬致密。可能是Y2的垫土层，没有遗物。

第二节　遗迹

罗湖寺前山窑址的考古发掘，一个重要的收获是清理了龙窑窑炉和灰坑遗迹，其中龙窑遗迹2座、灰坑2个。现分述如下。

一　窑炉遗迹

1992年和1993年我们在罗湖寺前山窑址分别清理了一座龙窑窑炉遗迹，编号为92丰·曲·罗·寺Y1和93丰·曲·罗·寺Y2（以下简称Y1，Y2）。

1. Y1

Y1位于罗湖寺前村寺前山窑址北部西北坡，距寺前村约200米。分布在T2~T6中，T2~T6的地层分五层，即①、②A、②B、③、④层，其中T2和各探方西壁均无②B层，T2~T5的第③层均没有发掘，只有T6有第④层。Y1在T3~T6中叠压在②B层下，在T2中叠压在②A层之下（图六七、六八；彩版一一）。

（1）形状与结构

Y1由工作面、火膛、窑室、窑门等部分组成。Y1依山坡而建，方向北偏东5°。窑室总体斜长21.62米，水平长20.8米。倾斜度：火膛11°，窑室前部18°，后部24°，窑尾17°。

工作面在火膛的前面，底部前（北）高后（南）低，呈缓坡状。平面近圆形，最长处，斜长3.3米，水平长3.24米，最宽处约3.5米，深0.98~1.38米。工作面为在生土上挖成的坑体。在

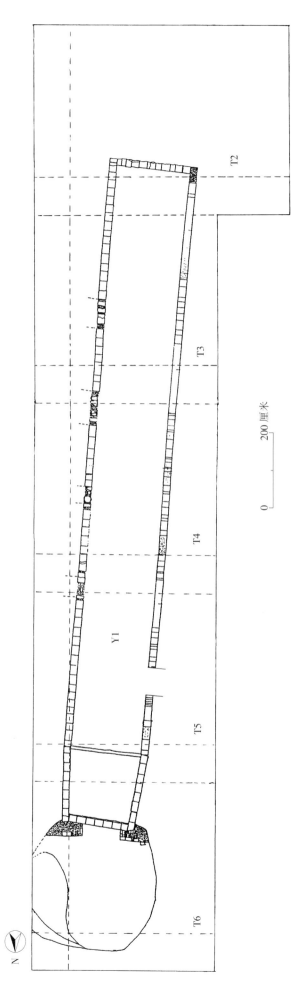

图六七　罗湖寺前山窑址 Y1 在探方中的位置图

T2

T3

T4

T5

T6

Y1

N

0　　　　200 厘米

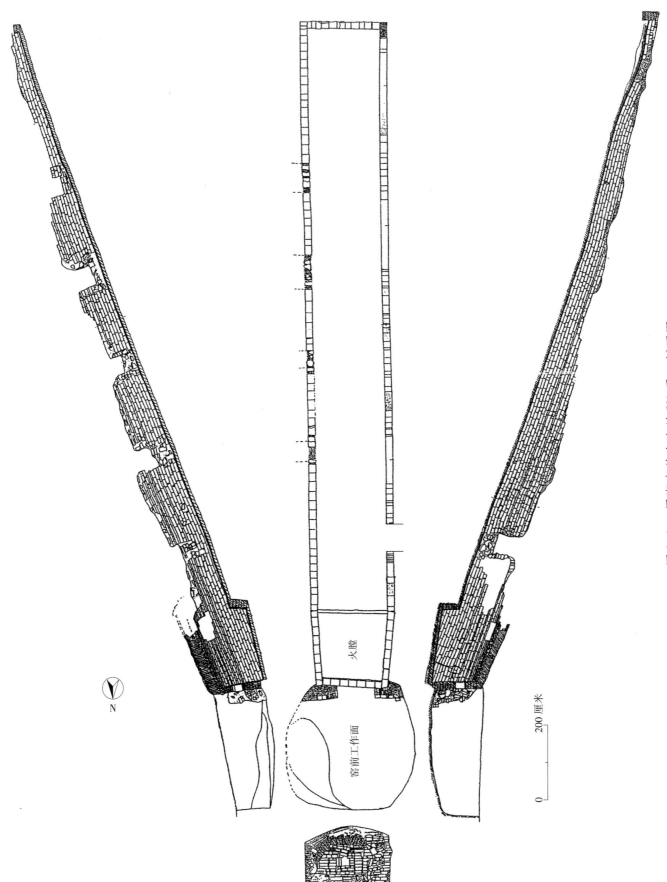

N

火膛

窑前工作面

0 200 厘米

图六八 罗湖寺前山窑址 Y1 平、剖面图

其东北部修有方便上下的台阶或斜坡。

火膛平面大体呈等腰梯形，左右两壁较直，前窄后宽。前宽 1.64、后宽 1.9、斜长 1.9、水平长 1.84 米，低于窑床 0.48 米。在火膛与窑室之间以砖坯砌一道挡土墙。火膛部分的券顶基本保存完好，券顶内壁涂抹一层厚约 5 厘米的黄泥，已烧成砖红色。火膛烧结面距券顶高：前部 1.28 米，后部 1.56 米。火膛内壁抹有 1 厘米左右的黄泥，大部分剥落。火膛前壁保存完好，主要以砖坯砌成，部分使用了可能是废弃的墓葬花纹砖，这些花纹砖的花纹有叶脉纹、网钱纹、几何纹等（图版五三，2、3），与江西地区南朝至隋代的同类花纹砖相同。有的部位使用废弃匣钵残片，壁面不够整齐，经过修补。前壁中部距工作面底部 0.54 米处开一凸字形的投柴观火孔，孔高 0.27、宽 0.24 米。在前壁两侧分别以砖砌一横向的挡土墙，东侧已塌毁，残存底部；西侧也有塌痕，但仍可看出大概。

窑室平面呈长条状。斜长 16.02 米，水平长 15.32 米，宽 1.9～1.95 米。窑室券顶全部塌毁，窑壁残高 0.12～1.18 米。据此和火膛券顶的高度推测，窑室高约 1.3 米左右。在窑室中部开一条小探沟，得知窑底有二个烧结面。上层为黄土和匣钵残片夯筑而成，厚约 10 厘米，烧结面厚 3～4 厘米。下层建筑在生土之上，地表凹凸不平处填以碎砖、匣钵残片、烧土块以及碎瓷片，上面平铺一层黄土，烧结层厚 2 厘米。

窑壁厚 0.2 米，单砖平砌而成。火膛从第十一皮砖，窑室从第七皮砖，即分别从 0.75、0.5 米处开始起券。窑砖为一般黏土所制，呈青灰或砖红色，以砖红色为主。砖有长方形和楔形砖两种，两面平，一面无纹，一面饰绳纹，有的侧面模印网钱纹或对角几何纹。长方形砖长 0.3、宽 0.16、厚 0.06 米，楔形砖长 0.3、宽 0.16、厚 0.03～0.06 米。内侧壁满是窑汗（烧结结晶面），厚者达 0.5 厘米。窑室和火膛相接处的东西两壁上部均有维修的痕迹。

窑门设在东、西两壁。东壁有四门，西壁有一门。窑门宽，东壁由窑头起分别为 0.54、0.48、0.7、0.5 米，西壁宽 0.5 米，窑门两侧损坏严重，中部以上塌毁，门的上部结构不清楚。窑尾残毁严重，结构不明。

由于后壁残存高度仅有 0.12 米，排烟孔未能保存下来。

（2）窑内堆积

窑炉内（指窑墙墙体内）的堆积分三层。第①层，厚 5～85 厘米。黄色土，土质较松散。主要由废弃的残瓷器和窑具组成。出土物有青釉瓮、双唇罐、罐、盘口壶、盆、钵、碗、高足盘、盘、盏、杯、大水盂、唾盂、小水盂、纺轮及匣钵、间隔具等。

第②层，深 5～85 厘米，厚 10～80 厘米。主要由窑砖及黄土构成，应为窑顶和窑壁塌下的废弃窑砖，没有包含物。

第③层，深 30～90 厘米，厚 5～40 厘米。灰黄色土，土中夹有红烧土块和窑渣。出土物有青釉双唇罐、罐、盘口壶、盆、钵、碗、高足盘、盘、盏、小水盂、大水盂、纺轮及匣钵、间隔具等。

2. Y2

Y2 位于寺前山窑址东坡 T10 的中部（图六九）。东距 T10 东壁 1.48 米，南距南壁 0.08 米，西距西壁 0.9 米，北距北壁 0.9 米。Y2 叠压在 T10①层下，大部分露出地表。

Y2 被破坏严重，仅残存火膛部分。从残存火膛看（图七〇），Y2 窑头方向为南偏东 21°，

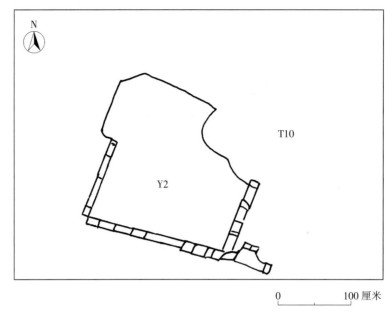

图六九 罗湖寺前山窑址 Y2 在探方中的位置图

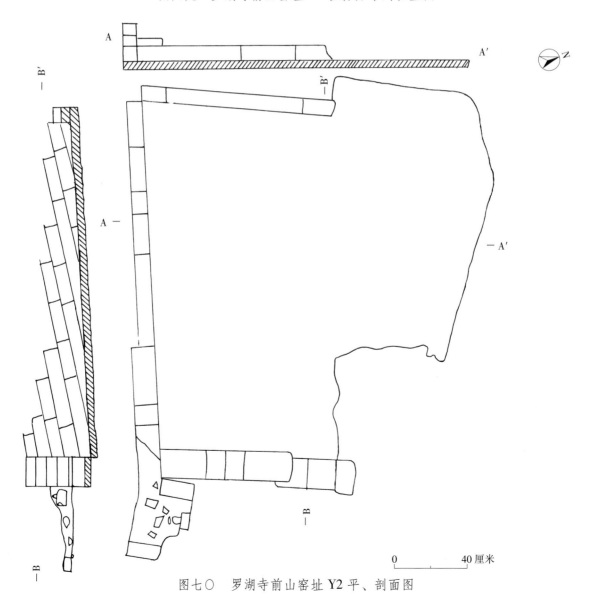

图七〇 罗湖寺前山窑址 Y2 平、剖面图

倾斜度 10°，前窄后宽，平面大体呈等腰梯形，残存长 0.98 ~ 1.88，宽 1.8 ~ 1.84 米，南壁残高 0.14 ~ 0.36、高 0.3 ~ 0.36 米，北壁破坏无存。窑床高于火膛，两者之间残存挡火墙，墙残高 0.08 ~ 0.12 米。火膛前壁中部下边设一孔，因前壁上部破坏，门的高与宽度不清。窑墙内壁有窑汗，烧结面厚约 0.4 厘米。火膛烧结面以下为生土，烧结面呈青灰色，厚 4 厘米。窑墙采用长 0.32、宽 0.2、厚 0.06 米的砖砌成，有的侧面印网钱纹（图七一；图版五三，1）。火膛前工作面两侧原砌有挡土墙，其中南侧尚存一列窑砖痕迹。从火门向东至探方外的生土面上有一层灰土层，有可能是烧窑时投柴、取柴踩踏形成的路土，推测该窑炉使用木柴作燃料。从残存的火膛及由此延伸的方向看，Y2 应为龙窑窑炉，但由于破坏严重，窑室及其他部分的情况不明晰。

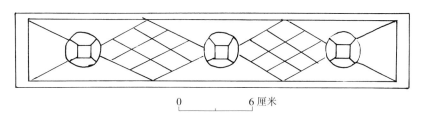

0   6 厘米

图七一 罗湖寺前山窑址 Y2 花纹砖

Y2 大部分裸露地表，残损过甚，出土物很少，仅在火膛内见少量的青釉碗、碟、杯及匣钵等细碎残片。

二 灰坑

1993 年我们在寺前山窑址清理两个灰坑，分别编号 93 丰·曲·罗·寺 H1 和 93 丰·曲·罗·寺 H2（以下简称 H1、H2）。

1. H1

H1 位于 T7 的北部。平面呈不规则椭圆形，北部伸入 T7 的北隔梁。西至西壁 0.66 米，东至东壁 1.06，南距南壁 1.04 米。坑口东西长 3.4 米，南北宽 0.9 米，坑底稍平，坑底东西长 2.88 米，南北宽 0.66 米，深 0.54 米（图七二，1）。

H1 开口于 T7②层下，坑口距地表深 0.24 ~ 0.34 米。打破 T7③、④层，叠压在 T7⑤层之上。因伸入隔梁内未清理完。

H1 坑内堆积较为松散干燥，黄色土，夹杂青瓷碎片和窑具。出土物有青釉碗、高足盘、盘、杯及间隔具、匣钵等。

2. H2

H2 位于 T8 西北部。平面呈不规则椭圆形状，西边伸入 T8 西壁，东距东壁 1.1 米，南距南壁 2.94 米，北距北壁 0.7 米。坑口最宽 0.76 米，最长 1.4 米，深 0.4 米。坑底、壁均较平整，似经人为加工（图七二，2）。

H2 开口于 T8④层下，打破生土层。因伸入探方隔梁中，未能清理完。

H2 坑内堆积较为致密，灰色土，呈块状。出土遗物丰富，主要为青釉瓷和窑具，青釉瓷有罐、钵、碗、盏、盅、灯及支具、间隔具、匣钵盖等窑具。

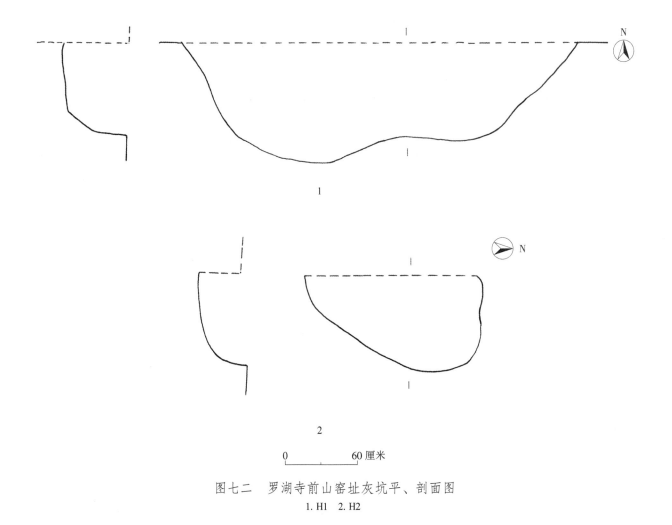

图七二　罗湖寺前山窑址灰坑平、剖面图

1. H1　2. H2

第三节　出土遗物

寺前山窑址考古发掘除表土层未收集遗物及 T10、T11、T12 探方的③层没有包含物外，其余各单位均有包含物出土，而且出土遗物丰富，数量巨大，主要有青釉瓷器、窑具、工具以及铜钱等，其中青釉瓷器及窑具占出土物的绝大部分。瓷器基本上都为残损器，有的甚至与窑具粘连在一起，为当时的废弃物，工具和铜钱很少，各出土了 1 件。我们收集了 3136 件标本，青釉瓷器 2919 件，占总数的 93.08%；窑具 215 件，占总数的 6.86%；铜钱和工具各 1 件，仅占 0.06%。现分类介绍如下。

一　瓷器

2919 件。寺前山窑址出土的瓷器都是青釉瓷器，青釉瓷器是以氧化铁为着色剂烧成的单色釉瓷，但由于釉中含铁量的多寡、胎质、窑内气氛及其他因素的影响，其色调呈现不一，有青、青褐、青绿、青灰、青黄等色，甚至是它们之间的交叉混合色，总体的以青色或青褐色为主，釉层均匀或比较均匀。正烧者，釉面晶莹光亮，表面开细纹片；生烧或过烧者（生烧指器坯在窑炉烧造过程时，温度未能达到坯件烧结的要求；过烧指坯件在窑炉烧造过程中，温度超过坯件烧结要求），釉色不显。瓷器的器类多种多样，基本上是人们日常生活所必需的器皿，即有饮食器、盛储器、茶酒器，也有照明用器、文房卫生用器，乃至生产工具等。造型丰富，既有琢器，也有圆器。具体种类有瓮、釜、双唇罐、罐、小盘口壶、盘口壶、鸡首壶、三足壶、瓶、盆、钵、莲瓣纹碗、大足碗、碗、高足盘、莲瓣纹盘、盘、碟、高足杯、把杯、杯、盅、盏、灯、烛台、大水盂、唾盂、七联盂、小水盂、砚台、三足炉、擂钵、擂棒、纺轮、器盖等。

1. 瓮

23 件。口小，腹大，下腹部均残。口沿及外腹壁施釉，釉色较深，呈青黄、青黑或青褐色，以青黑色为主。肩腹部及腹部拍印纹饰，主要有麻布纹、方格纹、绳纹、菱形纹，麻布纹较为常见。依口沿的不同，可分为四型。

A 型　9 件。均出 T1⑤层。方唇，敛口，口沿外斜折，束颈，斜溜肩，内壁留有凹凸不平的指窝痕。肩部施麻布纹。灰泛紫红色胎，胎体厚重，釉呈青黑色。

标本 T1⑤：5，存口沿、肩及腹的一部分。上腹部鼓，肩部残存一个横向半环状系。残高 14、口径 30.8 厘米（图七三，1）。

B 型　2 件。方唇，直口，无颈。灰或灰黑色胎，胎骨坚硬，青黑色釉。

标本 T8④：5，存口沿、肩及腹的一部分。斜溜肩，肩部残存一个横向半环形系。内壁留存有凹凸不平的指窝痕。灰色胎。残高 12、口径 26.8 厘米（图七三，2）。

C 型　9 件。敛口，尖圆唇，略卷沿，无颈，斜溜肩，弧鼓腹壁。肩腹部饰麻布纹、菱形纹、粗绳纹或方格纹。灰、灰白或灰泛砖红色胎，青黑或青黄色釉。

标本 Y1①：2，存口沿、肩及腹的一部分。肩部残存一个双竖向半环状系。肩部饰菱形纹。灰色胎。青黄色釉。残高 12、口径 37.2 厘米（图七三，3）。

D 型　3 件。尖唇，唇沿外撇，微侈口，短束颈，斜溜肩，广平肩，肩部附四个横向半环状系。口沿外侧有一周凸棱，肩腹饰菱形纹或粗绳纹，内壁留有指窝痕。灰或灰泛紫红色胎。青黑色釉。

标本 T6③：2，存口沿、肩及腹的一部分。肩腹处饰菱形纹。灰泛紫红色胎。过烧，釉色不显。残高 6、口径 14 厘米（图七三，4）。

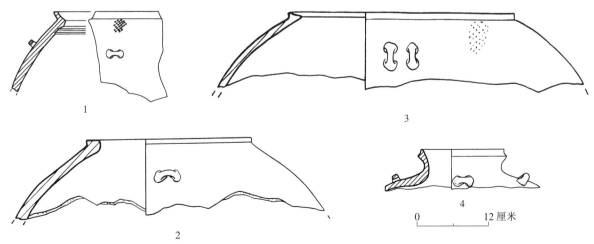

图七三　罗湖寺前山窑址出土瓷瓮

1. A 型（T1⑤：5）　2. B 型（T8④：5）　3. C 型（Y1①：2）　4. D 型（T6③：2）

2. 釜

1件。

标本T1⑤：6，复原。尖圆唇，口内敛，唇沿内收呈子口状，微束颈，圆鼓腹，假圈足。口沿上立二个对称半环形耳，耳微向外倾斜。肩腹部施三道弦纹。灰泛黄色胎。口沿及外壁不及底施釉，釉呈青泛黄色，且多剥落。通高22.5、口径23.1、底径17.4厘米（图七四，1；彩版一二，1）。

3. 双唇罐

13件。基本特征是口颈部有内、外唇，微束颈，鼓或圆鼓腹。平底或假圈足，肩部置系。口沿及外壁不及底施釉。依系的数量，分为三型。

A型　1件。

标本Y1③：189，复原。肩附六系（对称双竖向、对称单横向半环形系）。圆唇，内唇低于外唇，内唇较直，外唇外斜，圆鼓腹，腹径最大处在腹中部，假圈足内凹，外腹壁与底足交接处有一周旋削台面。灰泛紫色胎。青黄色釉，釉面开细纹片。高15.6、内口径9.2、外口径14、足径10.4厘米（图七四，2；图版三〇，1）。

B型　6件。肩部置四系（对称双竖向半环状系）。内唇高于外唇。内壁留有凹凸不平的指窝痕。肩腹部饰方格纹或粗绳纹，灰色或灰泛紫色胎，施青泛褐或青黑色釉。依腹壁的差异，分为二式。

Ⅰ式　5件。方唇，弧鼓腹，平底。灰色胎。

标本Y1①：3，复原。斜溜肩，上腹部斜直，中部外鼓，下腹部斜直收至底，最大腹径在中部。粗绳纹。青黑色釉。高19.2、内口径9.2、外口径14.4、底径13.2厘米（图七四，3；图版三〇，2；彩版一二，2）。

Ⅱ式　1件。腹壁较Ⅰ式直。

标本T1③：1，残存口、肩及腹的一部分。尖圆唇，溜肩，微弧腹壁。肩腹部饰方格纹。灰泛紫色胎。青黑色釉。残高13、外口径11.2厘米（图七四，4）。

C型　6件。肩或肩腹交界处没有系。圆唇，微束颈，斜溜肩。灰色胎。依腹壁的差异，分为二式。

Ⅰ式　1件。

标本Y1①：11，存口、肩及腹的一部分。内唇略高于外唇。腹部微弧鼓。肩部饰二道凹弦纹。青黄色釉。胎釉之间涂一层灰白色化妆土。残高12、外口径10.6厘米（图七四，5）。

Ⅱ式　5件。腹壁中下部较Ⅰ式外鼓，类似垂腹。内唇略低于外唇。弧或鼓腹，假圈足内凹。黄褐色釉。

标本T5③：4，口部略有变形。垂腹，外腹壁与底足交接处有一周旋削痕，削痕面较宽。肩部饰一道凹弦纹。高11、内口径8、外口径11.8、足径8.4厘米（图七四，6）。

标本T7②：2，残存口沿、肩及腹部。腹部划交叉波浪纹。残高7、外口径11.8厘米（图七四，7）。

4. 罐

52件。能够分型分式的24件。依肩部系的不同，可分为三型。

A型　7件。肩部附六个半环状系（对称双竖向、对称单横向系）。圆唇，侈口或直口，短直颈，鼓腹，平底或平底内凹。高14～16.8、口径14.4～17.8、底径12～15.9厘米。依腹部的差异，分为三式。

Ⅰ式　3件。短直口，上腹部外弧鼓，最大腹径在肩腹交接处，下壁内收。灰或砖红色胎。

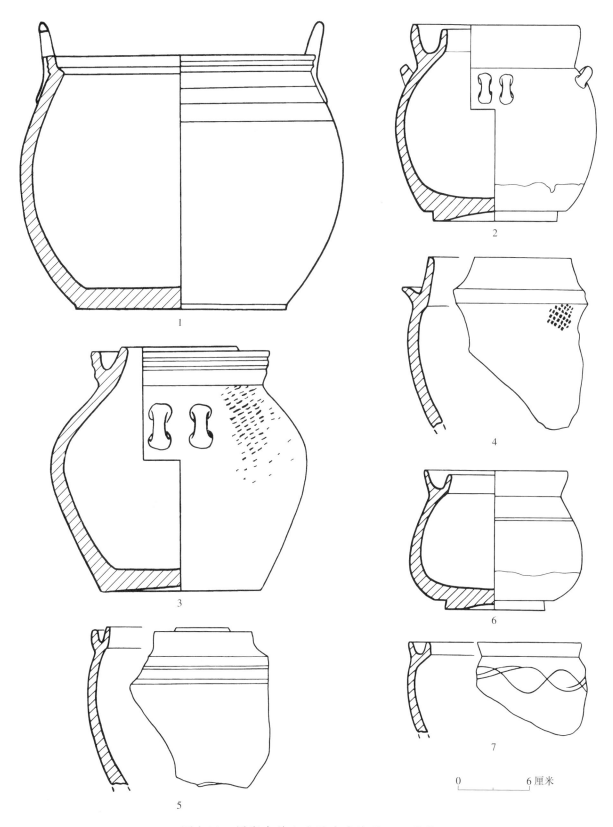

图七四　罗湖寺前山窑址出土瓷釜、双唇罐

1. 釜（T1⑤：6）　2. 双唇罐 A 型（Y1③：189）　3. 双唇罐 B 型 I 式（Y1①：3）　4. 双唇罐 B 型 II 式（T1③：1）

5. 双唇罐 C 型 I 式（Y1①：11）　6. 双唇罐 C 型 II 式（T5③：4）　7. 双唇罐 C 型 II 式（T7②：2）

口沿及外壁上部施釉，釉厚处呈青或青泛白色，釉薄处呈青黑色，推测可能是二次施釉所致。器显挺拔。

标本T8⑤：1，复原。上腹部外鼓，中下部急内收，平底内凹。灰色胎。青色釉。高14.4、口径15.6、底径13.2厘米（图七五，1）。

Ⅱ式　1件。器口较Ⅰ式略外撇，器腹较Ⅰ式外弧鼓，广溜肩，器显矮胖。

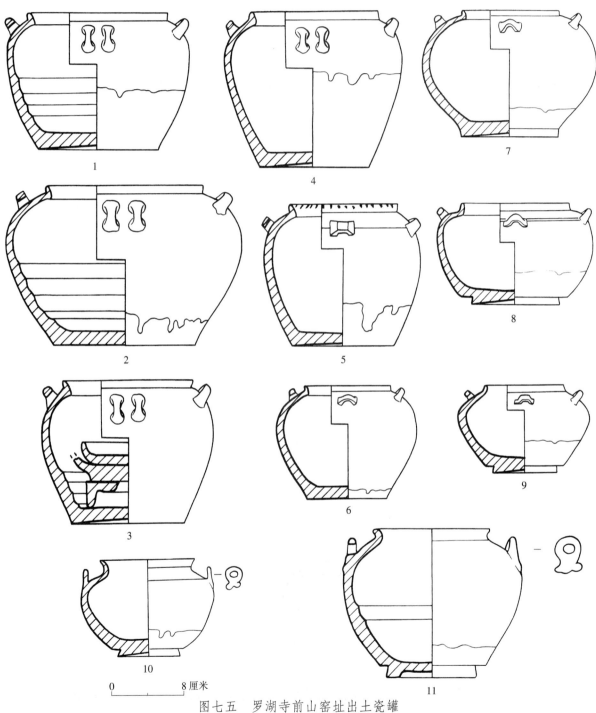

图七五　罗湖寺前山窑址出土瓷罐

1. A型Ⅰ式（T8⑤：1）　2. A型Ⅱ式（T1⑤：13）　3. A型Ⅲ式（T8④：2）　4. A型Ⅲ式（T8④：1）
5. B型Ⅰ式（H2：1）　6. B型Ⅱ式（T8④：10）　7. B型Ⅲ式（T7⑥：1）　8. B型Ⅳ式（Y1①：13）
9. B型Ⅴ式（T7②：5）　10. C型Ⅰ式（T3②B：17）　11. C型Ⅱ式（T3②B：15）

标本 T1⑤：13，复原。微侈口，腹壁中上部外鼓，最大腹径在腹部偏上，下腹壁缓内收，近底急收，平底。系下施二道弦纹，下腹见气泡。灰色胎。口沿和外腹壁不及底足施青泛黄色釉，釉多剥落。高 16.5、口径 17.4、底径 15.9 厘米（图七五，2；图版三〇，3）。

Ⅲ式　3件。侈口，口唇外斜，窄斜溜肩，腹上部外弧鼓较缓，下腹壁缓内收，近底急收，平底内凹。灰色胎。口沿及外腹壁至中部施青色釉。

标本 T8④：2，复原。内壁下部有旋削痕。外底粘连一锯齿状间隔具。罐内底粘连一浅钵状匣钵，匣钵与罐内底之间间隔锯齿状间隔具，间隔具锯齿端面粘连衬泥块，浅钵状匣钵内又叠置一个内装杯子且压塌变形的匣钵。高 15、口径 14.4、底径 12.6（图七五，3；彩版一二，3）。

标本 T8④：1，复原。内壁中下部有旋削痕。高 16.5、口径 14.4、底径 12 厘米（图七五，4；图版三〇，4）。

B型　10件。肩部置四个对称横向（桥形或半环状）系。直口或侈口，圆唇，短颈。高 7.2 ~ 15.6、口径 6.4 ~ 12.2、底径 5 ~ 12.6 厘米。依腹壁的差异，分为五式。

Ⅰ式　2件。桥形系。系下饰一至二道凹弦纹，最大腹径在上腹部，中下腹部内收，平底内凹。器显瘦长。灰白色胎，内、外腹壁半施青泛白色釉。

标本 H2：1，复原。侈口，圆溜肩外弧鼓，下腹壁斜直。系下饰一道凹弦纹，口沿施褐彩，彩点密集。高 15、口径 12.2、底径 11.4 厘米（图七五，5；图版三〇，5）。

Ⅱ式　1件。器壁中上部外鼓，最大腹径在中部偏上，中下部急收，较Ⅰ式显矮胖。

标本 T8④：10，复原。直口，圆溜肩，肩部置半环状系，腹部外鼓，下腹壁斜直内收，平底。灰白色胎。内壁满外壁半施青黄色釉，釉面开细冰裂纹。高 9、口径 7.2、底径 6.4 厘米（图七五，6）。

Ⅲ式　1件。腹壁上、下弧收，中间圆鼓，最大腹径在中部。

标本 T7⑥：1，复原。直口，短唇，肩部置四个对称半环形系，圆鼓腹，假圈足内凹，足墙高直。灰泛紫红色胎。内壁满外壁不及底施黄泛褐色釉。高 10、口径 8、足径 8.2 厘米（图七五，7；图版三〇，6）。

Ⅳ式　3件。肩部置四个半环状系。平肩较宽，鼓腹斜直下收至底，假圈足内凹。外腹壁与足部相交处有一周旋削痕，旋削痕面略宽。灰泛紫红色胎，内、外腹壁半施青黄或黄褐色釉，胎釉间涂一层灰白色化妆土。

标本 Y1①：13，复原。肩部较平坦。系下饰二道弦纹。黄褐色釉。高 8、口径 8.8、足径 7.2 厘米（图七五，8）。

Ⅴ式　3件。鼓腹，最大腹径在中部偏上，斜直肩，中部以下斜收至底，假圈足内凹。半环形系，系下施二道凹弦纹。外腹壁与足部交接处有一周旋削痕，痕面较宽。灰或灰泛紫红色胎，内、外壁半施青褐色釉。

标本 T7②：5，复原。微侈口，斜直肩，下腹有积釉痕。灰泛紫红色胎。高 6.9、口径 6.4、足径 5.2 厘米（图七五，9；图版三一，1）。

C型　7件。尖或圆唇，外卷沿，微束颈，圆溜肩，肩部附二个对称环状系，系下饰一道凹弦纹，鼓腹，下收至底，外腹壁与底足交接外有一周旋削痕，痕面较宽。圈足或假圈足内凹。灰色胎，内壁满外壁不及底施黄褐、青褐或青黄色釉，釉面开细冰裂纹，胎釉间涂一层灰白色化妆土。高 7.4 ~ 15、口径 8 ~ 12.8、足径 4.9 ~ 10 厘米。依腹部的差异，分为二式。

Ⅰ式　1件。斜溜肩较宽，上腹部外鼓，下腹部弧收，器显矮胖。

标本T3②B：17，复原。尖唇，假圈足内凹，足墙外撇。黄褐色釉，有积釉痕。高7.8、口径8、足径5.2厘米（图七五，10）。

Ⅱ式　6件。斜溜肩较Ⅰ式窄，器腹外弧鼓较Ⅰ式缓，下部缓内收。圈足或假圈足。

标本T3②B：15，复原。圆唇，斜溜肩，圈足，足墙外撇，足端平整。肩部施一道弦纹，弦纹下压印枝叶纹。青褐色釉。高15.6、口径13.2、足径10厘米（图七五，11；图版三一，2）。

另有罐残片，28件。

其中有口部的残瓷片26件，根据口沿和肩部残存的系之不同，分四类。

A类　4件。尖唇，唇沿外撇，环形系，系下饰一组弦纹。灰或灰泛紫红色胎，内、外壁施青褐或青黄色釉。

标本Y1①：14，存口沿、肩及上腹部的一部分。灰泛紫红色胎。青黄色釉。残高9.8厘米（图七六，1）。

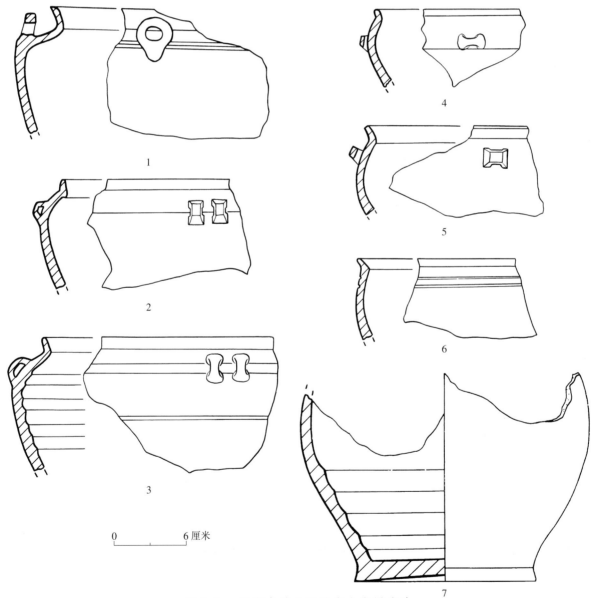

图七六　罗湖寺前山窑址出土瓷罐残片

1. A类（Y1①：14）　2. B类（T8⑤：11）　3. B类（T1⑤：16）　4. C类（T8⑤：10）　5. C类（T1⑤：17）
6. D类（T1⑤：15）　7. 罐底片（T8⑤：4）

B 类　9 件。直口或斜直口，圆唇，肩部留有双竖向桥形或半环形系。灰、灰白或灰泛紫红色胎，外壁施青、青淡或青泛黄色釉。

标本 T8⑤：11，存口沿、肩及上腹的一部分。直口，肩部残存双竖向桥形系，系下饰一道弦纹。灰色胎。青色釉。残高 8.4 厘米（图七六，2）。

标本 T1⑤：16，存口沿、肩及腹的一部分。微侈口，唇沿外撇，短颈，肩部残存双竖向半环状系。系下及腹中部各饰二道浅凹弦纹。灰色胎。釉剥落。残高 10.8 厘米（图七六，3）。

C 类　11 件。圆唇，侈或直口，肩部残存一个横向半环形或桥形系。灰、灰白、砖红或深灰色胎，外壁施青、青黄、青泛白或青泛黑色釉。

标本 T8⑤：10，存口沿、肩及上腹的一部分。侈口，斜折沿，肩部残存一个横向半形系，系下施一道凹弦纹。灰色胎。青色釉。残高 5.8 厘米（图七六，4）。

标本 T1⑤：17，存口、肩及上腹的一部分。侈口，斜折沿，肩部残存一个横向桥形系。灰色胎。青黄色釉。残高 7 厘米（图七六，5）。

D 类　2 件。侈口，尖圆唇，斜折沿。灰色胎，青泛黄色釉。

标本 T1⑤：15，残存口沿、肩及腹的一部分。微鼓腹。肩部施二道凹弦纹。残高 6.4 厘米（图七六，6）。

残存罐底片　2 件。平底内凹。内底有五个锯齿状间隔具的叠置痕。灰泛白色胎，外壁施青或青黄色釉。

标本 T8⑤：4，存腹及底部的一部分。腹中部外鼓，下腹急内收，平底外伸。内壁见凹凸不平的旋削痕。青黄釉。残高 16.5、底径 15 厘米（图七六，7）。

5. 小盘口壶

4 件。圆唇，浅小盘口，束颈，颈较细，圆溜肩，肩部置二个对称横向半环形系，系下施一或二道凹弦纹，圆鼓腹，下斜收至底，平底内凹。有的口沿饰较密的褐色点彩。灰或灰白胎，口沿及外腹壁不及底施釉，釉呈青或青黄色，釉面开细冰裂纹。高 13.2～19.3、口径 8.6～8.9、底径 10～11.2 厘米。

标本 T8⑤：17，复原。系下施一道凹弦纹，颈肩交界处见一道接胎痕，内壁有旋削痕。口沿饰褐色点彩，彩点稍大。外腹壁粘有窑渣。灰色胎。青色釉。高 19.3、口径 8.9、底径 11 厘米（图七七，1；图版三一，3）。

标本 T1③：1，残存腹及底的一部分，口颈损。圆溜肩，肩部置对称的半环形系，系面上划一直线。上腹部外鼓，下腹急收至底，平底边沿外伸，颈部呈束腰状。灰白色胎。青黄色釉。残高 13.2、底径 8.8 厘米（图七七，2）。

6. 盘口壶

23 件。盘口，束颈，圆鼓或扁鼓腹。口沿及外腹壁不及底施釉，釉面开细冰裂纹。依盘口部的不同，可分为二型。

A 型　2 件。尖圆唇，盘口较深，颈较细长。灰色胎，青色釉。

标本 T1⑤：1，存口沿及颈部的一部分。釉色不显。残高 8.8、口径 9.2 厘米（图七七，3）。

B 型　21 件。盘口较浅，颈较粗短。肩置四个横向半环状系。外腹壁与底足交接处有一周旋削痕，旋削面较宽，假圈足或假圈足内凹。胎釉间涂一层灰白色化妆土。灰、砖红或灰泛紫色胎，

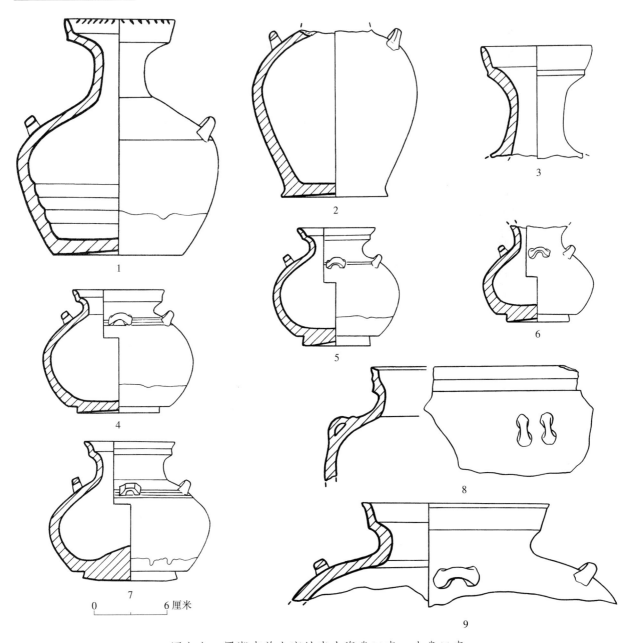

图七七 罗湖寺前山窑址出土瓷盘口壶、小盘口壶

1. 小盘口壶（T8⑤：17） 2. 小盘口壶（T1③：1） 3. 盘口壶 A 型（T1⑤：1） 4. 盘口壶 B 型 I 式
（T5③：2） 5. 盘口壶 B 型 I 式（T6③：190） 6. 盘口壶 B 型 II 式（T5③：8） 7. 盘口壶 B 型 III 式（T2
②A：7） 8. 盘口壶（Y1①：7） 9. 盘口壶（T6④：1）

青黑、灰青、酱黄或青闪黄色釉，以酱黄或青闪黄色釉为主。高 7.4～11.2、口径 6～7.8、足径
5.2～8 厘米。依最大腹径及腹壁的差异，分为三式。

I 式 9 件。溜肩，腹中部圆鼓，腹径最大处在腹中部。灰或灰泛紫红色胎，青褐、青黄、
青泛灰或青泛黑色釉。

标本 T5③：2，复原。假圈足内凹，足墙较直。系下施一组细弦纹。灰色胎。青褐色釉。高
9.8、口径 7.6、足径 6.8 厘米（图七七，4）。

标本 T6③：190，复原。假圈足内凹。系下施一组弦纹。灰泛紫红色胎。生烧，青灰色釉。高

9.4、口径6.4、足径5.6厘米（图七七，5；图版三一，4）。

Ⅱ式　3件。斜溜肩。最大腹径较Ⅰ式下移，至中腹部偏下，腹呈胆状。砖红色胎，生烧，釉色不显。

标本T5③：8，口沿残。颈细长，假圈足内凹。残高7.6、足径5.2厘米（图七七，6）。

Ⅲ式　3件。斜溜肩。最大腹径在中部，腹呈扁鼓状。胎呈灰、灰白或灰泛砖红色，青黄色釉。

标本T2②A：7，口部变形。内底上凸，假圈足。系下施一组弦纹。灰色胎。高10.8、口径7.6、足径8厘米（图七七，7；图版三一，5；彩版一二，4）。

另外有6件盘口壶的口部残片无法分式。仅介绍两件标本：

标本Y1①：7，残存口及肩的一部分。尖唇，直口，微束颈，颈较粗短，溜肩，肩部残存双竖向半环形系。灰色胎。灰青色釉。残高8.4厘米（图七七，8）。

标本T6④：1，存口及肩的一部分。尖圆唇，侈口，平肩，肩置四个横向半环状系。斜溜肩较宽，肩部施绳纹。灰泛紫色胎。青黑色釉。残高8、口径15.2厘米（图七七，9）。

7. 鸡首壶

1件。

标本T8⑤：136，残存口沿及肩腹的一部分。圆唇，盘口，盘口壁较直微外撇，束颈，颈细长，圆弧肩较宽，肩部一侧置一鸡首状流，鸡嘴正视呈圆形，中有一圆孔但与壶身不相通，与其对应处置圆棍状把柄，上端衔住口沿并高出口沿，把柄由下至上逐渐变细，两侧中间肩部各置一对称的横向桥形系。肩部施一道弦纹。灰色胎。内至颈部、外腹壁施青绿色釉，釉开细冰裂纹，晶莹光亮。残高14.4、口径10.3厘米（图七八，1）。

8. 三足壶

1件。

标本T2②A：135，复原。直口，圆唇，短直颈，溜肩，上腹部圆鼓，中部以下斜收至底，平底下附三兽爪足，足外撇。肩部一侧置圆管状短弧流，流口略低于器口，流与器腹相通，与之对称处置"σ"字形把，把柄残。肩部饰一组弦纹。灰色胎。口沿及外壁不及底足施青黄色釉，釉面开细冰裂纹。通高8.4、口径6.4、底径4.8厘米（图七八，2；彩版一二，5）。

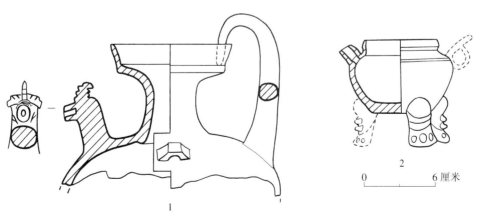

图七八　罗湖寺前山窑址出土瓷鸡首壶、三足壶
1. 鸡首壶（T8⑤：136）　2. 三足壶（T2②A：135）

9. 瓶

4件。喇叭状小口，短细束颈，鼓腹，假圈足内凹，外腹壁与底足交接处有一周旋削痕，旋削面较宽。肩部施一组细弦纹。灰或灰泛紫色胎，口沿和外腹壁不及底施釉。依据腹部的差异，分为三式。

Ⅰ式　1件。

标本T7③：3，复原。颈粗矮，肩部较平，腹外鼓，腹壁较直。灰色胎。青闪黄色釉。高5、口径3、足径4厘米（图七九，1；图版三一，6）。

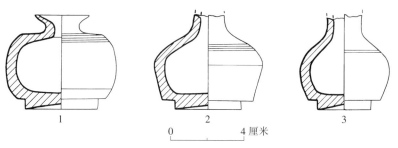

图七九　罗湖寺前山窑址出土瓷瓶
1. Ⅰ式（T7③：3）　2. Ⅱ式（T6③：5）　3. Ⅲ式（T6②B：9）

Ⅱ式　1件。颈部较Ⅰ式细长，最大腹径在肩腹部。

标本T6③：5，口部残。肩部斜直，上腹外鼓，下收至底。灰色胎。过烧，釉色不显。残高5、足径3.6厘米（图七九，2）。

Ⅲ式　2件。圆鼓腹，最大腹径在中部。

标本T6②B：9，口部残。圆溜肩，下腹弧收。灰泛紫色胎。青黄色釉，釉面开细冰裂纹。残高5、足径3厘米（图七九，3）。

10. 盆

16件。平底，底径小于口径。依口沿的不同，可分为二型。

A型　15件。圆唇，唇沿微外卷，短唇，折肩，上腹部外鼓，下腹部斜直收，至底急收，内底平坦。依腹部的差异，分为二式。

Ⅰ式　13件。绝大部分都是残片。深腹，尖圆唇，侈口，斜折沿，折肩，斜直壁，中腹部斜直收至底，平底。外壁口沿下饰二至三道凸弦纹。灰或灰泛砖红色胎。口沿及肩腹部或至腹中部施釉，釉色较深，釉呈青黑、青闪黄、青、酱黄或青泛褐色。

标本T5③：1，复原。肩腹部饰细方格纹。深灰色胎。青釉仅施口沿及肩腹部。高8.8、口径22.2、底径8.4厘米（图八○，1；图版三二，1）。

Ⅱ式　2件。腹较Ⅰ式浅。折肩处略弧，上腹部外鼓，壁微外弧。灰泛紫红色胎。口沿和外腹壁不及底施青泛黄色釉。

标本Y1①：6，复原。外腹壁下部近底见流釉痕。高11.1、口径24.6、底径14.4厘米（图八○，2；图版三二，2）。

B型　1件。

标本Y1①：47，圆唇，平折沿，曲弧腹，下腹部近底急收，内底平，周缘有一周凹槽。深灰

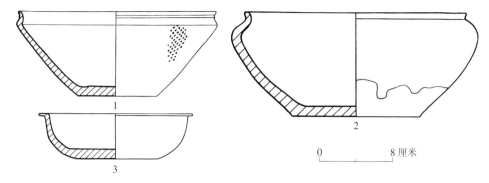

图八〇 罗湖寺前山窑址出土瓷盆

1. A 型 I 式（T5③：1） 2. A 型 II 式（Y1①：6） 3. B 型（Y1①：47）

色胎。内壁满外不及底施青褐色釉。高4.8、口径16.8、底径9厘米（图八〇，3）。

11. 钵

420件。我们把底部无足、腹较盘类深的饮食器称为钵。依底部的不同，可分为二型。

A 型 24件。这类钵形体较大。大平底，底径略小于或近等于口径，器壁较直。依口部的不同，又分为二亚型。

Aa 型 5件。圆唇，直口或口较直，腹壁较直。内壁满外壁不及底或外壁至中部施青色釉，灰或灰白色胎。高5～7.4、口径14～18、底径9～12.2厘米。依据腹部的变化，分为二式。

I 式 3件。腹较深，器壁较直。有的外壁口沿下饰一道凹弦纹，有的内底边缘有一周凹槽。灰或灰白色胎。

标本T8⑤：27，复原。腹壁上部直，中间略外弧，下部内收，内底有凹凸不平的轮旋痕，平底内凹。口沿留存一块、外底留存三块紫灰色耐火衬块泥。灰色胎。内壁满外壁不及底施釉，口沿刮釉露胎。高6、口径13.2、底径10厘米（图八一，1；图版三二，3）。

II 式 2件。腹较 I 式浅。

标本T9④：3，复原。上腹部较直，中腹外弧鼓，下腹急内收，平底。外壁口沿施一道深凹弦纹。灰白色胎。内壁外壁至中部施釉，釉剥落殆尽。高5.1、口径13.4、底径10.4厘米（图八一，2；图版三二，4）。

Ab 型 19件。圆唇，敛口或口微敛，曲壁。灰或灰泛黄色胎。内壁满外壁半施釉，釉呈青、青泛白或青泛灰色等多种。高5.4～7.6、口径14.5～18、底径9～12.3厘米。依腹部的深浅差异，分为四式。

I 式 6件。腹较浅，下腹显瘦。有的外壁口沿施一道凹弦纹，内底留存有锯齿状间隔具的垫痕。

标本H2：2，复原。上腹内弧，下腹内收较甚，平底内凹。口沿饰褐色点彩，彩点细小密集。灰色胎。青泛灰色釉。高5.8、口径16.8、底径11.6厘米（图八一，3；图版三二，5）。

II 式 7件。腹较 I 式略深。口部较直，腹中上部外略鼓，下腹缓收。

标本T8⑤：14，复原。平底内凹。口沿饰褐色点彩，彩点细小密集。外壁口沿下施一道细凹弦纹。灰色胎。青泛白色釉。高6.6、口径15.6、底径10.8厘米（图八一，4；图版三二，5）。

III 式 5件。腹较 II 式深。上腹部略外倾，下腹壁斜直内收。灰色胎。青色釉。

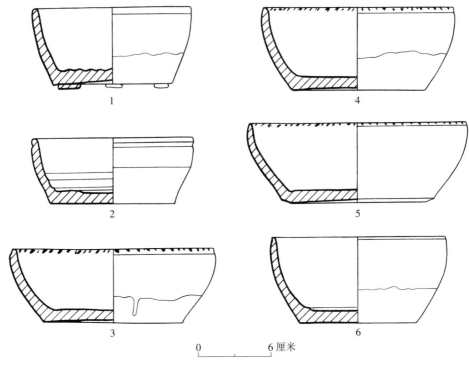

图八一　罗湖寺前山窑址出土瓷钵

1. Aa 型Ⅰ式（T8⑤：27）　　2. Aa 型Ⅱ式（T9④：3）　　3. Ab 型Ⅰ式（H2：2）
4. Ab 型Ⅱ式（T8⑤：14）　　5. Ab 型Ⅲ式（T1⑤：26）　　6. Ab 型Ⅳ式（T1⑤：22）

　　标本 T1⑤：26，复原。平底内凹。外侧壁口沿下有一道凹弦纹，口沿饰褐色点彩，彩点细小密集。釉色不显。高6.4、口径18、底径11.2厘米（图八一，5；图版三二，7）。

　　Ⅳ式　1件。上腹壁较直，中上部外弧鼓，下腹内收。

　　标本 T1⑤：22，复原。平底。灰色胎。过烧，釉色不显。高6.4、口径14.4、底径9.6厘米（图八一，6）。

　　B 型　396件。形体相对 A 型钵来说较小，底足小，数量巨大，为该窑址的主要产品之一。小平底或小平底内凹，曲腹壁。依口部的不同，参考腹部的差异，又分为四亚型。

　　Ba 型　348件。侈口或口微侈，曲腹，下腹壁弧内收。灰、灰白、深灰或灰泛紫红色胎，以灰色胎为主，釉内壁满外壁不及底、内壁满外壁半或内、外壁半施，胎釉间涂灰或灰白色化妆土，釉面开细冰裂纹。高3.2~8、口径8.6~23、底径2.2~5.8厘米。依腹壁的差异，分为九式。

　　Ⅰ式　65件。腹较深，腹壁上部外倾，内底显宽平，内壁绝大多戳印各种花纹，有21种不同的花纹，主要是植物类样。灰、深灰、灰白、砖红或紫红色胎，内壁满外壁不及底或外壁半施釉，釉有青泛褐、青泛黄或青色等多种。

　　标本 T8③：64，复原。上腹壁上部较直，下腹内收，小平底。七朵忍冬花均匀分布在内底心与内壁的两组弦纹间。灰色胎。过烧，外壁施釉不及底足，釉色不显。高4、口径10、底径3.8厘米（图八二，1；图版三二，8）。

　　标本 T8③：36，复原。腹壁较直，下腹壁急内收，小平底外围有一周凹槽。三朵四瓣宝相花和三朵七瓣朵花纹间隔排列均匀环布于内底心和内腹壁的二组弦纹间。灰色胎。外壁不及底施釉，青釉浅淡。高5、口径13、底径4.2厘米（图八二，2）。

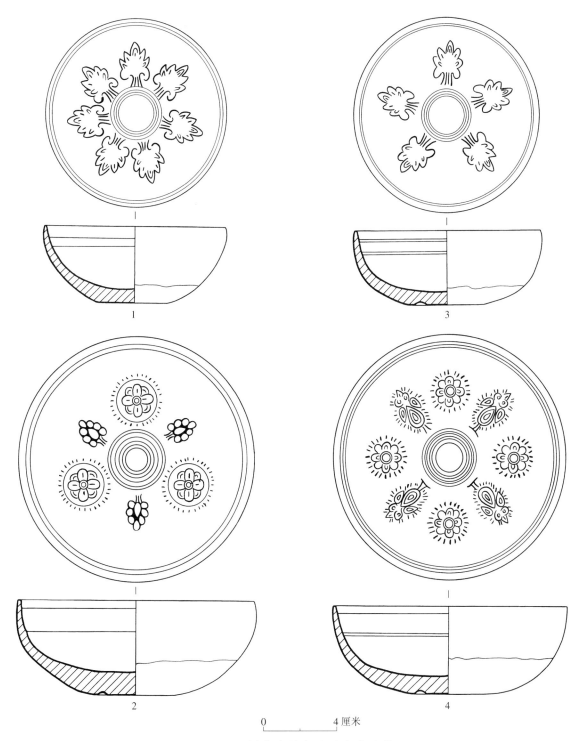

图八二　罗湖寺前山窑址出土瓷钵

1. Ba 型 I 式（T8③：64）　2. Ba 型 I 式（T8③：36）　3. Ba 型 I 式（T8③：49）　4. Ba 型 I 式（T9②：32）

　　标本 T8③：49，复原。腹壁下部弧收，小平底。五朵忍冬花均布于内壁和内底心的弦纹间。灰色胎。青泛褐色釉不及底足施。高 3.8、口径 10.4、底径 3.6 厘米（图八二，3；图版三三，1）。

　　标本 T9②：32，复原。腹壁上部较直，小平底外围有一周凹槽。宝相花和朵花各四朵纹饰间隔环布于内底心和内腹壁的两组弦纹间。深灰色胎。青色釉半施。高 4.6、口径 13、底径 3.8 厘米（图八二，4）。

标本 T9②：49，复原。口略内倾，上腹部外弧，下腹斜收，小平底外缘有一周凹槽。宝相花和树叶纹各四朵花纹间隔均布于内底心和内腹壁的弦纹间。砖红色胎。生烧，釉色不显。高 5.2、口径 13、底径 4.6 厘米（图八三，1）。

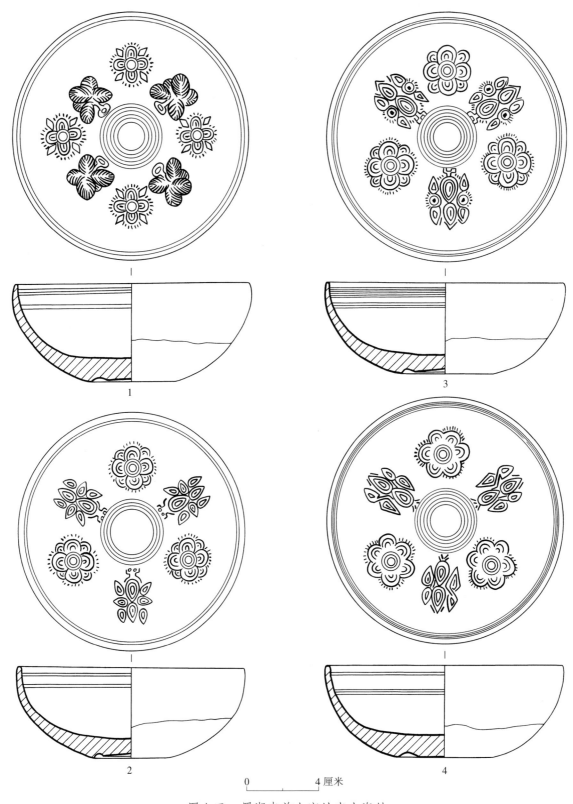

0   4厘米

图八三　罗湖寺前山窑址出土瓷钵
1. Ba 型 I 式（T9②：49）　　2. Ba 型 I 式（T8③：62）　　3. Ba 型 I 式（T9②：12）　　4. Ba 型 I 式（T8③：83）

标本 T8③：62，完整。上腹部较直，小平底外缘有一道凹槽。三朵四瓣宝相花和三朵变形宝相花纹间隔均布于内底心和内腹壁的弦纹间。灰色胎。釉不及底足施，青釉泛白色。高 4.8、口径12.6、底径 4 厘米（图八三，2；图版三三，2）。

标本 T9②：12，复原。上腹部略外弧，小平底内凹。四瓣宝相花和变形宝相花纹各三朵花纹间隔均布于内底心和内腹壁的二组弦纹间。砖红色胎。生烧，釉色不显。高 4.8、口径 13、底径4.8 厘米（图八三，3；图版三三，3；彩版一二，6）。

标本 T8③：83，复原。上腹部较直，下腹壁略斜收，小平底外围有一周凹槽。四瓣宝相花和变形宝相花纹各三朵花纹间隔均布于内底心和内腹壁的弦纹间。砖红色胎。生烧，釉色不显。高4.8、口径 13、底径 5 厘米（图八三，4；图版三三，4）。

标本 T8③：108，复原。口部内倾，小平底外围有一周凹槽。五朵相同的四瓣宝相花纹均匀环布于内底心的一组弦纹外，弦纹不显。灰色胎。青泛白色釉不及底足施。高 4.6、口径 12、底径 4厘米（图八四，1）。

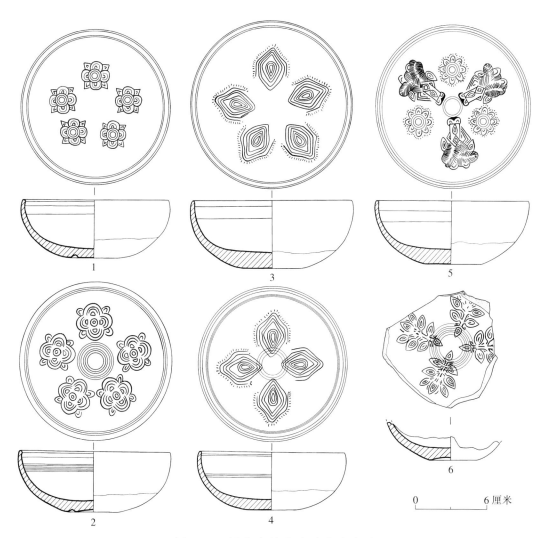

图八四　罗湖寺前山窑址出土瓷钵
1. Ba 型Ⅰ式（T8③：108）　2. Ba 型Ⅰ式（T8③：78）　3. Ba 型Ⅰ式（T8③：110）
4. Ba 型Ⅰ式（T8③：63）　5. Ba 型Ⅰ式（T8③：48）　6. Ba 型Ⅰ式（T11②：4）

标本 T8③：78，复原。口部内倾，上腹部较直，下腹部斜收，小平底内凹，底面外围有一周凹槽。五朵相同的四瓣宝相花纹均匀环布于内底心一组弦纹外。砖红色胎。生烧，釉色不显。高4.8、口径12.4、底径4.2厘米（图八四，2）。

标本 T8③：110，复原。口部内倾，上腹部较直，下腹斜直收，小平底。五朵相同的变形莲瓣花纹均匀布于内底心一组弦纹外，弦纹不显。灰色胎。釉不及底足，青釉泛白色。高5.4、口径13、底径4.6厘米（图八四，3）。

标本 T8③：63，复原。口部内倾，腹壁弧曲自然，壁内侧中部微凸，小平底。四朵相同的变形莲瓣花纹均匀环布于内底心和内腹壁的弦纹间。灰色胎。外壁不及底足施釉，青釉泛白色。高4.6、口径12、底径3.8厘米（图八四，4）。

标本 T8③：48，腹壁上部较直，小平底，底部较厚。三朵八瓣宝相花和三枝树叶纹均匀间隔环布于内底心一组弦纹外。灰色胎。釉不及底足，青釉泛白色。高4.6、口径12.6、底径4.6厘米（图八四，5）。

标本 T11②：4，残存底腹的一部分。小平底内凹。四朵相同的树枝叶花纹均匀环布于内底心一组弦纹外。灰泛紫色胎。生烧，釉色不显。残高3、底径4厘米（图八四，6）。

标本 T9②：33，复原。口部内倾，腹壁上部内曲，中下部斜收，小平底内凹，底面外缘有一周凹槽。五朵相同的树枝花叶纹均匀环布于内底心和内壁的二组弦纹间。灰色胎。外壁釉不及底足，青釉泛白色。高5、口径12.4、底径4厘米（图八五，1）。

标本 T9②：17，残存底腹部分。小平底。五朵相同的树枝花叶纹均匀环布于内底心一组弦纹外。灰色胎。过烧，釉色不显。残高3、底径5.5厘米（图八五，2）。

标本 T9②：51，复原。腹壁上部内敛，中下部弧收，小平底外缘有一周凹槽。五朵相同的树枝花纹均匀环布于内底心和内腹壁的二组弦纹间。灰胎。过烧，釉色不显。高4.6、口径12、底径4.8厘米（图八五，3；图版三三，5）。

标本 T9②：16，复原。腹壁上部外倾，中下腹斜收，小平底外缘有一周凹槽。四朵相同的树枝花纹环布于内底。砖红色胎。生烧，釉色不显。高4.6、口径12.8、底径4.8厘米（图八五，4）。

标本 T8③：43，复原。上腹部内收，小平底较厚。四朵相同的树枝花纹环布于内底。砖红色胎。生烧，釉色不显。高4.6、口径12、底径4厘米（图八五，5）。

标本 T8③：45，复原。上腹部弧曲，小平底。五朵相同的树枝花叶环布于内侧壁与内底心的二组弦纹间。砖红色胎。生烧，釉色不显。高4.6、口径12.4、底径4.4厘米（图八五，6）。

标本 T8③：60，复原。口部略内倾，上腹壁较直，下腹微弧收，小平底较厚。六朵相同的忍冬花纹均匀环布于内底心和内腹壁的二组弦纹间。灰色胎。外壁釉施至中部，青泛褐色釉。高4.2、口径10.8、底径3.6厘米（图八六，1）。

Ⅱ式　43件。造型与Ⅰ式大致相同，腹较Ⅰ式浅，腹壁上部外倾。胎呈灰、灰白、深灰、砖红或灰泛紫色，内壁满外腹壁半施釉，釉色多样，有青、青泛黄、青泛白或青褐色。有的外底面粘连扁平状垫圈，有的外底粘存细沙。绝大多数内壁戳印纹饰，多达16种。

标本 T8③：88，残存底腹部分。小平底。二种不同的变形宝相花六朵均匀间隔环布于内底心一组弦纹外。砖红色胎。生烧，釉色不显。残高3.2、底径4.2厘米（图八六，2）。

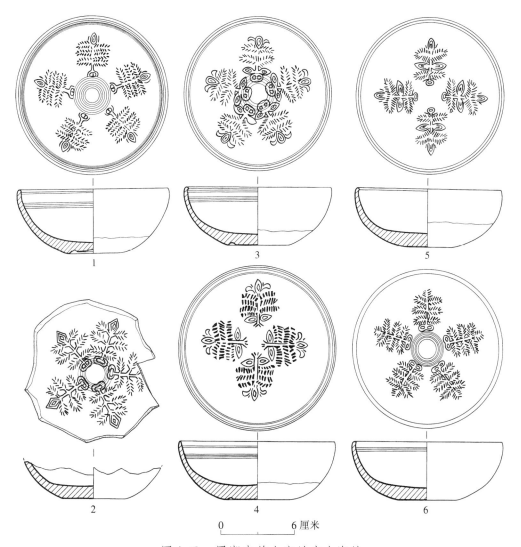

图八五　罗湖寺前山窑址出土瓷钵

1. Ba 型 I 式 (T9②：33)　2. Ba 型 I 式 (T9②：17)　3. Ba 型 I 式 (T9②：51)
4. Ba 型 I 式 (T9②：16)　5. Ba 型 I 式 (T8③：43)　6. Ba 型 I 式 (T8③：45)

标本 T9②：50，复原。口部内倾，小平底外缘有一周凹槽。五朵相同的四瓣宝相花纹均匀布于内侧与内底心的二组弦纹间。深灰色胎。青色釉。高 5、口径 12、底径 4 厘米（图八六，3）。

标本 T8③：22，复原。腹壁上部较直，下部内收，小平底。五朵相同的八瓣莲瓣花纹环布于内侧与内底心的二组弦纹间。灰色胎。青釉泛白色。高 4、口径 11.6、底径 4 厘米（图八六，4）。

标本 T8③：6，复原。口部内倾，腹壁上部略外弧，下部内收，小平底内凹。四朵相同的六瓣宝相花纹环布于内底和内腹壁的二组弦纹间。灰白色胎。青釉泛白色。高 4、口径 10.7、底径 4 厘米（图八六，5）。

标本 T8③：23，复原。口部略内倾，腹壁上部较直，小平底。五朵相同的六瓣变形宝相花环布于内底心一组弦纹外。灰色胎。青釉泛白色。高 4.2、口径 10.8、底径 4 厘米（图八六，6）。

标本 T8③：46，复原。上腹部略外倾，小平底较厚。四朵相同的四瓣宝相花均匀环布于内侧与内底的二组弦纹间。砖红色胎。生烧，釉色不显。高 4.2、口径 11.6、底径 3 厘米（图八六，7）。

1~8 0   6 厘米   9 0   8 厘米

图八六　罗湖寺前山窑址出土瓷钵

1. Ba 型 I 式（T8③：60）　2. Ba 型 II 式（T8③：88）　3. Ba 型 II 式（T9②：50）　4. Ba 型 II 式
（T8③：22）　5. Ba 型 II 式（T8③：6）　6. Ba 型 II 式（T8③：23）　7. Ba 型 II 式（T8③：46）
8. Ba 型 II 式（T8③：4）　9. Ba 型 II 式（T9②：1）

标本 T8③：4，复原。口内倾，下腹内收，小平底较厚。五朵相同的树枝花纹均匀布于内底心和内腹壁的二组弦纹间。灰色胎。青釉泛白色。高 4、口径 11.8、底径 4 厘米（图八六，8）。

标本 T9②：1，可复原。口部内倾，上腹壁略直，器壁均匀，小平底内凹，底面外缘有一周凹槽。内底心和内腹壁的三组弦纹间戳印二圈相同的花纹，均为宝相花和树枝花纹间隔分布。砖红色胎。生烧，釉色不显。高 8、口径 20、底径 8 厘米（图八六，9）。

标本 T8③：17，残存底及腹的一部分。小平底外缘有一周凹槽。内壁可见四朵相同的树枝花纹均匀布于内底心的一组弦纹外。深灰色胎。青釉泛白色。残高 3.6、底径 3.6 厘米（图八七，1）。

0　　　6厘米

图八七　罗湖寺前山窑址出土瓷钵

1. Ba 型Ⅱ式（T8③：17）　　2. Ba 型Ⅱ式（T8③：24）　　3. Ba 型Ⅱ式（T8③：69）　　4. Ba 型Ⅱ式（T8③：30）

5. Ba 型Ⅱ式（T8③：12）　　6. Ba 型Ⅱ式（T8③：44）　　7. Ba 型Ⅱ式（T8③：56）　　8. Ba 型Ⅱ式（T8③：41）

标本 T8③：24，可复原。腹壁上部较直略外倾，小平底内凹。内壁残存二朵树枝叶花纹布于一组弦纹外。灰泛白色胎。青釉泛白色。高 4.2、口径 10.8、底径 3.4 厘米（图八七，2）。

标本 T8③：69，复原。口部内倾，腹壁外弧，小平底。五朵相同的树枝花纹布于内壁与内底心的二组弦纹间。灰白色胎。青黄色釉。高 4.4、口径 12、底径 4.8 厘米（图八七，3）。

标本 T8③：30，复原。口部内倾，上腹部略外坦，小平底较厚。五朵相同的树叶花纹均匀布于内底心一组弦纹外。灰色胎。青釉泛白色。高 5、口径 13、底径 4 厘米（图八七，4）。

标本 T8③：12，复原。口部略内倾，腹壁较直，下部弧收自然，小平底。四朵相同的树叶纹均匀排于内壁与内底心的二组弦纹间。灰色胎。青釉泛白色。高 4.6、口径 12、底径 4.6 厘米（图八七，5）。

标本 T8③：44，可复原。口沿内收，小平底外缘有一周凹槽。内壁可见四朵相同的树枝花纹均匀布于内壁与内底心的二组弦纹间。砖红色胎。生烧，釉色不显。高 4.2、口径 12、底径 3.6 厘米（图八七，6）。

标本 T8③：56，可复原。腹壁上部较直，小平底，内底较宽。四朵相同的树枝花纹均匀布于内底心和内腹壁的二组弦纹间。灰色胎。青釉泛白色。高 4.2、口径 11.2、底径 4 厘米（图八七，7）。

标本 T8③：41，复原。口部内倾，上腹部较直，小平底。四朵相同的树枝花纹均匀布于内底心和内腹壁的二组弦纹间。砖红色胎。生烧，釉色不显。高 4.4、口径 11.4、底径 4.6 厘米（图八七，8）。

Ⅲ式　53 件。腹较Ⅱ式浅，内底较宽平，腹壁较直。胎色多样，有砖红、灰、灰白或深灰色，以灰色胎为主。内壁满外壁半施釉，釉呈青或青泛白色。有的外底边缘有一周凹槽。内壁大多戳印各种花纹，达 18 种之多。

标本 T7④：3，可复原。口部内微收，小平底外缘有一周凹槽。五朵相同的五瓣宝相花纹均匀排布于内壁与内底心的二组弦纹间。灰白色胎。青釉泛白色。高 4.8、口径 11.7、底径 4 厘米（图八八，1）。

标本 T8③：35，复原。口部较直，小平底外缘有一周凹槽。五朵相同的四瓣宝相花纹均匀布于内底心和内腹壁的二组弦纹间。深灰色胎。青釉泛白色。高 4.4、口径 11、底径 4.2 厘米（图八八，2）。

标本 T8③：66，复原。小平底外缘有一周凹槽。四朵相同的四瓣宝相花均匀布于内底心和内腹壁的二组弦纹间。灰色胎。青色釉。高 4、口径 11.8、底径 4 厘米（图八八，3）。

标本 T8③：97，复原。口部微内倾，腹壁弧收自然，小平底外缘有一周凹槽。五朵相同的八瓣宝相花均匀布于内底心和内壁的二组弦纹间。灰白色胎。青釉泛白色。高 4.2、口径 12、底径 4.2 厘米（图八八，4）。

标本 T8③：90，残存底及腹的一部分。小平底内凹，外缘有一周凹槽。两种不同的宝相花六朵花纹间隔均匀布于内底心一组弦纹外。砖红色胎。生烧，釉色不显。残高 2.4、底径 4 厘米（图八八，5）。

标本 T8③：11，可复原。上腹壁内弧倾，小平底较厚，外缘有一周凹槽。三朵相同的四瓣宝相花和三朵相同的树枝纹间隔均匀布于内底心和内腹壁的二组弦纹间。灰白色胎。青釉泛白色，

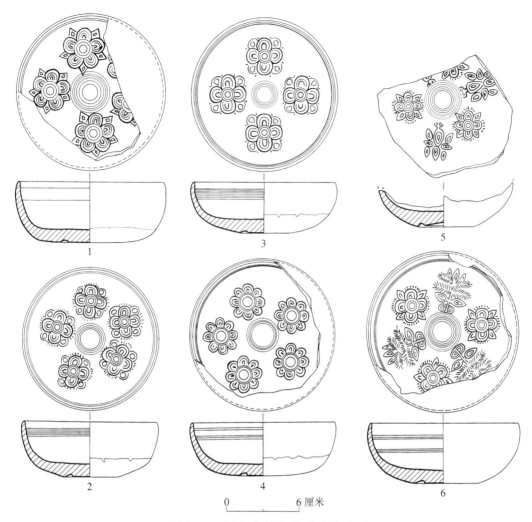

图八八 罗湖寺前山窑址出土瓷钵

1. Ba 型Ⅲ式（T7④：3） 2. Ba 型Ⅲ式（T8③：35） 3. Ba 型Ⅲ式（T8③：66） 4. Ba 型Ⅲ式
（T8③：97） 5. Ba 型Ⅲ式（T8③：90） 6. Ba 型Ⅲ式（T8③：11）

高 4.6、口径 12.4、底径 4.8 厘米（图八八，6）。

标本 T8③：65，残存底及腹部的一部分。腹壁弧曲，下腹部弧收自然，小平底外缘有一周凹槽。三朵相同的树枝叶纹和三朵相同的变形宝相花纹间隔均匀环布于内壁。灰色胎。青釉泛白色。残高 4、底径 3.8 厘米（图八九，1）。

标本 T8③：81，复原。口部内弧收，下腹壁斜内收，小平底外缘有一周凹槽。五朵相同的树枝叶花纹均匀布于内底心一组弦纹外。灰色胎。青色釉。高 4.4、口径 12.4、底径 5.6 厘米（图八九，2）。

标本 T8③：75，复原。腹壁上部较直，下部弧收，小平底外缘有一周凹槽。五朵相同的树枝花均匀环布于内壁。灰色胎。青色釉。高 4.2、口径 11、底径 4 厘米（图八九，3）。

标本 T8③：19，复原。腹壁上部较直，略外倾，小平底外缘有一周凹槽。五朵相同的树枝花纹环布于内壁。深灰色胎。青釉泛白色。高 4、口径 12.4、底径 4 厘米（图八九，4）。

标本 T8③：37，残存底及腹的一部分。小平底。五朵相同的树枝花纹均匀布于内底心和内腹壁的二组弦纹间。砖红色胎。生烧，釉色不显。残高 3.2、底径 4 厘米（图八九，5）。

图八九　罗湖寺前山窑址出土瓷钵

1. Ba 型Ⅲ式（T8③：65）　　2. Ba 型Ⅲ式（T8③：81）　　3. Ba 型Ⅲ式（T8③：75）

4. Ba 型Ⅲ式（T8③：19）　　5. Ba 型Ⅲ式（T8③：37）　　6. Ba 型Ⅲ式（T8③：20）

　　标本 T8③：20，复原。腹壁上部外坦，小平底内凹。四朵相同的树枝花纹均匀布于内底心一组弦纹外。灰白色胎。青釉泛白色。高 4、口径 11.6、底径 3.8 厘米（图八九，6）。

　　标本 T8③：100，可复原。腹壁上部内弧收，小平底内凹，外缘有一周凹槽。四朵相同的树叶花纹均匀环布于内底心一组弦纹外。深灰色胎。青色釉。高 4、口径 12、底径 4.6 厘米（图九〇，1；彩版一三，1）。

　　标本 T8③：99，可复原。上腹壁较直，下部斜收，小平底。五朵相同的树叶花均匀布于内底心和内腹壁的二组弦纹间。深灰色胎。青釉泛白色。高 4、口径 11、底径 4.4 厘米（图九〇，2）。

　　标本 T8③：51，复原。上腹壁较直，下腹壁斜内收，小平底。四朵相同的树叶花纹均匀布于内底心和内腹壁的二组弦纹间。灰色胎。青色釉。高 4、口径 11.4、底径 4 厘米（图九〇，3）。

　　标本 T8③：1，残底及腹的一部分。小平底内凹，外缘有一周凹槽。四朵相同的树枝花纹均匀布于内底心一组弦纹外。灰色胎。青釉泛白色。残高 3.4、底径 3.8 厘米（图九〇，4）。

　　标本 T8③：14，复原，器物略有变形。口部内敛，下腹较直，底部较厚，内底宽平，小平底外缘有一周凹槽。五朵相同的树枝花纹均匀环布于内壁。深灰色胎。青色釉。高 3.6、口径 11、

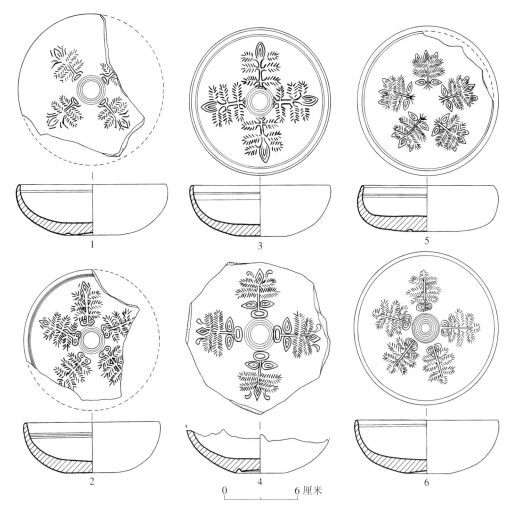

图九〇 罗湖寺前山窑址出土瓷钵

1. Ba 型Ⅲ式（T8③：100） 2. Ba 型Ⅲ式（T8③：99） 3. Ba 型Ⅲ式（T8③：51）
4. Ba 型Ⅲ式（T8③：1） 5. Ba 型Ⅲ式（T8③：14） 6. Ba 型Ⅲ式（T8③：80）

底径3.6厘米（图九〇，5）。

标本 T8③：80，复原。腹壁较直，下部弧收，小平底内凹。五朵相同的树枝纹均匀环布于内底心一组弦纹外。灰色胎。过烧，釉色不显。高4.2、口径12.1、底径3.8厘米（图九〇，6）。

Ⅳ式 6件。器形较小，腹较Ⅲ式浅，器显矮胖，小平底或小平底内凹。灰或深灰色胎。内壁满外壁半施青泛白、青或青泛黄色釉，釉以青色为主。有的内底戳印花纹，装饰纹样的器物大为减少。

标本 T8③：21，复原。口部略内倾，上腹壁外弧收，小平底内凹。六朵相同的小朵花纹均匀环布于内底。灰色胎。青釉泛白色。高3.6、口径9.6、底径3.6厘米（图九一，1）。

标本 T6④：10，复原。腹壁较直，上腹部内收，小平底。内壁装饰纹样，纹饰不清。灰色胎。青釉泛黄色。高3.6、口径9.2、底径4厘米（图九一，2）。

Ⅴ式 29件。腹较Ⅳ式变深，内底变宽，腹壁上部较直，下部内收较甚。灰、深灰、砖红或灰泛紫色胎。内壁满外壁半或内、外壁半施青、青泛褐、青泛黄或青泛黑色釉，釉色变深，以青褐色为主。装饰花纹大为简化，主要在内壁近口沿和内底心各施一组弦纹。有的外底面粘细砂。

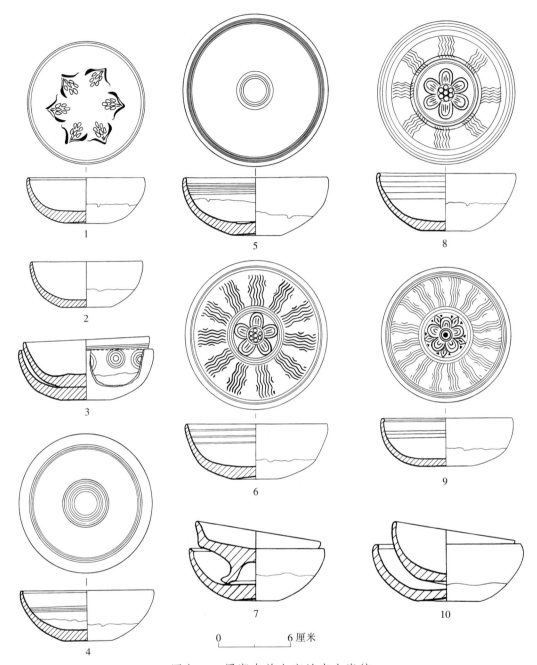

图九一　罗湖寺前山窑址出土瓷钵

1. Ba 型Ⅳ式（T8③：21）　　2. Ba 型Ⅳ式（T6④：10）　　3. Ba 型Ⅴ式（T8②：28）　　4. Ba 型Ⅴ式（Y1③：14）

5. Ba 型Ⅵ式（T8②：30）　　6. Ba 型Ⅵ式（T8②：1）　　7. Ba 型Ⅶ式（T7②：19）　　8. Ba 型Ⅵ式（T8②：15）

9. Ba 型Ⅵ式（T6③：20）　　10. Ba 型Ⅶ式（T6③：14）

标本 T8②：28，可复原。内部粘连一个外壁饰重圈纹的钵残器。腹壁弧收，小平底。灰泛紫色胎。青釉泛黑色。高4、口径11.2、底径4厘米（图九一，3）。

标本 Y1③：14，复原。口部内倾，下腹急内收，小平底。内底心及内壁上部各饰一组弦纹。深灰色胎。内、外壁半施青色釉。高4、口径11.2、底径4厘米（图九一，4）。

Ⅵ式　67件。腹较Ⅴ式深，下腹壁急内收。灰、深灰、灰泛白、砖红或灰泛紫色胎。内、外壁半施釉，釉色有青、青黄、青泛黄、黄、黄褐、青褐或青泛褐等，以青泛褐色为主。内底和内壁近口沿各施一组弦纹，少量的内壁装饰纹样，以水波纹为常见。有的外底面粘有细砂。

标本 T8②：30，复原。腹壁上部较直，中下部急内收，小平底内凹。灰泛紫色胎。青泛褐色釉。高 4.6、口径 12、底径 4 厘米（图九一，5）。

标本 T8②：1，复原。腹壁中下部斜直内收，小平底内凹。内底心一组弦纹内戳印一朵五瓣朵花纹，花内有由七个圆圈组成的花蕊，内腹壁两组弦纹间饰十一组水波纹。砖红色胎。生烧，釉色不显。高 4.4、口径 11.8、底径 3.8 厘米（图九一，6；图版三三，5；彩版一三，2）。

标本 T8②：15，复原。上腹壁较直且内收，小平底略内凹。内底心一组弦纹内戳印一朵六瓣花朵花纹，花瓣内有由七个圆圈组成的花蕊，内腹壁两组弦纹间饰八组水波纹一周，纹样棱角分明，似曲折纹。砖红色胎。生烧，釉色不显。高 4.6、口径 11.4、底径 4 厘米（图九一，8）。

标本 T6③：20，复原。小平底。内底心一组弦纹内戳印一朵五瓣朵花纹，内腹壁两组弦纹间模印十六组水波纹一周，波纹细密。灰泛紫色胎。生烧，釉色不显。高 3.8、口径 10.8、底径 4.2 厘米（图九一，9）。

Ⅶ式 36 件。腹较Ⅵ式深，下腹壁较Ⅵ式内收更甚，底足更小，器显瘦高。灰、深灰、砖红或灰泛紫色胎，内、外壁半施青泛褐、青褐、青黑、青黄或青泛黄色釉。有的仅内底心饰一组弦纹。

标本 T7②：19，复原。内部粘存一件高足盘。下腹壁斜直急内收，小平底微内收。灰色胎。青褐色釉。高 4.2、口径 11.6、底径 3.6 厘米（图九一，7）。

标本 T6③：14，复原。内部粘连一件同类型的钵。小平底内凹。灰色胎。青褐色釉。高 4.6、口径 12、底径 5.2 厘米（图九一，10；图版三三，7；彩版一三，3）。

标本 T8②：3，完整。深腹，壁上部较直，中部渐内收，小平底内凹。内壁近口沿和内底各饰一组弦纹，底心戳印一朵五瓣朵花纹。灰泛紫色胎。青褐色釉。高 4.8、口径 11.3、底径 4.8 厘米（图九二，1；图版三三，8；彩版一三，4）。

Ⅷ式 22 件。上腹壁较Ⅶ式直，下腹壁较Ⅶ式急内收。灰、深灰或砖红色胎，内、外壁半施青、青黄、青泛黄、青褐、青黑或黄褐色釉。有的内壁近口沿和内底心各饰一组弦纹。

标本 T4②B：19，复原。上壁较直，小平底内凹。灰色胎。青泛褐色釉。高 4.6、口径 10.4、底径 4.4 厘米（图九二，2）。

标本 T1③：35，复原。平底内凹。外腹壁近底处有一周跳刀痕。灰色胎。青色釉。高 4、口径 9.2、底径 4.4 厘米（图九二，3）。

标本 T5③：103，复原。上腹壁外倾，内粘连一钵，外壁粘沙渣，可见棕眼和气泡。砖红色胎。青褐色釉。高 4.6、口径 11.2、底径 4.8 厘米（图九二，4）。

Ⅸ式 27 件。腹较Ⅷ式深。灰、深灰、砖红或灰泛紫色胎，内、外壁半施釉，釉色有青、青黄、青泛黄或青泛褐等色，以青泛褐色为主。有的内壁近口沿和内底心各饰一组弦纹。

标本 T8②：40，复原。腹壁上部较直，下部急内收，平底内凹。灰泛紫色胎。青泛褐色釉。高 5.2、口径 10.8、底径 4 厘米（图九二，5）。

标本 Y1①：38，复原。平底内凹。深灰色胎。青泛褐色釉。高 5、口径 10.4、底径 4 厘米（图九二，6）。

Bb 型 17 件。圆唇，直口，小平底或小平底稍内凹。外腹壁近底有一周旋削痕。高 3.7～

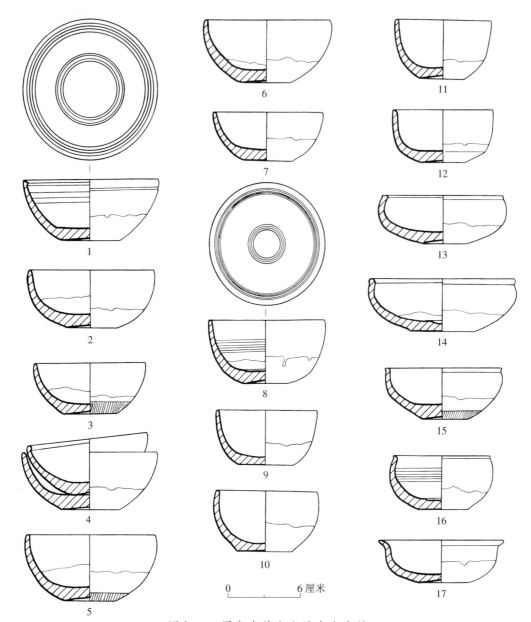

图九二　罗湖寺前山窑址出土瓷钵

1. Ba型Ⅶ式（T8②：3）　2. Ba型Ⅷ式（T4②B：19）　3. Ba型Ⅷ式（T1③：35）　4. Ba型Ⅷ式（T5③：103）
5. Ba型Ⅸ式（T8②：40）　6. Ba型Ⅸ式（Y1①：38）　7. Bb型Ⅰ式（T6③：18）　8. Bb型Ⅱ式（T6②B：13）
9. Bb型Ⅲ式（T1③：36）　10. Bb型Ⅳ式（T1③：48）　11. Bb型Ⅴ式（T5③：92）　12. Bb型Ⅴ式（T7②：21）
13. Bc型Ⅰ式（T4②B：21）　14. Bc型Ⅱ式（T4②B：8）　15. Bc型Ⅲ式（T2②A：129）
16. Bc型Ⅳ式（Y1③：11）　17. Bd型（T3②B：26）

5.8、口径8.6～10.4、底径2.6～4.2厘米。依腹部的深浅不同及腹壁的弧曲差异，分为五式。

Ⅰ式　1件。腹较浅。

标本T6③：18，复原。上腹壁外倾，平底较宽。灰色胎。内壁满外壁半施青褐色釉，釉面开细冰裂纹。高3.8、口径9.2、底径4厘米（图九二，7；图版三四，1）。

Ⅱ式　4件。腹较Ⅰ式深，下腹内收。灰或砖红色胎，内、外壁半施黄褐色釉，胎釉间涂灰白色化妆土，釉面开细冰裂纹。

标本T6②B：13，复原。上腹壁较直，平底内凹，底部变小。内底及内壁近口处各有一组弦纹。灰色胎。高5、口径9.6、底径3.6厘米（图九二，8）。

Ⅲ式　1件。腹壁较Ⅱ式直，下腹较宽胖。

标本T1③：36，复原。直腹壁，平底。砖红色胎。生烧，釉色不显。高4.4、口径8.4、底径4.4厘米（图九二，9）。

Ⅳ式　1件。腹较Ⅲ式深，下腹较Ⅲ式内收。

标本T1③：48，复原。上腹壁较直，下部斜直急内收，平底。灰色胎。过烧，釉色不显。高4.8、口径8.4、底径4.4厘米（图九二，10）。

Ⅴ式　10件。腹较深，下腹较Ⅳ式内收，器显瘦高。灰、深灰或砖红色胎，内、外壁半施青泛褐或青泛黄色釉。

标本T5③：92，复原。腹壁较直，平底内凹。深灰色胎。青泛褐色釉。高4.6、口径8、底径3.6厘米（图九二，11）。

标本T7②：21，复原。直腹壁，平底内凹。砖红色胎。生烧，釉色不显。高4.2、口径8.4、底径3.6厘米（图九二，12；图版三四，2）。

Bc型　30件。敛口，沿外卷，小平底或小平底内凹。鼓腹，外壁近底有一周旋削痕。灰、深灰、灰泛紫或砖红色胎，内、外壁半施釉，有青、青黄、青泛褐、青泛黄、青褐或黄褐色，以青褐和黄褐色釉为主，釉面开细冰裂纹，胎釉间涂灰或灰白色化妆土。高3.5～5.6、口径9.2～13、底径3.4～5.2厘米。依腹部的差异，分为四式。

Ⅰ式　10件。腹较浅。

标本T4②B：21，复原。上腹部急内倾，中下腹急内收，平底内凹。灰色胎。黄褐色釉。高3.8、口径10、底径3.6厘米（图九二，13；图版三四，3）。

Ⅱ式　9件。腹较Ⅰ式深，下腹壁较Ⅰ式内收更甚。

标本T4②B：8，复原。上腹部较直，平底。砖红色胎。生烧，青泛黄色釉。高4.2、口径12、底径5.2厘米（图九二，14；图版三四，4）。

Ⅲ式　7件。腹较深，内底变宽平。

标本T2②A：129，复原。上腹部较直，中下部急内收，平底内凹。外壁近底有一周跳刀痕。灰色胎。黄褐色釉。高4、口径9.6、底径3.6厘米（图九二，15；图版三四，5）。

Ⅳ式　4件。腹壁较Ⅲ式直。

标本Y1③：11，复原。上腹部内弧，中下腹壁弧内收，平底。内壁和内底心各饰一组弦纹。深灰色胎。青泛黄色釉。高4.2、口径8、底径4厘米（图九二，16；图版三四，6）。

Bd型　1件。

标本T3②B：26，复原。圆唇，侈口，斜折沿，浅腹，弧曲壁，小平底内凹。灰色胎。内壁满外壁半施青褐色釉，胎釉间施灰白色化妆土。高3.4、口径10.4、底径4厘米（图九二，17）。

12. 莲瓣纹碗

20件。圆唇或方唇，直口或口较直，曲弧腹壁，假圈足或假圈内凹，一件外底足挖足较深呈圈足状，外壁口沿下饰一组弦纹，外腹壁弦纹下均装饰莲瓣纹样，装饰手法有刻划、剔刻和锥刺等，因这类器物为洪州窑较具时代特色的产品，故单独列为一类。灰或灰白色胎，内、外腹壁不及底施釉，釉呈青或青黄色，釉面开细纹片，胎釉间涂一层灰或灰白色化妆土。高5.2~14.5、口径12~22、足径4.6~10.5厘米。依器腹的深浅及腹壁的弧曲差异，分为三式。

Ⅰ式　5件。腹较深。器形较大，胎体厚重。圆唇，腹壁上部较直，内底宽平。外腹壁刻划单层或双层仰莲瓣纹，莲瓣瘦长，瓣顶较尖。灰白色胎，釉呈青黄色，釉面开细冰裂纹。

标本T8③：183，残存口沿及腹的一部分。器壁较厚。从残存部分器壁的厚度和腹壁的弧曲度可知属这形式的器物。外壁口沿施二道凹弦纹，弦纹下刻划双层仰莲瓣纹，莲瓣窄长，瓣头较尖（图九三，1）。

标本T9④：6，复原。上腹壁较直，中部微外弧鼓，中下腹壁斜直内收至底，假圈足，底足规整，足墙较直。内部粘存4个依此由大到小的假圈足碗，碗之间间隔圆形垫珠。外侧口沿下施二道弦纹，弦纹下腹部剔刻一周单层仰莲瓣纹，瓣脉中间剔刻二根脉筋，莲瓣窄长。高11.4、口径19.4、足径9.2厘米（图九三，2）。

标本T9④：26，复原。口部略内倾，上腹壁微外弧，中下部弧收，假圈足内凹，足墙内敛。外壁口沿下饰二道凹弦纹。外腹壁剔刻一周单层仰莲瓣纹。外腹近底处釉有垂流痕。高10、口径18、足径8.8厘米（图九三，3）。

Ⅱ式　14件。腹较Ⅴ式浅，内底圆弧，稍宽。假圈足内凹，足墙较直或微内敛。灰或灰白色胎，釉呈青、青泛白、青黄或黄褐色，胎釉间涂一层灰白色化妆土。

标本T7④：7，残存口及肩腹的一部分。方唇，上腹壁较直。外腹壁先划后锥刺一周单层仰莲瓣纹，莲瓣宽，莲瓣头较尖，瓣肩部圆弧收（图九三，4）。

标本T9③：21，完整。内侧粘存一个假圈足碗。圆唇，口部内倾，腹壁上部较直，下部弧内收。外壁口沿下施二道凹弦纹，外腹壁划刻单层仰莲瓣纹，莲瓣较宽，瓣头较尖，瓣肩圆弧收。灰色胎。青色釉。高7.4、口径13.4、足径5.2厘米（图九三，5；图版三五，1；彩版一三，5）。

标本T7④：10，复原。圆唇，腹壁上部较直，下部急弧内收，假圈足内凹较甚。外壁口沿下饰三道凹弦纹，外腹壁刻划一周莲瓣纹，莲瓣较宽，瓣头较尖，瓣肩圆中见方，两瓣之间划一直线作分界线。灰白色胎。青黄色釉。高6.4、口径12.8、足径5.2厘米（图九三，6；彩版一三，6）。

标本T8③：197，复原。圆唇，上腹壁较直，下腹壁弧内收，假圈足内凹，外底面挖足较深呈浅圈足状。外壁口沿下施二道弦纹，外腹壁刻划双层仰莲瓣纹，莲瓣略宽。灰白色胎。青釉泛白色。高7、口径13.2、足径5.6厘米（图九三，7；图版三五，2）。

标本T8③：188，复原。内底粘连一件假圈足碗。圆唇，腹壁上部微外倾，中下部内收。外侧口沿下饰二道凹弦纹，外腹壁刻划单层仰莲瓣纹，莲瓣显宽，莲瓣尖，瓣肩圆溜。灰色胎。青釉泛白色。高6.6、口径12.8、底径5.2厘米（图九三，8）。

Ⅲ式　1件。腹较浅，内底较Ⅵ式宽。器形显矮胖。

标本H1：2，复原。圆唇，上腹壁微弧，下腹壁急内弧收，假圈足内凹。外侧口沿下施二道凹弦纹，外腹刻双层仰莲瓣纹，瓣头较尖，瓣肩圆溜。灰色胎。过烧，釉色不显。高6.6、口径12.8、足径5.8厘米（图九三，9）。

13. 大足碗

41件。圆唇或尖圆唇，曲弧腹壁较直，大假圈足较浅，底径略小于口径，内底下凹较宽平。器形较大，器显矮胖，胎体厚重，底部大足特征明显，我们称此为大足碗，专列大足碗一类。灰、

0   6厘米

图九三　罗湖寺前山窑址出土瓷莲瓣纹碗

1. Ⅰ式（T8③：183）　　2. Ⅰ式（T9④：6）　　3. Ⅰ式（T9④：26）　　4. Ⅱ式（T7④：7）　　5. Ⅱ式（T9③：21）　　6. Ⅱ式（T7④：10）　　7. Ⅱ式（T8③：197）　　8. Ⅱ式（T8③：188）　　9. Ⅲ式（H1：2）

灰白、灰黄或砖红色胎，胎色较浅，以灰胎为主，胎质坚硬细腻，器壁较厚，施青、青绿、青泛黄、青灰色釉，釉色较浅，釉层均匀，正烧者，釉面晶莹，玻璃光泽强。高5.4～10、口径14～20、足径6～13.2厘米。依口唇的不同，可分为二型。

A型　12件。敛口或口微敛，圆唇，大假圈足或大假圈足内凹。有的外壁口沿下饰一至二道弦纹。内底留有锯齿状间隔具垫烧痕迹。灰、灰白、灰黄或砖红色胎。内壁满外腹壁不及底施釉，釉呈青、青泛黄或青泛灰色，釉面开细冰裂纹。依腹部的差异，分为二式。

Ⅰ式　3件。腹较浅。内底边缘有一周凹弦纹。有的口沿装饰褐色点彩。

标本 T8⑤：33，复原。口部略内倾，上腹壁较直，中上部外弧，下弧收至底。灰色胎。青泛灰色釉。高 7.2、口径 19.2、足径 12.8 厘米（图九四，1）。

Ⅱ式   9 件。腹较深，内底略凹下且宽平。腹壁弧曲自然，最大腹径在肩腹交界处。

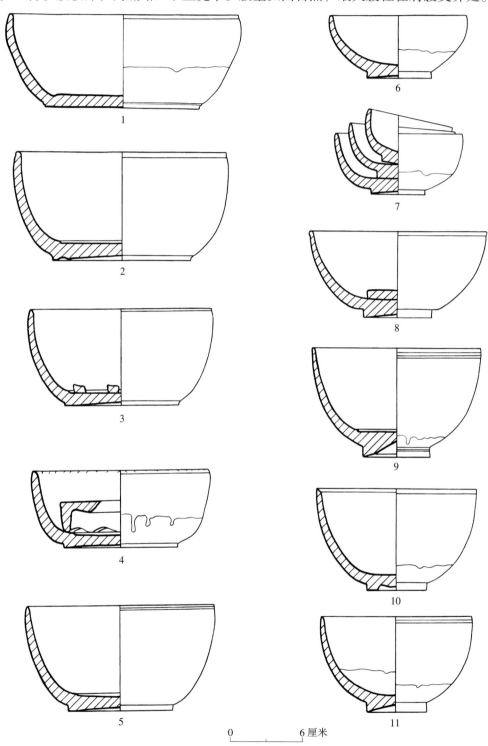

图九四   罗湖寺前山窑址出土瓷大足碗、碗

1. 大足碗 A 型 I 式（T8⑤：33）   2. 大足碗 A 型 II 式（T8⑤：25）   3. 大足碗 A 型 II 式（T8⑤：35）   4. 大足碗 B 型 I 式（T8⑤：24）   5. 大足碗 B 型 II 式（T1⑤：28）   6. 碗 A 型 I 式（T8④：75）   7. 碗 A 型 I 式（T8④：93）   8. 碗 A 型 II 式（T7⑥：10）   9. 碗 A 型 III 式（T8④：16）   10. 碗 A 型 III 式（T9④：24）   11. 碗 A 型 III 式（T9④：11）

标本 T8⑤：25，复原。上腹部略弧内收，腹壁微弧，假圈足内凹，足面边缘有一周较宽而深的凹弦纹。灰色胎。青泛黄色釉。高 8.6、口径 17.6、足径 11.6 厘米（图九四，2；图版三五，3）。

标本 T8⑤：35，复原。口部微内倾，腹壁上部较直，中部外弧鼓，下部渐弧收，假圈足内凹。外壁口沿下有一道细弦纹，内底留有落渣及垫烧痕。灰色胎。青色釉，釉面晶莹，青翠欲滴。高 7.6、口径 15.2、足径 9.6 厘米（图九四，3；图版三五，4）。

B 型 29 件。尖圆唇，直口或口较直，曲腹壁，上腹部近口沿较直，下腹弧收至底。假圈足或假圈足内凹。依腹部的差异，分为二式。

Ⅰ 式 9 件。浅腹，内底宽平，腹壁较直。

标本 T8⑤：24，复原。腹壁直，近底部斜内收，假圈足内凹。内底边缘和外壁口沿下各有一道凹弦纹。口沿处施褐色点彩，彩点细长密集。内底粘存一锯齿状圆筒形间隔具。灰色胎。青色釉，外腹壁近底处有流釉痕。高 6、口径 14.8、足径 9.6 厘米（图九四，4；图版三五，5）。

Ⅱ 式 20 件。腹较Ⅰ式深，内底下凹宽平。假圈足内凹。灰或灰白色胎。内、外腹壁不及底或内壁满、外腹壁不及底（套烧坯件的最上面一件）施青或青泛黄色釉。

标本 T1⑤：28，复原。腹壁中上部微外弧，以下逐渐弧内收。外侧壁口沿下有二道凹弦纹。内底留有 3 个垫珠痕。灰白色胎。内、外壁不及底施青泛黄色釉。高 8.4、口径 15.6、足径 8.8 厘米（图九四，5；彩版一四，1）。

14. 碗

932 件。本次发掘出土最大量的器类。曲弧腹壁，假圈足假圈足内凹或圈足，圈足较少见，底足相对于大足碗的底足小。依据口部形态的不同，可分为五型。

A 型 54 件。圆唇，侈口或口微侈，曲腹壁，上腹部近口沿较直，下腹弧收至底。假圈足或假圈足内凹。高 5.2~8.8、口径 12~15.8、足径 4.6~9 厘米。依腹部的深浅及腹壁的差异，分为三式。

Ⅰ 式 12 件。腹较浅，内底圆弧。假圈足内凹。灰或灰白色胎，内、外壁不及底或内壁满外壁不及底施青或青泛绿色釉。坯件之间采用细砂间隔。

标本 T8④：75，复原。口部略外倾，腹壁近口沿处较直，下腹急收至底部，假圈足足墙较直。灰色胎。内满外壁不及底施青泛绿色釉。高 5、口径 11.2、足径 5.2 厘米（图九四，6；图版三五，6）。

标本 T8④：93，复原。内部粘存 2 件器物，从下往上分别为假圈足碗、浅腹假圈足杯。口部略外倾，腹壁缓收至底足。灰色胎。内、外壁不及底施青色釉。高 4.8、口径 10.4、足径 4.4 厘米（图九四，7；图版三六，1）。

Ⅱ 式 10 件。腹较Ⅰ式略深。腹壁缓内收，下腹部较窄。有的外底足面挖一周凹槽。灰、灰白或砖红色胎，内、外壁不及底足施釉，釉呈青、青泛黄或青泛白色。

标本 T7⑥：10，复原。内底粘连一件扁平环状间隔具。腹壁上部外坦，假圈足内凹，足墙较直。器物外腹壁与底足交接处有一周窄的旋削痕。灰色胎。青色釉，釉厚莹亮。高 6.8、口径 14.8、足径 5.6 厘米（图九四，8；图版三六，2）。

Ⅲ 式 32 件。腹较Ⅱ式深，下腹窄瘦。有的外腹壁与底足交接处有一周旋削痕。灰、灰白或砖红色胎。内、外腹壁不及底或内壁满外腹壁不及底施釉，釉呈青、青泛白或青泛黄色。

标本 T8④：16，复原。腹壁上部较直，下部渐弧收，假圈足较高，外底足面内凹较深。外侧口沿下饰三道凹弦纹。灰白色胎。内、外壁不及底施青釉，釉色泛白。高 8.6、口径 14、足径 5.5 厘米（图九四，9）。

标本 T9④：24，复原。上腹部微外倾，中下部急弧收，假圈足内挖，外缘有一周凹槽，似圈足状底足。外侧口沿下饰一道凹弦纹。灰白色胎。内、外壁及底施青色釉。高 8、口径 13.2、足径 4.8（图九四，10）。

标本 T9④：11，复原。上腹壁较直，中下部急弧内收，假圈足内凹。外壁口沿下饰二道弦纹。灰白色胎。内、外壁不及底施青泛黄色釉。高 7.6、口径 12.4、足径 4.8 厘米（图九四，11）。

B 型　62 件。圆唇或方唇，直口或口部较直，腹壁较直。假圈足、假圈足内凹或圈足。内、外壁不及底施釉，釉色较浅，釉呈青黄、青泛白或青灰色，以青色釉为主，釉面开细冰裂纹。高 4.8~8.4、口径 10~15.6、底径 3.9~6 厘米。依腹部的深浅差异，分为八式。

Ⅰ式　9 件。腹较浅，上腹部较直，内底宽平。灰、灰白或灰黄色胎，青色釉。外壁口沿下普遍施一道凹弦纹。

标本 T7⑥：52，复原。圆唇，口部内倾，上腹壁较直，下腹弧内收，内底下凹，假圈足足墙较直。灰白色胎。高 5.6、口径 10.4、足径 4.4 厘米（图九五，1；图版三六，3）。

标本 T8④：85，复原。内部粘存一件假圈足碗。直腹壁近底部弧收，假圈足足面有一周凹槽。灰色胎。高 5.6、口径 10.4、足径 4 厘米（图九五，2）。

Ⅱ式　21 件。均出自 T8④层。腹较Ⅰ式深，下腹急内收。灰或灰泛紫色胎，青色釉。有的外壁口沿下施一组弦纹。

标本 T8④：69，可复原。内部粘存三件器物，最下二件为假圈足碗，碗内套粘一件假圈足盏，器物歪斜变形。坯件之间采用细砂间隔。圆唇，假圈足足面有一周深凹槽。灰色胎。高 5.4、口径 11.6、足径 5.6 厘米（图九五，3）。

Ⅲ式　4 件。均出 T7⑥层。腹较Ⅱ式深，下腹壁内收较Ⅱ式甚，内底变窄。灰或灰泛紫色胎，青或青黄色釉。

标本 T7⑥：16，复原。内壁粘存一件小于本式碗的假圈足内凹碗。方唇，腹壁中上部较直，假圈足内凹，足面中间有一周凹槽，足墙高直。灰色胎。青色釉。高 8.4、口径 12.8、足径 6 厘米（图九五，4）。

Ⅳ式　4 件。均出 T7⑥层。腹较Ⅲ式深，下腹壁较Ⅲ式内收更甚。灰或灰白胎，青或青黄釉。

标本 T7⑥：4，复原。方唇，口部微内倾，腹壁上部较直，中下部浅弧收至底，假圈足足面中间有一周深凹槽。外壁口沿下饰二道浅凹弦纹。灰白色胎。青黄色釉。高 8.4、口径 12.4、足径 5.2 厘米（图九五，5；图版三六，4）。

Ⅴ式　2 件。腹较Ⅳ式浅。下腹部外鼓，假圈足内凹。灰或灰白色胎，青釉泛白色。胎釉间涂有一层灰白色化妆土。有的外底足面粘垫圈。

标本 T9②：139，完整。圆唇，腹壁较直，下部缓弧收。外壁口沿下饰二道凹弦纹。灰白色胎。高 7.8、口径 12、足径 5.6 厘米（图九五，6；图版三六，5）。

Ⅵ式　14 件。腹较Ⅴ式浅，腹壁斜直，假圈足内凹。灰、灰泛紫或砖红色胎，青、青泛白、青黄或青灰色釉。胎釉间涂一层灰白色化妆土。外腹壁与底足交接处有一周旋削痕。

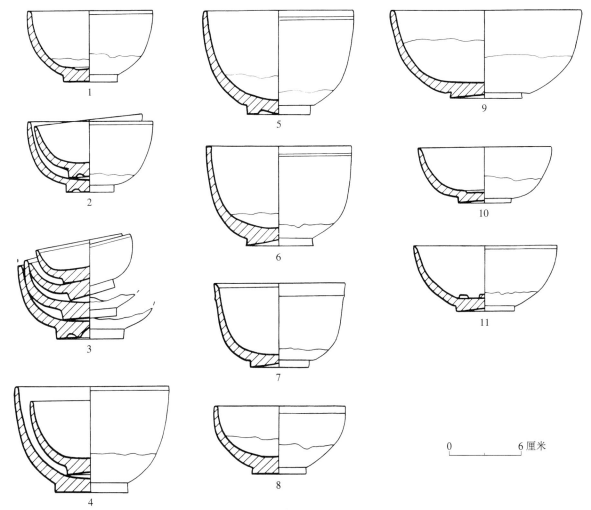

图九五　罗湖寺前山窑址出土瓷碗

1. B 型 I 式（T7⑥：52）　2. B 型 I 式（T8④：85）　3. B 型 II 式（T8④：69）　4. B 型 III 式（T7⑥：16）
5. B 型 IV 式（T7⑥：4）　6. B 型 V 式（T9②：139）　7. B 型 VI 式（T7⑤：38）　8. B 型 VII 式（T8③：129）
9. B 型 VIII 式（T8②：58）　10. Ca 型 I 式（T8④：103）　11. Ca 型 II 式（T9④：23）

标本 T7⑤：38，复原。圆唇，口部微外倾，直腹壁，假圈足足墙内收。外侧口沿下饰一道弦纹。灰色胎。青灰色釉。高 6.6、口径 10.8、足径 4.8（图九五，7；图版三六，6）。

VII 式　7 件。腹较 VI 式浅，下腹壁内收较 VI 式更甚。腹壁上部较直，下部急弧收，下部显窄瘦。深灰或砖红色胎，青釉泛白色。胎釉间涂一层灰色化妆土。

标本 T8③：129，复原。圆唇，假圈足足墙较直。灰色胎。高 5.4、口径 10.8、足径 4.4 厘米（图九五，8；图版三六，7）。

VIII 式　1 件。浅腹，假圈足内凹。外壁与底足交接处有一周较宽的旋削痕。

标本 T8②：58，复原。圆唇，腹壁上部较直，内底较宽。砖红色胎。生烧，釉色不显。胎釉间涂一层灰白色化妆土。高 7、口径 16、足径 6 厘米（图九五，9）。

C 型　425 件。圆唇或尖圆唇，撇口，曲壁，假圈足、假圈足内凹或圈足。依据腹壁的弧曲及口部的外撇不同，又分为三亚型。

Ca 型　413 件。口部微外撇，斜弧腹壁，腹壁中部外弧鼓。假圈足或假圈足内凹。釉面开细冰裂纹。高 4.2～9.3、口径 10.2～16.4、足径 3.6～7.3 厘米。依腹部的深浅差异，分为十三式。

　　Ⅰ式　3件。浅腹，腹壁较薄，上腹部外坦，下腹部弧内收，内底下凹。灰或灰泛白色胎。内满外不及底施青或青泛黄色釉。有的内底留三个支烧支钉痕。

　　标本T8④：103，复原。圆唇，假圈足内凹，足墙微内敛。灰泛白色胎。青泛黄色釉。高4.4、口径11.2、足径4.4厘米（图九五，10）。

　　Ⅱ式　7件。腹较Ⅰ式深，口部外坦，内底较平。内底留有三个支钉痕。灰或灰白色胎。内满外腹壁不及底或内、外腹壁不及底施青、青泛白或青泛黄色釉。

　　标本T9④：23，复原。尖圆唇，腹壁外坦，中下部急内收，较斜直，假圈足内凹，足墙微内收。灰色胎。内满外腹壁不及底施青色釉。高5.2、口径12、足径4.8厘米（图九五，11）。

　　标本T8④：91，复原。内部粘存一件同类型的碗，两件碗之间间隔三个支钉。尖圆唇，假圈足足墙较直。灰泛白色胎。内、外腹壁不及底施青色釉。高5.4、口径11.6、足径5.2厘米（图九六，1；图版三六，8）。

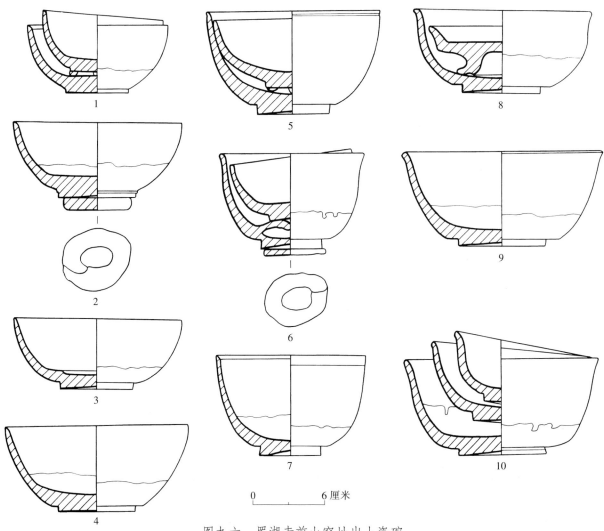

图九六　罗湖寺前山窑址出土瓷碗

　　1. Ca型Ⅱ式（T8④：91）　　2. Ca型Ⅲ式（T8④：56）　　3. Ca型Ⅳ式（T8④：58）　　4. Ca型Ⅳ式（T7⑥：3）
　　5. Ca型Ⅴ式（T8④：62）　　6. Ca型Ⅵ式（T9②：134）　　7. Ca型Ⅶ式（T9②：138）　　8. Ca型Ⅷ式（T8②：80）
　　9. Ca型Ⅸ式（Y1①：117）　　10. Ca型Ⅸ式（T6④：51）

Ⅲ式　51 件。腹较Ⅱ式深，腹壁上部较Ⅱ式外坦，器壁变厚，内底较宽平，假圈足足面留有旋削痕。灰、灰泛黄、灰泛白或砖红色胎。内、外腹壁不及底施青、青泛黄、青泛白或灰泛黄色釉。

标本 T8④：56，复原。尖圆唇，外坦腹壁近底部急内收，假圈足，足面外粘存一扁平垫圈，垫圈外粘四个衬泥块。外腹壁见有旋削痕。灰色胎。青色釉。高 6、口径 14、足径 6.4 厘米（图九六，2）。

Ⅳ式　20 件。腹壁外坦，内底下凹，较宽平。外腹壁与底足相交接处有一周旋削痕。灰或砖红色胎。内、外腹壁不及底施青色釉。外底足面粘三个支钉、一个扁平垫饼或一个扁平垫圈。

标本 T8④：58，复原。圆唇，内底下凹，上腹部外坦，下腹部外鼓，假圈足内凹。砖红色胎。生烧，釉色不显。高 5.6、口径 14、足径 6 厘米（图九六，3；图版三七，1）。

标本 T7⑥：3，复原。圆唇，上腹部较直外倾，中腹以下内收，内底圆弧，假圈足。灰色胎。高 6.8、口径 15.2、足径 6.4 厘米（图九六，4；图版三七，2）。

Ⅴ式　15 件。腹较Ⅳ式深，口部外倾，腹壁上部内收，下部较外鼓。外壁与底足交接处有一周窄的旋削痕。有的外侧口沿下饰弦纹。有的外底足面粘存一个扁平垫圈。灰或砖红色胎。内、外不及底施青色釉。

标本 T8④：62，复原。内部粘存一件假圈足碗，器物之间间隔四个支钉。圆唇，唇沿外撇，假圈足内凹。灰色胎。青色釉。高 8.2、口径 14.4、足径 6 厘米（图九六，5；图版三七，3）。

Ⅵ式　5 件。腹较Ⅴ式深，腹壁较Ⅴ式斜直，内底变宽。假圈足内凹。灰色胎。内、外腹壁不及底施青泛白色釉。胎釉间涂灰白色化妆土，外壁与底足交接处有一周旋削痕。

标本 T9②：134，复原。内部粘有一件直口假圈足小杯。圆唇，口部外倾，唇沿外撇，上腹壁较直，下腹浅弧收至底，内底有一个大气泡，假圈足足面粘存一个扁平垫圈。高 8、口径 12、足径 5.2 厘米（图九六，6）。

Ⅶ式　3 件。腹较Ⅵ式深。灰、深灰或砖红色胎。内、外腹壁不及底施青色釉，釉色泛白。胎釉间涂一层灰白色化妆土。假圈足内凹。外腹壁与底足交接处有一周旋削痕。

标本 T9②：138，复原。尖圆唇，腹壁较直，近底内弧收，内底圆弧，假圈足内凹，足墙较直，外侧口沿下饰一道凹弦纹。深灰色胎。过烧，釉色不显。高 8、口径 12.4、底径 5.2 厘米（图九六，7；图版三七，4）。

Ⅷ式　123 件。腹较Ⅶ式浅，腹壁较Ⅶ式外坦。外壁与底足交接处有一周旋削面，倒置呈台状。有的外壁口沿下饰一组弦纹。灰、深灰、灰泛紫或砖红色胎。内、外腹壁半施青泛黄、青黄、青褐、青泛褐、青泛灰或黄褐色釉，釉色不一，以青褐色为主。胎釉间涂一层灰白色化妆土。

标本 T8②：80，复原。内部套粘 1 件高足盘。圆唇外撇，上腹壁较直，中部外鼓，下腹部内收，内底较宽，假圈足内凹。砖红色胎。生烧，青黄色釉。高 6.6、口径 14.6、足径 6.4 厘米（图九六，8）。

Ⅸ式　11 件。腹较Ⅷ式略深。腹壁较斜直，上腹部外坦。外侧口沿下饰一组细弦纹。外腹壁与底足交接处有一周旋削台面。灰、深灰、砖红或灰泛紫红色胎。内、外腹壁半施釉，釉呈青黄、黄褐或青褐色，胎釉间涂一层灰白色化妆土。

标本 Y1①：117，复原。圆唇，腹壁较直，中腹部微外弧鼓，假圈足内凹，足墙较直。深灰色胎。青泛褐色釉。高 7.6、口径 16.6、足径 7.2 厘米（图九六，9；图版三七，5）。

　　标本 T6④：51，复原。内部粘二件大小不同的碗，坯件之间垫细砂子。圆唇微外撇，上腹部外坦，斜直腹壁，下腹部外鼓，内底较宽，假圈足内凹，足墙较直。灰色胎。黄褐色釉。高 7.6、口径 16、足径 7.2 厘米（图九六，10；图版三七，6）。

　　X 式　108 件。腹较IX式浅，上腹部外坦，下腹壁内收较IX式更甚。假圈足内凹。外腹壁与底足相交处有一周旋削台面。灰、深灰、砖红或灰泛紫色胎。内、外腹壁半施青泛黄、青泛褐、青褐、黄褐或青泛灰色釉，胎釉间涂一层灰色或灰白色化妆土。

　　标本 T6④：50，复原。尖圆唇，口沿外侧内收，腹壁上部较直，下腹部微弧内收，内底较宽平。外侧口沿下饰一组凹弦纹。深灰色胎。青褐色釉。高 6.4、口径 13.8、足径 5.6 厘米（图九七，1；图版三七，7）。

　　XI 式　13 件。腹较 X 式浅，内底较 X 式宽平。深灰、灰、砖红或灰泛紫色胎。内、外腹壁半施青褐、青泛褐或青黄色釉。胎釉间涂一层灰白色化妆土。外腹壁与底足交接处有一周旋削台面。

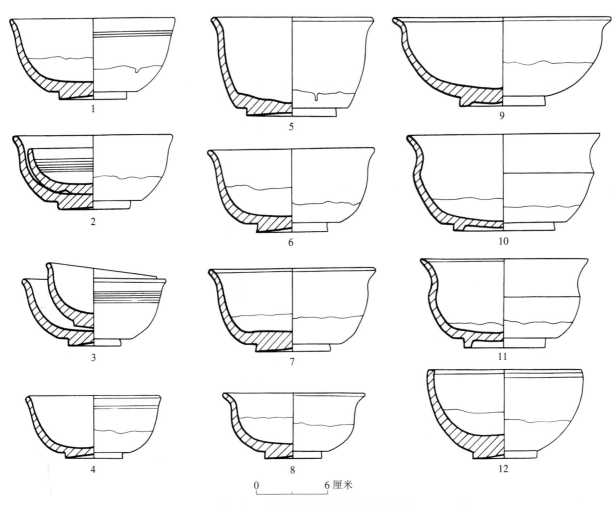

图九七　罗湖寺前山窑址出土瓷碗

1. Ca 型 X 式（T6④：50）　2. Ca 型 XI 式（T5③：55）　3. Ca 型 XII 式（T8②：78）　4. Ca 型 XIII 式（T6④：45）
5. Cb 型 I 式（T5③：35）　6. Cb 型 II 式（T1③：17）　7. Cb 型 III 式（T2②A：48）　8. Cb 型 III 式（T4②A：9）
9. Cb 型 IV 式（T1③：3）　10. Cc 型 I 式（T2②A：41）　11. Cc 型 II 式（T1③：7）　12. Da 型 I 式（T9②：140）

有的外壁口沿下饰一组弦纹。

标本 T5③：55，复原。内部粘存一件圆唇小平底钵。圆唇，唇沿外撇，外侧口沿下内弧收，腹壁中部外弧鼓，假圈足微内凹。灰泛紫色胎。青黄色釉。高5.8、口径13.2、足径6厘米（图九七，2；图版三七，8）。

XII式　46件。腹较XI式浅，内底变宽平。圆唇，假圈足内凹。外壁口沿下饰一组弦纹。外壁与底足交接处均有一周旋削台面。灰、深灰、灰泛紫或砖红色胎，内、外腹壁半施青泛褐、青褐、青泛灰、青泛黄或黄褐色釉。胎釉间涂一层灰白色化妆土。

标本 T8②：78，复原。内部粘存一件圆唇曲腹壁假圈足杯。唇沿外撇，外侧口沿下内弧收，上腹部外坦，中部外弧鼓，下部渐内收。深灰色胎。青泛褐色釉。高5.4、口径12、足径4.4厘米（图九七，3）。

XIII式　8件。腹较XII式浅，内底宽平。圆唇，假圈足内凹，外壁与底足交接处有一周旋削台面。灰、砖红或灰泛紫色胎，内、外腹壁半施青泛黄、黄褐、青泛褐、青灰、青黑或青褐色釉。胎釉间涂有一层灰白色化妆土。

标本 T6④：45，复原。口部外坦，外侧口沿下微内弧收，下腹部外弧鼓。砖红色胎。青灰色釉。高5、口径11.2、底径4.8厘米（图九七，4）。

Cb型　10件。圆唇，唇沿外撇，较 Ca 型更甚，曲腹壁外坦，深腹，假圈足、假圈足内凹或圈足。高3.6～8.2、口径10.8～17.2、足径4.5～7.2厘米。依据腹部的深浅及底足的差异，分为四式。

I式　1件。深腹。唇沿外撇，假圈足内凹。外腹壁与底足相交处有一周旋削台面。外壁口沿下有一道凹弦纹。

标本 T5③：35，复原。外侧口沿下微内收，腹壁较直，内底宽平。砖红色胎。生烧，釉色不显，胎釉间涂灰白色化妆土。高7.8、口径13.6、足径7.6厘米（图九七，5；图版三八，1）。

II式　2件。腹较 I 式浅，腹壁较 I 式外撇。外侧口沿下内弧收，假圈足内凹。内、外腹壁半施釉，釉呈青黄或青褐色，釉面开细冰裂纹，胎釉间涂灰白色化妆土。外腹壁与底足相交处有一周旋削台面。

标本 T1③：17，复原。微弧腹壁，近底部外鼓，内底宽平，假圈足足墙外撇。灰泛紫色胎。青黄色釉。高6.6、口径14、足径6厘米（图九七，6；图版三八，2）。

标本 T2②A：48，复原。唇沿外撇，内底宽平，底部较厚。深灰色胎。青褐色釉。高6.6、口径14、足径6.4厘米（图九七，7）。

III式　4件。腹较 II 式浅。唇沿撇呈斜外折。浅圈足。灰、砖红或灰泛紫色胎，内、外腹壁半施青褐或青黄色釉。胎釉间涂灰白色化妆土。

标本 T4②A：9，复原。外侧口沿下内弧收，腹壁中部外弧鼓，下部圆弧内收，浅圈足足墙较直。灰泛紫色胎。青黄色釉。高5.2、口径12、足径4.8厘米（图九七，8）。

IV式　3件。造型与 III 式略同，唯腹较浅，圈足较深。砖红色胎，胎疏松，生烧，釉色不显。

标本 T1③：3，复原。外侧口沿下内弧收，腹壁上部外弧鼓，圈足足墙较直。高7、口径18、足径7.2厘米（图九七，9）。

Cc 型　2 件。圆唇，唇沿外撇，外侧口沿下内收呈束颈，腹壁中部外鼓呈折腹，下腹部内收至底，圈足。外腹壁与底足交接处有一周旋削台面。内、外腹壁不及底施釉，釉面开细冰裂纹。依腹部的深浅差异，分为二式。

Ⅰ式　1 件。深腹。

标本 T2②A：41，复原。腹中部硬折，圈足足墙外撇，内底下凹，外底中心有一乳突。砖红色胎。生烧，青黄色釉。高 7.6、口径 16、足径 8.4 厘米（图九七，10；图版三八，3）。

Ⅱ式　1 件。腹较Ⅰ式略浅。唇沿外撇较Ⅰ式更甚。

标本 T1③：7，复原。腹中部圆弧折。砖红色胎，生烧，釉色不显。高 7、口径 14、足径 6.8 厘米（图九七，11）。

D 型　387 件。敛口或口微敛，曲弧腹，假圈足、假圈足内凹或圈足。依据口唇部及腹壁的不同，又分为三亚型。

Da 型　338 件。圆唇或方唇，假圈足或假圈足内凹。多数器物外腹壁与底足交接处有一周旋痕或台面。灰、灰白、深灰、砖红或灰泛紫色胎。内、外壁不及底施釉，釉色多样，呈青、青褐、黄褐、青泛褐、青黄、青泛黄、青灰、青泛灰、青泛白、黄泛褐或黑褐色，胎釉间涂一层灰白或灰色化妆土。高 3.8～8.8、口径 9.4～20、足径 3.4～9 厘米。依腹部的差异，分为八式。

Ⅰ式　23 件。腹较深，内底较平。外侧口沿下施一至二道凹弦纹。

标本 T9②：140，复原。方唇，内敛，口部内倾，上腹壁较直，中下腹斜弧内收，假圈足内凹，足墙较直。灰白色胎。青釉泛白色。高 7、口径 12.8、足径 5.2 厘米（图九七，12；图版三八，4）。

标本 T8③：191，复原。内部粘连一个直口鼓腹平底四系罐。方唇，腹壁上部较直外倾，中下部急内收，假圈足内凹，足墙较直。灰色胎。青釉泛白色。高 7、口径 13.2、足径 5.6 厘米（图九八，1）。

标本 T8③：194，复原。内部粘存二个器物。最下一件为假圈足碗，碗内直接套粘一件假圈足盏，器物之间采用一圆形扁平垫饼间隔。圆唇，上腹部较直，下部急弧收，假圈足内凹，足墙较直。灰色胎。青釉泛白色。高 7、口径 12、足径 5.6 厘米（图九八，2；图版三八，5）。

Ⅱ式　31 件。腹较Ⅰ式浅，内底较Ⅰ式宽平。器显矮扁。有的外壁口沿下施一至二道凹弦纹。有的假圈足足面粘存一扁平垫圈，有的内部粘存碗盏类器物。

标本 T8③：57，可复原。圆唇，口部内倾，上腹壁较直，中部微弧鼓，下部内弧收，假圈足内凹。灰色胎。青釉泛白色。高 6.8、口径 14、足径 5.6 厘米（图九八，3；图版三八，6）。

Ⅲ式　41 件。腹较Ⅱ式浅，内底较Ⅱ式宽平。有的外底足面粘存垫圈，内部套粘钵、碗、高足盘等器物，器物间垫细砂。

标本 T8③：184，复原。圆唇，口部内倾，上腹壁较直，中部微外弧鼓，下部弧内收，假圈足，足墙较直。灰色胎。青釉泛白色。高 5.4、口径 10.4、足径 4.8 厘米（图九八，4）。

标本 T8③：168，复原。内部粘存一个内底印花小平底钵。圆唇，口部内倾，上腹壁较直，中下部弧内收，底部较厚，假圈足。外壁口沿下饰一道凹弦纹。灰色胎。青釉泛白色。高 6.2、口径 14、足径 6.4 厘米（图九八，5；图版三八，7）。

标本 T8③：180，复原。器物变形，内壁粘存一件内底饰二组弦纹的高足盘。圆唇，腹壁直，折腹，近底斜直内收，假圈足内凹。外壁口沿下饰一道凹弦纹。高 6.6、口径 13.8、足径 6 厘米

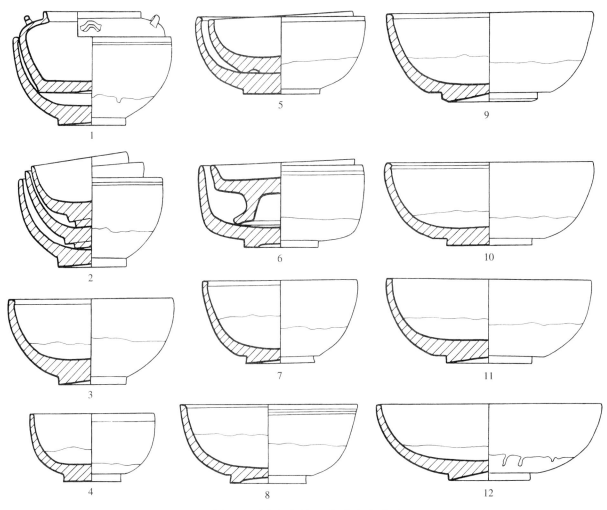

图九八　罗湖寺前山窑址出土瓷碗

1. Da 型Ⅰ式（T8③：191）　2. Da 型Ⅰ式（T8③：194）　3. Da 型Ⅱ式（T8③：57）　4. Da 型Ⅲ式（T8③：184）
5. Da 型Ⅲ式（T8③：168）　6. Da 型Ⅲ式（T8③：180）　7. Da 型Ⅳ式（T8②：44）　8. Da 型Ⅴ式（T8②：90）
9. Da 型Ⅵ式（Y1③：125）　10. Da 型Ⅵ式（T6③：59）　11. Da 型Ⅶ式（Y1①：157）　12. Da 型Ⅷ式（T2②A：44）

（图九八，6）。

Ⅳ式　3件。深腹。圆唇，内底圆弧状。外壁与底足交接处有一周旋削痕，痕面较宽，倒置成台面。

标本 T8②：44，复原。口部内倾，上腹壁微外弧，中下腹部内弧收，假圈足内凹。灰泛紫色胎。黄褐色釉。高6.6、口径12.8、足径5.6厘米（图九八，7；图版三八，8）。

Ⅴ式　29件。腹较Ⅳ式浅，内底圆弧，较Ⅳ式宽平。

标本 T8②：90，复原。方唇，口部内倾，上腹部较直，下部弧内收，假圈足内凹。外壁与底足交接处有一周旋削痕，痕面较宽，倒置成台面。外壁口沿下饰三道细凹弦纹。灰泛紫色胎。黄褐色釉。高6.2、口径14.8、足径6.4厘米（图九八，8；图版三九，1）。

Ⅵ式　140件。腹较Ⅴ式浅，内底较Ⅴ式宽平。器形显扁矮。外壁与底足交接处有一周旋削痕，痕面较宽，倒置成台面。有的内壁饰二组弦纹。

标本 T7②：11，复原。底足粘连一件外底粘存残垫圈的盘，内壁粘存四件器物，下面二件为碗，上面二件为盏，最上一件盏口沿粘存一件匣钵残底。灰色胎。青色釉。高6.3、口径17.6、足径7厘米。

标本Y1③：125，复原。圆唇，口部内倾，上腹部略外坦，下部浅弧收，假圈足内凹。砖红色胎。生烧，胎疏松，青黄色釉。高7、口径17.2、足径8厘米（图九八，9）。

标本T6③：59，复原。圆唇，口部内倾，弧腹壁上部较直，假圈足，足墙较直。砖红色胎。青泛绿色釉。高6.4、口径17.6、足径7.2厘米（图九八，10；图版三九，2）。

Ⅶ式　47件。腹较Ⅵ式浅，内底较Ⅵ式宽平。外壁与底足交接处有一周旋削痕，痕面较宽，倒置成台面。有的外腹壁拍印竖条纹。圆唇，假圈足内凹。

标本Y1①：157，复原。口部略内倾，上腹壁较直，内底宽平。灰色胎。青泛黄色釉。高6.6、口径17.2、足径7.2厘米（图九八，11）。

Ⅷ式　24件。腹较Ⅶ式浅，内底较Ⅶ式宽平。内部有的残存粘连四个大小不同的碗。圆唇，假圈足内凹，足墙较直。

标本T2②A：44，复原。底足粘有扁平垫圈。外腹壁下部有垂釉痕。灰色胎。黄褐色釉。高6、口径18.8、足径6.8厘米（图九八，12；图版三九，3）。

Db型　33件。敛口，唇沿外卷呈小唇口，外侧口沿下有一道凹弦纹，曲腹壁，假圈足或假圈足内凹。外腹壁与底足交接处有一周旋削台面。灰、深灰、灰泛紫或砖红色胎，内、外腹壁半施黄褐、青泛褐、青泛灰、深青、青泛黄、青黄、黄青或褐黄色釉，胎、釉呈色较深，胎釉间涂灰白色化妆土，釉面开细冰裂纹。高4.8~7.8、口径12.6~17.8、足径5~7.8厘米。依腹的深浅差异，分为三式。

Ⅰ式　2件。腹较深。假圈足稍内凹。灰色胎。

标本T2②A：57，复原。口部外倾，腹壁较直，近底部内收，内底宽平，足墙外撇。黄褐色釉。高7、口径15.6、足径7.2厘米（图九九，1）。

Ⅱ式　19件。腹较Ⅰ式浅，内底较Ⅰ式宽平。假圈足内凹。

标本T1③：18，复原。口部内倾，腹壁上部较直，中部外弧鼓，下部弧收，足墙较直。灰色胎。青泛褐色釉。高6.2、口径15.2、足径6.2厘米（图九九，2；图版三九，4）。

Ⅲ式　12件。腹较Ⅱ式浅，内底显宽平。假圈足。

标本T7②：7，复原。上腹部较直，中部外弧，下腹部急斜收，足面内凹，足墙较直。灰色胎。青泛褐色釉。高6、口径16、足径6厘米（图九九，3）。

Dc型　16件。敛口，唇部呈子母口状，曲腹壁，假圈足内凹或圈足。内、外壁半施釉。外腹壁与底足交接处有一周旋削台面。高6~7.8、口径13.5~19.5、足径5.2~7.7厘米。依腹部的深浅差异，分为四式。

Ⅰ式　1件。腹较浅。

标本T1②：13，复原。口部内倾，上腹部较直，中腹壁以下斜收，内底宽平，假圈足内凹，足墙较直。灰泛紫色胎。青黄色釉。高6.4、口径18、足径7.6厘米（图九九，4）。

Ⅱ式　2件。腹较Ⅰ式深。灰或灰泛紫色胎，青或青黄色釉。胎釉间涂灰白色化妆土。

标本T3②B：92，复原。口部内敛，上腹部较直，中下部斜收，假圈足内凹。内底粘一残垫圈。灰色胎。青黄色釉。高6.6、口径18、足径7.2厘米（图九九，5）。

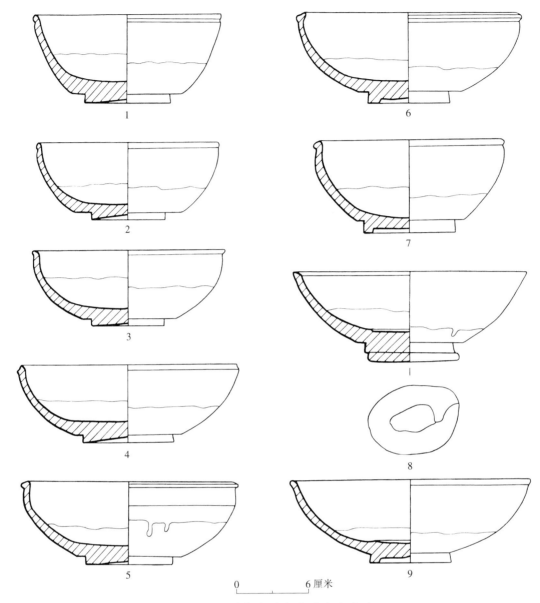

图九九　罗湖寺前山窑址出土瓷碗

1. Db 型 I 式（T2②A：57）　2. Db 型 II 式（T1③：18）　3. Db 型 III 式（T7②：7）　4. Dc 型 I 式（T1
②：13）　5. Dc 型 II 式（T3②B：92）　6. Dc 型 III 式（T3②A：17）　7. Dc 型 IV 式（T2②A：35）
8. E 型 I 式（T1②：14）　9. E 型 II 式（T1②：9）

III 式　10 件。腹较深。灰、灰泛紫或砖红色胎，青黄或青泛褐色釉。胎釉间涂灰白色化妆土。

标本 T3②A：17，复原。口部内敛，上腹部较直，下腹部弧收，圈足，外底中心内凹。灰泛
紫色胎。青黄色釉。高 7.2、口径 18、足径 6.8 厘米（图九九，6；图版三九，5）。

IV 式　3 件。腹与 III 式深，圈足更高。

标本 T2②A：35，复原。口部内倾，上腹部较直，腹壁中上部外弧鼓，下腹内收，足墙高略
外撇。灰色胎。青黄色釉。高 7.6、口径 16、足径 7.6 厘米（图九九，7）。

E 型　4 件。圆唇，敞口，斜弧腹壁。假圈足或圈足。内、外腹壁半施釉。高 6~7.2、口径
19.4~20.6、足径 6~7.6 厘米。依腹部的深浅差异，分为二式。

I 式　2 件。腹浅。假圈足。灰色胎。青泛黄色釉。

标本 T1②：14，复原。上腹部外坦，下腹部斜弧，内底下凹。内、外底面均粘一个扁平圆形垫圈。高 6.4、口径 19.8、足径 7.6 厘米（图九九，8；图版三九，6）。

Ⅱ式 2 件。腹较深。圈足。灰或灰泛紫色胎。青黄或青泛褐色釉。

标本 T1②：9，复原。口部外坦，上腹部较直，中腹部内收，下腹斜收至底，内底下凹。灰色胎。青泛褐色釉。高 6.6、口径 20、足径 6.8 厘米（图九九，9；图版三九，7）。

15. 高足盘

189 件。浅盘，喇叭状高足。盘与把足分制黏合而成。内壁满外腹壁不及底施釉，釉面开细冰裂纹。依据腹壁的弧折不同，可分为二型。

A 型 10 件。坦口，尖圆唇，浅腹，弧曲腹壁。喇叭状把足较粗。有的盘内壁戳印花纹，纹饰不多，常见的为宝相花和树枝花纹。灰或灰白胎，胎色较浅。青、青绿、青灰或青黄色釉，釉色纯正，以青色为主。高 5～9.2、口径 12.4～16、足径 8.2～9.5 厘米。依腹部的深浅差异，参考口唇的不同，分为五式。

Ⅰ式 4 件。均出土于 T7⑥层。腹特浅，足把高粗，足沿微外撇。内壁口沿下饰一道弦纹。灰白色胎。青色釉。

标本 T7⑥：32，复原。腹壁微弧曲，敞口，内底一侧粘连另一件器物的残瓷片。高 9、口径 14、足径 9.2 厘米（图一〇〇，1；图版三九，8）。

Ⅱ式 2 件。腹较Ⅰ式略深，足把变矮粗。内壁口沿下饰一道弦纹。灰或灰白色胎。青或青泛黄色釉。

标本 T9④：44，口沿及把足残。灰色胎。青色釉。残高 6、口径 15 厘米（图一〇〇，2）。

Ⅲ式 2 件。腹较Ⅱ式深，足把较Ⅱ式粗矮，把上饰五道弦纹，口沿内敛。内壁二组弦纹间戳印三朵宝相花和三朵朵叶花二种六朵花纹，花纹间隔均匀分布。灰色胎，青色釉。

标本 T8③：213，可复原，把足略残。口部内倾，盘腹壁浅内弧收，把足沿外撇平伸较长。高 5.4、口径 14.4、足径 9.8 厘米（图一〇〇，3；图版四〇，1）。

Ⅳ式 1 件。腹较Ⅲ式深，足把较Ⅲ式矮粗，把上饰三道弦纹。

标本 T7⑤：26，复原。敛口，口部内倾，上腹壁较直，下腹部斜直，足沿外折平伸。内壁均匀戳印四朵对称的树枝叶纹。灰白色胎。青泛黄色釉。高 5、口径 12.4、足径 7.8 厘米（图一〇〇，4；图版四〇，2）。

Ⅴ式 1 件。腹较Ⅳ式略深，把上饰二道弦纹，口部较直。

标本 T7⑤：25，复原。口部内倾，深腹，把足较粗矮，足沿外折平伸较短。内底心一组弦纹外均匀戳印五朵树枝叶纹，纹样均匀环布内底。灰白色胎。过烧，釉色不显。高 5.4、口径 12.4、足径 8 厘米（图一〇〇，5；图版四〇，3）。

B 型 179 件。圆唇，敞口，腹壁斜直近底内折，浅盘，喇叭状把足。依器物形体的大小不同，又分为二亚型。

Ba 型 153 件。器形较小，胎壁较薄。高 4.6～10.6、口径 10.6～13.6、足径 6～10.6 厘米。依腹部的差异，参考足把的不同，分为十一式。

Ⅰ式 16 件。浅腹，内底宽平，足把高细，足沿外撇。内底施二组弦纹。灰、灰黄、灰泛黄或砖红色胎，青、深青、深青泛黄或青黄色釉。

图一〇〇 罗湖寺前山窑址出土瓷高足盘

1. A 型 I 式（T7⑥：32） 2. A 型 II 式（T9④：44） 3. A 型 III 式（T8③：213） 4. A 型 IV 式（T7⑤：26）
5. A 型 V 式（T7⑤：25） 6. Ba 型 I 式（T8④：119） 7. Ba 型 II 式（T8④：117） 8. Ba 型 III 式（T9④：
49） 9. Ba 型 IV 式（T9②：106） 10. Ba 型 IV 式（T9②：48）

　　标本 T8④：119，复原。口沿外撇，上腹部外倾，中腹部较直，下腹壁斜直内收。灰色胎。深
青色釉。高 10.6、口径 13.2、足径 10.6 厘米（图一〇〇，6；图版四〇，4）。

　　II 式　13 件。腹较 I 式略深，足把较 I 式粗。内底宽平。灰白、灰黄、灰或砖红色胎，青、
青泛深灰或青泛黄色釉。内底施二组弦纹。

标本 T8④：117，可复原。口部外倾，腹壁斜直，把足足沿外撇平伸较Ⅰ式略长。灰色胎。青色釉。高10.2、口径13.4、足径9厘米（图一〇〇，7）。

Ⅲ式　1件。足把较前式粗短。内底心略下凹。

标本 T9④：49，残存盘心及足把的一部分。把上部施三道弦纹。内底留存一朵戳印的宝相花纹。灰色胎。青泛白色釉。残高8.6、足径9.8厘米（图一〇〇，8）。

Ⅳ式　15件。腹较Ⅲ式深，足把矮粗，口部外敞，内底略凹，把足沿外折平伸。灰、灰白或砖红色胎，青、淡青、青黄或青泛白色釉。胎釉间涂灰白色化妆土。足把上绝大多数饰弦纹。内底二组弦纹间戳印花纹，有九种不同纹饰组合，纹样以植物、花卉纹为主。

标本 T9②：106，复原。圆唇，斜直腹壁，近底微弧内收，内底心下凹。六朵朵花纹均布于内底二组弦纹间。灰白色胎。青色釉。高5.4、口径12.8、足径9.4厘米（图一〇〇，9；图版四〇，5）。

标本 T9②：48，可复原。内底心残存三朵忍冬花纹布于二组弦纹间，花纹均匀环布。灰白色胎。青色釉。高4.8、足径9厘米（图一〇〇，10）。

标本 T8③：221，复原。尖唇沿，口部外撇，腹壁外倾，内底圆弧，把足沿外折平伸。六朵忍冬花纹均布于内底心二组弦纹间。灰色胎。青黄色釉。高5.2、口径12.4、足径8.8厘米（图一〇一，1）。

标本 T8③：225，复原。内底上凸略有变形，圆唇，口沿外撇，足把上施一组弦纹。三朵宝相花和三朵变形宝相花二种六朵花纹间隔均布于内底二组弦纹间。灰色胎。淡青色釉。高4.8、口径13.6、足径8.8厘米（图一〇一，2）。

标本 T9②：66，复原。圆唇，口部外坦，腹壁斜直，内底下凹。三朵宝相花和三朵枝叶花二种六朵花纹间隔均布于内底二组弦纹间。灰色胎。青色釉。高5.2、口径12.4、足径8.8厘米（图一〇一，3）。

标本 T9②：76，复原。尖圆唇，口部外敞，斜直腹壁，内底宽平，盘径较大而浅。四朵变形宝相花纹均匀对称环布于内底。灰白色胎。青色釉。高5.6、口径13.2、足径9.2厘米（图一〇一，4）。

标本 T9②：62，器体压塌变形。口部外敞，斜直腹壁，底部较厚。内底存有三朵宝相花和三朵变形宝相花二种六朵花纹间隔均匀布于二组弦纹间。灰白色胎。青色釉。高4、口径14、足径8.4厘米（图一〇一，5）。

标本 T9②：77，把足残。尖圆唇，腹壁上部斜直，下部浅弧收，底部略厚，内底下凹。二种不同的宝相花六朵花纹间隔均布于内底二组弦纹间。砖红色胎。生烧，釉色不显。残高4.8、口径13.8厘米（图一〇一，6）。

标本 T9②：102，复原。圆唇，上腹部较直，下腹部浅收。三朵宝相花和三朵变形花两种不同的六朵花纹间隔均布于内底二组弦纹间。砖红色胎。生烧，釉色不显。高5.8、口径13、足径9.2厘米（图一〇一，7）。

Ⅴ式　3件。口部略内倾，腹壁较直，下腹部弧收，内底中心下凹，足把较Ⅳ式矮粗，足沿外折较短。有的足把饰一组凸弦纹，内底施二至三组弦纹。灰或砖红色胎，青泛白色釉，胎釉间涂一层灰白色化妆土。

标本 T8③：204，复原。尖圆唇，下腹壁弧收。内底饰二组细凹弦纹。砖红色胎。生烧，釉色不显。高5.6、口径12.8、足径8.4厘米（图一〇一，8）。

图一〇一 罗湖寺前山窑址出土瓷高足盘

1. Ba 型Ⅳ式（T8③：221） 2. Ba 型Ⅳ式（T8③：225） 3. Ba 型Ⅳ式（T9②：66） 4. Ba 型Ⅳ式（T9②：76）
5. Ba 型Ⅳ式（T9②：62） 6. Ba 型Ⅳ式（T9②：77） 7. Ba 型Ⅳ式（T9②：102） 8. Ba 型Ⅴ式（T8③：204）
9. Ba 型Ⅵ式（T7⑤：14）

Ⅵ式　28件。腹较Ⅴ式略浅，内底较平坦，把足较Ⅴ式粗矮。灰、灰白、灰泛紫或砖红色胎，青、青褐、青泛白、青泛黄、深青、淡青或青灰色釉，胎釉间涂灰白色化妆土。有的足把饰弦纹。内底均饰二组弦纹，有的弦纹间戳印花纹，有七种不同的纹饰组合。

标本T7⑤：14，口沿残。下腹壁斜直，内底下凹，中心上凸，外底心有一乳突。内底二组弦纹间均匀戳印五朵同样的忍冬花纹。灰白色胎。青色釉。高5、足径9厘米（图一〇一，9）。

标本T8③：205，复原。圆唇，斜直腹壁，腹中部有一周突棱。足把矮粗。内底饰二组弦纹。砖红色胎。生烧，釉色不显。高5.4、口径12.8、足径9.2厘米（图一〇二，1；图版四〇，6）。

标本T7⑤：11，复原。尖圆唇，口部外敞，腹壁斜直。内底二组弦纹间戳印二种六朵不同的花纹，三朵相同的宝相花和三朵相同的变形宝相花间隔均匀分布。砖红色胎。生烧，釉色不显。高5、口径13、足径9.2厘米（图一〇二，2）。

标本T7⑤：18，口沿及把足均残。内底凹弧。内底二组弦纹间存五朵变形宝相花纹，花纹均匀分布。砖红色胎。生烧，釉色不显。残高4.2厘米（图一〇二，3）。

标本T7⑤：19，口沿残。尖唇，圆弧内底，足把粗矮，足沿外折平伸较长。把足施一组细弦纹，内底二组弦纹间布二种六朵花纹，三朵宝相花和三朵松枝纹均匀间隔分布。灰白色胎。青色釉。残高5.6、足径9.2厘米（图一〇二，4）。

标本T7⑤：17，可复原。尖圆唇，上腹壁较直外敞，下腹壁斜直，内底平坦。把足施一组弦纹，内底两组弦纹间戳印四朵相同宝相花纹，花纹对称均匀分布。灰白色胎。青色釉。残高3.8、足径9厘米（图一〇二，5）。

标本T8③：212，复原。圆唇，口部外倾，腹壁较直，中间内收，下腹壁斜直内收，内底下凹。内底两组弦纹间戳印五朵相同花纹，纹样均匀分布但不清晰。灰色胎。深青色釉。高5.4、口径12.8、足径8.4厘米（图一〇二，6）。

标本T1④：13，复原。尖圆唇，口部外倾，内底中心下凹。内底两组弦纹间戳印六朵相同的忍冬花纹，纹样均匀分布。灰色胎。过烧，釉色不显。高5、口径11.8、足径7.8厘米（图一〇二，7）。

Ⅶ式　35件。腹较Ⅵ式浅。足把较Ⅵ式细矮。内底较平，把足细短，足沿外折平伸较短。内底施二组弦纹。灰白、灰或砖红色胎，青泛白或青泛黄色釉。胎釉间涂灰白色化妆土。

标本T9②：105，复原。尖圆唇，斜直腹壁，中部内弧收，足把矮，把足足沿外折平伸又向下折。灰白色胎。青泛黄色釉。高4.8、口径11.8、足径7.6厘米（图一〇二，8；图版四〇，7；彩版一四，3）。

Ⅷ式　27件。腹较Ⅶ式浅，足把较Ⅶ式矮细，内底宽平，内底饰二组弦纹。灰、深灰、灰白或灰黄色胎。青泛白、青泛黄、青、黄青或青泛黄色釉。胎釉间涂灰白色化妆土。

标本T8③：218，复原。圆唇，上腹壁中间内收。灰色胎。青泛黄色釉。高4.6、口径12.2、足径8.2厘米（图一〇二，9）。

Ⅸ式　8件。腹较Ⅷ式深，足把较Ⅷ式细高，口部外敞，盘中腹折腰处圆弧收，内底饰二组弦纹。深灰或砖红色胎，深青或青泛黄色釉。胎釉间涂灰白色化妆土。

标本T8②：175，复原。圆唇，斜直腹壁，内底宽平，足把矮，把足足沿外折平伸较长。深灰色胎。青泛黄色釉，光润晶亮。高4.6、口径11.8、足径6.8厘米（图一〇二，10；图版四〇，8）。

图一〇二　罗湖寺前山窑址出土瓷高足盘

1. Ba 型Ⅵ式（T8③：205）　　2. Ba 型Ⅵ式（T7⑤：11）　　3. Ba 型Ⅵ式（T7⑤：18）　　4. Ba 型Ⅵ式（T7⑤：19）　　5. Ba 型Ⅵ式（T7⑤：17）　　6. Ba 型Ⅵ式（T8③：212）　　7. Ba 型Ⅵ式（T1④：13）　　8. Ba 型Ⅶ式（T9②：105）　　9. Ba 型Ⅷ式（T8③：218）　10. Ba 型Ⅸ式（T8②：175）　　11. Ba 型Ⅹ式（T8②：210）　　12. Ba 型Ⅺ式（T8②：214）

Ⅹ式　3件。腹较Ⅸ式浅，足把较Ⅸ式高细。深灰或灰色胎，深青或青泛黄色釉。内底饰二组弦纹，胎釉间涂灰白色化妆土。

标本T8②：210，复原。圆唇，上腹壁较直，下腹壁浅弧收，内底宽平，把足足沿外折平伸。深灰色胎。深青色釉。高4.6、口径10.8、足径6厘米（图一〇二，11）。

Ⅺ式　4件。腹较Ⅹ式深，足把较Ⅹ式细高。灰或砖红色胎，黄、黄褐或青泛黄色釉。胎釉间涂灰白色化妆土。内底饰二组弦纹。

标本T8②：214，复原。圆唇，腹壁较直，中间内收，下腹壁浅收，内底较平，把足外折平伸很短。灰色胎。青泛黄色釉。高5.2、口径10.8、足径6.4厘米（图一〇二，12）。

Bb型　26件。器形较大，胎壁厚重。有的足把上饰一组弦纹。胎釉间涂一层灰白色化妆土，内底二或三组弦纹间戳印各种花纹，以树枝纹、宝相花纹、莲花纹为主。高7.4～9.2、口径19～23.2、足径12.8～15.8厘米。依腹部的深浅差异，分为二式。

Ⅰ式　6件。腹较深，内底较宽，中心下凹，足把粗矮，有的足把上饰凸弦纹。

标本T8③：202，复原。圆唇，上腹部较直，下腹部弧收，把足沿微外撇。内底三组弦纹间戳印二组花纹，内组四朵树枝叶纹均匀对称分布，外组四朵宝相花和四朵树枝纹二种八朵花纹均匀间隔分布。喇叭状足把饰凸弦纹。砖红色胎。生烧，釉色不显。高9、口径20.4、足径14.4厘米（图一〇三，1）。

标本T8③：208，复原。圆唇微外撇，口部外倾，上腹壁较直，中间微内弧收，下腹壁较直，内底较平。喇叭状高足把上施一组弦纹。内底三组弦纹间内两组戳印二种六朵花纹，其中三朵宝相花和三朵变形宝相花纹相间分布。灰色胎。过烧，釉色不显。高8.6、口径20.4、足径14厘米（图一〇三，2）。

标本T9③：1，复原。圆唇，直口，腹壁上部较直，下腹壁斜直内收至底，内底略下凹，外底面凹凸不平。喇叭状足把有一组弦纹，内底心三组弦纹间均布二组花纹，内组为三朵宝相花和三朵变形宝相花纹二种六朵花相间均匀分布，外组为四朵宝相花和四朵变形宝相花纹二种八朵花相间均匀分布。砖红色胎。生烧，釉色不显。高9.2、口径23.2、足径15.6厘米（图一〇三，3）。

标本T9②：59，可复原。圆唇，口部外倾，上腹壁较斜直，下腹壁斜直内收，内底宽平下凹。内底二组弦纹间戳印两组花纹，两组花纹均为两种不同宝相花间隔均匀布置，内、外组各存五朵（其中二朵宝相花和三朵变形宝相花）。砖红色胎。生烧，釉色不显。高8.2、口径21.6、足径15厘米（图一〇三，4）。

标本T9②：56，复原。圆唇，直口，口部外倾，腹壁上部较直，中间内折，下腹壁弧内收，内底下凹。足把上施一组凸弦纹，内底两组弦纹间戳印二组花纹，内组为两种不同的宝相花六朵相间分布，外组为两种不同的宝相花八朵相间分布。砖红色胎。生烧，釉色不显。高8.1、口径21、足径13.8厘米（图一〇四，1）。

标本T9②：53，复原。圆唇，口部外倾，上腹壁较直，中部折收，下部弧收，内底弧凹。足把上施一组凸弦纹，内底三组弦纹间戳印二组花纹，内组为二朵宝相花和二朵树枝纹相间对称分布，外组为三朵宝相花和三朵树枝纹二种六朵花纹相间均匀分布。砖红色胎。生烧，釉色不显。高8.6、口径20.6、足径14.2厘米（图一〇四，2；图版四一，1）。

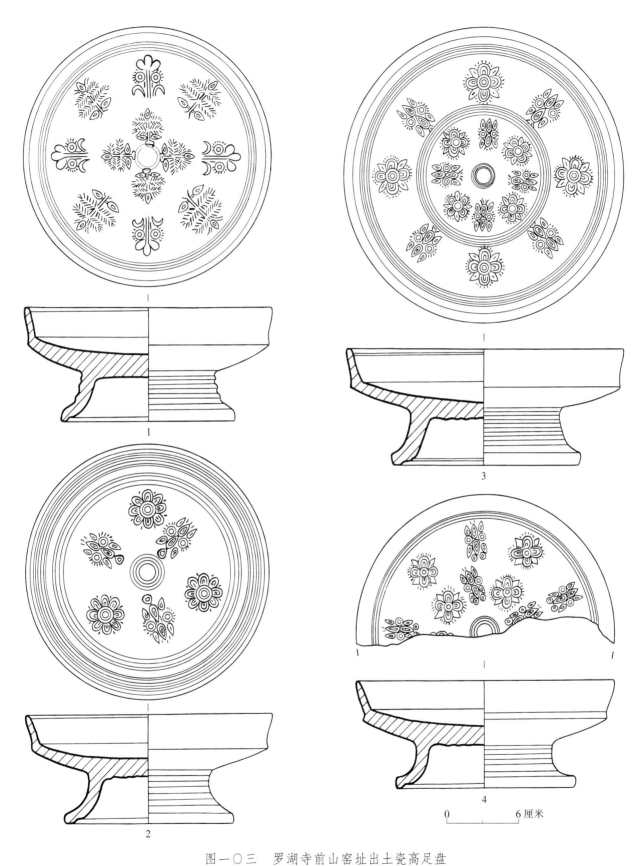

图一〇三　罗湖寺前山窑址出土瓷高足盘
1. Bb 型 I 式（T8③：202）　2. Bb 型 I 式（T8③：208）　3. Bb 型 I 式（T9③：1）　4. Bb 型 I 式（T9②：59）

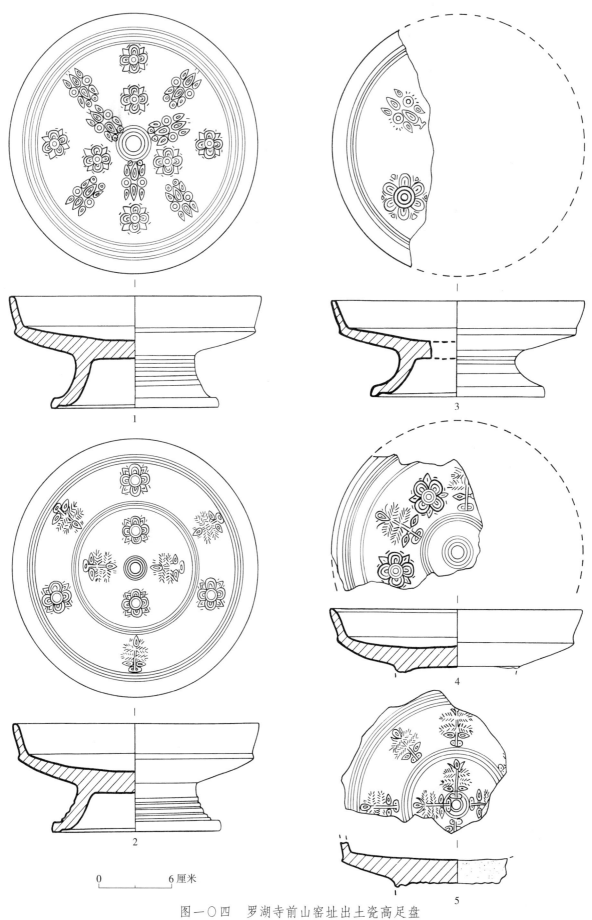

图一〇四　罗湖寺前山窑址出土瓷高足盘

1. Bb 型 I 式（T9②：56）　　2. Bb 型 I 式（T9②：53）　　3. Bb 型 II 式（T9②：60）　　4. Bb 型 II 式（T9②：55）

5. Bb 型 II 式（T9②：57）

0　　　　　6厘米

Ⅱ式 20件。腹较Ⅰ式略浅，内底较平坦，足把较粗矮。砖红、灰白、灰或灰泛紫色胎。青、青褐、青泛白、青泛黄、深青、淡青或青灰色釉。内底戳印花纹，以宝相花和树枝纹为主，有18种不同花纹组合。

标本 T9②：60，可复原。尖圆唇，口部外倾，上腹壁较直，下腹壁弧内收，足沿外折平伸略长。内底残存一组弦纹及两朵不同的宝相花纹。灰色胎。青泛黄色釉。高7.4、口径21、足径14.4厘米（图一〇四，3）。

标本 T9②：55，足及把残，残存盘的一部分。尖圆唇，上腹壁外斜，中部内弧收，下腹壁斜直内收，内底较平。内底留存四组弦纹，中间两组弦纹间残存戳印的二朵宝相花和二朵树枝花纹等两种不同的花纹，纹样相间分布。砖红色胎。生烧，釉色不显。残高4.6、复原口径21厘米（图一〇四，4）。

标本 T9②：57，口沿及足把均残。内底微弧。内底三组弦纹间，每两组戳印一组树枝花纹，花纹均匀分布。砖红色胎。生烧，釉色不显。残存高3.6、最宽13.8厘米（图一〇四，5）。

标本 T7⑤：8，复原。圆唇，口部略内倾，上腹壁较直，下腹壁斜直内收，内底宽平略凹，外底面凹凸不平。足把饰一组凸弦纹，内底二组弦纹间戳印二组花纹，内组五朵相同的忍冬花纹均匀环布，外组二种不同的宝相花纹八朵相间均匀分布。砖红色胎。生烧，釉色不显。高8.1、口径21.2、足径14.4厘米（图一〇五，1）。

标本 T7⑤：9，口部残。下腹壁斜弧内收，内底下凹呈圆弧状。内底两组弦纹间戳印二组花纹，内组二种不同的宝相花六朵相间分布，外组也应是二种不同的宝相花相间分布，现存五朵花纹。砖红色胎。生烧，釉色不显。残高8、足径14厘米。（图一〇五，2）。

标本 T9③：2，复原。尖圆唇，口部微外敞，上腹壁直，外壁内收，中部内折，下腹壁斜直内收，内底中心下凹。内底三组弦纹每二组间戳印一周花纹，内组二种不同的宝相花六朵相间分布，外周六朵宝相花和六朵忍冬花二种十二朵花纹间隔均匀分布。砖红色胎。生烧，釉色不显。高8.4、口径20.8、足径15.2厘米（图一〇五，3；图版四一，2）。

标本 T7④：11，盘上部和足把均残，器物压塌变形。内底残存三组弦纹，外两组弦纹间戳印五朵枝叶纹，纹样均匀分布。灰色胎。青褐色釉。最宽18.6厘米（图一〇五，4）。

标本 T8③：200，复原。尖圆唇，口部外倾，上腹部斜直，下腹壁微弧内收，内底宽平，足沿外平折然后下折。足把饰一组凸弦纹。内底两组弦纹间戳印六朵相同的枝叶纹，纹样均匀环布内底中心一组弦纹外。灰色胎。青泛黄色釉。高7.4、口径19.2、足径13.2厘米（图一〇六，1）。

标本 T8③：228，盘部残。足壁较厚，足沿外平折，内底圆弧。内底中心一组弦纹外留存戳印的五朵相同枝叶纹，花纹均匀分布。足把上饰一组弦纹。灰泛紫色胎。过烧，釉色不显。残高6、足径13厘米（图一〇六，2）。

标本 T8③：203，盘上部及足把均残。腹壁外斜，内底宽平。内底两组弦纹间戳印六朵相同松枝纹，纹饰均匀分布。灰色胎。过烧，釉色不显（图一〇六，3）。

标本 T8③：231，盘口部分残损。下腹壁弧内收，内底微弧凹，把足沿较窄。内底三组弦纹，内二组弦纹间戳印六朵相同的松枝纹，花纹均匀分布。足把上饰一组凸细弦纹。灰色胎。过烧，釉色不显。残高6.4、足径14.2厘米（图一〇六，4）。

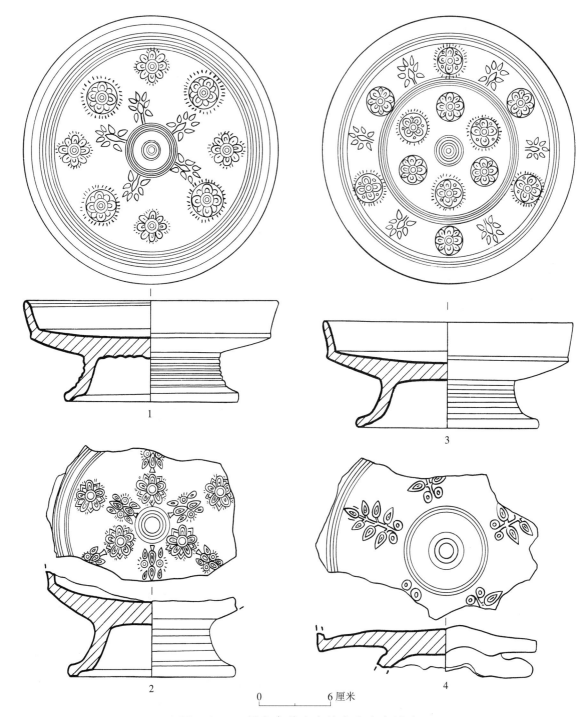

图一〇五 罗湖寺前山窑址出土瓷高足盘

1. Bb 型 II 式（T7⑤：8）　　2. Bb 型 II 式（T7⑤：9）　　3. Bb 型 II 式（T9③：2）　　4. Bb 型 II 式（T7④：11）

标本 T8③：227，足把及盘口部的部分残。圆唇，口部外敞，上腹壁较直，内底心下凹。内底三组弦纹间每二组戳印一组松枝纹，纹样均匀分布，外组残留二朵，内组残留存一朵。灰色胎。深青灰色釉。残高 5.4、口径 20.8 厘米（图一〇七，1）。

标本 T9②：52，复原。圆唇，唇沿外撇，口部外倾，上腹较直，中间微内弧，下腹壁斜弧内收，内底心下凹，足沿外折平伸，外底面凹凸不平。内底三组弦纹中的内二组饰三朵宝相花和三朵松枝花纹相间均匀分布。砖红色胎。生烧，釉色不显。高 7.6、口径 21、足径

图一〇六　罗湖寺前山窑址出土瓷高足盘

1. Bb 型Ⅱ式（T8③：200）　　2. Bb 型Ⅱ式（T8③：228）　　3. Bb 型Ⅱ式（T8③：203）　　4. Bb 型Ⅱ式（T8③：231）

13.4 厘米（图一〇七，2；彩版一四，3）。

　　标本 T9②：54，可复原。圆唇，敞口，上腹部较直，足沿外折略上卷，内底下凹。内底两组弦纹间戳印二组花纹，内、外组各留存二朵相同的宝相花花纹。砖红色胎。生烧，釉色不显。高8、口径20、足径14.4 厘米（图一〇七，3）。

　　标本 T9②：58，可复原。圆唇，口部外倾，上腹部较直，内底较平。足把上施一组弦纹。内底两组弦纹间戳印两组两种不同的宝相花纹，内组残留存五朵，外组残留存二朵。砖红色胎。生

图一〇七　罗湖寺前山窑址出土瓷高足盘
1. Bb 型Ⅱ式（T8③：227）　　2. Bb 型Ⅱ式（T9②：52）　　3. Bb 型Ⅱ式（T9②：54）　　4. Bb 型Ⅱ式（T9②：58）

烧，釉色不显。高 7.8、口径 20、足径 14.2 厘米（图一〇七，4）。

标本 T9②：61，盘上部及足把均残。内底圆弧凹。内底三组弦纹间每二组戳印二组花纹，花纹为宝相花和松枝纹相间分布，分别留存三朵纹样，内组二朵宝相花和一朵松枝纹，外组一朵宝相花和二朵松枝纹。灰色胎。青泛黄色釉。最宽 18.8 厘米（图一〇八，1）。

标本 T6②B：34，残存高足盘的半部分，可复原。浅腹，尖圆唇，腹壁微内弧收，内底微下凹。内底中心一组弦纹外留存戳印的二组两种不同的花纹，纹样相间分布，内组残存二

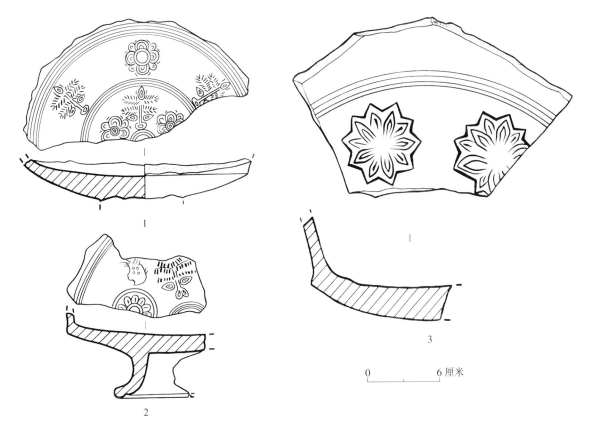

图一〇八　罗湖寺前山窑址出土瓷高足盘

1. Bb 型 II 式（T9②：61）　2. Bb 型 II 式（T6②B：34）　3. Bb 型 II 式（T4②A：8）

朵，分别是宝相花和松枝纹，外组纹样不清楚。深灰色胎。深青色釉。高 6.4、最宽 11 厘米（图一〇八，2）。

标本 T4②A：8，残存高足盘盘底部的一部分。内底圆弧凹。内底留存一组弦纹。灰色胎。青泛白色釉。最宽 23 厘米（图一〇八，3）。

16. 莲瓣纹盘

7 件。

坦口，圆唇或尖圆唇，浅腹，平底内凹。内底中心一周同心圆内布 4～5 个小同心圆，寓意莲蓬，外围莲瓣纹，是洪州窑另一类带莲瓣纹的特色产品。内壁满施外腹壁不及底施釉，釉面开细冰裂纹。高 3.8～4.6、口径 20.6～22.8、底径 9.8～12.4 厘米。依腹的深浅差异，分为三式。

I 式　4 件。腹较深。腹壁外坦，内底较平坦。内壁口沿下饰一组弦纹。内底两组弦纹间划一周双层莲瓣纹，莲瓣肥短，瓣肩圆弧收，瓣顶较尖。内底心布四个有二重线组成的同心圆纹。内、外底面留有四个支钉痕。灰白色胎。青泛白色釉。

标本 T9④：51，复原。高 4.5、口径 21.6、底径 10.2 厘米（图一〇九，1）。

标本 T9④：55，复原。口部微内倾。两个造型相同的盘粘连在一起。高 4.2、口径 21、底径 11.6 厘米（图一〇九，2；图版四一，3）。

II 式　2 件。腹较 I 式浅。内底平坦，腹壁外倾。内侧口沿下饰一组弦纹，内底心两组弦纹间刻划双层莲瓣纹，莲瓣较瘦长，中间有二根筋脉。

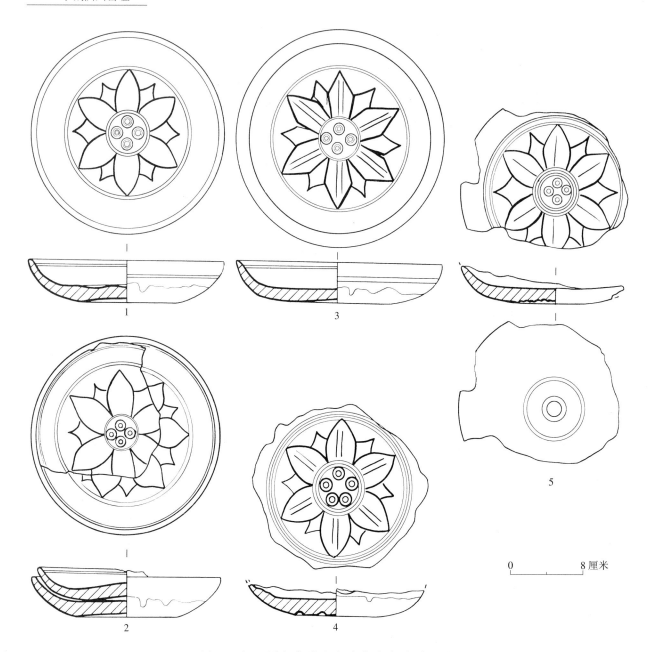

图一〇九　罗湖寺前山窑址出土瓷莲瓣纹盘

1. I式（T9④：51）　2. I式（T9④：55）　3. II式（T9④：52）　4. II式（T7④：5）　5. III式（T8④：150）

　　标本 T9④：52，可复原。圆唇，腹壁外坦，斜直内收至底部。瓣肩折收，瓣顶较尖。内底心布四个有三重线组成的同心圆纹。灰白色胎。青泛白色釉。高 4.2、口径 22.8、底径 12 厘米（图一〇九，3；图版四一，4）。

　　标本 T7④：5，口沿部残。底部较平，外底面有二周凹槽。莲瓣肩部圆弧，瓣顶较尖，内底心布五个由二重线组成的同心圆纹。砖红色胎。生烧，釉色不显。残高 2.7、底径 9 厘米（图一〇九，4）。

　　III式　1件。内底微弧，腹壁弧内收。

　　标本 T8④：150，口沿部残。内底宽平，小平底内凹。内侧口沿下饰二道凹弦纹，内底二组弦纹间剔刻双层莲瓣纹，莲瓣内有一根筋脉，瓣顶较尖，瓣肩圆弧收，内组弦纹内戳印六个由二重线组成的同心圆纹。内、外底面各留五个支钉痕。深灰色胎。青泛黄色釉。高 3、底径 13.5 厘米（图一○九，5）。

17. **盘**

291 件。浅腹。依据底足的不同，可分为四型。

A 型　2 件。圆唇，敞口，腹壁斜直，大平底或大平底微内凹。灰或浅灰色胎。内壁满外壁不及底施青或青泛黄色釉。

标本 T8⑤：49，复原。浅腹，内底宽平，斜直腹壁近底部急收，大平底内凹。内底中部饰一周弦纹，内底边缘留有五个锯齿状间隔具的支痕。浅灰色胎。青泛黄色釉。高 2.2、口径 14.8、底径 12.8 厘米（图一一○，1；图版四一，5）。

B 型　276 件。小平底或小平底内凹。依据口部的差异，参考腹壁的不同，又分为五亚型。

Ba 型　59 件。圆唇或尖圆唇，坦口，弧曲腹壁。高 3.8～7、口径 11.2～17.8、底径 3.8～7.8 厘米。依腹部的深浅差异，分为四式。

Ⅰ式　45 件。腹较浅，内底宽，较平坦。内底中心和内侧口沿下各有一道凹弦纹。内、外底面或外底面留有四个支钉痕。灰、灰白、灰黄或砖红色胎。内壁满外壁半施釉，釉呈青、青泛白、灰黄或青泛黄色，釉面开细冰裂纹。

标本 T9④：68，复原。尖圆唇，口部外倾，小平底。内底留存四个支钉痕，外底留存四个支钉。灰白色胎。青泛灰色釉。高 2.3、口径 13.2、底径 6 厘米（图一一○，2）。

标本 T9④：67，复原。内部套粘三个大小相同的盘，盘之间间隔 4 个支钉。尖圆唇，腹壁上部外坦，小平底内凹。灰色胎。青泛白色釉。高 3.4、口径 14、底径 6 厘米（图一一○，3；图版四一，6）。

Ⅱ式　10 件。腹较Ⅱ式略深。小平底内凹。内、外底面或外底面留有四个支钉痕。内底中心和内侧口沿下各有一道凹弦纹。灰、深灰或砖红色胎。内壁满外壁半施釉，釉呈青或青泛黄色。釉面开细冰裂纹。

标本 T8④：143，复原。圆唇，口部外坦，腹壁弧内收，内、外底面留存四个支钉。灰色胎。青泛黄色釉。高 2.6、口径 12.8、底径 4.8 厘米（图一一○，4；图版四一，7）。

Ⅲ式　3 件。腹较Ⅱ式深。砖红或灰泛紫色胎。内、外腹壁半施青黄色釉，釉面开细冰裂纹。胎釉间涂灰白色化妆土。

标本 T2②A：68，复原。圆唇，口部微内倾，上腹壁较直，腹壁中部以下急弧内收至底，小平底内凹。灰泛紫色胎。外壁釉下线有积釉痕。高 3.4、口径 14.5、底径 5.6 厘米（图一一○，5）。

Ⅳ式　1 件。腹较Ⅲ式深，内底圆弧。

标本 T4②A：18，复原。圆唇，上腹壁较直，外倾，下腹壁弧内收，小平底内凹。灰色胎。内、外腹壁半施青黄色釉，釉面开细冰裂纹，胎釉间涂灰白色化妆土。高 3.2、口径 11.2、底径 3.6 厘米（图一一○，6）。

Bb 型　105 件。圆唇或尖圆唇，敞口，折腹。上腹壁斜直，下腹壁弧内收，内底下凹，小平底或小平底内凹。内、外腹壁半施釉，釉面开细冰裂纹，胎釉间涂灰白色化妆土。高 2.7～5.6、口径 11.6～18.6、底径 3.6～7.5 厘米。依腹的深浅差异，分为四式。

Ⅰ式　46 件。腹较深，外壁折腹处有一条凸棱线。内底施二或三组弦纹。灰、深灰、砖红或

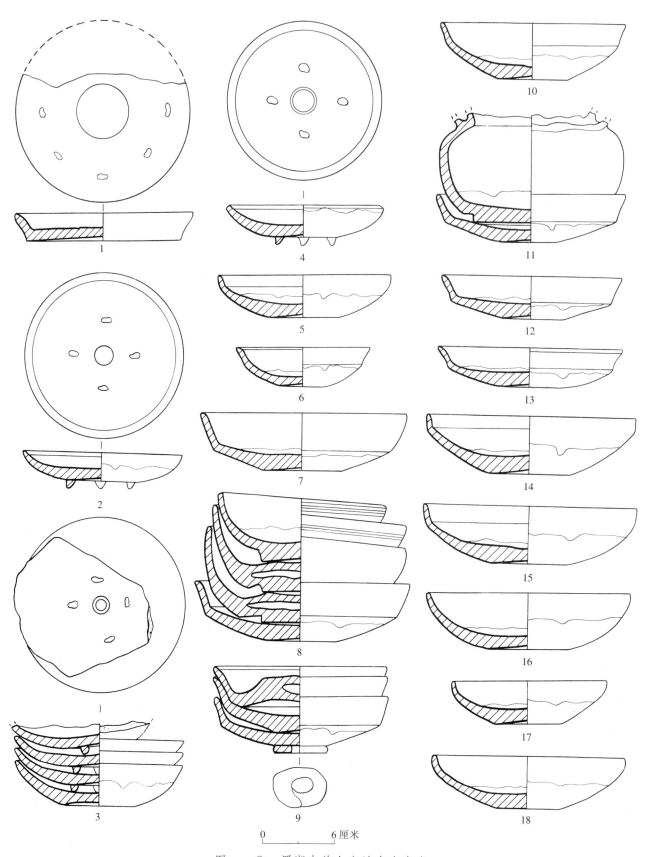

图一一〇　罗湖寺前山窑址出土瓷盘

1. A 型（T8⑤：49）　　2. Ba 型 I 式（T9④：68）　　3. Ba 型 I 式（T9④：67）　　4. Ba 型 II 式（T8④：143）　　5. Ba 型 III
式（T2②A：68）　　6. Ba 型 IV 式（T4②A：18）　　7. Bb 型 I 式（T3②B：131）　　8. Bb 型 I 式（T6④：12）　　9. Bb 型
I 式（T6③：76）　　10. Bb 型 II 式（T6②B：30）　　11. Bb 型 III 式（T5②B：1）　　12. Bb 型 III 式（T2②A：84）　　13. Bb
型 IV 式（T4②B：3）　　14. Bc 型 I 式（Y1①：190）　　15. Bc 型 II 式（Y1①：168）　　16. Bc 型 III 式（T2②A：72）
17. Bd 型 I 式（Y1①：194）　　18. Bd 型 I 式（Y1①：187）

灰泛紫色胎。青、青泛黄、青泛褐、青褐、黄褐、青泛深黄、青灰或青泛灰色釉，釉整体较深，以青褐色为主。

标本 T3②B：131，复原。圆唇，上腹壁外敞，下腹壁斜直内收，小平底内凹。灰色胎。青泛褐色釉。高4.6、口径17.2、底径6.4厘米（图一一〇，7）。

标本 T6④：12，复原。内部粘存三个假圈足碗，外侧口沿下饰一组弦纹，下面二件内底可见气泡。器物之间用细砂间隔。尖圆唇，口部外倾，下腹壁微弧内收，内底显平，小平底内凹。灰色胎。青褐色釉。高4.6、口径18、底径5.6厘米（图一一〇，8；图版四一，8）。

标本 T6③：76，复原。内部套烧二个小平底盘，最上面的盘内底有大气泡。外底面粘一个扁平环状垫圈。圆唇，上腹壁外倾，中间微内弧，下腹壁斜直收，小平底。灰色胎。青褐色釉。高3.8、口径14.4、底径4.8厘米（图一一〇，9）。

Ⅱ式 14件。腹较Ⅰ式略浅，内底下凹。灰、深灰、灰泛紫或砖红色胎。青褐或黄褐色釉。

标本 T6②B：30，复原。尖圆唇，上腹壁外倾，中部圆弧折，下腹壁斜直内收至底，小平底内凹。灰色胎。青褐色釉。高4.4、口径15.2、底径5.6厘米（图一一〇，10）。

Ⅲ式 40件。腹较Ⅱ式浅，器形较Ⅱ式矮。灰泛紫、深灰、灰或砖红色胎。黄褐、青泛褐、青褐、青泛黄、青黄、青泛灰、黄灰或青灰色釉，以青褐色为主。有的内底饰一道凹弦纹。

标本 T5②B：1，复原。内部粘存一件青褐色釉假圈足双唇罐，罐口沿残且压塌变形。圆唇，口部外倾，上腹壁较直，下腹部微弧收，内底中心下凹，小平底内凹。灰泛紫色胎。青褐色釉。高3.9、口径15.6、底径4.4厘米（图一一〇，11；图版四二，1）。

标本 T2②A：84，复原。尖圆唇，口部外倾，上腹壁较直，中间微内弧收，下腹壁斜直，中间弧收，内底较宽，小平底内凹。灰泛紫色胎。黄褐色釉。高3.4、口径14.8、底径4.8厘米（图一一〇，12）。

Ⅳ式 5件。上腹壁较Ⅲ式外倾更甚，腹较Ⅲ式浅。灰或灰泛紫色胎。青黄或酱褐色釉。

标本 T4②B：3，复原。尖圆唇，腹壁自口沿至底部逐渐变厚，下腹壁内收，中间外弧，小平底内凹。灰泛紫色胎。青黄色釉。高3.2、口径15.2、底径4.8厘米（图一一〇，13；图版四二，2）。

Bc型 29件。侈口或口微外侈，圆唇，曲弧腹壁，小平底内凹。内、外腹壁半施釉，釉面开细冰裂纹。胎釉间涂一层灰白色化妆土。高3.3~5.4、口径13.5~17.5、底径5~7.8厘米。依腹部的差异，分为三式。

Ⅰ式 8件。腹较深。下腹壁内收。砖红或灰色胎。黄褐、青或青泛黄褐色釉。

标本 Y1①：190，复原。口部外倾，上腹壁较直，中腹以下斜直内收，内底下凹，中心较平。深灰色胎。青泛黄色釉。高4.6、口径17.2、底径6.4厘米（图一一〇，14；图版四二，3）。

Ⅱ式 4件。腹较Ⅰ式浅，下腹壁外坦，圆唇，内底较宽。有的内底粘一个扁平垫圈。灰、砖红或灰泛紫色胎。青灰或青褐色釉。

标本 Y1①：168，复原。口部外倾，上腹壁较直，腹壁中下部斜弧内收，内底较宽。深灰色胎。青黄色釉。高4.6、口径17.6、底径6.4厘米（图一一〇，15；图版四二，4）。

Ⅲ式 17件。腹较Ⅱ式浅。腹壁上半部较直，口部略内倾，内底较平。灰泛紫灰、砖红或深灰色胎。青泛黄或青黄色釉。

标本 T2②A：72，复原。口部内倾，上腹壁略直，腹壁中部以下渐弧内收，内底较宽平。砖红色胎。生烧，青褐色釉。高 4.4、口径 16.8、底径 6.8 厘米（图一一〇，16；图版四二，5）。

Bd 型　34 件。圆唇，直口，腹壁上部较直，下腹壁曲弧内收，小平底内凹。内、外腹壁半施釉，釉面开细冰裂纹。胎釉间涂灰白色化妆土。高 2.8 ~ 5.7、口径 11.2 ~ 17.8、底径 4.6 ~ 7 厘米。依腹部的差异，分为二式。

Ⅰ 式　11 件。腹较浅，下腹壁内收。灰泛紫、砖红、灰或深灰色胎。青黄、青褐或黄青色釉。

标本 Y1①：194，复原。口部微内倾，上腹壁较直，下部微弧内收。深灰色胎。青黄色釉。高 3.4、口径 12.8、底径 5.6 厘米（图一一〇，17；图版四二，6）。

标本 Y1①：187，复原。内底中心较平，腹壁中部以下内收。灰色胎。青黄色釉。高 4.2、口径 16、底径 5.2 厘米（图一一〇，18；图版四二，7）。

Ⅱ 式　23 件。腹较 Ⅰ 式深。灰、深灰、砖红或灰泛紫色胎。黄、青泛黄、青黑、青黄或青灰色釉。有的内底饰二组弦纹。

标本 T6②A：10，复原。口部内倾，上腹壁较直，中腹壁以下渐弧内收。砖红色胎。生烧，釉色不显。高 3.6、口径 14、底径 4.8 厘米（图一一一，1；图版四二，8）。

Be 型　49 件。敛口，唇部内折，折肩，曲弧腹壁，小平底内凹。内、外腹壁半施釉，釉面开冰裂纹，胎釉间涂灰白色化妆土。高 4.8 ~ 7.2、口径 12.2 ~ 18、底径 3 ~ 6 厘米。依腹部的差异，分为三式。

Ⅰ 式　20 件。腹较深。口部内折，肩部以下渐弧内收。砖红、深灰、灰或灰泛紫色胎。青褐、青黄、青泛黄、青、青泛褐或黄青色釉。十件内底饰二组弦纹，十件内底饰三组弦纹。

标本 Y1③：181，复原。内底饰二组弦纹。深灰色胎。青泛黄色釉。高 4.8、口径 16.6、底径 6 厘米（图一一一，2；图版四三，1）。

标本 T5③：67，复原。内部粘存 4 件器物，从下往上依次为假圈足碗、小平底盘、假圈足碗、假圈足碗等，器物之间用细沙间隔。最上面的碗内底有气泡。深灰色胎。青泛褐色釉。高 5、口径 16.8、底径 5 厘米（图一一一，3；图版四三，2）。

标本 T5③：70，复原。灰泛紫色胎。青泛黄色釉。高 4.4、口径 16.4、底径 6.4 厘米（图一一一，4；图版四三，3）。

Ⅱ 式　20 件。腹较 Ⅰ 式浅，腹壁外坦。灰、砖红、深灰或灰泛紫色胎。青泛褐、青泛黄、青或青褐色釉。

标本 T3②B：127，复原。内底粘存一块青釉残瓷片。灰色胎。青泛褐色釉。高 4.2、口径 16、底径 6.4 厘米（图一一一，5）。

标本 T5③：71，复原。内底饰二组弦纹，内壁口沿下有一组弦纹。灰泛紫色胎。青色釉。高 4.2、口径 16.8、底径 6.8 厘米（图一一一，6）。

Ⅲ 式　9 件。腹较 Ⅱ 式浅。砖红、灰或深灰色胎。青褐、深青、青黄或青泛黄色釉。内底中部施二组弦纹，内壁口沿下施一组弦纹。

标本 T3②B：124，复原。内底中间下凹，小平底中部有一道凹槽。灰色胎。深青色釉。高 4.4、口径 17、底径 6.8 厘米（图一一一，7；图版四三，4）。

C 型　9 件。圆唇或尖圆唇，折或弧曲腹壁，假圈足内凹。依据口唇的不同，又分为三亚型。

Ca 型　1 件。圆唇，口微内敛，浅弧腹壁。腹特浅。

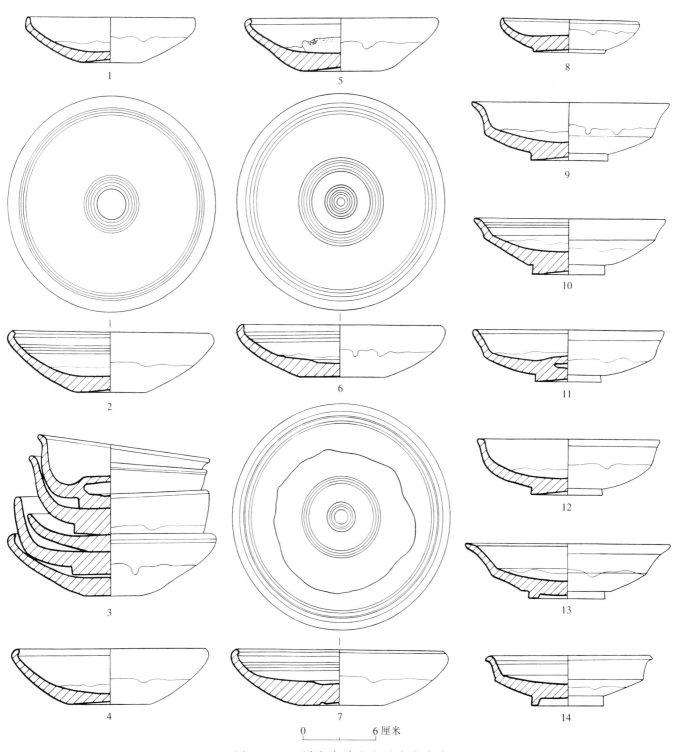

图一一一 罗湖寺前山窑址出土瓷盘

1. Bd 型Ⅱ式（T6②A∶10） 2. Be 型Ⅰ式（Y1③∶181） 3. Be 型Ⅰ式（T5③∶67） 4. Be 型Ⅰ式（T5③∶70）

5. Be 型Ⅱ式（T3②B∶127） 6. Be 型Ⅱ式（T5③∶71） 7. Be 型Ⅲ式（T3②B∶124） 8. Ca 型（T7⑥∶41）

9. Cb 型Ⅰ式（T1②∶18） 10. Cb 型Ⅱ式（T1②∶15） 11. Cb 型Ⅲ式（T2②A∶96） 12. Cc 型（T3②B∶126）

13. D 型Ⅰ式（T1③∶9） 14. D 型Ⅱ式（T2②A∶64）

标本 T7⑥：41，复原。口部微内倾，上腹壁较直，腹壁中下部斜弧内收，内底较平。内底中心和内侧口沿下各有一道凹弦纹。外底面留有四个支钉痕。灰黄色胎。内壁满外壁半施青黄色釉，釉面开细冰裂纹。高 2.6、口径 11.6、足径 6 厘米（图一一一，8；图版四三，5）。

Cb 型　7 件。敞口，圆唇，内底圆弧，折腹。内、外腹壁半施釉，外腹壁与底足交接处有一周旋削痕。高 3～4.8、口径 15～16.4、底径 4～6.4 厘米。依腹部的深浅差异，分为三式。

Ⅰ式　3 件。腹较深。灰或砖红色胎。青黑色釉。

标本 T1②：18，复原。唇沿外撇，上腹壁中间内弧收，下腹壁微弧收，内底圆弧。灰色胎。高 4.6、口径 16.4、足径 6.4 厘米（图一一一，9）。

Ⅱ式　2 件。腹较Ⅰ式浅，器形较Ⅰ式矮。灰泛紫或砖红色胎。青泛褐色釉。有的足面有三道弦纹。

标本 T1②：15，复原。尖圆唇，唇沿外撇，上腹壁中间内弧收，折腹明显，假圈足较高。腹壁与底足交界处有一周旋削痕。砖红色胎。生烧，釉色不显。高 4.4、口径 16、足径 6 厘米（图一一一，10；图版四三，6）。

Ⅲ式　2 件。腹较Ⅱ式浅，口部较Ⅱ式内收。深灰或灰泛紫色胎。青黄或黄褐色釉。

标本 T2②A：96，复原。腹壁上部较直，折腹以下斜直内收。内底有一气泡。深灰色胎。黄褐色釉。高 4.2、口径 16、足径 5.2 厘米（图一一一，11）。

Cc 型　1 件。直口，方唇，曲弧腹壁，假圈足内凹。

标本 T3②B：126，复原。腹深。唇沿稍外撇，内底弧凹，上腹部较直，中部圆折，下腹内弧收至底，假圈足内凹。外底足面粘扁平垫圈。灰泛紫色胎。内、外腹壁半施黄褐色釉。釉，釉面开细冰裂纹，胎釉间涂灰白色化妆土。高 4.4、口径 15.2、足径 6 厘米（图一一一，12；图版四三，7）。

D 型　4 件。敞口，圆唇，折腹，圈足。内、外腹壁半施釉。高 3.6～4.4、口径 14～17.2、底径 5.2～6.4 厘米。依腹部的差异，分为二式。

Ⅰ式　3 件。腹较深。灰泛紫色胎。青黑、青泛褐或青泛黄色釉。

标本 T1③：9，复原。唇沿外撇，口部外倾，上腹壁中间内弧收，腹中部折收，下腹壁斜直内收，圈足足墙较直，腹壁与底足交界处有一周旋削痕。青黑色釉。高 4.4、口径 17.2、底径 6.4 厘米（图一一一，13）。

Ⅱ式　1 件。腹较Ⅰ式浅。

标本 T2②A：64，复原。上腹部较直，口部外撇，下腹壁微弧内收。灰色胎。青褐色釉。高 4、口径 14、底径 6 厘米（图一一一，14）。

18. 碟

6 件。敞口，弧曲腹壁，尖圆唇，唇沿外斜折，假圈足内凹或圈足。外壁与底足交接处有一周旋削痕。内壁满外壁半施釉。胎釉间涂灰白色化妆土。依腹的深浅差异，分为二式。

Ⅰ式　4 件。腹较浅。假圈足内凹。灰或砖红色胎。青黄色釉。

标本 T1②：23，复原。腹壁上部外倾，下腹壁浅弧收。灰色胎。高 4、口径 12.4、足径 5.2 厘米（图一一二，1；图版四三，8）。

Ⅱ式　2 件。腹较Ⅱ式深，腹壁中部外弧鼓，圈足。灰或深灰色胎。黄褐或青褐色釉。

标本 T2②A：59，复原。腹壁上部较直，下壁渐弧内收，足墙外撇。深灰色胎，青褐色釉。

图——二　罗湖寺前山窑址出土瓷碟、高足杯、把杯、杯

1. Ⅰ式（T1②：23）　2. Ⅱ式（T2②A：59）　3. A型Ⅰ式（T8④：187）　4. A型Ⅱ式（T8④：182）　5. B型（T8③：254）　6. C型Ⅰ式（T8③：253）
7. A型Ⅱ式（T8④：166）　8. A型Ⅲ式（T6②A：12）　9. C型Ⅱ式（T8③：255）　10. D型（T6②B：47）　11. A型（T5②B：10）　12. B型（T5③：
121）　13. A型Ⅰ式（T8⑤：66）　14. A型Ⅱ式（T8④：289）　15. A型Ⅲ式（T8④：194）　16. A型Ⅳ式（T8④：193）　17. A型Ⅴ式（T8③：303）
18. A型Ⅴ式（T9②：178）　19. A型Ⅵ式（T8④：140）　20. A型Ⅵ式（T3②A：28）　21. A型Ⅶ式（T6③：89）　22. A型Ⅶ式（T6③：98）
23. A型Ⅷ式（T1③：40）　24. A型Ⅷ式（Y1①：246）　25. A型Ⅸ式（Y1①：251）　26. A型Ⅸ式（T2②A：114）　27. B型Ⅰ式（T8④：221）
28. B型Ⅱ式（T8④：191）　29. B型Ⅱ式（T7⑥：63）　30. B型Ⅲ式（T1④：5）　31. B型Ⅲ式（T8④：189）　32. B型Ⅳ式（T8④：220）

高4、口径10.8、足径5.2厘米（图一一二，2；图版四四，1）。

19. **高足杯**

45件。器形大小不一，喇叭状把足。内壁满外腹壁至底足缘施釉。依口唇的不同，可分为四型。

A型　40件。侈口，圆唇，深腹，足把较细。有的内、外侧口沿下各饰一至三道弦纹。釉面开细冰裂纹。高8.8~11.2、口径9.4~10.8、足径6~8厘米。依腹部的差异，分为三式。

Ⅰ式　27件。深腹。口部略外倾，腹壁较直，足沿外折。灰、砖红或深灰色胎。深青、青泛黄或青色釉。

标本T8④：187，复原。杯口较宽大。灰色胎。深青色釉。高9.6、口径10、足径6.6厘米（图一一二，3；图版四四，2）。

Ⅱ式　12件。腹较Ⅰ式深，足把较Ⅰ式细高，口径部变小。有的外壁装饰纹样。灰、深灰或砖红色胎。青、青泛黄、深青或灰黄色釉。

标本T8④：182，复原。杯口略小，上腹部外倾，腹壁中微内弧收。内侧口沿下饰一道凹弦纹。灰色胎。深青色釉。高11.1、口径9、足径7.5厘米（图一一二，4）。

标本T8④：166，足把残。外侧口沿二道弦纹下饰一周菊瓣纹。灰色胎。青泛黄色釉，残高6.3、口径8.1厘米（图一一二，7）。

Ⅲ式　1件。足把较Ⅱ式细矮，足把中部有一周凸棱。

标本T6②A：12，口沿部残。腹壁内收，腹较深，足沿外撇。灰色胎。青黄色釉，有积釉痕。残高6.2、足径4.8厘米（图一一二，8）。

B型　1件。

标本T8③：254，复原。直口，圆唇，腹壁中上部较直，下部渐弧收，深腹，内底宽平，把足矮粗，足沿外折平伸。灰色胎。青泛黄色釉。高7、口径8.8、足径6厘米（图一一二，5；图版四四，3）。

C型　3件。敛口，圆唇，曲壁。杯口较大，腹较浅，似钵状，底部粘喇叭状把足，足把粗大，足沿外折平伸较短，足把上施四至八道弦纹。胎釉间涂灰白色化妆土。有的内壁戳印花纹，主要是各式宝相花和松枝纹。高7.2~7.4、口径10~11.6、足径7.4~7.6厘米。依腹部的深浅差异，分为二式。

Ⅰ式　1件。把足粗。腹较浅。

标本T8③：253，复原。上腹壁较直，下腹壁急弧内收。足把饰七道弦纹。内壁和内底心的二组弦纹间戳印六朵相同的宝相花，花纹均匀分布。灰色胎。过烧，釉色不显。高7.2、口径11.2、足径7.6厘米（图一一二，6；图版四四，4）。

Ⅱ式　2件。足把较Ⅰ式高细，腹较Ⅰ式深。灰色胎。青泛黄或青泛白色釉。内壁和内底心的弦纹间戳印二种不同的花纹。

标本T8③：255，口沿残。口部内倾，上腹部内弧收，下腹部渐弧收。足把饰六道弦纹。内底二组弦纹间留存一朵松枝叶纹和二朵宝相花纹。青泛黄色釉。高7.4、口径11.6、足径7.6厘米（图一一二，9）。

D型　1件。

标本T6②B：47，足把残。敛口，圆唇，唇沿外卷，圆鼓腹壁，内底较平。腹中部饰一道凹弦纹。灰色胎。青褐色釉，釉多剥落。残高5.2、口径8厘米（图一一二，10）。

20. 把杯

2件。在杯腹一侧贴"σ"字形把。依腹壁及口沿形态的不同，可分为二型。

A型　1件。

标本T5②B：10，口沿及把手均残。但由附近窑址所出土的同类器形判断，其形态为圆唇，敞口，口部外倾，斜弧腹壁，下腹壁折收，腹中上部一侧设一个"σ"字形把手，假圈足内凹，足墙弧鼓。外腹壁与底足交接处有一周较宽的旋削痕面。外腹壁中部施一道凹弦纹。灰泛紫色胎。内壁满外腹壁不及底施青黄色釉，胎釉间涂灰白色化妆土，釉多剥落。残高4.8、足径3.4厘米（图一一二，11）。

B型　1件。

标本T5③：121，复原。敛口，圆唇，唇沿外卷，弧鼓腹壁，假圈足内凹，足墙直。腹壁上部一侧塑一个"σ"字形把手。外腹壁与底足交接处有一周较宽的旋削台面。灰白色胎。过烧，釉色不显，胎釉间施灰白色化妆土。高5.2、口径6.8、足径4厘米（图一一二，12；图版四四，5）。

21. 杯

448件。曲腹壁，假圈足，腹浅。制作规整。依口唇的不同，可分为六型。

A型　220件。圆唇，敛口或口微敛，曲壁。假圈足或假圈足内凹。釉面开细冰裂纹。高3.4~6.4、口径6.8~10.4、足径2.8~6.2厘米。依腹部的差异，分为九式。

Ⅰ式　3件。腹较浅，壁外弧鼓。假圈足内凹。外侧口沿下饰一道弦纹，内底周边有一道凹槽。灰色胎。内壁满外壁不及底施青色釉。

标本T8⑤：66，复原。口部略内倾，上腹壁较直，足墙内收。内底粘窑渣。高4.8、口径8.8、足径5厘米（图一一二，13）。

Ⅱ式　5件。腹壁外弧，内底较宽平。假圈足。灰色胎。内壁满外壁不及底施青色釉。

标本T8④：289，复原。口部内倾，敛口，下腹壁外鼓。高3.6、口径6.8、足径2.8厘米（图一一二，14）。

Ⅲ式　5件。腹较Ⅱ式深，上腹壁较直，下腹壁内收较Ⅱ式甚。假圈足。外侧口沿下饰一组弦纹。灰或砖红色胎。内壁满外壁不及底施青色釉。

标本T8④：194，复原。下腹壁外弧鼓，内底宽平，假圈足足墙外撇。砖红色胎。生烧，釉色不显。高5.2、口径7.4、足径3.6厘米（图一一二，15）。

Ⅳ式　10件。腹较Ⅲ式深，下腹较Ⅲ式宽。外侧口沿下饰一组弦纹。外壁与底足交接处有一周窄的旋削痕。假圈足内凹，有的足面有旋削痕。灰、灰白或砖红色胎。内壁满外壁不及底施青、青泛黄或青泛白色釉。

标本T8④：193，复原。口部内倾，上腹壁较直，下腹部弧内收，内底圆弧，足墙高直。灰色胎。青泛黄色釉。高5.8、口径9.2、足径3.2厘米（图一一二，16；图版四四，6）。

Ⅴ式　20件。腹较Ⅳ式浅，器显矮胖。假圈足内凹。外侧口沿下饰一组弦纹。灰、灰白或砖红色胎。内壁满外壁不及底青、青泛白或青泛黄色釉。胎釉间涂灰白色化妆土。

标本T8③：303，复原。口部略内倾，腹壁中部外弧鼓，内底平，足墙直。外腹壁戳印二周由二个圆圈组成重圈纹。灰色胎。青泛白色釉。高5.2、口径8、足径3.6厘米（图一一二，17）。

标本T9②：178，复原。口部内倾，下腹部缓收，足面有旋削痕。灰色胎。青泛白色釉。高5、口径8.4、足径3.6厘米（图一一二，18）。

Ⅵ式　55件。腹较Ⅴ式浅，下腹部较Ⅴ式宽。外腹壁与底足交接处有一周旋削台面。外侧口沿下饰一组弦纹。砖红、灰、深灰或灰泛紫色胎。内、外壁半施或内壁满外壁半施釉，釉呈青褐、青泛黄、青、青泛褐或青黑色，胎釉间涂灰白色化妆土。

标本T8④：140，复原。上腹部较直，下腹部急内收，假圈足内凹，足面有旋削痕。灰色胎。青黑色釉。高5.2、口径9.6、足径3.6厘米（图一一二，19）。

标本T3②A：28，复原。口部略内倾，中部微外鼓，下部内收，假圈足内凹。灰色胎。青泛褐色釉。高5、口径9.2、足径4厘米（图一一二，20）。

Ⅶ式　54件。腹较Ⅵ式浅，内底较Ⅵ式宽。外腹壁与底足交接处有一周旋削台面。假圈足内凹。灰、灰白、砖红、灰泛紫或深灰色胎。内、外壁半施或内壁满外壁半施釉，釉呈黄褐、青泛褐、青褐、青泛灰、深青或黄色。胎釉间涂灰白色化妆土。

标本T6③：89，复原。口部外倾，下部内收，足墙较直。灰色胎。内壁满外壁半施青泛黄色釉。高4.6、口径8.8、足径3.6厘米（图一一二，21）。

标本T6③：98，复原。口部外倾，下腹壁斜内收，足墙外撇。灰泛紫色胎。内壁满外壁半施青褐色釉。高5.2、口径10、足径4厘米（图一一二，22）。

Ⅷ式　53件。腹较Ⅶ式深，内底较Ⅶ式宽平，底足较大。外壁与底足交接处有一周旋削台面。假圈足，有的足面留存旋削痕。灰泛紫、灰、砖红或深灰色胎。内壁满外壁不及底施青泛褐、青泛黄、灰青、青褐、青黄或青黑色釉。胎釉间涂灰白色化妆土。

标本T1③：40，完整。口部内倾，中腹部外弧，下腹壁弧收，足墙较直，内底较平。灰泛紫色胎。青泛黄色釉。高4.6、口径8.2、足径4厘米（图一一二，23；图版四四，7）。

标本Y1①：246，完整。口部内倾，下腹壁弧收，足墙微外撇。深灰色胎。青黑色釉。高4.6、口径8、足径4.4厘米（图一一二，24）。

Ⅸ式　15件。腹较Ⅷ式浅，内底较Ⅷ式宽平，底足较Ⅷ式大。外腹壁与底足交接处有一周旋削台面。假圈足内凹。灰、深灰或砖红色胎。内壁满施外壁不及底施深青色釉。胎釉间涂灰白色化妆土。

标本Y1①：251，复原。上腹部较直，下腹微内收。砖红色胎。生烧，釉色不显。高4.8、口径8、足径4.6厘米（图一一二，25；图版四四，8）。

标本T2②A：114，完整。口部微内倾，弧腹壁上、下内收，中部外弧鼓。灰色胎。高4.6、口径8.4、足径4.8厘米（图一一二，26）。

B型　78件。直口，圆唇，斜直或微弧壁。假圈足或假圈足内凹。釉面开细冰裂纹。高3.8～6.8、口径6.4～10.2、足径2.2～4.8厘米。依腹部的深浅差异，分为八式。

Ⅰ式　11件。浅腹。上腹壁较直，下腹壁斜内收。假圈足。红黄、灰或砖红色胎。内壁满外壁不及底施青色釉。有的内底存支钉痕。

标本T8④：221，复原。下腹部外鼓，近底急内收。外侧口沿下饰一道弦纹。灰色胎。高3.8、口径7、足径2.8厘米（图一一二，27）。

Ⅱ式　20件。腹较Ⅰ式深，下腹壁较Ⅰ式内收。假圈足。外侧口沿下施一组弦纹，有的外腹壁施弦纹。灰、灰白、灰黄、灰泛紫、砖红或深灰色胎。内壁满外壁不及底施青黄、灰青或青泛黄色釉。

标本T8④：191，复原。内部粘存圆唇直口假圈足杯。中下腹壁缓弧收。灰色胎。青色釉。高5、口径8.4、足径3.6厘米（图一一二，28）。

标本T7⑥：63，复原。口部略内倾，中腹壁略外鼓，下腹部内收。灰白胎。青色釉。高4.8、口径7.2、足径3厘米（图一一二，29；图版四五，1）。

Ⅲ式　2件。腹较Ⅱ式深，下腹内收，内底圆弧，显窄瘦。灰或黄色胎，内、外壁不及底施青色釉。

标本T1④：5，复原。口部内倾，腹壁缓弧收，假圈足，足小而高。黄色胎。生烧，釉色不显。高6、口径8.8、足径2.4厘米（图一一二，30；图版四五，2）。

标本T8④：189，复原。假圈足内凹很深。外侧口沿下饰弦纹。灰色胎。青色釉。高6.7、口径10、足径3.2厘米（图一一二，31；图版四五，3）。

Ⅳ式　1件。内底较Ⅲ式略宽。

标本T8④：220，复原。口部内倾，假圈足内凹较深，似圈足，内底下凹。外侧口沿下饰二道弦纹，外腹中部饰一道凹弦纹。灰色胎。内、外壁不及底施青泛黄色釉。高6.6、口径8.8、足径3.6厘米（图一一二，32）。

Ⅴ式　9件。内底较Ⅳ式宽，腹壁较Ⅳ式直。外侧口沿下饰一组弦纹，外腹壁与底足交接处有一周窄旋削痕。有的外底足面存有旋削痕。灰色胎。内壁满外壁不及底施青或青泛白色釉，胎釉间涂灰白色化妆土。

标本T9②：182，复原。内底较宽，足墙外撇，假圈足内凹。青泛白色釉。釉面有很多棕眼、气泡。高6、口径8.8、足径3.6厘米（图一一三，1；图版四五，4）。

Ⅵ式　14件。腹较Ⅴ式浅，下腹部外弧鼓，内底较Ⅴ式宽，器形矮胖。外腹壁与底足交接处有一周窄的旋削痕。假圈足内凹。外侧口沿下饰一组弦纹。灰或砖红色胎，内壁满外壁不及底施青、青泛白或黄泛青色釉，胎釉间涂灰白色化妆土。

标本T8③：278，复原。上腹壁直，下腹部缓收，内底较平，足墙较直。灰色胎。青泛白色釉。高5.1、口径8.8、足径3.4厘米（图一一三，2）。

Ⅶ式　9件。腹较Ⅵ式浅，内底较Ⅵ式宽，足较大。外腹壁与底足交接处有一周宽旋削台面。有的假圈足足面见旋削痕。灰、深灰或砖红色胎。内壁满外壁不及底施青泛黄、深青或青黄色釉，胎釉间涂灰白色化妆土。

标本Y1①：257，复原。口部内倾，足墙较直。灰色胎。青泛黄色釉。高4.4、口径8.8、足径4.4厘米（图一一三，3）。

Ⅷ式　12件。造型与Ⅶ式略同，内底较Ⅶ式宽平，下腹较宽胖。假圈足。外腹壁与底足交接处有一周较宽的旋削台面。灰泛紫、砖红或灰色胎。内壁满外壁不及底施青褐、青黄、青或青泛黄色釉。胎釉间涂灰白色化妆土。

标本T7②：26，复原。上腹部略内倾，中部外鼓，下腹部内缓收，假圈足较高。灰泛色胎。青褐色釉。高4.8、口径8、足径4.4厘米（图一一三，4；彩版一四，4）。

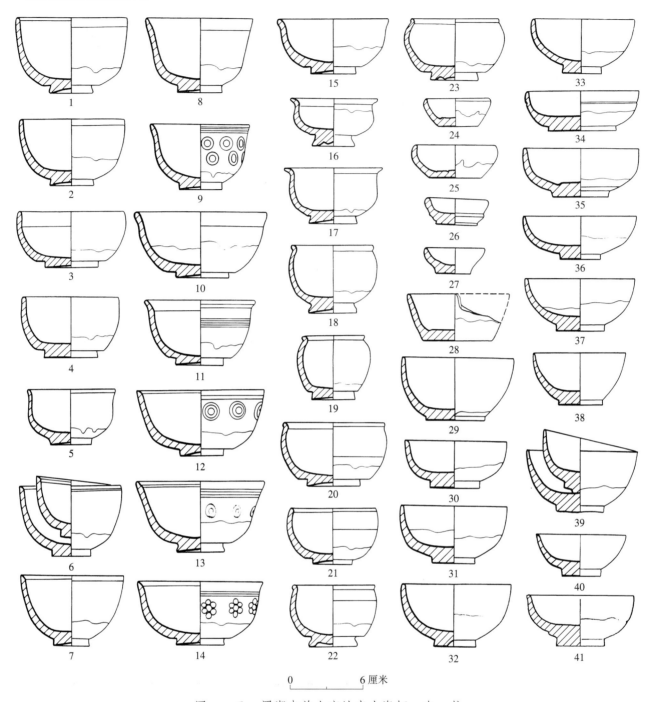

0 ——— 6厘米

图一一三 罗湖寺前山窑址出土瓷杯、盅、盏

1. 杯B型Ⅴ式（T9②：182） 2. 杯B型Ⅵ式（T8③：278） 3. 杯B型Ⅶ式（Y1①：257） 4. 杯B型Ⅷ式（T7②：26）

5. 杯C型Ⅰ式（T8④：197） 6. 杯C型Ⅱ式（T8④：196） 7. 杯C型Ⅱ式（T8④：201） 8. 杯C型Ⅲ式（T7⑤：28）

9. 杯C型Ⅳ式（T7③：40） 10. 杯C型Ⅴ式（T6③：105） 11. 杯C型Ⅴ式（T6④：62） 12. 杯C型Ⅴ式（T8②：122） 13. 杯C型Ⅴ式（T8②：143） 14. 杯C型Ⅴ式（T8②：161） 15. 杯C型Ⅵ式（T6④：63） 16. 杯D型Ⅰ式（T3②B：135） 17. 杯D型Ⅱ式（T2②A：111） 18. 杯E型Ⅰ式（T5③：120） 19. 杯E型Ⅱ式（T2②A：110）

20. 杯F型Ⅰ式（Y1①：225） 21. 杯F型Ⅱ式（T2②A：112） 22. 杯F型Ⅱ式（T7②：29） 23. 杯F型Ⅱ式（Y1①：241）

24. 盅A型Ⅰ式（H2：20） 25. 盅A型Ⅱ式（T8⑤：106） 26. 盅B型Ⅰ式（T7④：84） 27. 盅B型Ⅱ式（T8③：324）

28. 盅C型（T5③：107） 29. 盏Aa型Ⅰ式（H2：19） 30. 盏Aa型Ⅱ式（T9②：196） 31. 盏Aa型Ⅲ式（T8：230） 32. 盏Aa型Ⅳ式（Y1①：235） 33. 盏Aa型Ⅳ式（T7④：24） 34. 盏Ab型Ⅰ式（T1⑤：36） 35. 盏Ab型Ⅱ式（T8⑤：61） 36. 盏Ab型Ⅲ式（T8④：243） 37. 盏Ab型Ⅳ式（T8④：278） 38. 盏Ab型Ⅴ式（T8④：38）

39. 盏Ab型Ⅴ式（T8④：233） 40. 盏Ab型Ⅵ式（T9④：86） 41. 盏Ab型Ⅶ式（T2②A：132）

C 型　129 件。侈口，圆唇，弧腹壁，假圈足或假圈足内凹。釉面开细冰裂纹。高 3.6 ～ 7.2、口径 6.6 ～ 12、足径 2.6 ～ 5 厘米。依腹部的差异，分为六式。

Ⅰ式　10 件。浅腹。上腹壁稍直，内底较宽。有的腹部饰弦纹。内底无釉者有 3 个支钉痕。灰或灰黄色胎，青或青泛黄色釉，内壁满外腹壁不及底或内、外腹壁不及底足施釉。

标本 T8④：197，复原。口部外倾，上腹壁微束，下腹部外鼓，外壁口沿下有一道弦纹。假圈足内凹。灰色胎。内壁满外壁不及底施釉，釉呈青色。高 4.4、口径 7.2、足径 3.5 厘米（图一一三，5）。

Ⅱ式　4 件。腹较Ⅰ式深，下腹壁较Ⅰ式内弧收。腹壁上部较直。灰色胎。内、外壁不及底或内壁满外壁不及底施青色釉。

标本 T8④：196，复原。内部粘连一个直口假圈足杯。假圈足，足墙较直。外侧口沿下饰二道弦纹。内、外腹壁不及底施釉。高 5.6、口径 8.4、足径 3.2 厘米（图一一三，6）。

标本 T8④：201，复原。上腹部较直，下腹部内弧收，假圈足内凹，足墙内收。外侧口沿下饰一道弦纹。内壁满外壁不及底施釉。高 5.6、口径 8.4、足径 2.9 厘米（图一一三，7）。

Ⅲ式　5 件。腹较Ⅱ式略深，腹壁外倾，下腹壁较Ⅱ式内收更甚。假圈足内凹。外侧口沿下饰一至二道弦纹。灰、灰黄、灰白或灰泛紫色胎。内壁满外壁不及底施青泛白或青泛黄色釉，胎釉间涂灰白色化妆土。

标本 T7⑤：28，复原。腹壁较直，足墙较直。灰白色胎。青泛白色釉。高 6、口径 8.8、足径 3.8 厘米（图一一三，8）。

标本 T7③：40（彩版一四，6）。

Ⅳ式　2 件。腹较Ⅲ式浅，腹壁外坦，下腹较宽胖。假圈足内凹。灰或灰白色胎。内壁满外壁不及底施淡青或青褐色釉，胎釉间涂灰白色化妆土。

标本 T7③：40，复原。下腹部外弧鼓，足墙较直。外侧口沿一组弦纹下戳印二组由二重线组成的圆圈纹。灰白色胎。青褐色釉。高 5.2、口径 8.4、足径 3.6 厘米（图一一三，9；图版四五，5）。

Ⅴ式　105 件。腹较Ⅳ式浅，腹壁上部外坦，内底较宽平。外腹壁与底足交接处有一周旋削台面。灰、灰泛紫、砖红、深灰或灰泛黄色胎。内、外壁不及底、内壁满外壁不及底或内、外壁半施青黄、青、青泛褐、青褐、青泛黄、青泛白或深青黄色釉，整体釉色偏深，以青泛黄、青褐色为主，胎釉间涂灰白色化妆土。

标本 T6③：105，复原。上腹壁中部微内收，中部外弧鼓，下腹浅弧收，外壁口沿下内凹。灰泛紫色胎。内、外腹壁半施青褐色釉。高 5.2、口径 11.2、足径 4.4 厘米（图一一三，10）。

标本 T6④：62，复原。外侧口沿下内凹，上腹壁微内弧，中部外弧鼓，足墙较直。外壁口沿下及腹壁中部各有一组弦纹。砖红色胎。生烧，釉色不显。高 5.2、口径 9.2、足径 4 厘米（图一一三，11）。

标本 T8②：122，复原。上腹壁较直，外坦，下腹部外弧鼓，足面有旋削痕。外侧口沿一组弦纹下饰一周由三重线组成的重圈纹。灰色胎。内壁满外壁半施黄青色釉。高 5.2、口径 10.8、足径 3.6 厘米（图一一三，12；彩版一五，1）。

标本 T8②：143，复原。口部外倾，腹壁较斜直，下腹壁内弧收，足面有旋削痕。外侧口沿一组弦纹下施一周由二重线组成的重圈纹。深灰色胎。内壁满外腹壁半施青泛黄色釉。高 5.6、口径

10.8、足径 4 厘米（图一一三，13；图版四五，6）。

标本 T8②：161，复原。口部外倾，上腹壁较直，下腹部外弧鼓，近底急内收，内底下凹，足面有旋削痕。外壁口沿一组弦纹下饰一周梅花纹。灰色胎。内壁满外壁半施青泛黄色釉。高 5、口径 10.6、足径 4 厘米（图一一三，14；彩版一五，2）。

Ⅵ式　3 件。腹较Ⅴ式浅，底足较Ⅴ式小。外壁与底足交接处有一周旋削痕。灰、砖红或灰泛紫色胎。内壁满外壁半施青黄色釉，胎釉间涂灰白色化妆土。

标本 T6④：63，复原。口部外倾，上腹壁中间内弧收，下腹部外弧鼓，内底下凹。灰泛紫色胎。高 4.4、口径 9.2、足径 3.8 厘米（图一一三，15）。

D 型　3 件。平折沿，尖圆唇，弧曲腹壁，假圈足内凹。外腹壁与底足交接处有一周旋削台面。内壁满施外壁不及底施釉。高 4~4.6、口径 7.4~9.2、足径 3.6~5 厘米。依腹部的差异，分为二式。

Ⅰ式　1 件。浅腹。

标本 T3②B：135，复原。唇沿外撇，上腹壁内凹，中腹部外弧鼓，假圈足内凹中部旋削一周凹槽，似圈足，足墙外撇。灰胎。过烧，釉色不显。高 3.8、口径 7.4、足径 3.6 厘米（图一一二，16；图版四六，1）。

Ⅱ式　2 件。腹较Ⅰ式深。灰或灰白色胎。青黄色釉。

标本 T2②A：111，复原。上腹壁较直，下内弧收，足墙外撇。灰白色胎。高 4.4、口径 8、足径 4 厘米（图一一三，17；图版四六，2）。

E 型　13 件。敛口，圆唇，唇沿外卷，腹壁微弧鼓，假圈足内凹，内底圆弧，器形显高。外腹壁与底足交接处有一周旋削台面。内满外壁不及底施釉，釉面开细冰裂纹。胎釉间涂灰白色化妆土。高 4.4~5.8、口径 5~7.3、足径 3.3~4.6 厘米。依腹的深浅差异，分为二式。

Ⅰ式　3 件。浅腹。

标本 T5③：120，完整。腹壁中部外弧鼓，足墙弧状。灰白色胎。黄褐色釉，釉晶亮。高 5.2、口径 6.8、足径 4 厘米（图一一三，18；图版四六，3；彩版一五，3）。

Ⅱ式　10 件。腹较Ⅰ式深，显瘦长。灰或灰白色胎。黄褐、青黄或青灰色釉。

标本 T2②A：110，完整。腹壁较直，微弧曲，足面有一周凹槽，底足似玉璧底状。灰色胎。青褐色釉。高 5.1、口径 5.2、足径 3.6 厘米（图一一三，19）。

F 型　5 件。敛口，小唇沿，圆鼓腹，假圈足或圈足，内底宽平，器形矮胖。外腹壁与底足有一周旋削台面。内满外壁不及底施釉，釉面开细冰裂纹，胎釉间涂灰白色化妆土。高 4.4~5.2、口径 6.6~8.6、足径 4~4.6 厘米。依腹的深浅差异，分为二式。

Ⅰ式　2 件。腹较浅。假圈足内凹，足面有二周同心圆纹。砖红色胎。生烧，釉色不显。

标本 Y1①：225，复原。腹壁上部内倾，下部内收。高 5、口径 8.4、足径 4.4 厘米（图一一三，20；图版四六，4）。

Ⅱ式　3 件。腹较Ⅰ式略深，底足较Ⅰ式大。

标本 T2②A：112，复原。口部内倾，上腹壁较直，下部弧收，假圈足内凹。腹中部旋一周弦纹。灰色胎。过烧，釉色不显。高 4.4、口径 7.2、足径 3.4 厘米（图一一三，21）。

标本 T7②：29，复原。腹壁中部外弧鼓，浅圈足，腹中部饰一周弦纹。灰泛紫色胎。过烧，釉色不显。高4.8、口径6.8、足径4厘米（图一一三，22；图版四六，5）。

标本Y1①：241，复原。口部内倾，上腹部外鼓，肩以下渐弧内收，假圈足内凹，中有一周凹槽，似圈足。深灰色胎。青黄色釉。高4.8、口径7.2、足径4厘米（图一一三，23）。

22. 盅

10件。圆唇，平底或圈足，浅腹。内壁满外腹壁不及底施釉。依口部形态的不同，可分为三型。

A 型　5件。敛口，平底。高1.6～2.6、口径4～6.6、底径2.5～4.2厘米。依腹部的深浅差异，分为二式。

Ⅰ式　4件。浅腹。灰或灰白色胎。青色釉，釉面开细冰裂纹。

标本H2：20，完整。口部略内倾，斜直腹壁，内底边缘有一周凹槽。灰白色胎。高2.2、口径5.4、底径3.2厘米（图一一三，24；图版四六，6）。

Ⅱ式　1件。腹较Ⅰ式略深。

标本T8⑤：106，完整。口部内倾，上腹壁外弧鼓，下渐内收。灰黄色胎。生烧，釉色不显。高2.6、口径6.6、底径4.2厘米（图一一三，25；图版四六，7）。

B 型　4件。敞口，假圈足。高1.8～2、口径4.4～5.2、足径2.4～3厘米。依腹的深浅差异，分为二式。

Ⅰ式　2件。腹较浅。灰白或灰泛黄色胎。青色釉。

标本T7④：84，复原。腹壁较直，外壁中部有一周凸棱，假圈足较浅。灰白色胎。高2、口径5.2、足径3.4厘米（图一一三，26；图版四六，8左）。

Ⅱ式　2件。腹较Ⅰ式深。灰或灰泛黄色胎。青色釉。

标本T8③：324，完整。口部内倾，下部弧内收，足墙略高。灰色胎。高2、口径5、足径3厘米（图一一三，27；图版四六，8右）。

C 型　1件。

标本T5③：107，可复原。敞口，腹壁斜直，平底，内底宽平，边缘有一周凹槽。灰黄色胎。生烧，釉色不显。高3.6、口径8.5、底径5.7厘米（图一一三，28）。

23. 盏

247件。浅腹，与杯类器大小相似，相比较杯类器，制作不甚规整。依底部形态的不同，可分为二型。

A 型　232件。假圈足或假圈足内凹，依据口唇部的不同，又分为三亚型。

Aa 型　63件。直口或口较直，圆唇，弧曲腹壁，假圈足。高2.6～5.6、口径6.6～10.6、足径2.7～6.6厘米。依腹的差异，分为四式。

Ⅰ式　17件。腹较深，底足较大且矮。有的外侧口沿下饰一道弦纹。内底可见锯齿痕或支钉痕。灰、灰白或灰泛黄色胎。内壁满外壁不及底施青或青灰色釉。

标本H2：19，完整。上腹壁较直，中腹壁以下渐弧内收，浅假圈足。外侧口沿下和内底各有一周凹弦纹。灰色胎。过烧，釉色不显。高4.9、口径9.2、足径4.8厘米（图一一三，29；图版四七，1）。

Ⅱ式　14件。腹较Ⅰ式浅，内底宽平。足变小。灰、灰白、灰泛紫、砖红或灰黄色胎，内壁满外壁半或内、外壁半施青、黄、青泛黄或青黄色釉，釉面开细冰裂纹。

标本 T9②：196，复原。上腹壁较直，下壁内收，假圈足较高。砖红色胎。生烧，内壁满外壁半施釉，釉色不显。高 4.5、口径 8.4、足径 4.2 厘米（图一一三，30；图版四七，2）。

Ⅲ式　14 件。腹较Ⅱ式深，下腹壁较Ⅱ式内收。灰、灰黄或砖红色胎。内外壁半、内壁满外壁半和内外壁不及底施青、青黄或青泛黄色釉，胎釉间涂灰白色化妆土。

标本 T8④：230，可复原。口部外倾，上腹部较直，下腹壁内弧收。灰色胎。内、外壁半施青色釉。高 3.7、口径 8.8、足径 3.6 厘米（图一一三，31）。

Ⅳ式　18 件。腹较Ⅲ式深，下腹壁较Ⅲ式内收。砖红、灰、深灰或灰白色胎。内壁满外壁半施青、青灰、青泛白或青泛黄色釉，釉面开细冰裂纹。胎釉间涂灰白色化妆土。

标本 Y1①：235，可复原。上腹壁较直，足较高。深灰色胎。青灰色釉。高 5、口径 9.2、足径 3.6 厘米（图一一三，32）。

标本 T7④：24，可复原。上腹壁较直，下部急内收，足墙直。灰白色胎。青泛黄色釉。高 4.4、口径 8.4、足径 3.4 厘米（图一一三，33）。

Ab 型　111 件。侈口或口微侈，圆唇或尖圆唇，曲壁，假圈足。高 2.6～5.6、口径 6.8～11.3、足径 2.2～6.3 厘米。依腹部的差异，分为七式。

Ⅰ式　1 件。腹特浅，口微侈，大假圈足。

标本 T1⑤：36，复原。口部内倾，上腹壁外坦，足墙较直。外侧口沿下饰一深阔凹弦纹。黄色胎。内壁满外壁半施黄色釉，釉多剥落。高 3.2、口径 9.4、足径 5.6 厘米（图一一三，34；图版四七，3）。

Ⅱ式　22 件。腹较Ⅰ式深，假圈足变小。外侧口沿下饰一道弦纹，内底边缘有一周凹弦纹。内底留三足支钉痕。灰色胎。内壁满外壁半施青色釉，釉面开细冰裂纹。

标本 T8⑤：61，完整。上腹部外倾，下部急内收。高 3.8、口径 9.6、足径 4.7 厘米（图一一三，35；图版四七，4）。

Ⅲ式　37 件。腹较Ⅱ式浅，足较Ⅱ式小，内底较Ⅱ式宽。灰、砖红或灰泛黄色胎。内壁满外壁半或内、外壁不及底施青或青灰色釉。

标本 T8④：243，复原。尖圆唇，上腹部外倾，下部急内收。灰色胎。内壁满外壁半施釉，釉呈青色。高 3.4、口径 9.4、足径 3.4 厘米（图一一三，36）。

Ⅳ式　36 件。腹较Ⅲ式深，下腹壁较Ⅲ式内收。内底见三个支钉痕，有的足面留有旋削痕。灰白、灰、深灰或砖红色胎。内外壁不及底、内壁满外壁不及底施青或青黄色釉，釉面开细冰裂纹。

标本 T8④：278，可复原。上腹壁外倾，下腹部缓内收，足墙较直。灰色胎。内、外壁不及底施青黄色釉。高 4.2、口径 9.2、足径 4 厘米（图一一三，37）。

Ⅴ式　8 件。腹较Ⅳ式深，下腹壁较Ⅳ式内收。灰色胎。内壁满外壁不及底或内、外壁不及底施青色釉，釉面开细冰裂纹。

标本 T8④：38，完整。上腹壁较直，外倾，下腹部内收。外底足面有三个支钉痕。内壁满外腹壁不及底施釉。高 4、口径 7.8、足径 3.6 厘米（图一一三，38）。

标本 T8④：233，可复原。内部粘存一件假圈足盏。上腹壁较直外坦，下腹内收。内、外壁不及底足施青色釉。高 4.8、口径 9.3、足径 4.1 厘米（图一一三，39）。

Ⅵ式　6 件。腹较Ⅴ式浅，下腹壁较Ⅴ式内收。灰白色胎。内壁满外腹壁不及底施浅青或青泛白色釉。

标本 T9④：86，可复原。上腹部外坦，下腹缓内收。内、外底面留存三个支钉痕。青泛白色釉。高 3.2、口径 7.4、底径 3.2 厘米（图一一三，40）。

Ⅶ式　1 件。腹较Ⅵ式深，内底显宽平。

标本 T2②A：132，复原。上腹部较直，内底较平。外腹壁近底处有一周凸棱线。灰色胎。内满外腹壁不及底施青泛白色釉，胎釉间涂灰白色化妆土。高 3.8、口径 8.4、足径 3.8 厘米（图一一三，41）。

Ac 型　58 件。敛口或口微敛，圆唇，曲弧壁，假圈足。高 3～5.4、口径 7～10.8、足径 2.7～6.2 厘米。依腹的深浅差异，分为五式。

Ⅰ式　3 件。腹较深，足较大。有的外侧口沿下饰一道弦纹，有的口沿上饰褐色点彩。灰色胎。内壁满外腹壁半施青泛黄色釉。

标本 T8⑤：58，复原。上腹部较直，下部急内收，内底较平，边缘有一周凹槽，足墙稍内收。高 5.2、口径 10.4、足径 5.8 厘米（图一一四，1）。

Ⅱ式　16 件。腹较Ⅰ式浅，下腹壁较Ⅰ式内收，足较小。有的内底见三个支钉痕。灰、灰白或深灰色胎。内壁满外腹壁半或内、外腹壁半施青、青绿、青泛白、青灰或青泛黄色釉。

标本 T8④：234，完整。上腹部较直，下腹部缓内收，内下凹。灰色胎。内壁满外腹壁半施青

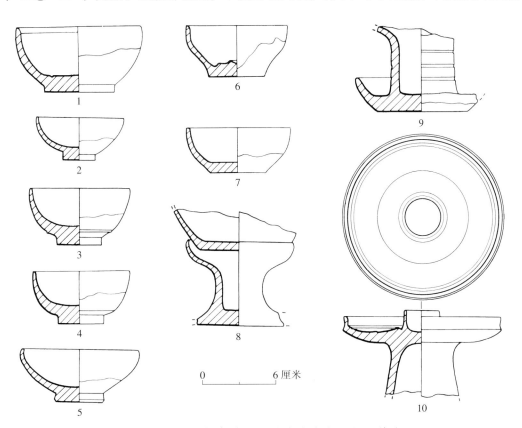

图一一四　罗湖寺前山窑址出土瓷盏、灯、烛台

1. 盏 Ac 型Ⅰ式（T8⑤：58）　2. 盏 Ac 型Ⅱ式（T8④：234）　3. 盏 Ac 型Ⅲ式（T7⑤：30）　4. 盏 Ac 型Ⅳ式（T8③：309）　5. 盏 Ac 型Ⅴ式（T8③：299）　6. 盏 B 型Ⅰ式（T8⑤：78）　7. 盏 B 型Ⅱ式（Y1③：186）　8. 灯 A 型（H2：21）　9. 灯 B 型（H2：22）　10. 烛台（T1⑤：19）

泛黄色釉。高3.2、口径7.2、足径2.8厘米（图一一四，2；图版四七，5）。

Ⅲ式　28件。腹较Ⅱ式深，下腹壁较Ⅱ式内收。有的外壁口沿下饰弦纹。灰、灰白、深灰或砖红色胎。内壁满外半或外腹壁不及底施青泛白、青黄、青或青泛黄色釉，釉面开细冰裂纹，胎釉间涂灰白色化妆土。

标本T7⑤：30，可复原。口部内倾，上腹壁较直，下部圆弧内收。灰白色胎。内壁满外腹壁半施青色釉。高4.5、口径8.4、足径3.8厘米（图一一四，3；图版四七，6）。

Ⅳ式　10件。腹较Ⅲ式浅，下腹壁较Ⅲ式内收。有的外侧口沿饰弦纹，有的外壁与底足交接处有一周窄的旋削痕。灰、灰白或砖红色胎。内壁满外腹壁半施青、青泛白或青黄色釉，釉面开细冰裂纹，胎釉间涂灰白色化妆土。

标本T8③：309，完整。上腹壁较直，下腹壁外弧鼓，足墙较直。灰色胎。青色釉。高4.2、口径8、足径3.8厘米（图一一四，4；图版四七，7）。

Ⅴ式　1件。腹较Ⅳ式浅，下腹壁内收严重。外腹壁与底足交接处有一周旋削台面。足缘有一周旋削痕。胎釉间涂灰白色化妆土。

标本T8③：299，可复原。口部内倾，腹壁自肩部以下渐内收，足墙外弧鼓。砖红色胎。生烧，釉色不显，高4.2、口径9.8、足径4厘米（图一一四，5；图版四七，8）。

B型　15件。直口，圆唇，平底。高2.6~5、口径6.8~10.6、底径2.4~5.6厘米。依腹的深浅差异，分为二式。

Ⅰ式　13件。腹深，下腹壁内收明显。有的外侧口沿下饰一道弦纹。器体粗糙。灰或灰泛黄色胎。内壁满外腹壁半施青色釉，釉面开细冰裂纹。

标本T8⑤：78，完整。上腹部较直，下急内收至底，内底边缘有一周凹弦纹。灰色胎。高4、口径8.4、底径4.6厘米（图一一四，6）。

Ⅱ式　2件。腹较Ⅰ式浅。有的外侧口沿下饰弦纹，内底边缘有一周凹槽。灰白或灰色胎。内壁满外腹壁半施青色釉。

标本Y1③：186，复原。上腹部较直，近底急内收。灰色胎。有垂釉痕。高3.6、口径8.6、底径4.6厘米（图一一四，7）。

24. 灯

2件。由盏和底座两部分组成。平底盏，下承浅盘口中空圆柱状把底座。依底座承柱的粗细不同，可分为二型。

A型　1件。灰泛白色胎。施青色釉，釉面开细冰裂纹。

标本H2：21，盏口沿略残，底座底部残损。底座口沿粘灯盏底。盏：圆唇，口微敛，腹壁较直微内弧，平底。内壁满外壁不及底施釉；底座：口部呈盘口状，直口，承柱内束，细长，平底，底座口沿及外壁不及底施釉。残高6.6、底座底径7厘米（图一一四，8）。

B型　1件。

标本H2：22，灯盏残损，底座可复原。底座：圆唇，唇沿外撇，承柱较直，粗长。柱中部饰三组凸弦纹。灰泛白色胎。口沿及外壁不及底施青色釉，釉面开细冰裂纹。残高6.8、底座底径8厘米（图一一四，9）。

25. 烛台

2件。浅盘状，盘口微外侈，圆唇，折腹，盘中心有一高出盘口的凸圆圈，盘内底饰二组弦纹，下附细长喇叭状足。灰或灰泛黄色胎。内壁满外壁至底施青泛黄色釉，釉面开细冰裂纹。

标本 T1⑤：19，可复原，底沿略残。盘腹壁上部较直，下腹壁内折，微弧收至底。灰泛黄色胎。残高 6.8、盘口径 13、烛口径 3 厘米（图一一四，10；图版四八，1）。

26. 大水盂

38件。器形较大，容量多。外腹壁与底足交接处有一周旋削台面。内、外腹壁不及底施釉，釉面开细冰裂纹，胎釉间涂灰白色化妆土。依口部的不同，可分为五型。

A型　13件。敛口，圆唇，弧鼓腹壁，假圈足内凹或圈足。肩腹部饰一组弦纹。高 10.8～12.8、口径 13.8～16.4、足径 9.6～10.8 厘米。依腹的深浅差异，分为二式。

Ⅰ式　2件。深腹。有的在腹壁中部模印一周菊瓣纹。深灰或灰泛紫色胎。青灰或青黄色釉。

标本 T6④：3，复原。口部内倾，肩腹处外弧鼓，下腹壁内收，假圈足内凹，足墙较直。灰泛紫色胎。青灰色釉。高 11、口径 14.2、足径 10 厘米（图一一五，1；图版四八，2）。

Ⅱ式　11件。腹较Ⅰ式深。灰、灰白或砖红色胎。青褐、青泛褐或青黄色釉。

标本 Y1①：270，复原。上腹壁微内收，中部较直，近底处急内收，假圈足浅挖呈浅圈足，足墙较直。肩部施一道弦纹。砖红色胎。生烧，釉色不显。高 12.6、口径 16.2、足径 10.4 厘米（图一一五，2；图版四八，3）。

标本 T6②B：12，复原。腹中部外弧鼓，上、下腹壁内弧收，假圈足内凹，足墙略外撇。肩部施一道弦纹，腹壁中部戳印六朵相同的宝相花。灰白色胎。青黄色釉。高 12.4、口径 15.6、足径 10.6 厘米（图一一五，3）。

B型　2件。敛口，小唇沿上卷，弧鼓腹壁，假圈足足面有一周深凹槽。肩部施一组弦纹，腹部戳印一周花纹。

标本 T6②B：55，复原。上腹壁内倾，中腹壁微弧鼓，下腹壁缓收，足墙外撇。肩部施一组弦纹，腹中部戳印一周树枝叶纹。灰泛紫色胎。釉剥落。高 13.8、口径 16、足径 12.4 厘米（图一一五，4；图版四八，4）。

标本 T6③：3，复原。腹中部微外弧鼓，上、下腹壁内弧收，假圈足足墙外撇。肩部施一组弦纹，腹部戳印一周莲瓣纹。灰色胎。黄褐色釉。高 11.8、口径 14.6、足径 10.6 厘米（图一一五，5；图版四八，5）。

C型　4件。敛口，尖圆唇，唇沿外折，微束颈。肩部向内收缩，肩腹分界明显，有一道折棱线。肩腹部施一组弦纹。灰或砖红色胎。青黄或黄褐色釉。

标本 T5②B：20，复原变形。内底较平，假圈足内凹，边缘有一周深凹槽，足墙微外撇。外底足面粘一个扁平垫圈。灰色胎。青黄色釉，高 12.4、口径 18.2、足径 10.2 厘米（图一一五，6；图版四八，6）。

标本 T3②B：8，残存腹中间的一部分。腹部戳印一周变形莲瓣纹。灰色胎。黄褐色釉（图一一五，7）。

标本 T3②B：7，残存口部及腹的一部分。肩腹部施一组弦纹，腹部戳印一周变形莲瓣纹。灰色胎。青黄色釉（图一一五，8）。

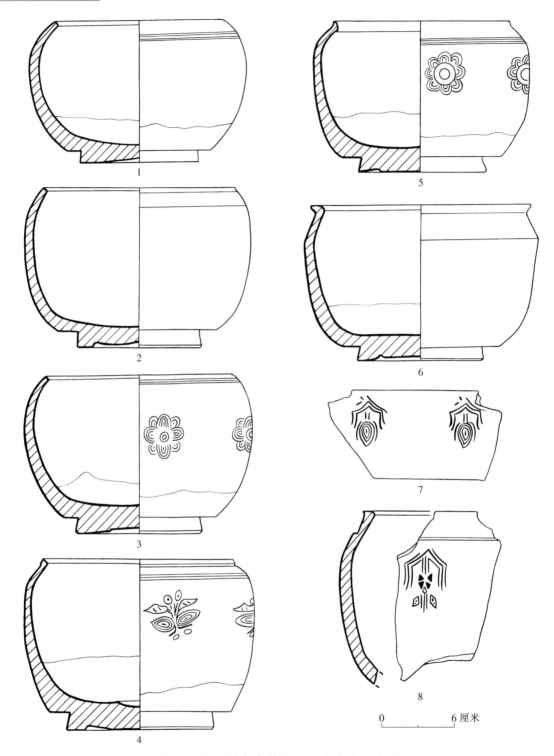

图一一五　罗湖寺前山窑址出土瓷大水盂

1. A 型 I 式（T6④：3）　　2. A 型 II 式（Y1①：270）　　3. A 型 II 式（T6②B：12）　　4. B 型（T6②B：55）
5. B 型（T6③：3）　　6. C 型（T5②B：20）　　7. C 型（T3②B：8）　　8. C 型（T3②B：7）

标本 T2②A：8，残存口部及腹上部的一部分。腹壁较直。上腹部戳印一周变形莲瓣纹。灰色胎。青黄色釉（图一一六，1）。

D 型　17 件。侈口，尖圆唇，唇沿外翻，束颈，弧鼓腹壁，浅圈足。高 10.8～12.2、口径 15.8～16.2、足径 10～10.6 厘米。依腹的深浅差异，分为二式。

图一一六　罗湖寺前山窑址出土瓷大水盂

1. C 型（T2②A：8）　2. D 型 I 式（Y1①：268）　3. D 型 I 式（Y1①：271）　4. D 型 I 式（T5②B：24）
5. D 型 I 式（T3②B：10）　6. D 型 I 式（T3②B：12）　7. D 型 II 式（T2②A：12）　8. E 型（T6②B：20）

　　I 式　13 件。腹较深。砖红、灰、深灰或灰白色胎。青黄、青褐、青、青泛褐或黄褐色釉。

　　标本 Y1①：268，复原。腹中部微外弧，上、下腹壁微弧内收，足墙较直。肩部一组弦纹下戳印一周花纹，花纹不清楚。砖红色胎。生烧，釉色不显。高 12、口径 16.2、足径 10 厘米（图一一六，2；图版四八，7）。

标本 Y1①：271，底足部残损。肩部一组弦纹下饰一周莲瓣纹。灰色胎。青褐色釉。残高 10、口径 14.2 厘米（图一一六，3）。

标本 T5②B：24，压塌，变形。圈足浅挖，足墙外斜直。腹上部戳印一周变形宝相花纹。灰色胎。青褐色釉。残高 11.8、口径 19、足径 11 厘米（图一一六，4；图版四八，8）。

标本 T3②B：10，残存口部及腹部的一部分。腹部戳印宝相花纹。灰色胎。外壁施黄褐色釉（图一一六，5）。

标本 T3②B：12，残存腹部的一小部分。腹部戳印变形莲瓣纹。灰色胎。外壁施青色釉（图一一六，6）。

Ⅱ式　4件。腹较Ⅰ式浅。腹壁圆外鼓。砖红或灰泛紫色胎。青泛黄色釉。

标本 T2②A：12，复原。口部内倾，腹中上部外弧鼓，下部渐内收，浅圈足，足墙略外撇。砖红色胎。生烧，釉色不显。高 11、口径 16.2、足径 10.6 厘米（图一一六，7）。

E 型　2件。敞口，圆唇尖圆唇，唇沿外撇，微束颈，圆弧腹壁，腹中部有一折棱。圈足。

标本 T6②B：20，可复原。尖圆唇，腹壁中部外弧鼓，内底较平，圈足足墙较直。灰泛紫色胎。青灰色釉。高 9.4、口径 16.8、足径 9.9 厘米（图一一六，8）。

27. 唾盂

3件。盘口，束颈，假圈足稍内凹。口沿及外腹壁至底足施釉。胎釉间涂灰白色化妆土。依颈部的粗细差异，分为二式。

Ⅰ式　1件。颈较粗短。

标本 T8③：310，完整。圆唇，口部外倾，盘口下腹弧内收，束颈，斜溜肩，扁鼓腹，假圈足较矮。深灰色胎。过烧，釉色不显。高 9.2、口径 7.2、足径 10 厘米（图一一七，1；彩版一五，4）。

Ⅱ式　2件。颈细长，腹圆鼓。最大腹径在腹下部，外腹壁与底足交接处有一周旋削面。灰或灰泛砖红色胎。青黄色釉。

标本 Y1①：18，口沿残。由器物的造型推测应是唾盂。束颈较细，斜溜肩，腹部下垂，假圈足较高，足墙外弧。灰泛砖红色胎。生烧，釉色不显。残高 6.2、足径 4.2 厘米（图一一七，2）。

28. 七联盂

1件。

标本 T8②：193，完整。七个小盂相粘连在一起，平置在一个圆形扁平垫饼上，俯视呈梅花形。小盂大小相同，敛口，圆唇，鼓腹，假圈足，下腹瘦高。深灰色胎。内壁满外壁至底施青泛黄色釉。外侧口沿下饰弦纹。高 3.8、口径 3.1、足径 1.5 厘米。垫饼，深灰泛紫色胎。厚 0.6、直径 12.1 厘米（图一一七，3；彩版一五，5）。

29. 小水盂

6件。圆唇，敛口，弧腹壁。内壁满外壁不及底施釉。依底足的不同，可分为二型。

A 型　3件。假圈足。高 3.4～4.4、口径 3.8～5.2、足径 2.4～3.8 厘米。依腹部的差异，分为二式。

Ⅰ式　2件。腹较深。灰或砖红色胎。青色釉，釉面开细冰裂纹。外侧口沿下及肩部各饰一组弦纹。

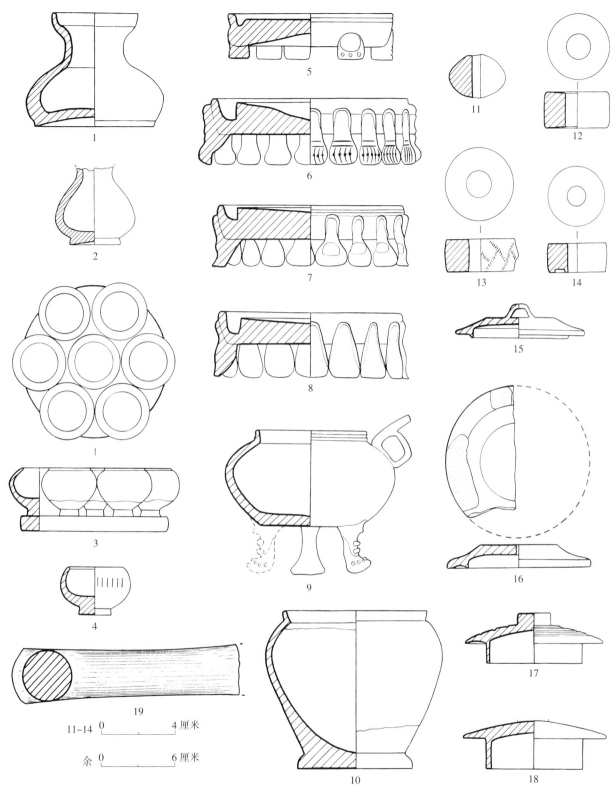

图一一七 罗湖寺前山窑址出土瓷唾盂、小水盂、七联盂、砚台、
三足炉、擂钵、纺轮、器盖、擂棒

1. 唾盂 I 式（T8③：310） 2. 唾盂 II 式（Y1①：18） 3. 七联盂（T8②：193） 4. 小水盂 A 型 II 式（T7③：27）
5. 砚台 A 型 I 式（T8③：31） 6. 砚台 A 型 II 式（T2②A：133） 7. 砚台 B 型 I 式（T6③：4） 8. 砚台 B 型 II 式
（T3②B：172） 9. 三足炉 B 型（T2②A：134） 10. 擂钵（T1⑤：18） 11. 纺轮 A 型（Y1①：277） 12. 纺轮 B 型
（T5③：116） 13. 纺轮 B 型（T2②A：139） 14. 纺轮 C 型（Y1①：276） 15. 器盖 A 型 I 式（T8⑤：114） 16. 器盖
A 型 II 式（T1⑤：53） 17. 器盖 B 型 I 式（T6③：109） 18. 器盖 B 型 II 式（T4②B：23） 19. 擂棒（T6③：107）

标本 T8④：304，完整。灰色胎。高 3.5、口径 4.4、足径 2.5 厘米（图版四九，1）。

Ⅱ式 1 件。腹较Ⅰ式深。

标本 T7③：27，复原。口部内倾，腹壁外弧鼓，下部内收，假圈足内凹。腹部饰一周短竖条纹。灰白色胎。青闪黄色釉，釉面开细冰裂纹，胎釉间涂灰白色化妆土。高 3.4、口径 4.3、足径 2.4 厘米（图一一七，4；图版四九，2）。

B 型 3 件。平底。依腹的深浅差异，分为二式。

Ⅰ式 1 件。腹较深。

标本 T7②：39，复原。灰色胎。青泛褐色釉。高 2.8、口径 2.4、底径 2 厘米。

Ⅱ式 2 件。腹较Ⅰ式浅。灰或灰泛紫色胎。青泛黄或深青色釉，釉面开细冰裂纹。

标本 T4②B：2，复原。灰色胎。青泛黄色釉。高 2.7、口径 2.3、底径 2.1 厘米。

30. 砚台

7 件。圆形。砚面隆起，周有凹槽，砚堂低于口沿。砚平底或平底内凹，周附六至十个不等的砚足。除砚堂、凹槽、砚底无釉外，余施釉，釉面开细冰裂纹，胎釉间涂灰白色化妆土。依砚足的不同，可分为二型。

A 型 4 件。兽爪状足。高 3.6～5.2、直径 13.8～16.2 厘米。依砚面的差异，分为二式。

Ⅰ式 1 件。

标本 T8③：31，复原。砚面较平，周边凹槽浅而窄。外腹壁下部附六个兽爪状足。灰色胎。青褐色釉。砚外腹壁中部饰一道弦纹。通高 3.6、直径 13.8 厘米（图一一七，5；图版四九，3）。

Ⅱ式 3 件。砚面中心下凹，周边凹槽深且宽，外腹壁下部附 10 多个兽爪状足。有的外侧附笔插。灰或灰白色胎。青、青褐或青泛褐色釉。

标本 T2②A：133，复原。外腹壁下部附十九个兽爪状足。灰白色胎。青泛褐色釉。通高 5.2、直径 16.2 厘米（图一一七，6）。

B 型 3 件。兽蹄状足。高 4.8～5.2、直径 15～15.6 厘米。依砚面的差异，分为二式。

Ⅰ式 2 件。砚面略下凹。灰泛紫色胎，生烧，釉色不显。

标本 T6③：4，复原。外壁饰一组弦纹。外腹壁中部附十八个兽蹄状足。通高 4.8、直径 15.6 厘米（图一一七，7；图版四九，4）。

Ⅱ式 1 件。砚面较Ⅰ式下凹，凹槽较深且宽。

标本 T3②B：172，复原。外腹壁周壁附十六个兽蹄状足。通高 5.2、直径 15 厘米（图一一七，8）。

31. 三足炉

6 件。圆唇，直口，短颈，圆鼓腹。釉面开细冰裂纹。依底足的不同，可分为三型。

A 型 1 件。

标本 T9②：221。器物压扁变形。平底边缘附三圆柱状足。灰色胎。内壁满外壁不及底施青泛白色釉，釉莹亮，胎釉间涂灰白色化妆土（图版四九，5）。

B 型 4 件。平底边缘附三兽面足，足外撇。灰色胎。内、外壁不及底足施青褐或青泛褐色釉。

标本 T2②A：134，复原。斜溜肩，腹中部外鼓，下部斜直收。肩腹部一侧塑一个"σ"字形把柄。青泛褐色釉。高 11.4、口径 9.2、底径 8.2 厘米（图一一七，9；彩版一五，6）。

C 型　1 件。

标本 T6②B：35。残存底足的一部分。平底下附方形足。灰泛紫色胎。釉剥落。

32. 擂钵

1 件。

标本 T1⑤：18，完整。直口，圆唇，短直颈，溜肩，肩腹部圆鼓，下收至底，假圈足，足缘外伸，足墙圆弧。灰色胎。口沿及外壁不及底施青黄色釉，釉面开细冰裂纹，釉多剥落。高 12.8、口径 12、足径 9.6 厘米（图一一七，10；彩版一六，1）。

33. 纺轮

22 件。依形体的不同，可分为三型。

A 型　2 件。整体呈算珠形，中有一圆孔。砖红色胎。生烧，釉色不显。

标本 Y1①：277，完整。腹中部外鼓。高 2.35、外径 3.2、孔径 0.5 厘米（图一一七，11）。

B 型　17 件。圆柱体状，上、下两面均平，中间有一圆孔。砖红或灰色胎，除一面不施，其余均施青黄、青泛黄或青褐色釉，釉面开细冰裂纹。高 1.4～2.2、直径 3.2～4、孔径 0.9～1.4 厘米。

标本 T5③：116，完整。腹壁较直。砖红色胎。生烧，釉色不显。高 1.9、直径 3.6、孔径 1.2 厘米（图一一七，12）。

标本 T2②A：139，完整。腹壁微外弧鼓。外腹壁锥刺“之”字纹。砖红色胎。青泛黄色釉。高 1.7、直径 3.9、孔径 1.2 厘米（图一一七，13）。

C 型　3 件。圆柱体状，一面平，一面有凹槽，中有圆孔。灰、砖红或灰泛紫色胎。上、下两端面及周身施青黄色釉，釉面开细冰裂纹。

标本 Y1①：276，完整。腹壁微弧。灰泛紫色胎。釉多剥落。高 1.5、直径 3.2、孔径 1 厘米（图一一七，14）。

34. 器盖

6 件。盖面施釉。依盖纽的不同，可分为二型。

A 型　3 件。盖面隆起，顶平，中间置半环状纽，盖沿呈斜坡状，沿下设子口。高 1.7～2.8、最大径 10.6～12 厘米。依盖顶沿的差异，分为二式。

Ⅰ式　2 件。顶平面大，盖沿斜坡陡。灰色胎。青色釉。

标本 T8⑤：114，复原。子口略高。顶面及斜坡沿边施弦纹。通高 2.6、直径 10.8 厘米（图一一七，15；图版四九，6）。

Ⅱ式　1 件。顶平面较小，盖沿斜坡较缓，盖边沿较宽平。

标本 T1⑤：53，纽残。子口浅。盖面饰大块褐斑。灰色胎。青色釉。残高 1.7、直径 12 厘米（图一一七，16）。

B 型　3 件。盖面隆起，呈弧状，中置圆饼状纽，沿下设子口。依盖面弧度的差异，分为二式。

Ⅰ式　2 件。盖面隆起弧度较大，有三道凹弦纹。灰或灰黄色胎。釉色不显。

标本 T6③：109，复原。子口较高。灰色胎。通高 4、直径 11.8 厘米（图一一七，17；图版五〇，1）。

Ⅱ式　1件。

标本 T4②B：23，纽残。盖面弧底较小，有二道凹弦纹，子口高直。灰色胎。青灰色釉。直径 12 厘米（图一一七，18）。

35. 擂棒

1件。

标本 T6③：107，残存头部。圆柱实心状。头部较大，顶端面呈圆弧状，微束腰，另一端残。胎体坚硬，内灰白、外壁灰泛紫色胎。过烧，涩胎无釉。残长 18.6、直径 3.4～4 厘米（图一一七，19；图版五〇，2）。

二　窑具

窑具指瓷器烧成过程中在窑炉内使用的辅助性工具，在寺前山窑址考古发掘中发现有支具、间隔具、匣钵和匣钵盖等窑具，支具收集的较少，间隔具、匣钵较多，占窑具的绝大多数。我们选择 215 件窑具，分述如下。

1. 支具

3件。是把坯件装置到窑室内最佳烧成部位的辅助性工具，是窑炉与坯件之间的过渡器。依器物形体的不同，可分为三型。

A 型　1件。

标本 T8⑤：137，完整。圆柱状中空，顶平，腹壁较直，底沿外折平伸。顶面留四个支块痕，底部粘存半块砖，砖底面粘一残瓷片。腹壁下部开 2 个对称的近三角形孔。腹壁外侧刻“十”纹（图版五四，1）。高 12.6、直径 12.4 厘米（图一一八，1；图版五〇，3）。

B 型　1件。

标本 H2：24，复原。覆钵状，顶面较平稍内凹，中间空，腹壁上部较直，中部内弧收，下部外撇。灰泛黄色胎。高 4.2、直径 15.2 厘米（图一一八，2）。

C 型　1件。

标本 T8⑤：135，覆盘状，顶面平中部内凹，中间空。腹壁上部外倾、中部微内收、下部外弧，足沿外撇。紫红色粗胎。高 2.1、顶面径 12.4、底径 15.6 厘米（图一一八，3）。

2. 间隔具

80件。指器物与支具、器物与匣钵以及器物与器物之间为了防止粘连起间隔作用的工具。均使用当地的黏土制成，呈紫红、灰泛紫或深灰色粗胎，无釉。依器物形体的不同，可分为九型。

A 型　30件。空心矮圆筒状，顶面平，中间空，腹壁直，底部呈锯齿形。高 1.4～5.6、直径 5.8～14、孔径 1.6～6 厘米。依顶面孔径的大小及腹壁的差异，分为二式。

Ⅰ式　26件。腹壁较直，顶面孔径较大。有四至十个不等的锯齿端面，有的齿面尖部粘有釉。

标本 T1⑤：56，复原。锯齿面粘连一罐底残片，罐底足与另一件罐底足面相粘。有八个锯齿面。紫红色粗胎。高 2、直径 8.2、孔径 3.6 厘米（图一一八，4）。

标本 T1⑤：60，复原。腹壁高直，近底内收，底端有十个锯齿面。紫红色粗胎。高 4.2、直径 11、孔径 6.8 厘米（图一一八，5；图版五〇，4上1）。

Ⅱ式　4件。孔径较小，腹壁中部内收，底沿外撇。

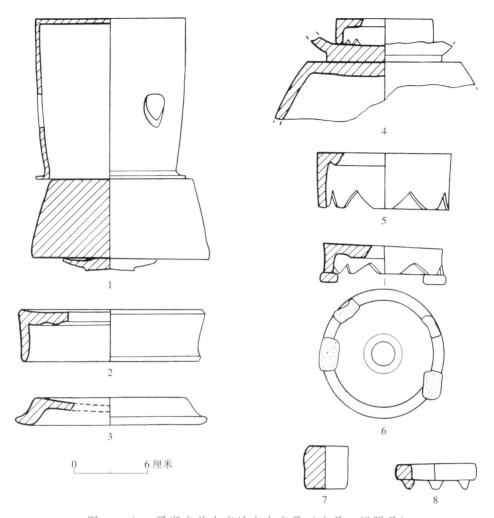

图一一八　罗湖寺前山窑址出土窑具（支具、间隔具）

1. 支具 A 型（T8⑤：137）　2. 支具 B 型（H2：24）　3. 支具 C 型（T8⑤：135）　4. 间隔具 A 型 I

式（T1⑤：56）　5. 间隔具 A 型 I 式（T1⑤：60）　6. 间隔具 A 型 II 式（T8④：359）　7. 间隔具 B 型

（T8⑤：133）　8. 间隔具 C 型（T8⑤：134）

标本 T8④：359，复原。底端有十个锯齿面，四个锯齿面粘存衬块泥。紫红色粗胎。高 2.2、直径 9.8、孔径 2 厘米（图一一八，6；图版五〇，4 上 3）。

B 型　1 件。圆柱状实心托珠。托珠较小。

标本 T8⑤：133，完整。上、下两端面较平。紫红色粗沙胎。高 3.4、直径 3.6 厘米（图一一八，7；图版五〇，4 下 1）。

C 型　2 件。环状三足间隔具。圆环形，下附三个钝圆锥状足。

标本 T8⑤：134，完整。扁平圆环采用泥条手捏而成，圆环横切面呈圆弧形，下附三圆锥状足。足尖粘青釉。紫红色粗胎。通高 2、直径 6.6 厘米（图一一八，8；图版五〇，4 下 4）。

D 型　1 件。直壁浅覆钵状。

T8④：317，完整。顶平中间内凹，顶面边沿残粘存五块衬块泥。底沿开一半圆形缺口，与之对称的腹上部开二个不规则的椭圆形孔。腹壁中部略外弧鼓，外腹壁刻划十条竖线纹。置于罐内底。罐外底面粘连匣钵残片。紫红色粗胎。高 5.8、直径 9.8 厘米（图一一九，1）。

E 型　5 件。薄圆饼状垫饼，呈不规则圆形。

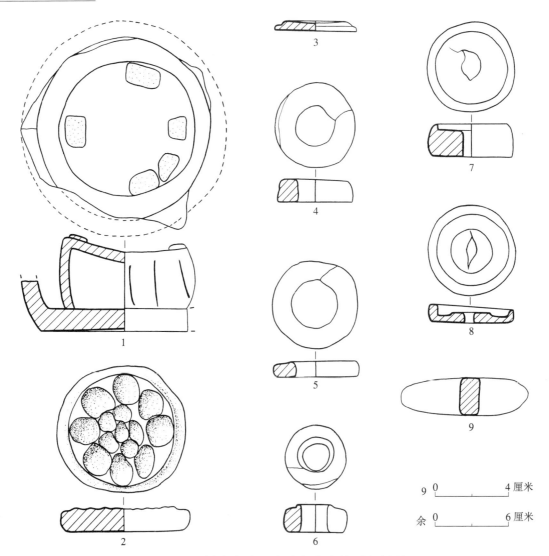

图一一九　罗湖寺前山窑址出土窑具（间隔具）

1. D 型（T8④：317）　 2. E 型（T6②B：54）　 3. E 型（T7②：34）　 4. F 型Ⅰ式（T8④：370）
5. F 型Ⅱ式（T3②A：31）　 6. G 型（T8④：372）　 7. H 型Ⅰ式（T8④：374）　 8. H 型Ⅱ式
（T8④：362）　 9. Ⅰ型（T8④：328）

　　标本 T6②B：54，完整。底面稍平，顶面凹凸不平，两面均留有指窝痕。从出土的七联盂看，应是此类器物的垫座或间隔具。灰泛紫色胎。直径10.6、厚2厘米（图一一九，2；图版五〇，4下3）。

　　标本 T7②：34，完整。底面较平，顶面有凹凸不平的指窝痕，顶面边缘凹下。两面均粘细砂。深灰色胎。直径7、厚0.6厘米（图一一九，3；图版五〇，4上2）。

　　F 型　23件。扁平不规则圆形垫圈，中空，两面均平，用扁平泥条手捏而成。直径4.8～6.8、孔径1.4～4、厚0.3～3.2厘米。依器的高矮差异，分为二式。

　　Ⅰ式　10件。器形较高，中空较小，外形略呈柱状。

　　标本 T8④：370，完整。外壁较直。紫红色粗胎。直径6.2、孔径2.8、厚1.8厘米（图一一九，4；图版五〇，5下1）。

　　Ⅱ式　13件。器较Ⅰ式矮扁，孔径较Ⅰ式大。

　　标本 T3②A：31，完整。外壁外弧。紫红色粗胎。直径7.2、孔径3.2、厚1.2厘米（图一一九，5；图版五〇，5下2）。

G型　3件。扁平状垫圈，中空，底面较平，顶面内侧边缘凸起，周沿低矮。用泥条手制而成。直径5～8.2、孔径1～3.5、厚1.5～2.8厘米。

标本T8④：372，完整。外壁微弧。紫红色粗胎。直径5.4、孔径2.2、厚2.2厘米（图一一九，6；图版五〇，5上3）。

H型　14件。扁平状垫圈，中空，呈不规则圆形，底面平，顶面外侧边凸起，中间凹下。泥条手制而成。直径6～7.2、孔径1～3.5、厚1.5～2.8厘米。依器体的高矮差异，分为二式。

Ⅰ式　12件。器体略矮。

标本T8④：374，完整。外壁圆弧。紫红色粗胎。直径7、孔径1.2、厚2.6厘米（图一一九，7；图版五〇，5上1）。

Ⅱ式　2件。器形高厚，孔径较Ⅰ式小。

标本T8④：362，复原。外壁较直。紫红色粗胎。直径7、孔径0.7、厚1.4厘米（图一一九，8；图版五〇，5上2）。

Ⅰ型　1件。

标本T8④：328，完整。扁平长条状，呈不规则椭圆形，横切面呈长方形。手制。灰色胎。长7厘米（图一一九，9；图版五〇，4下2）。

3. 匣钵

125件。灰紫色粗胎。平底。依器物形态的不同，可分为五型。

A型　83件。呈筒状。高10.4～19.8、口径14～28.2、底径16～26厘米。依腹壁的差异，分为三式。

Ⅰ式　48件。腹壁较直。口部微内收，口沿开3个等距离的半圆形缺口，壁下部有的有二个对称的圆形、椭圆形或三角形气孔。有的外腹壁施青灰泛白、黑褐、青褐或黑色釉。有的外腹壁刻不同的纹样或符号。匣钵内部套装一摞器物，最下一件器物与匣钵之间间隔扁平垫圈，其他器物直接叠压，大小相叠，内、外腹壁半施釉，最上面一件器物内壁满釉。最上面1件匣钵口部覆盖匣钵盖。

标本T8④：327，口部残佚。腹壁中部微束腰，平底外弧凸，下腹壁存圆形气孔。腹部二组弦纹间戳印二排圆圈纹。外壁局部施青灰泛白釉，内壁可见旋削痕。残高12.9、底径18.9厘米（图一二〇，1；图版五四，4）。

标本T8④：383，完整。口部粘连另一件外腹壁施青灰泛白色釉的匣钵。本匣钵无釉。两件匣钵界线分明。腹壁较直，口部微内倾，腹壁近底有二个圆形气孔。外侧口沿下施一道凹弦纹。腹壁中部三道弦纹间刻划五个"十"字纹饰。高13.5、直径19.5厘米（图一二〇，2；图版五〇，6；图版五四，6）。

标本T7⑥：21，复原。腹壁较直，上部略外弧，平底中心稍外凸。外侧口沿下施一道浅弦纹。外腹壁刻划四组由四条竖直线与一条斜直交叉组成的几何纹样。壁下部存不规则椭圆形气孔。外腹壁施青泛白色釉。高17.4、直径21厘米（图一二〇，3；图版五四，3）。

标本T8④：331，复原。腹壁较直，上部略外弧，下部内收，下腹壁近底存椭圆形气孔，底部较平。外腹壁施釉，一部分呈青灰泛白色，一部分呈酱黑色，刻四组由三条横直线与一条弧曲线

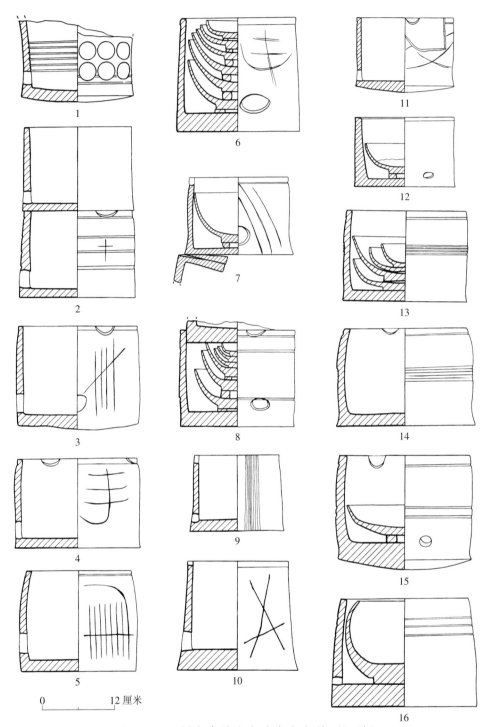

图一二〇　罗湖寺前山窑址出土窑具（匣钵）

1. A 型 I 式（T8④：327）　　2. A 型 I 式（T8④：383）　　3. A 型 I 式（T7⑥：21）　　4. A 型 I 式（T8④：331）　　5. A 型 I 式（T8④：338）　　6. A 型 I 式（T8④：326）　　7. A 型 I 式（T9④：93）　　8. A 型 I 式（T7⑥：86）　　9. A 型 I 式（T7⑥：87）　　10. A 型 II 式（T8③：320）　　11. A 型 II 式（T7⑤：36）　　12. A 型 II 式（T7④：31）　　13. A 型 III 式（T8②：197）　　14. A 型 III 式（T3②B：181）　　15. A 型 III 式（Y1③：196）　　16. A 型 III 式（Y1③：195）

交叉组成的几何纹。外侧口沿下施一道深凹弦纹。高 14、口径 20、底径 21 厘米（图一二〇，4；图版五四，2）。

标本T8④：338，复原。口部内倾，上、下腹壁内弧收，口径小于底径。腹壁近底部有圆形气孔。外壁口沿下有一组弦纹。外腹壁施青黑色釉。外腹壁刻一组由七条竖直、一条横直线及一条弧曲线交叉组成的几何纹。高16、口径17、底径18.5厘米（图一二〇，5；图版五四，5）。

标本T8④：326，复原。内部套烧六件由大至小的器物，从下至上依次为五件假圈足碗和一件盏，器物之间采用扁平垫圈间隔。口径略小于底径，腹壁近底有二个不规则椭圆形气孔。外侧口沿下施一道凹弦纹。外腹壁刻划由二条横直线、一条斜直线及一条弧曲线交叉组成的几何纹。外腹壁施釉，釉大部分呈黑色，小部分为酱黑色。高18、口径19.2、底径20.4厘米（图一二〇，6；图版五五，1）。

标本T9④：93，复原。腹壁微内倾，中间微弧鼓，近底部内收，底沿外撇。腹壁下部开不规则圆形气孔。内底粘存一件假圈足碗，碗与匣钵之间间隔扁平垫圈。匣钵底粘连另一件匣钵残片。外侧口沿下施一道凹弦纹。外腹壁刻划一组由三条斜弧线组成的几何纹。高12.6、口径16.6、底径18.4厘米（图一二〇，7；图版五五，2；彩版一六，2）。

标本T7⑥：86，复原。口沿粘连另一件匣钵底的一部分。内部粘存六件器物，从下往上依次为五个由大至小的假圈足碗及一件假圈足盏。外腹壁饰三道弦纹。壁下部存一个不规则椭圆形气孔。外腹壁施青灰泛白色釉。高15、直径19.5厘米（图一二〇，8）。

标本T7⑥：87，复原。腹壁略斜直，口部内倾，平底，底沿外平伸。口沿开对称半圆形气孔，壁下部存二个对称圆形气孔。外腹壁刻四组由九条细直线组成的竖条纹。高12、口径14.1、底径15.9厘米（图一二〇，9；图版五五，3）。

Ⅱ式　5件。腹壁斜直。口沿内斜收，下腹壁微外伸。外侧口沿下施一道凹弦纹。口沿留存半圆形缺口，外腹壁下部有的有二个椭圆形或圆形气孔。

标本T8③：320，复原。口部内倾，底部较厚，底沿外伸。口沿存二个半圆形缺口，壁下部留存一个椭圆形气孔。外腹壁施青灰泛白色釉，并刻划由三条直线组成的几何纹。高17.1、口径17.1、底径20.4厘米（图一二〇，10）。

标本T7⑤：36，复原。腹壁较直，内底较平，外底中心外凸。口沿存二个对称缺口。腹壁近底有二个椭圆形气孔，外腹壁刻划交叉波浪线。高11.6、口径16、底径16.8厘米（图一二〇，11；图版五五，4）。

标本T7④：31，复原。腹壁较直且厚，近底部更厚，底沿略外平伸。内底粘存一件假圈足青釉碗。外腹壁施青灰泛白色釉。壁下部存一圆形气孔。高11、直径16.4厘米（图一二〇，12）。

Ⅲ式　30件。口部内收，下腹壁内收至底，底沿外伸。外侧口沿下饰一周凹弦纹，腹壁中部施一组弦纹。壁下部存有一圆形气孔，与之对应的口沿处有一半圆形缺口，气孔较Ⅱ式小。有的外腹壁刻划不同的纹样。

标本T8②：197，复原。口部微内倾，腹壁中部微外鼓，下腹壁近底部内收，底部较厚。内部粘存四件器物，从下至上依次为二件假圈足碗、一件小平底钵和一件假圈足杯等。除杯为内壁满外壁半施釉外，余为内、外壁半施釉，器物之间间隔细砂。高14.1、口径20.1、底径20.7厘米（图一二〇，13）。

标本T3②B：181，完整。外底粘存二个相叠一起的碗。口部内弧收，腹中部外弧鼓，下壁近底部内弧收，平底较厚，底沿平伸。高15.6、口径19.6、底径23.1厘米（图一二〇，14；图版五一，1）。

标本Y1③：196，复原。内底粘存一件小平底盘，盘与匣钵之间间隔扁平垫圈。腹壁上部微内弧收，近底部内收，底部较厚，中心外弧凸。高18、口径21.6、底径22.2厘米（图一二〇，15）。

标本Y1③：195，复原。内部粘存一件敛口深腹假圈足大盏。口部内倾，腹壁斜直，器壁自口沿以下至底部渐厚，平底厚重。高16.8、口径21、底径24厘米（图一二〇，16；彩版一六，3）。

标本T3②B：180，变形。口沿粘存另一件匣钵。内部粘存一组器物，从下至上分别为盂、罐、盘口壶等（图版五一，2）。

标本T5②B：16，压塌变形。内部套烧4个大小不同的碗，器物之间间隔垫圈。口部粘存一件内底粘存杯的浅钵状匣钵。外底粘倒置的匣钵底片（图版五一，3）。

B型　2件。浅筒状，平底。器大且矮。依腹壁的差异，分为二式。

Ⅰ式　1件。

标本T9④：197，复原，底部变形外凸。腹壁较直，上腹壁内弧收，中部略外鼓。口部内收，内收壁局部施酱黑色釉。口沿残存1个半圆形缺口，壁下部开二个不规则大圆形气孔，孔径4.4厘米。外腹壁上、下各饰一道弦纹。高16.4、口径25.8、底径27.6厘米（图一二一，1；图版五一，4）。

Ⅱ式　1件。腹较Ⅰ式直。

标本T9②：222，复原。器腹壁较直，平底，口沿残存一个半圆形缺口，壁下部存一个圆形气孔。外侧口沿下饰二道凹弦纹，外腹壁刻划三组由十一条细直线组成的竖条纹。外腹壁局部施酱

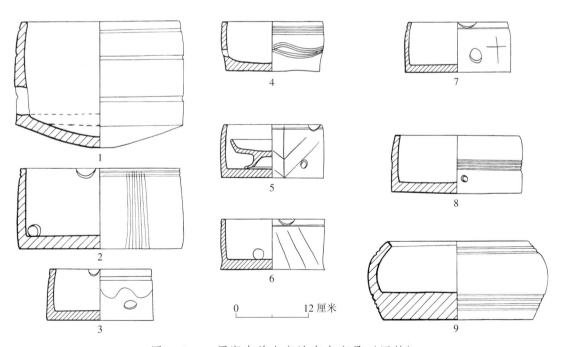

图一二一　罗湖寺前山窑址出土窑具（匣钵）

1.B型Ⅰ式（T9④：197）　2.B型Ⅱ式（T9②：222）　3.C型Ⅰ式（T8③：315）　4.C型Ⅰ式（T8③：328）　5.C型Ⅰ式（T8③：314）　6.C型Ⅰ式（T9②：224）　7.C型Ⅰ式（T7④：28）　8.C型Ⅱ式（T3②B：177）　9.C型Ⅲ式（T4②B：41）

黑色釉。高12.8、口径26.4、底径27.2厘米（图一二一，2）。

C型　18件。浅钵状，平底。高7.6~12.6、口径16.2~23.4、底径15.2~24.8厘米。依腹壁的差异，分为三式。

Ⅰ式　15件。口沿内收，上腹壁微外弧，下腹壁略向内收缩。外侧口沿下饰一道弦纹。口沿存1个半圆形缺口，壁下部开不规则圆形或椭圆形气孔。外腹壁刻划纹饰及符号。

标本T8③：315，复原。腹壁较直，壁下部存不规则椭圆形气孔。腹壁中部刻一条弧曲线纹。外腹壁施青灰泛白色釉。高8、口径16.8、底径17.8厘米（图一二一，3；图版五一，5）。

标本T8③：328，复原。口部内倾，上腹部外鼓，下腹部斜收，内底弧凹，底部较厚。壁下部存不规则圆形气孔。腹壁中部饰一组由三条细弧曲线组成的水波纹。高7.8、口径16.8、底径15.6厘米（图一二一，4；图版五五，5）。

标本T8③：314，复原。口部内倾，腹壁较直，上部内收。内部粘存一件高足盘。壁下部开一不规则圆形气孔。外腹壁刻二组对称由斜线和直线交叉组成的几何纹。外腹壁施青灰泛白色釉。高8.2、口径16.4、底径17.2厘米（图一二一，5；图版五六，1；彩版一六，4）。

标本T9②：224，复原。腹壁较直，近底处内弧收，平底。壁下部开不规则圆形气孔。腹部刻划由三道斜直线组成的几何纹。高8、口径17.4、底径17.6厘米（图一二一，6；图版五六，2）。

标本T7④：28，复原。口部内倾，上腹壁内收，平底。壁下部存二个对称不规则圆形气孔。口沿存二个半圆形缺口。外腹刻"十"符号。高8、口径16.6、底径17.6厘米（图一二一，7；图版五一，6）。

Ⅱ式　2件。口沿内倾，上腹壁较Ⅰ式外弧。腹壁中部饰一组弦纹。壁下部有一圆形气孔。

标本T3②B：177，复原。腹壁中外弧，平底，底部较厚。高9.3、口径20.7、底径21.6厘米（图一二一，8）。

标本T5②B：18，压塌变形。内底残存二个杯。

Ⅲ式　1件。

标本T4②B：41，复原。口内敛，腹中部圆鼓。腹部上、下分别饰三和四道弦纹。底部特厚。高12.4、口径23.2、底径24.8厘米（图一二一，9）。

D型　3件。笔筒状。口部存一个圆形缺口，与之对应的腹下部戳一气孔。外侧口沿下施一道弦纹。高8.2~12.8、口径11.6~13.2、底径11~13.4厘米。

标本T7⑥：88，复原。腹壁较直，上腹部略内收，平底内凹，底部较厚。腹部上、下各饰一组弦纹。外腹壁施黑褐色釉。高8.4、口径9、底径9.2厘米（图一二二，1）。

标本T7⑥：89，复原。平底。口部内倾，上、下腹壁内弧收，平底，底沿略外伸。外腹壁施青灰泛白色釉，刻划二组由三条直线组成的竖条纹。高9.4、口径12、底径13.6厘米（图一二二，2；图版五一，7；图版五六，3）。

E型　19件。浅杯状。腹壁较直，平底。高5.6~8、口径9.2~11.4、底径10~12.2厘米。依腹壁的差异，分为四式。

Ⅰ式　3件。上、下腹壁向内收。外侧口沿下饰一道弦纹。口沿均匀分布三个半圆缺口，有

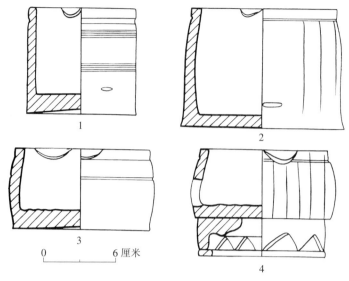

图一二二　罗湖寺前山窑址出土窑具（匣钵）

1. D 型（T7⑥：88）　2. D 型（T7⑥：89）　3. E 型 I 式（T8⑤：116）
4. E 型 I 式（T8⑤：115）

的壁下部开二个对称不规则椭圆形气孔。

标本 T8⑤：116，复原。口部内倾，底沿略外伸，下腹壁无气孔。腹壁中部饰一道弦纹。高 6.4、口径 11.3、底径 11.6 厘米（图一二二，3；图版五二，1）。

标本 T8⑤：115，复原。外底面粘一件锯齿状间隔具。口部内倾，下腹壁外弧鼓，内底凹凸不平。外腹壁均匀刻十九条竖直线纹。高 5.4、口径 10.6、底径 11.2 厘米（图一二二，4）。

标本 T8⑤：117，残存口部的一部分。口沿粘存一件平底罐的残底部，罐内底粘存一件锯齿状间隔具。腹壁较直，外腹口沿下饰一道凹弦纹，外壁刻划有竖直线组成的纹样，纹样不全。残高 10、底径 13 厘米（图一二三，1）。

II 式　6 件。口部向内收，腹中部外弧。口沿均布三个半圆形缺口，壁下部饰对称不规则三角、圆形或椭圆形气孔。外腹壁刻划纹饰或符号。有的外腹施酱、酱黑色釉。

标本 T8④：314，复原。上、下腹壁内弧收，平底内凹。外壁口沿下饰一组弦纹。壁下部存椭圆形气孔。外腹壁刻划由四条竖直线和一条横直线组成的几何纹。高 5.4、口径 11.2、底径 11.2 厘米（图一二三，2；图版五六，4）。

标本 T8④：330，复原。两个匣钵连在一起，内部套烧杯。两件匣钵的腹壁均较直，下面的匣钵壁略外弧鼓，平底。上面匣钵口部粘存一件罐底片，罐内底粘存四个盘，盘之间用支钉间隔。上面匣钵上腹部外侧粘存另一件罐的口部残片，说明匣钵是放在罐内套烧的。上面匣钵外腹壁刻二组符号，下面的匣钵外腹壁刻划由八条竖直线组成的纹饰。高 6 厘米、口径 10.8、底径 11 厘米（图一二三，3；图版五二，2；图版五六，5）。

标本 T8④：349，复原。两个匣钵粘在一起，下面的匣钵大于上面的。下面匣钵外底粘存一件锯齿状间隔具，锯齿端面粘存衬块泥。口部内倾，上、下腹壁内弧收，中部外鼓，平底较厚。口部开椭圆形气孔。外壁口沿下饰一组弦纹，外腹壁刻划由四条竖直线和一条横直线或斜弧线组成的几何纹。下面的匣钵，高 5.6、口径 10.6、底径 10.4 厘米（图一二三，4；图版五六，6）。

标本 T9④：90，复原。口部内倾，上腹部内收，平底较厚。腹壁下部存三角形气孔。外腹壁

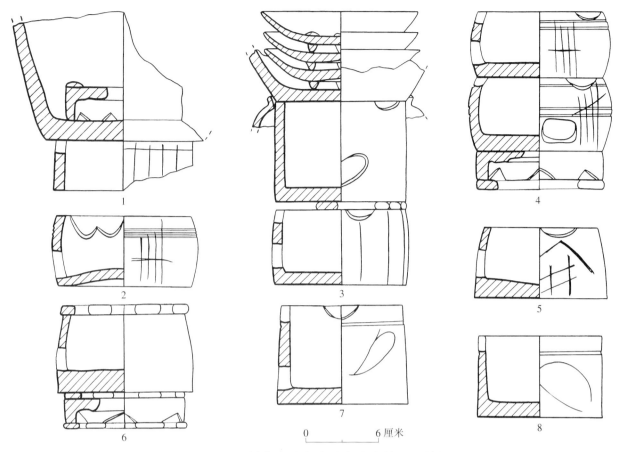

图一二三　罗湖寺前山窑址出土窑具（匣钵）

1. E 型 I 式（T8⑤：117）　2. E 型 II 式（T8④：314）　3. E 型 II 式（T8④：330）　4. E 型 II 式（T8④：349）
5. E 型 II 式（T9④：90）　6. E 型 III 式（T9④：310）　7. E 型 III 式（T8④：315）　8. E 型 III 式（T8④：306）

刻划由二条横直线和四条斜直线交叉组成的几何纹。内、外腹壁及内底施酱色釉，局部呈酱黑色釉。高 5.6、口径 9.6、底径 11 厘米（图一二三，5；图版五六，7）。

III 式　8 件。腹壁较 II 式略直。口部内收不明显。有的内、外壁施釉。外壁釉呈黑或酱黑色，内壁釉薄呈酱灰色。外腹刻划不同的纹饰及符号。

标本 T8④：310，完整。腹壁上部内倾，中部外弧鼓，近底内收。口沿均布三个半圆形缺口，壁下部开二个对称的不规则圆形气孔。外底面粘一件锯齿状间隔具。匣钵口沿、底沿以及间隔具的齿端面均粘存有衬泥块。外釉为酱黑色，内釉酱灰色。高 6、口径 10.2、底径 11.2 厘米（图一二三，6；图版五二，3）。

标本 T8④：315，复原。腹壁较直，口部内斜，平底较厚。口沿开三个半圆形缺口，壁下部开二个对称不规则圆形气孔。外腹壁刻二组半月形线纹。高 7.8、口径 10、底径 10.8 厘米（图一二三，7）。

标本 T8④：306，复原。腹壁较直，平底较厚。外壁口沿下饰一道凹弦纹，口沿开二个半圆形缺口。外腹壁刻二组由二条弧曲线组成的几何纹。高 6.6、口径 10.2、底径 10.4 厘米（图一二三，8；图版五四，7）。

标本 T8④：307，复原。腹壁较直，平底较厚。口沿开三个半圆形缺口，壁下部开二个对称的不规则椭圆形气孔。外腹壁刻划二组由二条横直线、一条斜直线和一条斜弧曲线组成的几何纹。外底粘存扁平环状垫圈。高 7、口径 10.6、底径 11.2 厘米（图一二四，1；图版五六，8）。

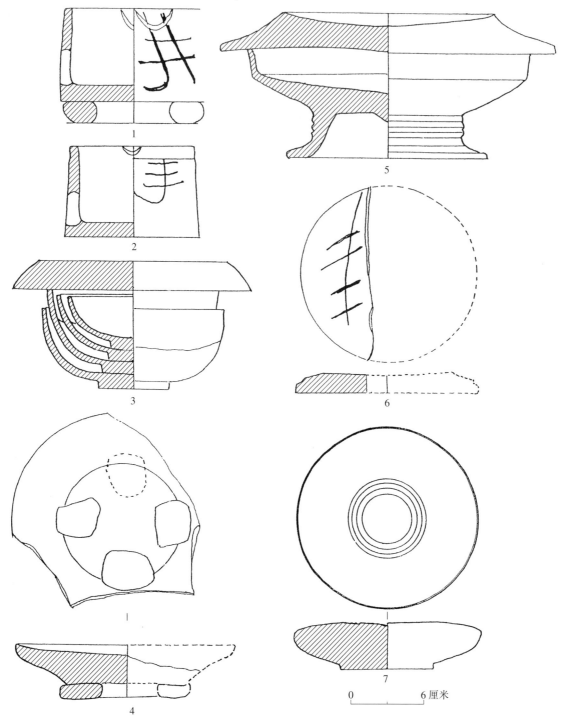

图一二四　罗湖寺前山窑址出土窑具（匣钵、匣钵盖）、制瓷工具

1. 匣钵 E 型Ⅲ式（T8④：307）　2. 匣钵 E 型Ⅲ式（T8④：311）　3. 匣钵盖 B 型（T8④：354）　4. 匣
钵盖 A 型Ⅱ式（T9②：223）　5. 匣钵盖 A 型Ⅱ式（T8③：321）　6. 匣钵盖 A 型 I 式（T8④：356）　7.
印模（T5③：119）

　　标本 T8④：311，复原。腹壁较直，口部略外侈，平底较厚。口沿开三个半圆形缺口，壁下部
开二个对称不规则椭圆形气孔。外腹壁刻二组由三条横直线和一条竖曲线组成的几何纹。外腹壁
施酱黑色釉。高 7、口径 9.6、底径 10.4 厘米（图一二四，2；图版五六，9）。

　　标本 T8④：313，复原。口沿开二个半圆形缺口，壁下部开二个对称三角形气孔。外壁等距离刻

十道竖线纹。外底面粘存一件锯齿状间隔具。高6.6、口径9.8、底径10.6厘米（图版五六，10）。

Ⅳ式 2件。腹壁较直，下腹部略向内收。外侧口沿下施一道弦纹。壁下部开一个较小的圆形气孔，对应的口沿处开一个半圆形缺口。

标本T8②：195，可复原。外腹壁刻三组由横直线和斜直线组成的几何纹符号。内部存一件重圈纹杯。高7、口径10、底径10厘米（图版五二，4；彩版一六，5）。

标本T8②：228，复原。外壁刻划三组由三条斜直线和一条横斜线组成的几何纹。外腹壁局部施酱色釉。高7.8、口径11.4、底径10厘米（图版五六，11）。

4. 匣钵盖

7件。置于一摞匣钵最上面一件的口部，起保护匣钵内的坯件作用。紫红色粗砂胎。依器物形态的不同，可分为二型。

A型 5件。顶面中部凸起，凸起的顶面较平或微下凹。盖沿呈斜坡状。高1.2～3.6、直径8～26厘米。依盖面隆起的差异及盖沿坡度的斜缓，分为二式。

Ⅰ式 1件。

标本T8④：356，可复原。盖面中部隆起、顶面较平，盖沿坡度小而缓，近底部直立，底面平。底面刻划由四条横直线和一条竖直线交叉组成的几何纹。顶面直径14、底面直径14、厚1.4厘米（图一二四，6）。

Ⅱ式 4件。盖面隆起部分较高，盖沿坡度较大。

标本T9②：223，可复原。顶面平，边缘粘存三个衬泥块及留存一块痕迹。盖沿弧内收，底面内上凹。底面刻划几何符号。外壁施灰白色釉，内壁粘酱黑色釉。高3.2、直径17.2厘米（图一二四，4；图版五二，5）。

标本T8③：321，复原。底面粘存一件高足盘。盖顶隆起部分内凹，盖壁中部内弧收，底面平。顶面施一层釉，部分呈褐色，部分为青灰色。高3.6、直径25.6厘米（图一二四，5；图版五二，6）。

B型 2件。圆饼状。上、下两面均平，顶面略小于底面。其中一件底面刻划几何符号，粘存残器口沿，顶面粘残器底部，可见匣钵是层层相叠的。

标本T8④：354，复原。底面粘存四个大小不一依此相套叠的假圈足碗。上、下两面粘有青灰泛白色釉。顶面直径15、底面直径18.6、厚2.4厘米（图一二四，3）。

三 制瓷工具

制瓷工具指坯件在成形过程中所运用的器械，有铁、木、陶、瓷、铜等不同的质地。寺前山窑址仅发现瓷质印模一种。

印模 1件。T5③：119，圆饼状。底面较平，中部刻划四道凹弦纹，顶面中间隆起，有浅圆饼状提手。粗紫红色胎。高1.7、直径14厘米（图一二四，7；图版五二，7）。

四 铜钱

1枚，开元通宝。圆形方孔钱。出土于T7②层。

第四节　分期与年代

一　分期

寺前山窑址考古发掘的地层划分以土质土色为依据，地层叠压关系清楚，因此，分期依地层为基础，以出土遗物的类型为依据。

1. 地层分组

寺前山窑址 1992 年和 1993 年度考古发掘共计布 12 个探方，各个探方的第①层为表土草皮层，我们没有采集遗物，其他地层的堆积顺序如下：T1②层叠压 T1③，T1③层叠压 T1④层，T1④层叠压 T1⑤层；T2 只有②A 层；T3②A 层叠压 T3②B 层；T4②A 层叠压 T4②B 层；T5②A 层叠压 T5②B 层；T6②A 层叠压 T6②B 层，T6②B 层叠压 T6③层，T6③层叠压 T6④层；T7②层叠压 T7③层，T7③层叠压 T7④层，T7④层叠压 T7⑤层，T7⑤层叠压 T7⑥层；T8②层叠压 T8③层，T8③层叠压 T8④层，T8④层叠压 T8⑤层；T9②层叠压 T9③层，T9③层叠压 T9④层；T10 仅有第②层；T11②层叠压 T11③层；T12②层叠压 T12③层。T11、T12 这两个探方的③层均没有出土遗物。

寺前山窑址考古发掘的各个探方依据土质土色及包含物的不同划分地层，相邻的探方除有地层缺环外，地层相同；而不相连的探方，堆积不相同，地层的划分也不相同。相连的探方土质土色及包含物相同的划为同一地层，不相连的探方地层堆积不同，其探方的地层分组无法对应，因此地层分组相连的探方以地层为依据、不相连的探方以出土遗物的类型为依据，我们把各地层出土遗物相同的或绝大部分相同的归并为一组，由这些探方的地层堆积顺序，结合前述的青釉瓷器和窑具的分类排比和叙述，将寺前山窑址考古发掘的地层分为五组（表四）：

表四　罗湖寺前山窑址探方各层位所属组别

地层组别＼探方	T1	T2	T3	T4	T5	T6	T7	T8	T9	T10	T11	T12	期别
第一组	T1⑤							T8⑤					第一期
第二组							T7⑥	T8④	T9④				第二期
第三组	T1④						T7⑤ T7④	T8③	T9③ T9②				第三期
第四组						T6④	T7③	T8②					第四期
第五组	T1③ T1②	T2②A	T3②A T3②B	T4②B T4②A	T5②B T5②A	T6③ T6②B T6②A	T7②			T10②	T11③ T11②	T12③ T12②	第五期

2. 分期

上面所分的五组地层，从各探方的叠压顺序可知，第一组是最早的，以下各组依顺序发展。现将各组地层出土的遗物和器物型式以及器物的发展演变关系列成表五。将表五和前述的出土遗物的文字描述及附图结合起来考察，不难看出，各组地层出土的遗物种类、典型器物的增减及形制演变已有一个较为清楚的发展序列，各组出土的遗物典型特征明显，可以独立成组，但前后又互有关联，可以代表寺前山窑址的五个发展时期，即五期。

3. 遗迹所属的期别

依据遗迹与地层的叠压打破关系，以及遗迹内的出土遗物，同样可将揭露的遗迹归入相应的期组中。

（1）Y1

Y1 开口于 T2②A 层以及 T3②B、T4②B、T5②B、T6②B 层之下，Y1 窑内底部③层的出土遗物与第五组地层的出土遗物相同，故 Y1 应属于第五期。

（2）Y2

Y2 开口于 T10①层下，窑炉残破严重，窑内没有出土遗物。但附近 T11②、T12②的出土遗物为第五组，从其窑炉形制及位置等来看应属第五期。

（3）H1

H1 开口于 T7②层之下，打破 T7③、④层。H1 的出土遗物与 T7②层以及第五组的出土遗物相同，而有别于属于第四组的 T7③层的出土遗物，因此 H1 应属第五期。

（4）H2

H2 开口于 T8④层下，打破生土层。坑内的出土遗物有别于属于第二组的 T8④层出土遗物，而与第一组的出土遗物相同，故 H2 应属第一期。

二　各期特征

第一期，这一期的地层分布在 T1、T8 探方中，面积较小，没有分布在窑址发掘的所有地方，但堆积较厚，有的地方厚达 1 米多。出土遗物种类丰富，主要有：A 型瓮；釜；A 型 I、II式罐，B 型 I式罐；小盘口壶；A 型盘口壶；鸡首壶；Aa 型 I式钵，Ab 型 I、II、III、IV式钵；A 型 I、II式大足碗，B 型 I、II式大足碗；A 型盘；A 型 I式杯；A 型 I、II式盅；Aa 型 I式盏，Ab 型 I、II、III、IV、V式盏，Ac 型 I、II式盏，B 型 I式盏；A、B 型灯；烛台；擂钵；A 型 I、II式器盖等。以盏、钵、碗、盅、盘等日常饮食器为大宗，较少瓮、罐、盘口壶等盛储器，特别是釜、A 型盘口壶、鸡首壶、大平底钵（A 型钵）、大足碗、A 型盘、A 型 I 和II式器盖、擂钵、灯为本期所独有。器物流行平底，不管是器体高大的罐、壶、灯类等琢器，还是碗、盘、钵、盅等圆器的底足多为平底。器类中钵、碗、盘的大足、大底特征明显，这些器物的底足直径几与口部直径相等。开始出现假圈足，假圈足较浅矮，诸如釜、盏、杯、碗的底足均较浅矮。罐、壶、小盘口壶、鸡首壶类琢器的造型规整，美观实用，器形高大，器物的最大径在腹部偏上或肩腹交接处，多数在肩部或肩腹交接处置系耳，系耳规整，棱角分明，以半环系为主，开始出现桥形系。器物胎质细腻，坯泥经过淘洗陈腐，胎色较浅，呈灰、灰白、灰黄、灰泛紫或砖红色，以灰白色为主，有的胎体表面留有黑色或黑褐色颗粒，器物胎体坚硬，有部分未经烧熟的坯件胎较疏松，多呈砖红或灰泛紫色。瓮、小盘口壶、盘口壶、鸡首壶等类器内施釉至颈，外壁不及底或上腹部施釉；而罐、釜类器内满施釉外腹不及底施釉，不过内壁较外壁釉水薄，碗、盏、杯、盘等类器内壁满外壁不及底或半施釉；釉层均匀，釉色多数量呈青或青泛绿色，也有青泛白、青黑、青泛黄或青泛灰色，釉面多数开冰裂纹，正烧者釉面光洁，有些器物过烧或生烧则釉色不显。这时期的器物装饰简朴，多光素无纹，装饰手法简单，仅有划花和点彩二种。划花纹常见在器物外壁口沿下或系耳下施一至二道凹弦纹，弦纹较宽、深。点彩流行，在罐、壶、碗、钵、盏等器物口沿以及器盖盖面饰褐色点彩为饰，褐色点彩多作细小线条状，排列整齐细密，仅器盖的点彩较大稀疏，呈斑状。

窑具中有 A、B、C 型支具；A 型 I 式间隔具，B、C、E 型间隔具；A 型 I 式、E 型 I 式匣钵以及 A 型 I 式匣钵盖。以间隔具的数量较多，匣钵较少，应是刚刚才出现的，支具虽然不多，但仅出现在这一期，说明器物的装烧绝大多数采用支具支烧法，将单件或叠置的坯件放置在支具上面裸烧。罐、壶类等琢器多单件置于支具上装烧。碗、钵类等圆形器往往 3~5 件叠置于支具上，坯件之间间隔圆形或环形三足间隔具。本期开始出现匣钵，匣钵是装烧瓷器的窑具，用耐火黏土制成。瓷器放在匣钵内装烧，能避免窑顶落沙对釉面的污染和烟、火直接接触坯件，使坯件受热均匀，釉面光莹，可保证和提高产品质量。匣钵耐高温，胎体结实，承重能力强，层层叠摞不易倒塌，可以充分利用窑内空间或适当增加窑室高度，提高产量。采用匣钵装烧是瓷器装烧工艺的重大进步。本期匣钵装烧坯件有 1 件匣钵装烧 1 件器物和 1 件匣钵装烧多件器物两种方式，坯件之间置圆形锯齿状和环形垫圈间隔具。匣钵腹壁较直，口部微内收，口沿开 3 个等距离的半圆形缺口，腹壁下部开 4 或 6 个圆形、不规则方形或椭圆形气孔，气孔较大。

第二期，这一期的分布范围较第一期更大，生产规模有所扩大，主要分布在 T7、T8、T9 探方中，堆积的厚度大约在 1 米左右，出土遗物较第一期略为丰富，主要有：B 型瓮；A 型 III 式罐，B 型 II、III 式罐；Aa 型 II 式钵；I 式莲瓣纹碗；A 型 II 式大足碗；A 型 I、II、III 式碗，B 型 I、II、III、IV 式碗，Ca 型 I、II、III、IV、V 式碗；A 型 I、II 式高足盘，Ba 型 I、II、III 式高足盘；I、II、III 式莲瓣纹盘；Ba 型 I、II 式盘，Ca 盘；A 型 I、II 式高足杯；A 型 II、III、IV 式杯，B 型 I、II、III、IV 式杯，C 型 I、II 式杯；Aa 型 II、III 式盏，Ab 型 II、III、IV、V、VI、VII 式盏，Ac 型 II、III 式盏；烛台；A 型 I 式小水盂等。其中罐、大足碗、大平底钵、A 型盏及烛台等器物是前期文化因素的延续，但有的也已出现变化，如罐的系耳均呈半环状，A 型六系罐下腹部斜收，罐的最大腹径下移。出现了许多本期新的文化因素，诸如莲瓣纹碗、盘、高足盘、高足杯等，新出现的高足盘腹部较浅，足把较高，高足杯腹较深，足把亦高。这一期受当时门阀士族"秀骨清像"审美观的影响，器物总体造型趋向瘦长秀气。器物流行假圈足，就连四系罐也出现假圈足，碗、盘、杯、盏等多数器形为假圈足，且假圈足较前期高，但足径变小，有的碗假圈足足面挖有凹槽。杯、盏类器物下腹壁内收，器显高瘦。钵类器腹部变浅。碗类器腹部变深，腹部最大处在腹中部。这一期器物造型规整，胎质细腻，烧成温度较高。胎色呈现灰白、灰泛白、灰、灰泛紫、灰黑、灰黄、灰泛黄、深灰或砖红色，以灰、灰白或灰泛白色为主，只有少量器物因生烧而出现砖红色。已经能较熟练采用匣钵烧制器物，釉的玻化程度较高，釉层均匀，釉色以青和青泛黄色较为常见，也有青黄、青泛白、深青、黄泛褐、青黑或青绿色，釉层普遍开细冰裂纹，胎釉结合较差，釉易脱落。瓮、罐等琢器采用内壁满外壁半或外壁不及底施釉，碗、盏、杯等圆器采用内壁满外壁不及底或内、外壁不及底施釉。本期器物注重实用，装饰简单，纹饰不多，常见的纹样为弦纹、莲瓣纹和褐彩。装饰技法有划花、剔刻及点彩。点彩使用较少，只在平底钵、碗的口沿施，彩点细密。划花纹主要是弦纹，常常在器物外壁口沿下饰一组弦纹，有的在内底施二组弦纹。受佛教的影响，盛行莲花图案，多在盘的内底和碗的外腹壁刻划莲瓣纹，莲瓣瘦长，先刻划后剔刻，总体图案规整，线条精细，刻划深沉，立体感强，凝釉处呈碧绿色。

这一期的窑具有 A 型 Ⅱ 式间隔具，D 型间隔具，F 型 Ⅰ、Ⅱ 式间隔具，G 型间隔具，H 型 Ⅰ、Ⅱ 式间隔具，Ⅰ 型间隔具；A 型 Ⅰ 式匣钵，B 型 Ⅰ 式匣钵，D 型匣钵，E 型 Ⅱ、Ⅲ 式匣钵；A 型 Ⅱ 式匣钵盖，B 型匣钵盖等。间隔具、匣钵的数量和种类明显增加。这一期器物除极少量采用单件或多件叠置的坯件置放在支具上裸烧外，绝大多数器物采用 1 件匣钵装烧 1 件器物或 1 件匣钵装烧多件器物的装烧法烧成。匣钵装烧技术趋于成熟，匣钵的形制趋于规范，腹壁较直，口沿略内收，口沿有半圆形缺口，腹壁下部开 2 个对称的圆形或椭圆形气孔，气孔较前期小。器物之间的间隔多数采用圆形锯齿状或直壁浅钵状间隔具。

第三期，本期的地层分布范围进一步扩大，主要分布在 T1、T7、T8 和 T9 探方中，地层堆积在 0.6~1 米之间，出土遗物的类型主要有：B、C 型瓮；Ba 型 Ⅰ、Ⅱ、Ⅲ、Ⅳ 式钵；Ⅱ 式莲瓣纹碗；B 型 Ⅰ、Ⅴ、Ⅵ、Ⅶ 式碗，Ca 型 Ⅲ、Ⅳ、Ⅴ、Ⅵ、Ⅶ 式碗，Da 型 Ⅰ、Ⅱ、Ⅲ 式碗；A 型 Ⅲ、Ⅳ、Ⅴ 式高足盘，Ba 型 Ⅱ、Ⅳ、Ⅴ、Ⅵ、Ⅶ、Ⅷ 式高足盘，Bb 型 Ⅰ、Ⅱ 式高足盘；Ⅱ 式莲瓣纹盘；B 型高足杯，C 型 Ⅰ、Ⅱ 式高足杯；A 型 Ⅳ、Ⅴ 式杯，B 型 Ⅰ、Ⅱ、Ⅲ、Ⅴ、Ⅵ 式杯，C 型 Ⅲ 式杯；B 型 Ⅰ、Ⅱ 式盅；Aa 型 Ⅱ、Ⅲ、Ⅳ 式盏，Ab 型 Ⅳ 式盏，Ac 型 Ⅱ、Ⅲ、Ⅳ、Ⅴ 式盏；Ⅰ 式唾盂；A 型 Ⅰ 式砚台；A 型三足炉等。碗、杯、盏、高足盘、高足杯等器物既是对上一期文化因素的继承，又有所发展变化，同时新出现有唾盂、敛口印花钵（Ba 型钵）、砚台、三足炉等器类。本期器形以高足盘、钵、碗、盏、杯、高足杯等饮食器为主，不见或几乎不见罐、壶等盛储器。这一期器物造型简洁秀丽，胎体变薄，器腹有变深的趋势，碗类、高足盘、盏类器腹变深，下腹壁内收较明显。莲瓣纹碗由前期的胎体厚重，器形高大，演变为现在的胎轻体薄，器形较矮小。但也有一些胎壁厚重、器形较大的器物，如此期所特有的 Bb 型高足盘。高足类器（高足盘、高足杯）把足变粗，把足中部饰弦纹。碗、盘、杯、盏等圆器的外腹壁与底足相交处一般均有一周很窄的旋削痕，时代特征很强。

本期器物胎质分两类：一类淘洗不精，胎质粗松，多呈灰、深灰、灰泛白、灰泛黄、灰黑、灰泛紫或砖红色；一类胎质细密坚致，以灰白色为主，含杂质较少，淘洗精细。唾盂、瓮等器内至颈、外至足施釉，碗、杯、盏、高足盘、钵等器内壁满外壁不及底、内壁满外壁半或内、外壁均半施釉，流行半截釉，施釉有荡釉和蘸釉两种方法。釉色呈现青、青泛白、淡青、青灰、青褐、黄泛褐、青泛黄、灰泛黄或青黑。有的器物生烧或过烧则釉色不显，以青和青泛白色常见；器物正烧者，釉面光润柔和，玻璃质感较强。胎釉之间涂抹一层灰白色化妆土，胎釉结合不牢，釉面常见开细冰裂纹，且多有剥落现象。装饰花纹题材较前期丰富，主要有莲瓣纹、松枝纹、朵叶纹、草叶纹、宝相花、变形宝相花、蔷薇花、松柏花以及弦纹、水波纹等。常见在钵、高足盘、高足杯内底弦纹间戳印蔷薇花、忍冬花、松柏花、枝叶、朵花纹等，高足器类的把足施一组弦纹，杯、盏、碗类器的外壁口沿下偶见一组弦纹，有的弦纹下划刻莲瓣纹。纹饰布局匀称，整齐精巧，主次分明，清晰且富于变化。装饰技法多样，刻、划、戳印集在一体，特别是戳印纹样多见，为该时期的一大特色。

窑具有 C 型间隔具，F 型 Ⅰ 式间隔具；A 型 Ⅱ 式匣钵，B 型 Ⅱ 式匣钵，C 型 Ⅰ 式匣钵，E 型 Ⅳ 式匣钵及 A 型 Ⅰ 式匣钵盖等。这一时期器物装烧简单划一，所有器物都采用 1 件匣钵装烧 1 件器物或 1 件匣钵装烧多件器物的装烧法。产品较精致者采用匣钵内装烧 1 件坯件的装烧方法。匣钵腹壁变直，口沿均有半圆形缺口，对应的腹壁下部开一个圆形或椭圆形气孔，气孔变小。

第四期，这一期的分布范围略有所减少，主要分布在 T6、T7 和 T8 探方中，文化堆积仍然较厚，达到 1 米左右。主要器类有：C 型瓮；Ⅰ式瓶；A 型Ⅰ式盆；Ba 型Ⅱ、Ⅳ、Ⅴ、Ⅵ、Ⅶ、Ⅷ、Ⅸ式钵；B 型Ⅷ式碗，Ca 型Ⅶ、Ⅷ、Ⅸ、Ⅹ、Ⅺ、Ⅻ、ⅩⅢ式碗，Da 型Ⅳ、Ⅴ、Ⅵ、Ⅶ式碗；Ba 型Ⅷ、Ⅸ、Ⅹ、Ⅺ式高足盘；Bb 型Ⅰ、Ⅱ、Ⅲ式盘，Be 型Ⅰ、Ⅱ、Ⅲ式盘；A 型Ⅵ、Ⅶ式杯，B 型Ⅰ式杯，C 型Ⅳ、Ⅴ、Ⅵ式杯；A 型Ⅰ式大水盂；七联盂；A 型Ⅱ小水盂；A、B 型纺轮等等。这一期器类较少，以碗、盘、杯类为大宗，新涌现瓶、盆、大水盂、小水盂、七联盂及纺轮，新出现的器类主要是文化娱乐及陈设器，说明人们的视野扩大，瓷器的用途由日用品转向其他方面，而七联盂为该时期所独有。这时期器物造型端庄，胎体轻薄。绝大多数器物内底宽平，下腹部宽胖，器显矮胖。瓶、罐类琢器与杯、碗类圆器流行假圈足，钵、盘类流行小平底或小平底内凹，瓶、碗、杯、大水盂等器的外腹壁与底足相交处有一周旋削台面。

器物的胎质细腻坚硬，多呈现深灰、铁灰和灰色，偶有灰白、灰泛紫和砖红色，色调较深，上釉前普遍先施一层灰白色化妆土。盆类器口沿及肩腹部施釉；瓶类器口沿及外壁不及底施釉；钵、高足盘、盘、七联盂、水盂、大盂等器物均内壁满施釉外壁不及底施釉；碗、杯、盏等器内壁满施釉外壁不及底、内壁满外壁半或内、外壁均半施釉，多内、外壁半施釉，釉层均匀，釉面饱满滋润莹亮，釉色以褐、青褐和黄褐色为主，色调普遍较深，偶见深青、青闪黄、青黑、青黄等色，有个别生烧或过烧者釉色不显，釉面开细冰裂纹。本期装饰简单，以釉色见长，器物的釉色与陆羽《茶经》所描述的"洪州瓷褐"基本相符。装饰手法有划花和戳印二种。划花的纹饰大量是弦纹，偶见水波纹。弦纹见于碗、杯等器物的外壁口沿下和高足盘、钵类器的内底，施一组或二组弦纹。水波纹见于钵的内壁，多与内底中心的戳印朵花纹组合应用。戳印纹样的装饰内容有朵花纹、重圈纹、朵梅纹、莲瓣纹等，内容较上期大为减少，有的钵在弦纹间戳印朵花、水波纹、曲折纹；有的杯、盂类器在外腹壁饰重圈纹、朵梅纹和莲瓣纹。

这一时期的匣钵腹壁下部内收，口沿有一个半圆形缺口，与此对应的腹壁下部有一个圆形或椭圆形气孔，气孔较小，有的气孔没有戳穿。有的匣钵腹壁底缘外伸。器物的装烧方法整齐划一，瓶、钵、碗、盘、高足盘、杯、盏、小水盂、大水盂等器物全部采用匣钵装烧，装烧方法仍有两种，一种 1 件匣钵装烧 1 件器物，装烧的器物质量较精细；另一种是 1 件匣钵装烧多件器物。

第五期，本期地层分布面积急剧扩大，几乎分布在发掘的所有探方中，窑址烧造规模扩大，人们对瓷器的需求进一步增加，出土遗物的数量和种类有所增加。表明此期寺前山窑址处在繁荣兴旺发达时期，生产量大，产品丰富。主要器物有：C、D 型瓮；A 型双唇罐，B 型Ⅰ、Ⅱ式双唇罐，C 型Ⅰ、Ⅱ式双唇罐；B 型Ⅰ、Ⅳ、Ⅴ式罐；C 型Ⅰ、Ⅱ式罐；小盘口壶；B 型Ⅰ、Ⅱ、Ⅲ式盘口壶；三足壶；Ⅱ、Ⅲ式瓶；A 型Ⅰ、Ⅱ式盆，B 型盆；Ba 型Ⅰ、Ⅴ、Ⅵ、Ⅶ、Ⅷ、Ⅸ式钵，Bb 型Ⅰ、Ⅱ、Ⅲ、Ⅳ、Ⅴ式钵，Bc 型Ⅰ、Ⅱ、Ⅲ、Ⅳ式钵，Bd 型钵；Ⅲ式莲瓣纹碗；Ca 型Ⅷ、Ⅸ、Ⅹ、Ⅺ、Ⅻ、ⅩⅢ式碗，Cb 型Ⅰ、Ⅱ、Ⅲ、Ⅳ式碗，Cc 型Ⅰ、Ⅱ式碗，Da 型Ⅳ、Ⅴ、Ⅵ、Ⅶ、Ⅷ式碗，Db 型Ⅰ、Ⅱ、Ⅲ式碗，Dc 型Ⅰ、Ⅱ、Ⅲ、Ⅳ式碗，E 型Ⅰ、Ⅱ式碗；Ba 型Ⅱ、Ⅵ、Ⅷ、Ⅸ、Ⅹ、Ⅺ式高足盘，Bb 型高足盘；Ba 型Ⅲ、Ⅳ式盘，Bb 型Ⅰ、Ⅱ、Ⅲ、Ⅳ式盘，Bc 型Ⅰ、Ⅱ、Ⅲ式盘，Bd 型Ⅰ、Ⅱ式盘，Be 型Ⅰ、Ⅱ、Ⅲ式盘，Cb 型Ⅰ、Ⅱ、Ⅲ式盘，Cc 型盘，D 型Ⅰ、Ⅱ

式盘；Ⅰ、Ⅱ式碟；A型Ⅲ式高足杯，D型高足杯；A、B型把杯；A型Ⅵ、Ⅶ、Ⅷ、Ⅸ式杯，B型Ⅱ、Ⅶ、Ⅷ式杯，C型Ⅳ、Ⅴ、Ⅵ式杯，D型Ⅰ、Ⅱ式杯，E型Ⅰ、Ⅱ式杯，F型Ⅰ、Ⅱ式杯；C型盅；Aa型Ⅲ、Ⅳ式盏，Ab型Ⅶ式盏，Ac型Ⅲ式盏，B型Ⅱ式盏；A型Ⅰ、Ⅱ式大水盂，B、C型大水盂，D型Ⅰ、Ⅱ式大水盂，E型大水盂；Ⅱ式唾盂；A型Ⅱ式小水盂，B型Ⅰ、Ⅱ式小水盂；A型Ⅱ式砚台，B型Ⅰ、Ⅱ式砚台；B、C型三足炉；擂棒；A、B、C型纺轮；B型Ⅰ、Ⅱ式器盖；印模等等。新出现的器类较多，造型多样，有双唇罐，B、C型罐，B型盘口壶，三足壶，B型盆，碟，把杯等。其中仿金银器造型的A、B型把杯及高足杯、砚台、水盂等是本时期的创新特色产品。这一期的器物制作精细，胎质坚硬，造型多样，无论琢器抑或圆器，流行假圈足，底足多数内凹，器物的外腹壁与底足相交处有一周旋削台面。开始出现圈足，器物的底足有由圆饼足向圈足演化的趋势。

这一期的器物胎泥练制精细，胎色仍然较深，呈现铁灰、深灰色，以深灰色为主，也有灰、灰白色，个别的因生烧而呈灰泛紫或砖红色，胎釉间绝大多数施一层灰白色化妆土。双唇罐、罐、瓮、盆等琢器大多口沿施釉外壁不及底施釉，有的内满釉外不及底或半施釉；盘、钵类器内、外半施釉，杯类器内满施釉外半施釉；碗、盆类器内 外半施釉或内满外半旋釉、内外均不及底施釉，釉层厚薄均匀，正烧者釉面细腻柔和，光泽感强，莹润透亮，釉色多样，呈现青褐、褐、黄褐、青泛褐、青、青黄、青泛灰、青泛黑和酱褐等色，以青褐、褐、青泛褐色为主。釉面有的开细冰裂纹片。这时期器物仍然和前期相同，以素面为主，装饰花纹少见，器物以釉色取胜，主要追求釉色本身的装饰效果。装饰技法有划花、拍印及戳印，划花纹样常见弦纹，有的在器物口沿外侧、肩部或腹部施一组弦纹，有的钵、盘类器在内壁近口沿和内底心各饰一组弦纹。拍印纹样有细方格纹、麻布纹和粗绳纹等，主要装饰在盆、瓮、双唇罐等的肩腹部。戳印纹样是前期的延续，但数量大为减少，常见莲瓣纹、菊瓣纹和枝叶纹等，主要装饰在碗、水盂的外腹壁。

本期器物装烧方法与前期相同，仍然是几乎所有器物都是放在匣钵内装烧。匣钵的器形特征亦与前期大致相同。

三　年代推断

寺前山窑址发掘没有出土纪年器物，窑址中仅T7②层出土一枚开元通宝铜钱。因此，各期的年代依据有纪年或纪年明确的墓葬中出土的相关器物来推断。

第一期，A型Ⅱ式罐（T1⑤∶13）的造型与江苏省南京娘娘山东晋中晚期M1[1]出土的罐相同；鸡首壶的造型与江苏省南京娘娘山东晋中晚期M1[2]、浙江桐溪东晋泰和三年（368年）墓[3]出土的鸡首壶相同；Aa型Ⅰ式钵的造型与江西清江洋湖东晋永和十二年（356年）M2[4]、江苏省南京吕家山东晋宁康三年（375年）M2[5]、江西省南昌市区东晋墓[6]出土的钵相同；小盘口壶的形制

---

① 南京市博物馆考古组：《南京郊区三座东晋墓》，《考古》1983年第4期。
② 南京市博物馆考古组：《南京郊区三座东晋墓》，《考古》1983年第4期。
③ 浙江省文物管理委员会：《浙江瑞安桐溪与庐浦古墓清理》，《考古》1960年第10期。
④ 江西省文物管理委员会：《江西清江洋湖晋墓与南朝墓》，《考古》1965年第4期。
⑤ 南京市博物馆：《南京吕家山东晋李氏家族墓》，《文物》2000年第7期。
⑥ 陈定荣、许智范：《南昌市区清理一座东晋墓》，《考古》1984年第4期。

与江西九江东晋中晚期墓[①]出土的同类器相似；A 型盘（T8⑤：49）的造型与江苏省南京司家山谢球和王德光夫妇合葬墓[②]（416 年）、江苏省南京吕家山东晋升平元年（357 年）M1、吕家山东晋宁康三年（375 年）M2[③]出土的同类器相同或相似；A 型 Ⅱ 式器盖与江苏省南京娘娘山东晋M1[④]出土的器盖相同；A、B 型灯与江苏省南京东晋泰和元年（371 年）王建之夫妇合葬墓[⑤]出土的同类器相似。而罐、鸡首壶上附设的桥形系折射出南朝的特征，烛台、擂钵的造型也与南朝早期的同类器相似。由此可知，本期的时代为东晋中晚期至南朝早期（南朝的宋代），即公元 355 ~ 455 年的一百年前后。

第二期，A 型 Ⅱ、Ⅲ 式杯，B 型 Ⅲ 式碗的造型与广东揭阳赤岭口南朝大明四年（460 年）墓[⑥]出土的同类器相同或相似；B 型 Ⅰ、Ⅱ 式碗，Ⅰ、Ⅱ 式莲瓣纹盘的形制、纹饰及装饰手法与江西赣县南齐建武四年（497 年）墓[⑦]出土的洪州窑烧制的同类器相同；Ba 型 Ⅰ、Ⅱ 式高足盘的形制与河北磁县北齐武平二年（571 年）尧俊夫妇合葬墓[⑧]出土的青瓷高足盘相似；Ⅰ、Ⅱ 式莲瓣纹盘的造型、纹饰与江西赣县白鹭南朝墓[⑨]出土的同类器相同，装烧方法也完全一样；Ⅰ、Ⅱ 式莲瓣纹盘，A 型 Ⅱ 式杯，Ⅰ 莲瓣式碗的形制、纹样与江西吉安南朝齐永明十一年（493 年）墓[⑩]出土的洪州窑烧制的同类器相同或相似；Ca 型 Ⅱ 式碗与湖北省武汉南朝孝建二年（455 年）墓[⑪]出土的碗相同；B 型 Ⅰ、Ⅱ 式碗与江苏省南京西善桥南朝黄法（517 ~ 576 年）墓[⑫]出土同类器相同。A 型 Ⅱ、Ⅲ 式碗的造型与江西清江经楼南朝陈至德三年（584 年）墓出土的同类器物（原报告称"杯"）相同，胎釉风格也相同，为内、外不及底施釉[⑬]。可见这一期时间约在南朝早期以后的齐、梁、陈，即公元 479 ~ 589 年。

第三期，Ba 型 Ⅰ、Ⅱ、Ⅲ 式钵的造型、纹样、装饰手法与浙江江山隋大业三年（607 年）墓[⑭]、广东英德晗光镇隋墓[⑮]、广东韶关隋大业六年（610 年）M33[⑯]、湖北武昌马房山隋墓[⑰]、广西钦州隋代墓 M1[⑱]、广东封川隋墓[⑲]、江西清江隋墓[⑳]出土的同类器完全相同；C 型 Ⅲ 式杯的造型

① 九江市博物馆吴水存等：《九江市郊发现一座晋墓》，《江西历史文物》1984 年第 1 期。
② 南京市博物馆：《南京司家山东晋、南朝谢氏家族墓》，《文物》2000 年第 7 期。
③ 南京市博物馆：《南京吕家山东晋李氏家族墓》，《文物》2000 年第 7 期。
④ 南京市博物馆考古组：《南京郊区三座东晋墓》，《考古》1983 年第 4 期。
⑤ 南京市博物馆：《南京象山 8 号、9 号、10 号墓发掘简报》，《文物》2000 年第 7 期。
⑥ 广东省博物馆等：《广东揭阳东晋、南朝、唐墓发掘简报》，《考古》1984 年第 10 期。
⑦ 赣州市博物馆：《江西赣县南齐墓》，《考古》1984 年第 4 期。
⑧ 磁县文化馆：《河北磁县东陈村北齐尧俊墓》，《文物》1984 年第 4 期。
⑨ 赖斯清：《江西赣县白鹭南朝墓》，《考古》1994 年第 7 期。
⑩ 平江、许智范：《江西吉安南朝齐墓》，《文物》1980 年第 2 期。
⑪ 湖北省博物馆：《武汉地区四座南朝纪年墓》，《考古》1965 年第 4 期。
⑫ 南京市博物馆：《南京西善桥南朝墓》，《文物》1993 年第 11 期。
⑬ 清江县博物馆：《江西清江经楼南朝纪年墓》，《文物》1987 年第 4 期。
⑭ 江山县文管会：《浙江江山隋唐墓清理简报》，《考古学集刊》第 3 集，1983 年。
⑮ 徐恒彬：《广东英德晗光镇南朝隋唐墓发掘》，《考古》1963 年第 9 期。
⑯ 广东省文物管理委员会：《广东韶关六朝隋唐墓清理简报》，《考古》1965 年第 5 期。
⑰ 武汉市博物馆：《湖北武昌马房山隋墓清理简报》，《考古》1994 年第 11 期。
⑱ 广西壮族自治区文物工作队：《广西壮族自治区钦州隋唐墓》，《考古》1984 年第 3 期。
⑲ 广东省文物管理委员会：《广东封开县江口汉墓及封开隋墓发掘简报》，《文物资料丛刊》1979 年第 1 集，文物出版社。
⑳ 清江博物馆：《江西清江隋墓》，《考古》1977 年第 2 期。

与广西钦州隋代 M1① 出土的Ⅲ式碗相同；A 型 V 式杯与武昌马房山隋墓② 出土的 I 式盅相似；Ⅱ式莲瓣纹碗的造型、纹样与江西清江黄金坑隋代 M9③、安徽省合肥隋代墓④、浙江江山隋开皇十八年（598 年）墓⑤ 出土的同类器完全相同；A 型 I 式砚台的造型与江西清江隋开皇十年（590年）M8⑥ 出土的五虎爪足砚相似；I 式唾盂的形制与江西清江隋大业十一年（615 年）M12⑦ 出土的同类器相似；Ba 型Ⅳ、V 式高足盘的形制与湖北省武昌马房山隋代墓⑧ 出土的同类器相似；Bb 型 I、Ⅱ式青瓷高足盘的形制、纹饰与湖北省武昌隋墓⑨ 出土的印花高足盘相同；同时 Ba 型 I、Ⅱ、Ⅲ式钵，Ba 型Ⅳ、V 式高足盘普见于江西各地隋墓⑩。这一期时间比较集中在隋代，即公元 589～618 年。

　　第四期，Ba 型Ⅶ式钵的造型与福建莆田唐高宗上元三年（676 年）墓⑪ 出土的钵相同，与广西兴安县红卫村唐贞观十五年（641 年）墓⑫ 出土的铜洗相似；C 型 V 式杯的形制、胎釉、纹样、装饰手法与湖北省武昌郊区初唐墓⑬、江西黎川县荆头村唐墓⑭、河南省郑州上街区初唐墓⑮ 出土的洪州窑烧制的同类器相同；A 型Ⅶ式杯的造型与江西会昌唐乾封元年（666 年）墓⑯ 出土的杯完全相同；B 型Ⅷ式碗的形制与湖北省武昌郊区初唐时期（618～649 年）M270⑰ 出土的碗相同。由此推知这一期应为初唐（高祖、太宗）时期，时间为公元 618～704 年前后。

　　第五期，本期所属的 T7② 层出土一枚开元通宝铜钱币，钱轮廓整齐，文字端正，应是初唐武德（618～626 年）年间铸造的。由此可知其上限可延至初唐时期，即第四期，第五期的时间不会早于武德年间。Ba 型Ⅸ式钵、Ca 型Ⅷ、Ⅸ、Ⅹ式碗的造型与湖北省武昌盛唐时期（705～756 年）墓⑱ 出土的洪州窑烧制的同类器相似；Cb 型 I 式碗的形制与湖北省武昌盛唐时期（705～756 年）M270⑲ 出土的碗相同；A 型把杯的造型与陕西省西安唐开元十九年（732 年）窖藏⑳ 出土的掐丝团花金杯相似；A 型把杯、B 型把杯的形制分别与日本大阪市美术馆藏唐代宝相花禽纹杯、侈口假圈足杯相同，其把手均与陕西省西安唐开元十九年窖藏出土的金杯把手相同㉑；

---

① 广西壮族自治区文物工作队：《广西壮族自治区钦州隋唐墓》，《考古》1984 年第 3 期。
② 武汉市博物馆：《湖北武昌马房山隋墓清理简报》，《考古》1994 年第 11 期。
③ 江西省文物管理委员会：《江西清江隋墓发掘简报》，《考古》1960 年第 1 期。
④ 王业友：《合肥出土寿州窑早期产品》，《文物》1984 年第 9 期。
⑤ 江山县文管会：《浙江江山隋唐清理简报》，《考古学集刊》第 3 集，1983 年。
⑥ 江西省文物管理委员会：《江西清江隋墓发掘简报》，《考古》1960 年第 1 期。
⑦ 江西省文物管理委员会：《江西清江隋墓发掘简报》，《考古》1960 年第 1 期。
⑧ 武汉市博物馆：《湖北武昌马房山隋墓清理简报》，《考古》1994 年第 11 期。
⑨ 《武昌郊区隋唐墓》，待刊。
⑩ 范凤妹等：《江西出土的隋代青瓷》，《江西历史文物》1984 年第 1 期。
⑪ 福建省博物馆：《福建莆田唐墓》，《考古》1984 年第 4 期。
⑫ 李珍等：《广西兴安县红卫村发现纪年墓》，《考古》1996 年第 8 期。
⑬ 《武昌郊区隋唐墓》，待刊。
⑭ 薛翘：《江西南昌、赣州、黎川的唐墓》，《考古》1964 年第 5 期。
⑮ 河南省文物工作队：《郑州上街区唐墓发掘简报》，《考古》1960 年第 1 期。
⑯ 会昌县博物馆：《会昌县西江隋唐墓葬》，《江西文物》1990 年第 1 期。
⑰ 权奎山：《中国南方隋唐墓的分区与分期》，《考古学报》1992 年第 2 期。
⑱ 《武昌郊区隋唐墓》，待刊。
⑲ 权奎山：《中国南方隋唐墓的分区与分期》，《考古学报》1992 年第 2 期。
⑳ 陕西省博物馆、文管会革委会写作小组：《西安南郊何家村发现唐代窖藏文物》，《文物》1972 年第 1 期。
㉑ 《日本与中国文化交流》2000 年第 10 页（图 30）。

A、B、C 型大水盂的造型与陕西省西安郊区盛唐墓[1]同土同类器相同；A 型 Ⅱ 式砚台的形制与浙江江山唐肃宗上元三年（762 年）墓[2]出土多足砚相同；F 型杯的造型与江西省赣州盛唐墓[3]出土的杯相同；器物流行假圈足，底足多数内凹，而 Ca、Cb、Cc、E 型碗有由圆饼足向圈足演化的趋势。由此推知这一期的时间主要是盛唐时期，但也有可能延伸至中唐偏晚。具体时间即公元 705 ~ 820 年左右。

① 中国社会科学院考古研究所：《西安郊区隋唐墓》，科学出版社，1966 年。
② 江山县文管会：《浙江江山隋唐清理简报》，《考古学集刊》第 3 集，1983 年。
③ 张嗣介：《赣州市郊发现一座唐墓》，《江西历史文物》1984 年第 2 期。

表五　罗湖寺前山窑址各组地层出土器物类型表

期别	典型地层	莲瓣纹碗	钵	盆	瓶	三足壶	鸡首壶	盘口壶	小盘口壶	罐	双唇罐	釜	瓮
第一期 第一组	T1⑤ T8⑤		Aa I；Ab I Ab II Ab III Ab IV				∨	A	∨	A I A II；B I		∨	A
第二期 第二组	T6⑥ T8④ T9④	I	Aa II							A III；B II B III			B
第三期 第三组	T1④、T7④ T7⑤、T8③ T9②、T9③	II	Ba I Ba II Ba III Ba IV										B、C
第四期 第四组	T6④、T7③ T8②		Ba II Ba IV Ba V Ba VI Ba VII Ba VIII Ba IX	A I	I				∨				C
第五期 第五组	T1③ T2②A T3②B T4②B T5②B T5③ T6②A T6②B T6③、T7②	III	Bd；Bc I Bc II Bc III Bc IV；Bb I Bb II Bb III Bb IV Bb V；Ba I Ba V Ba VI Ba VII Ba VIII Ba IX	B、A I A II	II III	∨		B I B II B III		C I C II；B I B IV B V	C I C II；B I B II；A		C、D

青釉瓷器

续表五

器类	型式	第一期	第二期	第三期	第四期	第五期
(典型地层)		T1⑤ T8⑤	T6⑥ T8④ T9④	T1④ T7④ T7⑤ T8③ T9② T9③	T6④ T7③ T8②	T1③ T2②A T3②B T4②B T5②B T5③ T6②A T6②B T6③ T7②
青釉瓷器	碟					Ⅰ Ⅱ
	盘					D Ⅰ D Ⅱ
						Cc
						Cb Ⅰ Cb Ⅱ Cb Ⅲ
			Ca			
					Be Ⅰ Be Ⅱ Be Ⅲ	Be Ⅰ Be Ⅱ Be Ⅲ
						Bd Ⅰ Bd Ⅱ
						Bc Ⅰ Bc Ⅱ Bc Ⅲ
					Bb Ⅰ Bb Ⅱ Bb Ⅲ	Bb Ⅰ Bb Ⅱ Bb Ⅲ Bb Ⅳ
			Ba Ⅰ Ba Ⅱ			Ba Ⅲ Ba Ⅳ
		A				
	莲瓣纹盘		Ⅰ Ⅱ Ⅲ	Ⅱ		
	高足盘		Ba Ⅰ Ba Ⅱ Ba Ⅲ	Bb Ⅰ Bb Ⅱ Ba Ⅱ Ba Ⅳ Ba Ⅴ Ba Ⅵ Ba Ⅶ Ba Ⅷ	Ba Ⅷ Ba Ⅸ Ba Ⅹ Ba Ⅺ	Bb Ⅱ Ba Ⅱ Ba Ⅵ Ba Ⅷ Ba Ⅸ Ba Ⅹ Ba Ⅺ
			A Ⅰ A Ⅱ	A Ⅲ A Ⅳ A Ⅴ		
	碗				E Ⅰ E Ⅱ	
					Dc Ⅰ Dc Ⅱ Dc Ⅲ Dc Ⅳ	
					Db Ⅰ Db Ⅱ Db Ⅲ	
				Da Ⅰ Da Ⅱ Da Ⅲ	Da Ⅳ Da Ⅴ Da Ⅵ Da Ⅶ	Da Ⅳ Da Ⅴ Da Ⅵ Da Ⅶ Da Ⅷ
					Cc Ⅰ Cc Ⅱ	
					Cb Ⅰ Cb Ⅱ Cb Ⅲ Cb Ⅳ	
			Ca Ⅰ Ca Ⅱ Ca Ⅲ Ca Ⅳ Ca Ⅴ	Ca Ⅲ Ca Ⅳ Ca Ⅴ Ca Ⅵ Ca Ⅶ	Ca Ⅶ Ca Ⅷ Ca Ⅸ Ca Ⅹ Ca Ⅺ Ca Ⅻ Ca ⅩⅢ	Ca Ⅷ Ca Ⅸ Ca Ⅹ Ca Ⅺ Ca Ⅻ Ca ⅩⅢ
			B Ⅰ B Ⅱ B Ⅲ B Ⅳ	B Ⅰ B Ⅴ B Ⅵ B Ⅶ	B Ⅷ	
			A Ⅰ A Ⅱ A Ⅲ			
	大足碗	A Ⅰ B Ⅰ A Ⅱ B Ⅱ	A Ⅱ			
组别		第一组	第二组	第三组	第四组	第五组

续表五

器类	型式	第一期	第二期	第三期	第四期	第五期
	典型地层	T1⑤ T8⑤	T6⑥ T8④ T9④	T1④ T7④ T7⑤ T8③ T9② T9③	T6④ T7③ T8②	T1③ T2②A T3②B T4②B T5②B T5③ T6②A T6②B T6③ T7②
擂棒						∨
擂钵		∨				
三足炉				A		B　C
砚台				A I		A II　B I　B II
小水盂			A I		A II	A II　B I　B II
七联盂					∨	
唾盂				I		II
大水盂					A I	A I A II　B C　D I D II　E
盏台		∨	∨			
灯		A B				
青釉瓷器 盏		B I				B II
		Ac I Ac II	Ac II Ac III	Ac II Ac III Ac IV Ac V		Ac III
		Ab I Ab II Ab III Ab IV Ab V	Ab II Ab III Ab IV Ab V Ab VI Ab VII	Ab IV		Ab VII
		Aa I	Aa II Aa III	Aa II Aa III Aa IV		Aa III Aa IV
盘		A I A II		B I B II		C
杯						F I F II D I E I D II E II
			C I C II	C III	C IV C V C VI	C IV C V C VI
			B I B II B III B IV	B I B II B III B V B VI	B I	B II B VII B VIII
		A I	A II A III A IV	A IV A V	A VI A VII	A VI A VII A VIII A IX
把杯						D A B
高足杯			B C I C II			
		A I A II				A III
组别		第一组	第二组	第三组	第四组	第五组

续表五

组别	青釉瓷器·纺轮	青釉瓷器·器盖	窑具·支具	窑具·间隔具	窑具·匣钵	窑具·匣钵盖	工具·印模	铜器·铜钱	典型地层	期别
第一组		A Ⅰ　A Ⅱ	A　B　C	A Ⅰ　B　C　E	A Ⅰ　E Ⅰ	A Ⅰ			T1⑤、T8⑤	第一期
第二组			A Ⅱ	A Ⅱ　D　F Ⅰ　F Ⅱ　G　H Ⅰ　H Ⅱ	A Ⅰ　B Ⅰ　D　E Ⅱ　E Ⅲ	A Ⅱ　B			T6⑥、T8④、T9④	第二期
第三组	A　B			C　F Ⅰ	A Ⅱ　B Ⅱ　C Ⅰ　E Ⅳ	A Ⅰ			T1④、T7④、T7⑤、T8③、T9②、T9③	第三期
第四组	A　B	B Ⅰ　B Ⅱ		F Ⅰ	A Ⅲ　E Ⅳ				T6④、T7③、T8②	第四期
第五组	A　B　C	B Ⅰ　B Ⅱ		E　F Ⅰ　F Ⅱ	A Ⅲ　C Ⅰ　C Ⅱ　C Ⅲ		√	√	T1③、T3②B、T4②B、T5③、T5②B、T6②A、T6②B、T6③、T7②	第五期

注：1. 大写英文字母代表型，小写英文字母代表亚型，罗马数字代表式。
2. "√"表示每一组有某一种器物，Ⅰ 图1 作一件或多件形制相同或残碎不能分型式。

第六章　罗湖尚山窑址

第一节　位置与地层堆积

一　位置及保存状况

　　罗湖窑址位于洪州窑遗址的中部，分布在曲江镇罗湖村境内，迄今共发现窑场址 10 处，即象山、狮子山、寺前山、管家、外宋、南坪、对门山、上坊、尚山、乌龟山窑场址。尚山窑址坐落在罗湖窑址群的北部、里宋自然村中及其附近（图一二五；彩版一七）。由于以往村民建房、修路等，此窑址破坏较为严重，保存状况不太好。

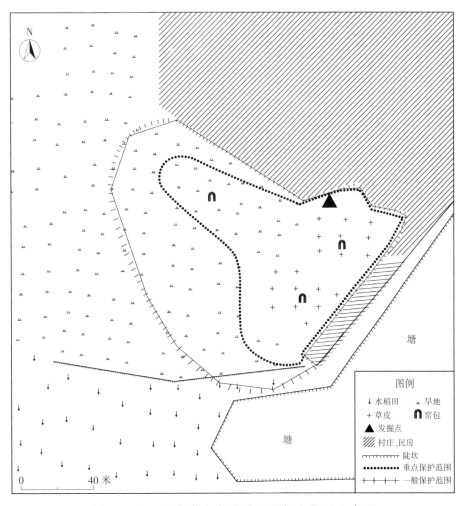

图一二五　罗湖尚山窑址范围及探方位置分布图

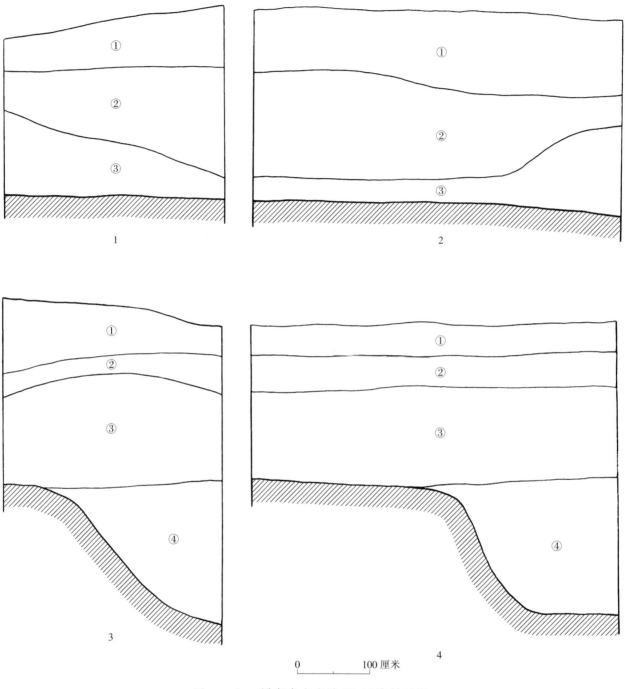

图一二六　罗湖尚山窑址 T1 四壁剖面图
1. 南壁　2. 西壁　3. 北壁　4. 东壁

二　探方位置及发掘面积

尚山窑址基本分布在村中，大部分压在民房下。根据村民建房打出的断面上显露出的文化堆积情况，1993 年 10 月在村的东南部开了一个探方，编号为 93 丰·曲·罗·尚 T1，大小为 5 米 × 3 米，面积 15 平方米。出土了一批瓷器、窑具，未见遗迹。

三　堆积及地层

尚山窑址发掘面积内的堆积较厚，可分四层。从堆积结构和出土遗物上看，第三、四层未被扰动过，是原生堆积。现以探方的东壁剖面为例介绍如下（图一二六）。

第①层　表土层。厚0.35～0.42米。红黄色土，结构致密，土中有沙粒、石块等。本层遍布整个探方。出土有少量的青瓷片和近现代的青花瓷片。

第②层　扰土层。厚0.42～0.5米。红褐色土，结构较疏松，呈块状，含有较多杂质。本层较均匀分布在整个探方中。出土遗物较少，有青瓷盘、杯等。

第③层　未被扰动的原生堆积层。厚1.15～1.33米。红黄色土，结构疏松，夹杂大量废弃的窑砖块。本层分布在整个探方中。出土遗物丰富，有青瓷罐、碗、钵、高足盘、碟、杯和匣钵等。

第④层　未被扰动的原生堆积层。厚0～1.8米。灰色土，结构致密，坚硬，夹杂有瓷土等。本层仅分布在探方的东北部。出土遗物较多，有碗、钵、高足盘和匣钵等。

第二节　出土遗物

尚山T1的四层均出土有遗物。第一层表土层、第二层扰土层出土的遗物不予介绍，只介绍第三、四层未被扰动的堆积层中出土的遗物。共选取标本175件，可分瓷器和窑具二类。

一　瓷器

共计170件。器形有罐、盘口壶、盆、钵、碗、高足盘、盘、杯、盏、盂、砚台和器足等。均为青瓷，釉的色调深浅不一，有明显差别。

1. 罐

1件。残，不能复原，仅存部分口和肩部。

标本T1③：5，口部内斜，矮领，丰肩，半环形六系，四竖、二横，四竖系二个为一组。灰泛紫红色胎。施青泛黑色釉，肩部饰细绳纹。残高7.2、口径14.2厘米（图一二七，3）。

2. 盘口壶

1件。残，不能复原。

标本T1③：6，盘口残，短束颈，圆肩，鼓腹，腹以下残佚，半环形二横系。深灰色胎。施青泛黑色釉。肩、腹部饰斜方格纹。残高6.2厘米（图一二七，4）。

3. 盆

4件。均残，不能复原。口部内斜，折肩，肩以下略弧内收，底残佚，浅腹。灰泛紫红色胎。口、肩内外施青泛黑色釉，余处无釉。口部外侧饰三道弦纹，肩以下饰斜方格纹。

标本T1③：1，残高12、口径约35.2厘米（图一二七，1）。

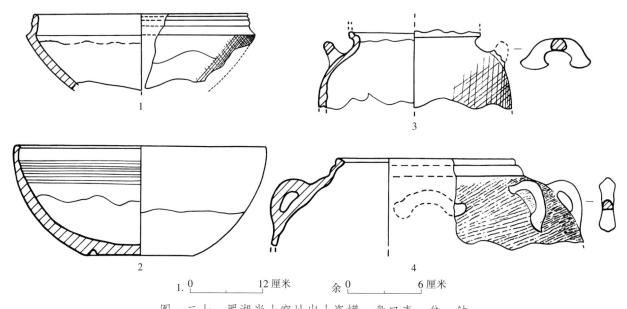

图一二七 罗湖尚山窑址出土瓷罐、盘口壶、盆、钵

1. 盆（T1③：1） 2. 钵 B 型Ⅲ式（T1③：116） 3. 罐（T1③：5） 4. 盘口壶（T1③：6）

4. 钵

26 件。敛口或口部略直，曲壁，平底，有的内凹。胎呈浅灰、灰、深灰或灰泛紫色。釉有青、青泛黄、青泛褐、青褐等多种色调，施釉前涂浅灰或灰色化妆土。有些在内侧戳印植物枝叶纹、团花纹等纹饰。一般高 3.5～5.3、口径 10.5～12.2、底径 3～4.9 厘米。根据口部形制的不同，可分为四型。

A 型 5 件。口部内敛较大，呈弧形。依壁的曲度差异，分为三式。

Ⅰ式 3 件。口部以下圆弧线内收，小平底。内满施釉，外半釉。

标本 T1④：2，浅灰胎。施青泛黄色釉。内侧戳印五朵花纹，由于釉覆盖，纹样模糊不清。高 5、口径 12.2、底径 4 厘米（图一二八，1）。

标本 T1④：5，深灰色胎。青泛黄色釉，内侧戳印朵花纹。高 4.5、口径 10.8、底径 3.6 厘米（图一二八，3）。

标本 T1④：10，灰色胎。施青色釉，内侧戳印四朵枝叶纹。高 4.4、口径 11.2、底径 4 厘米（图一二八，6）。

Ⅱ式 1 件。口部以下弧线内收，弧度较Ⅰ式小，小平底。

标本 T1④：6，胎作砖红色。内满施釉，外半釉，生烧，釉色不显。内侧戳印四朵枝叶纹。高 4.4、口径 11.2、底径 3.6 厘米（图一二八，4）。

Ⅲ式 1 件。口部以下内收线的弧度较Ⅱ式小，底较大。

标本 T1③：30，内外侧均施半釉，内侧底、壁部各饰一组凹弦纹。灰泛紫色胎。施青深黄色釉。高 3.7、口径 10.4、底径 4 厘米（图一二八，7；图版五七，1）。

B 型 8 件。口部内敛较 A 型小，圆唇内卷或折。依壁的曲度差异，分为三式。

Ⅰ式 2 件。口部以下较直，近底部又圆弧线内收，底较大。内满施釉，外半釉。

标本 T1④：9，浅灰色胎。施青泛黄色釉，内侧戳印七个变体莲瓣纹。高 4.4、口径 11.2、底

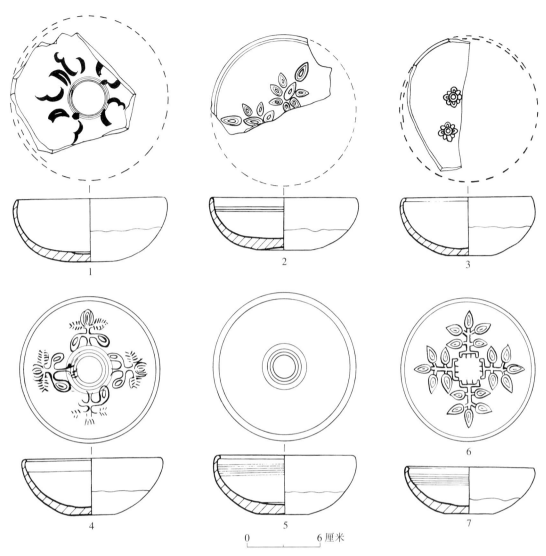

图一二八　罗湖尚山窑址出土瓷钵

1. A型Ⅰ式（T1④：2）　　2. C型Ⅱ式（T1④：4）　　3. A型Ⅰ式（T1④：5）　　4. A型Ⅱ式（T1④：6）

5. B型Ⅱ式（T1③：53）　　6. A型Ⅱ式（T1④：10）　　7. A型Ⅲ式（T1③：30）

径4厘米（图一二九，1；图版五七，2）。

Ⅱ式　3件。口部以下圆弧线内收，底较小。内外侧均施半釉。内侧底、壁部各饰一组凹弦纹。

标本T1③：53，深灰色胎。施青褐色釉。高4.8、口径10.8、底径3.8厘米（图一二八，5；图版五七，3）。

Ⅲ式　3件。口部以下内收线的弧度较Ⅱ式小。

标本T1③：116，内外均施半釉，内侧壁部饰一组凹弦纹。胎作砖红色。生烧，釉色不显。高8.6、口径20.8、底径8.8厘米（图一二七，2）。

标本T1③：50，内满施釉，外半釉。内侧底部戳印八瓣朵花纹，其周划饰十四组放射状的水波纹，并配饰凹弦纹。胎作砖红色。生烧，釉色不显。高4.6、口径11.6、底径4.4厘米（图一二九，3；图版五七，4）。

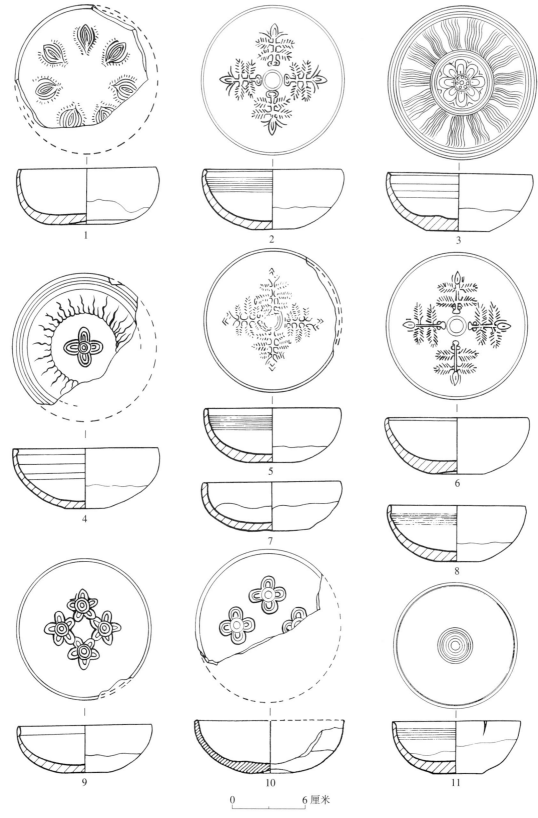

0   6厘米

图一二九　罗湖尚山窑址出土瓷钵

1. B型Ⅰ式（T1④：9）　2. B型Ⅱ式（T1③：52）　3. B型Ⅲ式（T1③：50）　4. B型Ⅲ式（T1③：34）
5. C型Ⅰ式（T1④：8）　6. C型Ⅱ式（T1④：11）　7. C型Ⅲ式（T1③：54）　8. C型Ⅲ式（T1③：45）
9. D型Ⅰ式（T1④：7）　10. D型Ⅰ式（T1④：3）　11. D型Ⅱ式（T1③：38）

标本 T1③：34，内满施釉，外半釉。内侧底部戳印四瓣朵花纹，其周划饰放射状的曲线纹，并配饰凹弦纹。砖红色胎。酱黄色釉。高 4.8、口径 11.6、底径 3.4 厘米（图一二九，4）。

C 型　6 件。口部内敛较 B 型小，口唇自然内收。依据壁的曲度差异，分为三式。

Ⅰ式　2 件。口部以下圆弧线内收，底较小。内满施釉，外半釉。

标本 T1③：52，灰色胎。施青褐色釉。内侧戳印四朵松枝纹，并配饰二组凹弦纹。高 4.8、口径 11.2、底径 3.6 厘米（图一二九，2）。

标本 T1④：8，砖红胎。生烧，釉色不显。内侧戳印四朵松枝纹，并配饰二组凹弦纹。高 4.4、口径 11.2、底径 3.6 厘米（图一二九，5）。

Ⅱ式　2 件。口部以下内收线的弧度较Ⅰ式小，底较大。内施满釉，外半釉。

标本 T1④：11，深灰色胎。青泛褐色釉。内侧戳印四朵松枝纹，并配饰凹弦纹。高 4.4、口径 11.6、底径 4.4 厘米（图一二九，6；图版五七，5）。

标本 T1④：4，浅灰色胎。施青泛黄色釉。内侧戳印枝叶纹，并配饰凹弦纹。高 4.2、口径 12、底径 4.4 厘米（图一二八，2）。

Ⅲ式　2 件。口部以下内收线的弧度较Ⅱ式小，底较小。内外均施半釉，内侧底和壁部各饰一组弦纹。

标本 T1③：54，灰泛紫色胎。施青褐釉。高 4、口径 11.2、底径 4 厘米（图一二九，7；彩版一八，1）。

标本 T1③：45，高 4.5、口径 11.1、底径 3.6 厘米（图一二九，8；图版五七，6）。

D 型　7 件。口部较直。依据壁的曲度差异，分为二式。

Ⅰ式　2 件。口部以下圆弧线内收，底较小。内满施釉，外半釉。

标本 T1④：7，灰泛紫色胎。釉因过烧色不显。内侧戳印四朵五瓣朵花纹。高 3.8、口径 11.2、底径 3.6 厘米（图一二九，9；图版五七，7）。

标本 T1④：3，灰泛紫色胎。施青泛黄色釉。内侧戳印四瓣朵花纹。高 4.1、口径 12、底径 4 厘米（图一二九，10）。

Ⅱ式　5 件。口下部弧线内收，腹以下斜直线内收，小底。内外均施半釉，内侧底和壁部各饰一组凹弦纹。

标本 T1③：38，灰泛紫色胎。施青泛褐色釉。高 4.2、口径 10.4、底径 3.6 厘米（图一二九，11；图版五七，8）。

5. 碗

33 件。曲壁。假圈足，有的内凹。胎呈浅灰、灰或深灰色，均施灰白或灰色化妆土，釉有青、青泛黄、青黄、青泛褐、青褐色等多种色调。内外侧均施半釉。少数口部外侧饰凹弦纹。一般高 5.6~8、口径 12.4~16.8、足径 5.2~6.8 厘米。根据口部形制的不同，可分为四型。

A 型　15 件。敛口。依据壁和腹深浅的不同，分为三式。

Ⅰ式　8 件。壁的弧度较大，外撇角度较小，深腹。

标本 T1④：13，灰色胎。施青釉。高 6.4、口径 12.8、足径 5.6 厘米（图一三〇，1；图版五八，1）。

Ⅱ式　5 件。壁较Ⅰ式弧度小，外撇角度较Ⅰ式略大，腹较深。

标本 T1③：22，灰色胎。青泛黄色釉。高 6、口径 12.6、足径 5 厘米（图一三〇，2）。

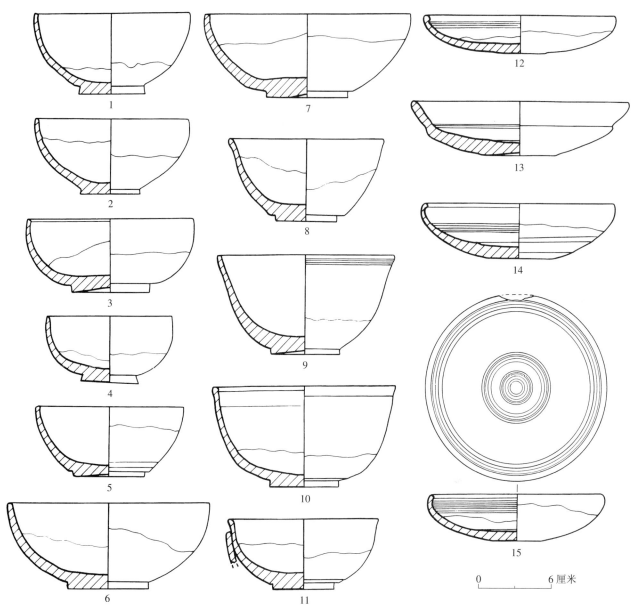

0　　　　　　6厘米

图一三〇　罗湖尚山窑址出土瓷碗、盘

1. 碗A型I式（T1④：13）　2. 碗A型II式（T1③：22）　3. 碗A型III式（T1②：1）　4. 碗B型I式（T1④：22）
5. 碗B型II式（T1③：25）　6. 碗A型II式（T1③：8）　7. 碗B型III式（T1③：113）　8. 碗D型II式（T1③：10）
9. 碗D型I式（T1③：23）　10. 碗C型I式（T1③：26）　11. 碗C型II式（T1③：9）　12. 盘B型III式（T1③：83）　13. 盘A型（T1③：87）　14. 盘B型II式（T1③：86）　15. 盘B型I式（T1③：85）

　　III式　2件。壁的弧度较小，外撇角度较大，腹较I式浅。

　　标本T1②：1，灰色胎。施青褐色釉。高5.8、口径13.4、足径6.4厘米（图一三〇，3；图版五八，2）。

　　B型　9件。口部较直。依据壁和腹深浅的不同，分为三式。

　　I式　1件。壁的弧度较大，外撇角度较小，深腹。

　　标本T1④：22，浅灰色胎。施青泛黄色釉。高6、口径12.8、足径5厘米（图一三〇，4；图版五八，3）。

　　II式　7件。壁的弧度较I式小，外撇角度较I式大，腹较深。壁外侧、与足相接处平削一周。

标本 T1③：25，灰泛紫红色胎。青黄釉。高 5.6、口径 12.4、足径 6 厘米（图一三〇，5；图版五八，4）。

标本 T1③：8，灰色胎。施青褐色釉，高 6.8、口径 16.8、足径 6.8 厘米（图一三〇，6；图版五八，5）。

Ⅲ式 1 件。壁的弧度较小，外撇角度较大，腹较浅。

标本 T1③：113，壁外侧、与足相接处平削一周。深灰色胎。青褐色釉。高 6.6、口径 16.8、足径 6.8 厘米（图一三〇，7）。

C 型 6 件。侈口。依据壁和腹深浅的不同，分为二式。

Ⅰ式 2 件。壁的弧度较大，外撇角度较小，深腹。

标本 T1③：26，深灰色胎。青褐色釉。高 8、口径 15.2、足径 5.8 厘米（图一三〇，10；图版五八，6）。

Ⅱ式 4 件。壁的弧度、外撇角度较大，腹较浅。壁外侧、与足相接处平削一周。

标本 T1③：9，深灰色胎。青泛褐色釉。高 5.6、口径 12.6、足径 5.2 厘米（图一三〇，11）。

D 型 3 件。口部外敞，壁下部略弧。依据腹深浅不同，可分二式。

Ⅰ式 1 件。深腹。

标本 T1③：23，灰色胎。施青褐色釉。口沿外侧饰一组凹弦纹。高 7.8、口径 14.6、足径 5.6 厘米（图一三〇，9）。

Ⅱ式 2 件。腹较Ⅰ式浅，壁外侧、与足相接处平削一周。

标本 T1③：10，深灰色胎。深青色釉。高 6.6、口径 12.8、足径 5.2 厘米（图一三〇，8；图版五八，7）。

6. 高足盘

30 件。敞口，折腹，喇叭形高足。胎呈灰或深灰色，均施灰白或灰色化妆土，釉有青、青泛黄、深青、青泛褐色等色调。内满施釉，外施至足中部或下部。内侧底、壁各饰一组弦纹。一般高 3.5～5.5、口径 10.6～12.8、足径 5.4～7.2 厘米，个别的（2 件）高 6.7 厘米左右、口径 18.8～20 厘米、足径 11.2 厘米左右。根据口部形制的不同，可分为二型。

A 型 20 件。口部或口部外侧略外弧。依据盘下腹部的差异，分为四式。

Ⅰ式 2 件。盘的下腹部较斜直急收，足下部向外平伸较长。

标本 T1④：78，深灰色胎。施青泛黄色釉。高 4.6、口径 10.8、足径 5.4 厘米（图一三一，1；图版五八，8）。

标本 T1④：24，足残，生烧，砖红色胎。釉色不显。内侧二组弦纹之间戳印六朵枝叶纹。残高 5.2、口径 18.8 厘米（图一三一，9）。

Ⅱ式 6 件。盘的下腹部弧线急收，足下部向外平伸较Ⅰ式短。

标本 T1④：74，深灰色胎。青泛黄色釉。高 4、口径 11.2、足径 6.4 厘米（图一三一，4）。

Ⅲ式 7 件。盘的下腹部弧线缓收，足下部向外平伸较Ⅱ式短。

标本 T1③：62，深灰胎。青泛褐色釉。高 5、口径 11.6、足径 6.4 厘米（图一三一，7）。

Ⅳ式 5 件。盘的下腹部弧线缓收，弧度较Ⅲ式大，足下部平伸较Ⅲ式短。

标本 T1③：56，深灰色胎。青泛褐色釉。高 5.2、口径 11.5、足径 6 厘米（图一三一，5；图

图一三一　罗湖尚山窑址出土瓷高足盘

1. A型Ⅰ式（T1④：78）　2. B型Ⅱ式（T1④：25）　3. B型Ⅲ式（T1③：76）　4. A型Ⅱ式（T1④：74）
5. A型Ⅳ式（T1③：56）　6. A型Ⅳ式（T1③：81）　7. A型Ⅲ式（T1③：62）　8. B型Ⅰ式（T1④：77）
9. A型Ⅰ式（T1④：24）

版五九，1）。

　　B型　10件，口部斜直或略内弧。依据盘下腹部的差异，分为四式。

　　Ⅰ式　1件。盘的下腹部较斜直急收，足下部向外平伸较长。

标本 T1④：77，深灰色胎。青泛黄色釉。高 6.7、口径 20、足径 11.2 厘米（图一三一，8）。

Ⅱ式　4件。盘的下腹部弧线急收，足下部向外平伸较短。

标本 T1④：25，生烧，砖红色胎。釉色不显。高 4.6、口径 12、足径 6.8 厘米（图一三一，2）。

Ⅲ式　4件。盘的下腹部弧线缓收，足下部向外平伸又上卷。

标本 T1③：76，深灰色胎。青泛褐色釉。高 4.5、口径 11.6、足径 6.4 厘米（图一三一，3）。

Ⅳ式　1件。盘的下腹部弧线缓收较Ⅲ式大，足下部向外平伸颇短。

标本 T1③：81，深灰色胎。青泛褐色釉。高 5.2、口径 11.2、足径 6.4 厘米（图一三一，6）。

7. 盘

7件。平底，无足。深灰色或灰泛紫色胎，均施灰色化妆土，施青泛深黄或青泛褐色釉，内外均施半釉，内侧底和壁部饰二或三组凹弦纹。高 3.1~4.5、口径 13.8~17.6、底径 3.8~6 厘米。根据口部形制的不同，可分为二型。

A 型　2件。敞口，折腹，腹以下较斜直内收，平底内凹。

标本 T1③：87，深灰色胎。青泛深黄色釉。内饰二组弦纹。高 4.2、口径 17.6、底径 6 厘米（图一三〇，13；图版五九，2）。

B 型　5件。敛口，唇内翻，曲腹，小平底。内饰三组弦纹。依据壁的弧度和腹深浅的差异，分为三式。

Ⅰ式　2件。壁弧度较大，腹较深。

标本 T1③：85，深灰色胎。施青泛褐色釉。高 3.6、口径 15、底径 3.9 厘米（图一三〇，15；图版五九，3）。

Ⅱ式　2件。壁弧度较Ⅰ式略小，腹也较深。

标本 T1③：86，生烧，砖红色胎。釉色不显。高 4.4、口径 15.6、底径 5.6 厘米（图一三〇，14；图版五九，4）。

Ⅲ式　1件。壁弧度较Ⅱ式小，腹亦较浅。

标本 T1③：83，灰泛紫色胎。青泛褐色釉。高 3、口径 15.4、底径 3.6 厘米（图一三〇，12；图版五九，5）。

8. 杯

25件。曲壁。假圈足，大部分内凹。灰、深灰或灰泛紫色胎，均施灰色化妆土，施淡青、青泛黄、青黄、青褐或深青色釉，内满釉，外绝大部施半釉，个别的施至足部，部分外侧饰有弦纹和重圈纹。高 5~6、口径 8~11、足径 3.2~4.4 厘米。根据口部形制的不同，可分为五型。

A 型　3件。敛口。依据腹深浅的差异，分为二式。

Ⅰ式　1件。深腹。

标本 T1④：17，浅灰色胎。青泛黄色釉。高 6、口径 10、足径 4.4 厘米（图一三二，1）。

Ⅱ式　2件。腹较Ⅰ式浅，外侧壁、与足相接处平削一周，器下腹部较宽。

标本 T1③：110，灰色胎。釉色不显。高 5、口径 8.8、足径 4.4 厘米（图一三二，2；图版五九，6）。

B 型　3件。直口。依据腹深浅的差异，分为二式。

Ⅰ式　2件。深腹，灰色胎，施淡青色釉。

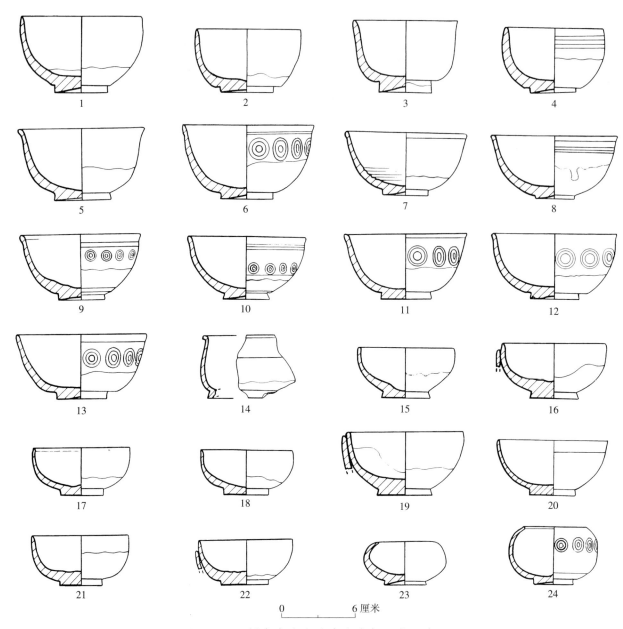

图一三二 罗湖尚山窑址出土瓷杯、盏、水盂

1. 杯 A 型 I 式（T1④：17） 2. 杯 A 型 II 式（T1③：110） 3. 杯 B 型 I 式（T1④：109） 4. 杯 B 型 II 式（T1③：112） 5. 杯 C 型 I 式（T1③：89） 6. 杯 C 型 I 式（T1③：93） 7. 杯 D 型（T1③：101） 8. 杯 C 型 II 式（T1③：92） 9. 杯 C 型 II 式（T1③：102） 10. 杯 C 型 II 式（T1③：105） 11. 杯 C 型 II 式（T1③：91） 12. 杯 C 型 II 式（T1③：100） 13. 杯 C 型 II 式（T1③：90） 14. 杯 E 型（T1③：108） 15. 盏 A 型 I 式（T1④：34） 16. 盏 A 型 I 式（T1④：38） 17. 盏 A 型 II 式（T1④：41） 18. 盏 A 型 II 式（T1④：29） 19. 盏 B 型 I 式（T1④：19） 20. 盏 B 型 I 式（T1④：49） 21. 盏 B 型 II 式（T1④：35） 22. 盏 B 型 II 式（T1④：56） 23. 水盂（T1③：117） 24. 水盂（T1①：13）

  标本 T1④：109，高5.9、口径8.4、足径4.4厘米（图一三二，3；图版五九，7）。

  II式 1件。腹较 I 式浅。

  标本 T1③：112，壁外侧、与足相接处平削一周。外侧上部饰一组弦纹。灰色胎。青泛褐色釉。高5.2、口径8、足径3.6厘米（图一三二，4）。

  C 型 17件。侈口。依据腹深浅的差异，分为二式。

Ⅰ式 3件。腹较深。

标本 T1③:89,灰泛紫色胎。釉呈青黑色。高5.8、口径10.2、足径4.4（图一三二,5;彩版一八,2）。

标本 T1③:93,壁外侧、与足相接处平削一周。生烧,砖红色胎,釉色不显。外侧上部饰重圈（三圈）纹。高5.8、口径10.9、足径4.4厘米（图一三二,6;图版五九,8）。

Ⅱ式 14件。腹较Ⅰ式浅,壁外侧、与足相接处平削一周,少数饰重圈纹。

标本 T1③:92,外侧口下部饰一组弦纹。灰色胎。深青色釉。高5、口径10、足径3.2厘米（图一三二,8;图版六○,1）。

标本 T1③:102,外侧上部饰弦纹和重圈（三圈）纹。灰泛紫色胎。青黄色釉。高5.2、口径10、足径3.6厘米（图一三二,9）。

标本 T1③:105,外侧口下部饰一组弦纹,中部饰重圈（四圈）纹。灰泛紫色胎。青黄色釉,高5、口径10、足径4厘米（图一三二,10）。

标本 T1③:100,外侧中上部饰重圈（二圈）纹。深灰泛紫色胎。青褐釉。高5.2、口径10、足径4厘米（图一三二,12）。

标本 T1③:91,外侧上部饰重圈（三圈）纹。深灰泛紫色胎。青褐色釉。高5.2、口径10、足径4厘米（图一三二,11）。

标本 T1③:90,外侧口下部饰一弦纹,中上部饰重圈（三圈）纹。灰泛紫色胎。青黄色釉。高5.2、口径10.8、足径4厘米（图一三二,13;彩版一八,3）。

D型 1件。唇口,壁外撇。

标本 T1③:101,外侧壁、与足相接处平削一周。灰色胎。青泛褐色釉。高5、口径10、足径3.6厘米（图一三二,7）。

E型 1件。侈口,唇外翻。

标本 T1③:108,残,外侧壁、与足相接处平削一周。外侧上部饰一弦纹。灰色胎。青黄色釉。高5厘米（图一三二,14）。

9. **盏**

36件。曲壁,假圈足。浅灰或灰色胎,均施浅灰色化妆土,施青或青泛黄色釉,内满釉,外不及底。高3.6~5.4、口径一般7.6~10.4、足径3.2~5.4厘米。根据口部形制的不同,可分为二型。

A型 19件。敛口或口微敛。依据腹深浅的差异,分为二式。

Ⅰ式 7件。腹较深,下部较瘦。

标本 T1④:34,灰色胎。青釉。高4、口径8、足径4厘米（图一三二,15）。

标本 T1④:38,灰色胎。青釉。高4.4、口径8.8、足径4厘米（图一三二,16）。

Ⅱ式 12件。腹较Ⅰ式浅,下部较胖。

标本 T1④:41,灰白胎。青釉。高3.6、口径8、足径3.6厘米（图一三二,17）。

标本 T1④:29,灰色胎。青泛黄色釉。高3.6、口径7.6、足径3.6厘米（图一三二,18;图版六○,2）。

B型 17件。直口或口较直。依据腹深浅的差异,分为二式。

Ⅰ式 6件。腹较深,下部较瘦。

标本 T1④：19，灰色胎。青泛黄色釉。高 5、口径 9.8、足径 4.6 厘米（图一三二，19；图版六〇，3）。

标本 T1④：49，灰色胎。青釉。高 4.4、口径 8.8、足径 3.6 厘米（图一三二，20）。

Ⅱ式　11 件。腹较Ⅰ式浅，下部较胖。

标本 T1④：35，灰色胎。青色釉。高 4、口径 8、足径 3.6 厘米（图一三二，21；图版六〇，4）。

标本 T1④：56，灰色胎。青色釉。高 3.6、口径 7.9、足径 4 厘米（图一三二，22；图版六〇，5）。

10. 盂

2 件。

标本 T1③：117，敛口，扁圆腹，假圈足内凹。深灰色胎，施灰色化妆土。内满釉外不及足，全部剥落。高 3.4、口径 4.6、足径 3.7 厘米（图一三二，23；图版六〇，6）。

标本 T1①：13，高 4.5、口径 5.1、足径 3 厘米（图一三二，24）。

11. 砚台

3 件。圆形，兽足，中部高起，砚面下凹，周有一规整的沟槽。灰、深灰或深灰泛紫色胎，施灰色化妆土，施深青或青泛褐色釉，砚面和与其对应的底外侧无釉，余皆施之。有的壁外侧饰弦纹。直径 14～14.4 厘米。依据形制的差异，分为二式。

Ⅰ式　1 件。砚盘厚重，下置五个较粗壮的兽足，沟槽较浅。

标本 T1③：118，灰色胎。深青色釉。壁外侧饰弦纹。高 4.4、口径 14 厘米（图一三三，1；图版六〇，7）。

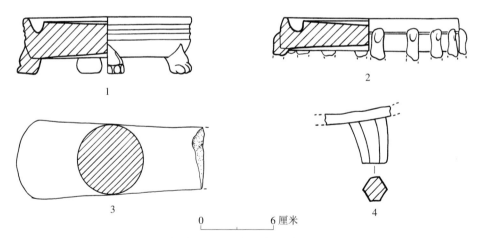

图一三三　罗湖尚山窑址出土瓷砚台、器足、研磨棒
1. 砚台Ⅰ式（T1③：118）　2. 砚台Ⅱ式（T1③：119）　3. 研磨棒（T1①：15）　4. 器足（T1③：7）

Ⅱ式　2 件。皆残，砚盘较轻薄，下置多个较瘦小的兽足，沟槽较深。

标本 T1③：119，十八个足。深灰泛紫色胎。青黄色釉。残高 3.4、口径 14.4 厘米（图一三三，2）。

12. 器足

1 件。

标本 T1③：7，残存一个，断面呈六边形，实足。灰色胎。深青色釉。残高 4.6 厘米（图一三三，4）。

13. 研磨棒

1 件。

标本 T1①：15（图一三三，3；图版六〇，8）。

二　窑具

5 件，有匣钵、间隔具。

1. 匣钵

4 件。作筒形，平底。绝大部分壁下部开一个较小的圆形或不规则形的气孔，与气孔对应一壁口沿多开一倒三角形口，口部外侧多饰弦纹。灰或灰紫色粗胎。高 6 ~ 11.8、口径 11 ~ 18.6、底径 10 ~ 20.4 厘米。根据壁形制的不同，可分为二型。

A 型　2 件。直壁，向内倾斜。

标本 T1③：124，圆形气孔，口沿部开倒三角形口，壁外侧呈瓦棱状，口部饰弦纹，外侧有两条刻划的竖线。灰紫色胎。高 11.8、口径 18.6、底径 20.4 厘米（图一三四，1）。

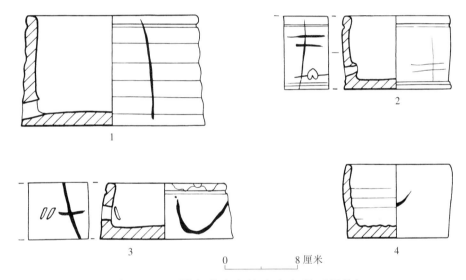

图一三四　罗湖尚山窑址出土窑具（匣钵）

1. A 型（T1③：124）　2. B 型（T1③：122）　3. A 型（T1③：123）　4. B 型（T1③：121）

标本 T1③：123，并排二个窄长方形气孔，外侧口部饰弦纹，壁上刻划波线、竖线、"十"线。灰色胎。高 6、口径 13、底径 14.4 厘米（图一三四，3）。

B 型　2 件。壁微弧，上部外弧，下部又内弧。

标本 T1③：122，不规则形气孔，口沿部开倒三角形口。外侧口部饰弦纹，壁上等距离刻划三个"丰"形纹。灰紫色胎。高 7.8、口径 11.4、底径 11.5 厘米（图一三四，2）。

标本 T1③：121，灰紫色胎，高 7.8、口径 11.4、底径 11.1 厘米（图一三四，4）。

2. 间隔具

1 件。呈不规整的扁环形，较薄。

标本 T1④：57，深灰色胎。直径 4.8 ~ 5.1、孔径 2.3 ~ 2.6、厚 0.2 ~ 0.4 厘米。

第三节　分期与年代

一　分期

尚山窑址 T1 的第③、④层，是原生堆积，叠压关系清楚。现将这二层出土的遗物列成表六。

表六　罗湖尚山窑址第三、四层出土器物类型表

器类 型式 组别	瓷器												窑具		备注
	罐	盘口壶	盆	钵	碗	高足盘	盘	杯	盏	盂	砚台	器足	匣钵	间隔具	
T1④				AI CI AII CII BI DI	AI BI	AI BI AII BII		AI BI	AI BI AII BII					√	第一期
T1③	√	√	√	AII CIII AIII DII BIII	AII CI DI BII BIII CII DII	AIII BIII AIV BIV	ABI BII	AII CI D BII CII E	AII	√	I II	√	√	A B	第二期

从地层叠压关系可知，第④层早于第③层。将表六和本章第二节的描述及附图结合起来考察，不难看出这二层器物类型的演变已形成一个较清楚的发展序列，各为一期。

二　各期特征

第一期，这一期出土的器类较少，皆是钵、碗、高足盘、杯、盏，造型规整，尤其是碗、杯的足修得很细致。胎质较细，质地坚硬，多呈灰、浅灰色，少数的作深灰色，均施灰白色化妆土。碗内外侧均施半釉，钵、高足盘、杯、盏内满施釉外半釉或至足。釉层均匀，釉面光莹，釉呈青、淡青或青泛黄色，色调多较浅淡。装饰技法有划花和戳印花二种，划花的内容均为弦纹，戳印花的内容比较丰富，主要有松枝纹、枝叶纹、四瓣朵花纹、五瓣朵花纹、变体莲瓣纹等。这二种技法做出的纹样，均用于钵、高足盘的内侧。布局比较合理、紧凑，即在钵或高足盘的内侧中心部划出一组弦纹（同心圆纹），然后在弦纹外等距离、呈放射状的戳印4～6枚花纹（同一件器物上的纹样相同），之后，有些还在花纹外饰一组弦纹，具有良好的装饰效果。花纹大部分清晰或较清晰，少部分由于釉的覆盖而模糊不清。以匣钵单件、二件或多件装烧，叠装的器物之间不用间隔具，仅匣钵与最下一件器物之间置一环形间隔具。

第二期，这一期出土的器类较多，除了延续了第一期的器类外，还出土了罐、盘口壶、盆、盘、盂、砚台等，造型端庄，胎体较轻薄。在碗、杯的壁外侧、与足相接处，普遍平削一周，倒看呈一平台。因此，这一期的碗、杯下部较胖，内底较宽坦。胎质较细密、坚硬，呈灰、深灰或深灰泛紫色，色调较深，除了罐、盘口壶、盆外，余均施灰色化妆土。盆、钵、碗、盘内外均施半釉，高足盘、杯、盏、盂内满施釉外半施釉。釉层多较均匀，釉面光润，釉呈深青、青黄、青泛褐、青褐色，色调普遍较深。装饰技法仍是划花、戳印花。划花的内容大多为弦纹，另有少量

的波纹。弦纹见于碗、杯等的外侧和钵、高足盘、盘的内侧，饰于内侧者，往往是器底、壁各有一组。波纹见于钵的内侧。戳印花已很少使用，内容也急剧减少，仅见八瓣或四瓣朵花纹、重圈纹。朵花纹用于钵内底（一枚），周围壁上划饰成组或长短线形的放射状的波纹。重圈纹用于侈口杯（C型）的外侧，等距离戳印 10 或 12 枚。以匣钵单件或多件装烧，叠装的器物之间一般不置间隔具，仅垫些细沙。

三　年代推断

尚山窑址发掘没有出土纪年器物和铜钱，各期的年代据纪年和年代明确的墓葬中出土的器物来推断。

第一期，A 型 I 式杯的形制、胎、釉与江西黎川隋墓出土的杯（原简报称盏）相似或相同[1]，此墓墓砖上印有"开皇十一年"（591 年）和"开皇十四年"（594 年）铭。C 型 II 式（T1④：11）钵的形制、戳印花技法及纹样与广东韶关隋大业六年（610 年）墓出土的钵相同[2]。A 型 II 式钵的形制、戳印花技法等与江西清江隋大业七年（611 年）墓出土的钵相同[3]。A 型 I、II 式钵，C 型 I、II 式钵，D 型 I 式钵和 A 型 I、II 式高足盘，B 型 I、II 式高足盘，较普遍见于江西隋墓[4]。可见，这一期的年代应在隋代，即公元 589～618 年。

第二期，C 型 I、II 式杯与武昌郊区唐高祖、太宗、高宗时期墓葬出土的洪洲窑烧制的同类杯的形制、胎、釉、纹饰相同[5]，C 型 II 式杯与郑州上街约为唐武则天时期墓葬出土的一件洪州窑烧制的重圈纹杯的形制、纹饰相同[6]。可推知，这一期的年代大约在唐高祖至武则天时期（公元 618～704 年）。

———————

① 杨鑫根等：《黎川县黎溪纪年隋墓》，《江西文物》1990 年第 3 期。
② 广东省文物管理委员会：《广东韶关六朝隋唐墓葬清理简报》，《考古》1965 年第 5 期。
③ 清江博物馆：《江西清江隋墓》，《考古》1977 年第 2 期。
④ 范凤妹等：《江西出土的隋代青瓷》，《江西历史文物》1984 年第 1 期。
⑤ 《武昌郊区隋唐墓》，待刊稿。
⑥ 河南省文化局文物工作队：《郑州上街区唐墓发掘简报》，《考古》1960 年第 1 期。

第七章　曲江窑仔岗窑址

第一节　位置与地层堆积

一　位置及保存状况

　　曲江窑址位于洪州窑遗址的中部，分布在曲江镇曲江村境内，迄今共发现窑场址2处，即窑仔岗、孟家山窑场址。窑仔岗窑址坐落在曲江窑址的南部、吴家坊新居后的窑仔岗山上及其附近（图一三五；

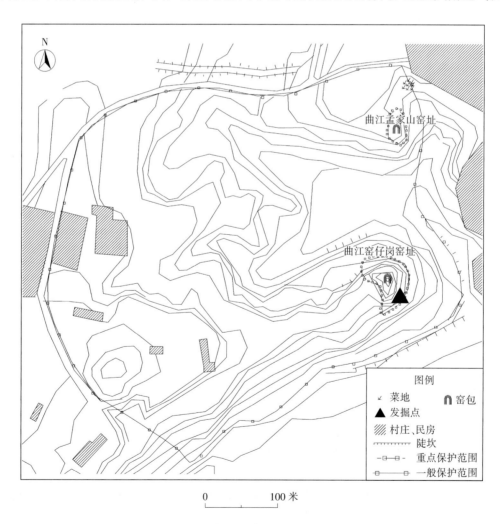

图一三五　曲江窑仔岗窑址发掘范围及探方位置分布图

彩版一九）。由于以往村民修田、建房等，此窑址山坡中部以下部分破坏较为严重，山坡中部及以上部分保存较好。

二　探方位置及发掘面积

窑仔岗窑址位于窑仔岗山上及其附近，山坡中部以下破坏严重。1992年12月在山东侧北段的中部开了一个探方，正南北方向，编号为92丰·曲·曲·窑 T1，大小4米×2米，面积8平方米。出土数量众多的瓷器、窑具，未发现遗迹。

三　堆积及地层

窑仔岗窑址发掘面积内的堆积较厚，是由山上的窑炉清窑时倒出来的废品而形成的，没有被后人扰动过，属于原生堆积。此探方共分二层，现以探方的西壁剖面为例介绍如下（图一三六）。

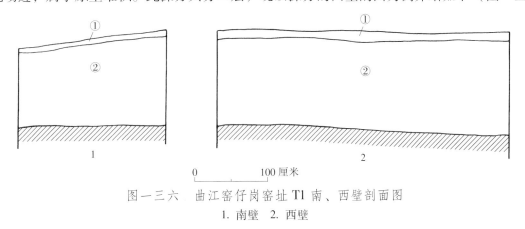

图一三六　曲江窑仔岗窑址 T1 南、西壁剖面图
1. 南壁　2. 西壁

第①层　表土层。厚0.05～0.1米。灰色土，上面长满了杂草，土质疏松。本层遍布整个探方。没有遗物。

第②层　未被扰动的原生堆积层。厚1.15～1.25米。黄灰色土，呈颗粒状，土质疏松，结构不紧密。本层较均匀分布在整个探方中。出土遗物有瓷罐、执壶、碗、盘、盏和支具等。所有遗物均出土于这一层。

第二节　出土遗物

窑仔岗 T1 出土遗物较多，选取标本113件，分瓷器和窑具二类进行整理。

一　瓷器

共计109件，器形有罐、执壶、钵、碗、盘、盏、灯、器盖、擂钵、碾槽、碾轮、荡箍。擂钵、碾槽、碾轮虽未施釉，但是瓷土作胎、高温烧成，故也放在瓷器类进行介绍。

1. 罐

9件。灰或深灰色胎，施褐或黑褐色釉，有的外侧划饰弦纹。根据口部形制的不同，可分为四型。

A 型　1件。子母口。

标本 T1②∶1，残。大口，腹略鼓，腹以下缓收，底残，肩置半环形横系。灰色胎。内外壁均施黑褐色釉。肩、腹部饰弦纹。残高11、口径约20.4厘米（图一三七，1）。

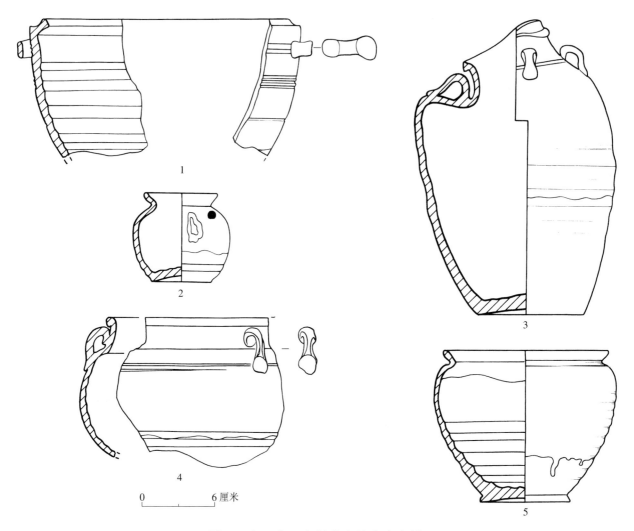

图一三七　曲江窑仔岗窑址出土瓷罐

1.A型（T1②：1）　2.D型Ⅰ式（T1②：9）　3.B型（T1②：8）　4.C型（T1②：2）　5.D型Ⅱ式（T1②：5）

B型　1件。侈口，高领。

标本T1②：8，烧变形。圆肩，长圆腹，平底内凹，肩置四个半环形竖系。灰色胎。褐色釉，内施至肩部，外至下腹部。肩部饰二道弦纹。高约22.5、口径约7、底径8.6厘米（图一三七，3；图版六一，1）。

C型　1件。侈口，翻唇，领较高。

标本T1②：2，残，丰肩，鼓腹，底残，肩置半环形竖系。灰色胎。内外壁均半施褐色釉。肩、下腹部各饰二道弦纹。残高11.8厘米（图一三七，4）。

D型　6件。折沿，无领，圆肩，鼓腹，平底或假圈足，有的置半环形横系。依据腹部形制的差异，分为二式。

Ⅰ式　1件。圆形腹，平底内凹，下腹部饰二道弦纹。

标本T1②：9，深灰色胎。黑褐色釉，内外均施至下腹部。高7、口径6、底径4.8厘米（图一三七，2；图版六一，2）。

Ⅱ式　5件。最大腹径靠上，腹以下瘦长。

标本 T1②：5，假圈足。灰色胎。褐色釉，内施至肩部，外至下腹部。高 12、口径 12.8、足径 7.2 厘米（图一三七，5；图版六一，3）。

2. 执壶

39 件。灰或深灰色胎。施酱黄、褐或黑褐色釉，内施至肩部或偏下，外施至下腹部。外侧多饰凹弦纹。根据口、颈、肩形制的不同，可分为五型。

A 型　5 件。口微侈，短粗颈，溜肩，瓜棱腹，假圈足，短曲流，扁平柄，半环形双竖系，颈肩部饰弦纹，柄外侧饰刻划的竖线纹。依据腹部形态的差异，分为二式。

Ⅰ 式　1 件。肩、腹分界不明显，鼓腹呈椭圆形。

标本 T1②：43，深灰色胎。褐色釉。高 20.8、口径 6.8、足径 8.8 厘米（图一三八，1；图版六一，4）。

Ⅱ 式　3 件。肩、腹分界较明显，腹略鼓呈长圆形，较Ⅰ式瘦长。

标本 T1②：47，深灰色胎。黑褐色釉。高 19、口径 6.4、足径 8 厘米（图一三八，2；图版六一，5）

B 型　3 件。侈口，颈较长、粗，圆肩，瓜棱腹，假圈足，流较长、略曲，扁平柄，半环形双竖系，口、肩部饰弦纹，柄外侧饰刻划的竖线纹。依据腹部形态的差异，分为二式。

Ⅰ 式　2 件。腹部圆鼓呈椭圆形。

标本 T1②：29，深灰色胎。褐色釉。高 18.6、口径 10.4、足径 8.2 厘米（图一三八，3；图版六一，6）。

Ⅱ 式　1 件。腹部圆鼓，腹以下较瘦窄，造型较Ⅰ式瘦长。

标本 T1②：30，流残。深灰色胎。黑褐色釉。高 17、口径 8.8、足径 7.6 厘米（图一三八，4）。

C 型　10 件。皆残。侈口，长细颈，圆肩，少数为瓜棱腹，假圈足，长曲流，扁平柄。依据腹部形态的差异，分为二式。

Ⅰ 式　3 件。腹部圆鼓呈球形。

标本 T1②：18，深灰色胎。褐色釉。残高 14.8、足径 7.6 厘米。

标本 T1②：10，瓜棱腹。深灰色胎。褐色釉。残高 15.6、足径 7.6 厘米（图一三八，5）。

Ⅱ 式　7 件。腹部圆鼓呈长圆形，造型较Ⅰ式瘦长。

标本 T1②：35，深灰色胎。褐色釉。残高 19、足径 7.8 厘米（图一三八，6；图版六二，1）。

标本 T1②：12，生烧，砖红色胎，褐黄色釉，残高 14.6、足径 7.2 厘米（图一三九，3）。

D 型　15 件。多残。侈口，长颈，折肩，少数为瓜棱腹，长曲流，扁平柄。根据肩的宽窄不同，又可分为二亚型。

Da 型　12 件。宽肩，假圈足，形体较大。依据腹部形态的差异，分为二式。

Ⅰ 式　7 件。腹部圆鼓略呈球形。

标本 T1②：39，深灰色胎。黑褐色釉。肩、下腹部各饰一弦纹。残高 13、足径 7.8 厘米（图一三九，1）。

Ⅱ 式　5 件。最大腹径肩部，腹径以下较斜直内收，下部较窄瘦。

标本 T1②：32，腹径以下作浅瓦棱状，柄外侧划饰竖道纹。深灰色胎。褐色釉。高 14、口径 7.6、足径 7 厘米（图一三九，2；图版六二，2）。

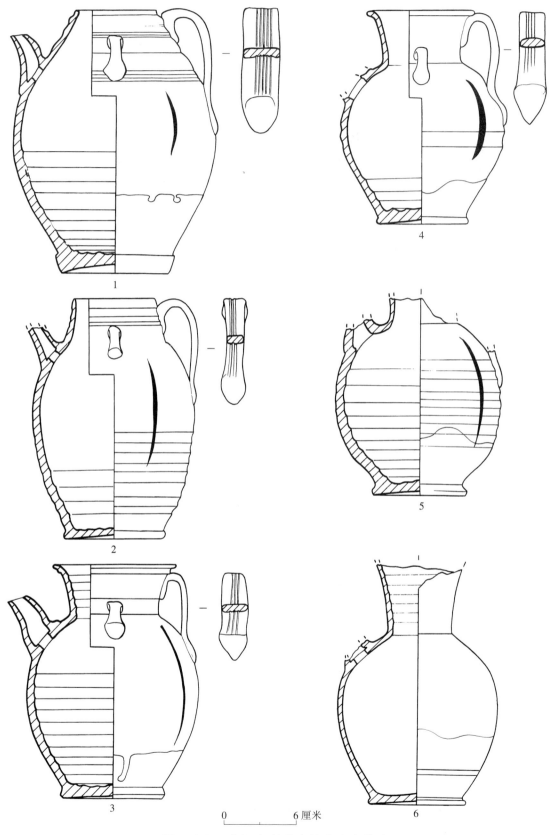

图一三八 曲江窑仔岗窑址出土瓷执壶

1. A 型 I 式 (T1②：43) 2. A 型 II 式 (T1②：47) 3. B 型 I 式 (T1②：29) 4. B 型 II 式 (T1②：30)
5. C 型 I 式 (T1②：10) 6. C 型 II 式 (T1②：35)

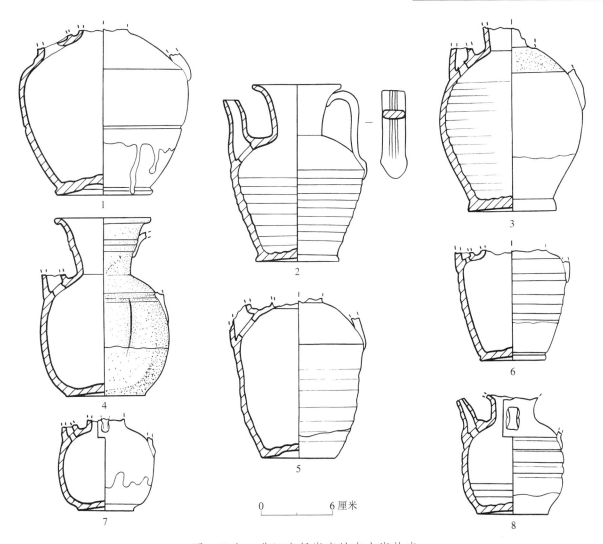

图一三九　曲江窑仔岗窑址出土瓷执壶

1. Da 型 I 式（T1②：39）　2. Da 型 II 式（T1②：32）　3. C 型 II 式（T1②：12）　4. E 型 II 式（T1②：36）
5. Db 型 I 式（T1②：16）　6. Db 型 II 式（T1②：31）　7. E 型 I 式（T1②：23）　8. E 型 II 式（T1②：24）

　　Db 型　3 件。窄肩，平底或假圈足，形体较小。依据腹部形态的差异，分为二式。

　　I 式　2 件。腹部外鼓呈长圆形，平底内凹。

　　标本 T1②：16，灰色胎。褐色釉。肩部有一道弦纹。高 12.4、底径 6 厘米（图一三九，5）。

　　II 式　1 件。最大腹径靠上，腹径以下较斜直内收，下部较窄瘦。

　　标本 T1②：31，假圈足。腹中部作浅瓦棱状。深灰色胎。褐色釉。残高 8.8、足径 5.2 厘米（图一三九，6）。

　　E 型　6 件。残。侈口，长颈，广肩，鼓腹，个别的为瓜棱腹，平底，长曲流，扁平柄，多数置双竖系。依据腹部形态的差异，分为二式。

　　I 式　1 件。扁圆形腹。

　　标本 T1②：23，双竖系。灰色胎。酱黄色釉。残高 7.2、底径 4.6 厘米（图一三九，7）。

　　II 式　5 件。椭圆形腹。

　　标本 T1②：24，双竖系，腹部中部作浅瓦棱状。灰色胎。褐色釉。残高 9.4、底径 6 厘米

（图一三九，8；图版六二，3）。

标本 T1②：36，瓜棱腹。深灰色胎。褐色釉。高 14、口径 8、底径 6.8 厘米（图一三九，4；图版六二，4）。

3. 钵

1 件。口微侈，曲壁，深腹，平底。

标本 T1②：49，深灰色胎。褐色釉，内施至口部，外至下腹部。高 7.2、口径 13.8、底径 6 厘米（图一四〇，1；图版六三，1）。

4. 碗

16 件。敞口，壁略曲，腹较深，圈足，足墙较宽。灰或深灰色胎，施青黄、褐或褐色釉，内满釉，外有的不及足，有的至足部，有的则施至足缘。内侧皆有五或六个扁长形的宽泥条或泥条痕，外侧足缘也有相同数量的宽泥条痕迹。高 5.6~8.2、口径 14.4~17.8、足径 8~9.5 厘米。

标本 T1②：63，深灰色胎。褐色釉。腹部有一道弦纹。高 5.6、口径 14.5、足径 8.2（图一四〇，4；图版六三，2）。

标本 T1②：64，深灰色胎。黑褐色釉。高 6.8、口径 17.6、足径 8.8 厘米（图一四〇，2；图版六三，3）。

标本 T1②：59（下），灰色胎。青黄色釉。下腹部作浅瓦棱状。高 7.6、口径 17.2 厘米（图一四〇，3）。

标本 T1②：57（图版六三，4）。

5. 盘

6 件。侈口或敞口，假圈足内凹。灰或深灰色胎，施青黄色釉，内满釉，外施至下腹部，釉线不整齐。内侧和足缘均留有五或六个扁长形的宽泥条痕迹。高 3.2~4.2、口径 14.5~15.6、足径 7.5~8.5 厘米。根据口部形制的不同，可分为二型。

A 型 2 件。侈口，壁略曲，折腹，腹较深。

标本 T1②：66，深灰色胎。青黄釉。外侧腹部划饰二道弦纹。高 4.3、口径 14.8、足径 7.6 厘米（图一四〇，6）。

B 型 4 件。敞口，腹较浅。根据腹部形制的不同，又可分为二亚型。

Ba 型 3 件。折腹。

标本 T1②：71，生烧，砖红色胎。釉色不显。外侧下腹部、足上刻饰菊瓣式纹。高 4、口径 15.2、足径 8 厘米（图一四〇，5；图版六三，5）。

Bb 型 1 件。弧腹。

标本 T1②：68，灰色胎。青黄色釉。高 3.2、口径 15.6、足径 8.5 厘米（图一四〇，7；图版六三，6）。

6. 盏

24 件。侈口或敞口，壁略曲，假圈足内凹。灰或深灰色胎，深青、青黄、褐或黑褐色釉，内满釉，外施至下腹部或足部，釉线多不整齐。内侧皆有三或四个扁长形的宽泥条或泥条痕迹，外侧足缘也有相同数量的宽泥条痕迹。高 3.1~4.7、口径 10~13、足径 4.7~6.5 厘米。根据口部形制的不同，可分为二型。

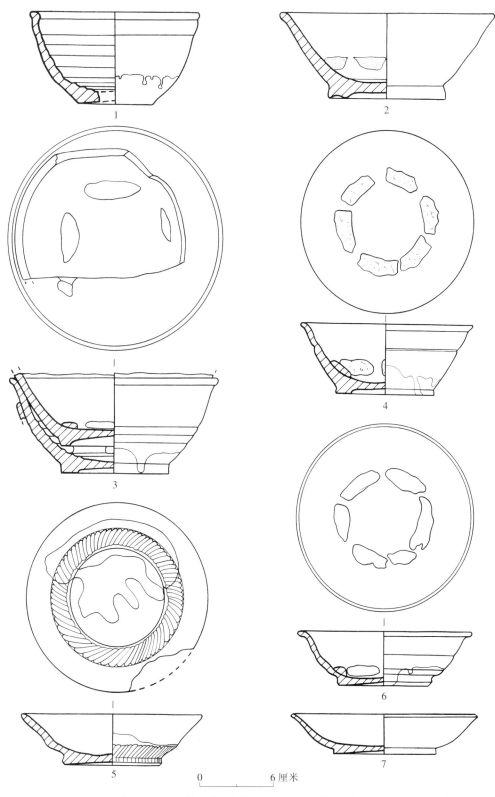

图一四〇　曲江窑仔岗窑址出土瓷钵、碗、盘

1. 钵（T1②：49）　　2. 碗（T1②：64）　　3. 碗（T1②：59）　　4. 碗（T1②：63）

5. 盘 Ba 型（T1②：71）　　6. 盘 A 型（T1②：66）　　7. 盘 Bb 型（T1②：68）

A 型　5 件。侈口，腹较深。

标本 T1②：86，深灰色胎。青黄色釉。外侧腹部划饰一道弦纹。高 4.5、口径 13、足径 6 厘米（图一四一，3；图版六三，7）。

B 型　19 件。敞口，腹较浅。

标本 T1②：93，深灰色胎。黑褐色釉。高 3.5、口径 11.5、足径 5.6 厘米。

标本 T1②：91，深灰色胎。褐色釉。高 4.2、口径 12.5、足径 6.1 厘米（图一四一，2；图版六三，8）。

标本 T1②：76，深灰色胎。青黄色釉。高 4.3、口径 12.4、足径 5.9 厘米（图一四一，1）。

7. 灯

4 件。口部微侈，曲壁，高足，足下部呈圆饼状。灰或深灰色胎，施青黄或褐色釉，大多内满釉，外施至足部，仅一件（T1②：74）内施至口部，外至下腹部。高 5.4～6.5、口径 8～8.8、足径 5～5.6 厘米。依据腹深浅的差异，分为二式。

Ⅰ 式　1 件。深腹，足较矮。

标本 T1②：74，深灰色胎。褐色釉。高 6.5、口径 8.8、足径 5.6 厘米（图一四一，4）。

Ⅱ 式　3 件。腹较浅，足较高。

标本 T1②：73，灰色胎。青黄色釉。高 5.4、口径 8、足径 5.2 厘米（图一四一，5；图版六四，1）。

标本 T1②：231，高 5.1、口径 8.1、足径 5.4 厘米（图一四一，6）。

8. 器盖

4 件。灰色胎。褐色釉，施釉于外侧，内侧面无釉。外侧多饰弦纹。根据纽形制的不同，可分为三型。

A 型　2 件。钉帽状纽，子口。根据子口位置的不同，又可分为二亚型。

Aa 型　1 件。盖面斜直，下部向下直折成子口。

标本 T1②：100，外侧划饰三道弦纹。高 6.4、口径 17 厘米（图一四一，10；图版六四，2）。

Ab 型　1 件。盖面中、上部斜直，下部微翘，子口位于中下部相接处。

标本 T1②：103，外侧下部划饰二道弦纹。高 3.4、直径 11.6、口径 8 厘米（图一四一，11；图版六四，3）。

B 型　1 件。圆饼状纽，中间呈山形凸起。

标本 T1②：102，下部残。残高 4.4 厘米（图一四一，7）。

C 型　1 件。圆饼状纽，中部下凹。

标本 T1②：101，下部残。残高 3 厘米（图一四一，8）。

9. 擂钵

1 件。侈口，翻唇，曲壁，深腹，平底内凹。

标本 T1②：104，内侧划成组的交叉线。灰泛红色胎。无釉。外侧腹中部饰三道弦纹。高 11.4、口径 21、底径 10.2 厘米（图一四一，13；图版六四，4）。

10. 碾槽

1 件。

标本 T1②：110，残，长方形，中有凹槽，中部深，两边渐浅，上宽下渐窄。灰红色胎。无

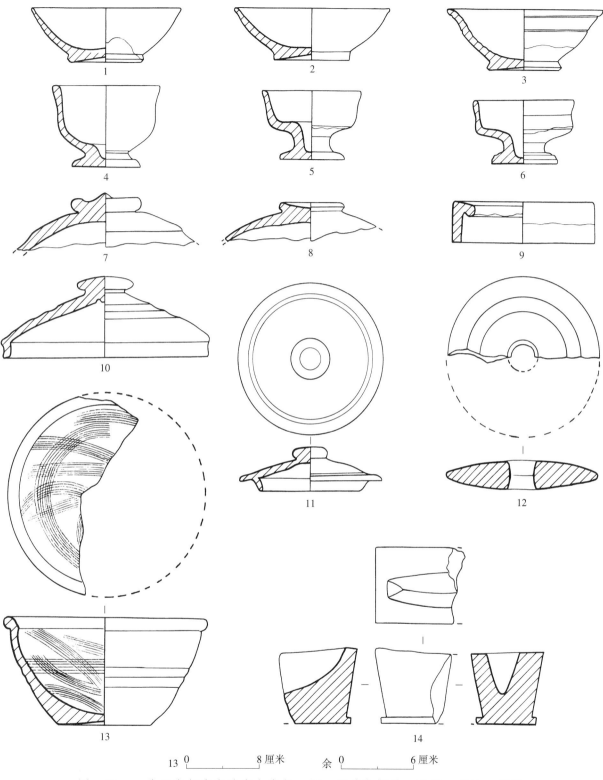

图一四一 曲江窑仔岗窑址出土瓷盏、灯、器盖和擂钵、碾槽、碾轮、荡箍

1. 盏B型（T1②：76） 2. 盏B型（T1②：91） 3. 盏A型（T1②：86） 4. 灯I式（T1②：74） 5. 灯II式（T1②：73） 6. 灯II式（T1②：231） 7. 器盖B型（T1②：102） 8. 器盖C型（T1②：101） 9. 荡箍（T1②：106） 10. 器盖Aa型（T1②：100） 11. 器盖Ab型（T1②：103） 12. 碾轮（T1②：111） 13. 擂钵（T1②：104） 14. 碾槽（T1②：110）

釉。高6、残长7.4、槽上面宽2.7厘米（图一四一，14；图版六四，5）。

11. 碾轮

3件。皆残。呈铁饼状，中部厚，四周向外渐薄，中间有一圆孔。灰色胎。无釉。直径12.6～13.4厘米。

标本T1②：111，直径12.6、孔径2.4、中部厚2.3厘米（图一四一，12；图版六四，6）。

12. 荡箍

1件。矮筒形，下部内折翘起。

标本T1②：106，灰色胎。施青色釉。高3.2、口径12厘米（图一四一，9）。

二 窑具

共计4件，皆为支具。倒筒形或筒状束腰形，上部多开一圆形孔，外多呈浅瓦棱状。灰色胎，以耐火土制成。根据形制的不同，可分为二型。

A 型 2件。呈倒筒形。根据支面形制的不同，又可分为二亚型。

Aa 型 1件。支面中部是一大圆孔。

标本T1②：109，壁直立，上部开一小圆形孔。高6、支面直径6.4、下直径6厘米（图一四二，1；图版六四，7）。

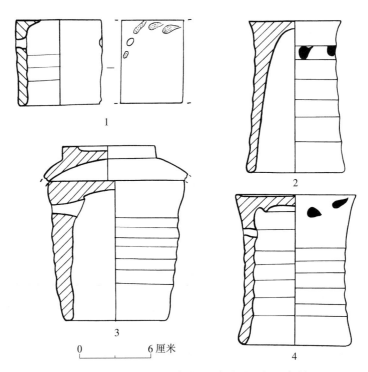

图一四二 曲江窑仔岗窑址出土窑具（支具）

1. Aa 型（T1②：109） 2. B 型（T1②：108） 3. Ab 型（T1②：107） 4. B 型（T1②：11）

Ab 型 1件。支面平。

标本T1②：107，壁由上至下渐内缩，外侧呈浅瓦棱状，上部开一圆形孔。上面粘连一扣置的碗底、下腹部。通高13.8、支具高11、支面直径11.6、下直径8.5厘米（图一四二，3；图版六四，8）。

B 型 2件。倒筒状束腰形，支面平，壁外侧作浅瓦棱状。

标本 T1②：11，壁上部开一圆形孔。高 12、支面直径 10、下直径 9.6 厘米（图一四二，4）。

标本 T1②：108，高 12、支面直径 7.6、下直径 8 厘米（图一四二，2；图版六四，9）。

第三节　分期与年代

一　分期

窑仔岗窑址出土的遗物皆出于 T1 的第②层，其类型如表七所示。

将表七和本章第二节的描述及附图结合起来考察，不难看出，这一层器物的特征、风格基本相同，很难分开。因此，窑仔岗窑址目前只能分一期。

表七　曲江窑仔岗窑址第二层出土器物类型表

型式组别＼器类	瓷器												窑具	备注
	罐	执壶	钵	碗	盘	盏	灯	器盖	擂钵	碾槽	碾轮	荡箍	支具	
T1②	A B C D Ⅰ D Ⅱ	A Ⅰ B Ⅰ C Ⅰ A Ⅱ B Ⅱ C Ⅱ Da Ⅰ Db Ⅰ E Ⅰ Da Ⅱ Db Ⅱ E Ⅱ	√	√	A　Ba Bb	A B	Ⅰ Ⅱ	Aa Ab B C	√	√	√	√	Aa Ab B	一期

二　各期特征

窑仔岗窑址出土的瓷器基本是日常生活用器，器类不多，有罐、执壶、钵、碗、盘、盏、灯、擂钵、碾槽、碾轮，另还有一件陶车上用的荡箍。其中执壶不但数量多，而且式样复杂，变化也较快，是这时期的主流产品。这时期器物的造型还较规整，但修坯大多不够细致。碗底和足接合处有一些有整齐、明显的裂痕，说明圈足是碗成型后接上去的。胎料加工不精细，质地多显粗，胎体坚硬，呈灰或深灰色，不施化妆土。釉层多均匀，釉面较洁净，罐、执壶、钵、灯（1 件）内外基本施半釉，碗、盘、盏、灯内满施釉，外或半或至足或满釉，釉色有深青、青黄、青褐、褐、黑褐色等，色调普遍较深，多不透明。花纹装饰极为简单，仅在器物外侧划出弦纹、在执壶柄的外侧划出竖线纹等。窑具仅有支具，不见匣钵。装烧方法是将器物放在支具上。碗、盘、盏均叠置，器物之间以宽泥条间隔，或正放或倒扣在支具上。

三　年代推断

A 型Ⅰ式执壶的形制与南昌麻田山晚唐墓出土的执壶相似[1]。碗的形制与江西九江五代南唐保大十二年（954 年）周一娘墓出土的碗相似[2]。碗等器物装烧时叠置，二件之间以泥条间隔的技

---

[1] 唐昌朴：《南昌地区唐墓器物简介》，《考古与文物》1982 年第 6 期。

[2] 刘晓祥：《九江县五代南唐周一娘墓》，《江西文物》1991 年第 3 期。

法，与浙江越窑五代吴越时期的技法相同①。A 型 II 式执壶壶身，B 型 II 式、C 型 II 式执壶以及钵的形制，与江西九江北宋太平兴国八年（983 年）陶仁悊墓出土的同类器物相近②。由此可见，窑仔岗窑址的年代约为晚唐、五代南唐时期，即公元 9 世纪后半至 975 年，其下限或可延至北宋太平兴国年间（976～984 年）。

---

① 浙江省文物考古研究所等：《浙江越窑寺龙口窑址发掘简报》，《文物》2001 年第 11 期。

② 梅绍裘等：《九江市、乐安县的两座宋代纪年墓》，《江西历史文物》1983 年第 2 期。

第八章 结语

以上对洪州窑遗址发掘的六处窑址出土资料分别进行了整理和研究。在结语中，试将这六处窑址出土资料的整理和研究成果综合起来，对其发展阶段（即总的分期）和几个具有特点的问题做以归纳、总结和探讨。

第一节 发展阶段

所谓"发展阶段"，就是六处窑址的总的分期。在第一至六章中，对港塘清丰河窑址、龙凤乌龟山窑址、龙凤李子岗窑址、罗湖寺前山窑址、罗湖尚山窑址、曲江窑仔岗窑址做了分期研究，将它们分别分为二、三、二、五、二、一期，并分别总结归纳了各窑址各期的特点。现将各窑址的分期对照起来列成表八。

表八 洪州窑遗址各窑场址分期对照表

期别／窑址＼年代	东汉晚期至东吴（约2世纪后半叶至265年）	西晋至东晋早期（265年至约4世纪前半叶）	东晋中晚期至南朝早期（约4世纪后半叶至5世纪前半叶）	南朝中期（约5世纪后半叶）	南朝晚期（约6世纪初至589年）	隋代589～618年	唐代早期618～704年	唐代中期705～820年	唐晚期、五代821～975年
港塘清丰河窑址	一	二							
龙凤乌龟山窑址		一	二	三	四				
龙凤李子岗窑址			一	二					
罗湖寺前山窑址			一	二		三	四	五	
罗湖尚山窑址						一	二		
曲江窑仔岗窑址									一

从表八中可看出，不但六处窑址分期的数量不尽相同，而且创烧和停烧的时间也不尽相同，年代的排列基本呈阶梯状。它们在年代上的对应关系是，港塘清丰河窑址第二期与龙凤乌龟山窑址的第一期对应，龙凤乌龟山窑址第二期、第三、四期分别与龙凤李子岗窑址、罗湖寺前山窑址的第一期、第二期对应，罗湖寺前山窑址第三、四期分别与罗湖尚山窑址第一、二期对应，港塘清丰河窑址第一期、罗湖寺前山窑址第五期、曲江窑仔岗窑址第一期（此窑

址只分一期）为单独的，没有对应者。从第一至六章归纳、总结的各窑址各期的特点及各期的器物图观察，各窑址对应的期，即年代相同的期，特征相同；年代不同、接续的期，具有明显的继承、演变、发展关系。这样可以将六处窑址合起来分为八期，即八个发展阶段。

第一阶段，为港塘清丰河窑址第一期，年代为东汉晚期至东吴时期，即约 2 世纪后半叶至 265 年。

第二阶段，为港塘清丰河窑址第二期和龙凤乌龟山窑址第一期，年代为西晋至东晋早期，即 265 年至约 4 世纪前半叶。

第三阶段，为龙凤乌龟山窑址第二期和龙凤李子岗窑址、罗湖寺前山窑址第一期，年代为东晋中晚期至南朝早期，即约 4 世纪后半叶至 5 世纪前半叶。

第四阶段，为龙凤乌龟山窑址第三、四期和龙凤李子岗窑址、罗湖寺前山窑址第二期，年代为南朝中晚期，即约 6 世纪初至 589 年。

第五阶段，为罗湖寺前山窑址第三期和罗湖尚山窑址第一期，年代为隋代，即 589～618 年。

第六阶段，为罗湖寺前山窑址第四期和罗湖尚山窑址第二期，年代为唐代早期，即 618～704 年。

第七阶段，为罗湖寺前山窑址第五期，年代为唐代中期，即 705～820 年。

第八阶段，为曲江窑仔岗窑址第一期，年代为唐代晚期至五代南唐时期，即 821～975 年。

这六处窑址，在洪州窑遗址中具有代表性，它们的八个发展阶段，应代表了洪州窑的发展阶段。同时说明，洪州窑创烧于东汉晚期（约 2 世纪后半叶），五代南唐（937～975 年）以后停烧。前后生产长达 800 余年。

第二节　窑址的分布规律

洪州窑遗址内迄今共发现 31 处窑场址，沿着赣江分布在丰城市的五个镇（乡）十个行政村。发掘的六处窑场址的年代及其兴盛年代已很清楚，其余的 25 处窑场址都经过较详细的考古调查，年代及其兴盛年代也比较明确①。现将这 31 处窑址及其年代、兴盛年代按年代顺序列成表九。

表九　洪州窑遗址各窑场址的年代及其兴盛年代表

顺序号	窑址			窑址年代	兴盛年代	备注
1	石滩乡	港塘村	小学前	东汉晚期、东吴	东汉晚期、东吴	
2			新村	东汉晚期、东吴	东汉晚期、东吴	
3			清丰河	东汉晚期至东晋早期	东汉晚期、东吴	发掘

① 江西省文物考古研究所等：《江西丰城洪州窑遗址调查报告》，《南方文物》1995 年第 2 期。

续表九

顺序号	窑址		窑址年代	兴盛年代	备注
4	同田乡	龙凤村 李子岗	东晋中晚期、南朝	东晋中晚期、南朝	发掘
5		松树山	东晋中晚期、南朝	东晋中晚期、南朝	
6		乌龟山	西晋至南朝	西晋至南朝	发掘
7		白鹭山	西晋至南朝	西晋至南朝	
8		牛岗山	南朝	南朝	
9		沿江村 麦园	南朝	南朝	
10		钞塘村 蛇头山	南朝、隋代	南朝	
11		蛇尾山	南朝、隋代	南朝	
12		交椅山	南朝、隋代	南朝	
13	曲江镇	郭桥村 落水坳	?	?	
14		罗湖闸	?	?	
15		缺口城	南朝、隋代	南朝	
16		罗湖村 象山	东晋中晚期至唐中期	东晋中晚期至唐中期	
17		狮子山	东晋至唐中期	东晋中晚期至唐中期	
18		寺前山	东晋中晚期至唐中期	南朝至唐中期	发掘
19		外宋	东晋至唐早期	南朝至唐中期	
20		管家	东晋至唐早期	南朝至唐中期	
21		南坪	南朝至唐中期	南朝至唐中期	
22		对门山	隋、唐早期	隋、唐早期	
23		上坊	隋、唐早期	隋、唐早期	
24		尚山	隋、唐早期	隋、唐早期	发掘
25		乌龟山	隋、唐早期	隋、唐早期	
26		曲江村 孟家山	唐晚期、五代	唐晚期、五代	
27		窑仔岗	唐晚期、五代	唐晚期、五代	发掘
28	丰城市区	公安大楼 建筑工地	唐晚期、五代	唐晚期、五代	
29	尚庄镇	石上村 黄金城	唐晚期、五代	唐晚期、五代	
30	河洲乡	罗坊村 罗坊	唐晚期、五代	唐晚期、五代	
31		窑里	唐晚期、五代	唐晚期、五代	

从表九中可以看出，洪州窑遗址内各窑场址的创烧、兴盛、停烧的年代不尽相同；兴盛年代相同的窑场址基本集中在一起或相距较近、连成一片。如果将兴盛时期的各窑场址标在地图上（图一四三），就会发现洪州窑窑址的分布规律，即洪州窑各个时期生产的中心区域不同，并在不断地移动。从图一四三上可看出其移动情况，东汉晚期至东吴时期，即本文所划分的第一阶段，在港塘村；西晋至南朝时期，即第二、三、四阶段，逐渐转移到了龙凤村、钞塘村、沿江村、郭桥村、罗湖村；隋至唐代中期，即第五、六、七阶段，集中到了罗湖村；唐代晚期至五代南唐时期，即第八阶段，罗湖村诸窑场急剧衰落，烧造中心移到了距罗湖村较远的曲江村、丰城市区、石上村、罗坊村。

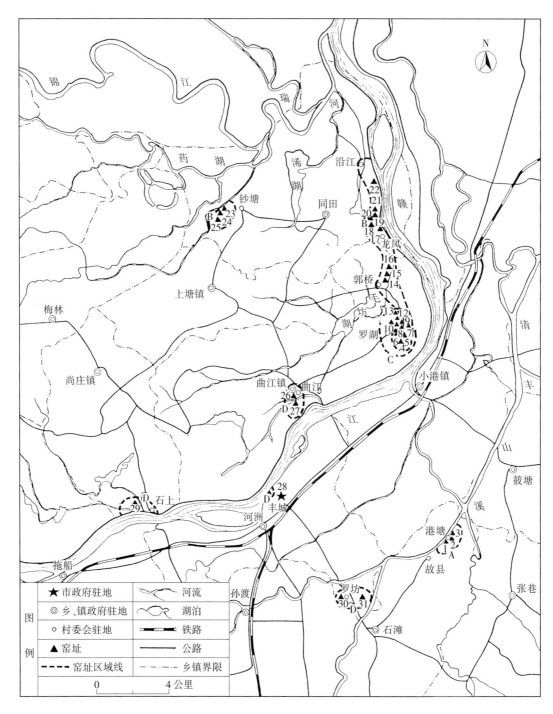

图一四三　洪州窑中心区域移动示意图

1. 港塘小学前　2. 港塘新村　3. 港塘清丰河　4. 罗湖象山　5. 罗湖狮子山　6. 罗湖寺前山　7. 罗湖外宋　8. 罗湖管家　9. 罗湖南坪　10. 罗湖对门山　11. 罗湖上坊　12. 罗湖尚山　13. 罗湖乌龟山　14. 郭桥罗湖闸　15. 郭桥落水坳　16. 郭桥缺口城　17. 龙凤李子岗　18. 龙凤松树山　19. 龙凤乌龟山　20. 龙凤白鹭山　21. 龙凤牛岗山　22. 沿江麦园　23. 钞塘蛇头山　24. 钞塘蛇尾山　25. 钞塘交椅山　26. 曲江孟家山　27. 曲江窑仔岗　28. 丰城市区公安大楼建筑工地　29. 石上黄金城　30. 罗坊罗坊村　31. 罗坊窑里　A. 东汉晚、东吴、西晋时期的中心区域　B. 东晋、南朝时期的中心区域　C. 隋至中唐时期的中心区域　D. 晚唐、五代时期的中心区域洪州窑生产中心区域移动的原因，应与当时的交通运输、地理环境、原料、劳力来源、产品销售等方面有直接的关系①。

第三节　胎、釉特点

洪州窑瓷器的胎、釉具有明显的自身特点和发展变化规律。在这一节里只归纳、总结它们的外部特点，关于它们的化学成分可参看本报告的附录一（《用中子活化分析研究洪州窑古瓷的化学成分及其年代变化规律》）、二（《洪州窑瓷片的中子活化和波长散射 X 荧光分析方法的测量研究》）。

东汉晚期至东吴时期（第一阶段），一般胎质较粗，烧成温度较高，质地坚硬，呈黑灰或深灰色，胎表修整、打磨不细，表面欠光滑。釉色比较复杂，有黑泛青、青黑、黄黑、青深黄色等多种，色调普遍较深。施釉较薄者，釉面显得粗糙；施釉较厚者，釉面显得细腻一些。釉层不均匀。另有少量的，器类主要是钵等饮食器，胎质较细，质地坚密，呈灰色，施青或青泛黄色釉，釉面较光洁，釉层多较均匀。

西晋至东晋早期（第二阶段），一般胎质较细，质地也细密，以灰和浅灰色为主，另有少量的色调较深，呈深灰色。釉色以青和青泛黄色为主，釉面光洁，釉层均匀。

东晋中晚期至南朝时期（第三、四阶段），胎质较细腻，质地坚密，呈浅灰或灰色。釉色作青或青泛黄色，青釉色调多较淡，微微泛白灰色。由于这时期使用了匣钵装烧，釉面一般光净、晶莹，釉层厚薄均匀。另有少量的胎色呈深灰色，青釉多泛灰色。

隋代（第五阶段），胎质一般较细腻，质地坚硬，胎色有浅灰、灰和深灰色三种。深灰色者，一般在施釉前先施一层浅灰色的化妆土，洪州窑使用化妆土工艺自此时开始。釉呈青或青泛黄色，色调普遍比较浅淡，釉层均匀，釉面多较光净、莹润。施化妆土者，常常是化妆土和釉层结合不够牢固，多见剥釉现象。

唐代早期（第六阶段），胎质较细腻，质地坚硬，呈深灰色，普遍在施釉前先施一层化妆土。釉的色调较深，呈青泛深黄色或青泛褐色，少量的呈青黑泛深黄色。釉层均匀，釉面多光莹。化妆土与釉层结合得较好，很少有剥釉现象。

唐代中期（第七阶段），胎质较细而坚，胎色加深，多呈铁灰色，皆施化妆土。釉多呈黄褐泛青色和黄褐色，与陆羽《茶经》中记载的"洪州瓷褐"相吻合。

唐代晚期至五代南唐时期（第八阶段），胎质较唐代早、中期显粗，质地仍较坚硬，胎呈灰或深灰色，不施化妆土了。自隋代开始使用的化妆土工艺，到这时期被废弃不用了。釉色有深青黄、深青褐、褐、黑褐色等，色泽普遍较深，多不透明。釉层多均匀，釉面多显干涩，缺乏光泽。

洪州窑瓷器胎、釉各个时期（阶段）的特点比较鲜明，发展演变比较清楚。但变化较大而显著的是：第一阶段与第二阶段之间、第四阶段与第五阶段之间、第五阶段与第六阶段之间、第七阶段与第八阶段之间。

---

① 权奎山：《试论南方古代名窑中心区域移动》，《考古学集刊》第 11 集，中国大百科全书出版社，1997 年。

第四节　装饰的技法与内容

瓷器在追求造型美的同时，也十分注重器表的花纹装饰。洪州窑瓷器的装饰技法、花纹内容虽说不太复杂，但具有自己的特色。

东汉晚期至东吴时期（第一阶段），装饰技法很简单，主要有拍印花和划花二种。以拍印花技法做出的纹样基本沿袭了汉代以前的纹样，主要有斜方格纹（图五，1）、麻布纹（图三，3）；以划花技法做出的纹样，有水波纹和弦纹等。这时期的装饰基本承袭了本地区原始瓷器和印纹硬陶器的装饰工艺。虽然纹样内容比较单调，但是纹样的制作较为规整，尤其是较为注意纹饰的布局，例如，弦纹与斜方格纹的搭配、弦纹与水波纹的搭配等，增强了艺术效果。

西晋至东晋早期（第二阶段），这时期装饰工艺有了明显的进步。装饰技法除了沿袭前一时期的拍印花、划花外，出现了贴花和褐色点彩。拍印花技法做出的纹样仍是麻布纹和斜方格纹，数量不多。值得注意的是，斜方格纹在器物上的面积缩小，常见于钵的口沿下，呈带状。划花技法做出的纹样仍为弦纹和水波纹。贴花技法做出的纹样发现的数量较少，仅见铺首纹一种，饰于器物的肩部或口沿下部，等距离饰二或三个。褐色点彩技法在这时期很流行，最早出现于西晋时期，主要饰于器物的口沿（图一一，6；图一五，4；图二四，16、17）和器盖的盖面上（图二八，1、2）。彩点较大，有的甚至呈条状，点饰较为有规律，彩点与彩点之间基本都是等距离，点饰在器盖上的，横向、纵向基本皆成行。这时期的装饰技法和内容有了较大的改进和发展，尤其是褐色点彩技法的运用，是洪州窑装饰工艺的一大突破，提高了当时洪州窑瓷器的档次，增强了市场竞争能力。

东晋中晚期至南朝早期（第三阶段），装饰工艺发生了较大的变化。拍印花、贴花技法不见了，划花、褐色点彩技法继续使用，出现刻剔花新技法。褐色点彩的彩点较前一时期变小而密（图九，3；图一二，12；图一三，1；图二四，18、21），色泽也略浅淡。划花技法仍较流行，可是以划花技法做出的纹样发生了改变，水波纹不见了，弦纹继续存在，流行了莲瓣纹、菊瓣纹，均饰于碗（图一四，5、7；图四六，2）、杯（图一九，2、5；图一九，7、9、10）的外侧。刻剔花技法是指以刻花、剔花两种方法相结合制作出的花纹，饰于碗（图一四，10；图四六，4、5）的外侧。具体做法是，先划出莲瓣纹，然后将莲瓣纹肩部以上花纹以外的部分剔除。由上述可见，这时期装饰技法和内容较前一时期有了较大的不同。彻底淘汰了传统的拍印花技法，不见了贴花技法，保留了划花和褐色点彩技法，运用了刻剔花技法。在纹样上，淘汰了使用已久的麻布纹、水波纹，取消了铺首纹，出现并流行了莲瓣纹、菊瓣纹。形成了以划花、刻剔花技法做出的莲瓣纹、褐色点彩为主体的新的装饰风格，将洪州窑的装饰工艺提高到了一个新水平。

南朝中、晚期（第四阶段），这时期的装饰技法基本沿袭了前一时期。褐色点彩使用的范围缩小，主要饰于盘口壶（图九，7）、钵（图一三，2、3；图一五，7）的口沿部。彩点很小，密集而又规整地点饰在器物的口沿上，虽无前二个时期那样醒目，但却给人一种淡雅、清丽的感觉。褐色点彩主要见于这时期的早期，这时期的后期基本不见了。划花、刻剔花技法做出的花纹有菊瓣纹、莲瓣纹和莲花纹，前二者仍饰于碗（图一四，2、11；图四六，7、10）、杯（图一九，4、

6、8）等器物的外侧；莲花纹主要饰于盘的内侧（图一七，1、4，图五一，1、2、3）。莲瓣纹、莲花纹端庄、朴实、高雅、圣洁，制作精细，是这时期装饰纹样中的精华，是装饰艺术的魅力所在。

隋代（第五阶段），装饰工艺做了重大调整，褐色点彩、刻剔花技法不见了，划花、刻花技法继续使用，出现了戳式模印花新技法。划花的纹样主要有弦纹和莲瓣纹，莲花纹不见了。弦纹使用仍很普遍，除了运用在器物的口部和肩、腹部外，还常见于钵（图一二八，1、4）、高足盘（图一三一，1、2、4、8）的内侧。莲瓣纹饰于碗（图九三，8、9）等器物的外侧，但与前二个时期相比，纹样简化，制作比较潦草。刻花的纹样仅有莲瓣纹一种，饰于碗的外侧（图九三，5、6、7），刀法不佳，线条粗笨。戳式模印花技法约出现于隋代初年，隋代中晚期盛行。印模为瓷土做成，呈圆柱束腰形，直径一般在3厘米左右，长6~7厘米左右，两端均有阳纹（图一四四，1）[1]。模印的纹样较为丰富，主要有松枝纹、枝叶纹、朵花纹、梅花朵纹、忍冬纹、莲瓣纹等，饰于钵（图八二，1、2、4；图八三，1、2、3；图八四，3；图八五，1、6；图八九，4）和高足盘（图一〇〇，4、9；图一〇一，1、2、3、4、7）的内侧。以这种技法做出纹样，一个（朵）从不单独使用，而是四、五、六或八个（朵）等距离、排列有序地印饰于一件器物的内侧。一件器物所饰的，有一些是一种纹样，即同一个印模印出来的；有一些是二种纹样，相间排列，具有良好的装饰效果。这时期装饰技法和内容与前一时期有了明显的差异，彻底废弃了褐色点彩技法，不见了刻剔花技法，少见刻花技法；纹饰内容上，不见了菊瓣纹和前一时期那样形制的精制的莲瓣纹，出现并流行了松枝纹、枝叶纹、朵花纹、梅花朵纹、忍冬纹等。形成了以戳式模印花技法做出的植物枝叶、花朵纹为主体的新的装饰风格，开创了洪州窑装饰工艺的新天地。

唐代早期（第五阶段），这时期大约是因为开始追求釉的装饰效果，所以饰有花纹的器物在产品中的比例急剧下降。装饰技法大体承袭了前一时期，即有划花、刻花、戳式模印花，未见新技法的出现。划花的纹样有弦纹和竖向或放射状的波纹。弦纹随处可见，运用十分普遍，尤其是钵、高足盘、盘等器物的内侧常常是饰有成组（一般是2~3组）弦纹（图一二九，8；图一三〇，14、15）。竖向波纹制作较为工整，线条粗细、深浅较为一致，皆与其他纹样配合使用，多见饰于戳印在钵内底的朵花纹周围的壁上，呈放射状或放射状分组排列（图一二九，3、4；图九一，6、8、9），素雅、清新，有较强的烘托主题花纹的作用。刻花的纹样仅见莲瓣纹一种，仰饰于敛口、深腹大水盂的外侧下部，做工较粗放。戳式模印花的纹样有朵花纹、莲瓣纹、重圈纹等。朵花纹见于钵的内底和大水盂的外侧（图九一，6、8、9；图一一五，3、5），莲瓣纹亦见于大水盂的外侧（图一一五，7、8；图一一六，1），重圈纹多饰于杯的外侧（图一一二，17；图一一三，9、12，图一三二，9、10、13）。这三种饰于器物外侧的纹样，皆等距离布置，规整有余，生动不足。这时期装饰工艺与前一时期相比，其变化主要表现在装饰纹样上，在划花的纹样中，不见了莲瓣纹，出现了竖向波纹；在戳印花的纹样中，不见了松枝纹、忍冬纹等，盛行了重圈纹，并形成了以戳印花技法做出的重圈纹为主要特征的装饰风格。

唐代中期（第七阶段），这时期大约是因为全面追求釉的装饰效果的缘故，所以装饰技法和内容急剧减少。常见的仅有划花技法，纹样也只是弦纹等。这时期洪州窑装饰的重点转向了釉，

---

[1] 范凤妹等：《江西出土的隋代青瓷》，《江西历史文物》1984年第1期。

传统的装饰技法绝大部分被弃之不用了。

　　唐代晚期至五代南唐时期（第八阶段），这时期洪州窑已走向衰落，前一时期的釉的良好装饰效果已不复存了，再加上划花、刻花、彩绘等装饰技法在其周围的越窑①、长沙窑②等窑的出现或兴盛，洪州窑的工匠们似乎又想起了传统的装饰工艺。所以，这时期除了划花之外，恢复了戳印花技法，纹样也有所增加。划花的纹样主要有弦纹（图一三八，1）、菊瓣纹、竖线纹（图一三八，4；图一三九，2）等。弦纹仍然是常见的纹样，饰于注壶、罐等器物的外侧，菊瓣纹饰于盘的外侧下腹部（图一四〇，5），竖线纹饰于注壶柄的外侧。戳印花的纹样见有朵花纹，饰于碗的内底部。这时期洪州窑恢复了戳印花技法。在纹样上，大多沿用了以前的纹样，并使用了竖线纹。尽管工匠们做了不少努力，但洪州窑此时正在走向衰败，装饰工艺已不可能再现隋代、唐代早期那样的景象了。

　　综上所述，不难看出，洪州窑自东汉晚期烧制成熟瓷器起，它的装饰技法和内容一直在有序地发展、变化。东汉晚期、东吴时期至隋代处于上升时期，至隋代达到了鼎盛；进入唐代早期开始简化，唐中期到了最低点；唐代晚期、五代南唐时期试图恢复，但已无回天之力了。洪州窑的装饰工艺的发展自成系列，具有鲜明的自身特色和艺术风格。

第五节　装烧工艺

　　装烧是制瓷工艺中十分重要的一道工序。装烧工艺涉及窑炉和窑具，从考古调查和发掘资料得知，洪州窑在东汉晚期至五代南唐全部烧造瓷器的过程中，都是使用龙窑；窑具有支座、间隔具、匣钵、试火具。其出现、流行的时间不尽相同，这就决定了各时期装烧方法的差异。

　　东汉晚期至东吴时期（第一阶段），这时期窑具十分简单，只有支座。多呈筒形束腰状（图六，2），少数作上细下渐粗的圆筒形（图六，1）。装烧也很简单，即将支座垂直于水平线置于窑床上，然后把器物的坯件放在支座上面。有的器物，如盘口壶、罐等，也可能不用支座，直接放在窑床上烧制。

　　西晋至东晋早期（第二阶段），这时期装烧工艺有了明显的变化。窑具除了支座之外，出现并流行了间隔具。支座普遍变矮变小，形制有筒形束腰状（图三〇，1）、矮筒形（图三〇，4、5、7）、盘形（图三一，1、6）等，前一时期流行的上小下渐粗的筒形支座不见了。间隔具是为适应叠烧而增设的。叠烧时，为防止粘连，器物之间要放上间隔具。其形制主要有环形（图三五，1）、环形三足（图三四，1、12）、圆形锯齿状（图三二，1、7、16、23、27；图三三，3、9）的。装烧方法较前一时期复杂一些。罐等体形较大的器物依然是单件置于支座上或直接放在窑床上烧制；灯、砚台等形制较特殊的器物，一般亦是单件放在支座上面；钵、碗、盏等饮食器往往叠烧，每摞一般为4～5件（图二二，41），器物之间以间隔具隔开，放在支座上面。这样瓷器烧成后，常常在内底釉面上留下间隔具的痕迹。支座变矮小，间隔具的出现，叠烧法的采用，是装烧工艺进步的表现，装烧时可以充分利用窑内空间，增加装烧量，提高产量，以适应社会对瓷器需求日益

　　①　慈溪市博物馆编：《上林湖越窑》，科学出版社，2002年。
　　②　长沙窑课题组编：《长沙窑》，紫禁城出版社，1996年。

增长的新形势。

东晋中晚至南朝早期（第三阶段），这时期是洪州窑装烧工艺发展的一个重要时期。窑具除支座、间隔具之外，还创造发明了匣钵。支座体形仍然较矮小，形制有筒形束腰状（图三〇，2）、盘形（图三一，4、7、8）。由于这时期出现了匣钵，使用匣钵装烧的瓷器不再用支座，所以支座的数量相对减少。间隔具数量颇多，形制有环形（图三五，3）、圆形锯齿状（图三二，3、8、17、26、28；图三三，2、4、11）、环形三足状（图三四，3、14）等。匣钵是装烧瓷器的窑具，以耐火土制成。瓷器放在匣钵里装烧，可避免窑顶落渣对釉面的污染和烟、火直接接触坯件，使坯件受热均匀，釉面光莹，可保证和提高产品的质量；匣钵耐高温，胎体结实，承重能力强，层层叠摞不易倒塌，可以充分利用窑内空间或适当增加窑室高度，提高产量。这时期匣钵的基本形制是筒形（图三七，1、2、3、6），但由于此时是匣钵的初创时期，造型还不够成熟，例如，有的胎壁较薄，有的腹壁外弧，壁部的气孔较大、数量较多等。尽管如此，它的出现毕竟掀开了洪州窑装烧工艺新的一页。这时期装烧方法正处在承前启后时期，原有的和创新的并存，较为复杂，归纳起来主要有四种。第一种是支座支烧法，即是将单件或叠置的器物放置在支座上，裸烧。第二种是"罐套烧"法，所谓的"罐套烧"法，就是在较大的青瓷罐内套装单件或叠置的多件钵、碗、盘、杯、盏等体形较小的青瓷器（图九，3；图一四四，2）。其目的是为了利用罐内空间，增加装烧量。第三种是匣钵装烧法，这时期匣钵装烧的器物均为碗、盘、杯、盏等饮食器，每匣钵装1（图三七，4）或2件。装2件者，叠置，器物之间、器物与匣钵之间一般用圆形锯齿状间隔具隔开。第四种是"罐套烧"和匣钵结合装烧法，是在较大的青瓷罐内叠置二个小筒形匣钵，匣钵内各装一杯或盏，下面的匣钵与罐底之间置一圆形锯齿状间隔具（图一四四，6）。装窑时，在其上面的匣钵上，放一个与此罐尺寸相同、内装物一致的罐，将该罐底放在匣钵口上。由此也可看出，将匣钵装上器物坯件放在罐内，其用意是为了让匣钵支承上面叠置的罐。第五种是"对口烧"法，主要用于烧盏，是将盏口唇部的釉抹去，把两个口径相同的盏对口扣在一起（图二二，13、31）。这种装烧法均为裸烧，装窑时，可能是放在支座或匣钵盖上面。这时期是洪州窑装烧工艺的发展和探索时期，对提高产品质量和产量有重要作用的匣钵装烧法，使用不普遍，还没有显出其优势。

南朝中晚期（第四阶段），这时期是装烧工艺平稳发展并趋于成熟时期。窑具有间隔具、匣钵，支座基本不见了。间隔具的种类发生了变化，环形三足状的已少见；圆形锯齿状的急剧减少；环形大为流行，并普遍变薄（图三六，5、7、8、9）；出现了以耐火土制作的柱形和钉形间隔具，使用时，前者三个（图一四四，4）、后者四个（图一七，1、3）为一组。匣钵趋于成熟，形制较为统一，均为筒形，胎体较厚重，直壁微微向内倾，口部一般留有三个弧形缺口，壁下部开二个对称的三角形或椭圆形、圆形气孔，孔较前一时期小得多（图一二〇，2、3），较好地克服了前一时期匣钵形制上的不合理因素。这时期的装烧方法逐渐规范化，主要有四种。第一种是"罐套烧"法，由于匣钵装烧法的较多使用，"罐套烧"法已用得不多。第二种是匣钵装烧法，装烧的器物有碗、盘、杯、盏等，一般说来，除了部分盘外，圆器基本上都是放在匣钵内装烧。每个匣钵内装烧的数量不等，有的一钵装一器（图一二〇，7），有的则一钵多器（图一二〇，6、8）。多器者，内装5或6件同类器物。第三种是"罐套烧"和匣钵结合装烧法，此装烧法在这时期还较为多见，装置方法同前一时期（图一四四，3、5）。第四种是不用支座的单件裸烧法，是将盘口壶、罐等体形较大的器物直接放在窑床或叠摞的匣钵最上面的匣钵盖上。这时期装烧工艺基本承袭了前一期，

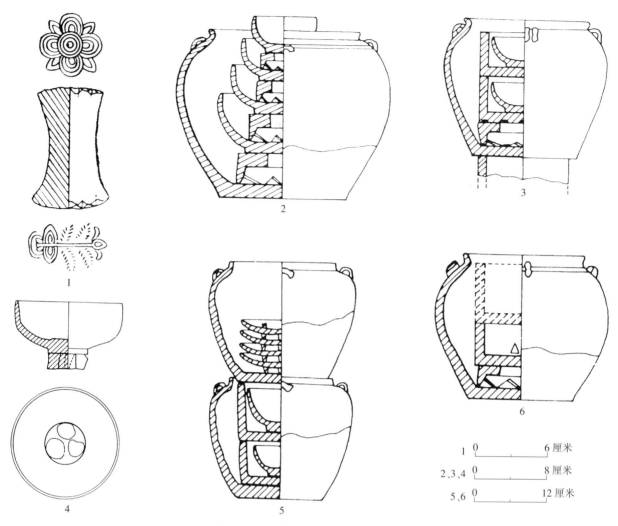

图一四四　洪州窑印模及装烧示例

1. 印模　2. 罐套烧法　3、5、6. 罐套烧法与匣钵结合装烧法　4. 柱形间隔具及使用方法（1. 罗湖窑址出土，第五阶段；2、4、6. 罗湖象山窑址出土，2、6 为第三阶段，4 为第四阶段；3、5. 罗湖寺前山窑址出土，第四阶段）

并较好地发扬了前一时期的合理因素，克服了不利因素，使洪州窑的装烧工艺上了一个新台阶。匣钵装烧法受到重视，具有明显优势。

隋代（第五阶段），这时期是洪州窑装烧工艺的进取时期。窑具有间隔具和匣钵。间隔具中，圆形锯齿状、柱形、钉形的均已消失，仅有环形，并普遍较薄。由于装烧中的碗等器物内外侧多施半釉，所以间隔具用得也较少了。匣钵均为筒形，造型较前一时期缩小，胎体也较其薄。壁上部微外弧，下部微内收。壁下部开 2 个对称的圆形小气孔，口沿部一般留一个半圆形缺口（图一三四，2；图一二〇，15）。这时期的装烧方法简化，不见"罐套烧"法和"罐套烧"与匣钵结合装烧法，流行了匣钵装烧法。这时期匣钵装烧器物范围扩大，不但装烧碗、钵、盘、杯等圆器，而且也装烧一些形体较小的罐，这是以前所没有的新情况。每个匣钵内装烧的数量不尽相同，有的是一钵装一件；有的是一钵装二件，并且往往 2 件不是同类器物，一般下面是碗，上面是高足盘（图一四五，3）、钵（图一四五，4）或罐（图一四五，2）；有的则是一钵装多件器物，一般是叠置 3 ~ 4 件碗、杯类器物，器物的尺寸由下而上一个比一个小，最上面的一件往往是制作精细的杯子。因碗内外侧均施半釉，所以叠置的器物之间不用间隔具，只是最下面的碗与匣钵之间置

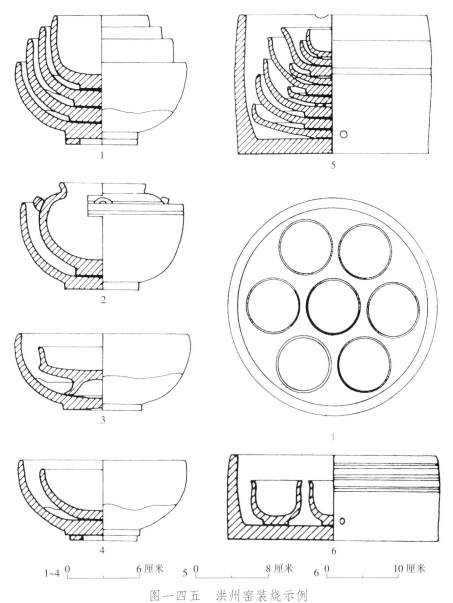

图一四五　洪州窑装烧示例

1. 一钵多器　2～4. 一钵二器　5. 一钵多器叠烧　6. 一钵多器平装（罗湖寺前山窑址出土；1～4 为第五阶段，是装在匣钵内烧制，出土时匣钵就与其分离；5、6 为第七阶段）

一较薄的环形间隔具（图一四五，1）。此外，盘口壶、鸡首壶等体形较大的器物仍采用单件裸烧法。这时期洪州窑的装烧工艺有了较大的改革，力求简单、方便、实用，收到了良好的效果。匣钵装烧法充分发挥了作用，成为装烧工艺的主流。

唐代早期（第六阶段），这时期是洪州窑装烧工艺的调整时期。窑具有间隔具和匣钵。间隔具也只有环形，较前一时期略薄。匣钵均为筒形，胎体尤其是底部厚重，壁一般略向内倾斜，一般壁下部开一个圆形小气孔，与其对应一面的口沿部留一半圆形或三角形小缺口（图一二○，11）。这时期的装烧方法更加规范。碗、钵、盘、高足盘、杯、盏、盘口壶、双唇罐、罐、瓶等这时期几乎所有的器物都放在匣钵内装烧，改变了盘口壶、罐等体形较大的器物一直裸烧的状况。每个匣钵内装烧的数量也是不相同的，有的是一钵一器（图一二○，16）；有的则一钵多器，一钵内叠置4~5件碗、杯等器物的情况最为常见（图一二〇，13），器物口径自下往上一件较一件小，最上面的一件是杯。为了防止一个匣钵内器物之间粘连，也有的碗、钵、杯或盘、碗、钵、杯不同造型的器合装。因碗、盘、钵等内外均施半釉，叠装时不用间隔具，只是在内底撒一薄层细沙。最下面一件与匣钵之间要放一环形间隔具。这一时期洪州窑对装烧工艺进行了调整、改进，着眼点是提高产品质量尤其是釉的质量和扩大装烧量，获得了可喜的成果。

唐代中期（第七阶段），这时期是洪州窑装烧工艺继续调整时期。窑具有环形间隔具和匣钵。环形间隔具变得更薄，制作较为草率。匣钵均为筒形，形制与前一时期流行的造型基本相同，只是尺寸有所增大。这时期的装烧方法同前一时期，也是几乎所有的器物都是放在匣钵内装烧。器物的装置形式中，一钵一器的做法不见了，均为一个匣钵内装多件器物。一钵多器的做法又可分两类。第一类是多件器物叠装，少者3~6件，多者竟达9件（图一四五，5）。器物口径自下往上一件较一件小，不同器形往往合装，盘、碗、钵、杯合装者，中间有的放置小盘，以防止器物粘连。碗、盘类器物内外侧仍施半釉，叠装不用间隔具，只是在内底撒一薄层细沙。最下面一件与匣钵之间有的放一环形间隔具。第二类是平装，即在一个匣钵内平放多件器物。目前所见，装置的均是做工精良的杯子，少者4或5件，多者7件（图一四五，6）。其与匣钵之间无间隔具，仅置以细砂而已。这时期洪州窑装烧工艺调整的重点是，在保证质量的前提下，尽可能扩大装烧量。取得了明显的效果。

唐代晚期至五代南唐时期（第八阶段），这时期是洪州窑装烧工艺的变革时期。此前所使用的间隔具、匣钵均已消失，出现了一种新的窑具——支柱（亦称垫柱）。支柱的基本形制呈倒置的笔筒形（图一四二，1），有的上粗下渐细（图一四二，3）、有的中部内孤作束腰状（图一四二，4），有的则上部内弧、下部外撇，呈喇叭状（图一四二，2）。其支面平整，外侧多作瓦棱装，有些壁上部设一圆形气孔，胎体多较厚重。这时期因为窑具变了，所以装烧方法发生了重大的变化。碗、盏、盘等均是分类叠置（图一四〇，3），叠置时为防止粘连（这些器物外侧施釉近足部，内侧满施釉），以5或6个含沙量较高的长圆形泥团间隔，即通常所说的"沙堆叠烧"法。烧成后往往在器物内底、足缘留下泥团或泥团痕迹（图一四〇，4）。叠置的器物，或口部向上放在支柱上，或口部向下扣在支柱上。其他器物应是单件放在支柱上或直接摆在窑床上烧制。这时期洪州窑对装烧工艺改动的力度相当大，取消了使用多年的匣钵装烧法，流行了支柱叠烧法。支柱叠烧法虽有装、取简便、可成批生产同一规格的产品等优点，但它毕竟是裸烧，不可能完全保证釉的质量。所以，对洪州窑来说，这是装烧工艺的倒退和衰落的表现。

综上所述，不难看出，洪州窑自从烧制成熟瓷器起，它的装烧工艺一直在有序地发展，不断探索，或创新，或改进，以努力适应其发展的需要。取得了相应的效果，尤其是创造发明了匣钵和匣钵装烧工艺之后，产品的质量和产量明显提高。提高产品的质量和产量，获得更多的利润，是洪州窑装烧工艺不断变化、发展的重要原因。

第六节　资料特点与学术意义

洪州窑，古代文献记载甚少，于20世纪70年代末才被发现，确定窑址在丰城县，考古研究工作起步较晚。由于考古资料缺乏，学术界对洪州窑了解不多，研究工作远没有展开。这批资料的整理和公布，可以使学术界对洪州窑增强了解、加深认识，使全面、深入研究洪州窑的想法变成现实。

这批资料特点比较突出，首先，出土于洪州窑遗址内的七处窑址（含罗湖象山窑址），覆盖面比较大，能够反映洪州窑的全貌。其次，这批资料的时代，从东汉晚期至五代南唐时期，中间没有缺环，非常成系统，这在同时期的青瓷名窑的考古发掘出土资料中是不见的。第三，其内涵丰富，遗迹（窑炉等）、遗物（瓷器、窑具、制瓷工具）全有，尤其是遗物中的瓷器、窑具，种类齐全，式样颇多。第四，有不少资料都是第一次发现，如唐代中期的龙窑遗迹、东晋中晚期至南朝早期的双立耳釜、唐代早期的大口盆等，有的资料不但是洪州窑遗址的首次、最早的发现，也是全国首次、最早的发现，如在龙凤乌龟山窑址出土的东晋时期的试火具（火照）、东晋中晚期至南朝早期的匣钵等。

这批资料尤其是上述的特点具有重要的研究价值和学术意义。首先，可为洪州窑的研究建立起一个年代标尺，在本报告中将其划分为八个阶段（八期）。其次，可以以这批资料为基础，参考以往的考古发现和古代文献记载，总结、归纳洪州窑的发展规律，为全面复原洪州窑的生产面貌奠定基础，本报告对洪州窑遗址的分布规律、胎釉特点、装饰技法与内容、装烧工艺做了初步总结。第三，利用这批资料可开展对洪州窑瓷器的销售、美术、工艺技术等方面的研究。总之，这批资料对于全面、深入研究洪州窑乃至中国陶瓷史具有十分重要的学术价值。

洪州窑是东汉晚期至五代南唐时期著名青瓷窑，与同时期的浙江上虞、慈溪一带的越窑、金华一带的婺州窑、湖南湘阴的岳州窑、安徽淮南的寿州窑齐名。早在唐代，陆羽在《茶经》中就对它的地位做了肯定性的评论。但后人一直认为陆羽的评论过于简单，缺乏内容。通过对这批资料的整理、研究，使我们全面、具体、形象地看到了洪州窑在中国陶瓷史上的重要地位和对中国陶瓷的发展做出的贡献。

附录一　洪州窑瓷片化学成分的中子活化分析研究

冯向前　冯松林　雷勇　范东宇　徐清　程琳　沙因　柴之芳

（中国科学院高能物理研究所　中国科学院核分析技术重点实验室）

樊昌生　张文江　　　权奎山

（江西省文物考古研究所）（北京大学考古文博学院）

一　前言

在洪州窑长达 800 余年的制瓷史上，历代的能工巧匠勇于实践，不断创新，在原料的选择和精制、胎釉配方及烧制工艺等诸多方面取得一个又一个突破。另一方面，随着时代的发展和变迁，人们的审美情趣和物质需求也在变化，客观上迫使当时的窑工们随时做出调整以适应时代和社会的要求。所有这些在宏观上就表现为瓷器的外观造型、胎釉颜色、纹饰的变化，而在微观上就表现为胎釉的化学成分的变化。对历代洪州窑古瓷的化学成分进行研究，有助于人们了解洪州窑的选料和制作工艺及其兴衰发展史。

就目前来说，洪州窑的自然科学研究相对于其他古代名窑来说，要弱得多，这与其较深入的考古学研究[1~3]不相匹配。根据笔者掌握的资料，迄今仅有两项工作与之有关：一是上海硅酸盐研究所的陈显求等研究了 4 件唐代青瓷的物理性质、主量元素含量和显微结构[4]；另一是北京大学考古文博学院的王建平将洪州窑古瓷作为其博士论文的部分研究内容，用中子活化分析和波长色散 X 射线荧光分析了六期共 49 片样品的化学组成[5]。无论是从洪州窑的重要历史地位，还是从建立我国古陶瓷数据库的总体要求来看，都需要对洪州窑古瓷进行更深更广的研究。

中子活化分析（NAA）的工作原理是经热中子辐照后，样品中元素变成相应的同位素并放射 γ 射线，用探测器记录表征各元素的 γ 射线能谱，通过数据处理得到样品中元素的种类和含量。它具有准确度高、灵敏度好、多元素同时分析、取样量小等优点，被广泛应用于古陶瓷的成分分析研究中[6~19]。

本文选择洪州窑 8 期约 400 件瓷片标本，用中子活化分析技术测量了瓷胎中 20 多种元素的含量，在分析结果的基础上对洪州窑古瓷的化学成分的年代变化规律、分组情况及洪州窑的兴衰进行了讨论。

二　实验

1. 样品制备

用石英砂砂轮从每件瓷片上切下一小块，磨去釉层及表面受侵蚀的部分后，用超纯水在超声波清洗器中清洗 3 遍，取出在烘箱中烘干。用玛瑙研钵研磨成粉末（经试验，能全部过 200 目筛），105 ℃下烘烤 8 小时，保存在干燥器中。

2. 实验方法及分析质量控制

（1）短照中子活化分析

称取约 30 毫克样品，用聚乙烯膜包好，热封。由于目前尚无古陶瓷有证标准物质可用，实验中选用与样品的基体较接近的土壤标准物质 GBW07406 和 GBW07408 作为质控样品，在原子能研究院的微型反应堆中照射，中子注量率为 $1 \times 10^{12} \, n \cdot cm^{-2} \cdot s^{-1}$。照射时间为 30 秒，冷却 5 分钟进行第一次测量，得到 Na、Ca、Ti、V、Al 等元素的数据；冷却 30 分钟进行第二次测量，得到 K、Dy、Mn 等元素的数据。由于样品中高含量 Al 的（n，p）反应的干扰，Mg 未测出。另外 ^{49}Ca 的能量 3.08MeV 处于探测器的高能端的阈值附近，导致部分样品 Ca 的数据未测出或误差较大。质控样品的实验值和鉴定值见附表 1-1，从表中可以看出，实验值和鉴定值吻合得很好，表明分析结果是可靠的。

附表 1-1　短照 NAA 质控样品的实验值和鉴定值

（单位：μg/g）

元素	GBW07406		GBW07408		
	鉴定值	测量值	鉴定值	测量值 1	测量值 2
Al_2O_3（%）	21.23 ±0.25	20.8	11.92 ±0.23	12.1	12.0
CaO（%）	0.22 ±0.04		8.27 ±0.18	8.13	8.30
Dy	3.3 ±0.3	3.13	4.8 ±0.5	4.84	5.18
K_2O（%）	1.70 ±0.08	1.67	2.42 ±0.06	2.26	2.31
Mn	1450 ±127	1479	650 ±35	652	660
Na_2O（%）	0.19 ±0.02	0.18	1.72 ±0.06	1.74	1.70
Ti	4390 ±180	4230	3800 ±180	3700	3600
V	130 ±11	135	81 ±7	86.4	84.8

（2）长照中子活化分析

称约 30 毫克样品，用 99.999% 铝箔包好，连同混标和质控物质（岩石标准物质 GBW07103，GBW07104 和土壤标准物质 GBW07406，GBW07408）一起送进原子能研究院的 101 型重水反应堆中，在中子注量率为 $6 \times 10^{13} \, n \cdot cm^{-2} \cdot s^{-1}$ 下照射 8 小时，冷却 5~7 天进行第一轮测量，冷却 18~20 天后进行第二轮测量。质控物质的分析结果和鉴定值如附表 1-2 所示。其中 Ba、Ce、Co、Cs、Eu、Fe、Hf、La、Lu、Nd、Rb、Sc、Sm、Ta、Tb、Th、U、Yb 等 18 个元素的结果令人满意。而元素 As、K、Na、W 因其相应核素 ^{76}As、^{42}K、^{24}Na、^{187}W 寿命较短，较先测量的样品结果尚好，后测的样品统计误差较大。元素 Cr、Mo、Sb、Sr 在本实验条件下分析灵敏度低，只有在含量较高时结果才比较理想。元素 Zn 由于 ^{46}Sc 的 1120KeV 强峰对 ^{65}Zn 1115KeV 弱峰的掩盖，很多样品中的 Zn 未测出。元素 Zr 因在样品中分布不均匀，结果亦不好。以上分析结果不理想的数据，均删去或部分删去不用。

附表 1－2 长照 NAA 质控样品的实验值和鉴定值

（单位：μg/g）

元素	GBW07103		GBW07104		GBW07406		GBW07408	
	鉴定值	测量值	鉴定值	测量值	鉴定值	测量值	鉴定值	测量值
As	2.1 ±0.5	1.9	2.1 ±0.6	2.2	220 ±21	2161	2.7 ±1.7	14.3
Ba	343 ±45	389	1020 ±70	1080	118 ±21	147	480 ±36	442
Ce	108 ±11	103	40 ±4	39.5	66 ±8	70.9	66 ±10	64.6
Co	3.4 ±1.0	2.8	13.2 ±1.5	12.8	7.6 ±1.7	6.6	12.7 ±1.7	11.3
Cr	3.6 ±1.1	4.0	32 ±5	32	75 ±8	84	68 ±8	69
Cs	38.4 ±1.5	39.2	2.3 ±0.9	1.5	10.8 ±0.7	11.4	7.5 ±0.9	7.9
Eu	0.85 ±0.10	0.80	1.02 ±0.07	1.12	0.66 ±0.06	0.74	1.2 ±0.1	1.19
Hf	6.3 ±0.8	6.0	2.9 ±0.5	2.7	7.5 ±0.8	8.1	7.0 ±0.8	6.4
La	54 ±5	53.6	22 ±3	23.7	30 ±3	33.4	36 ±4	36.8
Lu	1.15 ±0.12	1.02	0.12 ±0.04	0.12	0.42 ±0.06	0.39	0.43 ±0.06	0.41
Nd	47 ±5	47	19 ±2	22	21 ±3	25	32 ±3	30
Rb	466 ±26	445	38 ±5	42	237 ±12	227	96 ±5	96
Sb	0.21 ±0.09	—	0.12 ±0.06	—	60 ±10	70	1.0 ±0.3	1.8
Sc	6.1 ±0.6	5.9	9.5 ±1.1	9.4	15.5 ±1.4	16.6	11.7 ±1.1	11.6
Sm	9.7 ±1.2	8.9	3.4 ±0.3	3.1	3.8 ±0.6	4.4	5.9 ±0.6	5.3
Ta	7.2 ±0.7	7.1	0.40 ±0.09	0.4	5.3 ±0.6	6.0	1.05 ±0.26	0.9
Tb	1.65 ±0.13	1.53	0.41 ±0.07	0.43	0.61 ±0.12	0.52	0.89 ±0.12	0.85
Th	54 ±4	53.8	2.6 ±0.4	2.4	23 ±2	23.6	11.8 ±1.1	10.1
U	18.8 ±2.2	17.2	0.90 ±0.28	0.8	6.7 ±1.1	6.1	2.7 ±0.5	2.6
Yb	7.4 ±0.7	6.3	0.89 ±0.20	1.0	2.7 ±0.5	3.2	2.8 ±0.3	2.3
Zn	28 ±4	24	71 ±7	67	97 ±9	95	68 ±6	61
Fe_2O_3 *	2.14 ±0.08	2.17	4.90 ±0.09	4.81	8.09 ±0.19	7.96	4.48 ±0.07	4.27
K_2O *	5.01 ±0.10	5.16	1.89 ±0.07	1.72	1.70 ±0.08	1.82	2.42 ±0.06	2.19
Na_2O *	3.13 ±0.09	2.76	3.86 ±0.11	3.42	0.19 ±0.02	0.16	1.72 ±0.06	1.59

注：* 元素的氧化物，单位:%；分析误差 <5% 的元素有 LA、Sm、U、Na、Ce、Yb、Hf、Th、Sc、Cr、Fe、Co、Rb、Cs；分析误差 <10% 的元素有 Nd、Eu、Lu、Ta、Zn、Ba；分析误差 <20% 的元素有 K、Tb、Sb。

3. 样品目录

为了全面研究洪州窑各个历史时期烧制瓷器的化学组成以及为了使研究结果具有代表性和统计意义，在江西省文物考古研究所的大力协助下，我们收集了洪州窑八期共 400 件瓷片，每期约 50 件，样品的烧制时期、出土地点及外观描述列于附表 1－3 中。

附表 1-3　洪州窑瓷片的样品目录及中子活化分析结果

（单位：μg/g）

样品编号	窑址	时代	器形	胎色	Ba	Ce	Co	Cr	Cs	Eu	$Fe_2O_3^*$	Hf	La	Lu	Na_2O^*	Nd	Rb	Sb	Sc	Sm	Ta	Tb	Th	U	Yb
JXHZ369	港塘清丰河	东汉晚期东吴		灰黑	593	107	15.5	100	13.1	1.95	6.11	5.9	70.2	0.59	0.46	42	132	1.4	19.1	11.1	1.4	1.56	17.8	5.1	3.5
JXHZ370	港塘清丰河	东汉晚期东吴		楮红色	599	103	12.7	102	14.9	1.81	5.14	6.4	66.7	0.62	0.50	40	162	1.4	19.6	10.1	1.6	1.42	18.4	5.3	3.8
JXHZ371	港塘清丰河	东汉晚期东吴		楮红色	555	98.6	13.9	108	12.8	1.95	6.27	6.4	67.6	0.56	0.42	39	123	1.4	20.1	10.3	1.3	1.38	17.0	5.3	3.3
JXHZ372	港塘清丰河	东汉晚期东吴		灰黑	591	97.3	15.6	107	11.9	1.87	6.37	6.1	71.4	0.52	0.49	45	150	1.7	19.5	10.8	1.2	1.34	16.9	4.9	3.2
JXHZ373	港塘清丰河	东汉晚期东吴		楮红色	619	110	12.4	99	12.2	1.89	5.10	6.2	69.8	0.58	0.51	42	137	1.0	17.7	10.7	1.5	1.35	17.0	5.2	3.8
JXHZ374	港塘清丰河	东汉晚期东吴		楮红色	585	105	13.6	104	13.2	2.21	5.27	6.2	71.0	0.58	0.47	43	136	1.3	19.3	10.7	1.3	1.58	17.0	5.9	4.1
JXHZ375	港塘清丰河	东汉晚期东吴		土灰	564	108	10.9	101	12.3	1.75	4.17	6.5	65.0	0.55	0.53	38	144	1.2	19.2	10.4	1.5	1.29	17.6	4.9	3.7
JXHZ376	港塘清丰河	东汉晚期东吴		灰	603	116	13.6	107	13.0	1.96	5.01	6.2	70.6	0.57	0.57	44	138	1.2	20.2	11.2	1.2	1.42	17.1	4.7	3.8
JXHZ377	港塘清丰河	东汉晚期东吴		楮红色	453	112	9.1	118	13.1	1.90	5.49	6.1	72.8	0.53	0.31	45	118	1.0	18.7	10.7	1.3	1.46	17.6	6.3	3.3
JXHZ378	港塘清丰河	东汉晚期东吴		楮红色	650	127	10.9	111	13.0	2.29	4.83	7.9	83.4	0.61	0.58	53	142	1.4	20.5	12.5	1.5	1.72	17.6	6.1	3.5
JXHZ379	港塘清丰河	东汉晚期东吴		楮红色	456	111	12.5	114	12.3	2.00	5.40	6.2	67.1	0.52	0.40	41	117	1.4	20.0	10.4	1.7	1.40	17.6	4.9	3.5
JXHZ380	港塘清丰河	东汉晚期东吴		楮红色	595	114	14.1	109	14.2	2.20	5.33	6.1	70.0	0.53	0.37	45	148	1.4	21.5	11.4	1.5	1.33	18.8	5.9	3.7
JXHZ381	港塘清丰河	东汉晚期东吴		楮红色	554	98.7	12.2	103	11.9	1.93	5.01	7.1	65.5	0.59	0.62	38	125	1.5	18.8	10.3	1.3	1.40	16.3	4.9	3.8

续附表 1－3

样品编号	窑址	时代	器形	胎色	Ba	Ce	Co	Cr	Cs	Eu	$Fe_2O_3^*$	Hf	La	Lu	Na_2O^*	Nd	Rb	Sb	Sc	Sm	Ta	Tb	Th	U	Yb
JXHZ382	港塘清丰河	东汉晚期东吴		赭红色	661	105	15.7	117	13.1	1.80	5.49	6.6	73.3	0.60	0.56	42	148	1.4	21.8	11.3	1.4	1.29	18.7	5.4	4.0
JXHZ383	港塘清丰河	东汉晚期东吴		赭红色	628	102	14.9	102	12.3	1.75	5.16	6.9	63.8	0.55	0.63	34	130	1.8	18.3	9.8	1.5	1.34	16.9	4.9	3.5
JXHZ384	港塘清丰河	东汉晚期东吴		灰黑	551	115	14.5	114	13.1	1.91	5.50	6.0	69.7	0.56	0.38	39	131	1.5	20.0	11.0	1.4	1.41	18.0	5.3	3.7
JXHZ385	港塘清丰河	东汉晚期东吴		灰黑	505	110	11.4	104	12.4	1.67	4.09	6.9	68.1	0.56	0.42	40	140	1.3	16.6	10.7	1.4	1.48	19.1	5.5	3.1
JXHZ386	港塘清丰河	东汉晚期东吴		灰	550	96.5	12.6	98	12.6	1.73	5.57	5.9	63.0	0.51	0.57	39	140	1.4	18.9	9.7	1.3	1.27	16.3	5.6	3.3
JXHZ387	港塘清丰河	东汉晚期东吴		赭红色	622	107	18.1	118	15.1	1.86	5.74	6.8	69.0	0.60	0.30	34	148	1.5	20.9	9.9	1.6	1.33	19.7	6.6	3.5
JXHZ388	港塘清丰河	东汉晚期东吴		灰黑	534	104	11.3	103	11.9	1.45	5.26	6.4	64.4	0.52	0.43	40	139	0.7	18.4	9.7	1.3	1.11	17.5	5.3	3.7
JXHZ389	港塘小学前	东汉晚期东吴		赭红色	511	89.3	9.5	94	13.3	1.49	4.84	5.5	56.9	0.46	0.39	34	144	0.9	16.3	8.7	1.2	1.22	17.1	6.0	3.0
JXHZ390	港塘小学前	东汉晚期东吴		赭红色	550	90.8	9.6	102	14.2	1.62	4.76	6.1	62.1	0.53	0.39	34	164	1.3	17.9	9.1	1.7	1.12	19.5	5.8	3.2
JXHZ391	港塘小学前	东汉晚期东吴		灰黑	623	92.9	14.6	109	13.8	1.90	6.64	6.0	70.0	0.56	0.44	44	144	1.2	20.1	10.5	1.3	1.49	17.0	5.2	3.5
JXHZ392	港塘小学前	东汉晚期东吴		赭红色	616	105	11.5	111	13.4	2.06	5.84	6.3	73.7	0.55	0.41	40	147	1.6	21.8	10.0	1.1	1.51	17.1	4.0	3.5
JXHZ393	港塘小学前	东汉晚期东吴		灰白	714	126	22.2	84	16.5	2.09	5.91	7.8	78.2	0.63	0.12	43	227	1.4	18.1	12.4	2.2	1.51	25.8	10.9	4.5
JXHZ394	港塘小学前	东汉晚期东吴		砖红色	730	105	24.6	144	12.1	1.89	7.54	7.4	68.0	0.53	0.16	36	150	0.7	24.6	9.2	1.7	1.19	17.5	5.7	3.2

续附表 1-3

样品编号	窑址	时代	器形	胎色	Ba	Ce	Co	Cr	Cs	Eu	Fe$_2$O$_3$*	Hf	La	Lu	Na$_2$O*	Nd	Rb	Sb	Sc	Sm	Ta	Tb	Th	U	Yb
JXHZ395	港塘小学前	东汉晚期东吴		砖红色	538	95.1	14.1	100	12.1	1.88	5.59	7.6	69.0	0.56	0.32	43	144	1.1	17.3	10.1	1.6	1.31	17.0	5.3	3.8
JXHZ396	港塘小学前	东汉晚期东吴		赭红色	498	98.3	13.6	90	12.5	1.71	5.13	6.1	66.1	0.54	0.51	38	137	1.3	17.0	10.0	1.5	1.34	16.4	5.0	3.3
JXHZ397	港塘小学前	东汉晚期东吴		灰	481	101	7.2	92	11.0	1.89	3.64	5.6	65.0	0.56	0.59	39	139	1.0	17.1	10.3	1.3	1.35	15.7	4.5	3.6
JXHZ398	港塘小学前	东汉晚期东吴		灰	513	91.8	9.2	86	12.7	1.79	4.44	6.0	71.6	0.54	0.39	38	139	1.1	16.1	10.6	1.5	1.24	16.6	6.3	3.4
JXHZ399	港塘新村	东汉晚期东吴		灰黑	503	81.3	12.8	81	11.0	1.69	4.41	5.1	64.4	0.45	0.67	39	114	1.3	15.4	9.8	1.2	1.02	13.5	4.5	3.1
JXHZ400	港塘新村	东汉晚期东吴		灰黑	581	91.7	14.4	87	11.7	1.86	5.50	8.5	70.1	0.56	0.63	38	114	1.6	16.8	11.0	1.5	1.07	16.3	5.3	3.6
JXHZ401	港塘新村	东汉晚期东吴		灰黑	531	97.7	16.8	89	11.5	1.63	5.09	7.2	61.1	0.57	0.43	32	115	1.6	16.3	8.2	1.4	1.02	16.2	3.9	3.1
JXHZ402	港塘新村	东汉晚期东吴		灰黑	480	73.5	8.5	85	11.5	1.63	4.57	5.5	65.2	0.49	0.38	38	124	1.3	15.4	8.5	1.4	0.93	14.2	4.6	3.2
JXHZ403	港塘新村	东汉晚期东吴		赭红色	402	87.8	7.7	73	9.5	1.38	3.69	5.4	52.5	0.49	0.33		90	0.2	12.0	6.6	1.5	0.88	15.3	3.4	3.2
JXHZ404	港塘新村	东汉晚期东吴		灰	471	87.8	10.4	92	11.9	1.77	4.79	6.1	66.6	0.57	0.43		116	1.4	15.7	8.6	1.7	1.24	15.3	4.3	3.9
JXHZ405	港塘新村	东汉晚期东吴		赭红色	574	116	11.5	91	14.7	1.90	5.77	5.3	77.2	0.60	0.24		143	1.2	16.8	9.3	2.1	1.09	18.8	5.7	4.4
JXHZ406	港塘新村	东汉晚期东吴		灰黑	556	115	13.7	100	14.6	1.86	4.66	6.0	67.9	0.58	0.38		112	1.6	17.0	8.8	2.0	1.29	15.5	4.7	3.7
JXHZ407	港塘新村	东汉晚期东吴		灰黑	566	111	11.8	92	14.0	1.83	6.07	5.0	70.7	0.60	0.26		135	1.2	16.2	8.9	2.0	1.26	16.5	4.7	4.0

续附表 1-3

样品编号	窑址	时代	器形	胎色	Ba	Ce	Co	Cr	Cs	Eu	Fe₂O₃*	Hf	La	Lu	Na₂O*	Nd	Rb	Sb	Sc	Sm	Ta	Tb	Th	U	Yb
JXHZ408	港塘新村	东汉晚期东吴		灰黑	460	114	10.5	89	11.3	1.57	5.31	5.2	63.4	0.59	0.26		103	1.3	14.8	8.3	1.9	1.22	15.1	4.3	3.8
JXHZ409	港塘新村	东汉晚期东吴		灰黑	590	97.3	10.3	96	12.6	1.65	5.44	5.3	59.4	0.59	0.33		122	1.4	16.0	8.2	1.6	1.16	15.8	3.6	3.9
JXHZ410	港塘新村	东汉晚期东吴		灰黑	493	95.4	9.6	93	11.5	1.62	3.96	4.4	53.4	0.50	0.31		109	1.1	15.4	7.0	1.3	1.02	13.4	3.7	3.7
JXHZ411	港塘新村	东汉晚期东吴		灰黑	458	108	10.5	80	10.3	1.66	4.83	5.4	55.9	0.57	0.46		114		13.6	7.6	1.8	1.19	13.2	4.0	3.7
JXHZ412	港塘新村	东汉晚期东吴		灰	563	102	11.1	99	13.1	1.63	4.89	6.5	65.1	0.55	0.31		132	1.1	16.2	8.2	1.6	1.31	15.7	4.0	3.8
JXHZ413	港塘新村	东汉晚期东吴		灰	526	105	10.6	95	12.7	1.67	5.10	5.5	59.9	0.52	0.46		117	1.2	16.2	8.1	1.8	1.20	14.4	3.7	3.6
JXHZ414	港塘新村	东汉晚期东吴		赭红色	504	123	11.6	99	14.7	2.13	4.96	4.8	67.8	0.62	0.35		118	1.3	17.7	9.7	1.7	1.59	15.5	4.4	4.0
JXHZ415	港塘新村	东汉晚期东吴		灰黑	583	98.5	12.9	109	13.4	1.88	7.13	5.6	69.5	0.66	0.37		134	1.3	17.3	9.2	1.9	1.26	16.2	4.9	4.2
JXHZ416	港塘新村	东汉晚期东吴		赭红色	518	94.6	12.2	96	13.7	1.80	5.11	6.0	64.3	0.58	0.29		142		16.3	8.5	2.0	1.34	16.2	4.7	3.9
JXHZ417	港塘新村	东汉晚期东吴		赭红色	547	108	10.9	92	11.9	1.77	4.47	5.9	60.9	0.57	0.45		119	1.5	14.8	8.0	1.8	1.29	14.8	3.6	3.9
JXHZ418	港塘新村	东汉晚期东吴		灰	501	128	11.3	102	15.9	2.16	5.90	5.4	71.1	0.66	0.27		136	1.1	17.1	9.7	1.8	1.44	18.0	5.1	4.2
JXHZ270	龙凤乌龟山	西晋	盏	灰	275	91.5	5.8	77	12.2	1.42	1.69	10.0	55.9	0.49	0.08	44	97	1.1	13.0	7.7	1.9	1.02	16.3	5.9	3.3
JXHZ273	龙凤乌龟山	西晋	盏	灰白	300	108	8.1	78	14.2	1.63	1.15	7.3	61.4	0.50	0.08	54	89	0.9	12.5	9.0	1.5	1.22	15.8	5.3	4.0

续附表 1－3

样品编号	窑址	时代	器形	胎色	Ba	Ce	Co	Cr	Cs	Eu	Fe$_2$O$_3$*	Hf	La	Lu	Na$_2$O*	Nd	Rb	Sb	Sc	Sm	Ta	Tb	Th	U	Yb
JXHZ274	龙凤乌龟山	西晋	盏	土黄	241	106	5.3	93	14.4	1.58	1.93	8.5	63.6	0.48	0.09	49	94	0.9	13.7	8.4	1.7	0.96	18.6	6.2	4.1
JXHZ275	龙凤乌龟山	西晋	盏	土黄	372	126	6.6	85	15.4	2.24	1.60	7.9	65.6	0.66	0.09	66	100	0.8	15.9	8.7	1.5	1.39	17.9	6.4	5.2
JXHZ276	龙凤乌龟山	西晋	盏	灰	216	104	5.8	93	12.7	1.44	1.77	9.6	62.1	0.51	0.08	49	89	1.5	13.9	7.8	1.8	1.32	19.6	5.9	3.9
JXHZ277	龙凤乌龟山	西晋	盏	灰白	299	114	8.5	103	13.4	1.75	1.69	9.2	69.9	0.51	0.08	56	100	0.9	13.8	9.2	1.5	1.07	18.0	5.2	4.3
JXHZ279	龙凤乌龟山	西晋	盏	灰白	277	183	7.7	93	14.0	4.14	1.23	9.5	108.0	0.80	0.08	111	100	1.0	14.0	18.5	1.5	2.36	16.9	5.1	7.0
JXHZ280	龙凤乌龟山	西晋	盏	土黄	287	127	6.9	104	15.3	2.04	1.59	8.4	72.1	0.62	0.08	58	90	1.1	16.0	9.8	1.6	1.31	19.2	5.6	5.2
JXHZ281	龙凤乌龟山	西晋	盏	灰	276	129	6.4	90	13.8	1.64	1.74	8.0	75.2	0.52	0.12	54	106	1.1	14.9	8.4	1.7	0.95	20.4	5.5	4.4
JXHZ282	龙凤乌龟山	西晋	盏	灰	369	85.8	7.0	80	14.2	1.27	1.84	7.5	49.1	0.39	0.09	39	128	1.0	13.1	6.4	1.2	1.02	13.7	3.7	3.1
JXHZ283	龙凤乌龟山	西晋	盏	灰	411	159	7.9	100	13.7	2.62	2.71	8.4	88.1	0.60	0.09	78	126	1.1	16.8	12.5	1.7	1.65	17.9	5.5	4.9
JXHZ285	龙凤乌龟山	西晋	盏	灰	246	130	5.6	97	18.5	2.03	1.63	9.4	78.4	0.63	0.09	62	107	1.0	15.2	10.5	1.9	1.27	20.6	6.8	5.3
JXHZ286	龙凤乌龟山	西晋	盏	灰白	406	212	7.2	95	13.0	4.07	1.60	6.9	107.0	0.66	0.24	111	113	0.8	15.0	18.8	1.6	2.38	16.6	4.7	5.7
JXHZ287	龙凤乌龟山	西晋	盏	灰白	448	128	4.7	105	13.2	1.97	1.42	9.4	79.8	0.58	0.09	62	97	1.2	16.5	9.8	1.6	1.56	18.4	5.4	4.7
JXHZ288	龙凤乌龟山	西晋	盏	灰	485	114	8.3	92	15.5	2.12	2.26	6.6	64.0	0.51	0.11	61	135	1.5	14.1	10.5	1.4	1.13	15.5	4.4	4.0

续附表 1-3

样品编号	窑址	时代	器形	胎色	Ba	Ce	Co	Cr	Cs	Eu	$Fe_2O_3^*$	Hf	La	Lu	Na_2O^*	Nd	Rb	Sb	Sc	Sm	Ta	Tb	Th	U	Yb
JXHZ289	龙凤乌龟山	西晋	盏	土黄	294	105	7.1	85	17.0	1.47	1.59	10.1	66.1	0.53	0.09	51	105	1.0	13.5	8.5	1.7	1.20	19.4	5.8	4.2
JXHZ290	龙凤乌龟山	西晋	盏	灰	235	116	8.6	100	17.6	1.49	1.51	8.5	66.6	0.51	0.10	51	94	1.1	15.2	9.1	1.8	1.08	21.1	8.1	4.2
JXHZ291	龙凤乌龟山	西晋	盏	灰白	528	140	4.9	106	14.1	2.18	1.39	10.0	86.0	0.61	0.09	65	121	1.4	18.0	11.4	1.8	1.43	19.1	6.0	5.3
JXHZ292	龙凤乌龟山	西晋	盏	灰	363	120	7.7	94	19.8	1.83	1.71	9.2	74.9	0.57	0.08	59	122	1.2	16.4	10.1	1.7	1.13	18.3	6.7	4.5
JXHZ293	龙凤乌龟山	西晋	盏	灰	283	135	8.6	91	14.4	1.71	2.00	8.9	89.1	0.54	0.08	60	107	0.9	14.9	9.9	1.8	1.28	20.8	6.8	4.2
JXHZ294	龙凤乌龟山	西晋	盏	灰	334	128	5.6	108	16.6	1.86	1.70	8.8	75.0	0.57	0.09	59	107	1.1	17.7	10.4	2.0	1.38	21.5	7.8	4.7
JXHZ295	龙凤乌龟山	西晋	盏	灰	368	132	7.0	93	16.7	2.22	1.80	8.7	79.5	0.62	0.08	67	99	1.4	16.8	11.7	1.7	1.36	19.4	6.4	5.1
JXHZ296	龙凤乌龟山	西晋	盏	灰	419	119	6.4	90	16.3	1.79	1.99	7.7	73.9	0.60	0.09	57	105	1.5	18.4	10.1	1.7	1.46	19.8	5.7	5.1
JXHZ297	龙凤乌龟山	西晋	盏	灰白	541	125	11.9	109	16.8	2.31	1.79	9.1	75.4	0.58	0.10	68	129	1.0	17.3	11.7	1.6	1.52	17.3	5.4	5.0
JXHZ298	龙凤乌龟山	西晋	盏	灰白	347	125	10.2	90	17.5	1.98	1.40	8.5	79.0	0.52	0.09	62	112	1.1	14.1	10.3	1.5	1.40	16.4	5.4	3.8
JXHZ301	龙凤乌龟山	西晋	钵	灰	424	116	6.0	106	16.5	1.93	1.63	9.9	75.9	0.63	0.11	61	118	1.2	19.9	10.0	1.5	1.46	18.9	6.0	5.1
JXHZ303	龙凤乌龟山	西晋	钵	灰	239	101	4.3	86	15.0	1.21	1.20	8.5	67.2	0.50	0.14	28	114	0.8	16.6	7.9	1.8	0.76	18.3	6.0	3.1
JXHZ304	龙凤乌龟山	西晋	钵	灰	280	107	5.0	88	12.8	1.71	1.51	8.8	62.4	0.52	0.08	55	85	1.0	14.5	8.9	1.7	1.41	17.1	5.5	4.1

续附表 1-3

样品编号	窑址	时代	器形	胎色	Ba	Ce	Co	Cr	Cs	Eu	Fe$_2$O$_3$*	Hf	La	Lu	Na$_2$O*	Nd	Rb	Sb	Sc	Sm	Ta	Tb	Th	U	Yb
JXHZ305	龙凤乌龟山	西晋	钵	灰	479	125	6.5	95	17.0	2.03	3.04	8.1	84.1	0.59	0.08	61	117	1.5	19.0	10.0	1.3	1.33	17.4	5.3	4.3
JXHZ306	龙凤乌龟山	西晋	钵	灰	274	125	6.2	102	15.3	1.86	1.50	9.3	73.6	0.60	0.09	63	91	1.3	16.1	10.6	1.8	1.37	20.2	7.6	4.8
JXHZ307	龙凤乌龟山	西晋	钵	灰	203	98.5	4.5	85	15.4	1.56	1.81	7.4	65.8	0.48	0.12	34	113	0.7	16.0	8.8	1.4	0.97	17.1	5.8	3.0
JXHZ308	龙凤乌龟山	西晋	钵	灰	412	106	8.1	100	15.9	1.66	2.39	8.9	63.9	0.58	0.11	52	97	1.4	18.6	8.7	1.8	0.99	19.2	6.9	4.5
JXHZ309	龙凤乌龟山	西晋	钵	灰	309	116	8.0	110	17.7	1.69	1.93	8.6	70.4	0.57	0.12	55	135	1.6	17.0	9.4	2.0	1.40	21.9	7.7	4.6
JXHZ310	龙凤乌龟山	西晋	钵	灰	358	119	8.5	95	17.5	1.91	1.30	7.1	79.6	0.56	0.11	41	134	1.0	20.4	11.3	1.6	1.21	19.9	5.9	3.4
JXHZ311	龙凤乌龟山	西晋	钵	土黄	304	113	8.6	95	18.5	1.60	1.46	10.4	65.3	0.55	0.08	52	92	1.1	14.9	8.8	2.0	1.08	19.8	6.2	4.3
JXHZ312	龙凤乌龟山	西晋	钵	灰	519	148	8.4	92	15.9	2.66	1.89	7.9	85.6	0.56	0.16	76	147	1.2	15.7	13.7	1.5	1.65	16.7	5.4	4.7
JXHZ313	龙凤乌龟山	西晋	钵	土黄	231	132	5.1	85	15.9	1.51	1.60	9.9	76.4	0.49	0.09	50	87	1.0	13.5	8.9	2.0	0.96	20.6	6.8	4.1
JXHZ314	龙凤乌龟山	西晋	器盖	灰白	313	106	5.7	116	17.5	1.53	1.11	8.5	63.1	0.53	0.11	52	124	1.1	14.9	8.8	1.9	1.07	20.3	6.8	4.3
JXHZ315	龙凤乌龟山	西晋	器盖	灰白	343	102	7.1	95	16.8	1.81	1.49	6.5	71.7	0.57	0.11	35	127	1.7	19.1	9.7	1.4	0.99	16.5	6.6	3.7
JXHZ316	龙凤乌龟山	西晋	器盖	灰白	404	146	3.9	100	16.6	2.34	1.30	8.2	88.6	0.57	0.10	71	133	1.1	17.4	12.8	2.2	1.61	22.2	7.3	4.9
JXHZ317	龙凤乌龟山	西晋	器盖	灰	274	96.9	3.5	134	15.6	1.34	1.63	9.0	58.3	0.52	0.08	43	86	1.0	14.8	7.3	1.8	0.91	17.9	6.4	4.2

续附表 1-3

样品编号	窑址	时代	器形	胎色	Ba	Ce	Co	Cr	Cs	Eu	Fe$_2$O$_3$*	Hf	La	Lu	Na$_2$O*	Nd	Rb	Sb	Sc	Sm	Ta	Tb	Th	U	Yb
JXHZ318	龙凤乌龟山	西晋	器盖	灰	268	119	6.3	94	20.6	1.60	1.59	9.1	70.8	0.52	0.10	53	105	0.8	14.5	9.0	1.9	1.24	20.5	6.9	4.2
JXHZ319	龙凤乌龟山	西晋	器盖	灰	474	141	7.2	91	16.5	2.44	1.42	7.8	89.4	0.57	0.08	79	118	0.7	14.2	13.1	1.5	1.47	16.0	5.0	4.9
JXHZ320	龙凤乌龟山	西晋	器盖	灰	428	102	11.5	93	18.0	1.70	1.79	7.4	59.4	0.54	0.13	51	134	1.3	14.6	8.9	1.7	1.30	16.6	5.3	4.1
JXHZ220	龙凤乌龟山	东晋	钵	灰白	357	139	8.5	84	17.1	2.50	1.39	9.4	87.2	0.58	0.09	76	102	1.0	14.3	12.9	1.8	1.71	18.0	6.1	4.7
JXHZ221	罗湖丰前山	东晋	钵	土黄	316	118	9.4	106	16.5	1.75	1.39	9.6	69.0	0.53	0.10	52	116	0.7	16.8	9.3	1.9	1.10	21.5	6.7	4.2
JXHZ299	罗湖外宋	东晋	盏	灰	499	135	6.0	87	9.5	2.54	1.83	8.4	77.5	0.55	0.10	72	92	0.9	13.9	12.3	1.2	1.71	14.0	3.2	4.6
JXHZ271	罗湖象山	东晋	盏	灰白	298	90.5	5.7	75	12.1	1.40	1.71	9.2	55.1	0.55	0.08	43	97	1.0	12.8	7.7	1.7	1.15	16.3	6.1	3.6
JXHZ272	罗湖象山	东晋	盏	灰	288	101	10.2	80	13.1	1.50	1.50	9.8	60.0	0.52	0.09	50	104	1.0	13.3	8.4	1.7	1.03	17.7	6.3	3.4
JXHZ278	罗湖象山	东晋	盏	土黄	302	103	5.7	79	11.3	1.59	1.96	9.7	61.5	0.55	0.14	49	97	1.5	12.9	8.3	1.9	1.17	16.5	5.5	4.5
JXHZ284	罗湖象山	东晋	盏	灰	380	91	6.6	67	7.9	1.67	1.67	9.8	53.1	0.59	0.13	45	87	0.9	11.3	8.1	1.5	1.29	14.3	4.0	4.6
JXHZ302	罗湖象山	东晋	盏	灰	386	125	7.6	99	15.5	1.81	2.16	8.6	73.7	0.58	0.11	60	121	1.4	16.5	9.9	1.9	1.31	19.6	5.4	4.6
JXHZ222	罗湖象山	东晋	钵	灰黑	332	111	9.6	99	15.4	1.60	2.56	8.5	68.8	0.55	0.09	50	106	0.2	15.8	8.9	2.0	1.17	20.5	6.6	4.2
JXHZ223		东晋	罐	灰	499	111	9.9	106	15.4	1.94	1.91	7.6	68.5	0.62	0.11	55	132	1.0	17.2	9.8	1.7	1.30	16.9	5.0	4.8
JXHZ224	罗湖象山	东晋	罐	灰	311	116	8.8	108	16.5	1.58	2.40	9.4	71.8	0.60	0.11	53	114	2.3	16.8	9.6	2.5	1.07	23.1	8.6	4.6
JXHZ225	罗湖象山	东晋	罐	灰	387	118	11.4	116	17.2	1.85	2.89	8.6	73.1	0.63	0.11	55	123	1.6	17.6	10.0	2.4	1.32	22.7	8.4	4.9
JXHZ226		东晋	罐	灰白	241	90.9	3.2	71	15.4	1.37	0.78	7.2	72.8	0.40	0.08	31	107	1.4	13.2	9.1	1.2	0.73	14.7	6.1	2.6
JXHZ227	罗湖象山	东晋	罐	灰白	292	113	10.0	100	16.5	1.55	1.28	9.3	68.9	0.55	0.09	51	121	1.1	15.8	8.5	2.3	1.05	21.5	7.4	4.4
JXHZ228		东晋	罐	灰	397	133	11.3	106	25.7	1.97	1.59	8.4	74.1	0.60	0.10	62	135	1.5	16.7	10.0	2.1	1.23	21.7	7.1	4.9
JXHZ229	罗湖象山	东晋	罐	灰	251	111	9.4	105	17.7	1.65	1.87	9.0	68.6	0.55	0.13	50	119	0.8	16.0	7.9	2.1	1.19	21.1	7.0	4.2
JXHZ230	罗湖象山	东晋	罐	灰	226	99.4	7.9	78	14.2	1.15	1.02	8.7	66.9	0.50	0.10	30	118	0.6	14.7	8.3	1.5	0.93	18.3	6.6	3.0
JXHZ231	罗湖象山	东晋	罐	灰	354	129	11.4	102	21.7	1.74	1.76	7.7	77.4	0.57	0.10	59	121	1.3	14.8	9.8	1.7	1.06	20.3	6.4	4.6
JXHZ232	罗湖象山	东晋	罐	灰白	245	102	9.3	85	14.7	1.21	1.03	8.9	63.4	0.50	0.10	31	126	0.8	15.8	8.8	1.5	0.83	18.0	6.0	3.1
JXHZ233	罗湖象山	东晋	罐	灰	303	129	12.2	98	23.8	1.90	1.54	8.1	77.9	0.59	0.10	57	127	1.4	15.8	9.6	2.1	1.18	20.8	6.6	4.7

续附表1-3

样品编号	窑址	时代	器形	胎色	Ba	Ce	Co	Cr	Cs	Eu	$Fe_2O_3^*$	Hf	La	Lu	Na_2O^*	Nd	Rb	Sb	Sc	Sm	Ta	Tb	Th	U	Yb
JXHZ234	罗湖寺前山	东晋	罐	灰黑	359	100	9.1	106	11.8	1.11	3.87	7.4	57.1	0.50	0.15	41	135	1.4	12.9	7.3	2.0	0.95	20.4	7.2	3.7
JXHZ235		东晋	罐	灰	379	123	7.3	87	12.8	2.49	1.66	8.1	86.4	0.70	0.07	74	114	0.6	13.5	11.8	2.0	1.69	17.4	5.8	5.7
JXHZ236	罗湖象山	东晋	罐	灰	546	98.9	8.0	78	14.5	1.21	3.39	7.1	57.0	0.48	0.22	42	172	1.0	14.2	7.2	2.4	0.95	19.9	7.1	4.2
JXHZ237	罗湖象山	东晋	罐	灰	282	118	6.8	108	18.0	1.58	1.76	7.4	72.6	0.57	0.12	53	124	1.0	15.6	9.1	2.1	1.14	21.8	6.8	4.6
JXHZ238		东晋	罐	灰	266	99.9	6.4	84	12.8	1.41	1.69	10.7	60.8	0.54	0.10	46	102	1.0	13.8	7.9	1.8	0.99	19.2	6.7	4.4
JXHZ239	罗湖象山	东晋	罐	灰	391	106	9.0	84	12.8	1.69	1.74	9.4	65.1	0.58	0.13	52	112	0.9	13.3	8.8	1.9	1.23	17.3	6.0	4.8
JXHZ240		东晋	罐	灰	238	113	7.2	97	16.0	1.29	1.63	7.7	65.0	0.49	0.09	46	115	0.7	15.3	7.5	1.5	0.90	19.8	6.1	3.9
JXHZ241	罗湖寺前山	东晋	罐	灰	227	117	6.2	106	17.2	1.65	1.80	8.1	71.8	0.57	0.12	55	112	1.2	15.6	8.8	1.7	1.12	20.8	7.0	4.6
JXHZ242	罗湖象山	东晋	罐	灰	253	91.3	8.0	80	11.4	1.48	1.69	9.3	58.2	0.52	0.08	44	85	1.0	13.5	7.7	1.6	0.97	15.8	5.3	4.2
JXHZ243		东晋	罐	灰	443	110	8.3	96	16.9	1.84	1.70	7.1	68.4	0.56	0.12	40	154	1.0	19.9	10.4	1.4	1.15	16.1	5.5	3.7
JXHZ244	罗湖寺前山	东晋	罐	灰黑	611	123	11.8	84	14.5	1.25	3.77	7.0	69.0	0.56	0.20	52	148	1.1	12.9	9.2	1.7	1.05	20.4	8.2	4.7
JXHZ245	罗湖象山	东晋	罐	灰	263	118	5.0	114	16.1	1.79	1.80	8.4	69.8	0.61	0.13	54	130	0.9	16.8	8.9	2.2	1.17	21.2	7.0	4.8
JXHZ246	罗湖象山	东晋	盏	灰	493	100	10.3	97	11.9	1.82	1.61	8.2	54.8	0.58	0.11	49	115	3.2	14.8	8.6	1.9	1.04	15.8	5.0	4.6
JXHZ247	龙凤乌龟山	东晋	盏	灰	324	119	11.2	89	17.1	2.02	1.59	8.6	75.2	0.55	0.09	65	111	0.8	15.0	10.2	2.1	1.38	18.1	5.4	4.5
JXHZ250	罗湖象山	东晋	盏	灰	326	117	11.9	92	16.7	1.60	1.90	9.2	72.6	0.66	0.10	56	122	1.2	16.8	9.2	2.3	1.29	22.3	7.6	5.2
JXHZ251	罗湖象山	东晋	盏	灰	451	87.3	5.2	73	10.6	1.39	1.51	11.1	53.3	0.50	0.18	42	103	1.0	12.1	7.3	2.2	1.21	16.5	5.6	4.0
JXHZ252	龙凤乌龟山	东晋	盏	灰	502	272	8.3	100	9.0	5.80	2.17	8.0	129.0	0.81	0.18	145	119	1.5	15.3	25.9	1.6	3.09	13.9	4.8	7.5
JXHZ253	龙凤乌龟山	东晋	盏	灰	354	237	10.5		13.7	6.50	1.51	8.9	135.0	1.28	0.07	162	103	0.8	15.7	28.0	1.6	4.00	17.7	5.1	11.3
JXHZ254	龙凤乌龟山	东晋	盏	灰	258	106	6.6	88	18.4	1.52	1.50	11.2	64.6	0.52	0.09	50	110	1.2	13.7	8.1	2.0	1.19	17.6	6.4	4.5
JXHZ255	罗湖象山	东晋	盏	灰	409	113	6.0	121	16.9	1.67	1.81	8.5	69.6	0.60	0.10	55	94	1.5	17.0	8.8	2.1	1.13	20.8	7.4	4.7
JXHZ256	罗湖象山	东晋	盏	土黄	282	112	6.1	122	17.3	1.73	2.01	8.3	68.9	0.67	0.09	52	90	1.1	18.1	8.6	2.2	1.17	21.9	7.7	5.1
JXHZ257	龙凤乌龟山	东晋	盏	灰	266	125	5.3	88	17.0	1.85	1.70	8.7	78.2	0.54	0.07	60	98	1.1	14.2	9.2	1.9	1.15	18.8	6.3	4.3

续附表 1-3

样品编号	窑址	时代	器形	胎色	Ba	Ce	Co	Cr	Cs	Eu	$Fe_2O_3^*$	Hf	La	Lu	Na_2O^*	Nd	Rb	Sb	Sc	Sm	Ta	Tb	Th	U	Yb
JXHZ258	罗湖象山	东晋	盏	灰白	305	90.3	4.0	92	11.9	1.59	1.32	9.3	57.4	0.49	0.09	44	97		13.2	7.2	1.9	1.14	15.9	4.6	3.7
JXHZ260	龙凤乌龟山	东晋	盏	灰	237	117	11.4	95	17.7	1.75	1.71	7.5	69.7	0.53	0.08	55	92		14.8	9.1	1.9	1.01	17.0	5.5	4.1
JXHZ261	龙凤乌龟山	东晋	盏	灰	236	117	9.0	77	14.6	1.71	1.57	7.5	68.2	0.47	0.11	55	94	0.6	12.9	8.6	1.9	0.87	16.0	4.9	3.9
JXHZ262	龙凤乌龟山	东晋	盏	灰	284	127	8.0	96	17.1	1.95	1.84	8.0	76.9	0.54	0.09	60	95	0.9	14.7	9.5	2.2	1.42	18.7	5.9	4.4
JXHZ263	龙凤乌龟山	东晋	盏	灰	312	123	6.1	90	15.8	1.99	1.63	7.8	71.8	0.57	0.08	59	107	1.0	15.1	9.6	1.7	1.36	17.2	5.6	4.6
JXHZ264	龙凤乌龟山	东晋	盏	灰	318	109	4.5	90	12.5	1.54	1.30	9.5	65.3	0.57	0.08	49	97		14.2	8.5	1.9	1.18	19.7	5.7	4.6
JXHZ265	龙凤乌龟山	东晋	盏	灰白	337	123	9.1	82	18.1	1.98	1.25	9.7	68.6	0.47	0.08	64	119	0.8	13.9	10.4	1.9	0.89	17.4	5.7	4.1
JXHZ266	龙凤乌龟山	东晋	钵	灰	330	97.9	7.9	95	15.2	1.47	1.94	8.3	72.1	0.52	0.11	31	134	1.1	15.1	8.4	2.0	0.86	23.7	6.8	2.6
JXHZ267		东晋	壶	灰	312	113	10.4	87	17.3	2.27	1.57	8.7	84.2	0.52	0.08	49	129	1.4	14.1	11.9	1.8	1.29	22.1	5.8	3.1
JXHZ268	龙凤乌龟山	东晋	盏	灰	276	104	6.4	90	19.3	1.48	1.38	10.4	77.1	0.52	0.09	37	114	1.1	14.3	8.8	2.4	0.89	23.3	6.6	2.4
JXHZ051	龙凤李子岗	南朝	盏	灰白	248	68.4	3.5	143	15.4	1.14	1.33	7.6	51.1	0.41	0.12	23	102	3.3	12.7	6.8	1.3	0.86	19.1	8.3	1.9
JXHZ052	罗湖象山	南朝	盏	灰	544	101	9.0	84	13.4	1.71	3.31	10.3	73.2	0.62	0.27	31	167	1.7	16.0	10.4	2.7	1.45	26.4	6.9	2.9
JXHZ053	罗湖象山	南朝	盏	灰黑	596	95.4	7.8	81	12.3	1.51	2.71	10.5	69.5	0.56	0.22	34	159	1.6	15.0	9.0	2.3	1.28	24.0	5.4	2.7
JXHZ054	罗湖象山	南朝	盏	砖红色	424	72.1	6.1	66	7.2	1.24	1.76	12.4	51.6	0.41	0.22	21	93	1.1	10.1	6.7	1.5	0.90	15.4	3.4	2.2
JXHZ055	罗湖寺前山	南朝	盏	瓦灰	751	127	16.7	86	22.0	1.74	6.24	10.3	75.0	0.76	0.33	60	257	1.4	17.9	10.7	3.1	1.42	32.5	10.6	4.4
JXHZ056	龙凤李子岗	南朝	盏	灰白	340	87.4	3.3	161	14.0	1.27	1.19	9.9	56.8	0.41	0.09	46	101	9.1	13.8	7.1	1.6	0.99	19.9	7.9	3.0

续附表 1 - 3

样品编号	窑址	时代	器形	胎色	Ba	Ce	Co	Cr	Cs	Eu	$Fe_2O_3^*$	Hf	La	Lu	Na_2O^*	Nd	Rb	Sb	Sc	Sm	Ta	Tb	Th	U	Yb
JXHZ057	龙凤李子岗	南朝	盏	灰白	322	88.4	3.0	155	22.8	1.34	1.24	8.7	56.5	0.48	0.10	44	129	5.3	15.0	7.4	1.6	1.00	22.3	7.1	3.1
JXHZ058	罗湖寺前山	南朝	盏	灰	476	89.8	7.3	126	15.9	1.38	2.41	10.2	54.4	0.51	0.16	34	150	5.7	14.4	7.3	2.0	0.94	21.5	6.9	3.3
JXHZ059	罗湖寺前山	南朝	盏	灰	395	86.8	5.1	137	17.6	1.31	1.77	8.5	53.3	0.48	0.14	45	142	4.2	14.6	7.1	2.0	1.09	22.7	7.4	3.3
JXHZ060	罗湖寺前山	南朝	盏	灰	436	88.8	7.1	121	16.1	1.25	1.91	10.4	52.6	0.49	0.13	44	120	5.3	13.8	7.2	2.0	1.19	22.2	6.8	3.1
JXHZ061	罗湖象山	南朝	盏	灰	341	102	5.3	106	18.8	1.42	1.38	11.2	60.8	0.54	0.09	48	119	2.0	14.6	8.0	2.0	1.04	24.0	6.4	3.3
JXHZ062	罗湖寺前山	南朝	盏	土黄	832	123	11.3	89	19.2	1.61	3.11	12.5	71.4	0.61	0.32	53	249	1.8	16.6	10.4	2.7	1.70	33.5	8.1	4.1
JXHZ063	鄱矜缺口城	南朝	盏	灰白	337	99.3	6.6	133	20.7	1.28	1.46	10.0	61.3	0.48	0.08	43	123	4.0	14.9	7.6	2.1	0.99	24.1	9.2	3.3
JXHZ064	罗湖象山	南朝	盏	灰	531	88.5	8.1	76	9.2	1.75	2.39	13.1	57.3	0.59	0.18	38	118	1.2	12.4	8.7	2.0	1.41	17.5	3.9	3.4
JXHZ065	罗湖寺前山	南朝	碗	灰	488	82.4	6.4	73	10.7	1.50	2.10	11.5	61.4	0.50	0.28	23	119	1.5	13.0	8.3	2.0	1.15	19.6	5.1	2.8
JXHZ066	龙凤李子岗	南朝	碗	灰白	217	71.8	9.1	70	13.3	0.97	0.90	11.4	49.5	0.39	0.07	18	100	1.7	11.4	6.0	1.6	0.80	18.7	6.1	2.1
JXHZ067	罗湖象山	南朝	碗	黄白	276	69.5	6.5	64	10.7	0.97	0.85	11.7	52.3	0.46	0.07	16	69	0.6	10.9	6.2	1.7	0.90	19.1	4.9	2.6
JXHZ068	龙凤乌龟山	南朝	碗	灰白	184	48.1	2.3	104	11.8	1.19	0.94	5.7	49.3	0.39	0.09	9	90	5.8	10.6	6.9	1.1	0.87	15.0	7.2	1.4
JXHZ069	罗湖象山	南朝	碗	黄白	231	57.7	5.2	59	9.2	0.92	0.93	8.0	56.7	0.29	0.08		82	0.6	9.9	6.7	1.5	0.78	16.4	5.4	1.8
JXHZ070	龙凤牛岗山	南朝	碗	灰白	200	75.5	7.9	85	16.3	1.42	1.06	8.2	61.9	0.42	0.08	25	98	2.0	12.9	7.5	1.7	1.01	18.6	5.8	1.6
JXHZ071	罗湖象山	南朝	碗	土黄	300	98.2	8.3	80	13.0	1.26	1.35	10.8	57.9	0.46	0.07	44	104	0.8	13.1	6.7	1.8	0.94	21.7	5.1	2.7

续附表 1－3

样品编号	窑址	时代	器形	胎色	Ba	Ce	Co	Cr	Cs	Eu	Fe₂O₃*	Hf	La	Lu	Na₂O*	Nd	Rb	Sb	Sc	Sm	Ta	Tb	Th	U	Yb
JXHZ072	罗湖象山	南朝	碗	灰	213	76.8	2.9	97	11.8	1.03	1.06	9.7	49.5	0.36	0.07	42	80	0.9	11.0	5.3	1.4	0.66	17.9	4.3	2.3
JXHZ073	罗湖对门山	南朝	碗	灰黑	575	93.3	10.2	77	16.0	1.38	4.40	11.1	63.4	0.49	0.31	44	195	1.4	14.9	8.7	2.6	1.19	27.4	6.8	3.0
JXHZ074	龙凤乌龟山	南朝	碗	灰	410	79	3.9	126	18.4	1.18	1.35	9.2	51.7	0.48	0.15	35	129	2.9	13.7	6.4	2.0	0.90	23.0	6.1	3.0
JXHZ075	龙凤李子岗	南朝	碗	灰白	302	83.1	4.1	155	16.8	1.40	1.19	9.3	54.9	0.49	0.10	36	109	8.3	14.0	7.0	1.5	1.09	18.7	7.6	3.3
JXHZ076	龙凤李子岗	南朝	碗	灰	310	64.5	3.1	146	15.6	0.95	1.51	8.4	43.3	0.36	0.09	25	109	3.4	13.1	5.3	1.6	0.83	20.1	5.0	1.9
JXHZ077	龙凤李子岗	南朝	碗	灰白	470	79.8	3.7	136	21.5	1.25	1.64	8.8	52.1	0.47	0.11	31	132	4.2	14.8	6.4	1.8	1.12	21.2	7.0	2.6
JXHZ078	龙凤李子岗	南朝	碗	灰白	288	73.3	3.8	153	21.3	1.39	1.11	6.8	47.9	0.44	0.07	36	119	6.3	13.5	6.5	1.6	1.15	18.8	6.5	2.7
JXHZ079	龙凤乌龟山	南朝	碗	灰白	299	92.6	3.1	133	14.0	1.30	1.20	8.3	56.9	0.45	0.10	46	98	3.7	13.2	6.5	1.6	1.20	20.6	5.4	2.7
JXHZ080	龙凤李子岗	南朝	碗	灰白	337	76.9	2.9	126	15.0	1.27	1.38	8.5	46.8	0.44	0.10	39	99	5.2	12.6	6.0	1.5	1.08	18.7	5.2	2.5
JXHZ081	罗湖象山	南朝	碗	灰白	380	126	13.9	127	18.4	1.96	1.49	9.0	72.9	0.58	0.09	62	143	1.6	18.4	9.7	2.1	1.34	26.3	5.4	3.7
JXHZ082	罗湖象山	南朝	碗	灰	700	92.2	7.9	92	16.3	1.84	3.07	8.7	67.9	0.59	0.25	31	225	1.6	17.5	8.8	2.4	0.87	27.7	6.2	3.1
JXHZ083	龙凤乌龟山	南朝	盘	灰	214	45.8	6.0	68	8.7	1.16	1.39	6.1	54.1	0.27	0.09	7	82	2.9	10.7	7.1	1.4	0.70	14.8	6.2	1.4
JXHZ084	罗湖寺前山	南朝	盘	灰	248	45.9	5.0	59	8.4	1.23	1.94	6.1	61.9	0.33	0.20	9	109	1.8	10.7	8.6	1.5	1.02	12.9	7.1	1.3
JXHZ085	罗湖寺前山	南朝	盘	土黄	504	88.2	5.6	108	15.1	1.51	2.20	7.8	66.1	0.54	0.13	33	150	3.9	15.5	8.6	2.1	1.32	23.6	7.4	2.9
JXHZ086	罗湖乌龟山	南朝	盘	土黄	449	131	7.1	127	21.5	1.68	2.23	11.1	77.0	0.63	0.12	55	134	1.9	19.0	9.4	2.4	1.19	29.1	7.2	4.1

续附表 1-3

样品编号	窑址	时代	器形	胎色	Ba	Ce	Co	Cr	Cs	Eu	$Fe_2O_3^*$	Hf	La	Lu	Na_2O^*	Nd	Rb	Sb	Sc	Sm	Ta	Tb	Th	U	Yb
JXHZ087	罗湖寺前山	南朝	盘	土黄	553	102	5.8	86	15.6	1.54	1.94	9.0	63.8	0.52	0.31	35	220	1.7	15.7	9.8	1.9	1.12	21.3	7.3	3.7
JXHZ088	罗湖寺前山	南朝	盘	灰	462	91.6	7.3	109	17.0	1.37	2.59	10.2	54.3	0.54	0.16	43	154	4.8	14.5	7.3	2.1	1.15	23.3	7.0	3.3
JXHZ089	罗湖寺前山	南朝	盘	灰	582	94.2	7.5	107	16.3	1.46	2.69	9.6	57.4	0.52	0.16	44	151	5.4	14.4	7.4	2.3	1.07	23.0	6.8	3.5
JXHZ090	罗湖乌龟山	南朝	盘	黄白	347	103	12.2	96	15.5	1.57	1.69	11.5	62.7	0.53	0.09	42	120	1.2	15.2	8.3	2.0	0.99	24.4	5.7	3.2
JXHZ091	罗湖南坪	南朝	砚台	灰	270	87.1	5.8	127	17.9	1.33	1.51	7.7	63.0	0.43	0.10	30	117	2.8	15.4	6.8	1.5	0.92	22.5	6.0	2.7
JXHZ092		南朝	碗片	黄白	196	79.5	7.4	71	10.0	1.01	0.88	12.2	55.1	0.41	0.07	29	91	0.9	11.1	6.4	1.9	0.63	19.9	6.4	2.4
JXHZ093		南朝	碗片	灰	237	75.1	7.9	70	10.4	1.10	0.84	12.4	53.0	0.45	0.07	23	78	1.4	11.0	6.2	1.9	0.96	18.8	5.3	2.1
JXHZ094		南朝	碗片	黄白	172	36	5.9	39	6.6	0.72	1.19	5.2	59.0	0.24	0.08	8	68		7.8	7.2	0.9		9.9	5.9	1.8
JXHZ095		南朝	碗片	黄白	278	91.8	7.2	78	12.5	1.15	1.05	13.7	56.1	0.56	0.07	37	90	1.0	12.1	6.5	2.1	1.03	22.6	5.2	3.0
JXHZ096		南朝	碗片	灰白	147	38.5	4.2	35	5.7	0.72	0.58	3.6	68.8	0.20	0.09	8	47		5.9	9.1	0.7	0.7	8.8	6.4	1.4
JXHZ097		南朝	碗片	灰	275	90	6.0	115	18.7	1.43	1.30	7.1	54.6	0.53	0.15	29	154	6.2	15.7	8.1	1.4	1.12	17.5	7.4	3.4
JXHZ098		南朝	碗片	黄白	337	91.1	9.7	82	12.7	1.14	1.01	13.3	54.7	0.48	0.08	36	95	0.9	12.4	6.7	1.9	1.05	21.2	5.0	3.2
JXHZ108		南朝	碗片	灰	300	89.3	5.7	107	17.4	1.38	1.23	6.4	57.0	0.44	0.15	30	143	6.3	16.3	8.3	1.4	0.91	17.4	7.0	2.9
JXHZ110		南朝	碗片	黄白	190	92.4	6.7	60	11.3	0.97	0.62	10.0	57.9	0.40	0.07	29	86	1.0	11.5	7.3	1.4	0.66	15.8	5.3	2.8
JXHZ001	罗湖寺前山	隋	盏	灰	769	113	9.3	74	17.0	1.45	3.29	14.5	66.4	0.58	0.34	47	208	1.5	14.6	8.9	2.7	1.47	31.5	7.5	4.2
JXHZ002	罗湖寺前山	隋	盏	灰	216	32.1	3.5	27	6.0	0.59	1.17	3.7	68.0	0.17	0.35		63		5.6	9.8	0.9	1.37	9.8	8.6	1.2
JXHZ003	罗湖寺前山	隋	盏	灰白	437	43.9	5.3	38	7.0	1.10	1.74	5.3	62.7	0.27	0.37		129	1.2	7.9	8.5	1.8	0.66	12.0	6.6	1.2
JXHZ004	罗湖寺前山	隋	盏	灰	214	36.9	4.9	22	5.4	0.62	1.44	4.8	68.7	0.16	0.36		91		5.1	9.6	1.1	1.62	10.0	7.8	1.2

续附表 1－3

样品编号	窑址	时代	器形	胎色	Ba	Ce	Co	Cr	Cs	Eu	Fe₂O₃*	Hf	La	Lu	Na₂O*	Nd	Rb	Sb	Sc	Sm	Ta	Tb	Th	U	Yb
JXHZ005	罗湖寺前山	隋	盏	灰	316	28.5	4.6	22	4.9	0.61	1.11		64.5	0.17	0.42		72	1.1	5.5	8.9	0.8	1.66	8.5	7.3	1.2
JXHZ006	罗湖寺前山	隋	盏	灰	254	26.4	3.5	23	5.9	0.67	1.26	4.0	62.9	0.19	0.31		79		5.0	9.0	0.9	1.86	9.6	7.4	1.3
JXHZ007	罗湖寺前山	隋	盏	灰白	855	121	8.5	86	16.5	1.82	2.87	9.5	72.4	0.59	0.37	56	204	1.7	17.0	9.9	2.4	1.42	27.6	6.2	3.9
JXHZ008	罗湖寺前山	隋	盏	灰	576	85.8	10.4	80	12.2	1.41	4.81	13.0	57.1	0.52	0.22	38	179	1.5	13.1	7.8	2.6	1.01	22.1	5.1	2.7
JXHZ009	罗湖寺前山	隋	盏	灰白	710	117	10.9	77	16.3	1.63	3.06	13.0	71.5	0.67	0.46	51	225	1.5	15.3	10.1	2.9	1.46	33.2	7.7	3.8
JXHZ010	罗湖寺前山	隋	盏	灰白	709	109	11.4	82	18.2	1.69	3.04	14.2	70.2	0.65	0.38	44	231	1.4	16.0	9.7	2.8	1.15	29.9	8.3	3.4
JXHZ011	罗湖寺前山	隋	碗	灰白	398	98.5	7.2	78	10.1	1.51	2.33	9.5	60.7	0.54	0.25	47	123	1.3	14.5	8.2	1.9	1.24	18.1	5.1	4.5
JXHZ012	罗湖寺前山	隋	碗	灰	452	94.4	10.0	65	12.3	1.38	2.89	9.6	57.9	0.49	0.26	42	156	1.4	13.1	7.7	2.2	0.99	18.0	6.0	4.2
JXHZ013	罗湖寺前山	隋	碗	灰	525	105	10.5	75	13.5	1.49	3.66	8.9	62.0	0.54	0.37	50	177	1.3	14.6	8.3	2.2	1.13	18.7	6.1	4.6
JXHZ014	罗湖寺前山	隋	碗	灰	535	104	9.1	67	14.5	1.48	3.43	9.6	60.8	0.50	0.29	49	184	1.4	14.1	8.4	2.2	1.09	20.4	7.1	4.4
JXHZ015	罗湖象山	隋	碗	灰白	574	108	10.2	71	14.9	1.63	2.54	10.3	66.9	0.56	0.42	51	200	1.2	15.1	9.1	2.3	1.23	22.5	7.5	4.9
JXHZ016	罗湖寺前山	隋	碗	灰	467	104	8.5	68	13.0	1.33	3.34	11.7	62.8	0.53	0.27	49	173	1.3	13.9	8.6	2.5	1.13	20.0	6.6	4.5
JXHZ017	罗湖寺前山	隋	碗	灰白	492	106	10.2	65	12.1	1.45	2.70	11.5	63.2	0.51	0.35	50	166	1.4	13.2	8.6	2.1	1.11	20.2	7.0	4.3
JXHZ018	罗湖寺前山	隋	钵	灰	493	90.6	9.6	71	11.9	1.35	4.00	8.9	56.7	0.48	0.26	42	149	1.4	14.2	7.5	2.0	1.05	17.5	5.6	4.1

续附表 1－3

样品编号	窑址	时代	器形	胎色	Ba	Ce	Co	Cr	Cs	Eu	Fe$_2$O$_3^*$	Hf	La	Lu	Na$_2$O*	Nd	Rb	Sb	Sc	Sm	Ta	Tb	Th	U	Yb
JXHZ019	罗湖寺前山	隋	钵	灰	635	115	10.7	76	15.1	1.64	3.54	8.7	68.4	0.54	0.39	55	204	1.3	15.4	9.5	2.4	1.21	22.9	7.5	4.7
JXHZ020	罗湖寺前山	隋	钵	灰	596	103	10.8	70	15.7	1.54	3.03	9.2	62.7	0.51	0.36	49	210	1.4	14.7	8.7	2.4	1.13	21.6	8.0	4.5
JXHZ021	罗湖寺前山	隋	钵	砖红色	518	100	8.4	83	12.9	1.46	4.16	8.0	62.0	0.52	0.22	47	157	1.2	16.4	8.1	2.2	1.14	20.4	6.3	4.5
JXHZ022	罗湖寺前山	隋	钵	砖红色	505	105	9.6	66	12.5	1.35	3.30	11.4	63.6	0.59	0.29	52	175	1.2	13.5	8.9	2.3	1.29	22.2	7.2	5.1
JXHZ023	罗湖寺前山	隋	钵	灰	579	98.4	9.3	67	14.6	1.45	3.03	11.7	61.1	0.52	0.34	47	207	1.2	14.0	8.3	2.2	1.09	19.8	7.0	4.2
JXHZ024	罗湖寺前山	隋	钵	灰白	663	132	9.5	71	17.0	2.16	2.59	8.8	86.9	0.61	0.30	47	255	1.3	18.8	13.1	2.2	1.37	23.1	8.6	3.8
JXHZ025	罗湖寺前山	隋	钵	灰	599	107	11.6	72	15.3	1.48	3.30	9.0	64.6	0.52	0.36	49	204	1.3	15.0	8.8	2.4	1.09	21.8	7.2	4.4
JXHZ026	罗湖寺前山	隋	钵	砖红色	528	106	12.0	80	15.3	1.52	4.71	8.9	70.7	0.59	0.34	32	214	1.3	19.0	10.5	2.2	1.22	22.9	8.7	3.9
JXHZ027	罗湖寺前山	隋	钵	灰	512	104	9.9	74	13.3	1.55	3.39	8.1	64.0	0.49	0.24	49	168	1.4	14.4	8.8	2.0	1.14	20.0	6.8	4.4
JXHZ028	罗湖象山	隋	钵	灰泛红	456	93.3	8.9	75	9.9	1.40	3.64	10.6	55.9	0.54	0.19	43	132	1.4	12.3	7.6	2.0	0.98	17.1	5.2	4.5
JXHZ029	罗湖寺前山	隋	钵	灰	505	111	9.6	71	13.9	1.51	2.59	8.3	64.8	0.57	0.31	48	175	1.4	15.0	9.0	2.3	1.33	20.8	7.1	5.0
JXHZ030	罗湖寺前山	隋	钵	灰	583	109	11.2	76	15.6	1.50	3.43	7.9	68.0	0.54	0.32	52	197	1.3	15.6	9.3	2.4	1.25	22.2	7.7	4.9
JXHZ031	罗湖寺前山	隋	钵	灰白	590	109	9.0	67	14.9	1.56	2.41	11.3	65.6	0.52	0.43	52	206	1.3	14.1	9.4	2.4	1.21	21.5	7.3	4.5
JXHZ032	罗湖寺前山	隋	钵	灰	593	112	10.6	77	15.8	1.54	2.97	7.8	68.1	0.54	0.36	52	205	1.4	15.9	9.5	2.4	1.28	23.0	7.4	5.0

续附表 1－3

样品编号	窑址	时代	器形	胎色	Ba	Ce	Co	Cr	Cs	Eu	Fe₂O₃*	Hf	La	Lu	Na₂O*	Nd	Rb	Sb	Sc	Sm	Ta	Tb	Th	U	Yb
JXHZ033	罗湖寺前山	隋	钵	灰	553	92.6	9.4	63	13.1	1.34	2.49	9.7	57.9	0.53	0.37	42	184	1.2	13.0	7.8	2.2	1.04	25.0	6.8	4.4
JXHZ034	罗湖寺前山	隋	钵	灰黑	457	101	7.8	68	13.1	1.30	3.33	9.1	60.8	0.62	0.23	47	169	1.1	13.6	7.9	2.6	1.19	19.2	6.5	5.2
JXHZ035	罗湖寺前山	隋	钵	猪肝色	521	91.7	8.6	79	15.7	1.53	4.09	8.3	63.9	0.50	0.29	31	213	1.4	17.8	8.7	1.9	0.93	18.5	6.8	3.1
JXHZ036	罗湖寺前山	隋	钵	深灰	548	110	13.2	68	14.5	1.54	4.49	10.1	65.8	0.60	0.34	52	181	1.4	13.9	9.1	2.3	1.14	20.8	7.8	4.9
JXHZ037	罗湖寺前山	隋	钵	灰	585	96.7	9.9	64	16.1	1.41	2.76	9.0	62.7	0.49	0.37	30	234		16.6	8.8	1.9	1.00	20.3	7.7	3.0
JXHZ038	罗湖寺前山	隋	钵	灰	633	136	10.1	69	15.1	1.77	2.86	11.2	86.6	0.64	0.32	63	209	1.4	15.6	11.5	2.4	1.35	29.4	8.6	5.5
JXHZ039	罗湖寺前山	隋	钵	灰黑	489	90.6	9.9	72	11.6	1.37	4.00	8.3	57.1	0.49	0.26	43	149	1.2	14.1	7.4	2.0	1.08	16.8	5.2	3.9
JXHZ040	罗湖寺前山	隋	高足盘	土黄	542	113	8.6	103	13.6	1.55	2.63	10.3	67.2	0.53	0.38	51	170	1.3	14.5	9.1	2.3	1.15	21.2	7.0	4.8
JXHZ041	罗湖寺前山	隋	高足盘	灰白	544	97.5	9.9	77	13.7	1.40	2.43	11.5	58.8	0.56	0.40	45	195	1.4	13.1	8.2	2.3	1.05	20.0	7.3	4.5
JXHZ042	罗湖寺前山	隋	高足盘	灰	587	121	9.1	64	15.0	1.53	2.94	12.4	72.1	0.62	0.33	57	209	1.3	14.2	10.3	2.3	1.38	23.5	7.9	5.2
JXHZ043	罗湖寺前山	隋	高足盘	灰	527	108	8.4	81	16.1	1.55	3.24	8.1	67.8	0.55	0.21	53	181	1.2	15.7	9.1	2.2	1.24	20.4	6.9	4.7
JXHZ044		隋	高足盘	灰	482	97.3	6.4	68	13.8	1.41	2.49	7.2	59.5	0.47	0.19	44	161	1.2	14.1	7.6	2.0	0.98	18.1	6.3	3.9
JXHZ045	罗湖寺前山	隋	高足盘	灰	486	104	7.0	66	13.4	1.35	2.61	6.7	60.6	0.45	0.22	43	167	1.5	13.1	7.8	2.1	1.09	18.5	6.2	4.2
JXHZ046	罗湖寺前山	隋	高足盘	灰	564	103	7.8	79	15.5	1.34	2.41	11.1	62.3	0.53	0.43	50	210	1.1	14.4	8.7	2.5	1.07	21.4	7.7	4.6

续附表 1-3

样品编号	窑址	时代	器形	胎色	Ba	Ce	Co	Cr	Cs	Eu	$Fe_2O_3^*$	Hf	La	Lu	Na_2O^*	Nd	Rb	Sb	Sc	Sm	Ta	Tb	Th	U	Yb
JXHZ047	罗湖寺前山	隋	高足盘	灰	595	113	10.9	77	14.8	1.74	2.66	8.3	70.7	0.53	0.40	54	185	1.4	15.9	9.5	2.3	1.27	21.6	7.2	4.7
JXHZ048	罗湖寺前山	隋	高足盘	砖红色	581	124	9.7	74	16.0	1.43	2.47	9.4	67.3	0.54	0.38	52	201	1.4	15.4	9.3	2.3	1.12	22.3	7.2	4.5
JXHZ049	罗湖寺前山	隋	高足盘	灰	547	110	6.7	57	14.1	1.32	2.07	11.6	65.0	0.52	0.31	49	197	1.1	12.5	9.4	2.4	1.21	22.9	7.3	4.5
JXHZ050		隋	高足盘	灰	543	107	8.6	64	13.9	1.57	2.43	13.0	65.0	0.60	0.36	50	183	1.4	14.0	9.3	2.4	1.31	21.7	7.4	5.0
JXHZ120	罗湖寺前山	早唐	钵	猪肝色	706	127	17.1	77	20.3	1.80	5.20	8.0	75.9	0.66	0.27	60	227	1.4	17.1	10.3	2.7	1.48	25.2	10.5	5.7
JXHZ121	罗湖寺前山	早唐	钵	猪肝色	687	118	13.4	88	18.3	1.60	4.40	8.3	66.1	0.54	0.27	53	225	1.5	17.2	8.6	2.5	1.20	24.0	8.4	4.8
JXHZ122	罗湖寺前山	早唐	钵	灰黑	672	126	16.8	77	19.7	1.77	5.87	8.1	36.5	0.59	0.13	60	243	1.6	17.0	9.9	2.6	1.48	26.1	9.4	5.6
JXHZ123	罗湖寺前山	早唐	钵	砖红色	631	122	13.7	80	20.1	1.77	5.86	7.7	66.6	0.58	0.19	59	241	1.4	17.1	9.6	2.7	1.37	25.9	10.1	5.3
JXHZ124	罗湖寺前山	早唐	钵	灰黑	643	126	15.6	79	19.5	1.82	5.00	8.3	76.1	0.62	0.29	60	231	1.5	17.1	9.0	2.8	1.37	25.4	10.4	5.7
JXHZ125	罗湖寺前山	早唐	钵	砖红色	622	115	14.9	83	19.1	1.57	6.00	8.1	67.6	0.59	0.15	55	234	1.6	17.5	8.9	2.9	1.34	26.6	10.3	5.3
JXHZ126	罗湖寺前山	早唐	钵	砖红色	693	119	21.2	80	19.9	1.75	5.86	8.4	69.4	0.60	0.23	60	242	1.4	17.0	9.4	2.6	1.49	25.4	10.2	5.3
JXHZ127	罗湖寺前山	早唐	钵	猪肝色	646	135	19.2	84	19.9	1.97	6.01	8.2	78.2	0.67	0.22	65	224	1.5	17.8	11.0	2.7	1.52	26.9	10.9	6.3
JXHZ128	罗湖寺前山	早唐	钵	灰	691	128	20.3	83	19.1	1.80	5.16	8.0	75.5	0.61	0.27	65	218	1.6	17.8	9.2	2.5	1.41	25.3	9.7	5.4
JXHZ129	罗湖寺前山	早唐	钵	灰黑	699	117	15.3	74	17.6	1.68	4.53	8.0	67.1	0.58	0.30	54	221	1.3	15.8	9.4	2.6	1.45	23.9	9.0	5.2

续附表 1-3

样品编号	窑址	时代	器形	胎色	Ba	Ce	Co	Cr	Cs	Eu	$Fe_2O_3^*$	Hf	La	Lu	Na_2O^*	Nd	Rb	Sb	Sc	Sm	Ta	Tb	Th	U	Yb
JXHZ130	罗湖寺前山	早唐	钵	猪肝	716	110	15.2	77	21.2	1.60	5.36	7.2	77.9	0.58	0.36	33	301	1.5	20.2	10.8	2.3	1.13	23.9	11.6	3.8
JXHZ131	罗湖寺前山	早唐	钵	灰黑	662	120	13.2	84	19.1	1.81	4.76	8.4	73.6	0.62	0.27	55	223	1.8	17.9	9.8	2.6	1.42	25.7	9.3	5.4
JXHZ132	罗湖寺前山	早唐	钵	砖红色	613	120	17.6	73	18.4	1.67	5.66	8.6	71.2	0.62	0.24	58	222	1.3	16.3	10.3	2.7	1.47	24.9	10.5	5.6
JXHZ133	罗湖寺前山	早唐	钵	灰黑	680	127	16.7	76	18.4	1.90	4.83	8.8	74.6	0.62	0.32	60	226	1.6	16.5	10.2	2.6	1.40	24.9	10.1	5.6
JXHZ134	罗湖寺前山	早唐	钵	砖红色	528	102	6.7	64	13.7	1.33	2.21	9.7	60.9	0.53	0.29	50	191	1.1	13.4	8.7	2.3	1.13	21.9	7.2	4.5
JXHZ135	罗湖寺前山	早唐	钵	土灰	678	127	14.9	91	20.2	1.94	5.34	7.7	75.5	0.62	0.24	60	220	1.5	18.9	10.3	2.7	1.37	25.3	9.6	5.5
JXHZ136	罗湖寺前山	早唐	钵	猪肝色	701	123	16.5	82	20.9	1.85	5.53	8.3	74.5	0.65	0.25	58	242	1.4	17.8	10.3	2.8	1.59	27.2	10.8	5.7
JXHZ137	罗湖寺前山	早唐	钵	砖红色	594	122	15.7	81	18.9	1.78	4.99	8.9	72.4	0.59	0.23	59	228	1.5	17.2	10.3	3.0	1.47	27.7	10.5	5.2
JXHZ138	罗湖寺前山	早唐	钵	灰黑	704	131	16.7	84	21.2	1.80	5.67	7.3	78.9	0.63	0.25	61	249	1.7	18.2	11.0	2.7	1.50	27.2	10.9	5.8
JXHZ139	罗湖寺前山	早唐	杯	灰黑	641	120	16.8	75	19.0	1.66	5.57	9.3	70.4	0.66	0.28	58	234	1.6	16.3	10.1	2.8	1.48	30.0	10.6	5.8
JXHZ140	罗湖寺前山	早唐	杯	灰白	714	114	7.5	94	20.0	1.63	2.80	7.0	69.2	0.53	0.31	52	240	1.3	19.4	9.2	2.6	1.21	25.9	8.1	4.9
JXHZ141	罗湖寺前山	早唐	杯	土黄	707	146	15.8	87	19.0	1.87	3.13	7.5	76.1	0.60	0.32	59	235	1.5	18.1	9.5	2.6	1.37	25.2	8.7	5.6
JXHZ142	罗湖寺前山	早唐	杯	灰	680	116	12.4	89	18.3	1.51	4.24	9.0	67.3	0.54	0.25	54	233	1.6	16.8	8.2	2.8	1.34	25.1	8.7	5.1

续附表 1－3

样品编号	窑址	时代	器形	胎色	Ba	Ce	Co	Cr	Cs	Eu	$Fe_2O_3^*$	Hf	La	Lu	Na_2O^*	Nd	Rb	Sb	Sc	Sm	Ta	Tb	Th	U	Yb
JXHZJ143	罗湖寺前山	早唐	杯	土灰	739	132	12.9	89	18.9	1.87	3.14	8.0	71.9	0.59	0.33	62	239	1.6	18.1	9.5	2.7	1.44	25.1	8.1	5.6
JXHZJ144	罗湖寺前山	早唐	杯	猪肝色	685	119	18.0	85	21.2	1.70	6.10	8.2	70.1	0.61	0.23	53	265	1.3	17.7	8.7	3.0	1.41	27.3	11.5	5.7
JXHZJ145	罗湖尚山	早唐	杯	猪肝色	638	146	22.1	85	18.3	1.63	4.31	7.4	72.5	0.56	0.27	58	222	1.5	17.8	8.0	2.4	1.30	24.2	8.2	5.1
JXHZJ146	罗湖寺前山	早唐	杯	灰	637	108	12.5	79	17.1	1.57	3.33	8.4	64.4	0.53	0.31	50	217	0.8	16.6	7.5	2.4	1.18	22.6	7.7	4.7
JXHZJ147	罗湖寺前山	早唐	杯	猪肝色	533	111	12.0	84	15.2	1.59	4.69	8.2	66.5	0.55	0.19	48	173	1.5	16.9	7.7	2.2	1.30	20.8	7.0	4.7
JXHZJ148	罗湖寺前山	早唐	杯	猪肝色	588	115	16.3	71	17.8	1.59	5.29	8.7	69.9	0.63	0.26	57	219	1.1	15.7	8.3	2.6	1.37	23.4	9.3	5.3
JXHZJ149	罗湖寺前山	早唐	杯	灰	597	120	17.8	67	18.2	1.71	5.74	8.4	69.1	0.62	0.25	56	231	1.5	15.7	8.8	2.7	1.44	24.8	10.3	5.5
JXHZJ150	罗湖寺前山	早唐	杯	灰泛红	669	125	12.2	87	17.8	1.84	3.63	7.8	60.0	0.63	0.26	61	217	1.3	18.0	9.1	2.4	1.43	24.6	8.6	5.2
JXHZJ151	罗湖寺前山	早唐	杯	灰黑	631	124	14.3	91	18.9	1.74	5.17	7.4	74.4	0.58	0.26	59	216	1.5	18.6	9.8	2.5	1.36	24.9	9.1	5.1
JXHZJ152	罗湖寺前山	早唐	杯	灰	637	122	13.6	83	18.3	1.61	4.04	8.2	74.6	0.60	0.27	57	224	1.6	17.0	9.6	2.4	1.19	24.6	9.0	5.0
JXHZJ153	罗湖寺前山	早唐	杯	砖红色	589	125	17.4	79	17.9	1.65	5.41	8.7	7.1	0.60	0.02	60	220	1.4	16.9	10.0	2.6	1.39	25.4	9.7	5.3
JXHZJ154	罗湖寺前山	早唐	杯	土灰	630	128	9.1	86	19.8	1.81	3.43	7.5	77.8	0.61	0.25	59	211	1.5	18.2	10.1	2.4	1.35	25.2	9.3	5.3
JXHZJ155	罗湖寺前山	早唐	杯	砖红色	645	131	19.7	80	19.7	1.87	6.10	8.3	77.5	0.68	0.23	66	236	1.6	17.7	10.7	2.6	1.60	25.7	11.1	5.8
JXHZJ156	罗湖寺前山	早唐	杯	灰黑	656	122	15.5	85	19.5	1.71	5.71	8.2	71.8	0.65	0.24	59	224	1.4	17.9	9.8	2.5	1.26	25.0	10.6	5.5

续附表 1-3

样品编号	窑址	时代	器形	胎色	Ba	Ce	Co	Cr	Cs	Eu	$Fe_2O_3^*$	Hf	La	Lu	Na_2O^*	Nd	Rb	Sb	Sc	Sm	Ta	Tb	Th	U	Yb
JXHZ157	罗湖寺前山	早唐	杯	灰黑	626	117	16.6	78	18.8	1.82	5.40	8.9	71.7	0.60	0.27	56	223	1.3	17.0	9.8	2.5	1.46	24.6	9.8	5.5
JXHZ158	罗湖寺前山	早唐	杯	土灰	649	116	12.0	86	17.6	1.73	2.76	7.8	71.8	0.54	0.30	55	217	1.7	17.6	9.3	2.6	1.18	24.0	8.2	4.9
JXHZ159	罗湖寺前山	早唐	杯	砖红色	512	112	14.5	83	14.9	1.66	5.11	9.8	68.8	0.64	0.18	52	190	1.5	16.7	9.2	2.9	1.28	25.8	9.1	5.4
JXHZ160	罗湖寺前山	早唐	杯	砖红色	596	121	9.4	93	16.4	1.84	3.00	7.8	73.2	0.63	0.25	55	194	1.6	18.6	9.7	2.4	1.31	25.2	7.7	5.3
JXHZ162	罗湖寺前山	早唐	盘	猪肝色	640	123	14.7	78	18.0	1.71	4.44	8.3	73.6	0.65	0.30	58	222	1.3	16.6	10.0	2.6	1.42	24.9	9.5	5.5
JXHZ163	罗湖寺前山	早唐	碗	砖红色	640	114	13.7	76	20.4	1.65	4.59	8.8	79.9	0.63	0.35	39	267	1.3	18.2	11.6	2.2	1.44	22.9	11.0	4.8
JXHZ164	罗湖寺前山	早唐	碗	猪肝色	673	112	14.9	77	22.2	1.60	5.14	6.9	80.9	0.59	0.33	35	282	1.1	20.5	11.3	2.2	1.29	23.8	11.3	4.5
JXHZ165	罗湖寺前山	早唐	碗	猪肝色	602	118	16.5	71	17.7	1.70	5.33	9.0	73.4	0.62	0.30	55	228	1.1	15.4	10.1	2.7	1.43	24.3	10.1	5.5
JXHZ166	罗湖寺前山	早唐	碗	灰泛红	621	128	18.2	75	19.4	1.85	5.80	8.6	79.3	0.69	0.26	63	234	1.4	16.6	11.1	2.8	1.62	25.8	10.9	6.1
JXHZ167		早唐	碗	猪肝色	647	115	17.0	81	21.3	1.82	5.57	7.0	81.3	0.62	0.36	38	283	1.1	20.5	11.9	2.2	1.35	24.1	11.3	4.3
JXHZ168		早唐	杯	砖红色	708	131	19.4	83	20.4	1.71	6.19	7.9	76.6	0.61	0.21	58	239	1.4	17.8	10.3	2.8	1.34	25.7	10.8	5.2
JXHZ169	罗湖寺前山	早唐	碗	灰黑	728	120	16.3	81	19.1	1.67	4.70	8.8	76.3	0.59	0.28	58	237	1.4	16.9	10.2	2.6	1.30	25.4	9.9	5.3
JXHZ170	罗湖寺前山	盛唐	小杯	赭红色	696	121	14.0	92	20.2	1.73	5.49	7.6	76.8	0.59	0.23	60	220	1.5	19.1	10.2	2.5	1.45	25.6	9.7	5.3
JXHZ171	罗湖寺前山	盛唐	小杯	灰黑	598	123	14.7	69	18.9	1.66	5.29	9.4	74.3	0.66	0.30	60	232	1.5	15.1	10.5	2.7	1.31	23.8	11.1	5.3

续附表 1-3

样品编号	窑址	时代	器形	胎色	Ba	Ce	Co	Cr	Cs	Eu	Fe₂O₃*	Hf	La	Lu	Na₂O*	Nd	Rb	Sb	Sc	Sm	Ta	Tb	Th	U	Yb
JXHZ172	罗湖寺前山	盛唐	小杯	灰黑	624	122	13.8	88	19.3	1.87	5.29	7.4	75.8	0.62	0.24	57	214	1.4	18.4	10.1	2.6	1.17	24.2	9.7	5.2
JXHZ173	罗湖寺前山	盛唐	小杯	灰黑	617	131	16.5	78	18.7	1.93	5.50	7.4	77.6	0.60	0.23	60	225	1.3	16.7	10.4	2.6	1.44	23.7	10.3	5.1
JXHZ174	罗湖寺前山	盛唐	小杯	灰黑	600	125	13.9	88	19.0	1.90	5.14	7.5	75.5	0.61	0.23	59	221	1.3	17.8	10.3	2.6	1.37	24.2	9.4	5.2
JXHZ175	罗湖寺前山	盛唐	小杯	土黄	641	120	7.8	91	18.5	1.83	2.79	7.2	72.9	0.59	0.29	55	235	1.5	18.4	9.9	2.7	1.21	24.4	8.9	5.0
JXHZ176	罗湖寺前山	盛唐	小杯	土黄	711	115	12.8	84	18.5	1.60	3.14	7.2	65.6	0.54	0.25	52	242	1.6	17.2	8.6	2.6	1.10	23.5	7.5	4.6
JXHZ177	罗湖寺前山	盛唐	小杯	灰白	674	121	9.8	78	16.9	1.80	2.60	8.7	72.4	0.59	0.33	53	226	1.5	16.3	9.8	2.4	1.46	22.6	8.1	4.8
JXHZ178	罗湖象山	盛唐	小杯	砖红色	608	124	14.1	73	18.2	1.74	5.01	9.0	74.2	0.65	0.27	56	230	1.5	15.5	10.6	2.9	1.46	25.0	10.8	5.3
JXHZ179	罗湖象山	盛唐	小杯	褚红色	676	127	11.8	84	19.3	1.90	4.33	7.5	79.0	0.66	0.29	61	230	1.6	17.4	10.8	2.9	1.62	25.1	10.3	5.7
JXHZ180	罗湖象山	盛唐	小杯	褚红色	612	118	13.6	75	19.4	1.61	5.59	7.4	72.0	0.60	0.26	53	238	1.5	15.9	9.6	2.7	1.33	24.3	10.6	4.9
JXHZ181	罗湖象山	盛唐	小杯	褚红色	642	134	14.9	76	17.9	1.83	4.41	8.0	79.8	0.61	0.25	59	225	1.7	16.2	10.7	2.7	1.49	23.6	10.2	5.4
JXHZ182	罗湖象山	盛唐	盘	猪肝色	686	130	16.1	78	19.6	1.84	5.24	7.6	73.1	0.62	0.20	58	230	1.9	16.7	9.6	2.7	1.42	24.1	9.4	5.5
JXHZ183	罗湖寺前山	盛唐	盘	灰黑	665	125	17.2	77	19.3	1.72	5.79	7.7	76.0	0.61	0.22	56	239	1.3	16.6	10.3	2.7	1.47	23.6	11.2	5.2
JXHZ184	罗湖寺前山	盛唐	盘	猪肝色	630	128	18.4	71	19.4	1.75	5.80	8.6	78.7	0.69	0.25	59	247	1.5	16.0	11.2	2.9	1.43	25.1	11.8	5.6
JXHZ185	罗湖寺前山	盛唐	盘	褚红色	592	133	17.4	79	19.4	2.24	5.49	8.5	45.7	0.70	0.17	65	237	1.5	16.3	10.9	2.8	1.63	24.8	11.6	6.1
JXHZ186	罗湖寺前山	盛唐	盘	灰黑	703	123	14.5	81	20.2	1.91	5.27	7.6	73.2	0.63	0.29	57	248	1.7	16.2	9.3	2.9	1.53	24.5	10.2	5.5

续附表 1－3

样品编号	窑址	时代	器形	胎色	Ba	Ce	Co	Cr	Cs	Eu	Fe$_2$O$_3$*	Hf	La	Lu	Na$_2$O*	Nd	Rb	Sb	Sc	Sm	Ta	Tb	Th	U	Yb
JXHZ187	罗湖寺前山	盛唐	盘	赭红色	643	132	20.4	81	20.7	1.85	5.93	8.2	72.9	0.64	0.20	61	252	1.2	16.6	7.5	2.7	1.50	25.3	8.4	5.7
JXHZ188	罗湖寺前山	盛唐	盘	赭红色	680	134	19.8	81	19.9	2.07	5.89	8.0	69.6	0.67	0.22	61	240	1.5	16.9	6.8	2.7	1.62	24.9	7.4	6.0
JXHZ189	罗湖寺前山	盛唐	罐	灰	728	113	13.9	87	22.8	1.68	4.40	7.7	79.5	0.56	0.39	36	303	1.4	20.2	10.9	2.1	1.35	24.1	10.8	4.2
JXHZ190	罗湖寺前山	盛唐	罐	赭红色	626	127	13.3	83	19.0	2.01	4.43	7.9	66.3	0.69	0.26	61	229	1.5	17.0	6.3	2.6	1.80	24.2	6.4	5.6
JXHZ191	罗湖寺前山	盛唐	罐	灰黑	672	123	15.0	83	20.2	1.82	4.56	7.6	63.9	0.58	0.20	54	256	1.5	17.2	5.8	2.8	1.37	24.3	6.1	5.2
JXHZ192	罗湖寺前山	盛唐	罐	灰黑	663	127	17.7	76	19.7	1.78	5.27	7.7	63.1	0.58	0.20	55	245	1.5	16.7	5.9	2.8	1.39	24.7	6.3	5.1
JXHZ193	罗湖寺前山	盛唐	罐	灰黑	571	126	8.1	86	14.4	1.23	2.56	6.2	64.1	0.60	0.21	61	127	0.8	14.1	6.0	1.4	1.00	23.2	4.9	5.1
JXHZ194	罗湖寺前山	盛唐	罐	灰黑	460	123	9.8	80	15.5	2.30	3.24	7.1	65.7	0.64	0.17	58	151	0.9	12.9	6.6	1.8	0.94	23.2	6.1	5.5
JXHZ195	罗湖寺前山	盛唐	碗	灰白	608	124	9.1	82	15.8	1.35	2.13	6.6	63.6	0.57	0.23	56	162	1.1	14.7	6.0	1.9	1.61	23.2	5.1	4.8
JXHZ196	罗湖寺前山	盛唐	碗	赭红色	698	115	11.7	88	21.3	1.78	5.53	6.7	78.4	0.62	0.20	59	244	1.4	17.7	10.6	2.7	1.44	25.7	11.0	5.1
JXHZ197	罗湖寺前山	盛唐	碗	灰黑	648	121	11.6	82	21.2	1.59	5.41	7.1	78.7	0.62	0.24	60	241	1.3	16.4	10.8	2.8	1.34	25.9	11.9	5.3
JXHZ198	罗湖寺前山	盛唐	碗	砖红色	737	131	12.2	89	19.4	1.80	3.97	7.4	78.4	0.60	0.37	60	243	1.6	17.8	10.6	2.8	1.31	26.0	9.8	5.1
JXHZ199	罗湖寺前山	盛唐	盂	赭红色	630	126	13.0	86	16.9	1.92	4.17	7.7	82.7	0.66	0.33	42	207	1.4	17.2	11.8	2.3	1.31	23.9	9.5	4.3

续附表 1-3

样品编号	窑址	时代	器形	胎色	Ba	Ce	Co	Cr	Cs	Eu	$Fe_2O_3^*$	Hf	La	Lu	Na_2O^*	Nd	Rb	Sb	Sc	Sm	Ta	Tb	Th	U	Yb
JXHZ200	罗湖寺前山	盛唐	盂	灰	618	118	14.2	69	17.8	1.64	5.19	8.4	75.0	0.66	0.29	55	233	1.2	15.0	10.6	2.7	1.43	23.7	11.2	5.2
JXHZ201		盛唐	盂	砖红色	722	122	9.5	85	17.6	1.80	3.07	7.0	74.9	0.62	0.33	57	227	1.4	17.5	10.5	2.4	1.29	24.0	9.4	5.4
JXHZ202		盛唐	盂	灰黑	598	125	14.0	81	18.9	1.85	4.19	7.4	75.9	0.62	0.30	57	233	1.3	17.3	10.6	2.7	1.18	25.0	10.0	5.4
JXHZ203	罗湖寺前山	盛唐	盂	砖红色	611	117	12.0	76	15.6	1.60	3.74	9.8	73.5	0.67	0.38	35	215	1.2	14.5	10.8	2.2	1.19	23.0	9.9	4.2
JXHZ204		盛唐	盂	赭红色	565	123	12.3	84	18.2	2.01	4.60	7.3	73.6	0.69	0.25	59	203	1.6	17.3	10.7	2.5	1.50	23.8	9.7	5.3
JXHZ205	罗湖寺前山	盛唐	盂	赭红色	685	131	14.4	83	18.4	2.03	5.07	8.3	81.0	0.66	0.36	61	245	1.5	17.6	11.0	2.7	1.54	24.1	9.8	5.2
JXHZ206	罗湖寺前山	盛唐	盂	灰黑	661	123	16.3	78	19.0	1.87	4.94	8.1	75.0	0.65	0.30	54	235	1.4	16.4	10.8	2.5	1.67	24.1	10.8	5.7
JXHZ207	罗湖寺前山	盛唐	盂	灰黑	673	129	15.1	74	18.1	1.94	4.46	7.3	76.5	0.61	0.23	58	218	1.6	16.1	10.7	2.6	1.42	22.8	10.0	5.3
JXHZ208	罗湖寺前山	盛唐	盂	赭红色	680	117	11.8	78	18.6	1.76	3.91	8.0	71.2	0.60	0.32	53	243	1.7	16.7	10.0	2.8	1.20	23.6	9.3	5.0
JXHZ210		盛唐	盂	灰黑	698	122	13.0	89	17.5	1.59	4.11	7.3	76.0	0.57	0.40	40	233	1.4	17.9	11.2	2.3	1.26	25.2	9.9	3.8
JXHZ211	罗湖寺前山	盛唐	盂	灰黑	637	125	16.0	82	19.1	2.05	5.04	7.5	80.0	0.62	0.24	62	233	1.0	16.8	11.0	2.8	1.42	23.6	10.4	5.2
JXHZ212	罗湖寺前山	盛唐	碗	赭红色	622	122	13.1	83	21.8	1.81	5.93	6.6	79.4	0.61	0.18	56	261	1.7	18.0	10.6	2.5	1.42	24.5	11.0	5.0
JXHZ213		盛唐	碗	赭红色	679	134	15.4	81	19.9	1.99	5.37	7.4	82.4	0.63	0.26	64	226	1.3	17.3	11.6	2.6	1.64	24.1	10.9	5.5
JXHZ214		盛唐	碗	猪肝色	643	122	15.2	79	19.6	1.79	5.53	7.5	77.6	0.61	0.24	57	234	1.6	16.7	10.9	2.6	1.58	24.4	11.0	5.4
JXHZ215	罗湖寺前山	盛唐	碗	赭红色	652	119	13.9	71	19.5	1.70	5.39	8.0	76.1	0.58	0.29	56	247	1.1	16.0	10.6	2.8	1.60	23.3	11.0	5.4
JXHZ216	罗湖寺前山	盛唐	碗	灰黑	683	135	18.8	90	20.2	2.01	6.59	6.0	86.3	0.57	0.19	59	244	1.2	18.2	10.9	2.6	1.40	23.7	11.0	5.1

续附表 1 - 3

样品编号	窑址	时代	器形	胎色	Ba	Ce	Co	Cr	Cs	Eu	$Fe_2O_3^*$	Hf	La	Lu	Na_2O^*	Nd	Rb	Sb	Sc	Sm	Ta	Tb	Th	U	Yb
JXHZ217		盛唐	碗	赭红色	630	130	14.7	81	19.1	1.94	5.30	7.6	80.4	0.61	0.30	56	228	1.7	17.0	11.2	2.5	1.60	24.9	11.0	5.2
JXHZ218	罗湖对门山	盛唐	碗	猪肝色	606	121	16.0	79	19.2	1.87	5.76	7.7	75.8	0.59	0.28	55	230	1.2	16.1	10.3	2.7	1.48	24.8	11.4	5.3
JXHZ219	罗湖寺前山	盛唐	碗	灰黑	602	118	14.3	72	18.4	1.96	5.16	8.8	74.3	0.59	0.32	54	233	1.2	15.4	10.5	2.6	1.22	24.1	10.9	5.0
JXHZ321	曲江孟家山	晚唐五代	壶嘴	灰	443	87.3	10.3	75	11.5	1.34	4.56	8.6	54.8	0.52	0.26	36	155	1.1	14.5	7.3	2.0	1.11	17.5	7.0	4.5
JXHZ322	曲江孟家山	晚唐五代	壶沿	赭红色	430	80.8	11.0	85	13.9	1.38	6.49	8.4	54.0	0.52	0.21	36	172	1.4	15.5	6.9	2.5	0.92	19.5	7.7	4.4
JXHZ323	曲江孟家山	晚唐五代	器盖	灰	436	96.7	10.6	85	12.3	1.45	4.60	9.6	61.5	0.51	0.19	46	148	1.7	13.9	8.0	2.1	1.25	20.4	8.1	4.3
JXHZ324	曲江孟家山	晚唐五代	碗	灰白	561	121	9.8	83	16.7	1.91	2.93	7.7	71.6	0.57	0.33	53	202	1.4	17.1	9.9	2.4	1.31	22.2	8.7	4.9
JXHZ325	曲江孟家山	晚唐五代	碗	灰黑	422	82.8	8.6	76	13.3	1.12	5.90	9.7	53.3	0.50	0.19	39	158	1.4	14.2	7.0	2.4	0.91	18.9	7.6	4.2
JXHZ326	曲江孟家山	晚唐五代	碗	赭红色	434	88.6	9.3	82	11.8	1.21	4.03	8.1	52.8	0.56	0.14	39	146	1.2	15.4	4.5	1.9	1.20	19.3	3.9	4.4
JXHZ327	曲江孟家山	晚唐五代	碗	灰	550	110	9.9	76	14.7	1.64	3.81	9.4	58.6	0.59	0.19	47	191	0.8	15.3	5.8	2.3	1.39	20.8	5.1	5.0
JXHZ328	曲江孟家山	晚唐五代	碗	赭红色	495	97.2	9.5	77	13.8	1.27	4.84	9.2	50.9	0.61	0.14	41	191	1.2	15.5	5.2	2.1	1.25	19.8	5.0	4.7
JXHZ329	曲江孟家山	晚唐五代	碗	灰	437	166	16.1	66	9.6	2.89	3.84	10.0	83.2	0.61	0.15	81	129	1.2	12.8	9.5	1.9	1.69	16.5	4.5	5.3
JXHZ330	曲江孟家山	晚唐五代	碗	灰	550	128	9.6	74	13.9	1.82	3.20	9.3	71.1	0.69	0.15	65	181	1.2	14.5	7.6	2.3	1.35	22.7	5.4	5.7
JXHZ331	曲江窑仔岗	晚唐五代	碗	土灰	594	125	9.4	82	17.1	1.88	2.87	8.0	63.6	0.61	0.17	60	215	1.4	16.5	6.0	2.3	1.34	23.2	5.0	5.2

续附表 1－3

样品编号	窑址	时代	器形	胎色	Ba	Ce	Co	Cr	Cs	Eu	Fe₂O₃*	Hf	La	Lu	Na₂O*	Nd	Rb	Sb	Sc	Sm	Ta	Tb	Th	U	Yb
JXHZ332	曲江窑仔岗	晚唐五代	碗	灰	593	122	10.1	80	14.5	2.07	3.31	8.5	66.9	0.61	0.18	56	190	1.2	16.2	6.3	2.2	1.47	22.4	4.3	5.3
JXHZ333	曲江窑仔岗	晚唐五代	碗	灰	623	124	8.4	87	15.8	1.76	3.10	7.3	65.7	0.62	0.27	57	200	1.2	17.2	6.3	2.1	1.22	22.1	4.1	5.1
JXHZ334	曲江窑仔岗	晚唐五代	碗	灰	565	114	9.4	81	16.2	1.79	3.04	8.0	64.1	0.59	0.15	52	210	1.3	15.9	5.9	2.3	1.27	21.4	4.9	4.7
JXHZ335	曲江窑仔岗	晚唐五代	碗	土灰	616	115	9.1	82	16.2	1.88	2.94	8.8	74.1	0.62	0.26	51	204	1.4	15.9	10.3	2.2	1.36	22.3	8.4	4.9
JXHZ336	曲江窑仔岗	晚唐五代	碗	灰	668	123	8.3	79	17.6	1.89	2.76	7.9	78.5	0.64	0.26	55	233	1.6	16.5	11.0	2.7	1.49	23.4	9.9	5.0
JXHZ337	曲江窑仔岗	晚唐五代	碗	蓝灰	745	125	11.3	90	20.0	1.77	3.43	7.8	81.3	0.60	0.24	59	240	1.6	18.3	11.3	2.7	1.63	24.4	9.3	5.3
JXHZ338	曲江窑仔岗	晚唐五代	碗	蓝灰	519	109	9.2	78	13.8	1.73	2.74	10.1	69.5	0.59	0.29	50	191	1.3	14.8	9.5	2.1	1.33	20.0	7.2	4.7
JXHZ339	曲江窑仔岗	晚唐五代	碗	土灰	586	112	9.7	74	14.3	1.88	3.23	9.0	66.6	0.64	0.28	56	207	1.2	15.2	9.2	3.0	1.54	22.9	6.6	5.0
JXHZ340	曲江窑仔岗	晚唐五代	碗	土灰	580	109	9.4	80	14.8	1.86	3.04	8.6	71.1	0.60	0.25	52	188	1.4	15.9	9.9	2.3	1.29	20.8	7.9	4.7
JXHZ341	曲江窑仔岗	晚唐五代	碗	土灰	574	118	8.6	76	15.9	1.99	3.01	9.4	74.5	0.64	0.26	55	212	1.1	15.4	10.6	2.8	1.45	22.1	8.9	4.9
JXHZ342	曲江窑仔岗	晚唐五代	碗	灰	624	116	10.1	87	15.7	1.87	3.00	8.7	74.4	0.63	0.25	53	206	1.1	16.3	10.2	2.3	1.52	22.6	8.2	4.9
JXHZ343	曲江窑仔岗	晚唐五代	碗	灰	553	111	9.0	88	14.0	1.94	3.77	8.6	73.6	0.59	0.27	52	187	1.7	16.8	10.0	2.0	1.26	20.4	6.4	4.9
JXHZ344	曲江窑仔岗	晚唐五代	碗	土灰	620	118	13.1	97	16.4	2.01	3.34	8.0	75.4	0.62	0.24	56	207	1.3	17.1	10.5	2.4	1.43	23.0	8.3	5.1

续附表1-3

样品编号	窑址	时代	器形	胎色	Ba	Ce	Co	Cr	Cs	Eu	Fe$_2$O$_3$*	Hf	La	Lu	Na$_2$O*	Nd	Rb	Sb	Sc	Sm	Ta	Tb	Th	U	Yb
JXHZ345	曲江窑仔岗	晚唐五代	碗	土灰	627	126	7.8	84	16.5	1.86	2.86	6.8	77.6	0.60	0.34	57	189	1.3	17.2	10.8	2.3	1.24	22.3	8.0	5.1
JXHZ346	曲江窑仔岗	晚唐五代	碗	灰白	564	118	9.2	79	16.6	1.95	2.83	7.6	75.2	0.57	0.24	49	200	1.4	16.3	10.5	2.5	1.33	22.9	8.3	5.1
JXHZ347	曲江窑仔岗	晚唐五代	碗	褚红色	521	121	11.1	94	16.7	1.94	3.50	6.7	77.1	0.56	0.19	56	196	1.4	17.7	10.4	2.3	1.59	22.7	8.2	5.0
JXHZ348	曲江窑仔岗	晚唐五代	碗	蓝灰	587	115	11.3	81	15.2	1.90	3.20	8.6	73.9	0.60	0.28	54	212	1.4	16.5	9.9	2.3	1.26	21.4	7.5	5.1
JXHZ349	曲江窑仔岗	晚唐五代	碗	砖红色	466	88.7	7.7	72	11.4	1.39	2.53	8.5	52.6	0.53	0.31	39	148	1.2	13.5	7.4	1.9	1.08	16.7	5.8	4.2
JXHZ350	曲江窑仔岗	晚唐五代	碗	土灰	630	129	9.0	86	17.4	2.10	3.01	7.1	82.0	0.59	0.30	58	194	1.4	16.7	11.6	2.5	1.52	22.6	8.3	5.1
JXHZ351	曲江窑仔岗	晚唐五代	碗	土灰	537	112	9.8	73	14.3	1.72	2.74	7.8	72.2	0.56	0.25	47	179	1.2	15.5	9.8	2.3	1.24	20.3	7.5	4.8
JXHZ352	曲江窑仔岗	晚唐五代	碗	灰	547	145	10.2	74	13.4	2.48	2.97	7.8	93.0	0.65	0.31	70	176	1.3	15.7	12.9	2.6	1.71	19.3	6.4	5.7
JXHZ354	曲江窑仔岗	晚唐五代	碗	灰	559	116	11.0	78	15.6	1.77	2.81	8.2	71.7	0.51	0.37	51	203	1.3	15.9	9.8	2.5	1.24	21.9	8.2	4.6
JXHZ355	曲江窑仔岗	晚唐五代	碗	砖黄色	557	123	9.2	80	16.3	1.76	2.81	7.5	76.0	0.54	0.20	56	189	1.3	16.9	10.2	2.4	1.28	22.9	7.9	4.6
JXHZ356	曲江窑仔岗	晚唐五代	碗	灰	544	120	8.7	81	17.2	1.71	3.51	7.4	77.9	0.59	0.26	55	217	1.7	17.1	11.3	2.8	1.29	24.6	9.0	5.2
JXHZ357	曲江窑仔岗	晚唐五代	碗	土灰	610	121	8.6	79	17.5	1.87	3.10	8.3	77.9	0.59	0.26	53	218	1.5	16.3	11.0	2.6	1.51	23.4	8.6	5.1
JXHZ358	曲江窑仔岗	晚唐五代	碗	灰	652	111	10.3	80	16.6	1.81	2.87	8.2	74.2	0.60	0.39	54	222	1.6	16.1	10.7	2.5	1.40	22.8	9.0	4.8

续附表 1－3

样品编号	窑址	时代	器形	胎色	Ba	Ce	Co	Cr	Cs	Eu	Fe₂O₃*	Hf	La	Lu	Na₂O*	Nd	Rb	Sb	Sc	Sm	Ta	Tb	Th	U	Yb
JXHZ359	曲江窑仔岗	晚唐五代	碗	灰	559	110	10.0	87	13.8	1.99	3.13	8.2	68.6	0.58	0.29	51	168	1.7	16.5	9.9	2.2	1.38	19.3	6.5	4.9
JXHZ360	曲江窑仔岗	晚唐五代	碗	灰	655	115	9.5	84	16.2	1.96	2.76	7.6	79.3	0.64	0.20	61	207	1.6	16.6	11.2	2.4	1.47	22.4	7.6	5.2
JXHZ361	曲江窑仔岗	晚唐五代	盘	砖红色	591	128	9.8	84	17.2	1.77	2.87	8.5	68.7	0.62	0.10	56	201	2.0	17.1	7.5	2.7	1.37	24.4	6.5	5.5
JXHZ362	曲江窑仔岗	晚唐五代		灰	617	123	8.2	80	15.7	1.86	2.54	8.1	72.9	0.68	0.20	61	185	1.3	15.6	8.5	2.5	1.48	23.1	5.7	5.6
JXHZ363	曲江窑仔岗	晚唐五代		土灰	579	126	9.4	83	15.8	1.30	2.14	7.8	70.0	0.60	0.25	58	169	1.1	15.1	8.0	2.3	1.39	23.6	6.4	5.1
JXHZ364	曲江窑仔岗	晚唐五代		赭红色	519	117	9.3	84	14.7	1.60	4.76	7.7	67.7	0.60	0.13	55	171	1.3	15.6	7.7	2.1	1.39	21.4	6.1	4.8
JXHZ365	曲江窑仔岗	晚唐五代		土灰	574	127	9.3	85	16.0	1.94	3.24	8.5	69.8	0.61	0.20	62	193	1.8	16.8	8.5	2.6	1.59	23.0	6.4	5.1
JXHZ366	曲江窑仔岗	晚唐五代		灰	571	140	8.4	85	12.1	1.70	4.74	7.8	88.4	0.52	0.11	56	155	1.3	15.9	8.8	2.0	1.04	19.6	6.4	4.6
JXHZ367	曲江窑仔岗	晚唐五代		灰黑	405	107	10.0	79	11.1	1.31	6.57	9.4	68.2	0.56	0.11	36	147	1.7	15.8	6.6	2.1	0.91	18.7	5.4	4.4
JXHZ368	曲江窑仔岗	晚唐五代		土灰	421	109	9.7	75	8.1	1.72	2.07	10.9	62.5	0.58	0.21	48	105	1.2	13.6	8.4	2.1	1.29	15.7	4.9	5.0

注：＊元素的氧化物，单位：%；分析误差＜5%的元素有 LA、Sm、U、Na、Ce、Yb、Hf、Th、Sc、Cr、Fe、Co、Rb、Cs；分析误差＜10%的元素有 Nd、Eu、Lu、Ta、Zn、Ba；分析误差＜20%的元素有 K、Tb、Sb。

三 结果与讨论

用上述实验方法对全部样品进行了长照中子活化分析，分析结果如附表1-3所示，同时还对部分样品进行了短照中子活化分析，分析结果见附表1-4。为了能方便、直观地观察各元素在历代洪州窑古瓷中的含量的变化情况，我们将附表1-3中的元素含量的数据按年代的先后顺序作元素分布图，得到各元素在历代样品中的含量分布图，如附图1-1-1～1-1-21所示。从图中可以得到如下结果：

附表1-4 部分样品的短照 NAA 结果

(单位：μg/g)

时代	样品号	Al₂O₃ *	Dy	K₂O *	Mn	Na₂O *	Ti	V
东汉东吴	JXHZ391	22.3	9.95	1.98	162	0.45	5200	142
东汉东吴	JXHZ392	21.6	8.95	2.08	158	0.48	4430	141
东汉东吴	JXHZ393	21.0	10.8	2.94	1240	0.18	5360	116
东汉东吴	JXHZ394	24.3	6.89	2.44	713	0.21	7220	199
东汉东吴	JXHZ395	18.9	8.63	2.19	144	0.26	5370	127
西晋	JXHZ273	13.5	7.71	1.74	59	0.11	4470	97
西晋	JXHZ274	18.5	7.45	1.38	51	0.12	5700	145
西晋	JXHZ275	20.8	6.56	1.84	37	0.12	4060	114
西晋	JXHZ276	18.9	6.45	1.46	36	0.10	5070	138
西晋	JXHZ277	18.3	7.44	2.27	75	0.10	4990	120
东晋	JXHZ261	18.5	6.91	2.01	96	0.15	5170	117
东晋	JXHZ262	21.3	6.89	1.57	77	0.13	5530	131
东晋	JXHZ263	19.3	8.34	1.71	52	0.11	4670	120
东晋	JXHZ264	18.6	7.46	1.73	83	0.11	5190	134
东晋	JXHZ265	17.8	7.38	2.02	52	0.13	4810	119
南朝	JXHZ058	11.8	5.59	1.54	114	0.19	4300	107
南朝	JXHZ059	19.8	7.92	2.03	131	0.23	5130	195
南朝	JXHZ060	14.4	5.65	2.07	81	0.14	4770	137
南朝	JXHZ062	17.8	8.66	3.13	168	0.41	4990	104
南朝	JXHZ065	13.1	7.42	1.84	120	0.33	5500	85
隋	JXHZ001	16.3	7.60	3.34	174	0.42	4470	81
隋	JXHZ002	17.8	8.07	3.12	129	0.39	4470	91
隋	JXHZ003	17.6	7.24	3.08	171	0.41	4260	89
隋	JXHZ021	17.8	6.65	2.20	146	0.27	5540	96
隋	JXHZ022	16.6	7.35	2.60	244	0.39	5020	93
唐早	JXHZ121	20.6	8.18	3.07	289	0.41	5420	107
唐早	JXHZ122	21.0	10.3	3.49	828	0.40	4770	107
唐早	JXHZ123	22.0	11.8	3.44	603	0.33	5280	111

续附表 1-4

时代	样品号	Al₂O₃ *	Dy	K₂O *	Mn	Na₂O *	Ti	V
唐早	JXHZ124	20.6	9.86	3.30	664	0.41	4950	108
唐早	JXHZ125	22.1	8.94	3.23	425	0.22	5200	93
唐中	JXHZ183	20.2	9.62	3.81	554	0.37	4540	108
唐中	JXHZ184	20.3	10.1	3.92	843	0.36	5300	107
唐中	JXHZ185	20.5	10.4	3.39	734	0.38	4870	112
唐中	JXHZ186	20.5	10.5	3.77	703	0.43	5800	107
唐中	JXHZ187	21.1	11.3	3.79	1033	0.41	4890	105
晚唐五代	JXHZ331	20.6	12.2	3.94	374	0.40	5220	106
晚唐五代	JXHZ332	20.3	9.15	3.01	237	0.38	4760	113
晚唐五代	JXHZ333	21.1	9.10	3.34	192	0.51	5700	112
晚唐五代	JXHZ334	19.7	9.74	3.28	262	0.35	5700	112
晚唐五代	JXHZ335	19.0	12.5	3.18	225	0.34	5440	110

注：＊元素的氧化物，单位为%；各元素的分析误差均＜10%。

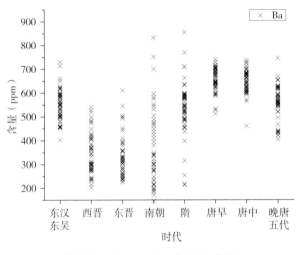

附图 1-1-1 Ba 含量分布图

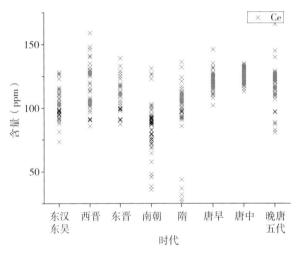

附图 1-1-2 Ce 含量分布图

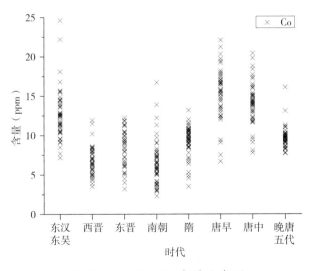

附图 1-1-3 Co 含量分布图

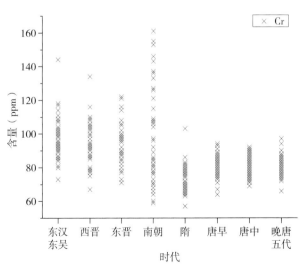

附图 1-1-4 Cr 含量分布图

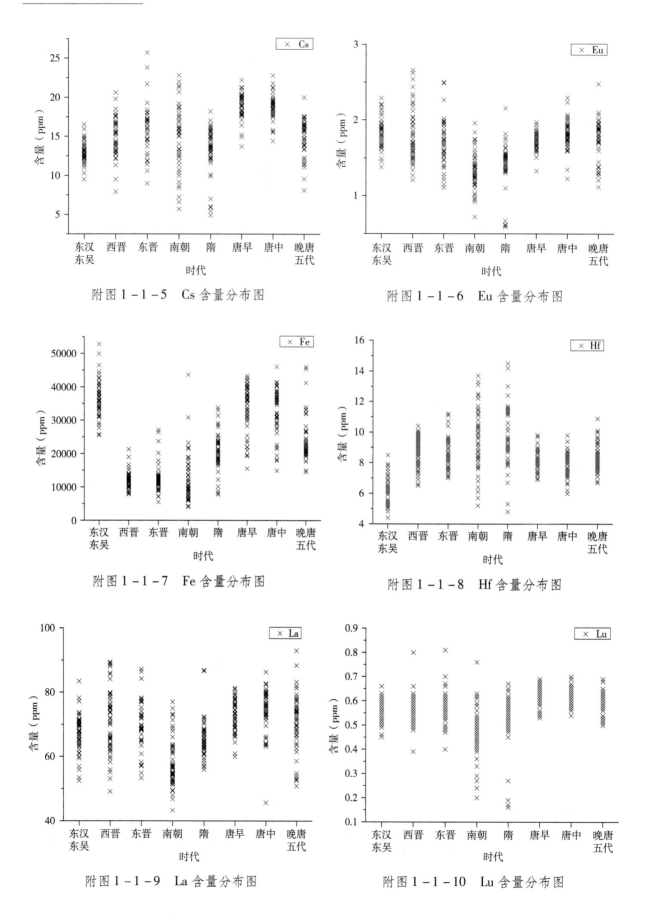

附图 1 - 1 - 5　Cs 含量分布图

附图 1 - 1 - 6　Eu 含量分布图

附图 1 - 1 - 7　Fe 含量分布图

附图 1 - 1 - 8　Hf 含量分布图

附图 1 - 1 - 9　La 含量分布图

附图 1 - 1 - 10　Lu 含量分布图

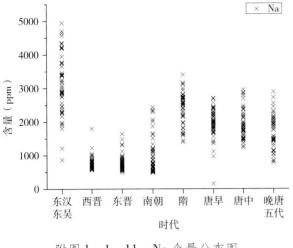

附图 1-1-11 Na 含量分布图

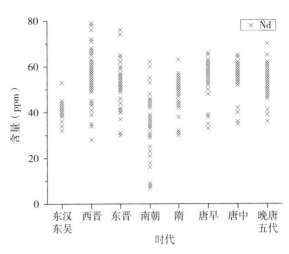

附图 1-1-12 Nd 含量分布图

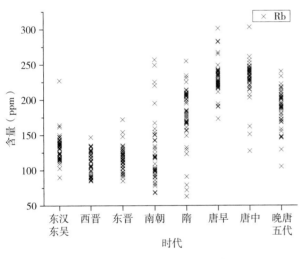

附图 1-1-13 Rb 含量分布图

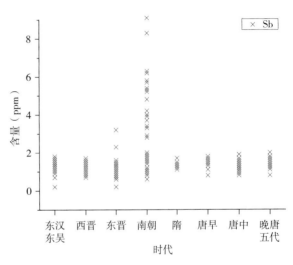

附图 1-1-14 Sb 含量分布图

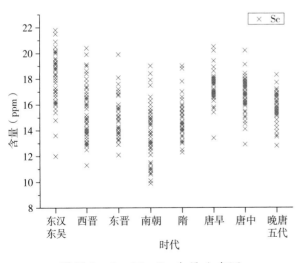

附图 1-1-15 Sc 含量分布图

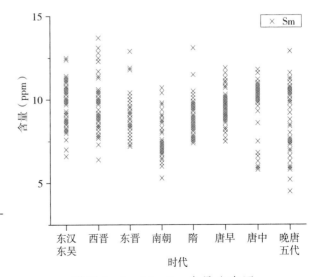

附图 1-1-16 Sm 含量分布图

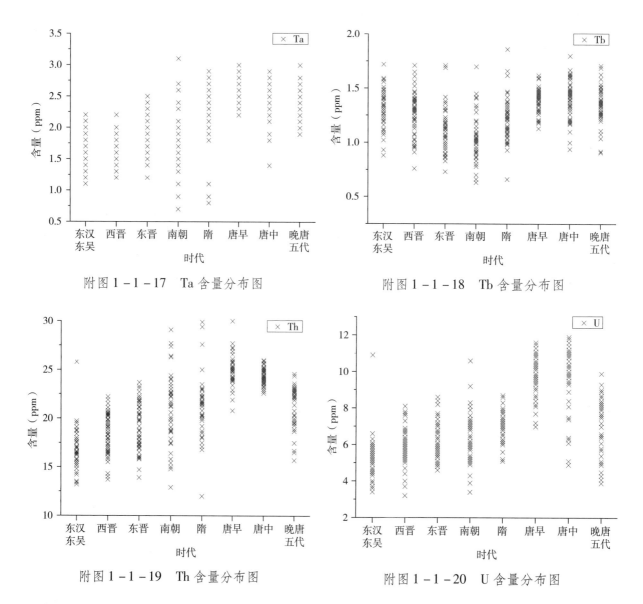

附图 1-1-17 Ta 含量分布图

附图 1-1-18 Tb 含量分布图

附图 1-1-19 Th 含量分布图

附图 1-1-20 U 含量分布图

（1）同一时期的样品的个体差异很大。许多因素都能造成这种个体之间的差异：古代的瓷器制作一般都是家庭作坊式的手工业，在原料的选择、淘洗精制和配方等环节都有自己独到的地方且互相保密，造成不同作坊烧制的瓷器在成分上的差别。即使是在同一个家庭作坊内，由于依靠的是师傅们的经验和个人感觉，大多没有精准的量化的观念，因此同一个窑工其不同批次烧制的瓷器也会有所不同。洪州窑是由许多大小不一、分布地点不同的窑场组成，原料一般是就近取材或就近选材，在这个尺度的地域范围内，原料的成分也可能会有差别。另外，考古学上的文化分

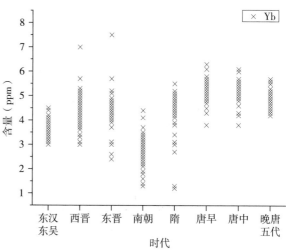

附图 1-1-21 Yb 含量分布图

期，是根据器物类型学和堆积地层学将器物大致分成若干期段，实际上在每个期段内，工艺的改进和原料配比的改变是经常性的，因此同一期内不同时间的产品也存在差异。

（2）稀土元素 La、Ce、Nd、Sm、Eu、Tb、Yb、Lu 的含量在第四期时略有降低，在其余 7 个时期波动幅度不大，整体上基本保持稳定（除极个别样品外）。

（3）元素 Ba、Na、Rb 的变化规律大致相似，都是第一期较高，二、三、四期保持在低水平，从第五期开始升高，六、七期保持较高水平，第八期又开始回落。碱金属元素和碱土金属元素的氧化物一般作为助熔剂使用。东汉晚期是洪州窑的创烧时期，制瓷工艺尚处于起步摸索阶段，由于窑炉构造不太合理，达不到正常烧结所需的温度，所以窑工就借助增加助熔剂的比重来降低烧结温度。在随后的两晋南北朝时期，由于窑炉的改进和烧成温度的提高，已经不用过于依赖大量的助熔剂了，因此助熔剂元素的含量有大幅度的下降。至于后期助熔剂的含量为什么又升高了，推测可能是由于适于制瓷的优质原料开采完了，窑工们被迫使用别的原料来替代（下面将进一步论及）。

（4）Fe 的变化规律与助熔剂元素类似，也呈现出两头高中间低的特点。Fe 不仅是一种助熔剂元素，更是一种主要的呈色元素。它在陶瓷中的作用是使胎色深而黑，使釉色变黄且褐。对比洪州窑各个时期瓷胎中 Fe 含量的变化与各时期胎色的变化可以发现，二者是一致的。东汉及唐代时的瓷胎大多数色深近黑，而晋至隋的胎色较浅，多数为灰白色。洪州窑始烧于东汉，该期的瓷胎质粗色黑，与其较原始的生产水平相适应，这是可以理解的。随着经验的积累，人们逐渐发现某些瓷石可以使胎色发黑，而有一些则不会，于是有意识地摒弃前者而使用后者，所以渐渐地瓷胎的颜色由深到浅。但为什么到了唐代又开始使用高 Fe 原料使胎的颜色变深变黑了呢？这似乎难以用当时的瓷器使用者或生产者偏爱灰黑色才导致风格改变来解释，因为在唐代洪州窑已普遍使用了白色化妆土来掩盖瓷胎的黑灰色。这一现象极有可能是因为到了唐代，易开采的低铁瓷土资源已耗尽，窑工们在附近一直也没找到合适的瓷土，于是只好用高铁瓷土来替代。洪州窑的中心窑址在不断地迁移，可能也与之有关。后来随着瓷土资源的进一步匮乏，再加上政权更迭、社会动荡、经济萧条，延续了 800 多年的洪州窑衰落了，被其南面的吉州窑和北面的景德镇窑所取代。

（5）Co 的变化规律和 Fe 相似。这可能是因为 Co 与 Fe 同处元素周期表的第八副族，Co 的化学性质和行为与 Fe 类似，在矿物中常常伴生共存的缘故。

（6）放射性元素 Th 和 U 的变化规律都是开始几期保持稳定，后来略有升高。这可能也是由于 Th 和 U 的共存关系造成的。

（7）除南朝时有部分样品中的 Sb 的含量较高之外，Sb 在其他样品中的含量基本不变。

（8）其他元素如 Cr、Cs、Hf、Sc、Ta 等的含量在样品中波动较大，没有什么规律可循。

每一期的样品中某个元素的平均含量能大致反映该元素在该期的整体水平，将元素的平均值对年代作图，从图中可以看出该元素的变化趋势，见附图 1-2-1 ~1-2-21。

从中可以看出，虽然同一期内的样品的个体

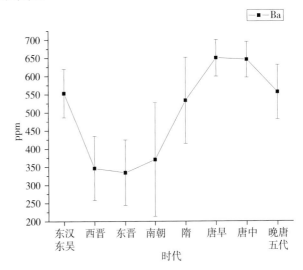

附图 1-2-1　Ba 的平均值随时代的变化曲线

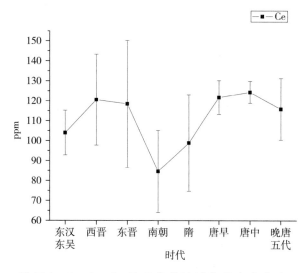

附图 1-2-2 Ce 的平均值随时代的变化曲线

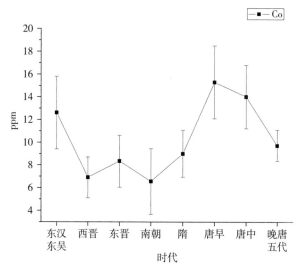

附图 1-2-3 Co 的平均值随时代的变化曲线

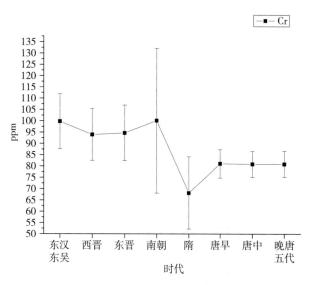

附图 1-2-4 Cr 的平均值随时代的变化曲线

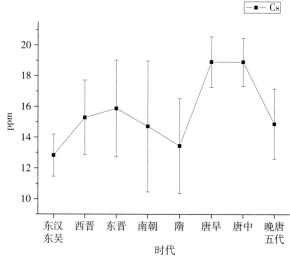

附图 1-2-5 Cs 的平均值随时代的变化曲线

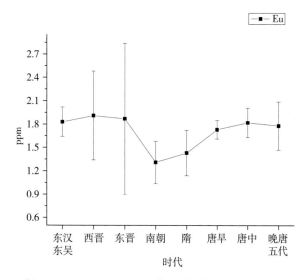

附图 1-2-6 Eu 的平均值随时代的变化曲线

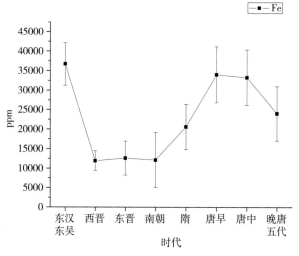

附图 1-2-7 Fe 的平均值随时代的变化曲线

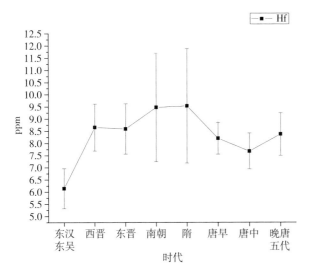

附图 1 - 2 - 8　Hf 的平均值随时代的变化曲线

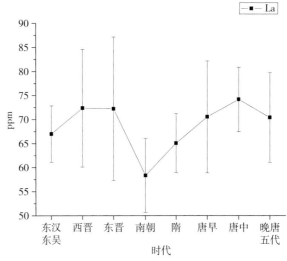

附图 1 - 2 - 9　La 的平均值随时代的变化曲线

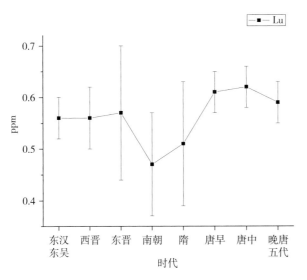

附图 1 - 2 - 10　Lu 的平均值随时代的变化曲线

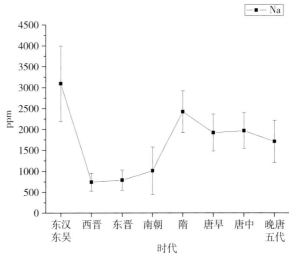

附图 1 - 2 - 11　Na 的平均值随时代的变化曲线

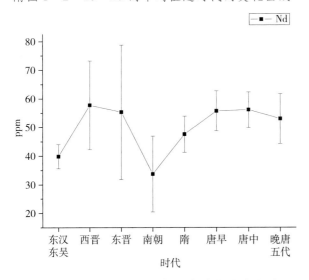

附图 1 - 2 - 12　Nd 的平均值随时代的变化曲线

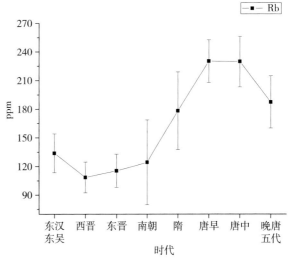

附图 1 - 2 - 13　Rb 的平均值随时代的变化曲线

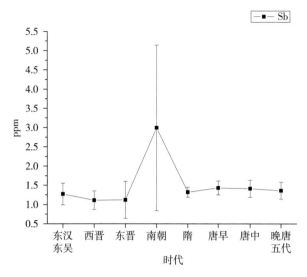

附图 1-2-14　Sb 的平均值随时代的变化曲线

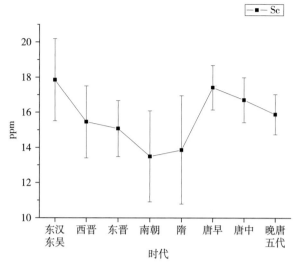

附图 1-2-15　Sc 的平均值随时代的变化曲线

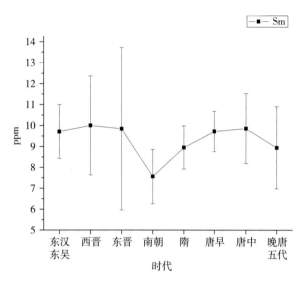

附图 1-2-16　Sm 的平均值随时代的变化曲线

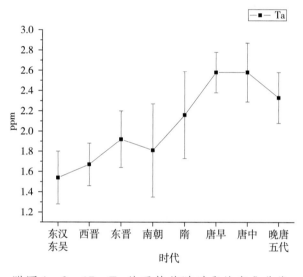

附图 1-2-17　Ta 的平均值随时代的变化曲线

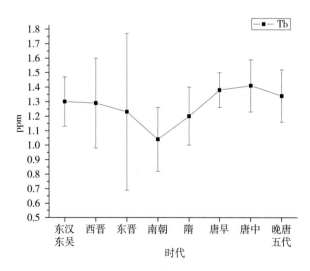

附图 1-2-18　Tb 的平均值随时代的变化曲线

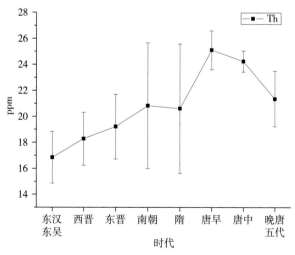

附图 1-2-19　Th 的平均值随时代的变化曲线

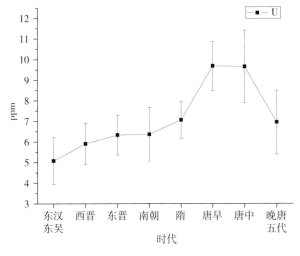

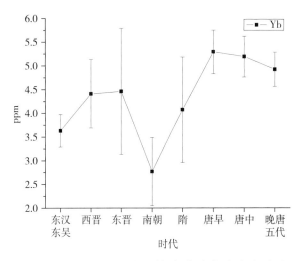

附图 1 - 2 - 20 U 的平均值随时代的变化曲线　　附图 1 - 2 - 21 Yb 的平均值随时代的变化曲线

差异很大，但在整体上仍然呈现出一定的变化趋势，这一趋势与上面讨论的部分类似，这里不再赘述。

从上面的讨论我们知道，没有一个元素的含量是随年代的发展而单调升高或单调降低的，并且由于样品个体差异较大，使得不同时代的样品中的许多元素的含量屡有交叉，因此很难找出一个或几个元素作为指纹特征来区分不同时代的瓷器。考虑到有些元素在同一期的样品中变化不大而在不同期的样品中有明显的差异，如 Ba、Co、Fe、Th、U、Rb、Na 等，选定这些元素作为变量，用多元统计分析的方法对洪州窑的样品进行分类，统计分析结果如附图 1 - 3 - 1 ~ 1 - 3 - 5 所示。

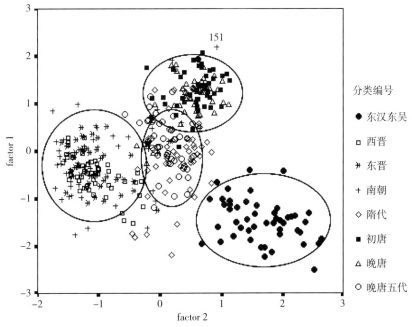

附图 1 - 3 - 1　洪州窑八个时期瓷胎样品的 PCA 散点图

（由于样品点过于密集，不好辨认，将其中的几期的样品点单独标出，示于图 1 - 3 - 2 ~ 1 - 3 - 5 中）

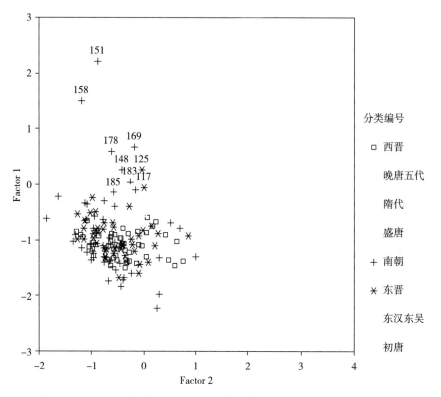

附图 1－3－2　洪州窑两晋和南朝时期瓷胎样品的 PCA 散点图

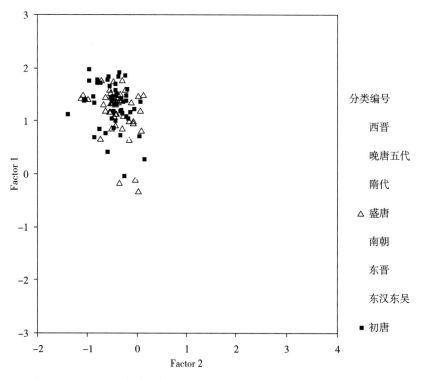

附图 1－3－3　洪州窑初唐和盛唐时期瓷胎样品的 PCA 散点图

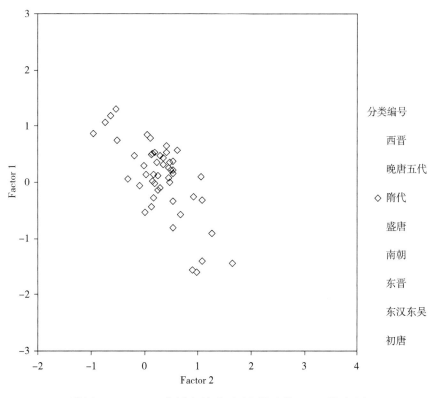

附图 1-3-4 洪州窑隋代瓷胎样品的 PCA 散点图

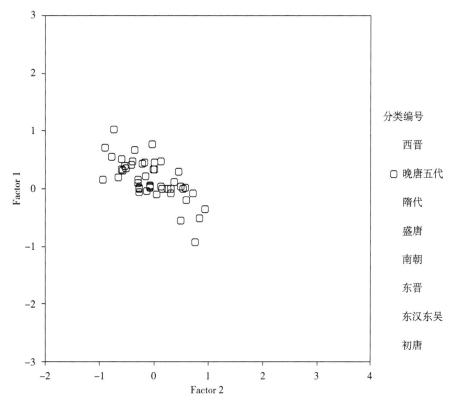

附图 1-3-5 洪州窑晚唐五代时期瓷胎样品的 PCA 散点图

从图中可以看出，洪州窑的瓷器按化学成分的不同大体上可以分为5组，分述如下：

第一组是东汉晚期东吴时期。这时期是洪州窑青瓷的初创时期，无论是器物的外观还是胎的化学组成都与其他各期相去甚远，并且其窑场主要分布在石滩乡港塘新村、港塘小学前和清丰河畔一带，与其他各期的样品的出土地点都不同，因此这一期自成一类，且与其余七期界限分明，独处于图的右边。

第二组是两晋和南朝的样品。这三期样品的胎色接近，大多为灰白色，化学组成也较接近。从晋代开始，洪州窑逐渐形成两个中心窑址群，即罗湖窑址群和同田龙凤窑址群，这两个窑址群相距不远，前者包括寺前山、象山、对门山、外宋、南坪、尚山等窑址，后者包括乌龟山、李子岗、牛岗山等窑址。从样品目录可以得知，这三期的样品各有相当一部分来自这两个窑址群，但分类的结果并没有按烧造地点分成两类，除了少数几个样品外，其余的样品都交织在一起，难以区分。这说明这三期的瓷器的共性是主要的，地域差异是次要的，共性掩盖了差异。从图中的标号可以发现，几个离群个体无一例外地来自罗湖窑址群，对它们而言，地域之间的差别则占了主导地位。这一组处于PCA图的左下方。

第三组是初唐和盛唐的样品。前已述及，洪州窑瓷器的胎釉颜色从唐代开始由浅变深，发生了极大的改变，与之相对应的是其化学成分的较大的变化，并且其烧造中心也由两个消减成一个，只剩下罗湖窑址群了（这两个时期的样品全部取自罗湖窑址群）。这两期的样品由于产地相同，原料的成分相似，因而其元素组成不易区分，共同位于PCA图的左上方。

第四组是隋代的样品。隋代上承两晋南北朝，下启唐代，瓷器烧造处于过渡时期，在PCA图上居于第二组和第三组之间，且极为分散。

第五组是晚唐五代时的样品。晚唐五代是洪州窑的衰落期，由于种种原因，其制瓷工艺急剧下滑，所烧制的瓷器粗糙，主要烧造地点也由罗湖村转移至曲江村的孟家山和窑仔岗，这一期样品的化学成分与唐代前期相比也发生了较大的变化，在PCA图上与第三组的区别明显。由于隋代的样品比较分散，造成了其与晚唐五代所处的位置有部分重叠，这并不能说明这两期样品有相似之处。

从以上的讨论我们可以大致理清洪州窑由创烧、发展到衰落的脉络，洪州窑最迟于东汉晚期就在赣江东岸港塘村、清丰河畔一带开始烧造较成熟的瓷器，晋代时由于规模的扩大，在赣江西岸的罗湖村和同田乡附近发现了低铁的优质瓷土，使用这种瓷土烧制出的瓷器胎色灰白釉色明亮，更受世人喜爱，于是洪州窑的烧造地点全部转移到赣江西岸。随着洪州窑的影响范围不断扩大，社会需求量也剧增，洪州窑的生产规模越来越大，窑场继续增多。洪州窑大规模的发展，造成了制瓷原料的大量消耗，许多早期的窑场由于原料难以为继，相继停烧，到了隋代，洪州窑开始萎缩，只剩下罗湖村窑址群能够维持。唐代时罗湖村窑址的低铁瓷土资源也已耗尽，而附近又没有发现这种瓷土的存在，迫于无奈，只好使用高铁瓷土勉强维持。到了晚唐五代时期，罗湖村的高铁瓷土资源也枯竭了，烧造地点被迫再度转移，终因多种因素的综合作用而走向了衰落，被其他迅速崛起的瓷窑所取代。

四　结论

用NAA测定了洪州窑八期约400件样品瓷胎中20余种元素的含量，并对洪州窑不同时期烧制的瓷器的化学成分的共性和差异进行了研究，得到如下一些结论：

（1）同一时期的样品的元素组成个体差异很大，造成这种差异的原因是多方面的；不同时期的样品的元素组成存在互相交叉的现象，这些都为从化学成分的角度区分不同时期的瓷器增加了难度。在所测定的元素范围内，没有一个元素是随年代的发展而单调升高或单调降低，因此不能简单地选择一个作为指纹特征来鉴别不同时期的瓷器，而只能综合运用多元素的信息。

（2）碱金属元素、碱土金属元素及 Fe 等作为胎的助熔剂元素，它们随年代的变化趋势相似，都呈现出两头高中间低的 U 字形变化规律。其中 Fe 作为呈色元素，其含量的高低与瓷胎颜色的深浅是一致的。洪州窑的发展与衰落以及窑址的变迁可能都与制瓷原料的发现与消耗有关。

（3）对 NAA 有损分析的数据进行主成分分析，可以将不同时期烧制的瓷胎样品按年代顺序大致分为 5 组：①东汉晚期东吴时期；②两晋和南朝时期；③隋代；④初唐和盛唐时期；⑤晚唐五代时期。

（4）根据实验分析数据、考古学研究结果以及釉色和胎质变化，可以大致描述江西洪州窑由创烧、发展到衰落的历史过程。洪州窑最迟于东汉晚期就在赣江东岸港塘村、清丰河畔一带开始烧造瓷器，晋代时期由于规模的扩大，并在赣江西岸的罗湖村和同田乡附近发现了低铁的优质瓷土，使用这种瓷土烧制出的瓷器胎色灰白釉色明亮，更受世人喜爱，于是洪州窑的烧造地点全部转移到赣江西岸。随着洪州窑制瓷业烧制水平和影响不断扩大，社会需求量也不断剧增，洪州窑的生产规模越来越大，窑场继续增多。洪州窑大规模的发展，造成了制瓷原料的大量消耗，许多早期的窑场由于原料难以为继，相继停烧，到了隋代，洪州窑开始萎缩，只剩下罗湖村窑址群能够维持。唐代时期罗湖村窑址的低铁瓷土资源也已耗尽，而附近又没有发现合适的瓷土资源存在，迫于无奈，只好使用高铁瓷土勉强维持。到了晚唐五代时期，罗湖村的高铁瓷土资源也枯竭了，烧造地点被迫再度转移，终因多种因素的综合作用而走向了衰落，被其他迅速崛起的瓷窑所取代。

［感谢中科院知识创新工程（KJCX－N04）、国家自然科学基金（10075060）对本项目的资助］

参考文献

1. 江西省文物考古研究所、北京大学考古系、江西省丰城市博物馆：《江西丰城洪州窑遗址调查报告》，《南方文物》，1995 年第 4 期。

2. 权奎山：《论洪州窑的装烧工艺》，北京大学考古学系编：《考古学研究（四）》，科学出版社，2000 年。

3. 张文江：《洪州窑》，文汇出版社，2002 年。

4. 陈显求、陈士萍、仝武杨等：《唐代洪州窑青瓷探讨》，《景德镇陶瓷》，1983 年第 1 期。

5. 王建平：《广东博罗先秦陶瓷和江西洪州窑瓷的 NAA 和 XRF 研究》，北京大学博士学位论文，2002 年。

6. 高正耀、陈松华、王杰等：《古钧瓷起源的指纹元素分析》，《青岛大学学报（增刊）》，1997 年 6 月。

7. 高正耀、刘有锷、陈松华等：《杭州郊坛官瓷微量元素的模糊聚类分析》，《青岛大学学报（增刊）》，1997 年 6 月。

8. 高正耀、王杰、陈松华等：《用中子活化分析研究古汝瓷起源》，《原子能科学技术》，1997 年第 4 期。

9. 高正耀、王杰、陈显德等：《古汝瓷指纹元素散布分析》，《核技术》，1997 年第 7 期。

10. 高正耀、王杰、陈松华等：《古钧瓷和现代钧瓷的模糊聚类分析》，《核技术》，1997 年第 9 期。

11. 赵维娟、高正耀:《南宋官窑瓷器原料来源的中子活化分析》,《考古》,1998 年第 7 期。

12. 赵维娟、高正耀、陈松华等:《指纹元素分析对南宋郊坛官窑的起源研究》,《文物保护与考古科学》,1998 年第 10 期。

13. 何驽、G. Rapp Jr.、荆志淳等:《湖北荆南寺遗址陶器中子活化技术与文化因素综合分析》,《考古》,1999 年第 10 期。

14. Chen T, Rapp GR, Jing Z, et al., Provenance studies of the earliest Chinese protoporcelain using instrumental neutron activation analysis, Journal of Archaeological Science, 1999, 26: 1003 – 1015.

15. 徐安武、王昌遂、池锦祺等:《新沂县花厅遗址出土古陶器产地的 NAA 研究》,《核技术》,1997 年第 12 期。

16. Herrera RS, Neff H, Glascock MD, et al., Ceramic Patterns, Social Interaction, and the Olmec: Neutron Activation Analysis of Early Formative Pottery in the Oaxaca Highlands of Mexico, Journal of Archaeological Science, 1999, 26: 967 – 987.

17. Day PM, Kiriatze E, Tsolakidou A, et al., Group Therapy in Crete: A Comparison Between Analysis by NAA and Thin Section Petrography of Early Minoan Pottery, Journal of Archaeological Science, 1999, 26: 1025 – 1036.

18. Hein A, Mommsen H, et al., Element concentration distributions and most discriminating elements for provenancing by neutron activation analysis of ceramics from Bronze Age sites in Greece, Journal of Archaeological Science. 1999, 26: 1053 – 1058.

19. Meloni S, Oddone M, Genova N, et al., The Production of Ceramic Materials in Roman Pa Ⅵa: An Archaeometric NAA Investigation of Clay Sources and Archaeological Artifacts, Journal of Radioanalytical and Nuclear Chemistry, 2000, 244: 553 – 558.

附录二 洪州窑瓷片化学成分的中子活化和波长色散 X 荧光分析研究

王建平 陈铁梅 权奎山（北京大学考古学系）

梁宝鎏（香港城市大学物理和材料科学系）

冯松林（中国科学院高能物理研究所核分析实验室）

据文献记载洪州窑系我国唐代六大青瓷生产中心之一。其中除所传的鼎州窑外，其他五个唐青瓷的生产窑址均已被发现和确认，而越窑、洪州窑等已经系统考古发掘。唐代著名学者陆羽在其所著《茶经》中曾言，"洪州瓷褐，茶色黑"而"不宜茶"，因而将洪州瓷列为唐六大青瓷中心之末。1993 和 1998 年江西省文物考古研究所、北京大学考古学系等曾联合对洪州窑进行考古发掘[1,2]，其成果被评为 1993 年全国十大考古新发现之一。

1988 年陈显求等[3]最早对洪州窑瓷片作了自然科学研究。2001 年本文作者曾在香港城市大学的能量色散 X 荧光谱仪（EDXRF）上测量了洪州窑各时期 41 片瓷片的胎和釉的化学元素组成[4]。本文报告同时使用中子活化分析方法（NAA）和波长色散 X 荧光分析方法（WDXRF）对 47 片洪州窑各时期瓷胎化学组成的测量结果，并作相应的讨论，两次测量（三种方法）的对象是同一批瓷片，它们的编号是一致的。这些瓷片都是由洪州窑发掘主持人之一、北京大学考古系权奎山教授提供。我们根据其时代、窑口和风格，把它们分为东汉、东晋—南北朝、南北朝—隋、早—盛唐和晚唐—五代等共五组。所测量 47 片瓷片的分组情况如附表 2 - 1 所示。

附表 2 - 1 测量样品统计表

样品编号（C）	窑址	时代	数量
1 ~ 10	港塘村	东汉	10
11 ~ 13, 15 ~ 16, 17 ~ 19	龙雾洲	东晋、南朝	8
20 ~ 22, 23 ~ 31	罗湖村	南朝、隋	12
32 ~ 39	罗湖村	早唐、中唐	8
40 ~ 46, 48 ~ 49	窑仔港	晚唐、五代	9
总数			47

我们所以用三种方法测量同一批瓷片样品，有两个目的：（1）比较分析三种测量方法三次独立测量结果间差异的程度，特别是系统误差的情况。关于这方面的内容，我们将另文详

细讨论。本文后面仅对 NAA 和 WDXRF 共同测量，并在文中应用于后面分析过程的五个元素 Ba、Cr、Fe、Na、Rb 的含量数据做些比较。（2）我们希望观察比较，所测洪州窑瓷胎按主、次量元素组成（WDXRF 测量数据）和微量元素组成（NAA 测量数据）的分组溯源结果是否一致。

一　NAA 和 WDXRF 两种方法的测量结果和比较

1. 两种方法的测量过程、测量准确度和精密度的检验

NAA 由中国科学院高能物理研究所核分析技术实验室测量，并用了 4 个标准样品作为质控样品，多数元素的测量结果相对于标准样品标称值的偏离在 5% 左右。共测量了 34 个元素，但是由于未对短寿命核素进行测量、部分元素因含量太低测量误差大以及样品在碳化钨研钵中研磨时受到 Co、Ta 和 W 三元素污染等原因，最后仅取 Ba、Ce、Cr、Cs、Eu、Fe、Hf、La、Lu、Na、Nd、Rb、Sc、Sm、Tb、Th、U、Yb 等 18 个元素用于数据分析。

WDXRF 测量应用四硼酸锂熔片法和经验参数法。样品的玻璃熔片在北京大学制成，因为当时北京大学的 WDXRF 谱仪 X 光管损坏，测量是在国家有色金属研究总院的飞利浦 PW2400 型谱仪上完成的。标准曲线的建立使用了一组 13 个陶瓷专用标样，由中科院上海硅酸盐研究所配制。依次用 12 个标样的测量结果建立标准曲线，反测暂时被排除的第 13 个标样的组成来检验测量的准确度。测量值相对标称值的相对误差对 Si、Al、K 为 1%，对 Fe、Ca 为 2%，Na、Mg、Mn、Ti 和 P 小于 4%（这 10 个元素是陶瓷的主次量元素），Rb、Sr、Zr 和 V 低于 8%。对于含量低和可能受到干扰的 Ni、Pb、Ba、Cr、Na、Y 和 Zn 等元素的测量准确度较差，但对标称值的相对误差仍低于 15%。测量的精密度是通过在 2 个月的时间内在相同条件下重复 10 次测量同一玻璃熔片样品来测定的。十次测量结果的相对标准差小于 1% 的元素有 Al、Ca、Fe、K、Mg、Mn、P、Si、Sr 和 Ti，在 1~5% 之间有 Ni、Pb、Rb、Zr，只有 As、Ba、Cr、Cu、Na、Y 和 Zn 的相对标准差较大些，但也小于 10%（见北京大学王建平博士论文）。玻璃熔片法的 WDXRF 测量，因为降低了基体效应和初级 X 射线的韧致辐射背景的干扰，其精确度明显高于能量色散 X 荧光仪（EDXRF）配合磨片法或粉末压片法。但使用玻璃熔片法时，因为样品被四硼酸锂稀释，测量灵敏度有所降低。

NAA 和 WDXRF 的测量结果分别在附表 2-2 和附表 2-3 列出。

2. NAA 和 WDXRF 对共同测量的 Ba、Cr、Fe、Na 和 Rb 等 5 个元素含量的比较

NAA 和 XRF 方法共同测量，并在文中应用于分析过程的元素有 Ba、Cr、Fe、Na、Rb。为了解两种方法对 5 个元素含量测量结果的一致性程度，使用了回归分析和样本均值一致性检验等方法。检验结果列于附表 2-4 中。

附表 2-4 显示，对于五个元素两种测量方法的数据间是高度相关的，相关系数均大于 0.923，对于铁，相关系数达到 0.997。残差的标准差与平均值的比值反映了测量的随机误差，实测此比值在 3%~8%，与 NAA 测量的精密度 5% 大致符合。两种方法的均值差与平均值的比值反映系统误差，从 Fe 和 Ba 的小于 3% 到 Na 的 18%，因具体元素和其含量的不同而有差异，说明两种方法之间还是存在一定的系统误差，这也反映在某些元素的斜率偏离 1 和截距相对偏大。同时两种方法测量结果的均值一致性检验（作配对样品检验，显著性水平取 $\alpha = 0.05$）也显示，除 Ba 外均

附表 2 - 2 中子活化分析方法对洪州窑 47 瓷片化学元素组成的测量结果

样品编号	样品名	地点	时代	Ba	Ce	Cr	Cs	Eu	Fe$_2$O$_3$	Hf	La	Lu	Na$_2$O	Nd	Rb	Sc	Sm	Tb	Th	U	Yb
C1	HDH1	港塘村	东汉	430	110.0	90.1	12.70	1.90	5.69	6.23	67.4	0.53	0.190	51.6	134	16.8	10.10	1.23	16.9	5.18	5.61
C2	HDH2	港塘村	东汉	656	123.0	102.0	13.70	2.24	4.63	5.18	68.5	0.55	0.514	51.3	143	19.6	9.93	1.46	17.0	4.36	5.35
C3	HDH3	港塘村	东汉	643	121.0	111.0	14.30	2.10	5.65	5.26	74.2	0.53	0.330	59.2	146	20.5	10.40	1.42	17.0	5.23	5.86
C4	HDH4	港塘村	东汉	519	115.0	99.8	15.40	2.07	5.82	5.41	70.5	0.50	0.291	54.1	152	18.4	10.60	1.55	19.1	4.96	5.48
C5	HDH5	港塘村	东汉	505	105.0	99.4	13.80	1.78	5.29	5.52	63.1	0.49	0.329	48.1	141	18.2	9.65	1.27	16.8	5.13	5.03
C6	HDH6	港塘村	东汉	502	91.3	83.0	11.70	1.75	3.12	5.30	56.7	0.46	0.321	41.8	127	15.7	8.41	1.33	14.7	4.10	4.64
C7	HDH7	港塘村	东汉	594	96.0	97.9	12.50	1.72	4.78	5.74	58.3	0.48	0.462	45.8	125	18.2	8.86	1.24	16.5	5.13	4.95
C8	HDH8	港塘村	东汉	541	102.0	91.6	12.70	1.77	4.19	5.59	61.7	0.54	0.408	49.2	139	17.1	9.03	1.14	17.9	5.44	5.69
C9	HDH9	港塘村	东汉	563	101.0	91.9	12.30	1.84	4.99	5.96	60.5	0.47	0.427	46.7	153	16.5	8.99	1.30	17.4	4.84	5.88
C10	HDH10	港塘村	东汉	557	97.7	97.3	12.10	1.84	5.79	5.70	60.0	0.52	0.461	46.1	146	17.4	8.64	1.42	16.9	5.00	6.89
C11	HJ1	龙雾洲	东晋	230	104.0	90.7	12.60	1.37	1.23	7.65	61.5	0.40	0.081	44.5	92	13.8	8.17	0.93	17.8	6.56	4.15
C12	HJ2	龙凤乌龟山	东晋	229	116.0	86.7	16.00	1.81	1.57	7.14	64.7	0.56	0.106	55.6	87	14.8	9.69	1.24	18.0	6.45	6.29
C13	HJ3	龙雾洲	东晋	247	102.0	95.6	13.80	1.55	1.40	6.94	59.1	0.50	0.093	44.6	100	14.3	8.19	1.07	18.8	6.07	5.14
C15	HJ5	龙凤乌龟山	东晋	376	106.0	82.8	14.10	1.65	1.89	6.03	64.8	0.53	0.084	48.0	99	16.5	8.93	1.10	17.2	5.27	5.56
C16	HJ6	龙凤乌龟山	东晋	286	105.0	77.1	13.30	1.71	1.06	7.02	60.1	0.45	0.090	46.4	90	11.9	8.67	1.03	14.7	4.82	4.41
C17	HNB1	龙凤李子岗	南朝	260	73.4	118.0	13.80	1.26	1.17	5.18	45.7	0.44	0.099	31.5	98	11.8	6.47	0.89	14.1	5.48	5.70
C18	HNB2	龙凤李子岗	南朝	194	93.0	71.2	9.77	1.24	0.93	9.70	54.4	0.51	0.065	42.1	79	11.7	7.32	0.93	16.6	4.97	4.57
C19	HNB3	龙凤李子岗	南朝	246	86.6	141.0	13.30	1.24	1.29	6.13	56.1	0.40	0.135	42.2	108	13.7	7.52	0.96	15.6	6.30	4.80
C20	HNB4	罗湖象山	南朝	326	90.2	96.2	11.70	1.36	1.63	7.84	52.3	0.45	0.160	38.8	107	12.6	7.28	0.98	16.2	4.96	4.34
C21	HNB5	罗湖	南朝	479	108.0	74.4	12.30	1.56	2.23	8.30	62.4	0.53	0.209	44.2	160	14.4	8.77	1.15	19.5	5.63	4.87
C22	HNB6	罗湖	南朝	378	100.0	77.5	10.30	1.53	2.02	9.26	58.3	0.51	0.208	41.6	123	13.9	8.12	1.03	18.1	5.29	5.43
C23	HS1	罗湖象山	隋代	552	103.0	77.6	13.70	1.41	2.32	6.81	60.0	0.49	0.322	44.1	185	14.4	8.30	1.08	19.9	5.95	5.44
C24	HS2	罗湖象山	隋代	533	100.0	69.6	14.70	1.45	3.80	8.74	59.4	0.51	0.325	45.1	196	13.4	8.37	1.12	20.5	7.46	5.18
C25	HS3	罗湖寺前山	隋代	532	107.0	62.2	12.90	1.37	2.32	10.30	59.1	0.55	0.412	42.0	185	12.9	8.48	0.99	21.0	6.66	4.99

续附表 2－2

样品编号	样品名	地点	时代	Ba	Ce	Cr	Cs	Eu	Fe₂O₃	Hf	La	Lu	Na₂O	Nd	Rb	Sc	Sm	Tb	Th	U	Yb
C26	HS4	罗湖寺前山	隋代	456	88.3	68.2	11.30	1.30	2.10	7.95	52.5	0.48	0.202	39.0	150	12.2	7.20	1.00	16.3	5.47	4.61
C27	HS5	罗湖	隋代	487	85.9	80.9	13.90	1.26	3.65	6.04	51.4	0.45	0.255	33.8	165	15.6	7.03	0.91	20.1	5.21	5.06
C28	HS6	罗湖	隋代	500	101.0	72.2	12.50	1.53	2.40	8.23	59.5	0.45	0.235	45.2	159	13.1	8.22	1.20	17.1	5.31	4.79
C29	HS7	罗湖	隋代	537	114.0	68.3	13.40	1.49	2.40	8.45	64.1	0.55	0.406	46.9	186	13.9	9.19	1.21	21.3	6.08	5.60
C30	HS8	罗湖	隋代	521	106.0	70.7	12.70	1.56	2.24	6.93	63.1	0.48	0.314	47.6	152	13.6	8.50	1.15	18.2	5.90	5.83
C31	HS9	罗湖	隋代	377	76.8	59.4	10.20	1.19	2.24	6.42	56.7	0.40	0.244	32.2	123	10.4	7.69	0.88	13.2	5.01	4.37
C32	HT1	罗湖寺前山	初盛唐	606	128.0	77.0	18.00	1.67	4.86	6.88	73.6	0.61	0.276	52.8	206	16.1	10.70	1.29	23.2	9.85	5.32
C33	HT2	罗湖寺前山	初盛唐	585	112.0	76.9	17.70	1.71	5.32	7.39	69.1	0.57	0.315	51.3	215	15.4	10.30	1.44	23.7	9.96	6.41
C34	HT3	罗湖寺前山	初盛唐	574	115.0	81.3	17.90	1.71	5.49	6.92	72.2	0.56	0.280	48.8	216	16.1	10.30	1.32	23.9	9.72	6.14
C35	HT4	罗湖象山	初盛唐	592	112.0	72.4	15.80	1.55	5.25	7.28	67.5	0.52	0.268	48.6	197	14.9	9.57	1.37	21.0	9.80	6.32
C36	HT5	罗湖	初盛唐	590	106.0	75.1	17.60	1.64	5.13	6.63	65.9	0.56	0.275	44.2	217	15.7	9.33	1.33	23.0	8.80	6.81
C37	HT6	罗湖	初盛唐	607	112.0	74.2	17.90	1.88	5.19	6.09	71.8	0.53	0.274	46.7	206	15.8	10.50	1.40	22.8	9.39	7.34
C38	HT7	罗湖	初盛唐	621	112.0	76.7	16.20	1.54	5.23	6.81	66.7	0.49	0.245	43.5	191	14.8	9.68	1.22	21.6	8.54	7.74
C39	HT8	罗湖	初盛唐	648	114.0	76.8	19.10	1.66	5.62	5.84	72.4	0.58	0.222	51.6	229	16.0	10.40	1.44	23.5	10.40	7.32
C40	HW2	曲江窑仔岗	晚唐五代	539	132.0	82.8	11.90	1.80	3.50	7.95	85.6	0.55	0.235	56.0	150	15.9	10.70	1.27	20.4	6.26	5.82
C41	HW3	曲江窑仔岗	晚唐五代	440	112.0	77.8	12.80	1.64	3.79	5.89	71.4	0.47	0.160	45.4	149	14.2	8.81	1.36	17.9	6.00	6.69
C42	HW4	曲江窑仔岗	晚唐五代	612	120.0	88.3	14.60	2.04	3.36	6.94	75.9	0.63	0.338	60.1	182	17.4	10.80	1.43	21.9	5.59	5.42
C43	HW5	曲江窑仔岗	晚唐五代	544	109.0	92.9	13.40	1.85	2.89	6.92	70.5	0.57	0.256	50.2	174	17.1	9.73	1.36	19.1	5.96	6.14
C44	HW6	曲江窑仔岗	晚唐五代	582	118.0	83.5	15.20	2.02	3.35	7.63	74.7	0.59	0.321	54.8	193	16.4	10.80	1.58	22.3	6.73	5.76
C45	HW7	曲江窑仔岗	晚唐五代	518	107.0	94.3	13.80	1.90	3.00	7.02	68.5	0.55	0.244	46.4	169	17.2	9.70	1.51	19.6	5.47	5.43
C46	HW8	曲江窑仔岗	晚唐五代	642	121.0	84.5	17.30	1.72	3.02	7.46	72.8	0.57	0.185	52.5	182	16.4	10.20	1.30	24.0	8.78	5.24
C48	HW10	曲江窑仔岗	晚唐五代	526	108.0	84.0	14.10	1.67	2.76	7.75	67.8	0.53	0.298	49.1	172	16.1	9.29	1.18	20.9	6.63	5.21
C49	HW11	曲江窑仔岗	晚唐五代	535	132.0	79.7	11.40	1.94	3.63	8.00	84.8	0.56	0.218	56.4	142	15.8	10.20	1.29	19.8	5.95	5.32

注：Fe 和 Na 为氧化物，以 % 为单位；其他元素以 μg/g 为单位。

附表 2 - 3　WDXRF 分析方法对洪州窑 47 瓷片化学元素组成的测量结果

样品编号	样品名	地点	时代	Al₂O₃	Ba	CaO	Cr	Fe₂O₃	K₂O	MgO	Mn	Na₂O	P	Rb	SiO₂	Sr	TiO₂	V	Zn	Zr
C1	HDH1	港塘村	东汉	18.5	425	0.237	81.0	5.70	1.86	0.75	126	0.230	239	121	66.9	36.4	0.90	120	54	278
C2	HDH2	港塘村	东汉	21.1	693	0.469	96.5	4.65	2.02	0.97	255	0.596	200	125	65.0	66.0	0.90	116	72	269
C3	HDH3	港塘村	东汉	22.2	657	0.360	98.8	5.61	2.06	1.08	145	0.390	351	123	62.2	48.1	0.88	120	91	269
C4	HDH4	港塘村	东汉	20.1	531	0.266	82.0	5.64	2.15	0.87	127	0.361	326	134	64.5	37.6	0.86	107	57	249
C5	HDH5	港塘村	东汉	19.3	493	0.396	82.1	5.28	1.90	0.91	205	0.347	319	125	65.6	48.7	0.87	112	77	238
C6	HDH6	港塘村	东汉	17.5	475	0.309	75.7	3.07	2.00	0.70	138	0.375	246	120	72.5	48.1	0.77	98	81	243
C7	HDH7	港塘村	东汉	18.9	602	0.458	78.1	4.68	1.97	0.84	130	0.517	291	118	67.6	60.4	0.86	108	46	267
C8	HDH8	港塘村	东汉	18.8	561	0.247	83.3	4.17	2.17	0.74	115	0.478	210	122	68.7	44.4	0.87	111	65	260
C9	HDH9	港塘村	东汉	18.0	571	0.312	83.0	4.90	2.20	0.75	186	0.516	276	126	68.1	47.6	0.82	99	62	267
C10	HDH10	港塘村	东汉	18.7	647	0.389	86.0	5.84	2.01	0.92	180	0.575	303	118	65.7	56.6	0.95	110	54	280
C11	HJ1	龙雾洲	东晋	18.2	246	0.225	80.2	1.38	1.42	0.42	47	0.130	267	95	75.8	116.7	0.92	118	52	327
C12	HJ2	龙凤乌龟山	东晋	19.9	273	0.324	78.6	1.74	1.54	0.57	107	0.111	292	88	72.1	104.2	0.97	109	97	363
C13	HJ3	龙雾洲	东晋	19.2	257	0.184	80.3	1.53	1.52	0.58	65	0.120	314	104	73.3	118.9	0.95	122	98	329
C15	HJ5	龙凤乌龟山	东晋	21.7	318	0.350	73.2	1.99	1.77	0.57	100	0.111	338	97	69.6	97.7	0.87	112	77	319
C16	HJ6	龙凤乌龟山	东晋	16.9	281	0.192	65.7	1.22	1.59	0.47	62	0.115	273	93	78.0	109.6	0.79	83	81	334
C17	HNB1	龙凤李子岗	南朝	14.3	233	0.217	111.1	1.34	1.65	0.59	79	0.151	264	97	77.3	76.2	0.71	129	48	282
C18	HNB2	龙凤李子岗	南朝	14.9	182	0.217	49.8	1.10	1.06	0.44	88	0.093	249	67	79.3	84.0	0.93	88	69	416
C19	HNB3	龙凤李子岗	南朝	15.8	227	0.166	131.3	1.45	1.72	0.59	67	0.171	249	103	76.3	90.2	0.78	153	44	298
C20	HNB4	罗湖象山	南朝	15.0	328	0.207	80.7	1.73	1.71	0.55	113	0.176	282	104	77.3	63.0	0.86	113	54	335
C21	HNB5	罗湖	南朝	17.0	475	0.318	69.9	2.40	2.53	0.71	158	0.245	205	161	71.9	42.8	0.97	102	55	340
C22	HNB6	罗湖	南朝	15.5	418	0.199	69.2	2.17	2.07	0.59	128	0.256	264	130	76.6	37.6	1.00	95	62	393
C23	HS1	罗湖象山	隋代	18.8	573	0.281	67.0	2.41	2.88	0.98	190	0.363	222	185	71.4	44.1	0.81	94	84	263
C24	HS2	罗湖象山	隋代	17.4	577	0.253	53.0	3.85	3.08	0.98	180	0.388	365	198	69.6	40.3	0.79	83	63	307
C25	HS3	罗湖寺前山	隋代	16.4	603	0.233	55.6	2.44	3.03	0.87	193	0.459	221	190	73.1	44.2	0.79	72	99	376
C26	HS4	罗湖寺前山	隋代	13.9	473	0.155	75.9	2.26	2.46	0.80	126	0.236	238	143	74.4	39.1	0.81	77	65	321

续附表 2-3

样品编号	样品名	地点	时代	Al₂O₃	Ba	CaO	Cr	Fe₂O₃	K₂O	MgO	Mn	Na₂O	P	Rb	SiO₂	Sr	TiO₂	V	Zn	Zr
C27	HS5	罗湖	隋代	19.1	515	0.258	61.3	3.84	2.73	0.93	152	0.304	220	167	68.0	34.5	0.92	97	70	258
C28	HS6	罗湖	隋代	15.8	564	0.179	53.3	2.39	2.44	0.85	219	0.283	366	155	74.1	41.9	0.87	71	88	328
C29	HS7	罗湖	隋代	17.5	558	0.233	60.8	2.47	2.96	0.84	189	0.443	214	183	71.9	41.3	0.82	84	80	312
C30	HS8	罗湖	隋代	17.0	568	0.189	60.5	2.39	2.70	0.82	155	0.342	268	160	73.0	40.5	0.85	80	90	301
C31	HS9	罗湖	隋代	15.7	462	0.179	58.8	2.39	2.43	0.84	215	0.259	345	155	74.4	38.1	0.87	70	66	313
C32	HT1	罗湖寺前山	初盛唐	20.7	615	0.223	67.6	4.92	3.23	1.14	640	0.309	583	203	64.0	37.2	0.88	83	105	265
C33	HT2	罗湖寺前山	初盛唐	19.5	604	0.211	66.2	5.33	3.39	1.12	792	0.372	696	206	64.5	36.0	0.86	90	99	274
C34	HT3	罗湖寺前山	初盛唐	20.1	588	0.187	68.6	5.50	3.21	1.14	593	0.320	539	198	63.2	33.8	0.87	100	96	267
C35	HT4	罗湖象山	初盛唐	18.6	566	0.249	66.2	5.41	2.97	1.03	656	0.298	527	179	66.0	35.4	0.89	97	94	291
C36	HT5	罗湖	初盛唐	19.8	654	0.277	64.7	5.10	3.23	1.14	615	0.347	556	197	64.3	35.5	0.89	95	110	249
C37	HT6	罗湖	初盛唐	20.7	705	0.282	69.1	5.50	3.25	1.18	752	0.289	597	190	62.8	33.6	0.90	108	120	258
C38	HT7	罗湖	初盛唐	18.6	606	0.242	70.8	5.32	3.07	1.04	655	0.325	520	177	66.0	36.4	0.88	103	103	263
C39	HT8	罗湖	初盛唐	21.1	595	0.248	65.7	5.78	3.42	1.21	669	0.284	706	199	62.3	33.3	0.87	108	115	256
C40	HW2	曲江窑仔岗	晚唐五代	18.9	488	0.238	69.3	3.44	2.33	0.74	215	0.279	338	135	68.4	60.0	0.87	92	78	326
C41	HW3	曲江窑仔岗	晚唐五代	20.1	544	0.246	77.9	4.05	2.52	0.85	228	0.218	421	144	66.7	50.5	0.82	96	100	280
C42	HW4	曲江窑仔岗	晚唐五代	20.0	577	0.224	75.3	3.56	3.03	1.02	245	0.355	229	183	67.7	45.6	0.92	117	90	300
C43	HW5	曲江窑仔岗	晚唐五代	19.4	515	0.226	91.2	3.06	2.83	0.94	187	0.299	246	175	68.9	38.7	0.99	114	97	295
C44	HW6	曲江窑仔岗	晚唐五代	19.5	612	0.232	69.8	3.42	3.05	0.90	333	0.382	326	186	67.8	45.8	0.89	100	86	300
C45	HW7	曲江窑仔岗	晚唐五代	19.0	503	0.219	75.3	3.09	2.87	0.93	211	0.304	261	174	68.4	38.7	0.97	114	102	279
C46	HW8	曲江窑仔岗	晚唐五代	19.3	518	0.257	65.3	2.97	2.63	0.80	274	0.229	304	170	68.1	39.6	0.88	95	113	301
C48	HW10	曲江窑仔岗	晚唐五代	18.4	582	0.228	72.4	2.86	2.78	0.87	209	0.390	221	169	70.4	45.1	0.94	100	98	305
C49	HW11	曲江窑仔岗	晚唐五代	19.3	517	0.238	66.3	3.58	2.35	0.74	253	0.276	381	135	69.2	59.2	0.88	91	72	3142

注：各氧化物，以 % 为单位，其他元素以 μg/g 为单位。

附表 2 - 4　WDXRF 和 NAA 测量 47 片洪州窑瓷片中 5 个元素含量的一致性检验

元素	均值	相关系数	均值差 XRF - NAA	截距	斜率	残差标准差	独立样本的均值一致性检验	配对样本的均值一致性检验
Ba	489	0.945	11.8	38.8 ± 24.0	0.899 ± 0.046	41.8	通过	通过
Cr	84.7	0.923	- 10.6	16.15 ± 4.36	0.925 ± 0.058	5.7	未通过	未通过
Fe	3.42	0.997	0.087	- 0.20 ± 0.04	1.031 ± 0.011	0.112	通过	未通过
Na	0.259	0.987	0.047	0.012 ± 0.001	0.884 ± 0.21	0.017	通过	未通过
Rb	154.0	0.958	- 6.6	5.327 ± 6.85	1.009 ± 0.045	11.3	通过	未通过

注：检验的显著性水平取 $\alpha = 0.05$。

观察到测量结果之间存在差异，特别是对 Cr，甚至没有通过独立样本的均值一致性检验（其他 4 个元素均通过了独立样本的均值一致性检验）。不同的测量方法间存在一定程度的系统误差，这是目前很多单位正在建立古陶瓷成分数据库的工作中所必须加以认真考虑的。关于各种方法测量对陶瓷样品化学组成的准确性和精密度，相互间的系统误差我们将另行撰文讨论。

为了形象地显示两种方法测量结果一致性的情况，附图 2 - 1 和附图 2 - 2 分别是测量瓷片所含铁和钠数据的散点图。可见两种方法间测量铁含量的一致性较好，各实验点形成良好的线性关系，但回归直线并未通过坐标原点；而测量钠的涨落稍大些，可能是因为钠的含量低（比铁的含量低约 10 倍）所致。

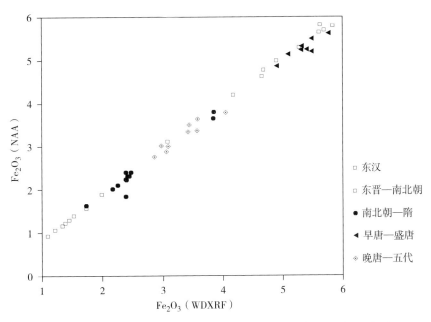

附图 2 - 1　WDXRF 和 NAA 测量 47 片洪州窑瓷片中铁含量的对比图

二　数据分析和讨论

1. 样品根据中子活化分析测量数据即根据微量元素组成的分组

使用统计分析软件包 SPSS 11.0 对洪州窑 47 个样品的 NAA 测量数据做主成分分析（PCA）。在 PCA 分析中发现元素 Hf 的采样适宜度低，因此删去 Hf，保留 Ba、Ce、Cr、Cs、Eu、Fe、La、

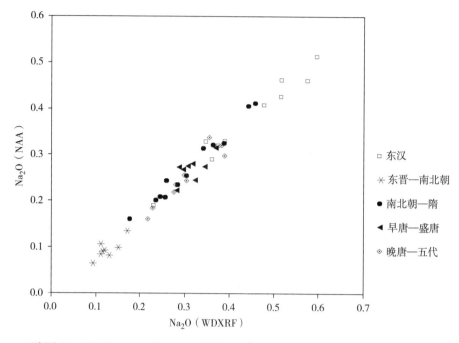

附图 2 - 2　WDXRF 和 NAA 测量 47 片洪州窑瓷片中钠含量的对比图

Lu、Na、Nd、Rb、Sc、Sm、Tb、Th、U、Yb 等 17 个元素。一般情况下，PCA 分析要求整套数据的 KMO 系数值大于 0.5，KMO 系数是一个统计量，显示变量的方差中能被公共因子所解释部分的百分比。上述 PCA 分析的 KMO = 0.814，说明这组数据非常适宜于进行主成分分析。PCA 分析中有 4 个主成分被提取（限定特征值大于 1），但第一、二主成分已能解释分析变量总方差的 69.6%（53.7% + 15.9%），即样品在由第一、二主成分为坐标轴的散点图中的分布（附图 2 - 1 所示）已反映数据总信息量的 69.6%。由 PCA 分析的因子负载矩阵可知，除 Na 和 Cr 外其他元素都对第一主成分有较大的贡献，特别是所测诸稀土元素 Sm、Tb、La、Ce、Lu、Nd 和 Eu 等对第一主成分的贡献最大。元素 U（ - ）、Cr、Eu、Sc、Th（ - ）等对第二主成分的贡献最大，符号 " - " 表示负贡献。

　　由样品在第一、二主成分为坐标轴的散点图中的分布可见（附图 2 - 3），47 个样品较明显地分为 5 组，正好对应附表 2 - 1 中的从东汉到五代共 5 期。虽然在有些组的边缘处有部分重叠，此外图中也有个别离散点存在（产于罗湖村的南北朝—隋朝组的 C20 号样落了在了产于龙雾洲的东晋—南朝样品的区域），但瓷片样品在附图 2 - 3 上的总体分布模式表明，五期港塘村、龙雾洲、罗湖村和窑仔港四地点出土的瓷片的微量元素的组成是不同的。考虑到当时的窑工应是就近取材，港塘村、龙雾洲、罗湖村和窑仔港等四地相距不足 20 千米，说明很近距离尺度的瓷土的微量元素组成就有可观察到的变化。这种情况我们在研究越窑瓷胎时也曾见到[4]。

　　值得注意的是隋代和早唐的瓷片均出于罗湖村，而两期瓷片的化学组成却有明显的差异。另一方面罗湖村的样品分别采集于象山和寺前山等不同窑口，但同时代罗湖村不同窑口出土的瓷片的化学组成却未见明显差异。

2. 样品根据波长色散 X 荧光分析测量数据即根据主、次元素组成的分组

　　WDXRF 测量了 Al、As、Ba、Ca、Cr、Cu、Fe、K、Mg、Mn、Na、Ni、P、Pb、Rb、Si、Sr、Ti、V、Y、Zn 和 Zr 等 22 个元素的含量。同样使用主成分分析方法对瓷片进行分组。考虑到 As、Cu、Ni、Pb 和 Y 等 5 个元素含量低，测量误差大，元素 Ti 采样适宜度低，这 6 个元素被剔除。主成分分析共使用 16 个元素。主成分分析的 KMO = 0.789 > 0.5，说明这套数据适宜于 PCA 分析。PCA 分析中在特征值大于 1 的条件下只有前 4 个主成分被选，而前 2 个主成分已能解释总方差的 68.8%，它们各自的贡献分别为 49.4% 和 19.4%。47 片瓷片在第一、二主成分为轴的坐标系中的分布情况如附图 2-4 所示。由图可见，除罗湖村的隋—南北朝的样品与窑仔岗的晚唐—五

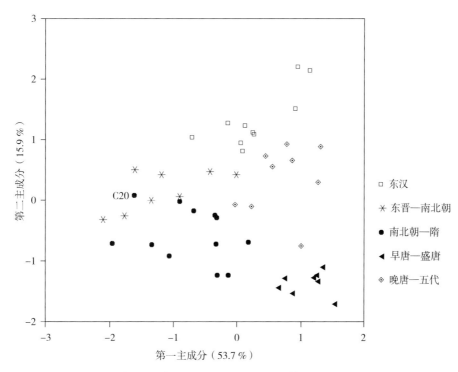

附图 2-3　洪州窑各期瓷片按 NAA 测量数据以第一、二主成分为轴的散点图

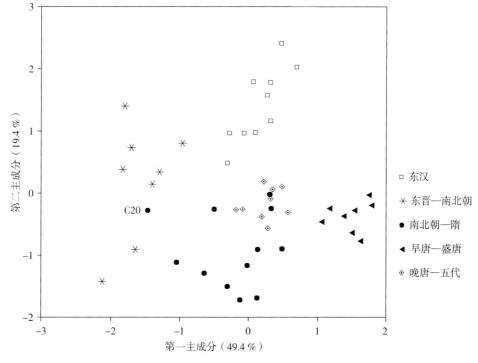

附图 2-4　洪州窑各期瓷胎样按 XRF 测量数据以第一、二主成分为轴的散点图

代之间的样品有部分交叉重叠，以及罗湖村的南北朝 C20 号样品位于晋—南朝样品（产于龙雾洲）的区域外，从东汉到五代五个先验组的样品基本上各自聚集成组。实际上南北朝—隋与晚唐—五代的样品之间在第一、三主成分为轴的坐标图中的分布是分开的（见附图 2-5，第三主成分的贡献为 11.2%）。由 PCA 分析的因子负载矩阵可知，除 V、Cr、Ca 外其他元素均对第一主成分有较大贡献，而 V、Cr 和 Ca 对第二主成分，Na 和 P 对第三主成分有主要的贡献。瓷片根据 WDXRF 测量的主、次量含量的分布与根据 NAA 测量的主要为微量元素的分布是相似的，它们的分组均与从东汉到五代 5 个先验组相对应，而且瓷片 C20 在两个分布中均为一个特殊样品。这是值得注意的。

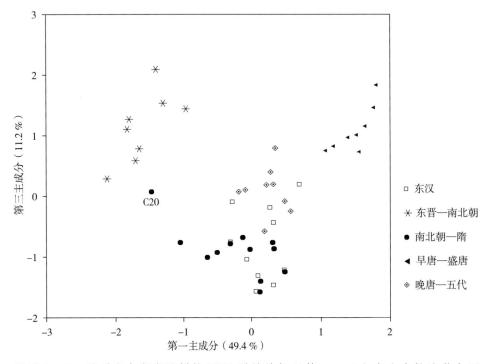

附图 2-5　洪州窑各期瓷胎样按 XRF 测量数据以第一、三主成分为轴的散点图

3. 各时代瓷胎中主、次量元素的变化及其考古学含义

WDXRF 方法测量了洪州窑各时期瓷胎中 Fe、Ti、Al、Si、Ca、K、Mg 和 Na 等 8 个主、次量元素的氧化物的含量，测量结果列于附表 2-5 中。主、次量元素含量的变化反映原材料和工艺随时代的变化。下面我们观察和讨论 Fe 和 Ti、主量元素 Al 和 Si 以及 Ca、K、Mg 和 Na 等 4 个元素变化的情况。

附表 2-5　洪州窑各期瓷胎中 Fe、Ti、Al、Si、Ca、K、Mg 和 Na 等主、次量元素氧化物含量 WDXRF 测量值

	时代	窑址	数量	平均值%	标准差%	标准误%
Fe_2O_3	东汉	港塘村	10	4.952	0.861	0.272
	东晋—南北朝	龙雾洲	8	1.468	0.285	0.101
	隋—南北朝	罗湖村	12	2.562	0.632	0.182
	早唐—盛唐	罗湖村	8	5.358	0.263	0.093
	晚唐—五代	窑仔港	9	3.335	0.378	0.126

续附表 2-5

	时代	窑址	数量	平均值%	标准差%	标准误%
TiO₂	东汉	港塘村	10	0.867	0.047	0.015
	东晋—南北朝	龙雾洲	8	0.863	0.094	0.033
	隋—南北朝	罗湖村	12	0.862	0.070	0.020
	早唐—盛唐	罗湖村	8	0.879	0.012	0.004
	晚唐—五代	窑仔港	9	0.908	0.054	0.018
Al₂O₃	东汉	港塘村	10	19.32	1.44	0.46
	东晋—南北朝	龙雾洲	8	17.59	2.58	0.91
	隋—南北朝	罗湖村	12	16.59	1.53	0.44
	早唐—盛唐	罗湖村	8	19.89	0.97	0.34
	晚唐—五代	窑仔港	9	19.33	0.54	0.18
SiO₂	东汉	港塘村	10	66.68	2.80	0.89
	东晋—南北朝	龙雾洲	8	75.21	3.28	1.16
	隋—南北朝	罗湖村	12	72.97	2.67	0.77
	早唐—盛唐	罗湖村	8	64.15	1.36	0.48
	晚唐—五代	窑仔港	9	68.38	1.05	0.35
CaO	东汉	港塘村	10	0.34	0.08	0.03
	东晋—南北朝	龙雾洲	8	0.234	0.067	0.024
	隋—南北朝	罗湖村	12	0.224	0.048	0.014
	早唐—盛唐	罗湖村	8	0.240	0.032	0.011
	晚唐—五代	窑仔港	9	0.234	0.012	0.004
K₂O	东汉	港塘村	10	2.033	0.112	0.035
	东晋—南北朝	龙雾洲	8	1.533	0.222	0.078
	隋—南北朝	罗湖村	12	2.583	0.404	0.117
	早唐—盛唐	罗湖村	8	3.222	0.151	0.053
	晚唐—五代	窑仔港	9	2.709	0.269	0.090
MgO	东汉	港塘村	10	0.852	0.120	0.038
	东晋—南北朝	龙雾洲	8	0.528	0.073	0.026
	隋—南北朝	罗湖村	12	0.814	0.138	0.040
	早唐—盛唐	罗湖村	8	1.124	0.061	0.022
	晚唐—五代	窑仔港	9	0.864	0.096	0.032
Na₂O	东汉	港塘村	10	0.439	0.116	0.037
	东晋—南北朝	龙雾洲	8	0.125	0.025	0.009
	隋—南北朝	罗湖村	12	0.313	0.087	0.025
	早唐—盛唐	罗湖村	8	0.318	0.030	0.011
	晚唐—五代	窑仔港	9	0.304	0.062	0.021

（1）Fe 和 Ti 含量

Fe 和 Ti 是瓷胎的熔剂和着色剂。由附表 2－5 可见，铁含量从东汉到唐呈现出"高—低—高"马鞍形的变化趋势。这一现象同我们以前用能量色散 X 荧光分析（EDXRF）对洪州窑瓷片的测量结果是一致的[4]，早期东汉时氧化铁含量很高，平均达 5%。到晋代时铁有非常明显的降低，仅为 1.5% 左右，并于南朝和隋时保持低值，约 2.5%，但进入唐代后氧化铁又明显升高，竟达5.4%。这种变化在洪州窑瓷片的外观上也同样反映出来。东汉及唐瓷胎均色深近黑，而晋到隋样品的胎色灰浅。东汉属洪州窑的始烧阶段，而且窑址处于赣江东岸，瓷胎的铁含量高也许反映了赣江东岸地区的瓷土质量差和技术上的原始性。为什么到唐代胎的含铁量又明显增加了呢？这似难以用唐代陶工或消费者喜爱深黑色所导致的风格变化来解释，因为在唐代瓷胎在上釉前使用了浅色的化妆土来掩盖瓷胎的深色，而陆羽也正因唐洪州瓷色深而将其贬为当时青瓷之末。因此这一现象很可能是技术上的一种倒退，也可能是当地低铁瓷土的消耗殆尽的结果，从隋到唐的瓷器都是在罗湖村生产的。到晚唐—五代时，生产地点迁移到窑仔岗后，瓷胎的铁含量又有相当的降低，为 3.3% 左右，但未降到东晋—隋的水平。

另一方面，氧化钛的含量从东汉到五代没有发生明显的变化，5 组样品的一元方差分析（ANOVA）验证肯定了 5 组样品的均值一致性。说明洪州窑 4 个生产地点各地所产瓷土钛含量的高度均匀性。

（2）Al 和 Si 含量

Al 和 Si 含量在从东汉到五代的 5 组瓷片的胎中呈现相当高的相关性，皮尔逊相关系数为 －0.833。"－"值表示当胎中氧化铝含量增高时，总体上氧化硅的含量降低。附图 2－6 不仅反映了

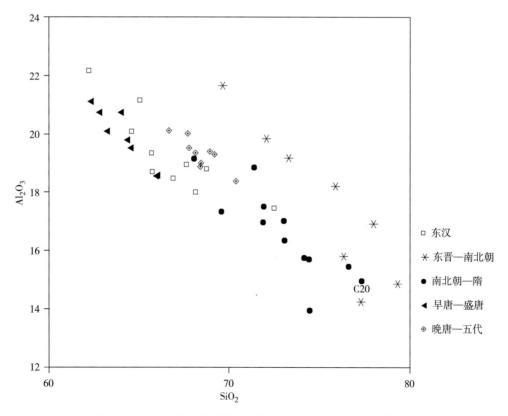

附图 2－6　洪州窑瓷胎样品对 SiO_2 和 Al_2O_3 的分布散点图

（反映 SiO_2 和 Al_2O_3 之间相当强的负相关，相关系数 r＝－0.833。同时也反映各时期瓷片的 SiO_2 和 Al_2O_3 含量是有变化的）

氧化铝和氧化硅含量之间的负相关性，而且也显示了它们随时代变化的规律。东汉和早、盛唐的 Al 平均值最高，Si 的平均值最低，而晋到隋时 Al 最低而 Si 最高。高 Al 低 Si 的瓷土要求烧成温度也高，但东汉和早盛唐瓷胎中的高铁、相对较高的其他熔剂元素（K、Mg 等）的含量一定程度上降低了对炉窑温度的要求。

（3）洪州窑各期瓷胎中 CaO、K_2O、MgO 和 Na_2O 等碱和碱土元素氧化物的含量

下面的附图 2－7 显示了洪州窑各期瓷胎中 CaO、K_2O、MgO 和 Na_2O 碱和碱土元素氧化物的平均含量，显示这 4 个元素的平均含量在各期是有变化的，而且在它们之间存在一定程度的相关性。附表 2－6 显示了它们之间的皮尔逊简单相关系数和偏相关系数，可见在它们间存在一定的相关性，特别是在 K_2O 和 MgO 间，它们的简单相关系数和偏相关系数分别达到 0.849 和 0.858，属强相关，这种强相关关系也可以在附图 2－8 中形象地看到。

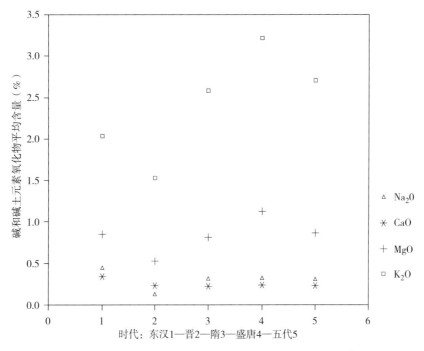

附图 2－7　洪州窑瓷胎中 CaO、K_2O、MgO 和 Na_2O 等碱和
碱土元素氧化物的平均含量随时代的变化

附表 2－6　K_2O、MgO、Na_2O、和 CaO 等碱和碱土元素间的皮尔逊简单相关系数和偏相关系数

		K_2O	MgO	Na_2O	CaO
K_2O	皮尔逊相关系数	1	0.849 ∗	0.399 ∗	－0.178
K_2O	偏相关系数	1	0.858 ∗	0.204	－0.609 ∗
MgO	皮尔逊相关系数		1	0.554 ∗	0.158
MgO	偏相关系数		1	0.105	0.453 ∗
Na_2O	皮尔逊相关系数			1	0.504 ∗
Na_2O	偏相关系数			1	0.518 ∗
CaO	皮尔逊相关系数				1
CaO	偏相关系数				1

注：“∗”表示在 α＝0.01 的显著性水平下相关。

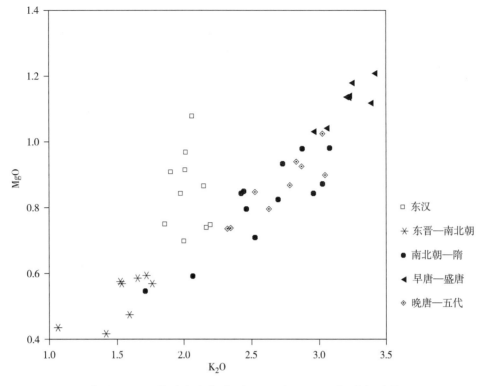

附图 2-8　洪州窑各期瓷胎 K_2O 和 MgO 之间的相关性

（赣江东岸港塘村的东汉样品例外）

（4）洪州窑瓷釉的化学组成随时代的变化。

瓷胎的化学组成包含关于瓷土产地来源的信息，而瓷釉的化学组成，特别是釉的主、次量元素组成则反映釉的选料和工艺。我们以前曾在能量色散 X 荧光（EDXRF）谱仪上测量了洪州窑瓷釉的化学组成[4]，测量的数据列于附表 2-7，下面简要介绍测量结果及其考古含义。同样使用主成分分析方法处理测量数据，舍弃测量误差大或采样适宜度低的元素后，取 Mg、P、K、Ca、Ti、Cr、Fe、Cu、Rb、Y、Zr 和 Ba 等 12 个元素进行主成分分析。主成分分析的 KMO 值为 0.692，第一和第二主成分分别解释了数据总离差的 35.6% 和 30.0%（总和为 65.6%）。洪州窑 5 期瓷釉样品在以第一和第二主成分为轴的散点图的分布由附图 2-9 所示。由图可见瓷釉样品明显分成两组，东晋至隋的样品聚集为一组，而东汉和唐、五代的样品为另一组。仅有的 2 个例外晚唐—五代的两个样品 C47 和 C48 与晋隋的样品聚在一起。

根据主成分分析的因子负载矩阵可知，铁对第一主成分有重要的贡献，即铁含量的高低对于上述的样品分为两组起重要的作用。附表 2-8 显示东汉与唐代瓷釉的铁含量明显高于晋隋的，这与瓷胎中铁含量随时代变化的规律是一致的，均反映晋隋时洪州窑瓷器质量的明显提高和唐代洪州瓷质量的倒退。外观上胎色由东汉的黑色转为晋隋时的浅灰色，而釉色由深的黄褐色转呈青色。附表 2-8 还显示，东汉时釉中 CaO 的平均含量（低于 13%）明显低于其他各期的（均高于 20%）。在汉晋之交时 CaO 含量的突然增高是否可看成晋代的窑工进一步认识到加入石灰石能降低釉的熔融温度，而且这种认识和经验一直保留传承到后代。此外瓷釉中 P_2O_5 的平均含量总体上随时代也是不断升高的，到晚唐—五代时达到 2.1%，显著高于先前各期。可能表明晚唐—五代时窑工更多地使用草木灰作为瓷釉的原料。

附表 2 - 7　EDXRF 分析方法对洪州窑 39 件瓷釉样品化学元素组成的测量结果

样品编号	样品名	地点	时代	Na₂O	MgO	Al₂O₃	SiO₂	P₂O₅	K₂O	CaO	TiO₂	Cr₂O₃	MnO	Fe₂O₃	NiO	CuO	ZnO	Rb₂O	SrO	Y₂O₃	ZrO₂	BaO
C1	DH1	港塘村	东汉	12.4	10.9	136	673	4.4	30.4	53	9.20	0.10	2.26	57.1	0.04	0.11	0.20	0.12	0.14	0.075	0.18	7.6
C2	DH2	港塘村	东汉	25.7	20.1	97	644	7.3	20.0	124	6.56	0.08	3.17	41.8	0.03	0.14	0.13	0.12	0.26	0.068	0.16	11.6
C5	DH5	港塘村	东汉	15.3	16.0	111	613	10.0	22.0	143	8.34	0.05	3.25	48.1	0.06	0.07	0.07	0.12	0.27	0.064	0.13	9.7
C7	DH7	港塘村	东汉	22.9	14.0	106	583	11.3	17.6	177	7.28	0.02	3.47	47.1	0.08	0.08	0.03	0.13	0.24	0.079	0.14	10.6
C9	DH9	港塘村	东汉	19.9	11.3	92	656	7.1	28.9	110	8.72	0.11	2.95	53.0	0.04	0.04	0.05	0.11	0.20	0.053	0.18	10.4
C10	DH10	港塘村	东汉	12.5	19.2	94	611	13.6	21.5	158	7.88	0.05	3.62	47.7	0.04	0.06	0.05	0.11	0.25	0.066	0.14	11.1
C11	J1	龙雾洲	东晋	12.3	11.4	115	621	19.7	12.6	176	6.76	0.03	3.28	10.9	0.09	0.05	0.02	0.08	0.26	0.045	0.18	5.0
C12	J2	龙雾洲	东晋	9.8	13.4	131	625	17.6	15.1	156	6.48	0.04	3.78	10.8	0.13	0.12	0.41	0.08	0.31	0.050	0.19	6.5
C15	J5	龙雾洲	东晋	10.4	17.7	115	613	13.8	14.2	180	6.11	0.04	3.48	15.3	0.10	0.02	0.02	0.08	0.31	0.050	0.16	9.2
C16	J6	龙雾洲	东晋	9.6	16.4	93	568	15.9	12.9	256	5.37	0.00	3.67	7.9	0.11	0.03	0.04	0.09	0.30	0.054	0.19	6.5
C17a	NB1a	龙雾洲	东晋	16.1	14.2	109	605	9.3	16.0	199	6.26	0.06	3.12	11.6	0.11	0.02	0.07	0.09	0.24	0.049	0.17	8.2
C17b	NB1b	龙雾洲	东晋	19.7	14.7	76	595	10.4	17.5	235	6.48	0.00	3.49	11.3	0.12	0.04	0.08	0.08	0.34	0.046	0.18	5.4
C18a	NB2a	龙雾洲	东晋	16.3	14.3	101	586	7.7	10.4	237	5.44	0.03	2.83	8.1	0.10	0.03	0.04	0.08	0.29	0.056	0.15	6.3
C18b	NB2b	龙雾洲	东晋	19.4	20.9	113	563	11.2	17.0	217	7.04	0.05	2.68	18.2	0.10	0.03	0.02	0.11	0.25	0.044	0.20	5.6
C18c	NB2c	龙雾洲	东晋	9.1	14.9	109	616	9.1	16.4	184	7.30	0.05	3.16	20.2	0.08	0.05	0.02	0.10	0.21	0.046	0.23	7.8
C23	S1	罗湖	隋代	17.7	18.7	109	583	10.4	10.3	223	5.64	0.04	3.78	8.5	0.10	0.04	0.04	0.12	0.23	0.057	0.15	10.1
C24	S2	罗湖	隋代	22.0	21.6	129	590	13.0	15.7	177	6.61	0.06	3.19	11.1	0.06	0.02	0.08	0.12	0.26	0.056	0.18	9.2
C26	S4	罗湖	隋代	21.2	20.6	105	593	15.7	15.0	198	5.95	0.03	4.39	10.3	0.09	0.04	0.03	0.09	0.26	0.050	0.18	9.0
C28	S6	罗湖	隋代	21.6	17.1	106	589	10.1	10.8	213	6.30	0.01	3.98	11.2	0.08	0.01	0.01	0.09	0.25	0.045	0.18	9.6
C29	S7	罗湖	隋代	19.6	19.2	97	586	12.7	10.3	226	5.52	0.05	3.64	9.5	0.09	0.03	0.03	0.12	0.21	0.060	0.18	12.1
C40	S8	罗湖	隋代	16.4	20.5	114	593	12.3	12.4	201	5.96	0.05	4.68	8.4	0.10	0.03	0.02	0.10	0.30	0.056	0.15	10.6

续附表 2-7

样品编号	样品名	地点	时代	Na₂O	MgO	Al₂O₃	SiO₂	P₂O₅	K₂O	CaO	TiO₂	Cr₂O₃	MnO	Fe₂O₃	NiO	CuO	ZnO	Rb₂O	SrO	Y₂O₃	ZrO₂	BaO
C31a	S9	罗湖	隋代	21.9	17.6	107	581	10.0	10.5	220	6.18	0.01	4.24	10.7	0.10	0.03	0.01	0.09	0.26	0.051	0.16	11.7
C31b	S10	罗湖	隋代	17.1	19.0	105	619	7.8	11.4	190	5.73	0.05	4.06	10.7	0.11	0.04	0.03	0.09	0.25	0.055	0.18	10.9
C32	T1	罗湖	初盛唐	22.3	23.2	100	554	19.4	15.2	227	6.30	0.01	5.46	16.6	0.13	0.07	0.03	0.11	0.38	0.070	0.13	12.8
C33	T2	罗湖	初盛唐	15.9	21.4	93	523	17.6	13.6	271	6.42	0.00	2.86	23.6	0.09	0.07	0.03	0.10	0.28	0.059	0.14	11.3
C34	T3	罗湖	初盛唐	21.1	21.8	93	523	16.3	15.4	255	8.26	0.01	2.22	32.8	0.06	0.08	0.05	0.13	0.26	0.059	0.15	12.5
C35	T4	罗湖	初盛唐	15.8	19.1	95	569	1.4	19.1	221	6.46	0.11	2.10	40.9	0.04	0.03	0.11	0.16	0.06	0.066	0.18	10.9
C36	T5	罗湖	初盛唐	22.1	23.7	105	556	18.2	17.6	193	8.85	0.02	3.90	40.4	0.05	0.14	0.10	0.14	0.22	0.061	0.17	13.0
C37	T6	罗湖	初盛唐	27.5	20.0	102	576	16.2	16.7	192	7.31	0.04	3.93	27.2	0.09	0.10	0.06	0.14	0.27	0.069	0.15	12.6
C38	T7	罗湖	初盛唐	23.0	25.5	99	512	16.9	15.3	254	7.61	0.02	3.01	32.7	0.10	0.11	0.07	0.14	0.24	0.068	0.15	11.4
C39	T8	罗湖	初盛唐	12.8	12.6	96	638	8.8	18.0	166	6.26	0.05	2.71	27.6	0.07	0.11	0.04	0.14	0.37	0.078	0.14	14.3
C40	W1	窑仔岗	晚唐五代	27.3	28.4	99	503	27.2	14.7	247	4.89	0.00	4.66	33.3	0.10	0.15	0.04	0.10	0.27	0.068	0.11	12.7
C42	W3	窑仔岗	晚唐五代	19.9	25.7	85	603	18.7	18.7	133	5.47	0.06	7.05	72.4	0.04	0.18	0.04	0.10	0.24	0.063	0.13	9.5
C43	W4	窑仔岗	晚唐五代	18.6	30.1	112	529	24.2	20.5	211	6.88	0.01	5.88	30.8	0.10	0.11	0.03	0.16	0.22	0.088	0.16	12.0
C45	W6	窑仔岗	晚唐五代	18.7	28.2	112	573	20.5	28.1	170	6.72	0.01	6.96	25.2	0.08	0.09	0.03	0.15	0.21	0.067	0.16	12.6
C46	W7	窑仔岗	晚唐五代	15.9	25.9	99	506	26.9	15.2	260	5.00	0.00	4.51	30.8	0.10	0.11	0.04	0.11	0.26	0.069	0.11	12.9
C47	W8	窑仔岗	晚唐五代	15.9	24.0	87	574	21.6	21.6	185	5.76	0.00	8.00	46.7	0.08	0.06	0.01	0.12	0.28	0.065	0.15	13.9
C48	W9	窑仔岗	晚唐五代	23.7	18.4	119	567	12.2	10.4	217	6.39	0.01	4.37	11.2	0.10	0.01	0.01	0.08	0.24	0.048	0.14	8.7
C49	W10	窑仔岗	晚唐五代	25.7	18.7	128	601	14.2	11.4	169	6.45	0.06	4.24	11.0	0.13	0.05	0.04	0.10	0.25	0.052	0.19	12.8

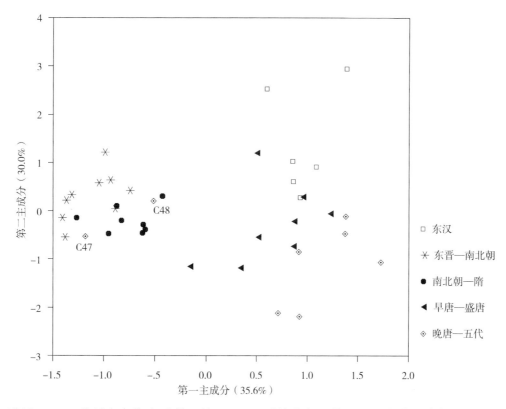

附图 2-9 洪州窑各期瓷釉样品按 EDXRF 测量数据以第一、二主成分为轴的散点图

附表 2-8 洪州窑各期瓷釉中磷、钙和铁 3 元素氧化物的含量

氧化物	时代	窑址	数量	平均值（mg/g）	标准差（mg/g）	标准误（mg/g）
P_2O_5	东汉	港塘村	6	8.9	3.3	1.4
	东晋—南北朝	龙雾洲	9	12.7	4.2	1.4
	隋	罗湖村	8	11.5	2.4	0.8
	早唐—盛唐	罗湖村	8	14.4	6.1	2.2
	晚唐—五代	窑仔港	8	20.7	5.5	1.9
CaO	东汉	港塘村	6	127.4	43.5	17.8
	东晋—南北朝	龙雾洲	9	204.5	33.6	11.2
	隋	罗湖村	8	206.0	17.4	6.1
	早唐—盛唐	罗湖村	8	222.2	36.7	13.0
	晚唐—五代	窑仔港	8	198.9	42.7	15.1
Fe_2O_3	东汉	港塘村	6	49.1	5.3	2.2
	东晋—南北朝	龙雾洲	9	12.7	4.3	1.4
	隋	罗湖村	8	10.0	1.1	0.4
	早唐—盛唐	罗湖村	8	30.2	8.2	2.9
	晚唐—五代	窑仔港	8	32.7	19.9	7.0

三 结论

1. NAA 和 WDXRF 两种方法共同测量的 Ba、Cr、Fe、Na 和 Rb 5 种元素的含量之间呈高度的

相关性，但除 Ba 外，其他元素的测量数据间有一定的系统误差。误差的大小随元素的不同和含量的高低而有所变化。不同测量方法之间存在系统误差是建立古陶瓷化学组成数据库时所必须认真考虑的。

2. 根据 NAA 测量的主要是微量元素组成和根据 WDXRF 测量的主、次量元素组成，对洪州窑的陶胎给出基本一致的分组模式，而且分组模式与陶胎的时代和产地能明确对应。说明洪州窑各窑址间虽相距不到 20 千米，但各窑址出产的瓷土的化学成分，无论是微量元素组成，还是主、次量元素组成都是有显著差异的。

3. 不少主、次量元素的含量随时代有明显的变化。特别是胎与釉中铁的含量从东汉到唐呈现出"高→低→高"马鞍形的变化趋势，胎色和釉色也随之变化。隋代和早唐的瓷器均出自罗湖村，但由隋进入唐，胎釉的铁含量突变猛增且未见过渡状态的瓷片，似不能以人们审美价值的变化作解释（前面已有讨论），系优质瓷土的耗贻，抑或是工艺技术的倒退需进一步研究。但我们对磁州窑的科技研究中也曾观察到技术的后退[5]。我国古代先进科技和工艺的发展缓慢乃至屡屡退步失传，与我国历来重文轻理、重思辨轻实证、重定性轻定量和把科技人员贬为社会底层的匠人的文化传统有关。这种传统至今仍影响着我国的学术界。

4. 洪州窑瓷胎中 Al 和 Si 含量呈现出相当高的负相关性，这与我国青瓷胎的一般规律相符。但 Al_2O_3 含量变化与铁的含量变化相似都是汉唐高而晋隋低，两者间存在一定程度的正相关性。出现这种情况的原因需继续探索，与炉温要求是否有关。

5. 相对于东汉瓷片，观察到自东晋以后（本文未测量西晋的样品）瓷釉中 CaO 的含量有明显增加。自晚唐起瓷釉中 P_2O_5 的含量升高。这些现象对研究洪州窑窑工在瓷釉配料中使用石灰石和草木灰数量的认识应该有所启示。

参考文献

1. 江西省文物考古研究所、北京大学考古系、江西省丰城市博物馆：《江西丰城洪州窑遗址调查报告》，《南方文物》1995 年第 4 期。

2. 权奎山：《论洪州窑的装烧工艺》，北京大学考古学系编：《考古学研究（四）》，科学出版社，2000 年，

3. 陈显求、陈士萍、仝武杨等：《唐代洪州窑青瓷探讨》，《景德镇陶瓷》1988 年第 1 期。

4. 梁宝鎏、王建平、权奎山、陈铁梅：《慈溪越窑和洪州窑瓷片的 X 荧光分析研究》，《文物保护和考古科学》2001 年第 2 期。

5. 梁宝鎏、M. J. Stocks、陈铁梅、秦大树：《磁州窑和定窑的 X 荧光分析研究》，《99 年古陶瓷科学技术国际讨论会论文集》，上海科学技术文献出版社，1999 年。

附录三　罗湖象山窑址

第一节　位置与地层堆积

一　位置及保存状况

象山位于丰城市曲江镇罗湖村委寺前自然村之南，濒临赣江西岸，丘陵起伏绵延向西南伸展，高出地表约 1~5 米。象山东端尽头处为一凹洼地带，寺前与外宋自然村隔沟相望，象山窑场址位于东端尽头的坡地一带。窑址地层堆积保存较好；北部偏东位置的坡地，保留一座龙窑窑床遗迹，保存状态较好（附图 3-1；彩版二〇）。

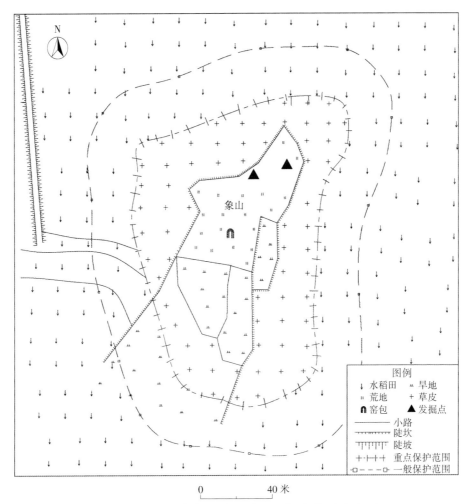

图例
↓ 水稻田	⊥ 旱地
⊥ 荒地	＋ 草皮
⋒ 窑包	▲ 发掘点

—— 小路
—⊢⊢⊢ 陡坎
—⊤⊤⊤ 陡坡
＋⊢＋⊢ 重点保护范围
□-□-□ 一般保护范围

0　　　　40 米

附图 3-1　罗湖象山窑址范围及探方位置分布图

二 探方分布与发掘面积

1992 年 10 月 12 日至 11 月 14 日，考古队先后在象山布设探方两个（编号 92T1、T2），清理陈腐池一个（编号 92C1），发掘面积为 45 平方米。为便于表述，文中简称 T1、T2、C1。1993 年 10 月 21 日起，为揭露象山窑炉遗迹，先后布设了 4 个探沟或探方（编号为 93·曲·罗·象山 T3、T4、T5、T6），清理出一座龙窑窑炉遗迹（编号为 93·曲·罗·象山 Y1），发掘面积 101.4 平方米。以上两个年度发掘面积共计 146.4 平方米。

T1 位于象山北段山岗上，地表散见大量匣钵和晋至南朝青瓷片。堆积保存较为完好，T1 西距 T2 约 15 米，北至稻田约 5 米，东临 1979 年考古发掘探沟。探方位于地势东南高西北低的山坡地上，所含堆积物显示出沿坡倒弃的先后关系。其中探方东部为 1979 年发掘时的部分二次堆积，其余表层以下均保存完好，各层堆积顺序清楚明了。堆积总体特点是各层西北厚东南薄。

T2 位于象山北段偏西的土岗上，地表杂草丛生，散存大量匣钵及青瓷碎片。由于紧临 1979 年所开探方，地表还残存部分二次堆积碎片。

三 地层及堆积

1. T1 地层堆积

T1 为 5 米 ×5 米，揭露面积 25 平方米。方向正南北。地势由东南向西北倾斜。

T1 地层共分为四层：

第①层　厚 10～60 厘米。其中东部较厚，深灰色土，土质疏松并夹杂有草根等，遗物有东晋南朝平底钵和锯齿形支圈等。西部与南部堆积较薄，土色灰黄，质地松软，夹杂有匣钵和青瓷碎片。

第②层　厚 10～50 厘米。土色灰黑，伴杂有草根，质地松软。出土遗物有碗、碟、钵、盏和匣钵等。青瓷胎色以深灰为主，灰红色次之，灰白胎较少。釉色以青褐为主，青黄或褐色釉次之。

第③层　该层依地势倾斜情况均匀分布于探方中部，南部较厚，向北逐渐变薄。厚度 10～50 厘米。土黄色并夹杂有微红细颗粒状土屑。出土大量釉色明亮器形完整的青瓷器，主要器形有碗、高足盘、钵、盏、杯、砚以及较为精致的匣钵。各类器物以灰白胎为主，深灰胎次之，灰红胎较少。釉色以青釉泛黄为主，青釉次之，青黄釉较少。青瓷钵内多压印在有蔷薇宝相花纹。

第④层　红色窑砖、炉渣、匣钵及匣钵片堆积层。厚 30～90 厘米。土质呈红色，较坚硬，颗粒较细。出土有大量较为完整的器物，其中以碗和平底钵为主，杯、盏、罐次之，鸡首壶、盘口壶较少见。胎色灰白，釉汁泛青。

T1 第④层以下有陈腐池遗迹 1 个。

遗迹未经扰乱，保存较好。陈腐池东壁呈台阶状，台阶上留有厚约 10 厘米的灰白色瓷泥，南壁与西壁稍向内凹，壁面黏结有一层灰白色瓷泥，并嵌砌有零星卵石。池底宽平。池北部有缓坡状土台，高约 60 厘米。池底沉积一层瓷片与灰白色瓷泥相间的包含物，厚约 10 厘米。显系东晋至南朝时期的遗留物。

依据各层出土遗物分析，其中第②层属唐代层，第③层为隋代层，第④层属东晋至南朝堆积层。各层相互衔接（附图3-2，1）。

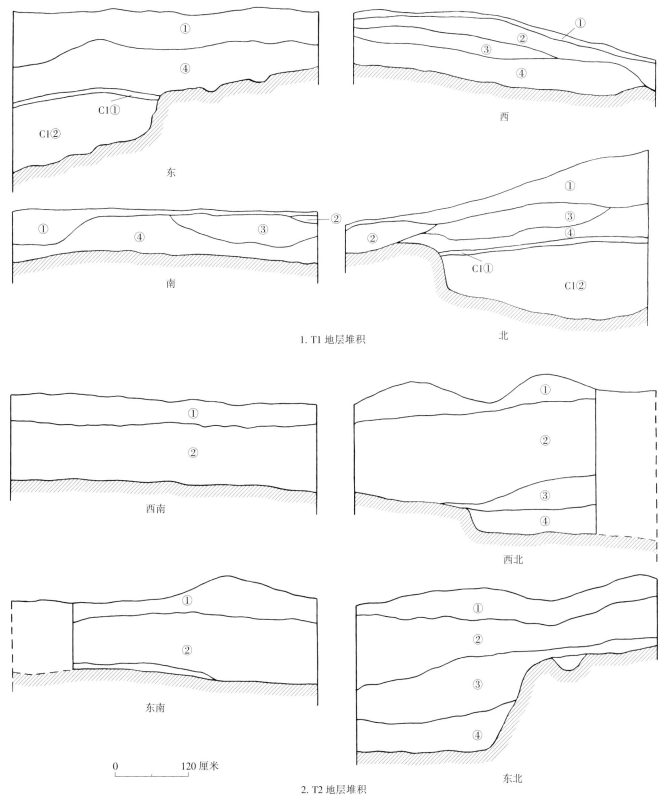

1. T1 地层堆积

0   120 厘米

2. T2 地层堆积

附图 3-2　罗湖象山窑址 T1、T2 地层堆积

2. T2 地层堆积

T2 东与 T1 相邻，相距约 15 米，北与东北部为稻田，西与小过道相隔为菜园，南为象山主体缓坡。依地势按东北、西南方向布方，开 5 米×4 米探方一个，揭露面积为 20 平方米。

T2 地层可分为四层：

第①层　表土及 1979 年二次堆积层。厚 15～80 厘米。东南壁最厚，西北壁中部最薄，地表凹凸不平，依坡势由东南向西北倾斜。遗物包含有各种窑具、青瓷片、杂草根等，属扰乱层，地表散存物收集较少。

第②层　灰黄色土，质地疏松，含密集的瓷片堆积。厚 55～150 厘米。西北壁最厚。东北壁南段最薄。本层自东南向西北倾斜，包含物丰富。有各类匣钵、齿形支圈和垫圈等窑具。出土遗物以青瓷碗为多，钵、碟、杯次之，罐类器少见。胎质以灰红胎和深灰胎为主。灰红胎完整器居多，且器形规整，胎壁显见化妆土痕迹，均系生烧，因火候未到，釉色未能显现出来。深灰胎青瓷一般变形或破损，或与匣钵粘连，器表呈青褐色釉。碗、杯、碟的足外沿多有旋削痕迹。

第③层　灰白色瓷土及瓷片堆积，土质坚硬板结，夹有少许窑砖碎块。东北角最厚，约 90 厘米。东南角厚约 10～15 厘米。依坡势至西南部，此层消失。包含物与第②层明显不同。匣钵呈直筒状，窑具中除锯齿形垫圈外，还出现三足支圈。青瓷器形增多，其中以大平底钵最多，盏、罐次之，碗、杯、碟少见。新出现有高足盘、双唇罐、鸡首壶和多足砚等。胎有红褐色和深灰色两种。红褐胎质地粗糙，一般无釉，深灰色胎瓷，一般施青色釉。

第④层　仅分布于探方东北部，距表土层约 1.5～1.8 米深。本层厚 0.5～0.9 米。北薄南厚，土呈黄褐色，夹杂有红烧窑渣及青瓷碎片等。出土遗物与第③层相近。第④层以下为坚硬不含杂物的生土（附图 3 - 2，2）。

从出土器形与釉色推断，第②层约当盛唐前后时期堆积。第③层为南朝至隋代堆积。第④层为东晋南朝堆积。

第二节　遗迹

一　窑炉遗迹

1. 位置与发掘经过

象山窑炉（编号为 93·曲·罗·象山 Y1）位于象山窑址北段偏东坡地上，东距赣江大堤约750 米。其西北端为 1979 年发掘探方地段。西南与 1992 年发掘探方 T1 相距 4～8 米左右。其北面紧邻象山 T5、T6 探方。

象山 Y1 窑床部分顶端窑砖暴露在象山窑址北段偏东坡地上，附近为村民的菜园地。考古队于1993 年 10 月 21 日在窑砖显露部位开 4 米×2 米探沟试掘。在发掘过程中，先揭除地表（第①层）草皮和一层很薄的黄灰色土（第②层），开始揭示出不够规整的窑砖堆积，经清理之后又揭示出斜坡状窑底烧结面，由此推断此系一座龙窑窑床遗迹。依据斜向烧结面和残损窑壁推断，龙窑为东西方向。按窑体方向，将探沟扩展为 5 米×5 米探方（编号为 93·曲·罗·象山 T3）。T3 位于Y1 所在山坡的最上部，清理剔除探沟之外部分草皮层（第①层）和黄土层（第②层）后，窑室后部与窑尾均已显露，窑体南壁仅残存两砖高的窑壁。窑室内夹杂窑砖、红烧土块和青瓷印花钵、碗、匣钵等遗物。此为可断定窑床年代的依据，决定暂时保留，不予清理。在发掘过程中，紧接着 T5 东面再开 5 米 ×5 米探方一个（编号为 93・曲・罗・象山 T4）。在清理完 T4 第①、②层后，发现匣钵与较为完整的瓷器夹杂灰黄土层，将此层编为 Y1 第①层。其下窑砖堆积层编为 Y1 第②层。当清理完 Y1 第①层之后，按地形又在 T4 东面连续开了两个探方（编号为 93・曲・罗・象山 T5、T6）。T5 面积为 5 米 ×5 米。T6 为 6 米 ×4.4 米。这两个探方所在均已辟为农田，经清除农耕土和其下的扰乱土层（合编为 T5、T6 第①层），进入 Y1 第①层。在清理完 Y1 第①层之后，统一清理 Y1 第②层。揭示窑室烧结面多被破坏，并在原烧结面之下出现砌建该窑时垫铺的不同于第②层的匣钵与青瓷器。经清理后将此层单编为 Y1 第③层。至此，象山 Y1 全部清理完毕。参加 Y1 发掘人员有余家栋、权奎山、彭善国、万德强。

象山 Y1 遗迹的揭示是有重要意义的发现。在 Y1 第①层出土有釉色极佳的青瓷四系罐、青瓷长颈小罐等。第②层出土有印花小平底盘等，都尚属首次发现，丰富了洪州窑烧造工艺资料。

2. 地层关系

象山 Y1 遗迹较长，呈斜坡状，前后高差大。窑体以上堆积的开口层位不尽相同。T5 西部接近 T4 探方处有一早年开挖至今仍在使用的排水沟，水沟打破 Y1。水沟之西，即 T3、T4 和 T5 的一小部分为荒坡，村民们早年曾在这里种过南瓜，Y1 开口在探方第②层之下，距地表 8～110 厘米深。水沟以东，即 T5 大部分和 T6 地段为农田，Y1 开口在第①层之下，距地表深 10～100 厘米。

3. 窑床的形状与结构

该窑体依山而建，采用砖或砖坯砌建成狭长的"龙窑"形制。建筑时对窑体范围内的坡面进行认真的修整。将高度下挖成所需要的坡度。对低凹处填以残破瓷器和匣钵等，达到所需的坡度。

窑床由火膛、窑室、窑门和火膛前的工作面等部分组成。方向为东偏南 30 度。整体斜长 18.55 米，水平长 17.40 米。倾斜度分别为火膛前工作面前部 8°，后部 10°，火膛 10°，窑室前部的前段为 22°，窑尾 19°。

火膛前端的工作面略呈不规则扇形，其底面与火膛、窑室同方向倾斜。斜长 1.85 米，水平长 1.78 米，后宽 1.50 米。两侧均为生土墙，后部火膛前壁外左右各砌一排砖，用以挡土。土墙高 0.55～0.65 米。底面纵向中部低、左右渐高，横断面呈"U"形，垫铺有炉渣、碎匣钵和瓷片等。

火膛平面呈前窄后宽的梯形。斜长（不含壁）1.96、水平长 1.88、前宽 1.3、后宽 1.65 米。顶端塌毁，左、右与前壁皆残。残高 0.45～0.85 米。前壁右侧砌设有一小门，宽 0.25、残高 0.17 米。烧结面平整，保存完好。厚约 4 厘米。

窑室高于火膛 0.45 米，高出部分的前面砌叠一道五层单砖，与窑床平齐，用以挡土。斜长 14.5、水平长 13.5、前宽 1.65、后宽 1.7 米。窑顶部倒塌。左、右、后壁残损严重，有的部分已损毁殆尽，仅存窑壁痕迹。残高 0～0.4 米。烧结面保存很差，厚约 4 厘米左右。

窑室左壁砌设四个窑门，从前向后计算，斜坡距离第一个门距火膛 1.25 米，第二门距第一门 1.85 米，第三门距第二门 3.2 米，第四门距第三门 3.25 米，距后壁 2.95 米。门宽 0.5～0.6 米。

窑室后壁皆残，仅存痕迹，烟囱火孔情况不明。窑室顶部均已塌毁，窑室内堆积有大量楔形砖，其窄面粘挂有一层烧结面（"窑汗"），属窑顶的券顶砖。窑壁采用单砖（也有砖坯）错缝叠砌，前、后壁为平砌，左、右壁则顺坡而砌，壁厚 0.12 米，砖长 0.24、宽 0.12、厚 0.08 米。窑壁内侧挂满"窑汗"。

4. 窑室内的堆积包含物

窑室内堆积包含遗物可分为三层。其中烧结面以上二层（象山 Y1①层、②层）；烧结面以下一层（象山 Y1③层）。而第③层也是因建窑时填铺低凹处而形成的。故其烧结面之下未能全面清理，它分布的具体情况还不太清楚。

Y1 第①层在 T4 探方出现，从 T4 中部往前端逐渐增厚，直至 T6（Y1 火膛前端的工作面）范围内厚达 1.8 米。该层土色，T4 和部分 T5 范围内为松散的灰黄色土。而部分 T5 和 T6 范围内的土质则为湿黏的灰黑色土。该层所出青瓷器有双唇罐 1 件、罐 1 件、盘口壶 3 件、瓶 1 件、钵 34 件、碗 52 件、盘 20 件、高足杯 1 件、杯 35 件、把杯 2 件、盂 17 件、砚台 1 件以及匣钵等窑具 2 件。

Y1 第②层除窑尾损坏严重以及火膛前端工作面的左右两边局部无存之外，其余部位皆有遗存。该堆积层以废窑砖、窑渣和红烧土块组成，其中夹杂有残破窑具和青瓷器。厚 10～50 厘米。所出遗物有青瓷钵 40 件、碗 18 件、高足盘 8 件、盘 10 件、杯 1 件、盏 1 件、砚台 1 件以及匣钵 14 件和间隔具 5 件等。

Y1 第③层在烧结面以下，未能全部发掘，仅只对损坏严重的部位进行了有选择的局部范围清理发掘。发掘资料表明，该层是由红土、残碎青瓷器和匣钵等组成。出土有青瓷碗 2 件、盘 1 件、匣钵 5 件（其中有 3 件匣钵与多件叠烧青瓷器粘连）和锯齿形间隔具 2 件。

5. 窑床的年代推断

象山 Y1 属一座典型龙窑。窑底烧结面厚，窑壁内侧粘挂满"窑汗"。开口在 T3、T4 第②层下，其第②层的时代均相同。第②层所出青瓷钵、碗、盂和圆形多足砚等器物多具盛唐前期造型特征。在 Y1 第①层出土的青瓷双唇罐、四系罐、盘口壶、钵、碗、盘、盂和杯等器物的造型与胎、釉等特征，则多具初唐时代作风。Y1 第②层所出印花钵、碗、高足盘大量见于江西隋墓，盘、砚台和匣钵也具有隋代特征。据此推断，这一层的时代当属隋代无疑。在 Y1 第③层所出青瓷莲瓣纹大碗和碗等，为赣江流域南朝晚期墓常见器。所出匣钵呈直筒状，腹较深，壁亦较直，镂有二个较大的不规则的圆形气孔，亦为南朝遗物。

综上分析推断，象山 Y1 的年代当为隋代，属江西地区发现的年代最早且较为完整的一座窑炉。

二　陈腐池

陈腐池（编号为 92·曲·罗·象山 C1）位于 T1 中心偏北偏东。北部伸入 T1 之北壁，西距 T1 西壁约 1 米，东距 T1 东壁约 0.5 米。南面有流水沟延伸至 T1 南壁。该池是在 T1 发掘中揭露的。池口压在 T1④之下，距地表约 1.20 米深（附图 3-3）。遗迹未经扰乱，保存较好。

陈腐池略呈弧方形，池口直径 3.40 米，池深约 1.70 米。池之东南部有两条流水沟，每条水

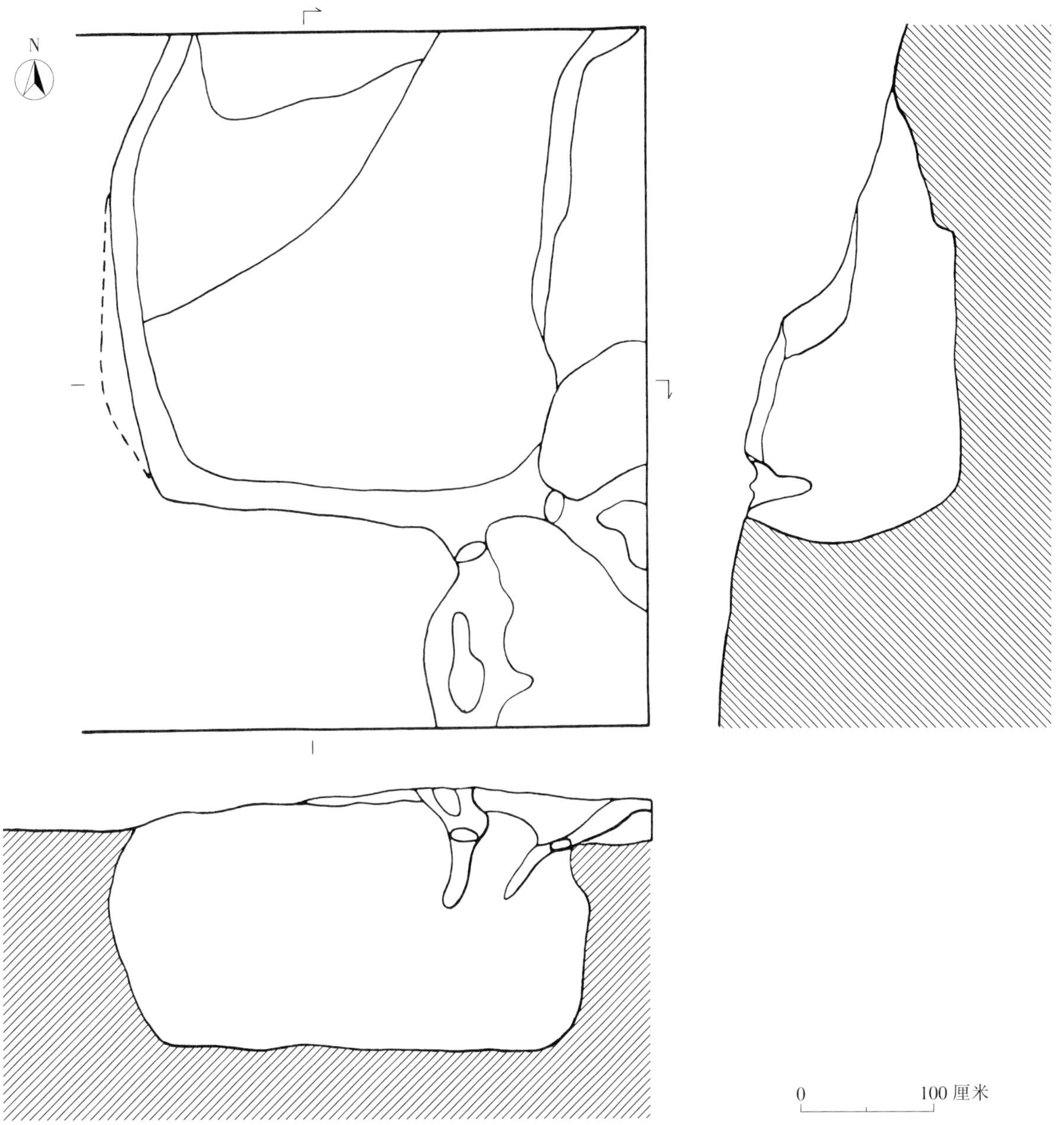

附图 3 - 3　罗湖象山窑址陈腐池平剖面图

沟各有两道分支延入东南壁。水沟呈不规则弯曲状，沟底残留有灰色硬瓷土。沟壁较明显，两条沟之出口距池口约 0.2 米处分别竖一圆形瓷片，分析为过滤之用。水沟宽约 0.2 ~ 0.3、深约 0.3 米。

池之东壁呈台阶状，台阶上留有厚约 0.1 米的灰白色瓷泥，南壁及西壁稍向内凹，壁面黏结有一层灰白色瓷泥，并嵌有零星碎卵石。池底宽平，底径 2.8 米。池北部有缓坡状土台，高约 0.6 米。池底沉积一层瓷片与灰白色瓷泥相间的包含物，厚约 0.1 米，系当时遗留物。从 T1 之东壁剖面推断，该池以东还应有与之相连的池子。一般为三池相连，呈"品"字形。陈腐池堆积可分为二层：

C1①层，厚约 0.1 米。包含物有红色土块、窑渣、窑砖以及平底钵等。其中以平底钵为多，多素胎。盘口壶、鸡首壶、罐、盏一类器次之。胎色灰白，釉色多青釉。

C1②层，厚约 1.1 米。堆积物全是各种器物相互叠压，土块少见，十分纯净。最薄处在池之西北角，接近下坡边沿，厚约 0.6 米。出土器物丰富，平底钵最多，盘口壶、鸡首壶和罐一类器增加。碗的数量较少。其中匣钵装烧之莲瓣纹碗数量较多。

从池之深浅、形状及池底沉积物分析，当属瓷泥陈腐池。池之东南为象山高坡处，两条流水沟流经东壁与南壁，沟内卡有挡阻杂物的瓷片。池之东北角呈台阶状。池内两层遗物形制多相近似。据此分析，该池在东晋早期至南朝晚期一直沿用。其上限或可达西晋。

第三节　出土遗物

出土物主要为瓷器和窑具等。现分别叙述。其中瓷器计有双唇罐、罐、器盖、鸡首壶、带座水盂、擂钵、唾盂、钵、砚台、高足盘、莲花纹大盘、盏托盘、灯台、熏香炉、熏香托座、盘、"σ"形把杯、盅、盏、莲花纹碗、碗。窑具计有支座、间隔具、环形垫圈、瓷环、匣钵和匣钵盖。

一　瓷器

1. 双唇罐

23 件　多为灰白色胎，灰红胎较少。釉色以青泛灰为主，青泛黄色次之。釉汁晶莹光亮，开细片。釉下可见白色化妆土。个别装饰有褐色彩斑。高 13.4 ~ 19.5、外口径 12 ~ 13.9、内口径 6.4 ~ 8.9、底径 10.6 ~ 13.6 厘米。可分四型。

A 型　6 件（T1④:1, T2④:4, C1②:4、5、7、8）。敞口，双唇，束颈，内唇平直，外唇斜折，内唇高于外唇，溜肩，鼓腹，平底。罐体矮胖，肩设四对称竖环形纽。施青泛绿或青泛黄色釉，开冰裂细片。素面无纹饰，釉下显现褐色彩斑。

标本 T1④:1，高 17.6、内口径 7.8、外口径 13.5、底径 10.6 厘米（图版六五，1）。

标本 C1②:4，高 22.6、外口径 15、内口径 8.8、底径 14.2 厘米（附图 3-4，1；彩版二一，1）。

B 型　10 件（T1④:2、3，T1③:1~3，T2④:1、3，C1②:1、5，C1①:1）。可分二式。

Ⅰ式　9 件（T1④:2、3，T1③:1~3，T2④:1、3，C1②:1、5）。敞口，溜肩，腹鼓至底渐内收，形体稍修长，平底，内唇高于外唇。

标本 C1②:5，外唇稍残。釉汁匀称，饰褐色点彩，有棕眼。高 19.6、外口径 12.6、内口径 8、底径 11.2 厘米（附图 3-4，2；彩版二一，2）。

标本 T1④:2，釉多脱落。外唇稍残。高 19.9、外口径 12、内口径 7.7、底径 11 厘米。

标本 C1②:1（彩版二一，3）。

Ⅱ式　内唇更高于外唇，外唇斜折，腹扁鼓，腹中部有凸棱一道，平底。施青泛黄色釉不及底。釉多剥脱。

标本 C1①:1，高 13.4、外口径 12.2、内口径 7、底径 10.6 厘米（附图 3-4，3；图版六五，2）。

C 型　3 件（T2④:2、5，C1②:6）。敞口，内唇平直，外唇高宽斜折，束颈，肩下部有凸棱一道，腹鼓至底渐内收，平底，内唇稍高于外唇，肩设四对称竖环形纽。

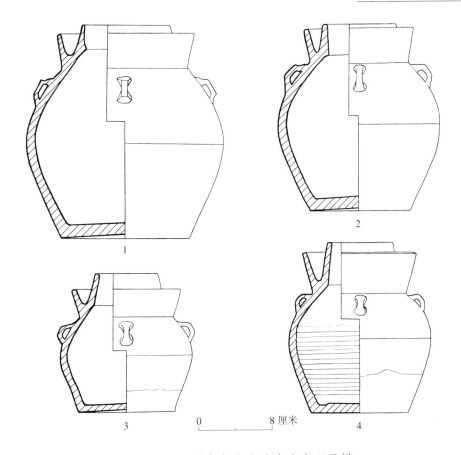

附图 3-4　罗湖象山窑址出土瓷双唇罐
1. A 型（C1②：4）　　2. B 型Ⅰ式（C1②：5）　　3. B 型Ⅱ式（C1①：1）　　4. C 型（C1②：6）

标本 C1②：6，青灰色釉不及底，釉汁匀薄，有棕眼。高 18、外口径 13.9、内口径 7.3、外唇高 8.5、底径 10.9 厘米（附图 3-4，4）。

D 型　4 件（T5②：3、4，Y1①：1、2）。外唇弧矮，腹微圆鼓，内唇宽且略高于外唇，假圈足。高 8.8~13、内口径 7~9.2、底径 6.5~8.5 厘米。

标本 T5②：3（图版六五，3）。

2. 罐

153 件（T1④，38 件；T2④，5 件；T2③，5 件；C1，104 件；Y1①，1 件）。肩设六系，其中一对为竖向双纽。其中灰白胎居多，灰红胎次之，灰褐胎较少。青泛黄色釉较多，青绿釉次之，青灰色釉最少。其余皆为釉脱落者。高 17.3~19.3、口径 16~18.5、底径 13.2~16 厘米。可分为七型。

A 型　99 件（含因破损严重而难以分式的），敞口，肩设六对称环形纽，平底。分五式。

Ⅰ式　14 件（T1④：34、45，T2④：7、8，C1②：39、44、52、54、56、80、81、90、103、118，C1①：81）。敞口，圆唇微外折，短束颈，球腹，平底，肩设六对称环形纽，纽间饰凹弦纹 1~2 道。高 17.2~19、口径 15~18.5、底径 13.8~14.7 厘米。

标本 C1②：39，青泛绿色釉不及底。有垂釉现象，露胎处显现釉下褐色点彩。高 18、口径 17.5、底径 16 厘米（附图 3-5，1；图版六五，4）。

标本 C1②：56，青灰色釉不及底，釉汁匀净明亮。纽间饰凹弦纹二道。高 17.5、口径 16.6、

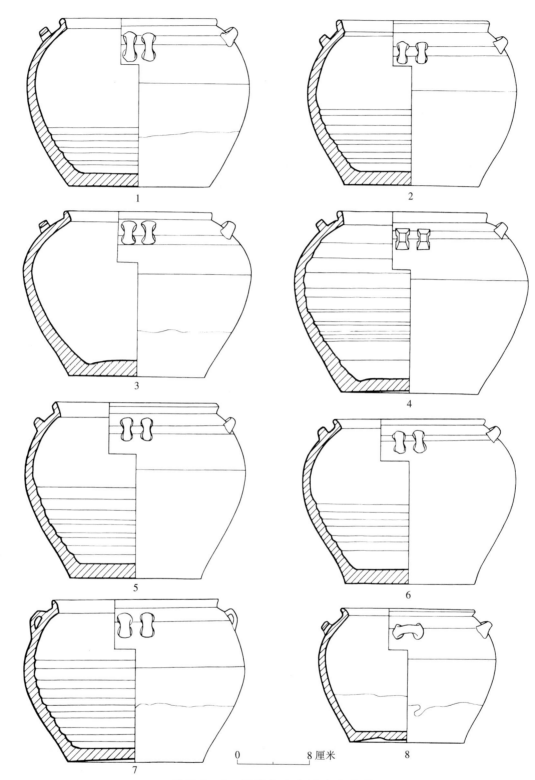

附图 3 - 5　罗湖象山窑址出土瓷罐

1. A 型 I 式（C1②：39）　　2. A 型 I 式（C1②：56）　　3. A 型 I 式（C1①：81）　　4. A 型 II 式（C1②：100）
5. A 型 II 式（C1②：256）　　6. A 型 III 式（C1②：62）　　7. A 型 IV 式（C1②：102）　　8. B 型 I 式（C1②：41）

底径 14.8 厘米（附图 3 - 5，2）。

标本 C1①：81，釉脱落，纽残损。高 17.5、口径 16.4、底径 15.1 厘米（附图 3 - 5，3）。

标本 C1②：44（彩版二一，4）。

标本 C1②：80（彩版二二，1）。

标本 C1②：90（彩版二二，2）。

标本 C1②：118（彩版二二，3）。

Ⅱ式 6件（C1②：31、32、89、93、100、256）。圆唇微外折，敞口，短束颈，溜肩，深鼓腹，平底，肩塑六对称桥形纽，纽面饰凹弦纹二道。施青灰泛绿或青灰泛黄色釉，釉不及底。高17.3～19.3、口径16.6～17.5、底径13.2～16厘米。

标本 C1②：32，开冰裂细片，釉色青灰泛黄。高18.1、口径17.4、底径16厘米（彩版二二，4）。

标本 C1②：31，青灰泛绿色釉不及底，釉多脱落。高17.5、口径16.6、底径15.2厘米。

标本 C1②：100，造型优美，制作精细，青釉泛绿。高19、口径16.6、底径15.2厘米（附图3－5，4）。

标本 C1②：256，高18.6、口径17.6、底径14.5厘米（附图3－5，5）。

标本 C1②：93（彩版二三，1）。

Ⅲ式 11件（T1④：11、12、46，T2④：4、5、198、C1②：34、62、C1①：3，C1②：63、201）。敞口，圆唇微外折，短束颈，溜肩，深鼓腹至底渐内收，平底，肩塑对称六环形纽，纽间饰二道凹弦纹。造型修长，器腹有旋削痕迹。施青泛绿或青泛黄色釉，有褐色点彩斑，显现棕眼。高17.5～18.2、口径17.5～18.4、底径14.6～15.5厘米。

标本 C1②：34，高18、口径17.5、底径14.4厘米（彩版二三，2）。

标本 C1②：62，高17.2、口径17.8、底径14.5厘米（附图3－5，6）。

标本 C1①：2，青绿色釉，破损（彩版二三，3）。

标本 T1④：46（彩版二三，4）。

标本 C1①：201（彩版二三，5）。

Ⅳ式 2件（C1②：102、193）。敞口，圆唇微外折，短束颈，扁鼓腹，腹中部有凸棱一道，平底，肩设六对称环形纽，纽间饰凹弦级一道。施黄绿色釉不及底，开冰裂细片。

标本 C1②：102，高17.2、口径18.3、底径15.5厘米（附图3－5，7）。

Ⅴ式 敞口，短束颈，口沿外侈，丰肩，鼓腹至底渐内收，形体矮小，平底，肩设六对称环形纽。内底有锯齿，支圈套烧痕迹。外施黄绿色釉不及底，釉汁肥厚。

标本 T2④：6，高14.5、口径15、底径12厘米。

B型 35件 敞口，唇外侈，平底，肩塑四对称横环形纽。高11.3～15、口径13～14.7、底径10.1～12.7厘米。可分为三式。

Ⅰ式 8件（T1④：48，T2④：4、C1②：41、55、79、96、121、129）。敞口，圆唇微外折，短束颈，溜肩，矮鼓腹，平底，肩塑四对称横环形纽，纽间饰凹弦纹一道。多施青泛绿色釉不及底，釉下显见褐色点彩斑，有棕眼，口沿多饰一周褐色点彩。有的器腹有旋削痕迹。

标本 T1④：48，高12、口径13.5、底径10.7厘米。

标本 C1②：41，高14.2、口径14.4、底径12.4厘米（附图3－5，8）。

标本 C1②：85，罐内底黏结一只锯齿形支圈，其上套烧一碗，口沿饰褐色点彩。套烧碗内又黏结有锯齿形支圈承托的一杯。

标本 C1②：55（彩版二四，1）。

标本 C1②：129（彩版二四，2）。

Ⅱ式　8件（T1④：39、T2③：5、6、182、C1②：61、65、92、84）。敞口，唇微外折，短束颈，丰肩，鼓腹至底渐内收，形体修长，平底，肩塑四对称横环纽。器腹有旋削痕迹。口沿多饰釉下褐色点彩。施青泛绿色釉不及底，有棕眼。

标本 C1②：65，高 12.9、口径 14.5、底径 11 厘米。纽间饰凹弦纹一道。施青泛灰色釉不及底，有垂釉现象，釉薄匀净。口沿饰褐色点彩（附图 3-6，1；图版六六，1）。

标本 C1②：84，罐内底粘有锯齿形支圈，支圈上黏结一件套烧青瓷碗，口沿饰褐色点彩。残破。

Ⅲ式　标本 Y1①：153，直口，腹扁鼓，大圆饼形足。施酱黄色釉。高 12、口径 10.8、底径 10.8 厘米（附图 3-6，2；彩版二四，3）。

C 型　6件（C1②：44～49）。横纽，平底，有盖。分二式。

Ⅰ式　2件（C1②：44、45）。笠帽形盖，盖沿平折，子口，平顶，半环纽，盖中部有凸棱一道；罐身敞口，矮直唇，丰肩，扁鼓腹，平底，肩塑四对称半环形横纽。纽间刻凹弦纹二道。盖面环饰釉下褐色点彩。施青泛黄色釉，釉多脱落。

标本 C1②：45，通高 9、口径 8.4、底径 8.8、盖径 9.6 厘米（附图 3-6，3；图版六六，2）。

Ⅱ式　4件（C1②：46～49）。盖面弧拱，盖沿平折，顶塑半环纽，盖面中部有凸棱一道。敞口，矮直唇，溜肩，深鼓腹至底渐内收，平底。肩塑四对称横纽，纽间压印凹弦纹一道。施青泛绿色釉不及底。

标本 C1②：47，高 11.6、口径 6.8、底径 6.6 厘米（附图 3-6，4）。

标本 C1②：49A，盖面饰点彩。两件器盖均与罐口沿黏结。高 15～16、口径 7.6～7.8、底径 7.6～8.1 厘米（附图 3-6，5；图版六六，3）。

标本 C1②：46，高 10.8、口径 8.6、底径 7 厘米（附图 3-6，6）。

D 型　标本 T1④：47，敞口，鼓腹，溜肩，小平底，肩无系纽。灰色胎。施青泛黄色釉不及底。釉色呆滞少光泽，装烧变形。高 15.2、口径 18.8、底径 7.6 厘米（附图 3-6，7；图版六六，4）。

E 型　10件（Y1①：14、63、146、162，T5②：107、Y1①：139、T5②：108～110）。敛口、口微敛或唇外卷，鼓腹，假圈足。砖红胎 3 件（Y1①：163、140、165），均因装烧温差而釉色不显。其余均为灰褐色胎。施青泛褐色釉。高 9.2～13.3、口径 9.8～16.3、底径 9.5～11.5 厘米，釉不及底。可分三式。

Ⅰ式　2件（Y1①：140、163）。敛口，腹鼓修长，大圆饼形实足。

标本 Y1①：163，高 13.3、口径 16、底径 11.5 厘米（附图 3-6，8）。

Ⅱ式　6件（Y1①：107、109、139、146、162、165）。口微敛，腹壁较Ⅰ式矮扁。

标本 Y1①：162，高 11.7、口径 15.1、底径 11.6 厘米。腹壁中部环印一周对称垂帐纹或同心圆纹（附图 3-6，9；彩版二四，4）。

标本 Y1①：165，高 8.3、底径 7.1 厘米（附图 3-6，10）。

Ⅲ式　标本 T5②：110，残。唇外卷，腹壁微鼓。高 12.8、口径 17.6、底径 11 厘米（附图

附图 3－6　罗湖象山窑址出土瓷罐

1. B 型 I 式（C1②：65）　　2. B 型Ⅲ式（Y1①：153）　　3. C 型 I 式（C1②：45）　　4. C 型Ⅱ式（C1②：47）　　5. C 型Ⅱ式（C1②：49A）　　6. C 型Ⅱ式（C1②：46）　　7. D 型（T1④：47）　　8. E 型 I 式（Y1①：163）　　9. E 型Ⅱ式（Y1①：162）　　10. E 型Ⅱ式（Y1①：165）　　11. E 型Ⅲ式（T5②：110）　　12. F 型（Y1①：164）　　13. G 型（Y1①：154）

3－6，11）。

F 型　标本 Y1①：164，敛口，瓜棱腹，高圈足，颈部有凸棱一道。灰褐胎。施黄色釉内外釉不及底，釉薄。高 16、口径 11、足径 14.1 厘米（附图 3－6，12；彩版二四，5）。

G 型　标本 Y1①：154，形体小，高唇，束颈，颈塑细凸棱一道。扁鼓腹，假圈足。灰褐胎。黄褐色釉，内外釉均不及底。高 5.3、口径 6.9、底径 4.5 厘米（附图 3－6，13；图版六六，5）。

3. 器盖

标本 C1②：44，青泛绿色釉，盖面饰釉下褐色点彩。盖径 11 厘米。

4. 盘口壶

45 件（T1④：8～10，T2④：9，C1②：14～19、30、30～50、59、169、251，Y1①：155、156、157）。其中 C1②：14、15、19、33、43 为灰红色胎，其余均为灰白色胎。青泛绿色釉。盘口，鼓腹，肩设四至六系，平底。其中 19 件可分为七式。

Ⅰ式 2 件（C1②：40、49B）。形制相同。盘口、长束颈、溜肩，鼓腹至底渐内收，平底，体形修长，肩设六桥形纽，其中四竖二横对称排列。盘口下端又另塑二对称环形小纽。皆灰白色胎，施青泛绿色釉，釉至底足沿。釉汁莹润匀净。制作规整光洁。

标本 C1②：40，高 32、口径 14.5、底径 18 厘米（彩版二五，1）。

标本 C1②：49B，高 31.6、口径 12.8、底径 17.2 厘米（附图 3－7，1；彩版二五，2）。

Ⅱ式 9 件（T2④：9，C1②：14、16、33、35、37、50、59、232）。盘口，长束颈，丰肩，腹上部圆鼓至下腹渐平削，平底。肩塑四对称半环形纽。施青泛绿色釉不及底。部分口沿饰褐色点彩。腹部有不规则褐斑。器壁釉下均涂有白色化妆土。高 19～26、口径 7.3～12、底径 10～27 厘米。

标本 T2④：9，高 21.2、口径 9、底径 12.3 厘米。

标本 C1②：33，高 21.6、口径 9.4、底径 12.5 厘米（附图 3－7，2；图版六七，1）。

标本 C1②：35，釉色青微泛黄。高 24.3、口径 10.3、底径 12 厘米（图版六七，2）。

标本 C1②：14，灰红色胎。高 21、口径 10、底径 12.6 厘米（附图 3－7，3）。

标本 C1②：50（彩版二五，3）。

Ⅲ式 4 件（C1②：15、30、169、251）。盘口，长束颈，腹上部圆鼓至下部平削，形体修长，平底。肩塑对称两个环形纽。器腹有旋削痕迹。高 18.7～21.7、口径 6～8.9、底径 10.6～11.7 厘米。

标本 C1②：169，口沿稍残。高 20.8、口径 8.6、底径 11.2 厘米（附图 3－7，4）。

标本 C1②：251，青泛黄色釉。高 19、口径 8.5、底径 10 厘米（附图 3－7，5；图版六七，3）。

标本 C1②：15，高 20.8、口径 9.4、底径 10 厘米（附图 3－7，6）。

Ⅳ式 标本 C1②：46，口沿残。扁鼓腹，小平底。肩设半环形双纽，纽向饰凹弦纹一道。施青泛黄色釉，开细片。体形细小。残高 5.7、底径 6.1 厘米（附图 3－7，7）。

Ⅴ式 标本 Y1①：155，颈矮短，腹扁鼓。高 10.2、口径 7.6、底径 7.2 厘米（附图 3－7，8；图版六七，4）。

Ⅵ式 标本 Y1①：156，小喇叭口，形体矮小。高 6.4、口径 3.9、底径 4.3 厘米（附图 3－7，9；图版六七，5）。

Ⅶ式 标本 Y1①：157，形体小。高 5.5、口径 3.6、底径 3.3 厘米（附图 3－7，10；图版六七，6）。

附图 3-7　罗湖象山窑址出土瓷盘口壶

1. I式（C1②：49B）　2. II式（C1②：33）　3. II式（C1②：14）　4. III式（C1②：169）　5. III式（C1②：251）
6. III式（C1②：15）　7. IV式（C1②：46）　8. V式（Y1①：155）　9. VI式（Y1①：156）　10. VII式（Y1①：157）

5. 鸡首壶

16 件（T1④：6、7，T2④：10，T2③：73、74，C1②：8、9、11～13、38、42、43、194）。其中 C1②：9、10、38、43 为灰红胎。C1②：8、11、42 为灰褐胎。其余为灰白胎。C1②：13、38、43 为青泛黄色釉，开细片，釉下显现褐点彩，并有白色化妆土痕迹。其余皆为青泛绿色釉。盘口，束颈，平底，肩塑对称鸡首流和把手。其中 8 件可分为三型。

A 型　2 件（C1②：8、11）。盘口，长束颈，丰肩，球鼓腹，平底。肩塑对称二桥形纽和对称鸡首流和扳手柄。施青泛绿色釉，釉汁青翠莹亮，开细片。

标本 C1②：8，器腹有釉下褐色彩斑。鸡首流嘴与腹部不相通，纯系装饰作用。高 25.3、口径 10、底径 14.6 厘米。鸡首残。

标本 C1②：11，残破。残高 24.2、底径 14 厘米（附图 3-8，1）。

B 型　4 件（C1②：9、10、13、42）。可分二式。

Ⅰ式　2 件（C1②：9、10），盘口，长束颈，溜肩，鼓腹至底微内收，形体矮小，平底。肩塑对称双桥形纽和鸡首流与扳手柄，鸡首流嘴与器腹不相连通。形体矮小。

标本 C1②：10，残。高 19.2、盘口径 6.5、底径 9.5 厘米（附图 3-8，2）。

Ⅱ式　2 件（C1②：13、42）。形体高大，溜肩，鼓腹至底稍内收，平底。

标本 C1②：42，鸡首昂起作啼鸣状。盘口残。

C 型　2 件（C1②：194、C1①：43）。盘口，长束颈，丰肩，器腹修长，形体高大，平底。肩塑对称桥形纽和鸡首流嘴与扳手柄。

标本 C1①：43，青泛绿色釉，釉多脱落，露胎处可见白色化妆土痕迹。高 28.6、口径 10.6、底径 14.4 厘米（附图 3-8，3；彩版二六，1）。

标本 C1②：194，口沿稍残。青泛绿色釉。器腹粘有窑渣。高 23、口径 8、底径 12.6 厘米

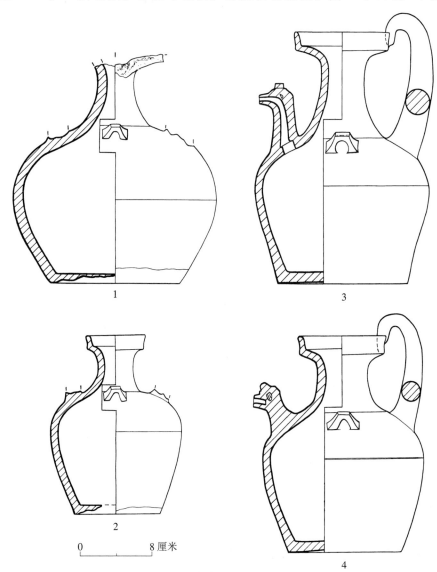

附图 3-8　罗湖象山窑址出土瓷鸡首壶

1. A 型（C1②：11）　2. B 型Ⅰ式（C1②：10）　3. C 型（C1①：43）　4. C 型（C1②：194）

（附图 3 - 8，4；彩版二六，2）。

6. 带座水盂

敛口，平沿，腹鼓至下部内收，底足处延伸呈圆座形。灰白胎。青泛黄色釉，釉均脱落。口沿环饰重圈纹。

标本 T2③：2，高 4.3、口径 3.4、底径 4.4 厘米。

7. 擂钵

灰红色胎。敞口，圆唇微外侈，短束颈，溜肩，腹鼓至底渐内收，大圆饼形实足，底沿外延。施青泛绿色釉不及底。内壁露胎，底心刻划竖条线纹，属研磨之用。

标本 C1②：950，高 12.5、口径 12、底径 8.9 厘米。底足厚 1.3 厘米（图版六八，1）。

8. 唾盂

灰白胎。盘口、束颈，扁鼓腹，平底。施青泛黄色釉至近底部。底足露胎，开细片。釉汁莹润。

标本 C1②：851，高 11.6、口径 8.6、底径 9 厘米（附图 3 - 9；彩版二六，3）。

0 _____ 8 厘米

附图 3 - 9
罗湖象山窑址出土瓷唾盂

9. 钵

521 件（T1，137 件；T2，182 件；C1②，202 件）。深腹、平底。其中 495 件可分为九型。

A 型　63 件（T1④：53～56、58、84、540，T1④：11、12、16，T2③：7、21、39，C1②：12、18、110、241、255、267、270、275、276、282、283、285、286、288、289、294、303、305、306、308、312、315、321、327～329、340～342、355、368、372、373、377、383、404、416、429、430、435、442、445、452、457、458、470、662）。敛口、深微鼓腹、平底。可分二式。

Ⅰ式　28 件（T1①：53～55，C1②：181、273、282、286、288、289、294、299、303、305、308、312、340、342、368、373、382、383、416、429、430、435、442、455、458）。口微敛，薄唇，深腹，形制瘦高，腹上部微鼓，至底渐斜削，平底，底径略小。口沿下均显现浅褐色细弦纹，内底沿多旋削一道凹弦纹。胎多为灰白、灰黄色，釉色青灰色釉，青泛绿色釉次之。均见支钉或锯齿形支圈装烧痕迹。釉多无光泽，开冰裂细片，口沿多饰褐色点彩。高 5.6～8、口径 16.7～19.5、底径 10.2～14.6 厘米。

标本 C1②：286，高 7.8、口径 18.5、底径 12 厘米（附图 3 - 10，1）。

标本 C1②：294，高 7.3、口径 17.2、底径 10.6 厘米（附图 3 - 10，2）。

标本 C1②：288，高 7.9、口径 18.5、底径 12.4 厘米。

标本 C1②：457，高 7.2、口径 18、底径 11.2 厘米（附图 3 - 10，3）。

Ⅱ式　35 件（T1④：58、59、81～84、89、90，T2④：11、12、16，T2③：7、21、39，C1①：12，C1②：18、267、275、283、285、306、315、321、327、329、355、372、377、404、421、425、445、457、470、955）。形体较Ⅰ式矮，底足较Ⅰ式宽。口沿饰褐彩细线纹。内底沿均饰凹弦纹并黏结有支钉痕迹。灰褐胎居多，灰黄胎次之。多为青灰色釉，青泛黄釉较少。高 5.6～8、口径 17～19.1、底径 10.7～12.3 厘米。

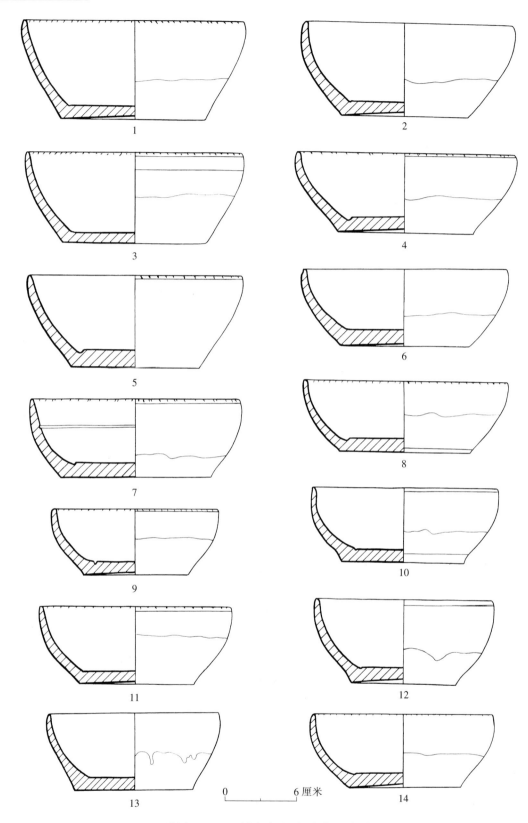

附图 3－10　罗湖象山窑址出土瓷钵

1. A 型Ⅰ式（C1②：286）　2. A 型Ⅰ式（C1②：294）　3. A 型Ⅰ式（C1②：457）　4. A 型Ⅱ式（C1②：
955）　5. B 型Ⅰ式（C1②：276）　6. B 型Ⅱ式（C1②：310）　7. C 型Ⅰ式（C1②：356）　8. C 型Ⅰ式
（C1②：354）　9. C 型Ⅱ式（C1②：424）　10. D 型Ⅰ式（C1②：341）　11. D 型Ⅱ式（T1④：86）
12. D 型Ⅱ式（C1②：451）　13. E 型Ⅰ式（C1②：341）　14. E 型Ⅱ式（C1②：468）

标本 C1②：955，高 6.5、口径 18、底径 11.6 厘米（附图 3 - 10，4；图版六八，2）。

标本 C1②：315，青泛黄色釉。高 7、口径 16.4、底径 11.4 厘米。

标本 C1②：445（彩版二六，4）。

B 型　66 件。可分为二式。

Ⅰ式　30 件（C1①：13、C1②：267、276、284、287、290、290 ~ 292、304、318、322、332、335、338、343、345、350、360、364 ~ 367、381、407、414、432、449、456、459、469、491）。敞口，深腹微鼓，腹下部微斜削，腹中部多有一道凸棱，平底，足沿较粗涩。口沿下有一道凹弦纹，施釉不及底，内底满釉，釉汁多不莹亮，有的内底黏结有锯齿形支圈痕迹。开细片。多为灰黄胎，灰褐胎次之，以青泛绿色釉为主，青灰泛白色釉次之，余皆过烧釉不显。内底均留有支钉痕迹，外壁施釉不及底，内底满釉，口沿饰褐色点彩。有的可见两件对口扣烧工艺。高 5.5 ~ 7、口径 16.4 ~ 19、底径 11.3 ~ 13 厘米。

标本 C1②：449，施青泛绿色釉不及底，口沿饰褐色点彩。高 6.3、口径 19、底径 12.6 厘米。

标本 C1②：365，高 7、口径 17.8、底径 11.5 厘米。青泛绿色釉，莹亮开细片，内底有锯齿形支圈黏结痕。

标本 C1②：276，青泛黄色釉至近底部，有棕眼，釉部分脱落（附图 3 - 10，5）。

Ⅱ式　36 件（C1①：10、C1②：219、269、293、298、301、304、309、310 ~ 313、325、326、334、336、337、346、358、371、379、382、385、391、397、408、417 ~ 420、437、441、453、465、466）。口微敛，深腹至底渐斜削，腹上部外鼓，平底，近足沿修削较光洁，底足径较小。内底有凹弦纹一道。口沿饰褐色点彩。灰褐胎居多，灰黄胎次之，余皆因过烧釉不显。有的口沿饰褐色点彩。青泛绿色釉居多，青泛灰色釉次之，青泛黄色釉较少，釉亮开片。

标本 C1②：310，青泛绿色釉，釉汁莹润。内底有锯齿形支圈黏结痕迹。高 6.2、口径 16.6、底径 10.8 厘米（附图 3 - 10，6；图版六八，3）。

C 型　27 件（C1①：18、C1②：273、284、286、295、297、321、323、333、346、347、349、354、359、363、389、390、403、424、425、438、447、460、463、467）。其中灰褐胎居多，灰红胎次之。灰青色釉居多，青泛绿色釉次之，青泛灰白色釉和青泛黄色釉较少。可分为二式。

Ⅰ式　7 件（C1②：273、286、323、354、356、359、403）。体形矮小。口微敛，弧腹，腹中部有凸棱一道，平底，底足较大，口沿下有一道不明显的凹弦纹。釉不及底，内满釉。口沿饰褐色点彩。高 5.9 ~ 6.8、口径 17 ~ 18、底径 10.8 ~ 12.7 厘米。

标本 C1②：356，釉色青泛绿。釉汁光洁，口沿饰褐色点彩。高 6.2、口径 17.4、底径 12.4 厘米（附图 3 - 10，7；图版六八，4）。

标本 C1②：354，高 5.6、口径 16.8、底径 10.8 厘米（附图 3 - 10，8）。

Ⅱ式　20 件（C1①：8、C1②：284、295、297、323、333、346、347、349、363、389、390、424、425、438、447、460、463、467）。口微敛，器腹上部较平直，腹中部有一道凸棱至腹下部渐斜削，平底。釉不及底。口沿多饰褐色点彩。内底有一圈凹弦纹。高 6 ~ 7、口径 14.5 ~ 18.1、底径 8.4 ~ 12 厘米。

标本 C1②：424，青泛绿色釉，釉不及底，内壁满釉。口沿黄褐色点彩。高 5.6、口径 14、底径 8.8 厘米（附图 3－10，9）。

D 型　53 件（T1④：58、60、62～64、67、69、70～77、79、85、86、89、430、434，T2②：9、12、42、30、31、35、20、43，C1②：277、280、296、302、320、341、345、352、370、397、398、406、409、412、413、426～428、433、434、450、457、461、464）。多为灰红胎，灰白色釉居多，青泛黄色釉次之，余皆因过烧釉均不显。其中 45 件可分为二式。

Ⅰ式　14 件（T2③：9、12、20、30、31、35、42、43，C1②：280、296、341、409、413、433）。敞口，薄唇，腹上部微鼓，下部平削，平底，足沿外撇。

标本 C1②：341，青泛绿色釉不及底。高 6、口径 15.5、底径 1.2 厘米（附图 3－10，10）。

标本 C1②：409，青泛绿色釉。口沿饰点彩。高 6.3、口径 15.3、底径 9.4 厘米。

Ⅱ式　31 件（T1④：60、76、78、86、430，T2④：10、13、24，T2③：18、26、36、40，C1②：277、302、320、345、352、370、397、398、406、412、413、426、427、428、434、451、454、461、464）。敞口，薄唇，深腹微鼓至底渐内收，平底足径较小，形体较高瘦。内底多有一道凹弦纹或黏结有锯齿形支圈痕迹。底足沿修削光洁。高 5.9～72、口径 14～16、底径 8.8～10.6 厘米。

标本 T1④：86，高 62、口径 16、底径 9.6 厘米（附图 3－10，11）。

标本 C1②：451，青泛黄色釉不及底，内壁薄釉，釉汁莹润开细片。内底有凹弦纹一道。高 6.9、口径 15、底径 9 厘米。（附图 3－10，12；图版六八，5）。

E 型　35 件（C1①：14～17，C1②：274、276、283、300、309、316、317、330、331、339、341、343、344、353、357、361、362、367、369、380、382、384、393、394、396、405、410、413、468、497）。灰褐胎居多，灰红胎、灰白色胎依次次之。其中青泛绿色釉、青泛黄色釉、青泛绿色釉依次递减。内底多粘有锯齿形支圈痕迹。口沿多饰褐色点彩。内底有凹弦纹一道。可分为二式。

Ⅰ式　17 件（C1①：14～16，C1②：83、316、317、341、344、361、382、384、393、396、405、410、413、467）。敞口微敛，弧腹，平底，底足微外撇。内底有一道凹弦纹。施青泛绿色釉或青泛灰色釉。釉汁匀净，开细片，有棕眼。口沿少见褐色点彩。高 5.8～6.4、口径 13.3～14.9、底径 8.8～10.7 厘米。

标本 C1②：467，青泛绿色釉不及底。口沿饰褐色点彩。内底有一道凹弦纹，粘有锯齿形支圈痕迹。高 6.1、口径 14、底径 9.5 厘米。

标本 C1②：341，青泛绿色釉，底心有一凸圈。高 6、口径 14.2、底径 9.8 厘米（附图 3－10，13；图版六八，6）。

Ⅱ式　18 件（C1①：17，C1②：274、276、300、309、330、331、339、343、344、353、357、362、367、369、380、394、468）。敞口，深腹微鼓至底内收，底足径较小，足沿修削光洁。旋青泛绿色釉或青泛黄色釉。口沿有褐色点彩，开细片。内底粘有锯齿形支圈痕。高 5.1～6、口径 15.2～16.5、底径 8.8～10.2 厘米。

标本 C1②：468，青泛绿色釉。口沿饰褐色点彩。内底粘有锯齿形支圈痕。足沿修削光洁。高 5.7、口径 15、底径 9.5 厘米（附图 3－10，14；图版六八，7）。

标本 C1②：331，青泛绿色釉。高 5.8、口径 15、底径 9.5 厘米。

F 型 12 件（T1④：75，T2③：18，C1②：294、340、342、375、376、387、388、415、436）。灰褐胎居多，青灰釉、灰红胎、灰白胎依次递减。青泛绿色釉不及底。内壁满釉，未见锯齿形支圈痕迹，口沿未施釉，可分为二式。

Ⅰ式 5 件（C1②：294、340、376、388、415）。敞口，方唇，腹上部微鼓，腹下部平直，腹较浅，大平底，底足沿微外撇。外口沿下有细弦纹一道，内底未见锯齿形支圈痕，只见一件粘有凸圈形支烧痕迹。高5.5～6、口径12.2～14、底径9.8～10.3厘米。

标本 C1②：340，底足沿微外撇。高5.5、口径12.4、底径10厘米（附图3-11，1）。

附图 3-11 罗湖象山窑址出土瓷钵

1. F 型Ⅰ式（C1②：340） 2. F 型Ⅱ式（T1④：75） 3. F 型Ⅱ式（C1②：376） 4. G 型Ⅰ式（T1③：44）
5. G 型Ⅰ式（T1③：60） 6. G 型Ⅰ式（T1③：37） 7. G 型Ⅰ式（T1③：39） 8. G 型Ⅰ式（T1③：50）
9. G 型Ⅰ式（T1③：63）

Ⅱ式　7件（T1④：75，T2③：18，C1②：342、375、387、415、436）。敞口，深腹，上部微鼓，下部平削，腰微束，大平底，足沿微外撇。器壁有旋削凹棱，足沿修削粗涩。高6.3～8.6、口径13～15.4、底径9.3～10.5厘米。

标本T1④：75，青泛灰白色釉。内满釉，外不及底。内外壁粘满窑渣，底足外侧粘有二个不规则垫块。高6.3、口径13.2、底径9.3厘米（附图3－11，2；图版六九，1）。

标本C1②：415，釉脱落。腹壁有凹棱。高7.6、口径14、底径10.5厘米。

标本C1②：376，外壁粘有窑渣，外底有衬块泥钉黏结。高5.8、口径12、底径9.6厘米（附图3－11，3；图版六九，2）。

G型　141件（T1③：139件，Y1③：1件）。口微敛，弧壁，小平底。可分为七式。

Ⅰ式　16件（T1③：9、37、39、44、46、51、60、63～66、80、89、90、100）。形体较高。口微敛，弧腹，腹下部较宽，小平底。底部除T1③：64、80两件外，均旋削有一圈凹槽。灰红胎、灰黄胎、深灰胎比例大体一致。施青釉者，釉汁光洁开细片。施青泛灰白色釉者，釉汁光亮开细片。釉下均涂有白色化妆土。有的内壁无纹饰。有的内壁用印模压印有各种纹饰。高5.2～5.5、口径12.6～13.1、底径3.5～5厘米。

标本T1③：44，高5、口径13.4、底径5.4厘米（附图3－11，4；图版六九，3）。

标本T1③：60，高5、口径13、底径4.4厘米（附图3－11，5；图版六九，4）。

纹饰标本有（T1③：37、39、50、63、100），每件各代表一种纹饰（附图3－11，6～9、3－12，1）。

Ⅱ式　27件（T1③：2、7、17、18、20、35、43、45、52、54～56、69、79、85、86、97、99、115、116、121、124、126、127、134，Y1②：56）。形体较Ⅰ式略扁矮，腹较Ⅰ式浅，平底或微内凹。高4.4～5.1、口径11.7～12.5、底径4～5.2厘米。深灰胎居多，灰红胎次之，均釉下涂有白色化妆土。施青泛灰白色、青泛绿或泛黄色釉，内底满釉外不及底。釉面光洁，开细片。有的外底中心有旋削有凹弦纹一道。有的内壁划饰同心圆并模印有蔷薇宝相或团花纹样。花纹布局为内口、腹、底中部各划饰同心圆纹一组，其外模印5～6朵花纹。其中有的为三、三相间布局。有的纹饰相同，大小有别，有的纹样、花纹大小，细部有差异，并非同一模子压印。有的大小及细部相同，为同一规格印模压印。

标本T1③：54，口径12、高4.8、底径5厘米（附图3－12，2）。

标本T1③：55，口径11.9、高4.6、底径4.9厘米（附图3－12，3）。

标本T1③：56，口径11.9、高4.8、底径4.7厘米（附图3－12，4）。

标本T1③：86，口径12.2、高4.6、底径4厘米（附图3－12，5）。

标本T1③：99，口径11.8、高5.1、底径4厘米（附图3－12，6）。

标本T1③：116，口径10.7、高4.7、底径4.7厘米（附图3－12，7）。

标本T1③：121，口径13、高4.6、底径4厘米（附图3－12，8）。

Ⅲ式　48件（T1③：1、5、8、10～12、14、16、18、21、22、24～27、30、33、34、38、40～42、53、58、59、61、62、67、70、73、87、95、96、98、114、140，Y1②：14～16、27、31、32、34、36、70、99、100）。形体较Ⅱ式略矮，腹亦较浅。平底微内凹。高4.1～5.8、口径10.5～12.3、底径3.5～5.4厘米。均于胎壁上涂有一层灰白色化妆土。施釉外不及底，内壁满

附图 3－12　罗湖象山窑址出土瓷钵

1. G 型 I 式（T1③：100）　　2. G 型 II 式（T1③：54）　　3. G 型 II 式（T1③：55）　　4. G 型 II 式（T1③：56）

5. G 型 II 式（T1③：86）　　6. G 型 II 式（T1③：99）　　7. G 型 II 式（T1③：116）　　8. G 型 II 式（T1③：121）

9. G 型 III 式（T1③：30）

釉。深灰胎居多，灰黄胎、砖红胎依次次之。青泛灰白色釉居多，青釉、青泛黄色釉依次递减，釉面光洁，开细片釉色灰暗。上述标本中有 36 件印有花纹。内底饰三组同心圆的有 19 件，饰二组同心圆有 10 件，纹饰不清为 7 件。纹饰标本有 T1③：1、12、14、22、25、26、30、40～42、58、61、67、70、72、73、87、95、140，Y1②：8、14～16、27、31、32、34、36、49、70、99。

标本 T1③：30，口径 11.6、高 4.6、底径 5 厘米（附图 3 - 12，9；图版六九，5）。

标本 T1③：58，口径 12.2、高 4.4、底径 4 厘米（附图 3 - 13，1）。

标本 T1③：73，口径 12.2、高 4.9、底径 4.5 厘米（附图 3 - 13，2）。

标本 T1③：21（彩版二七，1）。

Ⅳ式：47 件（T1③：3、4、6、8、13、15、23、28、29、48、49、57、68、71、74、75～78、81～84、88、92～94、101、103～106、109、111、113、118、122、125、128、131、135、136、139、542，Y1②：20）。形体较Ⅲ式略矮，腹亦较其浅。高 4.2～4.5、口径 11.2～12.5、底径 4～5 厘米。皆涂有白灰色化妆土，施釉外不及底内满釉。灰及深灰胎居多，砖红胎、灰黄胎较少。青泛灰白釉较多，青泛黄色釉、青釉依次递减。釉面多光洁，开细片。其中 46 件内壁压印花纹。一般内壁上部和内底中心各饰一组同心圆纹，在内底中心的同心圆纹周边模印 4～5 朵花纹。不见花纹相间布局。纹饰标本有 T1③：4、6、13、23、28、29、47～49、54、57、68、75、81、82、84、88、93、94、104、106、107、111～113、117、118、120、125、135、139。

标本 T1③：29（附彩版二七，2）。

标本 T1③：54（附彩版二七，3）。

此外 T1③：77、91、102、108、110、119、123、129、132、133、137、138、141 等 16 件，因残损无法分式。内侧皆印有花纹，其余布局均相同。纹饰如下：T1③：91、102、123、129、130、141、133、137。

Ⅴ式 口沿部位以下较平直，腹壁直削，大平底，内底中部凸起呈圆饼形状。深灰胎，釉下涂有白色化妆土。内外壁满釉。青泛黄色釉，釉汁莹亮，开细片。

标本 T1③：142，高 4.2、口径 12.5、底径 11.6 厘米。

Ⅵ式 砖红色胎，过烧釉不显。形体特大。深腹，平底有凹棱二道。釉下涂有白色化妆土。内底刻划有同心圆纹。

标本 Y1②：1，高 7.8、口径 21.6、底径 9 厘米（附图 3 - 13，3）。

Ⅶ式 标本 Y1②：98，近似圈底，内底旋刻有凹弦纹一圈。

H 型 3 件（T1②：24、25、26）。侈口，小平底。釉下涂有白色化妆土。内满釉外不及底。高 3.6～4.2、口径 9.5～9.7、底径 3.8～4.4 厘米。可分三式。

Ⅰ式 标本 T1②：26，唇外卷，腹部较深，鼓腹，近底部渐内收，小平底。腹部压印仰姿莲瓣纹，印纹糊浅。深灰胎。施黄褐色釉（附图 3 - 13，4）。

Ⅱ式 标本 T1②：24，唇外卷，腹鼓较Ⅰ式浅，至底内收，小平底。口沿下饰凹弦纹一道。深灰胎。施黄褐色釉（附图 3 - 13，5）。

Ⅲ式 标本 T1②：25，唇微外卷，鼓腹较Ⅱ式浅，小平底微内凹，内底宽平。深灰泛紫色胎（附图 3 - 13，6）。

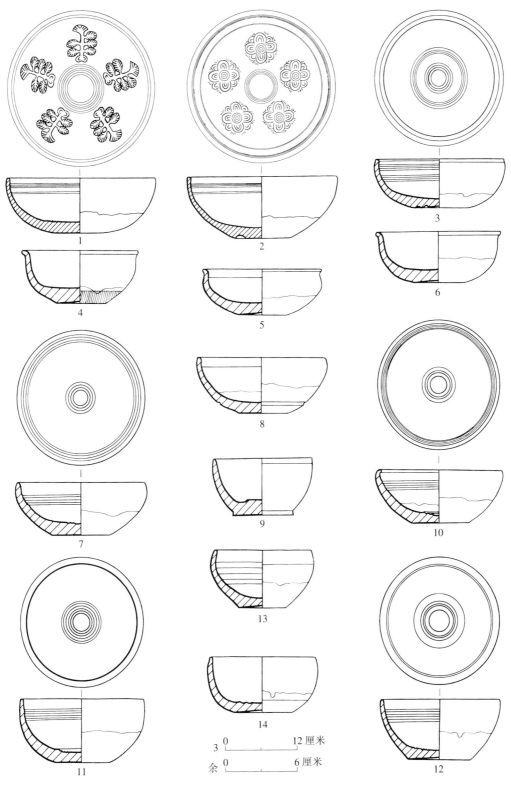

附图 3-13　罗湖象山窑址出土瓷钵

1. G 型Ⅲ式（T1③：58）　2. G 型Ⅲ式（T1③：73）　3. G 型Ⅵ式（Y1②：1）　4. H 型Ⅰ式
（T1②：26）　5. H 型Ⅱ式（T1②：24）　6. H 型Ⅲ式（T1②：25）　7. Ⅰ型Ⅰ式（T2②：82）
8. Ⅰ型Ⅱ式（T2②：3）　9. Ⅰ型Ⅱ式（T2②：59）　10. Ⅰ型Ⅲ式（T2②：78）　11. Ⅰ型Ⅳ式
（T2②：32）　12. Ⅰ型Ⅴ式（T2②：51）　13. Ⅰ型Ⅵ式（T2②：17）　14. Ⅰ型Ⅶ式（T2②：1）

Ⅰ型　96件。敞口，弧腹，小平底。均出自T1②层。高3.6～5.5、口径7.2～11.3、底径3.3～5厘米。可分七式。

Ⅰ式　7件（T2②：7、20、34、46、48、82，Y1①：7）。腹较浅，腹壁弧鼓，小平底。灰胎3件（T2②：46、34、20），青釉1件（T2②：20），其余2件釉多脱落。深灰泛紫色胎4件（T2②：48、82、7，Y1①：7）。青泛黄色釉，均涂有白色化妆土，釉面光洁，釉不及底。

标本T2②：82，紫色胎。青泛黄色釉。高4.2、口径10.8、底径4.5厘米（附图3－13，7；图版六九，6）。

标本Y1①：7，紫色胎。青泛黄色釉。高4.5、口径10.8、底径4.5厘米。

Ⅱ式　36件（T2②：3、11、14、16、22、25、26、28、30、31、35～37、39、41、43、54、56、59、61、64～66、76、78、60、71～75、79、80，Y1②：30、71，Y1①：14）。器腹较Ⅰ式略深，弧腹度较Ⅰ式略大。深灰胎居多、深灰泛紫色胎、灰红胎依次次之。皆涂有白色化妆土。其中青泛黄色釉居多，青釉、青褐釉依次递减，内外壁施半截釉，釉汁光润，开细片。余皆过烧釉不显。有的内壁饰二组细线同心圆纹，有的底足外刻划有圆圈纹。

标本T2②：3，高4.5、口径10.8、底径4厘米（附图3－13，8；图版六九，7）。

标本T2②：41，高4.7、口径11、底径5.1厘米。

标本Y1②：71，高4.5、口径10.6、底径4.3厘米。

标本T2②：59，高4.6、口径8、底径5厘米（附图3－13，9，彩版二七，4）。

标本T2②：25（彩版二七，5）。

Ⅲ式　22件（T2②：2～6、8、15、18、19、21、23、27、40～42、52、53、58、69、70、77、81）。腹壁较Ⅱ式深，形体亦较Ⅱ式高。灰胎居多，灰红胎、深灰泛紫色胎依次递减。其中青釉较多，深青泛黄色釉次之。余皆生烧或过烧釉不显。均釉下涂白色化妆土。内外半截釉，釉汁光亮，开细片。大多内壁饰二组同心圆纹或底外侧旋削有圆圈纹。

标本T2②：78，高4.5、口径10.5、底径4.5厘米（附图3－13，10；图版六九，8）。

标本T2②：58，高4.8、口径11、底径5厘米。

标本T2②：6，高5、口径10.3、底径3.8厘米。

Ⅳ式　17件（T2②：9、13、32、33、44、45、47、57、62、63、67、83，Y1①：4、10、31，T5②：53，T5①：14）。腹部较Ⅲ式深，口微敛，弧腹，小平底，形体较Ⅲ式高。灰红胎和深灰褐色胎居多，深灰胎次之。其中深青泛黄色釉居多，青釉较少。余皆过烧釉不显。釉下涂有白色化妆土。内外釉均不及底。内壁饰二组同心圆或底心外侧饰圆圈纹。

标本T2②：13，高5、口径10.5、底径4.4厘米。

标本T2②：63，高5.1、口径10.6、底径4.5厘米。

标本T2②：32，高5、口径10.2、底径4.4厘米（附图3－13，11）。

Ⅴ式　3件（T2②：50、51，T5②：58）。形体较Ⅳ式高。深灰胎居多，灰红次之，施青色釉或青泛黄色釉，余皆生烧釉不显。

标本T2②：50，开细片，釉面青泛黄色釉，釉色光润，内外釉不及底。

标本T2②：51，内壁饰二组同心圆纹。高4.9、口径10、底径5.1厘米（附图3－13，12；图版七〇，1）。

Ⅵ式　2件（T2②：17，T5②：73）。形体和器腹均较Ⅴ式高且深。灰红胎。内满釉外不及底，釉下涂有白色化妆土。过烧釉多不显。

标本T2②：17，高4.6、口径8.2、底径3.9厘米（附图3－13，13；图版七〇，2）。

标本T5②：73，高5.1、口径8.4、底径4.3厘米。

Ⅶ式　9件（T2②：1、10、12、38、55、68，T4②：134，T4①：31、36）。形体较Ⅵ式矮，腹亦较其浅，腹壁弧圆。深灰胎居多，灰红胎、深灰泛紫色胎依次递减。釉下涂有化妆土。青泛黄色釉居多，深青灰釉次之，余皆生烧釉不显。有的内壁饰二组同心圆纹。有的底外侧饰圆圈纹。

标本T2②：1，高4.4、口径8、底径4.6厘米（附图3－13，14）。

标本T2②：12，高4.4、口径8、底径3.5厘米。

10. 砚台

18件（T1④，3件；T1③，13件）。圆形，多足。均残。可分为二型。

A型　标本T1④：221，圆形，三蹄形足，砚唇微外侈，浅腹，砚底宽平微凸，周砚沿有浅凹槽，外壁中部塑凸棱一道。灰色胎。施青泛黄色釉，釉汁光润，开细片。砚面及底部露胎。高5、口径14.7厘米（附图3－14，1）。

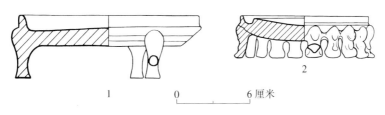

附图3－14　罗湖象山窑址出土瓷砚台
1. A型（T1④：221）　2. B型（T4②：1）

B型　17件（T1④：360、361，T1③：501～514，T4②：1，Y1①：150）。胎壁厚重。圆形，直口，外壁中部塑凸棱一道，砚面微凸，砚沿周壁有一道凹槽，兽爪形足，足部略圆鼓，砚面及外底均无釉。胎色多为灰红胎或深灰胎。深青泛黄色釉居多，施黄褐色釉较少，有的有脱釉现象。深青泛黄色釉，积釉处呈黑色。釉汁莹亮，开细片。釉下涂有白色化妆土。高6.8～7、直径20厘米。

标本T4②：1，底沿环塑20只兽爪足。高5.2、直径16.3厘米（附图3－14，2；图版七〇，3）。

标本T1④：361（彩版二八，1）。

11. 高足盘

82件。敞口，侈唇，浅腹，盘底宽平，喇叭形矮圈足。可分为二型。

A型　2件（T1④：104、105）。口微敛，浅弧壁，足柄粗高。灰白胎。

标本T1④：105，施青泛黄色釉至足部，内底满釉，釉汁光洁，开细片。口沿内侧饰弦纹一道。残高4.8～6.4、口径15.3～15.8、足柄径8厘米。

B型　80件（T1③：108、142～149、151～167、169～182、184～186、188～223，T2②：75，Y1②：60）。敞口，折腹。腹部塑凸棱一道。多数内底饰有二组各由4～5条凹弦纹组合的同心圆纹。灰红胎居多，深灰胎次之，灰黄胎次之。灰色釉较多，青泛灰白色釉次之，青釉次之，黄色、青泛黄色釉较少。余皆生烧釉不显。釉面光洁，釉汁光亮，开细片。均涂有白色化妆土。绝大多数高4.1～5.5、盘口径11.2～13.4、足径6.5～8.7厘米。个别（T1③：143）体形较大。分八式。

Ⅰ式 2件（T1③：154、191）。形体较高，腹较深，足柄上部平直，呈圆柱形。

标本T1③：191，高5.9、口径12.6、足径8厘米（附图3－15，1；图版七〇，4）。

Ⅱ式 15件（T1③：143、157、163、164、166、167、185、188、199、206、210、214、223，Y1②：60）。形体较Ⅰ式略扁矮，腹亦较其浅。部分足上部呈圆柱形，其余足上部均斜收。

标本T1③：143，形体特大。高9、口径21.5、足径13.8厘米（附图3－15，2；图版七〇，5）。

标本T1③：166，高5.2、直径12.2、足径7.8厘米（附图3－15，3）。

标本T1③：167，高4.8、直径13.1、足径8.5。

Ⅲ式 16件（T1③：144、152、160、161、168、169、171、172、180、189、190、193、207、210、216、218）。形体较Ⅱ式略扁矮，腹亦较其略浅。部分足上部呈圆柱形，其余足上部斜收。

标本T1③：144，高4.9、口径12.2、足径7.9厘米（附图3－15，4；图版七〇，6）。

Ⅳ式 27件（T1③：144、145、148、153、155、159、173、177、182、186、187、192、194～198、200、203、205、208、209、211、212、219、221、222）。形体较Ⅲ式扁矮，腹较其浅。有的足上部呈圆柱形。

标本T1③：145，高4.6、口径12.4、足径7.5厘米（附图3－15，5）。

Ⅴ式 17件（T1③：145、148、156、158、162、170、174、175、178、181、202、204、213、215、217、220，Y1②：61）。形体较Ⅳ式扁矮，腹壁亦较其略浅。

标本T1③：162，高4.8、口径12.5、足径8厘米（附图3－15，6；图版七〇，7）。

标本T1③：156，高4.3、口径12.5、足径7.2厘米。

Ⅵ式 2件（T1③：151、176）。形体较Ⅴ式扁矮，腹亦较其浅，足上部呈圆柱形。

标本T1③：176，高3.9、口径11.5、足径7.1厘米（附图3－15，7）。

Ⅶ式 2件（T1③：165、184）。形体较Ⅵ式高，腹壁亦较其深，腹下部斜收度较大。

标本T1③：165，高4.8、口径113、足径6.8厘米（附图3－15，8；图版七〇，8）。

Ⅷ式 标本T1③：179，形体较Ⅶ式略矮，腹壁亦较其浅，腹下部呈弧形，斜收明显。高4.4、口径11.3、足径6.5厘米（附图3－15，9）。

12. 莲花纹大盘

9件（T1④：91～93、98，T1③：224～228）。口微敛，弧壁，浅腹，内底宽平，小平底。盘内壁刻剔莲花瓣纹。均为灰白胎。青釉居多，青泛黄色釉较少。内施满釉，外壁至口沿下部。釉多光亮，开细片。有的内底粘有4～5个支钉痕迹，有的支钉伸进胎壁形成小凹窝。高2.8～3.7、口径21～21.7底径8～9.5厘米。可分三式。

Ⅰ式 4件（T1④：91、92，T1③：226、227）。盘内底有三组各由三条凹弦纹组合的同心圆纹，在一、二组同心圆之间，环刻6～7瓣双层莲花纹绕同心圆，莲瓣肥胖且尖。

标本T1④：92，高4、口径21.7、底径9.9厘米（附图3－16，1；图版七一，1）。

Ⅱ式 2件（T1④：93、98）。内底饰三组各由五条细凹弦纹组合的同心圆纹，在第1～2组之间环绕第3组刻划六瓣双层莲花瓣纹，其中第1组均匀戳印出四个由同心圆组成的莲子纹样。莲瓣较Ⅰ式瘦长，上窄下宽。

标本T1④：93，高3、直径21.6、底径9.5厘米（附图3－16，2；图版七一，2）。

Ⅲ式 3件（T1③：224、225、228）。纹饰布局同Ⅱ式，但莲瓣较瘦长，上宽下窄。

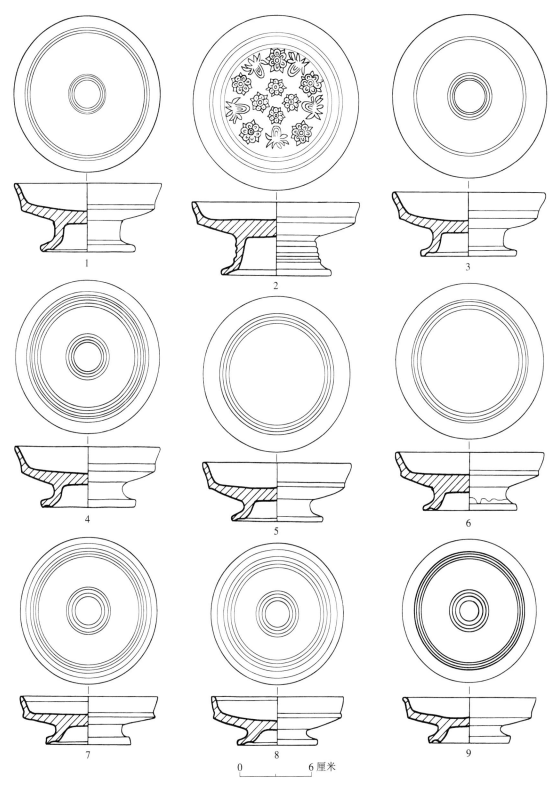

附图 3 - 15　罗湖象山窑址出土瓷高足盘

1. B 型 I 式（T1③：191）　　2. B 型 II 式（T1③：143）　　3. B 型 II 式（T1③：166）　　4. B 型 III 式（T1③：144）
5. B 型 IV 式（T1③：145）　　6. B 型 V 式（T1③：162）　　7. B 型 VI 式（T1③：176）　　8. B 型 VII 式（T1③：165）
9. B 型 VIII 式（T1③：179）

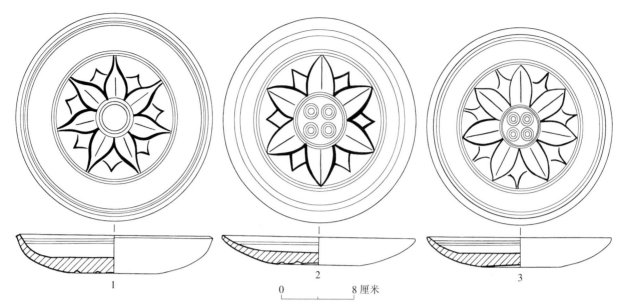

附图 3-16　罗湖象山窑址出土瓷莲花纹大盘
1. Ⅰ式（T1④：92）　2. Ⅱ式（T1④：93）　3. Ⅲ式（T1③：224）

标本 T1③：224，高3、直径20.8、底径9.5 厘米（附图 3-16，3；图版七一，3）。

13. 盏托盘

薄沿，浅腹微弧，内底宽平，盘中心塑一托圈，以承托盏足。圆饼形底足。旋削光洁。造型稳重。施青泛灰白色釉至近底部。

标本 C1②：603，高3、直径14.7、盘心盏足孔洞径5、底足径6.8、足高1 厘米。

14. 灯台

浅盘形台座，周沿壁平削，近底沿有凸棱一道，矮宽圈足，盘内底中心部位塑一圆柱形支座，支面下凹，以承托油盏。支座周沿饰凹弦纹一道。近支托面饰凹弦纹一道，灯台壁口沿下饰凹弦纹二道。

标本 C1②：654，施青泛黄色釉至近底沿。通高5.3、台座直径12.5、足径7、支托座高2.5 厘米。（附图 3-17，1；图版七一，4）。

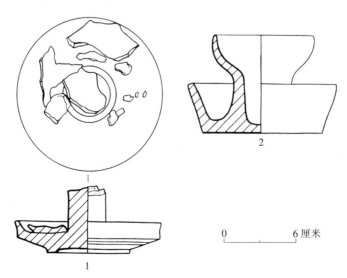

附图 3-17　罗湖象山窑址出土瓷灯台、香熏托座
1. 灯台（C1②：654）　2. 香熏托座（C1②：852）

15. 香熏

敞口，唇微外卷，溜肩，短束颈，扁鼓腹，腹中部有凸棱一道，平底。腹上、中部镂有两排圆孔，上排圆孔 17 个，下排孔为 18 个。内底心部位塑呈凸圆饼形。修削光洁。灰红色胎。脱釉。

标本 C1②：851，高 5.6、口径 6.8、底径 6、孔径 0.4～0.6 厘米（彩版二八，2）。

16. 香熏托座

全器形似钵状。喇叭口，长束颈，唇外侈，深削腹，大平底。托盘底心塑一圆柱，形似杯，其上承托香熏。修削光洁。庄重雅致。

标本 C1②：852，通高 7.6、托盘高 3.6、托座直径 12.6、周壁沿高 4.2、底径 10.2、托杯直径 8.3 厘米（附图 3－17，2）。

17. 盘

170 件　敞口，浅腹，大平底或小平底。可分为七型。

A 型　敞口，斜折沿，浅腹，内底宽平，底心有一圆饼形凹面，用以承放杯盏。施青泛绿色釉至外沿，内底满釉，外底露胎。大平底，底径与口径几近相等。釉汁莹润，开细片，玻璃质感强。灰红色胎。

标本 C1②：581，高 2.5、盘径 23.7、底径 22.5 厘米（附图3－18，1）。

B 型　47 件（T1④：106～111，T2④：34～36，T2③：62～71，C1②：579、586、587、591～593、595、596、600，C1①：70～74、92、580、582～585、588～590、593、594、597、599、601、602）。可分五式。

Ⅰ式　20 件（T1④：108，T2③：62～65，C1②：587、591、593、595、596，C1①：70～74、92、579、580、592、593、600）。敞口，斜折沿，浅腹，内底宽平，大平底，沿周外壁弧拱。内底饰一圈凹弦纹。灰褐色胎居多，灰胎较少。施青泛灰白色或泛黄色釉，内满釉，外至沿周壁，外底露胎。有的内底可见锯齿圈痕迹。高 1.8～2.7、口径 13.2～15.5、底径 10.5～14 厘米。

标本 C1①：92，内粘一锯齿支圈。高 2.5、口径 12.8、底径 12.5 厘米（附图 3－18，2；图版七一，5）。

标本 C1②：596，青泛黄色釉。内底粘有锯齿支圈痕。高 1.7、直径 13.3、底径 11.2 厘米（附图 3－18，3）。

标本 C1②：595（彩版二八，3）。

Ⅱ式　20 件（T1④：107、110，T2④：34、36、71，C1②：580、582～585、588～590、594、597、599、601、602、850）。敞口，斜折沿，浅腹，大平底，内底宽平，沿周壁有凹棱一道。内底心及周沿多饰凹弦纹一道。形体略较Ⅰ式矮。施青泛灰或泛黄色釉至外沿周壁，外底露胎。灰白胎居多，灰红胎较少。多为青色或青泛黄色釉。高 1.6～2.7、口径 13.4～15.2、底径 10.5～13.4 厘米。

标本 C1②：589，高 1.8、口径 13.6、底径 12.6 厘米（附图 3－18，4；图版七一，6）。

标本 C1②：583，高 2、口径 13.7、底径 12 厘米（附图 3－18，5）。

标本 C1②：850（图版七一，7）。

Ⅲ式　4 件（T1④：106、109、111，T2④：35）口沿外折明显。

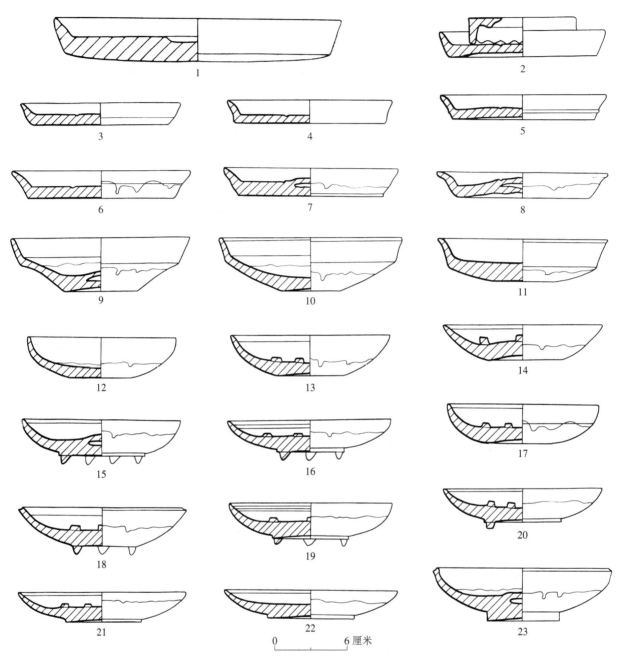

附图 3－18　罗湖象山窑址出土瓷盘

1. A 型（C1②：581）　2. B 型 I 式（C1①：92）　3. B 型 I 式（C1②：596）　4. B 型 II 式（C1②：589）　5. B 型 II 式（C1②：583）　6. B 型 III 式（T1④：109）　7. B 型 IV 式（T2③：70）　8. B 型 V 式（T2③：68）　9. C 型 I 式（T1②：20）　10. C 型 II 式（T1②：22）　11. C 型 III 式（T1②：21）　12. C 型 IV 式（T1②：320）　13. Da 型（T1④：121）　14. Da 型（T2③：37）　15. Db 型 I 式（T1③：232）　16. Db 型 II 式（T1④：94）　17. Ea 型 I 式（T1④：118）　18. Ea 型 II 式（T1④：125）　19. Eb 型 I 式（T1④：114）　20. Eb 型 II 式（T1④：103）　21. Eb 型 III 式（T1③：237）　22. Eb 型 IV 式（T1③：229）　23. Ec 型 I 式（T1②：16）

标本 T1④：109，高 2.1、口径 14.8、底径 12 厘米（附图 3－18，6；图版七一，8）。

IV 式　3 件（T2③：66～70）。形体较 III 式略矮，腹亦较其浅。

标本 T2③：70，高 2.2、口径 14.5、底径 12 厘米（附图 3－18，7）。

V 式　2 件（T2③：67、68）。形体较 IV 式略偏，腹亦较其浅。

标本 T2③：68，高 2、口径 4.3、底径 11.7 厘米（附图 3-18，8；图版七二，1）。

C 型 21 件（T1②：12、19～23、282、320，T5②：39、40、43、44、47、50，Y1①：67、85、89～92）。敞口，折腹或斜弧腹，小平底。深灰色胎，均釉下饰白色化妆土。多施黄褐色或青褐色釉，内外均半截釉，釉汁有较光亮和较灰暗之分。高 3.4～4.8、口径 12.5～13.5 厘米。可分四式。

I 式 标本 T1②：20，形体较高，器腹较深。高 4.2、口径 4.8、底径 6 厘米（附图 3-18，9）。

II 式 10 件（T1②：12、19、22、23，T1②：282，T5②：40、50，Y1①：85、91，T5②：43）。斜壁，口沿较直，形体较 I 式矮，腹壁亦较其浅。

标本 T1②：22，高 4.2、口径 15.2、底径 4.8 厘米（附图 3-18，10）。

III 式 标本 T1②：21，造型较 II 式矮，腹示较其浅。高 3.4、口径 14、底径 4.8 厘米（附图 3-18，11，图版七二，2）。

IV 式 8 件（T1②：320，T5②：39、44、47，Y1①：89～92）。口微敛，腹弧渐内收，小平底。形体较高。

标本 T1②：320，高 3.2、口径 12.5、底径 4.8 厘米（附图 3-18，12）。

标本 Y1①：91，高 3.5、口径 13.3、底径 5.4 厘米。

D 型 13 件（T1④：94、95、99、101～113、120～122，T1③：231、232，T2②：37、40）。敛口或口微敛，浅弧腹，小平底。可分为二亚型。

Da 型 5 件（T1④：113、121，T2②：37、40，Y1④：4）。平底微内凹。均灰胎。施青色釉，内满釉，外不及底。釉汁光亮，开细片。口沿下饰弦纹一道。内底中心饰同心圆纹，有的因釉覆盖模糊不清。

标本 T1④：113，高 2.6、口径 12.5、底径 5 厘米（图版七二，3）。

标本 T1④：121，高 3.1、口径 13.2、底径 5.2 厘米（附图 3-18，13）。

标本 T2④：37，高 3.8、口径 13.1、底径 6 厘米（附图 3-18，14）。

Db 型 9 件（T1④：90、94、95、101、102、120、122，T1③：231、232）。敞口，浅弧腹，矮假圈足。足面微内凹。皆灰白胎。多为青釉或青泛黄色釉，内满釉外至腹中部。釉汁晶莹。口沿内饰弦纹一道。内底中部饰重圈纹一道。有的内底可见四个支钉痕迹。高 2.3～3.2、口径 12.6～14.2、足径 6～6.8 厘米。可分二式。

I 式 4 件（T1④：95、102、120，T1③：232）。形体较高，腹壁亦相对较深。

标本 T1③：232，底粘支钉四个。通高 3.6、口径 13.2、足径 7.1 厘米（附图 3-18，15；图版七二，4）。

II 式 5 件（T1④：94、99、101、122，T1③：231）。造型较 I 式略矮，腹亦较其浅。

标本 T1④：94，外底粘支钉。通高 3、口径 13.6、足径 5.6 厘米（附图 3-18，16，图版七二，5）。

E 型 28 件。口外侈或微侈，浅弧腹，小平底。均灰胎。可分为三亚型。

Ea 型 5 件（T1④：115、125、126、118，T5②：46）。方唇，小平底。内底中部饰同心圆纹。口沿内侧饰一至二道弦纹。各器内外底均有支钉痕迹。灰白胎居多。青微泛黄色釉居多，灰褐釉，青黄釉较少。内施满釉，外至腹中部。釉汁晶莹有开片。高 2.7～3.1、口径 12.5～14、底径 4.5～6 厘米。分二式。

Ⅰ式　2件（T1④：118，T5②：46）。腹壁较深。

标本 T5②：46，高 2.9、口径 14、底径 4.5 厘米。

标本 T1④：118，高 3、口径 12.2、底径 5.2 厘米（附图 3-18，17）。

Ⅱ式　3件（T1④：115、125、126）。腹壁较Ⅰ式浅。

标本 T1④：125，高 3.1、口径 14、底径 5.5 厘米（附图 3-18，18）。

Eb 型　20件（T1③：96、97、100、103、112、114、116、117、119、123、124，T1③：229、230、233~237）。矮薄假圈足。灰白胎居多，灰黄胎、灰红胎、灰褐胎较少。青泛黄色釉和青釉者居多，釉汁光亮，开细片。内口沿饰一道弦纹。内外底可见四个支钉痕迹。高 2.2~2.9、口径 12.5~14.5、足径 5~7.7 厘米，可分四式。

Ⅰ式　4件（T1③：114、116、117、124）。腹较深。

标本 T1④：114，高 2.3、口径 13.5、足径 6.5 厘米（附图 3-18，19；图版七二，6）。

标本 T1③：124（彩版二八，4）。

Ⅱ式　5件（T1④：96、97、100、103、119）。腹壁较Ⅰ式略浅。

标本 T1④：119，高 2.8、口径 12.8、足径 6.5 厘米。

标本 T1④：103，高 2.5、口径 13、足径 6.5 厘米（附图 3-18，20；图版七二，7）。

Ⅲ式　6件（T1④：112，T1③：230、233~235、237）。腹壁较Ⅱ式略浅。

标本 T1③：237，高 2.4、口径 14、足径 6.5 厘米（附图 3-18，21）。

Ⅳ式　4件（T1④：38，T1③：236、229，Y1①：91）。腹壁较Ⅲ式浅。

标本 T1③：229，高 2.2、口径 14.5、足径 7.2 厘米（附图 3-18，22；图版七二，8）。

标本 T2③：38，高 2.9、口径 13.3、足径 6.8 厘米。

Ec 型　3件（T1②：15~17）。假圈足，足小而高，足面内凹。皆深灰胎，釉下涂抹白色化妆土。施褐色釉，内外壁均半截釉。过烧釉不显。高 4.3~4.5、口径 14.8~15、足径 5.9~6 厘米。分三式。

Ⅰ式　腹壁较浅。标本 T1②：16，高 4.3、口径 14.8、足径 6 厘米（附图 3-18，23；图版七三，1）。

Ⅱ式　4件（T1②：15，T6②：153，Y1①：73，T5②：41）。腹壁较Ⅰ式略深。

标本 T1②：15，高 4.5、口径 14.8、足径 5.6 厘米（附图 3-19，1；图版七三，2）。

标本 T6②：153，高 4.1、口径 15、足径 6.3 厘米。

Ⅲ式　腹壁较Ⅱ式略深。标本 T1②：17，高 4.5、口径 14.9、足径 5.9 厘米。

F 型　10件（T2②：284、286、292、293、297、322，Y1①：81，T3②：304，T5①：77、82）。敛口，卷唇，腹壁微弧，平底。多为砖红胎，深灰泛紫胎、灰白胎，灰红胎较少。釉色以深青泛黄釉为主，余皆釉色不显。均内外施半截釉。釉下饰白色妆土。有的内底有二组同心圆纹，有的底外侧饰一道弦纹。高 4.9~5.6、口径 15.5~18、底径 6~7.5 厘米。可分三式。

Ⅰ式　5件（T2②：284、286，T1②：304，Y1①：77、82）。形体较高，腹壁较深。

标本 T2②：284，高 5.6、口径 18、底径 7.2 厘米（附图 3-19，2；图版七三，3）。

标本 T5②：304，高 4.4、口径 17.3、底径 6.6 厘米。

Ⅱ式　2件（Y1①：81、T2②：293）。形体较Ⅰ式矮，腹亦较其浅。

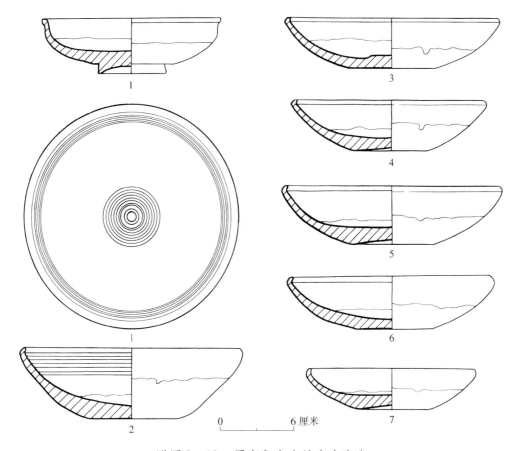

附图3-19 罗湖象山窑址出土瓷盘

1. Ec型Ⅱ式（T1②∶15） 2. F型Ⅰ式（T2②∶284） 3. F型Ⅱ式（T2②∶293） 4. F型Ⅲ式（T2②∶292） 5. G型Ⅰ式（T2②∶323） 6. G型Ⅱ式（T2②∶304） 7. G型Ⅲ式（T2②∶305）

标本T2②∶293，高4.3、口径17.8、底径7.2厘米（附图3-19，3；图版七三，4）。

Ⅲ式 3件（T2②∶292、297、322）。形体较Ⅱ式矮，腹亦较其浅。

标本T2②∶292，高4.3、口径16.3、底径6.3厘米（附图3-19，4；图版七三，5）。

G型 49件（T2②∶40件、Y2②∶9件）。敛口，尖唇，弧腹，小平底，口沿部向内倾斜。高4.9~5.6、口径12.5~18、底径6~7.5厘米。分三式。

Ⅰ式 15件（T2②∶285、290、291、302、303、307、308、314、316、317、321、323、324、325）。形体较高，腹亦较深。深灰或泛紫胎居多，砖红胎较少。内外施半截釉，釉下皆饰白色化妆土。其中深青色釉较多，青泛黄釉较少。釉色光润，开细片。高3.2~5、口径12.4~17.8、底径4.9~7.2厘米。

标本T2②∶291，高4.1、口径16、底径7.8厘米。

标本T2②∶323，高4.6、口径17.5、底径6.7厘米（附图3-19，5）。

标本T2②∶324（彩版二八，5）。

Ⅱ式 25件（T2②∶283、288、294、300、301、306、309、311、313、315、318、319、328、329、295、298、299、304、310、312，Y1①∶2、84、86，Y1②∶42、49）。形体较Ⅰ式矮扁，腹壁亦较其浅。深灰泛紫胎、砖红胎居多，深灰胎、灰红胎较少。釉色多为黄泛青釉或青釉。

釉下皆涂白色化妆土。内外均施半截釉。釉汁光润，开细片。有的内壁有二组同心圆纹。高3.1～4.3、口径12～16.6、底径5.1～7.2厘米。

标本T2②：304，高4.2、口径16.8、底径6.5厘米（附图3-19，6）。

标本T2②：306，高4.1、口径16.6、底径6.1厘米。

Ⅲ式　10件（T2②：287、289、296、305、326，Y1①：76、88，Y1②：35、36、45）。形体较Ⅱ式略扁矮，腹壁亦较浅。均深灰胎，釉下饰白色化妆土。内外施半截釉。青釉较少，余皆为青泛黄釉，釉色光润，部分釉面多脱落。高3.3～4、口径13～17.4、底径6.4～7厘米。

标本T2②：305，施青釉。高3.3、口径14、底径6.2厘米（附图3-19，7）。

标本T2②：326，施青釉。高3.9、口径17.4、底径6.7厘米。

18. "σ"形把杯

4件（T2②：403，T4②：39、40，Y1①：94）。可分二式。

Ⅰ式　标本T2②：403，敛口，鼓腹，假圈足，微内凹，腹下部与假圈足连接处有一周旋削面。灰色胎，釉下饰白色化妆土。釉色深青泛黄，内满釉外不及底足，釉汁莹亮，开细片。变形，把手残。高4.4、足径4厘米（附图3-20，1）。

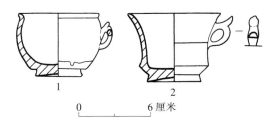

附图3-20　罗湖象山窑址出土瓷把杯
1. Ⅰ式（T2②：403）　2. Ⅱ式（T4②：40）

Ⅱ式　3件（T4②：39、40，Y1①：94）。均灰白胎，黄褐釉。喇叭口，束腰，底腹有一道折棱，高圆饼足。

标本T4②：40，高5.7、口径7.6、足径4.4厘米（附图3-20，2；图版七三，6）。

标本T4②：39，底微内凹。高4.9、口径7、足径4.1厘米。

19. 杯

512件（T1④，51件；T1③，23件；T2④，2件；T2③，1件；T2②，83件；T6②，1件；C1①，29件；C1②，214件等）。可分为十一型。

A型　14件（T1④：59，C1①：80，C1②：682、711、776、787、797、831、837、838、842、843、847、848）。可分为四式。

Ⅰ式　敞口，薄唇，腹上部平削，中部弧鼓，下部渐内收，假圈足，边墙垂直，旋削光洁，内底宽平。灰红胎、灰褐胎居多，灰白胎较少。釉色以施青泛绿较多，青泛黄或青泛灰色釉次之。均开冰裂细片，釉至近底部。底内未见支烧痕迹。内底有凹弦纹一圈。高4～5.4、口径8.4～9.2、足径4.2～5.4厘米。

标本T1④：59，高4.4、口径8.5、足径5.3厘米。

标本C1②：831，黄褐色釉。内底削一圆饼形凹面。制作精细。高4.7、口径8.7、足径4.8

厘米（附图 3 - 21，1；图版七三，7）。

标本 C1①：80，制作精美，修削光洁。脱釉。高 4.2、口径 8.3、足径 4.9 厘米。

标本 C1②：847，青泛绿，开细片，玻璃质感强。内底有凹弦纹一圈。高 4.5、口径 8.5、足径 4.9 厘米。

标本 C1②：848，高 5.8、口径 8.6、足径 4 厘米（附图 3 - 21，2）。

Ⅱ式 3 件（C1②：837、838、843）。薄唇，敞口微外侈，腹中部弧鼓至底渐内收，假圈足，边墙微外撇。修削光洁。均灰红胎，皆脱釉。

标本 C1②：838，高 5.6、口径 9.4、足径 4.4 厘米（附图 3 - 21，3）。

标本 C1②：837，内底有凹弦纹一圈。高 5.5、口径 8.8、足径 4.4 厘米（附图 3 - 21，4）。

Ⅲ式 标本 C1②：797，敞口微敛，圆唇，上腹平削，中腹弧鼓形似一道凸棱，至下腹内收，小圆饼形实足。制作精细，修削光洁。灰褐色胎。施青泛绿色釉，开细片。内施满釉，外至近底。玻璃质感强。高 4.6、口径 7.6、足径 3.7 厘米（附图 3 - 21，5）。

Ⅳ式 标本 C1②：842，敞口，薄唇，腹鼓至底渐内收，口沿下有一道凹弦纹，小圆饼形实足，边墙外撇。灰褐色胎。施青泛绿色釉，釉汁莹亮青翠，开细片，玻璃质感强。内底粘留三支钉。高 4.8、口径 8.4、足径 4.4 厘米（附图 3 - 21，6）。

B 型 43 件（T1④：277、278，T2④：42，T2③：147，C1②：547、679、681、739、790、803、839、844～846、852，C1①：36 等）。可分八式。

Ⅰ式 11 件（T1④：277、278，T2④：42，T2③：147，C1②：547、679、790、852，C1①：36 等）。敞口薄唇，鼓腹，假圈足，边墙垂直，修削规整。有的内底挖削一圆饼形凹面。灰白胎居多，灰红胎、灰褐胎次之。均脱釉。高 4.3～6.3、口径 6～12.3、足径 4.1～5.5 厘米。

标本 T1④：277，高 4.7、口径 8.7、足径 4.1 厘米。

标本 T2④：42，高 4.3、口径 8.1、足径 4.4 厘米。

标本 C1②：679，高 4.6、口径 8、足径 4 厘米（附图 3 - 21，7）。

标本 C1①：36，高 4.8、口径 8.6、足径 4.6 厘米（附图 3 - 21，8）。

Ⅱ式 2 件（C1②：835、839）。敞口微敛，鼓腹，内底宽平，假圈足。形体宽矮。施青泛黄色釉，开细片，釉汁莹亮，玻璃质感强。内底挖削一圆饼形凹面。制作精细。均灰褐色胎。未见支钉痕迹。

标本 C1②：839，高 4.5、口径 8.5、足径 4.3 厘米（附图 3 - 21，9；图版七三，8）。

Ⅲ式 8 件（T1④：280、284、287、297、319，C1②：803、844、846）。敞口，圆唇，深腹微鼓至底渐内收，小圆饼形实足，形体呈锥形。胎色以灰褐色居多，灰红胎、灰褐胎较少。釉色多为黄褐色釉或青泛绿色釉。

标本 T1④：287，高 4.7、口径 8.8、足径 3.6 厘米（附图 3 - 21，10）。

标本 C1②：803，高 2.6、口径 7.4、足径 3.8 厘米（附图 3 - 21，11）。

Ⅳ式 6 件（T1④：290、318、327、328、376，T1①：479）。形体较修长。

标本 T1④：290，高 5.4、口径 8.4、足径 3.2 厘米（附图 3 - 21，12；图版七四，1）。

标本 T1④：376，高 4.3、口径 6.7、足径 2.7 厘米。

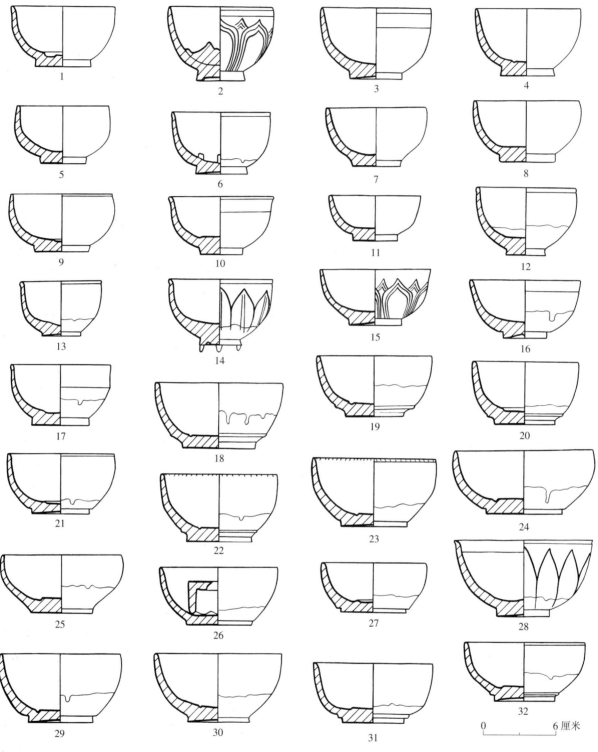

附图 3 - 21　罗湖象山窑址出土瓷杯

1. A 型Ⅰ式（C1②：831）　2. A 型Ⅰ式（C1②：848）　3. A 型Ⅱ式（C1②：838）　4. A 型Ⅱ式（C1②：837）
5. A 型Ⅲ式（C1②：797）　6. A 型Ⅳ式（C1②：842）　7. B 型Ⅰ式（C1②：679）　8. B 型Ⅰ式（C1①：36）
9. B 型Ⅱ式（C1②：839）　10. B 型Ⅲ式（T1④：287）　11. B 型Ⅲ式（C1②：803）　12. B 型Ⅳ式（T1④：290）
13. B 型Ⅴ式（T1④：305）　14. B 型Ⅵ式（T1④：262）　15. B 型Ⅶ式（T1④：265）　16. B 型Ⅷ式（T1③：406）
17. C 型Ⅰ式（C1②：80）　18. C 型Ⅰ式（C1①：25）　19. C 型Ⅱ式（C1②：849）　20. C 型Ⅲ式（C1②：704）
21. C 型Ⅲ式（C1②：604）　22. C 型Ⅳ式（C1②：529）　23. C 型Ⅳ式（C1②：673）　24. D 型Ⅰ式（C1②：552）
25. D 型Ⅰ式（C1②：691）　26. D 型Ⅱ式（C1②：647）　27. D 型Ⅱ式（C1②：723）　28. B 型Ⅵ式（T1③：426）
29. E 型Ⅰ式（C1②：546）　30. E 型Ⅰ式（C1②：493）　31. E 型Ⅱ式（C1②：815）　32. E 型Ⅱ式（C1②：24）

Ⅴ式　标本 T1④：305，形体较Ⅳ式略矮，窄腹亦较其浅。高4.4、口径6.8、足径3.2厘米（附图3-21，13）。

Ⅵ式　7件（T1④：262、263、273、300、333、334、338）。形体较Ⅴ式宽胖，腹壁亦较其浅。

标本 T1④：262，高5.2、口径8.8、足径3.6厘米（附图3-21，14；图版七四，2）。

标本 T1④：338，高4.2、口径7、足径3厘米。

Ⅶ式　7件（T1④：239、265、272、294、299、421、476）。形体较Ⅵ式矮扁，腹壁亦较其浅。

标本 T1④：265，高4.4、口径9.2、足径4.4厘米（附图3-21，15；图版七四，3）。

标本 T1④：279，高5、口径10.4、足径4厘米。

Ⅷ式　标本 T1③：406，形体较Ⅶ式略高，腹壁亦较其略深。高5、口径9.3、足径3.5厘米（附图3-21，16）。

C型　33件（C1②，30件；C1①，3件）。可分四式。

Ⅰ式　8件（C1②：80、421、548、549、556、571、760，C1①：25）。敞口，圆唇，鼓腹，内底宽平，圆饼形实足。形体宽矮。内底多粘有齿状支圈或支钉痕。釉色多青灰绿，玻璃质感强。口沿多有褐色点彩。灰褐胎居多，灰红胎、灰白胎较少。脱釉者外，余皆为青泛绿釉。高5.1~6.2、口径10.4~11、足径5.2~6.4厘米。

标本 C1②：571，腹壁有不规则褐彩斑。高5.1、口径10.1、足径5.9厘米。

标本 C1②：80，高4.8、口径8.4、足径4.8厘米（附图3-21，17）。

标本 C1①：25，高5、口径10.6、足径6厘米。（附图3-21，18）

Ⅱ式　2件（C1②：610、849）。圆唇，敞口，内底宽平，底心削一圆饼形凸面。腹上部较平削，中部弧鼓至底渐内收，矮圆饼形实足。内底粘齿形圈痕。灰白釉，均脱釉。

标本 C1②：849，高4.8、口径9.6、足径4.8厘米（附图3-21，19）。

Ⅲ式　3件（C1②：604、704、850）。薄唇，敞口，腹上部弧鼓，下腹内收，矮圆饼形足。施黄褐色或青泛灰色釉不及底，开细片。灰红胎居多、灰白胎次之。青泛灰色釉。高4.5~5.8、口径7~10、足径4.8~5.4厘米。

标本 C1②：704，内底旋削一圆饼形凹面。高5、口径9、足径5厘米（附图3-21，20）。

标本 C1②：604，高4.8、口径8.6、足径4.6厘米（附图3-21，21；图版七四，4）。

Ⅳ式　20件（C1②：496、508、529、559、615、617、633、640、651、673、680、700、702、708、731、754、772、836，C1①：48、49）。薄唇，敞口，腹中部弧鼓至底内收，口径较大，假圈足，足沿薄，边墙外撇，腹下部修长。施青绿或黄褐釉不及底，开细片。内底挖削一圆饼形凹面，内底有齿圈痕。口沿多饰褐彩点彩。灰褐胎、灰红胎居多，灰白胎较少。青泛灰色釉居多，青泛灰色釉次之，均不及底，有的口沿多装饰褐色点彩。高5.2~6.4、口径10.3~11.5、足径5.5~6厘米。

标本 C1②：708，高6.1、口径11.5、足径5.6厘米。

标本 C1②：529，高5.4、口径10.3、足径5.5厘米（附图3-21，22；图版七四，5）。

标本 C1②：673，高5.4、口径10、足径5.4厘米（附图3-21，23）。

D 型　34 件（C1②，28 件；C1①，6 件）。可分为二式。

Ⅰ式　5 件（C1②：552、634、691、713，C1①：22）撇口，圆唇，上腹平削，腹中部弧鼓，形似一道凸棱，腹下部内收，矮假圈足，有的足沿较粗涩。口沿多饰点彩。内底多有一圈凹弦纹。灰褐胎居多，灰白胎、灰红胎较少。多为青泛灰白色或青泛绿色釉，内满釉外不及底。高 4.5～5、口径 9.7～11.7、足径 5～6.5 厘米。

标本 C1②：552，高 4.8、口径 11.7、足径 6.5 厘米（附图 3-21，24；图版七四，6）。

标本 C1②：691，高 4.6、口径 9.6、足径 5 厘米（附图 3-21，25）。

Ⅱ式　29 件（C1②：71、478、487、488、626、627、632、643、647、655、705、710、723、738、747、749、751、761、771、779、827、839，C1①：23、27、54、78、81、82 等）。敞口，圆唇，鼓腹，假圈足，边墙微外撇，修削光洁，内底刻凹弦纹一圈。施青泛绿或青泛黄色釉不及底，口沿多无褐色点彩。灰褐胎居多，灰红胎次之，灰白胎较少。多施青泛灰色釉。釉面有不规则褐斑点，有气泡。高 4～5.2、口径 8.7～10.5、足径 5～6 厘米。

标本 C1②：487，高 3.5、口径 9.7、足径 6 厘米。

标本 C1①：78，内底刻凹纹一圈，青绿釉不及底。高 5、口径 10.1、足径 5.8 厘米。

标本 C1②：647，高 4.5、口径 9.6、足径 5.4 厘米（附图 3-21，26）。

标本 C1②：723，高 4、口径 8.6、足径 5.4 厘米（附图 3-21，27；图版七四，7）。

标本 T1③：426，高 6、口径 11.6、足径 4.4 厘米（附图 3-21，28）。

E 型　46 件（C1②，35 件；C1①，11 件）可分三式。

Ⅰ式　5 件（C1②：493、546、722、806、851）撇口，薄唇，深腹微鼓，腹底微内收，假圈足，边墙外撇，足沿极薄，修削粗涩。内底多刻一圈凹弦纹，施青绿或青泛黄色彩釉不及底，内底满釉并多有齿钉痕。灰白胎居多，灰褐胎次之。釉色以青泛黄色釉和青绿色釉为主，有棕眼，釉多脱落，口沿饰褐色点彩。高 5.2～5.7、口径 9.7～10.4、足径 5.2～5.4 厘米。

标本 C1②：546，青泛绿色釉，开细片，釉汁莹亮，玻璃质感强。高 5.9、口径 10.3、足径 5.1 厘米（附图 3-21，29）。

标本 C1②：493，高 5.4、口径 10.4、足径 5.2 厘米（附图 3-21，30）。

Ⅱ式　7 件（C1②：476、477、768、781、815，C1①：24、77）圆唇，敞口，浅鼓腹，内底宽平并多饰一道凸弦纹，矮假圈足，边墙垂直，多施青泛灰色釉不及底，内底满釉，开细片。灰褐色胎居多，灰白胎、灰红胎次之。多为青泛灰色釉，黄褐色釉次之。高 4.7～5、口径 9.1～10.5、足径 5～5.5 厘米。

标本 C1②：815，高 4.8、口径 10.3、足径 5.1 厘米（附图 3-21，31）。

标本 C1②：24，高 4.6、口径 10.2、足径 5.1 厘米（附图 3-21，32；图版七四，8）。

Ⅲ式　34 件（C1②：611、619、625、639、642、644、649、665、666、672、685、688、690、699、703、714、715、719、740、748、765、776、779、811、829，C1①：19～21、28、30、33、46、75、79）。圆唇，敞口，浅鼓腹至底渐内收，假圈足，边墙垂直，足沿经修削，内底刻一圈凸弦纹。施青绿泛灰色或泛黄色釉不及底，开细片。有的内底粘圆环形三足支圈痕，有的粘六点齿圈痕。灰褐胎居多，灰白胎 8 件较少。青绿釉居多，黄褐釉次之，青泛灰色釉较少。高 3.5～4.9、口径 7.9～9.5、底径 4.4～5.3 厘米。

标本 C1②：748，黄褐色釉不及底，开细片。高 3.5、口径 8.3、足径 5 厘米（附图 3－22，1）。

标本 C1②：719，青泛绿色釉不及底。高 3.9、口径 8.3、足径 4.6 厘米。

F 型 168 件（T1③：3 件，C1②：90 件，C1①：8 件。Y1①：67 件）。其中 93 件可分为三式。

Ⅰ式 51 件（C1②：606、616、628、630、640、646、653、656、657、659～661、663、667、669、674、678、692、709、710、712、713、716、732、744、753、764、773、778、779、786、793、794、798、800、804、807、809、812、813、830、833、841，C1①：37、38、41、47、62、67 等）圆唇，敞口，腹上部平削，中部弧鼓至底渐内收，中部形似凸棱一道，假圈足。内底微凸，有一圈凹弦纹。边墙微外撇。灰褐胎居多，灰红胎次之、灰白胎较少。其中青泛绿色釉居多，青泛灰色釉次之，黄褐釉和青绿釉较少。

标本 C1②：710，内底粘一圆环形三足支圈。施釉均不及底，内底满釉。

标本 C1②：650，高 4.2、口径 9.6、足径 5.2 厘米。

标本 C1②：841，高 5、口径 8.6、足径 4.4 厘米（附图 3－22，2）。

标本 C1②：807，高 4、口径 7.8、足径 4.4 厘米（附图 3－22，3）。

标本 C1②：712，高 4.4、口径 7.8、足径 4.4 厘米（附图 3－22，4）。

Ⅱ式 36 件（T1③：397，C1②：605、607～609、611、618、624、631、635、636、658、664、668、671、691、693、707、746、753、757、792、810、816、817、819、820、832、840 等）。敞口，圆唇，浅弧腹，腹中部有一道凸棱，内底宽平，矮假圈足，足沿外塌未修削。内底有一道凹弦线，底心上凸呈圆饼形平面。内底多粘有圆环形三足支圈痕。施青绿色釉，有棕眼。灰褐胎居多、灰红胎次之。施青绿色釉或青泛灰色釉。高 1.9～4.7、口径 7.8～10.5、足径 4.6～8 厘米。

标本 C1②：618，内底粘一三足支圈。脱釉。高 3.4、口径 9.2、足径 5 厘米（附图 3－22，5）。

标本 C1②：707，黄褐釉。高 3.5、口径 8.5、足径 4.7 厘米。

标本 C1②：840，高 5.8、口径 9、足径 4.2 厘米（附图 3－22，6）。

Ⅲ式 6 件（C1②：487、652、717、788、789、808）圆唇，敛口，腹壁微鼓，假圈足，内底宽平，口沿下多有一道凹弦纹。底心微上凸。施青绿或黄褐色釉不及底。足沿修削光洁，边墙垂直。胎色以灰白胎、灰褐胎、灰红胎为主。均脱釉。高 3.2～4.7、口径 7.7～10.5、足径 4.5～6.7 厘米。

标本 C1②：487，高 4.7、口径 10.5、足径 6.7 厘米（附图 3－22，7）。

标本 C1②：717，高 3.4、口径 8.4、足径 5 厘米（附图 3－22，8）。

G 型 20 件（T1④，11 件，T1③，8 件，Y1②：73）敛口或口微敛。灰白胎为主，灰黄胎较少。均涂白色化妆土。青釉为主，釉面光洁，开细片。施釉内满外不及底。有的口沿外饰弦纹。有的腹外侧饰戳印圆圈纹一周。高 3.7～5.6、口径 6.8～9、足径 2.6～4.2 厘米。其中 16 件可分六式。

Ⅰ式 4 件（T1④：307、329、330，Y1②：73）。形体较矮，腹较浅。

标本 T1④：307，高 4.2、口径 6.8、足径 2.3 厘米（附图 3－22，9；图版七五，1）。

标本 Y1②：73，口沿下饰一道凹弦纹。高 4、口径 7.3、足径 3.2 厘米。

Ⅱ式 2 件（T1④：306、317）。形体较Ⅰ式高，腹亦较其深，足径较大，下部较平削。

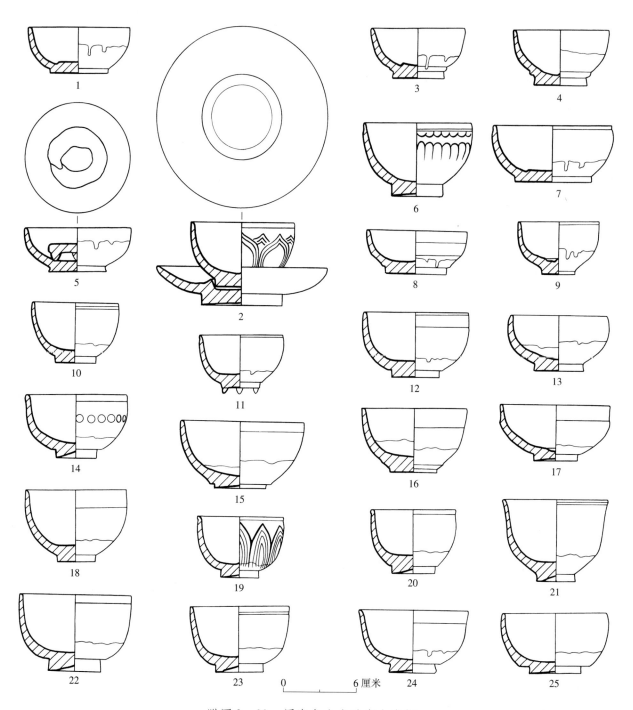

附图 3-22　罗湖象山窑址出土瓷杯

1. E 型Ⅲ式（C1②：748）　　2. F 型Ⅰ式（C1②：841）　　3. F 型Ⅰ式（C1②：807）　　4. F 型Ⅰ式（C1②：712）
5. F 型Ⅱ式（C1②：618）　　6. F 型Ⅱ式（C1②：840）　　7. F 型Ⅲ式（C1②：487）　　8. F 型Ⅲ式（C1②：717）
9. G 型Ⅰ式（T1④：307）　　10. G 型Ⅱ式（T1④：317）　　11. G 型Ⅲ式（T1④：338）　　12. G 型Ⅳ式（T1④：281）
13. G 型Ⅴ式（T1③：409）　　14. G 型Ⅵ式（T1③：286）　　15. Ha 型Ⅰ式（T1④：203）　　16. Ha 型Ⅱ式（T1④：332）　　17. Hb 型Ⅰ式（T1④：313）　　18. Hb 型Ⅱ式（T1④：293）　　19. Hb 型Ⅲ式（T1④：116）　　20. Hb 型Ⅳ式（T1③：466）　　21. Hb 型Ⅴ式（T1③：445）　　22. Hb 型Ⅵ式（T1③：444）　　23. Hb 型Ⅶ式（T1③：443）　　24. Hb 型Ⅷ式（T1③：417）　　25. I 型Ⅰ式（T2②：373）

标本 T1④：317，高 4.8、口径 7.2、足径 3.5 厘米（附图 3－22，10；图版七五，2）。

Ⅲ式 3 件（T1④：337、338，T1③：467）。形体略同Ⅱ式，仅足径较小，下部较其宽胖。

标本 T1④：338，高 4.2、口径 7.2、足径 3.2 厘米（附图 3－22，11）。

Ⅳ式 2 件（T1④：281、310），形体较Ⅲ式略矮，腹亦较其浅，下部较其胖。

标本 T1④：281，高 5.2、口径 8.8、足径 4 厘米（附图 3－22，12）。

Ⅴ式 2 件（T1③：409、469）。形体较扁，腹亦较浅。

标本 T1③：409，高 4.5、口径 8.2、足径 4.2 厘米（附图 3－22，13）。

Ⅵ式 3 件（T1③：286、463，Y1②：10）。形体较Ⅴ式矮扁，腹较其深，下部宽胖。底足面旋削为锥尖状。均戳印同心圆纹。

标本 T1③：463，高 5.2、口径 8.3、足径 3.5 厘米。

标本 T1③：286，口残。高 5、口径 8.4、足径 3.5 厘米（附图 3－22，14；图版七五，3）。

H 型 47 件（T1④，15 件，T1③，31 件，Y1②，1 件）。直口或口部较直，弧腹，假圈足。可分为二亚型。

Ha 型 4 件（T1④：203、289、291、332）。足大而矮，最大腹径在上部。腹以下瘦削。灰白胎为主，灰红胎较少。内外均施青色半截釉，釉汁有不同程度的过烧，釉面不甚光亮。高 4.9～6.2、口径 8.7～10.6、足径 3.8～4.8 厘米。可分二式。

Ⅰ式 2 件（T1④：203、291）。形体较宽矮，腹较深。

标本 T1④：203，高 5.4、口径 10.5、足径 4.3 厘米（附图 3－22，15；图版七五，4）。

Ⅱ式 2 件（T1④：289、332）。形体较Ⅰ式略矮，腹壁亦较其浅。

标本 T1④：332，高 5、口径 8.9、足径 3.9 厘米（附图 3－22，16；图版七五，5）。

Hb 型 43 件（T1④：192、268、286、292、293、309、312、313、315、324、336，T1③：417、418、420、441～466、468、474，Y1②：102）。足小而高，外底足内凹。修削光洁规范。灰胎居多，灰黄胎和砖红胎较少。青釉和淡青釉为主，青泛黄较少。大部分施白色化妆土。大部分施釉内满釉外不及底者（腹下部），釉面光洁，开细片。少部分施釉内外施釉不及底足。有的口沿外侧饰弦纹，少数外壁刻剔莲瓣纹，有的足面刻划同心圆纹。高 4.1～6.1、口径 6.6～9.5、足径 2.7～4.3 厘米。其中 22 件可分八式。

Ⅰ式 5 件（T1④：268、286、292、313，Y1②：102）。形体较扁矮，腹壁较浅。

标本 T1④：292，高 4.1、口径 7.3、足径 3 厘米。

标本 Y1②：102，淡青釉，莹亮开细片。内外不及底。高 5.5、口径 8.1、足径 3.3 厘米。

标本 T1④：313，高 4.4、口径 9、足径 3.6 厘米。（附图 3－22，17）

Ⅱ式 3 件（T1④：309、315，T1③：465）。形体较Ⅰ式高，深腹，下腹瘦削。

标本 T1④：293，高 5.6、口径 8.5、足径 3.2 厘米（附图 3－22，18）。

Ⅲ式 4 件（T1④：192、312、324、336）。形体较Ⅱ式矮，腹亦较其略浅。

标本 T1④：116，高 4.5、口径 7.2、足径 3.2 厘米（附图 3－22，19；彩版二九，1）。

Ⅳ式 1 件。形体略同Ⅲ式，但腹略浅。

标本 T1③：466，高 5、口径 7.2、足径 3.6 厘米（附图3－22，20）。

Ⅴ式 3 件（T1③：442、445、474）。形体较Ⅳ式高，腹亦较其深。底足中心旋削呈锥尖形。

标本 T1③：445，高 6.5、口径 8.8、足径 3.3 厘米（附图 3 - 22，21）。

标本 T1③：442（彩版二九，2）。

Ⅵ式 3 件（T1③：418、420、444）。形体较 V 式略矮胖，腹亦较其浅。

标本 T1③：444，高 6.2、口径 8.5、足径 4 厘米（附图 3 - 22，22）。

Ⅶ式 2 件（T1③：441、443）。形体较 Ⅵ式矮扁，腹亦较其浅。

标本 T1③：443，高 5.3、口径 8.5、足径 4 厘米（附图 3 - 22，23）。

Ⅷ式 标本 T1③：417，形体较 Ⅶ式矮扁，腹亦较其浅，底足微内凹。高 5.1、口径 9.2、足径 3.9 厘米（附图 3 - 22，24）。

Ⅰ 型 96 件（T2②：82 件，T5②：4 件，Y1①：10 件）。敞口，弧腹，假圈足。制作规整。口径一般在 10 厘米以下。其中 93 件可分成三式。

Ⅰ式 43 件（T2②：321、328 ~ 331、334、350、353、354、356、358、360、361、363 ~ 378、382、385、388、390、395 ~ 397、399、537，T5②：85、93、103，Y1②：120、121）。假圈足较小，器腹外弧小，腹壁与足交接处有一道旋削平面，器身下部较宽胖。灰色胎居多，砖红胎和灰红胎较少。釉下均涂白色化妆土。青釉居多，青微泛黄色次之。内满釉外不及底，釉色不润，开细片。有的足外侧刻划圆圈或同心圆纹。高 3.5 ~ 4.2、口径 6.9 ~ 8.4、足径 2.9 ~ 3.6 厘米。

标本 T2②：373，高 4.8、口径 8.8、足径 4.4 厘米（附图 3 - 22，25）。

标本 T2②：361（彩版二九，3）。

标本 T2②：395（彩版二九，4）。

Ⅱ式 31 件（T2②：322、332、333、336、342、345、352、355、359、364、367、369、370、372、379 ~ 381、383、384、386、389、391、392、394、398、400、401，Y1①：126、129、162，T5②：90）。假圈足较 Ⅰ式大，腹部外弧较小，腹壁和底足交接处有一周旋削平面，旋削面较 Ⅰ式略宽，腹壁下部亦较其宽胖。深灰胎居多、灰褐色胎、灰红胎、砖红胎依次次之。均釉下饰白色化妆土，内满釉外不及底，开细片。青泛黄釉居多、黄微泛青釉或青褐釉次之、黄釉、青褐色较少。有的足外侧有圆圈纹。高 4.6 ~ 5.7、口径 7.4 ~ 8.6、足径 4 ~ 4.9 厘米。

标本 T2②：381，高 5.3、口径 8、足径 4.3 厘米。

标本 T2②：384，高 5.1、口径 8.1、足径 4.4 厘米（附图 3 - 23，1；图版七五，6）。

标本 T2②：352（彩版二九，5）。

标本 T2②：386（彩版二九，6）。

Ⅲ式 18 件（T2②：325、335、344、346、349、351、357、362、368、371、374 ~ 376、393、402，T5②：47、104，Y1①：112）。假圈足较 Ⅱ式大，腹壁微外弧，腹壁与底足交接处有一道旋削面，旋削面较 Ⅱ式宽。腹壁下部亦较 Ⅱ式胖，几呈筒状。砖红色胎居多，深灰胎较少。均釉下饰白色化妆土。多为青泛黄色釉，青褐釉较少。釉面光润，开细片。大部分底足外侧有圆圈纹。高 4.7 ~ 5.3、口径 7.7 ~ 9.1、足径 4 ~ 5.2 厘米。

标本 T2②：402，高 5.5、口径 8.4、足径 4.4 厘米（附图 3 - 23，2；图版七五，7）。

标本 Y1①：112，高 6、口径 8.2、足径 4.5 厘米。

J 型 10 件。均出土于 T2②层。直口或口较直，上腹壁较直。高 4.5 ~ 5.7、口径 8 ~ 9.2、足径 3.6 ~ 4.5 厘米。可分三式。

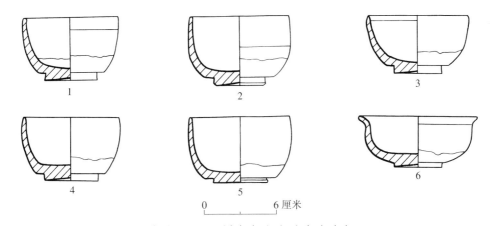

附图 3 – 23　罗湖象山窑址出土瓷杯

1. I 型 II 式（T2②：384）　　2. I 型 III 式（T2②：402）　　3. J 型 I 式（T2②：241）

4. J 型 II 式（T2②：340）　　5. J 型 III 式（T2②：376）　　6. K 型（T6②：135）

I 式　4 件（T2②：330、323、343、347）。假圈足较小，腹壁下部外弧，腹壁与底足交接处有一道旋削面，旋削面较窄，腹下部较瘦长。多为灰红胎或灰胎。均釉下饰白色化妆土，内满釉外不及底。釉色多为土黄色釉、黄泛青釉、青泛褐釉。釉面光润，开细片。有的底足外侧有圆圈纹。

标本 T2②：347，高 5、口径 8.3、足径 4.2 厘米。

标本 T2②：241，高 4.6、口径 8.4、足径 4.2 厘米（附图 3 – 23，3）。

II 式　2 件（T2②：336、340），假圈足较 I 式大，腹部较直，旋削面较宽，腹下部较宽胖。皆深灰胎，施青泛黄色釉。内满釉外不及底。釉下饰化妆土。底足外皆有圆圈纹。

标本 T2②：340，釉面光润，开细纹片。高 5.1、口径 8、足径 4.4 厘米（附图 3 – 23，4；图版七五，8）。

III 式　4 件（T2②：328、341、376、387）。假圈足。腹壁较 II 式直，旋削面较宽，腹下部宽胖。多为砖红胎、深灰胎。均釉下饰白色化妆土，内满釉外不及底。皆青泛黄色褐，釉面灰暗。足外侧皆有圆圈纹。

标本 T2②：376，高 5、口径 8.4、足径 4.6 厘米（附图 3 – 23，5；图版七六，1）。

K 型　标本 T6②：135，外折唇，口沿上有一道凹棱，中部一道凸棱，至底内收。矮假圈足。灰褐胎。青黄釉，多剥脱。高 3.6、口底 10、足径 4.2 厘米（附图 3 – 23，6；图版七六，2）。

20. 盅

34 件（T1④：12 件，T1③：3 件，T2④：2 件，T2③：8 件，C1②：8 件，C1①：1 件）。敛口或口微敛，平底。口径一般多在 5 厘米以下。造型不太规整，胎壁较厚。可分为二型。

A 型　10 件（T1④：339、341、343、348，T1③：482、483，T2③：156、159、160，C1②：824）。大平底，腹壁较斜削，下部较宽胖。灰白胎居多，灰红胎和灰黄胎较少。多为青色釉，釉白不光亮。高 1.8～2.7、口径 4.5～6、底径 3～4.2 厘米。分三式。

I 式　4 件（T1④：343，T2③：156、159、160）。造型较扁矮。

标本 T1④：343，高 2.4、口径 5.4、底径 4 厘米（附图 3 – 24，1；图版七六，3）。

II 式　4 件（T1④：339、341、348，C1②：824）。形体较 I 式高。

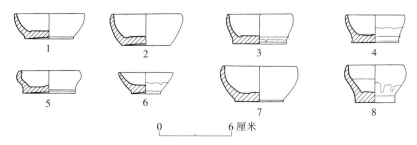

附图3-24 罗湖象山窑址出土瓷盅

1. A型Ⅰ式（T1④：343）　2. A型Ⅱ式（T1④：341）　3. A型Ⅱ式（C1②：824）

4. A型Ⅲ式（T1③：483）　5. B型Ⅰ式（T1④：350）　6. B型Ⅱ式（T2①：162）

7. B型Ⅲ式（T1④：340）　8. B型Ⅳ式（C1②：801）

标本T1④：339，高2.1、口径5.2、底径3.8厘米。

标本T1④：341，高2.4、口径5.4、底径4.3厘米（附图3-24，2）。

标本C1②：824，高2、口径5.7、底径4厘米（附图3-24，3）。

Ⅲ式　2件（T1③：482、483）。形体较Ⅱ式高。

标本T1③：483，高2.1、口径5.1、底径4厘米（附图3-24，4）。

B型　24件（T1④：340、342、344～347、349、350，T1③：485，T2④：60、155，T2③：154、157、158、161、162，C1②：694、695、711、801、821～823，C1①：22）。器壁弧度较大。下部较瘦高，底较小而平。灰褐胎居多、灰白胎、灰红胎、灰黄色胎依次次之。均釉不及底。釉色多为青泛灰绿色，黄褐色釉次之。高1.8～2.8、口径4.7～6.9、底径3.2～4.5厘米。其中20件可分四式。

Ⅰ式　4件（T1④：342、347、349、350）。造型矮扁。

标本T1④：350，高1.8、口径4.8、底径4.4厘米（附图3-24，5）。

Ⅱ式　3件（T1④：344、345、346）。造型较Ⅰ式高。

标本T2①：162，高1.7、口径4.6、底径2.4厘米（附图3-24，6）。

Ⅲ式　3件（T1④：340，T2③：154、161）。形体较Ⅱ式高，

标本T1④：340，高2.6、口径6.1、底径4厘米（附图3-24，7；图版七六，4）。

Ⅳ式　10件（T1③：485，T2③：157，C1②：694、695、711、801、821～824）。造型较Ⅲ式高，浅腹，腹中部有一道凸棱，下腹修长。

标本C1②：801，高3、口径4.8、底径3.5厘米（附图3-24，8）。

21. 盏

339件（T1④，87件；T1③，76件；T2④，64件；T2③，31件；C1②，69件；C1①，12件等）。敞口，削腹，大平底或假圈足。制作较粗涩。口径一般多在10厘米以下。可分为三型：

A型　202件（T1②：6件，T2⑤：6件，C1：40件等）。分三亚型。

Aa型　105件（T1④：212～214、216、218、219、223、228、233、245、248、250，T1③：449。T2④：46、55、57，T2③：78、86、124、127、129、132、134。C1②：488、612、614、637、675、689、697、720、724～726、728、730、733、734、741、743、750、762、780、782、784、785、814、826，C1①：26、29、36、39、44、45、52、90等）。圆唇，敞口，削腹，大平底，内底宽平并多有一道凹弦纹，底多呈凸圆饼形平面，口沿外侧饰一道凹弦纹。灰白胎居多，

均青釉，釉面较光亮，开细片。灰褐胎次之，多为青泛绿色釉。灰黄胎和灰红胎较少，均釉不显或脱釉。高 2.1 ~ 4.5、口径 7.4 ~ 9.5、底径 4.5 ~ 6.4 厘米。可分五式。

Ⅰ式　56 件（T1④：219，C1②：438、487、489、574、612 ~ 614、618、622、637、638、645、675、686、687、697、708、709、720、724 ~ 726、728、729 ~ 730、733 ~ 736、741、742、745、750、751、762、767、773、774、780、782、784、802、814、826，C1①：29、36、39、44、45、90 等）。形体较高。

标本 C1②：762，高 3.7、口径 8.5、底径 6 厘米。

标本 C1②：735，青泛灰色釉。芒口，系对口烧。高 3.2、口径 8、底径 5.8 厘米。

标本 C1②：780，高 3.4、口径 8、底径 6 厘米（附图 3 - 25，1）。

标本 C1②：724，高 4、口径 8、底径 6 厘米（附图 3 - 25，2）。

Ⅱ式　7 件（T1④：212、213、216、218、223、228、250）。形体较Ⅰ式略矮。

标本 T1④：250，高 3.9、口径 8.4、底径 5.8 厘米（附图 3 - 25，3）。

Ⅲ式　32 件（T1④：214、233、245、248、449，T2④：46、55、57，T2③：78、124、132、C1②：620 ~ 623、629、676、678、683、698、701、710、755、758、759、769、775、805、828、835，C1①：35、34）。形体较Ⅱ式矮扁。

标本 T2③：78，高 3.4、口径 8.4、底径 5.5 厘米（附图 3 - 25，4；图版七六，5）。

标本 C1②：676，高 3.6、口径 7.6、底径 5.4 厘米（附图 3 - 25，5）。

标本 C1①：34，黄褐色釉。芒口。高 2.9、口径 8、底径 5.5 厘米（附图 3 - 25，6）。

标本 C1②：769，高 3、口径 6.4、底径 5 厘米（附图 3 - 25，7）。

Ⅳ式　1 件。腹壁较Ⅲ式略深，青釉保存较好，开细片，外壁青泛黄色釉。

标本 T2③：127，高 3.1、口径 8.2、底径 4.9 厘米（附图 3 - 25，8；图版七六，6）。

Ⅴ式　9 件（T2③：86、134、129，C1②：654、712、737、774、795、818）。腹壁较Ⅳ式略深。

标本 T2③：134，釉色不显。高 3.5、口径 8、底径 5.6 厘米（附图 3 - 25，9；图版七六，7）。

标本 C1②：737，青绿釉。高 3.6、口径 8.3、底径 6.4 厘米。

标本 C1②：795，高 3.8、口径 8.2、底径 5.8 厘米（附图 3 - 25，10）。

Ab 型　37 件（T1④：222、225、227、229、235 ~ 237、243、244、246、255、256，T1③：408，T2④：43 ~ 45、49、52、54、56，T2③：76、85、90、92、97、98、100、101、106、107、111 ~ 113、119、139 ~ 141）。平底较小，形似假圈足状。内底足凸圆饼形平面。灰白胎居多，灰黄胎较少，橘黄胎最少。多为青釉，釉面较光亮，开细片。青泛黄釉次之。高 3.3 ~ 5、口径 7.5 ~ 10.5、底径 4.3 ~ 6.1 厘米。可分为五式。

Ⅰ式　2 件（T1④：237，T2③：106），形体较高。

标本 T1④：237，高 4.5、口径 9.0、底径 6.1 厘米（附图 3 - 25，11）。

Ⅱ式　10 件（T1④：225、236、246、256，T2④：43，T2③：85、97、101、140、141），形体较Ⅰ式矮。

标本 T2③：141，高 4、口径 8、底径 4.9 厘米（附图 3 - 25，12；图版七六，8）。

Ⅲ式　5 件（T1④：229、235、243、255，T1③：408）。形体较Ⅱ式矮扁。

标本 T1④：229，高 3.6、口径 9.7、底径 5.6 厘米（附图 3 - 25，13）。

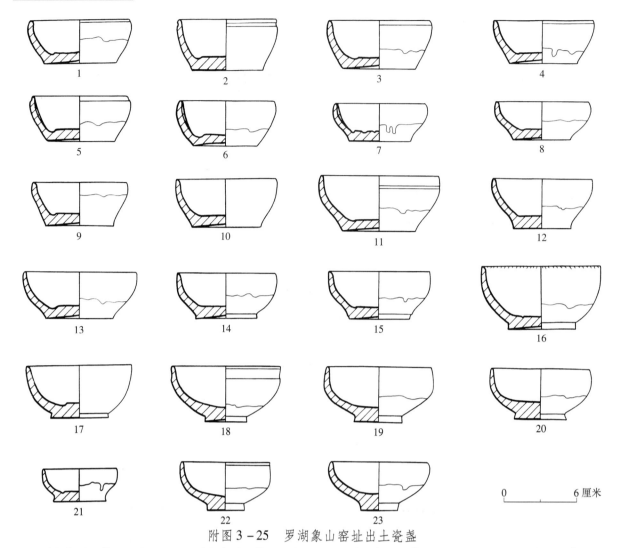

附图 3-25 罗湖象山窑址出土瓷盏

1. Aa 型 I 式（C1②：780） 2. Aa 型 I 式（C1②：724） 3. Aa 型 II 式（T1④：250） 4. Aa 型 III 式（T2③：78）
5. Aa 型 III 式（C1②：676） 6. Aa 型 III 式（C1①：34） 7. Aa 型 III 式（C1②：769） 8. Aa 型 IV 式（T2③：127）
9. Aa 型 V 式（T2③：134） 10. Aa 型 V 式（C1②：795） 11. Ab 型 I 式（T1④：237） 12. Ab 型 II 式（T2③：141）
13. Ab 型 III 式（T1④：229） 14. Ab 型 IV 式（T2③：90） 15. Ab 型 V 式（T2④：54） 16. Ac 型 I 式（T1④：207）
17. Ac 型 II 式（T1④：226） 18. Ac 型 III 式（T1④：258） 19. Ac 型 IV 式（T1③：428） 20. Ac 型 V 式（T1③：
393） 21. Ac 型 V 式（C1①：27） 22. Ac 型 VI 式（T1③：471） 23. Ac 型 VII 式（T1③：464）

　　IV 式　6 件（T1④：222、227、244，T2④：49，T2③：90、107）。形体较 III 式较扁。

　　标本 T2③：90，高 3.6、口径 8.3、底径 5.2 厘米（附图 3-25，14；图版七七，1）。

　　V 式　14 件（T2④：44～46、54、56、62，T2③：6、92、98、100、111～113、119、139）。

　　标本 T2④：54，高 3.7、口径 8.4、底径 4.8 厘米（附图 3-25，15）。

　　标本 T2④：44，高 3.6、口径 8、底径 4.9 厘米。

　　Ac 型　60 件（T1④，9 件；T1③，47 件；T2③，2 件等）。形体高宽。假圈足。可分七式。

　　I 式　4 件（T1④：207、231，T2③：86、88）。形体较高腹壁较深，底足较薄而大。均灰白
胎。施青釉，内满釉外不及底，釉汁较光亮，口沿饰点彩。内底有一凹圆面。

　　标本 T1④：207，高 5.1、口径 10.3、足径 5.5 厘米（附图 3-25，16；图版七七，2）。

　　标本 T2③：88（图版七七，3）。

Ⅱ式　5件（T1④：226、239、275，T2③：149、750）。形体较Ⅰ式较略矮，腹壁亦较其浅。灰白胎居多，开细片，釉汁光亮。

标本T1④：226，高4.4、口径8.6、足径5厘米（附图3-25，17；图版七七，4）。

Ⅲ式　4件（T1④：258、270、276、303），形体高矮略同Ⅱ式，腹壁较其浅，底足较小。均灰胎。施青釉，釉汁光亮，开细片。内满釉，外不及底。高4~4.5、口径8.9~9.1、足径3.6~3.8厘米。

标本T1④：258，高4.5、口径9.3、足径3.6厘米（附图3-25，18）。

Ⅳ式　9件（T1③：392、395、400、401、404、418、424、428、451）。形体较Ⅲ式瘦高，腹深浅略同Ⅲ式。多为灰白胎。橘黄胎，灰紫胎、青灰胎较少。其中青泛白釉为主，青泛黄色釉较少。皆釉下饰白色化妆土。内满釉外不及底。釉显者，釉汁光洁，开细片。高4~4.5、口径7.8~8.8、底径3.4~4.1厘米。

标本T1③：428，高4.5、口径8.6、足径4.1厘米（附图3-25，19）。

Ⅴ式　20件（T1③：399、393、394、396、402、410、412、414、416、425、426、429、430、433、434、452、455、458、473、475）。形体较Ⅳ式略矮，腹壁亦较其浅。灰胎居多，砖红胎和灰红胎较少。淡青色釉为主，青泛黄釉次之。均釉下饰白色化妆土，釉显者，釉汁光洁，开细片。施釉均内满釉而外不及底。高4.1~4.6、口径8.2~9、足径3.1~4.5厘米。

标本T1③：393，高4、口径8.4、底径4.4厘米（附图3-25，20）。

标本C1①：27，高2.6、口径6、足径4.4厘米（附图3-25，21）。

Ⅵ式　13件（T1③：397、398、407、417、432、436、448、450、453、454、457、470、471）。形体较Ⅴ式矮，腹壁亦其浅。灰胎居多，灰红胎和紫胎较少。青泛黄色釉为主，釉汁光洁，开冰裂细片。釉下均饰白色化妆土。内满釉外不及底。高3.4~4.2、口径7.4~8.8、足径3.2~4厘米。

标本T1③：471，高3.9、口径7.5、足径3.2厘米（附图3-25，22；图版七七，5）。

标本T1③：398，高4.1、口径7.9、足径3.6厘米。

Ⅶ式　5件（T1③：411、413、435、461、464）。形体较Ⅵ式矮扁，腹壁亦较其浅。均灰胎，胎壁上均显白色化妆土痕迹。施青釉，内满釉外不及底。釉面多光洁，开细片。高3.6~4、口径7.8~8.6、足径3.1~4.2厘米。

标本T1③：464，高3.9、口径8、足径3.1厘米（附图3-25，23）。

B型　74件（T1④：32件，T2④：9件，T2③：33件等）。口沿平削或较平削。可分为二亚型。

Ba型　51件（T1④：215、217、220、224、230、240、241、247、249、251、253、295，T2③：80、82~84、89、94、95、105、110、102、114~116、118、120~123、125、128、131、133、136、137、145、148、150~153、187，T2④：48、50、51、108、109、142、144）。平底较小，形似假圈足，下部较瘦高。灰白胎居多，灰黄胎较少。釉色多为青釉和青泛黄色釉。青釉发暗，无光泽。生烧或过烧而釉不显者较多。高3.3~5、口径7.8~10.5、底径4.2~6厘米。分四式。

Ⅰ式　8件（T1④：230、296，T1③：84、110、118、128、133、145）。形体较高，腹壁较深。

标本 T1③：84，高 5、口径 10.8、底径 5.6 厘米（附图 3-26，1；图版七七，6）。

标本 T1④：296，高 4.4、口径 8.6、底径 5 厘米（附图 3-26，2）。

Ⅱ式　11 件（T1④：224、240、241，T2④：50、51、144，T2③：82、83、89、95、125）。形体较Ⅰ式矮扁，腹壁亦较其浅。

标本 T2③：95，高 4.5、口径 8.9、足径 5.7 厘米（附图 3-26，3）。

标本 T2③：78，高 4.2、口径 9、足径 5.2 厘米。

Ⅲ式　30 件（T1④：215、217、220、247、249、295，T2④：48、108、109、142，T2③：80、94、102、105、114~116、120~123、131、136~148、150~153、187）。形体较Ⅱ式矮，腹壁亦较其浅。

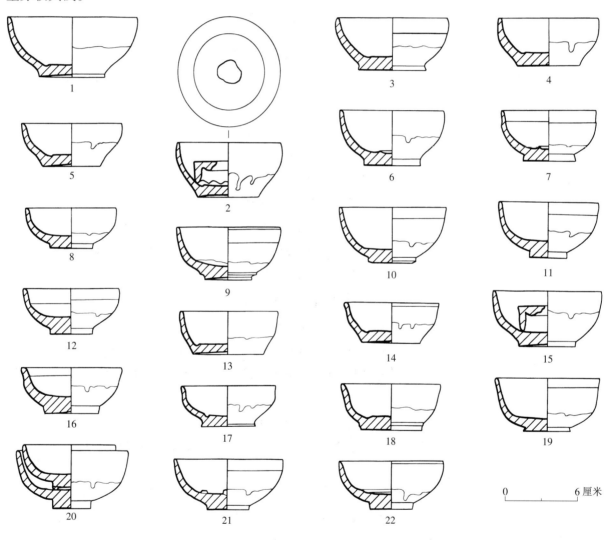

附图 3-26　罗湖象山窑址出土瓷盏

1. Ba 型Ⅰ式（T1③：84）　2. Ba 型Ⅰ式（T1④：296）　3. Ba 型Ⅱ式（T2③：95）　4. Ba 型Ⅲ式（T2③：152）
5. Ba 型Ⅳ式（T1④：253）　6. Bb 型Ⅰ式（T1④：257）　7. Bb 型Ⅱ式（T1④：271）　8. Bb 型Ⅲ式（T2③：91）
9. Bb 型Ⅳ式（T1③：422）　10. Bb 型Ⅴ式（T1③：431）　11. Bb 型Ⅵ式（T1③：389）　12. Bb 型Ⅶ式（T1③：460）
13. Ca 型Ⅰ式（T1④：221）　14. Ca 型Ⅱ式（T2④：238）　15. Cb 型Ⅰ式（T1③：437）　16. Cb 型Ⅱ式（T2④：47）
17. Cb 型Ⅲ式（T1③：423）　18. Cc 型Ⅰ式（T1④：254）　19. Cc 型Ⅱ式（T1④：322）　20. Cc 型Ⅲ式（T1④：304）
21. Cc 型Ⅳ式（T1③：405）　22. Cc 型Ⅴ式（T1③：403）

标本 T2③：152，高 3.8、口径 8.4、底径 5.2 厘米（附图 3 - 26，4）。

标本 T2③：116，高 3.7、口径 8.3、底径 4.9 厘米。

Ⅳ式 2 件（T1④：251、253）。形体较Ⅲ式矮扁，腹部较其浅。

标本 T1④：253，高 3.4、口径 8.4、底径 4.8 厘米（附图 3 - 26，5）。

Bb 型 23 件（T1④：190、257、271、274、308，T1③：387 ~ 391、422、431、446、456、460、462、468、472、477，T2④：30、58，T2③：91、146）。假圈足。灰白胎居多，灰黄胎较少。多为青釉，余皆过烧釉不显。因过烧青釉灰暗无光泽。均釉下饰白色彩化妆土。施釉技法均为内满釉外不及底。高 3.5 ~ 5、口径 6.8 ~ 10、足径 3 ~ 4.6 厘米。其中 21 件分七式。

Ⅰ式 2 件（T1④：190、257）。形体较高胖，腹壁亦较深。

标本 T1④：257，高 4.3、口径 8.8、足径 4.8 厘米（附图 3 - 26，6）。

Ⅱ式 标本 T1④：271，形体较Ⅰ式略矮，腹壁亦较其浅。高 3.8、口径 8.2、足径 4.3 厘米（附图 3 - 26，7）。

Ⅲ式 6 件（T1④：274、308，T1③：446、477，T2③：91、146）。形体较Ⅱ式矮扁，腹壁亦较其浅。

标本 T2③：91，高 3.2、口径 7.6、足径 3.7 厘米（附图 3 - 26，8）。

Ⅳ式 标本 T1③：422，形体较Ⅲ式略同，而腹壁较其略深。高 4.2、口径 8.8、足径 3.8 厘米（附图 3 - 26，9）。

Ⅴ式 5 件（T1③：301、388、431、472、486）。形体较Ⅳ式略瘦高，腹壁较其略浅。

标本 T1③：388，高 4.6、口径 8.3、足径 3.6 厘米。

标本 T1③：431，高 4.4、口径 8.8、足径 4 厘米（附图 3 - 26，10）。

Ⅵ式 4 件（T1③：389、387、390、456）。形体Ⅴ式略矮，腹亦较其浅。

标本 T1③：389，高 4.4 口径 8.5、足径 3.2 厘米（附图 3 - 26，11；图版七七，7）。

Ⅶ式 2 件（T1③：460、462）。形体较Ⅵ式矮扁，浅腹。

标本 T1③：460，高 3.7、口径 8、足径 3.6 厘米（附图 3 - 26，12）。

C 型 63 件。其中 48 件可分三亚型。

Ca 型 4 件（T1④：221，T2③：104、135，T2④：238）。大平底。灰白胎居多，灰黄胎较少。青釉过烧釉不显，内满釉外不及底。高 3.1 ~ 3.5、口径 8.2 ~ 8.5、足径 4.6 ~ 6 厘米。可分为二式。

Ⅰ式 2 件（T1④：221，T2③：135）。大平底，形体较高宽，腹较深。

标本 T1④：221，灰黄胎。青釉，内满釉外不及底，因过烧釉不显，有垂釉现象。高 3.5、口径 8.3、足径 6 厘米（附图 3 - 26，13）。

Ⅱ式 2 件（T2④：238，T2③：104）形体较Ⅰ式矮，腹亦较其浅。

标本 T2④：238，高 3.5、口径 8、足径 4.9 厘米（附图 3 - 26，14）。

Cb 型 15 件（T1④：232、234、242、258、259，T1③：423、437、427，T2④：47、53，T2③：77、79、93、99、138）。平底较小，形似假圈足，下腹较修长。灰胎居多，砖红胎最少。其中青釉居多，深青釉、淡青釉、青泛黄色釉较少。均内满釉外不及底。高 3.1 ~ 4.8、口径 7.5 ~ 9.8、足径 4.5 ~ 5.7 厘米。分三式。

Ⅰ式　9件（T1④：42、258、289，T1③：437，T2③：96、81、117、126、143）。形体较高宽，腹壁较深。

标本T1③：437，高4.4、口径9.2、足径4.8（附图3-26，15）。

Ⅱ式　9件（T1④：232、234，T2④：47、53，T1③：77、79、93、99、138）。形体较Ⅰ式略矮，腹亦较其浅。

标本T1④：232，高3.6、口径7.8、足径4.6厘米。

标本T2④：47，高3.6、口径8.4、足径4.6厘米（附图3-26，16）。

Ⅲ式　2件（T1③：423、427）。形体较Ⅱ式矮，腹较浅。

标本T1③：423，高3.1、口径8、足径4.5厘米（附图3-26，17）。

Cc型　29件（T1④：202、252、254、260、264、266、267、269、282、283、285、298、301、302、304、314、316、320～323、325、331、335，T1③：403、415、480，T2③：103）。假圈足。灰色胎居多，灰黄胎较少。其中青釉居多，釉汁光亮，开细片。青灰色釉较少，因过烧釉面灰暗。余皆过烧釉不显。内满釉外不及底。高3.3～6.1、口径7～10.3、足径2.7～5.1厘米。分五式。

Ⅰ式　标本T1④：254，形休较矮扁，腹较深、足大而薄。高3.5、口径8.4、足径5.1厘米（附图3-26，18）。

Ⅱ式　2件（T1④：266、322）。形体较Ⅰ式高瘦，腹壁亦较其略深，足径较小。

标本T1④：322，高4.2、口径9、足径4.2厘米（附图3-26，19）。

Ⅲ式　6件（T1④：298、301、304、320、325、335）。形体较Ⅱ式矮扁，腹亦较其略浅，足小而高。

标本T1④：304，高4.6、口径9.2、足径3.3厘米（附图3-26，20；图版七七，8）。

标本T1④：325，高3.5、口径7.2、足径3.1厘米。

Ⅳ式　9件（T1④：264、202、269、283、323、260，T1③：405、480，T5②：106）。形体较Ⅲ式矮扁。腹壁亦较其浅。

标本T1③：405，高4.2、口径9.2、足径3.7厘米（附图3-26，21）。

Ⅴ式　11件（T1④：252、267、282、285、302、314、321、331，T1③：403、415，T2③：103）。形体较Ⅳ式矮扁，腹亦较其浅。有的足外侧可见三个支钉。

标本T1③：403，高3、口径8.8、足径3.5厘米（附图3-26，22；图版七八，1）。

标本T1③：415，高4.3、口径9、足径3.4厘米。

22. **莲瓣纹碗**

59件（T1④：129～134、154、177、415、417，T1③：244、285、325、332、383，C1②：492、501、502、514、515、528、531、536～539、545、641、840、842～844，C1①：55～57、59～67、92等）。假圈足或圈足，腹壁刻划或刻剔双层莲瓣纹。可分四型：

A型　23件（T1④：133，T1③：332，C1②：479、492、502、505～507、513、523、524、527、535、536、537、538、540、557、559，C1①：59～62）。可分二亚型。

Aa型　可分四式。

Ⅰ式　4件（C1②：479、505、507、513）。敞口，薄唇，深鼓腹，高圆饼形实足，边墙微外撇，底足稍内凹，并旋削凹弦纹一圈。内外满釉仅底足露胎，釉汁莹亮，开细片。外壁刻划三线莲花瓣或单线圆菊瓣纹，口沿下饰双线凹弦纹。均灰褐色胎。多为青绿色釉，黄褐色釉较少。内外均满釉，仅底足露胎。有的底足粘连有锯齿形支圈。高9~9.5、口径14~14.7、足径6.7~8.5厘米。

标本 T1②：513，高8.8、口径14.2、足径6.8厘米（附图3－27，1）。

Ⅱ式 7件（C1②：506、540、523、524、537、557、559）。敞口，薄唇，鼓腹渐内收，圆饼

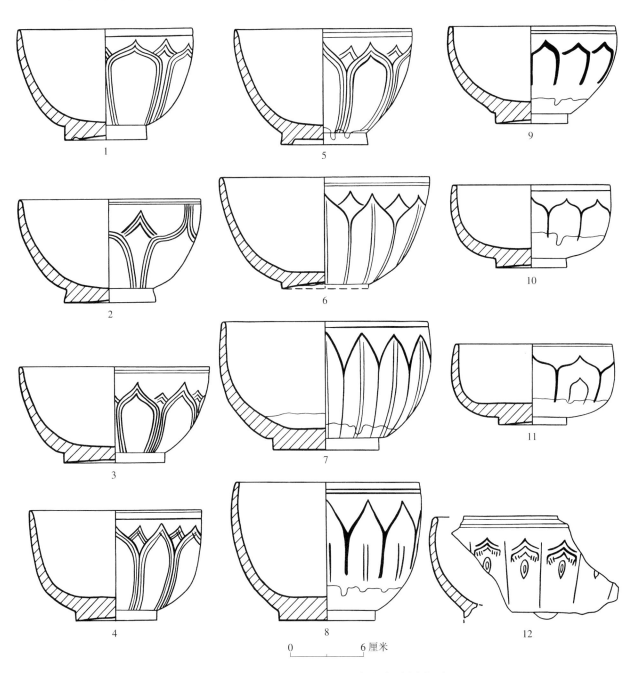

0   6厘米

附图3－27 罗湖象山窑址出土瓷莲瓣纹碗

1. Aa 型Ⅰ式（T1②：513） 2. Aa 型Ⅱ式（C1②：557） 3. Aa 型Ⅲ式（C1②：527） 4. Aa 型Ⅳ式（T1④：133）
5. Ab 型（T1③：337） 6. Ba 型Ⅰ式（T1④：132） 7. Ba 型Ⅲ式（T1④：134） 8. Ba 型Ⅳ式（T1④：154） 9. Bb 型
Ⅰ式（T1③：285） 10. Bb 型Ⅱ式（T1③：244） 11. Bb 型Ⅲ式（T1③：325） 12. Bb 型Ⅳ式（T1③：383）

形实足，边墙外撇，足沿多未经修削，外底足多挖削一圈宽凹弦纹。形体高瘦。内外施青绿或黄褐色釉，开细片，玻璃质感强。外腹壁刻划三线或单线莲花瓣纹。灰白胎居多，多为青绿釉，黄褐色釉较少。釉汁莹亮，开细片，玻璃质感强。灰褐胎次之，均青绿釉，内外满釉。

标本 C1②：557，边墙外撇明显。青绿釉，釉色较暗。高8.3、口径15.5、足径7.7厘米（附图3-27，2）。

标本 C1②：524，交叠单线莲瓣纹，纹饰少见。

Ⅲ式　9件（C1②：492、502、527、535、536，C1①：59~62）。敞口，深鼓腹，假圈足，边墙较平直，足沿修削光滑。外壁刻划三线莲瓣纹，口沿下饰凹弦纹两道。釉色青绿或泛黄褐色，玻璃质感强。灰白胎居多，釉色纯正者为青绿色釉。余皆为青灰、灰白色釉。均开细片。灰褐胎较少，均施青绿色釉，开细片。高7.2~8.9、口径11.5~15.2、底径6.5~8.4厘米。

标本 C1①：60，高8.5、口径15.7、底径7.8厘米（图版七八，2）。

标本 C1②：527，边墙较平直。高7.7、口径15.8、足径8.4厘米（附图3-27，3）。

标本 C1②：502（彩版三〇，1）。

Ⅳ式　标本 T1④：133，假圈足，侈口，外壁刻划三线莲瓣纹。胎质灰白。施青绿釉，釉面光亮，开细片。高9、口径14.4、足径6.8厘米（附图3-27，4；彩版三〇，2）。

Ab型　2件

标本 T1④：427，口微侈，深腹瘦长，圈足。口沿下饰凹弦纹二道。足沿修削不规整。刻划三线或二线莲瓣纹。高9.2、口径14.6、足径7.3厘米。

标本 T1③：337，高9.2、口径14.4、足径7.2厘米（附图3-27，5；图版七八，3）。

B型　19件（Y1①：41、42，Y1④：97，Y1③：1、11，T1④：129~132、134、154、177、415，T1③：244、285、325、383，C1②：536，C1①：64、65）。敛口或口部微敛，分三亚型。

Ba型　9件（T1④：129~132、154、177、415，Y1③：1、11）。灰白胎居多，灰黄胎、砖红胎较少。其中青釉居多，釉色晶莹光润，开细片。内外满釉至足沿。青泛黄色釉，灰黄褐色釉较少。假圈足较大，制作规整。外壁刻剔莲瓣纹。有的足与腹壁交接处削一道平面。高10.3~13.2、口径17.6~21.3、足径8~9.5厘米。分四式。

Ⅰ式　2件（T1④：132、129）。双层莲瓣纹，莲瓣较宽肥，瓣尖锐细。用刻划双线勾勒出花梗和二瓣之间的界线。

标本 T1④：132，高8.8、口径17.6、足径7.2厘米（附图3-27，6）。

Ⅱ式　4件（T1④：130、177，Y1③：1、11），双层莲瓣较Ⅰ式瘦锐。双线刻划出花瓣。二瓣间界线为一粗线。

标本 Y1③：11，两件叠烧。高13.8、口径21.3、足径9.3厘米（彩版三〇，3）。

Ⅲ式　3件（T1④：131、134、415）。单层莲瓣，莲瓣较Ⅱ式略宽。双线刻划出花瓣。二瓣间以一线间隔。

标本 T1④：134，高10.2、口径17.2、足径8.8厘米（附图3-27，7）。

Ⅳ式　标本 T1④：154，单层莲瓣，瓣体较Ⅲ式宽肥，花瓣间的界线较宽大。残。高11、口径15.2、足径8厘米（附图3-27，8；彩版三一，1）。

Bb型　7件（T1③：244、285、325、383，Y1④：97，Y1①：41、42）。假圈足较小，足面微

内凹。青釉。多为深灰胎，浅灰胎较少。可见化妆土痕迹。釉色有青泛灰色釉、青褐泛白色釉、黄褐釉。釉面均光洁匀称，开细片。外壁以粗线刻划出莲瓣纹。高 6.5 ~ 7.7、口径 13 ~ 13.5、底径 5.7 ~ 6 厘米。按莲瓣差异分为四式。

Ⅰ式　标本 T1③：285，莲瓣较 Ba 型Ⅳ式略圆肥，制作较草率。口沿下饰凹弦纹二道。高 7.7、口径 13.5、足径 6 厘米（附图 3 - 27，9）。

Ⅱ式　4 件（T1③：244，Y1①：41、42，Y1④：97）。莲瓣较Ⅰ式宽肥，瓣尖明显。

标本 T1③：244，高 6.5、口径 13、足径 6 厘米（附图 3 - 27，10）。

Ⅲ式　标本 T1③：325，莲瓣较Ⅱ式宽肥。瓣尖明显。高 6.4、口径 13.5、足径 5.6 厘米（附图 3 - 27，11）。

Ⅳ式　标本 T1③：383，莲瓣宽肥略同Ⅱ式，莲瓣上部以双粗线刻划，瓣尖极为明显。残高 8.1 厘米（附图 3 - 27，12）。

Bc 型　3 件（C1②：536，C1①：64、65）。敞口，薄唇，深腹瘦长，瓣尖极为明显。圆饼形实足，足沿修削光洁，边墙垂直。口沿下饰凹弦纹一道。有灰褐胎和灰白胎之分，均青绿色釉，开细片，内外满釉。釉汁莹亮，玻璃质感强。

标本 C1①：64，高 6.6、口径 12、足径 5.7 厘米（附图 3 - 28，1）。

标本 C1①：65，高 6、口径 8.8、足径 4.4 厘米（附图 3 - 28，2）。

C 型　3 件（C1②：512，C1①：55、67）。敞口，深鼓腹，圆饼形实足。边墙微外撇，足沿修削较光洁。形体浑圆宽肥。施青绿或黄褐色釉。内外底均未见支烧痕迹。灰白胎为主，均黄褐色釉，釉汁莹亮开细片。灰红胎次之，釉脱落。高 8.8 ~ 9.5、口径 14.3 ~ 15.8、足径 6.6 ~ 8 厘米。

标本 C1①：55，外壁刻划双线双层莲瓣纹，底层莲瓣窄瘦，上层莲瓣扁宽，莲瓣间剔划双线瓣尖间隔，底层莲瓣下部双线间另加划一线。纹饰勾划规整、对称，技法娴熟。纹饰少见。高 8.9、口径 15.7、足径 8 厘米（附图 3 - 28，3；彩版三一，2）。

标本 C1②：512，黄褐色釉，开细片。腹外壁用两组仰复圆弧形单线组合成瘦长莲瓣纹，瓣尖短锐。粗看形似仰复菊花瓣纹。高 8.5、口径 14.4、足径 6 厘米（附图 3 - 28，4；彩版三一，3）。

D 型　14 件（C1②：481、499、501、511、514、515、528、531、539、545，C1①：56、67、63、66）。可分为二式。

Ⅰ式　8 件（C1②：481、499、511、514、528、539，C1①：56、66）。大敞口，薄唇，深鼓腹，内底较小，形体高瘦修长，假圈足，底足高厚，旋削粗涩，边墙外撇。口沿下饰凹弦纹一道。灰褐胎为主，灰白胎和灰红胎较少。其中青泛白釉居多，内外满釉，釉汁薄匀。青绿釉次之，内外满釉，玻璃质感强，开细片。高 8.5 ~ 9.6、口径 14 ~ 15.2、足径 6.4 ~ 7.3 厘米。

标本 C1①：56，釉脱落。高 8.4、口径 14.5、足径 7.3 厘米（附图 3 - 28，5）。

标本 C2②：539，青绿釉。内底粘有圆环形三足支圈及小莲瓣纹杯。

标本 C1②：514，高 9、口径 15.4、足径 6.8 厘米。

标本 C1②：511，高 8.8、口径 15.2、足径 6.8 厘米（附图 3 - 28，6）。

标本 C1②：528（彩版三一，4）。

Ⅱ式　6 件（C1②：501、515、531、545，C1①：57、63）。敞口，薄唇，深鼓腹至底内收，形体修长，内底较窄小，薄唇，深鼓腹至底内收，形体修长，内底较窄小，圆饼形高实足，足墙

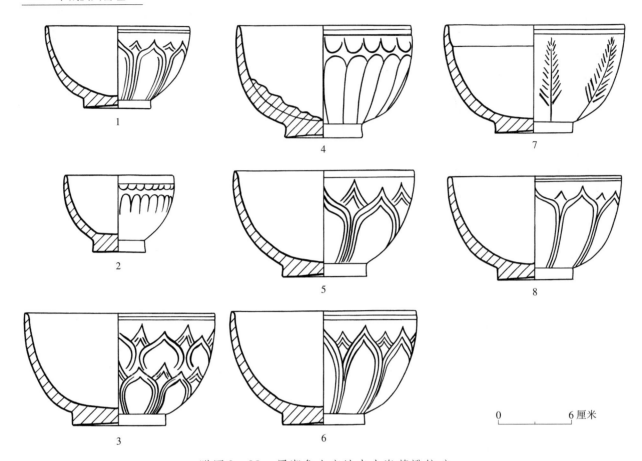

附图 3 - 28　罗湖象山窑址出土瓷莲瓣纹碗

1. Bc 型（C1①：64）　2. Bc 型（C1①：65）　3. C 型（C1①：55）　4. C 型（C1②：512）　5. D 型 I 式（C1①：56）　6. D 型 I 式（C1②：511）　7. D 型 II 式（C1①：63）　8. D 型 II 式（C1①：57）

垂直，足沿修削光洁。口沿下饰凹弦纹一道，腹壁刻划三线瓣纹或少见的叶脉纹。灰褐胎居多，灰胎较少。其中青绿釉较多。釉汁莹润。青灰泛黄色釉次之，釉薄灰浊。青绿釉较少，釉汁莹润，开冰裂细片。

标本 C1①：63，口沿下饰宽凹弦纹二道。外壁环划叶脉纹。高 8.4、口径 14.5、足径 6.5 厘米（附图 3 - 28，7）。

标本 C1②：515，青绿釉，玻璃质感强。高 8.2、口径 14.5、足径 6.4 厘米。

标本 C1①：57，釉汁灰暗。高 8.2、口径 14.5、足径 6.3 厘米（附图 3 - 28，8）。

标本 C1②：531（彩版三一，5）。

23. 碗

641 件（T1③，138 件；T1②，9 件；T2④，7 件；T2②，200 件；C1②，86 件等）。敞口或敛口，假圈足，圈足极少见。可分为五型。

A 型　313 件（T2④：50 ~ 52，C1②：179、263、265、266、271、272、279、285、306、308、314、322、341、351、366、374、378、386、392、395、399 ~ 402、408、411、418、422、423、431、433、436、439、440、446、462、472 ~ 475、480、482 ~ 486、489 ~ 491、494、495、497 ~ 500、503、504、509、510、518、521、522、526、530、532 ~ 534、550、551、553 ~ 558、560、561、568 ~ 572、574 ~ 576、578、625，C1①：11、18、58、69，Y1①75）。形体特大，器壁

厚重。口微敛，深鼓腹，圆饼形实足大而矮。口沿多饰褐色点彩。部分可分为四亚型。

Aa 型　117 件（T1④：3 件，C1②：109 件，C1①：5 件）。形体特大，器壁厚重。敞口微敛，深鼓腹，大圆饼形实足。部分可分为五式。

Ⅰ式　3 件（T1④：50，C1②：436、489）。腹壁较斜直。灰白胎居多，灰黄胎较少。均过烧，釉不显。

标本 C1②：436，高 12.3、口径 27.3、足径 19 厘米（附图 3 – 29，1；图版七八，4）。

标本 C1②：489，高 12、口径 26.3、足径 17.9 厘米。内底有一道凹弦纹。旋削规整光洁（附图 3 – 29，2）。

Ⅱ式　3 件（T1④：51.52，C1②：265）。敞口，唇外折，外口沿下有一道凹棱，深鼓腹，腹壁弧度较大，大圆饼形实足。器形特大，器壁厚重。旋削规整。胎色有灰白胎、灰黄胎、灰红色胎之分，过烧釉不显。

标本 C1②：265，高 9.1、口径 25、足径 16 厘米（附图 3 – 29，3；图版七八，5）。

Ⅲ式　2 件（C1②：263、266）。敞口，唇微外折，外口沿下微内凹，深鼓腹，大圆饼形实足。器形特大，器壁厚重。

标本 C1②：266，灰褐色胎。施青绿釉至近底，内底满釉，釉汁青翠欲滴，开细片。内底心旋削一凸圆饼形平面，内底腹之间有凸棱一道。高 15.3、口径 27、足径 18 厘米（附图 3 – 29，4；图版七八，6）。

标本 C1②：263，灰白胎。脱釉。内底心有一圈凸宽棱。高 8.3、口径 24.2、足径 16 厘米（附图 3 – 29，5）。

Ⅳ式　13 件（C1②：272、308、314、351、378、392、399、401、408、423、439、443、446），薄唇，口微敛，深腹，腹壁较斜斜削。圆饼形实足，足沿微外撇。内底多见齿形支圈痕。灰白胎居多，灰黄胎较少。釉色以青泛灰白色釉为主，施青绿色釉次之，釉汁莹亮，开细片。内底均有凹弦纹一圈。

标本 C1②：408，高 9.8、口径 21.5、足径 13.8 厘米（附图 3 – 29，6）。

标本 C1②：401，高 9、口径 21、足径 13.2 厘米（附图 3 – 29，7）。

Ⅴ式　11 件（C1②：271、285、366、374、380、400、402、418、422、431、440）。薄唇，口微敛，深腹微鼓，圆饼形实足，内满釉外不及底，内底多见齿形支圈痕，口沿饰褐色点彩。旋削规整。灰褐胎居多，灰红胎较少。釉剥脱。青泛灰白釉为主，青绿釉次之。高 7.5～9.8、口径 18.4～21.8、足径 11.1～14.8 厘米。

标本 C1②：285，青绿釉，开细片。高 8.7、口径 20.5、足径 14.7 厘米。

标本 C1②：418，高 7.2、口径 18、足径 10.8 厘米（附图 3 – 30，1）。

Ab 型　42 件（T1④：61、71、143～145、188、201，T2④：28、29、32、33，T2③：49、51、52、55、56，C1②：497、500、503、509、553、555、557、575、576、530，C1①：58 等）。大圆饼形假圈足。可分为八式。

Ⅰ式　2 件（T1④：71、188）。腹壁略弧，下部较修长。均灰白胎。青釉或为青泛灰釉，釉汁光亮，开细片。

标本 T1④：188，高 5.2、口径 10.8、足径 5.8 厘米（附图 3 – 30，2）。

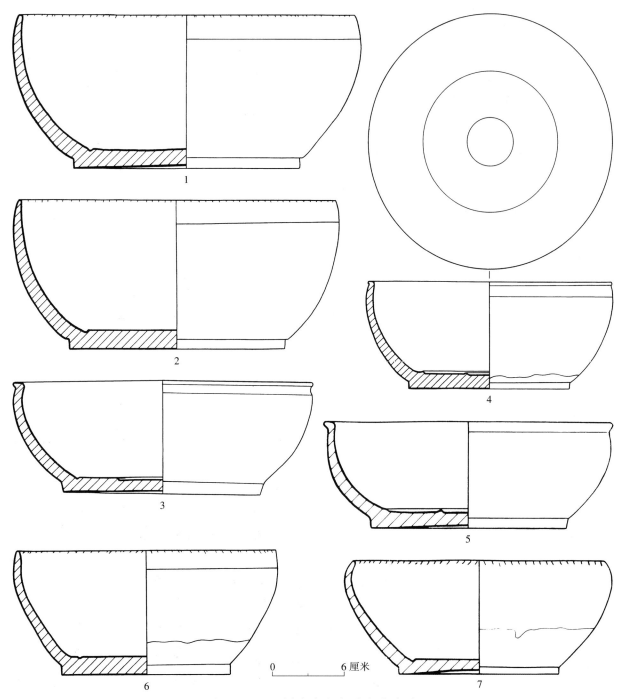

附图 3 - 29 罗湖象山窑址出土瓷碗

1. Aa 型 I 式（C1②：436）   2. Aa 型 I 式（C1②：489）   3. Aa 型 II 式（C1②：265）   4. Aa 型 III 式（C1②：266）
5. Aa 型 III 式（C1②：263）   6. Aa 型 IV 式（C1②：408）   7. Aa 型 IV 式（C1②：401）

II 式 2 件（T1④：49、61）。腹壁较斜削，下部较 I 式宽。均灰白釉。青釉或青泛白色釉。

标本 T1④：49，高 6.2、口径 11.1、足径 7.1 厘米（附图 3 - 30，3；图版七九，1）。

III 式 7 件（T1④：143、144，T2④：28、29、32、33，T2③：56）。灰白胎居多，深灰胎较少。施青色釉居多，青泛黄色釉较少。腹壁弧鼓，下腹较 II 式宽。

标本 T1④：143，高 7.5、口径 15.5、足径 9.5 厘米。

标本 T2④：32，高 5.9、口径 12、足径 5.8 ~ 8.4 厘米。

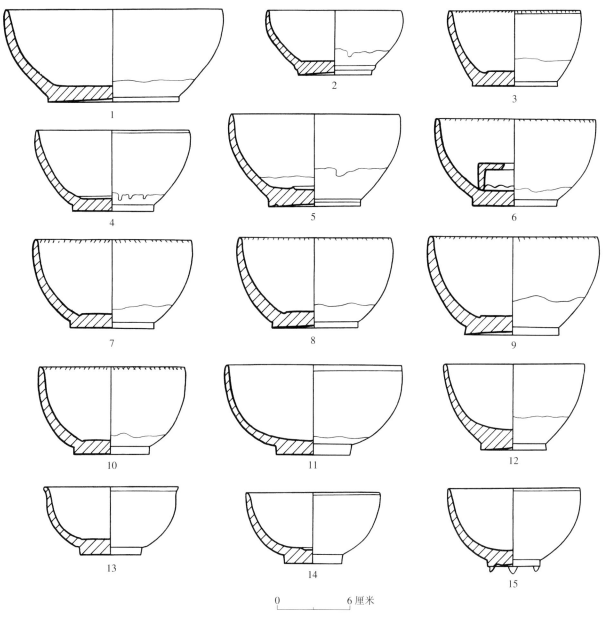

附图 3 - 30　罗湖象山窑址出土瓷碗

1. Aa 型 V 式（C1②：418）　　2. Ab 型 Ⅰ 式（T1④：188）　　3. Ab 型 Ⅱ 式（T1④：49）　　4. Ab 型 Ⅳ 式（T2③：51）
5. Ab 型 V 式（T2③：55）　　6. Ab 型 Ⅵ 式（C1②：509）　　7. Ab 型 Ⅵ 式（C1②：575）　　8. Ab 型 Ⅶ 式（C1②：558）
9. Ab 型 Ⅶ 式（C1②：504）　　10. Ab 型 Ⅷ 式（C1②：554）　　11. Ab 型 Ⅷ 式（C1②：498）　　12. Ac 型 Ⅰ 式（T1④：
182）　　13. Ac 型 Ⅱ 式（T2②：47）　　14. Ac 型 Ⅲ 式（T2④：31）　　15. Ac 型 Ⅳ 式（T1④：164）

　　Ⅳ式　4 件（T1④：145、201，T2③：49、51）。腹壁圆弧，下部较Ⅲ式宽。均灰白胎，施青泛灰白色釉。

　　标本 T2③：51，高 6.6、口径 12.9、足径 6.6 厘米（附图 3 - 30，4）。

　　V式　2 件（T2③：51、55）。形体较Ⅳ式高，腹下部斜收。釉灰白胎与灰红胎之分。施青釉，釉汁光亮，开细片。

　　标本 T2③：55，高 7.3、口径 14、足径 7.5 厘米（附图 3 - 30，5；图版七九，2）。

　　Ⅵ式　9 件（C1②：500、503、509、553、555、575~557、597）。口微敛，形体修长、庄重。

边墙微外撇，足沿打磨光洁。灰白胎居多，灰红胎较少。其中青泛灰白色釉居多，青绿色釉次之，黄褐色釉较少。釉汁匀净开细片，开细片。高 6.8~8.5、口径 12.8~14.5、足径 6.9~7.9 厘米。

标本 C1②：509，青釉，口饰点彩，内底黏结一件齿形支圈（附图 3-30，6）。

标本 C1②：597，过烧釉不显。高 8.8、口径 14.8、足径 8 厘米。

标本 C1②：575，青绿釉，开细片。高 7.1、口径 13.2、足径 7.1 厘米（附图 3-30，7）。

Ⅶ式　11 件（C1②：483、489、490、504、521、530、533、558、574、579，C1①：58）。薄唇，口微敛，腹微鼓，体修长。足沿修削粗涩。有的内底旋削凹棱一圈，工整深沉，有的口沿饰点彩，有的内底粘齿圈和碗。灰褐胎居多，灰红胎次之。施青泛灰白色釉居多，黄褐色釉、青绿釉较少。高 5.2~7.5、口径 12.6~15.7、足径 7.7~10 厘米。

标本 C1②：558，高 7.3、口径 12.8、足径 7.2 厘米（附图 3-30，8；彩版三二，1）。

标本 C1②：504，高 8、口径 14.2、足径 8 厘米（附图 3-30，9；图版七九，3）。

标本 C1②：574（彩版三二，2）。

Ⅷ式　5 件（C1②：495、498、554、561、572）。薄唇敞口，深鼓腹，圆饼形实足，体圆鼓。多施青绿色釉，有的内底粘泥团支钉或齿形支圈。灰褐胎居多，均青绿釉，开细片，釉汁光亮，口沿饰点彩。灰白胎次之，施青绿淡黄色釉，莹亮开片。高 6.7~7.2、口径 12~14.8、足径 6.1~7.2 厘米。

标本 C1②：554，内底有凹弦纹一圈。高 6.9、口径 12.7、足径 6.4 厘米（附图 3-30，10；彩版三二，3）。

标本 C1②：498，高 7、口径 14.5、足径 6.2 厘米（附图 3-30，11）。

Ac 型　123 件（T1④，20 件；T1③，89 件；T2④，5 件；T2③，4 件；C1②，1 件等）。假圈足较小。可分十四式。

Ⅰ式　2 件（T1④：182、420）。腹壁微外弧，下腹瘦削。均灰胎，施黄釉或青黄釉，过烧釉面灰暗。内外施釉，仅底部露胎。

标本 T1④：182，高 7、口径 11.7、足径 5.5 厘米（附图 3-30，12；图版七九，4）。

Ⅱ式　3 件（T1④：138、172，T2②：47）。形体较大。腹壁外弧较Ⅰ式大，下部亦较其宽。均灰胎。施青釉或青淡黄色釉，开细片，釉汁光润。内外均不及底。有的内底留有三个不规则垫块。高 7.5~8.8、口径 12.7~15、足径 5.5~7.1 厘米。

标本 T2②：47，高 5.4、口径 11、足径 5 厘米（附图 3-30，13）。

Ⅲ式　6 件（T1④：136、147、198、421、422，T2④：31）。形体较大。腹壁外弧，下部较宽。均为灰胎。青釉居多，釉汁光亮，开细纹片。有的足外侧有一圆圈纹。高 6.2~8.2、口径 11.1~14.6、足径 4.1~6.2 厘米。

标本 T2④：31，高 5.5、口径 11、足径 4 厘米（附图 3-30，14）。

Ⅳ式　7 件（T1④：140、149、160、164，T2③：50、57，T2②：590）。腹壁外弧，下部较Ⅲ式宽胖。灰白胎居多，灰黄胎较少。有青色釉、青泛黄色釉之分。釉面匀净，釉汁光亮，开细片。高 6.1~7.4、口径 12.1~15.4、足径 5.2~6.5 厘米。

标本 T1④：164，高 6.3、口径 11.3、足径 4.4 厘米（附图 3-30，15；图版七九，5）。

Ⅴ式　7 件（T1④：135、142、155、165、186、205、428）。腹壁较Ⅳ式外弧大，下部亦较其

宽。灰胎居多，暗红胎较少。其中深青泛黄色釉居多，深青釉次之，青釉最少。釉汁光亮，开细片。有的口部饰弦纹。高 4.4～7.1、口径 10.5～14.4、足径 4.5～6.7 厘米。

标本 T1④：165，高 8.6、口径 14、足径 6 厘米（附图 3－31，1）。

Ⅵ式 12 件（T1③：249、257、260、282、296、297、316、346、347、355、370、385）。腹壁微弧，腹以下瘦削，腹较深。均釉下涂灰白色化妆土。内外半截釉。灰胎居多。釉有青泛白色

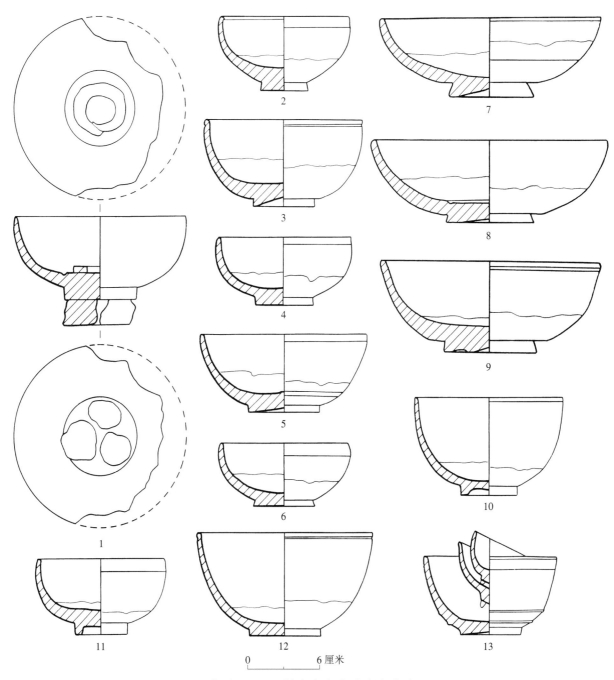

附图 3－31 罗湖象山窑址出土瓷碗

1. Ac 型 Ⅴ式（T1④：165）　　2. Ac 型 Ⅵ式（T1③：347）　　3. Ac 型 Ⅶ式（T1③：262）　　4. Ac 型 Ⅷ式（T1③：363）
5. Ac 型 Ⅸ式（T1③：252）　　6. Ac 型 Ⅹ式（T1③：362）　　7. Ac 型 Ⅻ式（T1③：10）　　8. Ac 型 ⅩⅢ式（T1②：5）
9. Ac 型 ⅩⅣ式（T1②：8）　　10. Ad 型 Ⅰ式（T1④：146）　　11. Ad 型 Ⅱ式（T1③：322）　　12. Ba 型 Ⅰ式（T1④：185）
13. Ba 型 Ⅱ式（T1④：192）

釉、青釉、青泛灰色釉、青釉之分。砖红胎较少，施青黄泛白釉，釉汁灰暗，多脱落。灰红胎次之，青黄色釉，部分脱落。深灰胎次之，施青釉，釉汁较光亮，开细片。口沿下饰凹弦纹一道。高5.4~7.3、口径10.3~13.2、足径4~6.4厘米。

标本T1③：347，高5.8、口径10.8、足径4.2厘米（附图3-31，2）。

Ⅶ式　28件（T1③：54、214、218、240~242、250、262、271、272、276、277、280、284、301、304~306、313、319、321、323、327、328、331、334、366、371）。腹壁外弧较Ⅰ式大，下腹部较其宽，腹亦较其浅。灰胎居多，施青泛灰白釉较多，其余施青釉、青泛黄釉、青黄釉较少。砖红胎次之，施青泛白釉。暗红胎次之，过烧釉不显。灰黄胎最少，青泛灰色釉。灰红胎最少，过烧釉不显。灰黄胎最少，青黄釉，开细片。均釉下饰灰白色化妆土。内外半截釉。有的口沿外饰弦纹。有的足面内凹。有的可见有线割痕迹。有的底足下粘连垫圈。有的内底粘连一碗或一高足盘。大件碗，高6.2~7.1、口径11.6~14.2、足径4.87~6.2厘米。小件碗，高5.4~5.9、口径10.2~10.6、足径4.1~4.9厘米。

标本T1③：274，高6.3、口径13.7、足径6.1厘米。

标本T1③：304，高5.5、口径10.5、足径4.9厘米。

标本T1③：262，高6.8、口径13、足径5厘米（附图3-31，3）。

Ⅷ式　13件（T1③：270、292、298、299、307、309、310、315、343、353、357、363、365）。皆釉下饰白色化妆土。内外施半截釉。灰胎和深灰胎居多。多施青泛白釉，施青泛灰釉、青釉者较少。釉面光洁，开细片。有的口沿下饰弦纹，有的底足粘连一垫圈，有的外壁粘连一匣钵碎片或内底粘连碗、盏等。大件器，高6.1~6.8、口径11.2~13.5、足径4.3~5.5厘米。小件器，高5.6~5.9、口径10.3~10.8、足径4.3~5.4厘米。

标本T1③：363，高5.4、口径11.2、足径4.8厘米（附图3-31，4）。

Ⅸ式　24件（T1③：245、252、254、255、263、266、269、270、279、288、293、300、308、330、339、346、351、352、360、364、369、377、381、438）。形体较Ⅷ式矮偏，腹下部亦较其宽，腹亦较其浅。均釉下饰白色化妆土。内外均施半截釉。灰胎和深灰胎居多，灰红胎次之，砖红胎最少。多施青釉、青泛白釉、青黄泛白釉、青泛黄釉。釉汁光亮，开细片。有的口沿下饰弦纹。有的内粘连一垫圈。有的内底粘连碗、盏等。高6.3、口径12.5、足径5.4厘米。

标本T1③：252，高6.4、口径14.2、足径6厘米（附图3-31，5）。

Ⅹ式　11件（T1③：248、258、267、275、283、286、333、341、362、368、384）。大件器，高5.9~6.4、口径13.8~14、足径5.2~6厘米。小件器，高5~5.3、口径10.5~10.7、足径4.5~5.6厘米。多为灰胎或深灰胎，灰黄胎较少。多施青釉、青泛灰白釉，釉面光洁。均釉下饰白色化妆土。有的口沿下饰弦纹。有的内底粘连一印花碗。

标本T1③：362，灰胎。施青釉。高5.2、口径11.2、足径5.2厘米（附图3-31，6；图版七九，6）。

Ⅺ式　标本T1③：295，深灰胎。釉下饰白色化妆土。青泛黄白釉内外均施半截釉，釉汁光亮，开细片。底足微内凹，刻划圆圈纹。高4.5、口径13、足径5.6厘米。

Ⅻ式　2件（T1③：10、14）。腹壁较浅，形体矮扁。足面内凹，有圆圈纹。底、足交接处旋削一道平面。紫灰胎或紫红胎。施青褐色釉。均内外施半截釉。釉下显白色化妆土。高6.7~7.1、足径 6.8 ~ 7.1 厘米。

标本 T1③：10，紫红胎。施黄色釉。高 9.3、口径 18.6、足径 7.1 厘米（附图 3 - 31，7）

ⅩⅢ式 3 件（T1②：5、7，Y1①：75）。腹壁较ⅩⅡ式浅，形体亦较其矮扁。紫红胎或灰褐胎。施黄褐色釉。底足内凹有圆圈纹。高 6.1 ~ 6.2、口径 20.8、足径 6.5 ~ 7.6 厘米。

标本 T1②：5，紫红胎。施黄褐色釉。高 6.6、口径 20、足径 7.6 厘米（附图 3 - 31，8；图版八〇，1）。

ⅩⅣ式 标本 T1②：8，圆唇，浅腹，内底宽平，小圆饼形实足，底足面微内凹。黄褐色釉不及底。腹底交接处有一道旋削面。高 7.2、口径 8.8、足径 7.8 厘米（附图 3 - 31，9；图版八〇，2）。

Ad 型 2 件（T1④：146，T1③：322）。圈足。是瓷器底足由假圈足演变成圈足的早期形式。高 5.7 ~ 7.5、口径 10.8 ~ 12.4、足径 4.3 ~ 4.7 厘米。分二式。

Ⅰ式 标本 T1④：146，形体高宽，深腹，口沿下饰一道凹弦纹。灰胎。施青色釉，内外均不及底。釉汁光洁，开细片。高 7.8、口径 12.4、足径 4.7 厘米（附图 3 - 31，10；图版八〇，3）。

Ⅱ式 标本 T1③：322，形体矮扁，腹亦浅。灰红胎。釉下显白色化妆土。内外不及底。过烧釉不显。高 5.7、口径 10.8、足径 4.3 厘米（附图 3 - 31，11）。

B 型 62 件（T1④，13 件；T1③，45 件；T1②，1 件；T5②，1 件；Y1①，1 件等）。直口或口部较直。可分二亚型。

Ba 型 57 件（T1④，13 件；T1③，43 件；T5②，1 件）。弧腹壁。部分可分为七式。

Ⅰ式 4 件（T1④：161、170、180、185）。形体较高瘦，深腹，腹下部斜削渐内收，底足较小。灰胎。均施青釉，内外釉均不及底。釉面光亮，开细片。口沿下均有弦纹一道。底足面旋划圆圈纹一圈。大件器高 8.3 ~ 8.5、口径 13.6 ~ 14.5、足径 5.9 ~ 6.1 厘米。小件器高 7.5、口径 12.5、足径 5.1 ~ 5.2 厘米。

标本 T1④：185，高 8.5、口径 14.8、足径 5.9 厘米（附图 3 - 31，12；图版八〇，4）。

Ⅱ式 4 件（T1④：159、162、175、192）。形体较Ⅰ式矮，腹壁亦较其浅，下部较其宽肥。灰胎居多，施青釉或青泛黄色釉，釉面光亮，开细片。有的口沿下有弦纹。有的釉内外不及底，有的内满釉外至足沿。有的内底粘连碗盏。有的底足粘有垫圈。大件器高 7.6 ~ 8.3、口径 13.7 ~ 14、足径 5.3 ~ 6 厘米。小件器高 6.3、口径 10.8、足径 5.1 厘米。

标本 T1④：192，灰胎。青釉。口沿下有弦纹。高 6.2、口径 11.2、足径 5.2 厘米（附图 3 - 31，13；彩版三二，4）。

Ⅲ式 5 件（T1④：149、152、166、184、208）。形体较Ⅱ式矮，腹壁亦较其浅，下部较其宽肥。底腹交接处有一道旋削面。均为灰胎。多为青釉，少数为青泛黄色釉外。釉面光亮，开细片，内外均施半截釉。有的口沿下饰凹弦纹底足面刻划圆圈纹。大件器高 6.5、口径 10.8、足径 4.5 厘米。

标本 T1④：208，高 5.8、口径 11.2、足径 4.4 厘米（附图 3 - 32，1）。

Ⅳ式 3 件（T1③：187、206、268）。形体较Ⅲ式矮扁，腹壁亦较其浅。灰胎。施青色釉，釉汁光洁，开细片。有的内外均施半截釉，有的内满釉外至足沿。高 4.6 ~ 7.9、口径 10.5 ~ 10.8、足径 4.4 ~ 6.1 厘米。

标本 T1③：187，高 4.6、口径 10.8、足径 4.6 厘米（附图 3 - 32，2）。

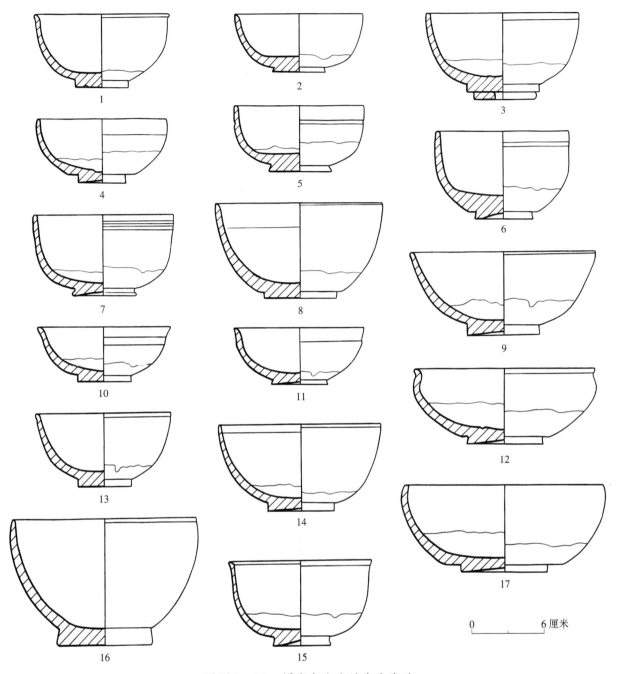

附图 3-32　罗湖象山窑址出土瓷碗
1. Ba 型Ⅲ式（T1④：208）　2. Ba 型Ⅳ式（T1③：187）　3. Ba 型Ⅴ式（T1③：259）　4. Ba 型Ⅵ式（T1③：356）
5. Ba 型Ⅶ式（T1③：350）　6. Bb 型Ⅰ式（T1③：264）　7. Bb 型Ⅱ式（T1③：367）　8. Ca 型Ⅰ式（T1④：183）
9. Ca 型Ⅱ式（T1④：241）　10. Ca 型Ⅲ式（T1③：53）　11. Ca 型Ⅳ式（T1③：320）　12. Ca 型Ⅴ式（T1②：4）
13. Cb 型Ⅰ式（T1④：195）　14. Cb 型Ⅱ式（T1④：151）　15. Cb 型Ⅲ式（T1③：382）　16. Cb 型Ⅳ式（C1②：
534）　17. D 型Ⅰ式（T2②：91）

　　Ⅴ式　11 件（T1③：159、239、256、261、303、314、354、372、373、439、440）。形体较
Ⅳ式略矮扁、腹壁亦较其浅，下部较Ⅳ式略宽。深灰胎居多，灰红胎次之，釉色以青泛灰白色釉
为主，青泛黄色釉较少。釉汁光洁，开细片。均釉下显见白色化妆土。内外均施半截釉。小件器
高 5.8~6.1、口径 10.3~11.1、足径 4.3~4.9 厘米。

标本 T1③：259，高6.2、口径12.8、足径6厘米（附图3－32，3）。

Ⅵ式　16件（T1③：217、281、289、291、337、340、342、344、348、356、358、359、361、376、378、379）。形体较Ⅴ式矮扁，腹亦较其浅，下部也较其宽。灰胎和深灰胎居多，灰红胎较少。其中青泛灰白釉居多，青釉和青泛黄色釉较少。釉面光洁，开细片。均釉下饰白色化妆土，内外施釉均不及底。有的口沿下饰弦纹。有的内底粘连碗或盏等，有的底足粘连垫圈。大件器高6.2～7、口径12.5～13.5、足径5.5～5.7厘米。小件器高4.8～5.7、口径10～10.7、足径5.5厘米。

标本 T1③：356，深灰胎，高5、口径10.8、足径4厘米（附图3－32，4）。

标本 T1③：344（彩版三二，5）。

Ⅶ式　19件（T1③：247、251、287、326、329、336～345、350、374、375、380）。形体较Ⅵ式矮扁，腹壁亦较其浅，下部较宽肥。皆釉下涂白色化妆土。内外均施半截釉。深灰胎和灰胎居多，青泛黄白色胎次之。釉色以青釉为主，釉汁光亮，开细片。大件器高6.2～6.3、口径13.4～14.4、足径4.8～5.3厘米。小件器高5.3～5.5、口径9.5～10.8、足径4.6～5厘米。

标本 T1③：350，深灰胎。施青釉。高5.1、口径10.6、足径5厘米（附图3－32，5；图版八〇，5）。

Bb型　4件（T1③：264、367，Y1①：97，T5②：84）。腹壁上部较平削，下部较宽肥，略呈筒状。灰褐胎。釉色以青微泛白色釉和黄褐色釉为主。有的内外施半截釉，有的内满釉外不及底。有的口沿下有弦纹二道。高6.6～6.8、口径11～11.5、足径4.6～5.4厘米。分二式。

Ⅰ式　标本 T1③：264，腹下部较宽肥。内外施半截釉，青微泛白色釉。高6.8、口径11、足径4.6厘米（附图3－32，6）。

Ⅱ式　标本 T1③：367，腹下部较Ⅰ式宽肥。高6.6、口径11.5、足径5.4厘米（附图3－32，7）。

C型　52件（T1④，35件；T1③，5件；T1②，4件等）。侈口或口微侈。可分二亚型。

Ca型　42件（T1④，28件；T1③，3件；T1②，4件；Y1②：37，T5②：32，Y1②：46等）。分五式。

Ⅰ式　5件（T1④：137、157、173、183，Y1②：37）。形体较高，腹下部斜削渐内收，腹较深。皆灰胎。均施青色釉，内外均不及底。釉汁光亮，开细片。

标本 T1④：157，口沿下饰弦纹。制作规整，足面平齐。

标本 T1④：183，高7.7、口径13.5、足径6厘米（附图3－32，8）。

Ⅱ式　15件（T1④：111、163、167、168、176、179、191、194、195、197、424、425、241，Y1①：97，T5②：84）。形体较Ⅰ式略矮，腹亦较其浅，下部也较其宽。灰胎和深灰胎居多，灰褐胎和灰黄胎较少。施青釉或黄褐色釉，釉汁晶莹匀净，开细片。大件器高6.7～7、口径14.3～15.5、足径5.5～6.2厘米。小件器高4.9～6.1、口径10.5～11、足径4.3～4.5厘米。

标本 T1④：241，灰胎。高6.6、口径15.6、足径6厘米（附图3－32，9）。

Ⅲ式　13件（T1④：139、141、148、150、153、156、158、174、178、196、204、418，T2③：53）。形体较Ⅱ式矮扁。腹亦较其浅，下部较宽。灰胎和深灰胎居多，灰黄胎较少。青釉居多，青泛黄色釉较少。釉面光亮，开细片。有的（T1④：141）划有"米"符号。大部分底腹间旋削一道平面。大件器高6.4~7、口径14.1~14.8、底径5.6~6.4厘米。小件器高4.9~5.3、口径10~11.1、足径3.8~4.7厘米。

标本T1④：148，高6.8、口径14.1、足径5.7厘米。

标本T1③：53，高4.5、口径11.2、足径4.5厘米（附图3-32，10）。

Ⅳ式　4件（T1③：294、243、320，Y1②：46）。形体较Ⅲ式矮扁，腹亦较其浅，下部较宽。深灰胎，釉下饰化妆土，内外半截黄褐色釉。有的口沿下饰弦纹一道。大件器高6.1~6.4、口径13.6~14.5、足径5.4~6.4厘米。小件器高4.6、口径10.5、足径5厘米。

标本T1③：320，灰黄胎。黄釉，内外均半截釉，釉汁光润，开细片。高4.6、口径10.8、足径5厘米（附图3-32，11）。

标本Y1②：46，深灰胎。内外施半截黄褐色釉。高6.3、口径13.2、足径5厘米。

Ⅴ式　5件（T1②：4、9、11、13，T5②：32）。外卷唇形体较Ⅳ式矮扁，腹亦较Ⅳ式浅，下腹部宽肥。底、腹交接处均有一道旋削面。底足均内凹。深灰胎居多，紫灰胎较少。釉下皆施白色化妆土。内外半截釉均饰黄褐色釉，有部分脱釉现象。高5.7~7.6、口径15~22、足径6.6~6.5厘米。

标本T5②：32，砖红胎。生烧釉不显。高7.7、口径13、足径8.4厘米。

标本T1②：4，高6、口径15、底径6.2厘米（附图3-32，12）。

Cb型　10件（T1④，7件；T1③，2件；C1②，1件）。可分四式。

Ⅰ式　4件（T1④：128、195、200、209）。形体较高，深腹，下部较瘦长。口沿下均饰一道弦纹。基本为平足，有的外足面内削挖成凹面。皆灰胎。釉下涂白色化妆土。施青釉，有施釉内外不及底和内满釉外近底之分，釉面光亮。大件器高8.3、口径13.6、足径5.3厘米。小件器高6.7~7.1、口径10.5~11.5、足径4.3~4.6厘米。

标本T1④：128，高8.3、口径13.6、足径5.3厘米。

标本T1④：195，高5.8、口径11、足径4.4厘米（附图3-32，13）。

Ⅱ式　3件（T1④：208、151、416）。形体较Ⅰ式矮，腹较Ⅰ式浅，下腹部较宽肥。足面内凹，有的底、腹交接处有一道旋削面。皆灰胎。分别施深青釉、青釉、青泛黄釉。内底满釉外不及底者多于内外施半截釉者。釉汁光亮，开细片。高6.1~6.9、口径10.5~13、足径4~5.4厘米。

标本T1④：151，施深青釉。高6.9、口径13、足径5.4厘米（附图3-32，14）。

Ⅲ式　2件（T1③：265、382）。下腹部较Ⅱ式宽肥。有深灰胎和灰黄胎之分。釉下饰白色化妆土。内外施釉均不及底。青泛白釉，釉汁光润，开细片。高6.5~8、口径11~12.6、足径4.7~5.8厘米。

标本T1③：382，灰黄胎。过烧釉不显。高6.5、口径12、足径4.7厘米（附图3-32，15）。

Ⅳ式　标本C1②：534，形体高瘦，圆饼形高实足，足沿外撇。灰白胎。青泛绿色釉，内满釉外不及底。釉色青中泛白。内底可见齿形支圈痕。高9.8、口径15.6、足径8.2厘米（附图3-32，16）。

D型　87件（T2②，75件，Y1①：42，T5②：19，Y①：39等）。敛口或口微敛，假圈足。可分四式。

Ⅰ式 12件（T2②：91、96、97、102、154、182、204、231、238、244、280、281）。敛口，形体宽肥，底、腹交接处有一道旋削面。砖红胎居多，深灰胎较少。皆釉下饰白色化妆土。内外均施半截釉，釉面光润。施青黄釉者多于青釉。高6.9～7.2、口径16.5～17.4、足径6.7～7.1厘米。

标本T2②：91，深灰胎，施青釉。高6.9、口径16.8、足径7.1厘米（附图3－32，17；图版八〇，6）。

Ⅱ式 16件（T2②：103、125、132、143、157、175、179、180、190、208、209、226、243、248、263、267，T5②：19，Y1①：42）。形体较Ⅰ式矮，腹亦较其浅，底、腹交接处有一道旋削面。砖红胎多于深灰胎，青泛黄胎较少。釉下饰白色化妆土。内外半截釉，釉面较光润。施青黄釉、青褐釉者比例大致接近。高6.4～6.7、口径16～17.2、足径6.5～7.9厘米。

标本T2④：179，砖红胎。生烧釉不显。高6.8、口径16.7、足径6.8厘米（附图3－33，1）。

标本T2②：263（彩版三三，1）。

Ⅲ式 41件（T2②：93、101、107～122、124、134、137、138、141、146、147、148、149～152、155、181、185、196、201、203、207、210、212、218、219、223、225、249、261、275、277，T2④：60、74、76、86、430，Y1①：39）。形体较Ⅱ式矮扁，腹亦较其浅，底腹交接处有一道旋削面。深灰胎居多，砖红胎次之，深灰泛紫胎较少。皆釉下饰白色化妆土。内外半截釉。青泛黄釉居多，青釉次之，黄釉、青褐釉、青灰釉较少。高6.2～7.2、口径15.4～16.5、足径6.6～8.1厘米。

标本T2②：149，砖红胎。生烧釉不显。高6.2、口径17.2、足径8厘米（附图3－33，2）。

标本T2②：249（彩版三三，2）。

Ⅳ式 18件（T1②：125、136、142、151、161～163、183、184、187、188、198、220、227、234、240、241，Y1①：47）。形体较Ⅲ式矮扁，腹亦较浅，底腹交接处有一道旋削面。深灰胎居多，深灰泛紫色胎次之，砖红胎、灰红胎较少。深黄泛青釉较多，青泛黄釉次之，深灰泛青釉。其中青灰釉较少。皆釉下饰白色化妆土。釉汁光润，开细片。高5.3～6.9、口径15.9～17.9、足径6.6～7.6厘米。

标本T1②：163，深灰胎，深黄泛青釉。高6.8、口径17.9、足径6.6厘米（附图3－33，3）。

E型 127件（T2②，114件；Y1①：35、60、96，T5②：28、29，Y1①159～161 等）。底腹交接处有一道旋削面。部分可分为四亚型。

Ea型 90件（均出自T2）。高7～8.8、口径13～16.9、足径6.4～7.8厘米。部分可分八式。

Ⅰ式 标本T2②：105，形体较高，深腹，假圈足。深灰胎。青泛深黄色釉，釉下饰白色化妆土。釉面光亮，开细片。高8.2、口径14.8、足径7厘米（附图3－33，4）。

Ⅱ式 2件（T2②：79、272）形体较Ⅰ式矮、腹壁亦较其浅。深灰胎。施深青或青泛深黄内外半截釉。釉下均施白色化妆土。釉面光洁，开细片。

标本T2②：272，深灰胎。青泛深黄釉。高7.8、口径16、足径6.8厘米（附图3－33，5）。

Ⅲ式 2件（T2②：112，T2③：46）。形体较Ⅱ式矮扁，腹亦较其浅。

标本T2②：112，高7、口径14.4、足径6.4厘米（附图3－33，6；图版八一，1）。

Ⅳ式 7件（T2②：98、100、135、177、214、232、245）。腹壁较Ⅲ式略深，形体亦略高。

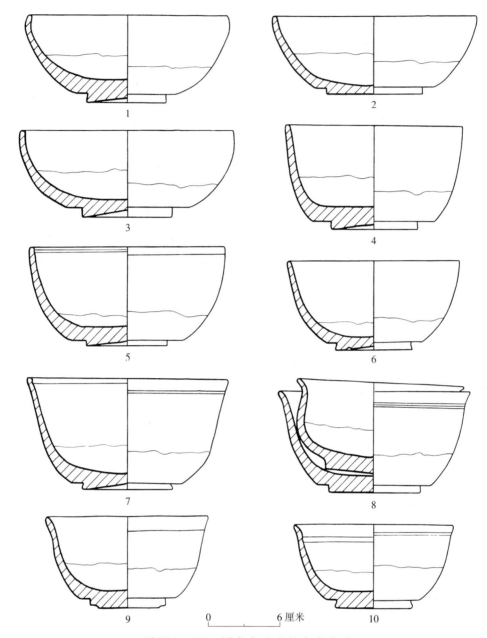

附图 3 - 33 罗湖象山窑址出土瓷碗

1. D 型 Ⅱ式 (T2④：179)   2. D 型 Ⅲ式 (T2②：149)   3. D 型 Ⅳ式 (T1②：163)   4. Ea 型
Ⅰ式 (T2②：105)   5. Ea 型 Ⅱ式 (T2②：272)   6. Ea 型 Ⅲ式 (T2②：112)   7. Ea 型 Ⅳ式
(T2②：98)   8. Ea 型 Ⅴ式 (T2②：262)   9. Ea 型 Ⅵ式 (T2②：251)   10. Ea 型 Ⅶ式
(T2②：145)

深灰胎和砖红胎二者比例大致相近。均青泛黄色釉。釉面光润，开细片。釉下均饰白色化妆土。
高 7.5～8.8、口径 16～16.2、足径 7～7.6 厘米。

标本 T2②：98，砖红胎。高 8.8、口径 16.8、足径 7.5 厘米（附图 3 - 33，7；图版八一，2）。

Ⅴ式 18 件 (T2②：89、118、166、167、170、202、213、215、221、224、229、235、242、
246、247、262、264、271)。形体较Ⅳ式矮，腹亦较其浅。深灰胎居多，砖红胎次之，深灰泛紫
胎较少。其中深青泛黄色釉较多，青灰釉较少。釉面光润，开细片，内外均施半截釉。有的底腹
交接处均有一道旋削面。有的口沿下饰弦纹，有的底足外有圆圈纹。高 7.6～8、口径 15.8～

16.9、足径6.6～8.1厘米。

标本T2②：262，深灰胎。深青泛深黄色釉。高8、口径16、足径7.6厘米（附图3－33，8）。

Ⅵ式　14件（T2②：92、95、104、127、133、140、144、174、193、199、237、250、251、260）。形体较Ⅴ式略矮，腹亦较其浅。深灰胎居多，砖红胎次之，深灰泛紫胎较少。青泛黄色釉较多，深青泛黄色釉、青黑釉较少。釉面较光润，开细片。内外施半截釉。皆釉下饰白色化妆土。高7.7～7.9、口径13.7～16.4、足径6～7.8厘米。

标本T2②：251，深灰胎。青泛黄色釉。高7.2、口径13.6、足径6.6厘米（附图3－33，9）。

Ⅶ式　37件（T2②：2、86、90、94、99、106、113、116、117、119～121、145、153、164、165、168、169、189、191、192、194、211、216、222、228、230、239、253、257、258、265、266、270、274、276、278）。形体较Ⅵ式矮，腹壁亦较其浅。深灰胎居多，深灰泛紫胎、砖红胎、灰红胎次之。其中深青泛黄色釉较多，青灰釉、青黄色釉、青釉、青褐釉较少。均釉下涂白色化妆土。内外均施半截釉。釉面光洁，开细片。底腹交接处有一道旋削面。高6.7～7.7、口径13.5～16.2、足径5.9～7.2厘米。

标本T2②：145，深灰胎。施青灰釉。高6.5、口径13.3、足径6.4厘米（附图3－33，10）。

Ⅷ式　7件（T2②：84、126、156、186、206、217、252）。形体较Ⅶ式矮，腹壁亦较其浅。深灰胎居多，砖红胎、深灰泛紫胎较少。其中深青泛深黄色釉较多、青黄色釉较少。均釉下饰白色化妆土。内外半截釉，釉汁光洁，开细片。高6.2～7.4、口径14～16、足径6.1～6.9厘米。

标本T2②：84，深灰胎。深青泛深黄色釉。高6.8、口径14、足径7.4厘米（附图3－34，1）。

Eb型　29件（T2②：85、87、88、114、115、128～131、136、160、172、195、197、200、205、233、254、255、268、269，Y1①：55、60、96、159，T5②：28、171、173、186）。敞口，腹壁较削，深腹，假圈足。形体略呈筒状，底腹交接处有一道旋削面。深灰胎居多，依次为灰红胎、砖红胎、灰红胎、涂灰泛紫胎，比例大致接近。其中深青泛黄釉较多，青褐釉较少。施釉有半截釉和内满外不及底之分。釉汁光洁，开细片。高6.9～8.5、口径13.5～15.1、足径6.5～8.1厘米。可分为三式。

Ⅰ式　7件（T2②：87、115、268、269，T5②：28，Y1①：55、96）。形体较高，深腹。

标本T2②：269，深灰胎。施深青泛黄釉。高8.5、口径15.2、足径7.2厘米（附图3－34，2）。

标本Y1①：55（图版八一，3）。

Ⅱ式　9件（T2②：85、88、128、131、195、197、205、236、255）。形体较Ⅰ式矮，腹壁亦较其浅。

标本T2②：197，深灰胎。施深青泛黄釉。高7.7、口径15、足径6.8厘米。

标本T2②：85，深灰胎。施深青泛黄釉。高8.3、口径15、足径7.2厘米（附图3－34，3）。

标本T2②：88（彩版三三，3）。

Ⅲ式　13件（T2②：114、129、130、160、171～173、186、200、233、254，Y1①：60、159）。形体较Ⅰ式矮扁，腹壁亦较其浅。

标本T2②：239，深灰胎。施深青泛黄釉。高8、口径14.4、足径6.4厘米（附图3－34，4）。

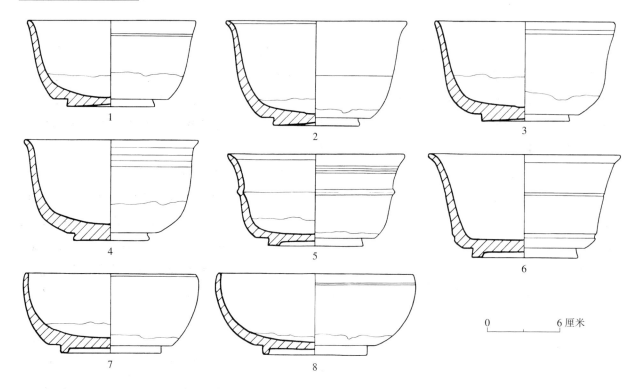

附图 3 - 34　罗湖象山窑址出土瓷碗

1. Ea 型Ⅷ式（T2②：84）　2. Eb 型Ⅰ式（T2②：269）　3. Eb 型Ⅱ式（T2②：85）　4. Eb 型Ⅲ式（T2②：239）
5. Ec 型Ⅰ式（Y1①：161）　6. Ec 型Ⅱ式（Y1①：160）　7. Ed 型Ⅰ式（Y1①：158）　8. Ed 型Ⅱ式（T2②：123）

　　Ec 型　4 件（T2②：273，T5②：29，Y1①：160、161）。侈唇，深腹，略呈筒状，腹部有凸棱一道，圈足。深灰胎。深青泛深黄色釉。釉汁光润，开细片，釉下显见白色化妆土。内外均施半截釉。可分二式。

　　Ⅰ式　3 件（T2②：273，T5②：29，Y1①：161）。侈唇，深腹，略呈筒状，腹部有凸棱一道，圈足。深灰胎。青泛深黄色釉。釉汁光润，开细片。釉下显白色化妆土。内外均施半截釉。

　　标本 Y1①：161，高 7.2、口径 14.8、足径 7.9 厘米（附图 3 - 34，5；图版八一，4）。

　　Ⅱ式　标本 Y1①：160，喇叭口，腹微内弧，底腹间有一道宽旋削面，腹下部施凹棱一道。砖红胎。高 8.1、口径 15.9、足径 8.8 厘米（附图 3 - 34，6）。

　　Ed 型　4 件（Y1①：44、158，T2②：123、178）。侈唇，深弧腹，矮圈足，底腹交接处有一道旋削面。均深灰色胎。其中青泛黄色釉比例多于青黄色釉。均釉下显见白色化妆土痕迹。内外施半截釉。可分二式。

　　Ⅰ式　2 件（T2②：178，Y1①：158）。腹壁较深。

　　标本 Y1①：158，施青泛黄色釉。高 6.1、口径 14.4、足径 8.4 厘米（附图 3 - 34，7；图版八一，5）。

　　Ⅱ式　2 件（T2②：123，Y1①：44）。

　　标本 T2②：123，施青黄色釉。腹壁较Ⅰ式浅。高 6.4、口径 16、足径 8.8 厘米（附图3 - 34，8；图版八一，6）。

二　窑具

1. 支具

19件（T1④：381、386、388、389，T2④：71、196，T2③：191、195，C1②：911～918、930、948，C1①：89）。筒形，深腹，腹壁平底，支托面宽平，中心部位多刻镂一不规则圆孔，圈足式底。部分可分二型。

A型　13件（T1④：388、T2③：191、195、C1②：912、913、917、918、930、948、C1①：89等）。筒形，深腹，腹壁平直有旋削凹棱，支托面宽平，顶沿微外延，圈足式底。分三式。

Ⅰ式　8件（C1②：911、914～918、930，C1①：89）。

圈沿外折、近圈沿之上有宽凹棱一道。支托面中心多镂一不规则圆形孔。腹上部镂三个对称三角形气孔。腹壁多旋削平行凹棱11～14道。高13.7～16.7、托面直径13.3、足径12.5～14厘米。夹砂泥胎。器表多呈紫酱色。腹壁下部至底沿施酱色釉。

标本C1②：911，腹上部镂对称三角形气孔三个，三角形气孔不在同一平行线上。支面有一不规则圆形镂孔。支托面边沿处延，粗涩未修削。夹砂灰褐胎。施薄酱釉。高16.7、托面直径13.8、足径12.5厘米（图版八二，1）。

Ⅱ式　5件（T1④：388，T2③：191、195，C1②：912、948）。

支托面宽平，顶沿周微外撇，深筒腹，腹壁自上至下微内削，圈足式底，顶略大于底。腹上部镂2～4个三角形气孔。夹砂质胎。器表施酱色釉。器内外壁有旋削凹棱。高10～17.8、足径10～13.7、托面直径9.6～14.7厘米。

标本T1④：388，支托面宽平，底沿外折，器壁中部镂四个椭圆形气孔。内壁呈凹棱状。深灰色夹砂粗胎。内外壁施酱色釉、釉层薄。高13.5、托面直径11、8、足径12厘米。

标本T2③：191，腹壁平直，形制较高瘦，支托面镂一圆孔，孔径4厘米。腹中部各镂三角形或圆形气孔。近底沿有宽凹棱一道。外壁刻划有纹样。近底部有青灰色釉痕迹。高14、托面直径13、足径12.3厘米（附图3－35，1）。

标本C1②：912，腹上部镂二个不规则三角形气孔。器壁施薄酱釉。夹细砂泥质胎。高17.8、托面直径14.7、足径13.7厘米（附图3－35，2）。

标本C1②：913，腹上部镂四个不规则三角形气孔。夹细砂胎，施紫酱色釉。胎壁较轻薄，旋削规整。高10.5、托面直径10.2厘米、足径9.8厘米（附图3－35，3；图版八二，2）。

Ⅲ式　2件（T2④：71、196）。筒腹，腹壁平直，形制较矮，支托面宽平中心无孔。器腹上、中部镂有三角形或水滴形气孔。底沿开一个三角形缺口。

标本T2④：71，高13.6、托面直径12、足径12厘米

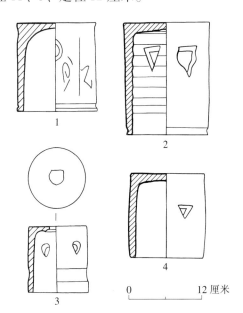

图3－35　罗湖象山窑址出土窑具（支具）
1. A型Ⅱ式（T2③：191）　2. A型Ⅱ式（C1②：912）　3. A型Ⅱ式（C1②：913）
4. A型Ⅲ式（T2④：71）

（附图 3 - 35，4；图版八二，3）。

B 型　2 件（T1④：386、389）。支托面平整，口沿外折，倒置呈深腹钵状。器壁镂有五个不规则三角形气孔。粗灰色胎，质地坚硬，外施酱釉，外侧有浅凹棱纹。高 6.7、托面直径 10.3、足径 12.5 厘米。

2. 间隔具

130 件（T1，40 件；T2，44 件；C1，46 件）。部分可分为二型。支圈平面呈圆形，中心部位镂圆孔，形似玉璧。筒腹，周底沿切削齿锯形足 3～11 只不等。内底近支托面镂孔，周沿多旋削有一道宽凸边棱，用以加强承力。灰红色夹粗砂泥质胎 41 件（T1④：366、770、373、378，T1③：499，T2④：61、63、64、69，T2③：163～165、168、169、172、173、177、178，T2②：409，C1②：858、867、871、881、882、884、887、888、894、896，C2①：85）。其余均为夹粗砂泥质胎。其中 T1④：363、364、367、369、375 等，其齿圈外侧施有酱色釉，釉层掉落，而 T1④：378 器壁外侧及底部有支烧器物流下来的泪痕或天蓝色釉。高 2.4～6.5、直径 5.5～14.4、孔径 2.5～6 厘米。

A 型　30 件（T1④：362、364～366、371、372、377、378，T2④：61、63、64、69，T2③：163～165、168、169、172、173、177、178，T2②：409，C1②：870、876、879、880、881、883 等）。支圈锯齿形足微向内斜。分四式。

Ⅰ式　9 件（T1④：366、377、378，T2④：61、69，C1②：870、881、883、889）。造型高大、器壁厚，中孔较大，锯齿锐密，内底近支托面镂孔处有一道凸棱。

标本 T1④：378，高 4.6、直径 14、孔径 6 厘米（附图 3 - 36，1）。

标本 C1②：881，高 5、直径 7.6、孔径 7.6 厘米（附图 3 - 36，2；图版八二，4）。

标本 C1②：889，高 5.2、直径 10.6、孔径 4.6 厘米（附图 3 - 36，3；图版八三，1）。

标本 T2④：61，高 4.2、直径 10、孔径 6 厘米（附图 3 - 36，4）。

Ⅱ式　10 件（T1④：364，T2④：63、64，T2③：164、165、168、172、173、177，C1②：86）。造型较Ⅰ式矮，中孔较大，锯齿密。

标本 T1④：364，高 3.6、直径 9.5、孔径 4.4 厘米（附图 3 - 36，5；图版八三，2）。

标本 T2③：115，高 3.2、直径 10.2、孔径 3.1 厘米。

标本 T3③：164，高 3、直径 8.8、孔径 3.1 厘米（附图 3 - 36，6）。

标本 T2③：173，高 3、直径 7.3、孔径 2.3 厘米（附图 3 - 36，7）。

标本 C1②：86，高 2.4、直径 6、孔径 6.4 厘米。

Ⅲ式　7 件（T1④：365、371、372，T2③：163、169、178）。造型较Ⅱ式矮，中孔较小，锯齿密锐。

标本 T1④：372，高 3.3、直径 7.4、孔径 3.3 厘米（附图 3 - 36，8；图版八三，3）。

标本 T2③：178，高 2.9、直径 8.2、孔径 3.9 厘米（附图 3 - 36，9；图版八三，4）。

Ⅳ式　4 件（T1④：362，T2②：409，C1②：876、880）。造型较Ⅲ式矮扁，中孔较大，锯齿疏钝。

标本 T1④：362，高 3.4、直径 9.8、孔径 4.3 厘米（附图 3 - 36，10）。

标本 T2②：409，仅塑 4 个锯齿足。高 2.1、直径 6.6、孔径 2.4 厘米（附图 3 - 37，1）。

标本 C1②：876，高 3、直径 9.8、孔径 4.6 厘米（附图 3 - 37，2）。

标本 C1②：880，高 2.4、直径 11.4、孔径 6 厘米（附图 3 - 37，3）。

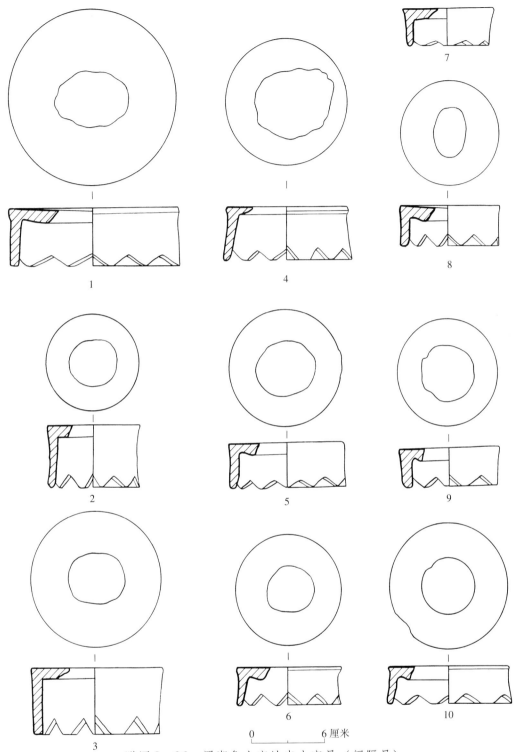

附图3-36　罗湖象山窑址出土窑具（间隔具）

1. A型Ⅰ式（T1④：378）　2. A型Ⅰ式（C1②：881）　3. A型Ⅰ式（C1②：889）　4. A型Ⅰ式（T2④：61）
5. A型Ⅱ式（T1④：364）　6. A型Ⅱ式（T3③：164）　7. A型Ⅱ式（T2③：173）　8. A型Ⅲ式（T1④：372）
9. A型Ⅲ式（T2③：178）　10. A型Ⅳ式（T1④：362）

B型　42件（T1④：363、367~370、373、375、376，T1③：499，T2④：62、68、171，T2③：166、167、170、174~176、179，C1②：260、856、858、860、864、867、872、874、878、879、882、884、885、888、893~897、C1①：64、83、85）。锯齿外撇。部分可分四式。

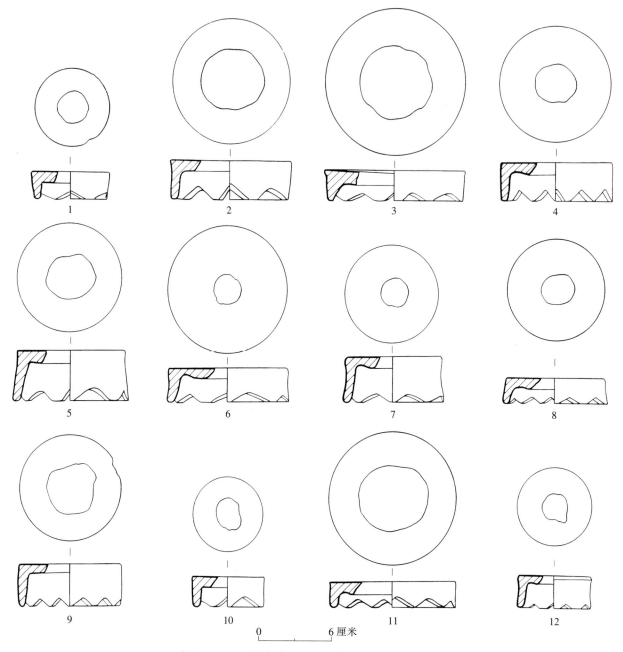

附图 3-37 罗湖象山窑址出土窑具（间隔具）

1. A 型Ⅳ式（T2②：409） 2. A 型Ⅳ式（C1②：876） 3. A 型Ⅳ式（C1②：880） 4. B 型Ⅰ式（C1②：874）
5. B 型Ⅰ式（T2②：174） 6. B 型Ⅰ式（T1④：363） 7. B 型Ⅰ式（C1②：895） 8. B 型Ⅱ式（C1②：891）
9. B 型Ⅱ式（T2④：171） 10. B 型Ⅱ式（C1②：873） 11. B 型Ⅲ式（C1②：887） 12. B 型Ⅲ式（T2③：175）

Ⅰ式 11 件（T1④：355、363，T2④：62，T2③：170、174、176，C1②：864、872、874、895、897）。

标本 C1②：874，高 3、直径 9.2、孔径 9.2 厘米（附图 3-37，4）。

标本 T2②：174，高 4、直径 8.8、孔径 3.4 厘米（附图 3-37，5）。

标本 C1②：872，高 4.4、直径 11.2、孔径 5 厘米（图版八三，5）。

标本 T1④：363，高 2.8、直径 10、孔径 2.2 厘米（附图 3-37，6）。

标本 C1②：895，高 3.6、直径 8、孔径 2.2 厘米（附图 3-37，7）。

Ⅱ式 10 件（T1③：491、492，T2④：98、68、171，T2③：166、167、179，C1②：873、891）。造型较Ⅰ式扁矮，制作不甚规整。

标本 T1④：492，高 3.2、直径 8、孔径 4.2 厘米。

标本 C1②：891，高 2、直径 8.1、孔径 2.2 厘米（附图 3－37，8）。

标本 T2④：171，高 3.4、直径 8.4、孔径 4 厘米（附图 3－37，9）。

标本 C1②：873，高 2.4、直径 6、孔径 2 厘米（附图 3－37，10）。

Ⅲ式 7 件（T1③：488、497，T2③：175，C1②：862、866、887、890）。造型一般较Ⅰ式略矮，周壁平削，腰矮，齿足较钝。制作不甚规整。

标本 C1②：887，高 2、直径 10.8、孔径 6.7 厘米（附图 3－37，11）。

标本 T2③：175，高 2.6、直径 6、孔径 2 厘米（附图 3－37，12）。

标本 C1②：890，高 2、直径 8、孔径 3 厘米（图版八三，6）。

标本 C1②：866，高 3.2、口径 6.4、孔径 6.3 厘米（附图 3－38，1）。

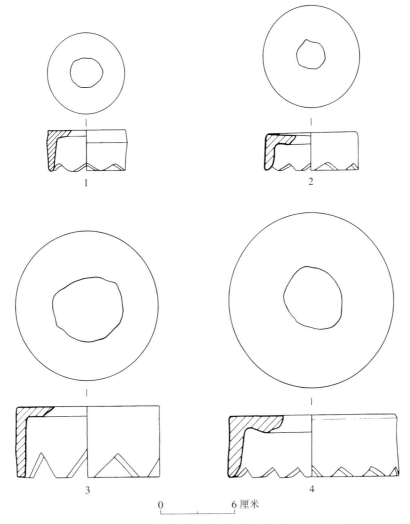

附图 3－38 罗湖象山窑址出土窑具（间隔具）

1. B 型Ⅲ式（C1②：866） 2. B 型Ⅲ式（C1②：862） 3. B 型Ⅳ式（C1②：863） 4. B 型Ⅳ式（C1②：868）

标本 C1②：862。高 3、直径 7.8、孔径 2.4 厘米（附图 3 - 38，2）。

Ⅳ式 5 件（T1③：487、C1②：863、868、898，C1①：261）。壁高，齿足疏且矮，齿尖平钝。制作不甚规整。

标本 C1②：863，高 5.6、直径 11.8、孔径 5.5 厘米（附图 3 - 38，3）。

标本 C1②：261，共有多种齿圈叠烧 5 只碗和 1 件鸡首壶。壶口沿饰褐色点彩。碗、壶均施青灰色釉，釉不及底。鸡首壶体形修长，属南朝典型器，据此分析，齿形支圈当为南朝早期遗物。

标本 C1②：868，高 5、直径 14、孔径 5 厘米（附图 3 - 38，4）。

3. 环形垫圈

52 件。平面呈圆环形，由扁平泥条盘捏，接缝处由泥条两端粘压，周沿弧拱。制作不甚规整。部分可分为五型。

A 型 9 件。（T1④：355，T1③：487 ~ 489、491、492、497，T2③：405，C1①：86）。圆环形，以方扁泥条盘捏，形状很不规则。深灰色夹砂粗胎，均未施釉。厚 0.7 ~ 3、直径 5.5 ~ 9.9、孔径 1.5 ~ 6 厘米。分五式。

Ⅰ式 标本 T1④：355，制作较规整，形体较厚。高 3.2、直径 9.2、孔径 5.8 厘米（附图 3 - 39，1；图版八四，1）

Ⅱ式 2 件（T1④：491、492），制作不甚规整。造型较Ⅰ式略矮。

标本 T1④：492，高 3.2、直径 8、孔径 4.2 厘米（附图 3 - 39，2；图版八四，2）。

标本 T2②：405，高 4、直径 8.6、孔径 4.2 厘米（附图 3 - 39，3）。

Ⅲ式 2 件（T1③：488、497）。制作不甚规整，较Ⅱ式轻薄。

标本 T1③：497，高 2.7、直径 7、孔径 4.2 厘米（附图 3 - 39，4）。

Ⅳ式 标本 T1③：487，圆环形，较Ⅲ式薄矮。制作不甚规整。高 2、直径 9、孔径 4.5 厘米（附图 3 - 39，5）。

Ⅴ式 3 件（T1③：489，C1①：86，Y1②：75）。制作较规整。胎壁较Ⅳ式薄。

标本 T1③：489，高 0.8、直径 9.2、孔径 6 厘米。

标本 C1①：86，高 0.7、直径 5.6、孔径 4 厘米。

标本 Y1②：75，高 1.6、直径 5 ~ 6 厘米（附图 3 - 39，6）。

标本 T1③：489，高 1.2、直径 9.6 厘米（附图 3 - 39，7）。

B 型 11 件（T1④：356、357、359，T1③：486、494、495，T2②：65，T2③：184、186）。泥条盘捏，圆形，中间留有一较小而不规则圆孔，造型略似玉璧形。垫托面有一圈器足叠压痕迹。有半圈、大半圆或一圈凸棱。砖红胎 2 件（T1③：494，T2③：181）。其余均为深灰色红胎。均未施釉。高 0.7 ~ 2.7、直径 5.5 ~ 7.5、孔径 1.2 ~ 2.7 厘米。可分为三式。

Ⅰ式 4 件（T1④：356，T1③：486，T2③：181，T2②：65）。形制较厚，制作粗涩。

标本 T1④：356，高 3.2、直径 8.8、孔径 1.5 厘米（附图 3 - 39，8；图版八四，3）。

Ⅱ式 4 件（T1④：358、357，T1③：494，T2③：186）。造型较Ⅰ式薄扁，孔径较大。

标本 T1④：358，高 1.5、直径 6.5、孔径 2.4 厘米。

标本 T2③：186，高 2.4、直径 7、孔径 1.2 厘米（附图 3 - 39，9）。

Ⅲ式 3 件（T1④：355，T1③：495，T2③：184）。造型较Ⅱ式薄扁，孔径亦较大。

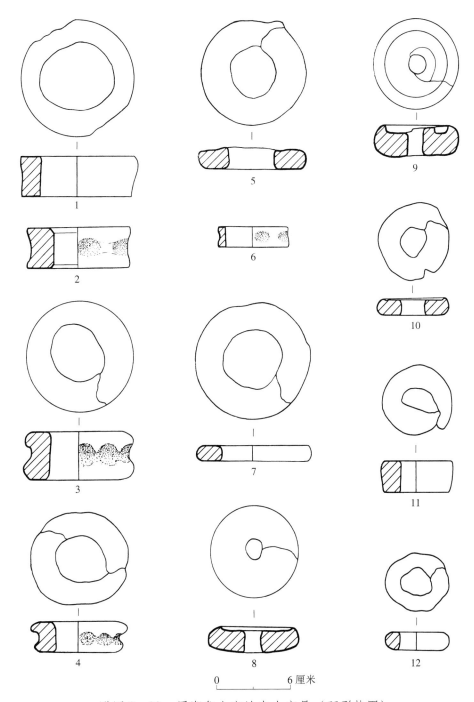

附图 3 - 39 罗湖象山窑址出土窑具（环形垫圈）

1. A 型 I 式（T1④：355） 2. A 型 II 式（T1④：492） 3. A 型 II 式（T2②：405）
4. A 型 III 式（T1③：497） 5. A 型 IV 式（T1③：487） 6. A 型 V 式（Y1②：75）
7. A 型 V 式（T1③：489） 8. B 型 I 式（T1④：356） 9. B 型 II 式（T2③：186）
10. B 型 III 式（T2③：184） 11. C 型 I 式（T2④：75） 12. C 型 II 式（T2②：408）

标本 T2③：184，高 0.9、直径 5.8、孔径 2.4 厘米（附图 3 - 39，10）。

C 型 6 件（T1③：493、496，T2④：75、185、404，T2②：408）。泥条盘筑，垫面亦有器足叠压痕迹，有半圈、大半圈或一圈凸棱。高 2.1、直径 6～6.5、孔径 3～3.5 厘米。可分二式。

I 式 4 件（T1③：496，T2④：75、185、404）。造型较厚，孔较小，制作粗糙，无釉。

标本 T2④：75，高 2.5、直径 6 厘米（附图 3 – 39，11）。

Ⅱ式　2 件（T1③：493、T2②：408）。造型较Ⅰ式薄，孔较大。

标本 T2②：408，高 1.4、直径 5.4 厘米（附图 3 – 39，12；图版八四，4）。

D 型　20 件（T1④：351～354、374，T1③：498，T2④：66、70，T2③：180、187，T2②：410，C1①：87，C1②：899～906）。扁平形泥条捏制，结缝处由泥条两端粘压，圈托上下平齐、周沿弧拱。底塑三乳钉状足，足上端捏成泥片，直接从内外两侧包贴圈环。制作不太规整。紫灰色胎，器表呈酱紫色，部分器施有一层薄酱褐色釉。高 1.5～2.8、直径 3.3～7.3、孔径 2～4.9 厘米。部分可分三式。

Ⅰ式　3 件（T1④：351，T2③：180，C1②：900）。形制较高。

标本 C1②：900，高 3.2、直径 6.6、孔径 3.7 厘米（附图 3 – 40，1）。

标本 T1④：351，高 2.7、直径 7、孔径 3 厘米（附图 3 – 40，2）。

Ⅱ式　3 件（T1④：353、374，C1①：86）。较Ⅰ式矮。

标本 T1④：354，高 2、直径 5.8 厘米（附图 3 – 40，3）。

标本 C1①：86，高 2.1、直径 5.5 厘米（附图 3 – 40，4）。

Ⅲ式　9 件（T1③：354、352、498，T2③：187，T2②：410，C1②：901、903、905、906）。较Ⅱ式矮。

标本 T2③：187，高 1.6、直径 5、孔径 2 厘米（附图 3 – 40，5）。

E 型　标本 T1③：490，圆弧形，剖面呈长方形。灰胎，无釉，有手指按捺痕迹。高 4.2、直径 15 厘米（附图 3 – 40，6）。

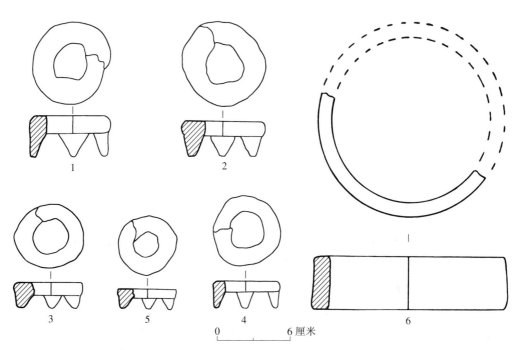

附图 3 – 40　罗湖象山窑址出土窑具（环形垫圈）
1. D 型Ⅰ式（C1②：900）　2. D 型Ⅰ式（T1④：351）　3. D 型Ⅱ式（T1④：354）　4. D 型Ⅱ式（C1①：86）　5. D 型Ⅲ式（T2③：187）　6. E 型（T1③：490）

4. 塔座式垫圈

2 件（T1④：381，C1②：907），玉璧形圈面，中心镂一圆孔，束腰，底足外延，足底宽平。器壁厚重。胎质灰白或砖红色，无釉。

标本 C1②：907，高3、支托面直径 14.5、孔径 7、足径 19 厘米（附图 3-41；图版八四，5）。

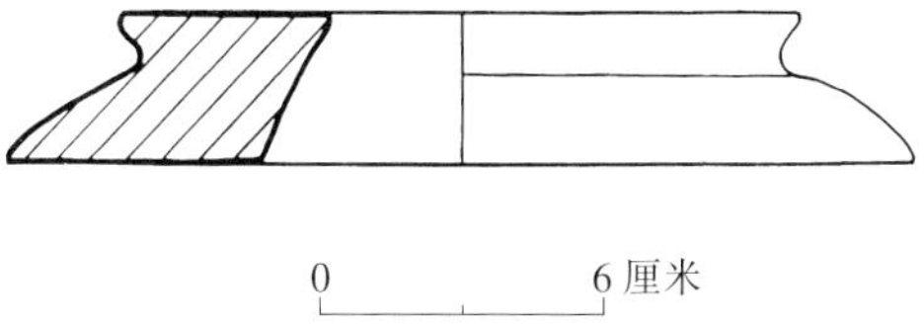

5. 瓷环

标本 Y1②：96，外壁施黄褐色釉，釉汁莹亮。高1、直径 2.9 厘米。

附图 3-41　罗湖象山窑址出土窑具
（塔座式垫圈）

6. 匣钵

173 件（T1①，55 件；T1④，26 件；T1③，29 件；T1②，4 件；T2④，3 件；T2③，5 件；T2②，6 件；C1②，38 件；C1①，7 件）。部分可分六型。

A 型　14 件（C1②：28、919、943、946、949 等）。方唇，筒腹，腹壁平直，大平底，底略大于口。器腹中下部刻削有五个三角形或四边形镂孔，作排气孔之用。有的近口沿下刻划一道凹弦纹。器壁内外旋削光洁，仅足沿稍粗涩，底心下塌。夹细砂胎质。外壁施落酱色釉。有的内底粘有锯齿形支圈，或支圈上粘有莲花纹碗。有的外壁有刻划符号，形似隶书。高 10.2~13、口径 19~20、底径 18.2~20 厘米。部分可分四式。

Ⅰ式　2 件。

标本 C1②：919，高 10.8、口径 18、底径 19.2 厘米（附图 3-42，1；图版八五，1）。

标本 C1②：28，器壁一侧刻划直行两排形似隶书"工作"字样。高 12、口径 18 厘米（附图 3-42，2；图版八五，2）。

Ⅱ式　3 件（C1②：909、910、932）。薄方唇，筒腹，底大于口，器壁微内收，大平底。器壁内外旋削光洁。腹部镂刻三角形、四边形或"品"字形双排气孔。底沿微外撇。夹细砂胎质。外施薄酱釉。器壁满布褐色斑点。高 10~15.2、底径 17.3~20.1 厘米。

标本 C1②：910，腹壁下部环镂四对称四边形气孔。内底黏结一只七齿状支圈。匣钵高 10.7、口径 15.9、底径 17.3 厘米，支圈高 4.1、直径 10.2 厘米（附图 3-42，3；图版八五，3）。

标本 C1②：932，腹中下部镂刻上下两排三角形气孔，呈品字形。高 12.3、口径 18、底径 19.2 厘米（附图 3-42，4）。

标本 C1②：909，高 12.6、口径 18、底径 18.6 厘米（附图 3-42，5；图版八五，4）。

Ⅲ式　标本 C1②：252，方唇，口微敛，腹微鼓，平底，底沿外撇，底大于口。夹细砂泥质胎。腹下部镂有三角形气孔。器壁光洁。器表及气孔周沿椭薄青白釉，釉汁匀净。高 15、口径 22.8、底径 21.8 厘米（附图 3-42，6；图版八五，5）。

Ⅳ式　5 件（C1②：924、928、939、947、948）。方唇，浅鼓腹，大平底，底大于口，腹下部镂刻三角形或不规则椭圆形气孔。夹粗砂泥胎。器壁修削不规整。器外壁施薄酱釉。稍残破。

标本 C1②：939，高 11.1、口径 18.3、底径 18.3 厘米（附图 3-42，7；图版八五，6）。

B 型　29 件（C1②：134、908、910、920~922、926、927、929、931、933、936~938、940~942、944、945、947、949，C1①：948 等）。部分可分六式。

Ⅰ式　8 件（C1①：948，C1②：234、929、936、937、941、945、949）。敞口，深腹微斜削，

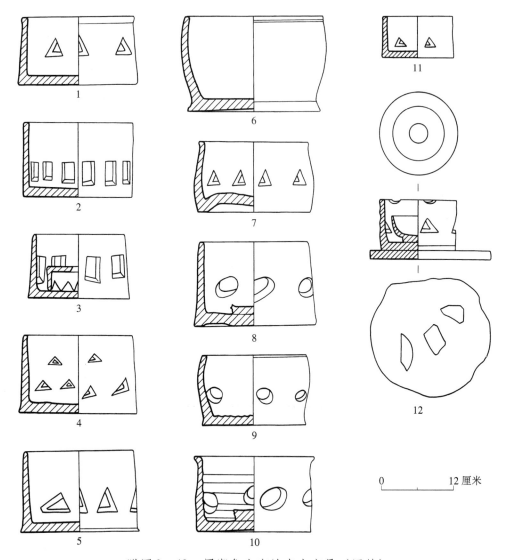

附图 3-42　罗湖象山窑址出土窑具（匣钵）

1. A 型Ⅰ式（C1②：919）　　2. A 型Ⅰ式（C1②：28）　　3. A 型Ⅱ式（C1②：910）　　4. A 型
Ⅱ式（C1②：932）　　5. A 型Ⅱ式（C1②：909）　　6. A 型Ⅲ式（C1②：252）　　7. A 型Ⅳ式
（C1②：939）　　8. B 型Ⅰ式（C1②：234）　　9. B 型Ⅰ式（T2④：73）　　10. B 型Ⅱ式（C1②：
908）　　11. B 型Ⅲ式（C1②：921）　　12. B 型Ⅲ式（C1②：940）

腹壁自上至底渐增厚，足沿外撇，大平底，底心微下塌，底大于口。腹壁下部刻镂三角形、四边
形或不规则椭圆形。夹细砂泥胎。器外壁施薄酱釉或落青灰釉。高 9.9~13.4、口径 16~22、底
径 17.3~21.5 厘米。

标本 C1②：137，器壁镂三个不规则三角形或圆形气孔。内底粘满沙粒，底心还黏结一碗底
足，青绿色釉，开细片，玻璃质感强。碗底未见齿形或环形支圈。高 12.2、直径 18、底径 20.3 厘
米。孔高 2~4.7、孔宽 3.2~5.5 厘米。

标本 C1②：949，腹下部镂六对称四边形气孔。孔高 5、宽 3.5 厘米。内底黏结一只刻划双线
莲瓣纹碗。口沿粘连一钵底。夹粗砂胎。外施薄酱色釉。高 11、口径 21.8、底径 22 厘米。

标本 C1②：234，高 13.2、口径 18、底径 20.2 厘米（附图 3-42，8；图版八六，1）。

Ⅱ式　5 件（T2④：73，C1②：905、908、926、938）。敞口，方唇外折，深筒腹，腹壁平

直，腰微束，大平底。腹下部镂四对称不规则堕圆形气孔。夹细砂泥胎。外壁施薄酱色釉。高10.2～12.5、直径18～20.5、底径17.5～20厘米。

标本T2④：73，残破。腹壁微束，胎壁较薄，下部镂有三个不规则圆形气孔。灰红色夹细砂胎，局部有火熏亮光。口沿有一道凹弦纹。器壁上部粘连一碗口沿。高10.8、口径18、底径17.5厘米（附图3－42，9）。

标本C1②：908，唇沿平折，内底粘一圆饼形底足。夹细砂泥胎，胎壁较落。外壁施薄酱色釉。高12、口径20.2、底径20厘米（附图3－42，10；图版八六，2）。

Ⅲ式　8件（T2③：190，T2④：72，C1②：920、921、927、933、940、944）。敞口，浅削腹，太平底，底稍大于口，夹砂胎，胎壁厚重。外壁施灰青白色釉，釉厚。腹下部镂有2～3个三角形气孔。高6.1～8.4、直径11.5～13、底径10.6～13.2厘米。

标本C1②：921，腹下部镂三角形气孔两个。夹砂胎，壁厚。外壁至气孔周沿施厚灰青色釉。口沿与外底、内壁均露胎，高6.6、口径11.4、底径12厘米（附图3－42，11）。

标本C1②：940，匣钵内黏结一只青釉杯。外底粘一匣钵盖，盖面镂不规则孔洞，形似火照一类具。外壁施灰青釉，釉厚泛绿色。高9.3厘米（附图3－42，12；图版八六，3）。

标本T2③：190（彩版三三，4）。

Ⅳ式　5件（T1④：351，C1②：923、927、931、942）。敞口，腹较深，腹壁平直，中腰微束，腹下部镂两个不规则方、圆孔或三角形孔。有的口沿另镂切有三个半圆形气孔。夹粗砂胎，器壁多粘沙粒。外壁施薄酱色釉。高6.5～8.2、口径12～13.3、底径12～15厘米。

标本C1②：942，内底黏结一扁平环形垫圈。高6.6、口径11.4、底径11.8厘米（附图3－43，1；图版八六，4）。

标本T1④：351，中腰微束，腹下部镂三个对称三角形气孔。在二组气孔之间，口沿又开三个对称半圆形气孔。施灰青色釉。高6.8、口径12、底径12.2厘米。

标本C1②：931，高7.4、口径12、底径12厘米（附图3－43，2；图版八六，5）。

标本C1②：923，高8、口径13、底径13厘米（附图3－43，3）。

Ⅴ式　标本T1④：391，腹壁平直微内斜，腹下部镂有四个不规则圆形气孔，口沿切有三角形气孔。胎壁较薄，内外粘有沙粒，外底粘有匣钵叠烧痕迹。外壁施灰青色釉，釉厚明亮。高7.8、口径12.9、底径14.5厘米（附图3－43，4；图版八六，6）。

Ⅵ式　4件。盘形，浅腹，腹壁平直，微内斜，底与口径相等，腹下部镂有不规则三角形气孔三个。口沿亦切有三角形气孔，与腹下部气孔相间隔。

标本T1④：393，高8、口径11.2、底径11.6厘米（附图3－43，5）。

C型　2件（T2③：194、Y1⑤：92）。可分二式。

Ⅰ式　标本T2③：194，圆唇，浅腹，直壁微内斜，大平底，底略大于口，内底宽平稍下塌。腹下部无气孔，仅口沿镂切有三个对称三角形气孔。夹砂紫灰色泥胎，露胎。高5.2、口径17、底径18厘米（附图3－43，6；图版八七，1）。

Ⅱ式　标本Y1⑤：92，方唇，浅腹，直壁微束腰，大平底。腹中部刻弦纹四道。高5.7、口径18.2、底径17.6厘米（图版八七，2）。

D型　4件。矮筒状，方唇微外折，口沿下饰凹弦纹一道。夹砂紫灰色胎。底足沿外撇。高

附图3-43　罗湖象山窑址出土窑具（匣钵）

1. B型Ⅳ式（C1②：942）　2. B型Ⅳ式（C1②：931）　3. B型Ⅳ式（C1②：923）　4. B型Ⅴ式（T1④：391）
5. B型Ⅵ式（T1④：393）　6. C型Ⅰ式（T2③：194）　7. D型Ⅰ式（T1④：390）　8. D型Ⅱ式（T1③：500）
9. E型Ⅰ式（T1④：405）　10. E型Ⅱ式（T1④：413）　11. E型Ⅲ式（T1③：534）　12. E型Ⅳ式（T1③：538）
13. E型Ⅳ式（T1③：520）　14. E型Ⅳ式（T1③：535）

5.4~7.8、口径9.8~11.6、底径10.4~11.8厘米。分二式。

　　Ⅰ式　标本T1④：390，腹下部微束，底足沿外撇，中上部微弧。腹下部镂对称三角形气孔两个，外侧有刀划刻痕。高5.4、口径9.8、底径10.4厘米（附图3-43，7）。

　　Ⅱ式　3件（T1③：500、Y1①：10、Y1②：93）。腹壁平直，腹下部镂刻二对称圆形气孔，口沿切有半圆形气孔与下部气孔相间隔。外壁于气孔周沿刻划有纹样。

标本 T1③：500，高 7.8、口径 11、底径 11.8 厘米（附图 3－43，8；图版八七，3）。

E 型　55 件（T1④：26 件、T1③：29 件）。均呈高矮直筒状。多夹粗砂胎，器壁厚重。部分分五式。

Ⅰ式　4 件（T1④：385、394、396、405）。器壁较平直，由下至上向内斜，底大于口。夹细砂灰胎，器壁与器底均较薄。有的腹下部镂二对称三角形大气孔，有的镂四个三角形或椭圆形大气孔。口沿均无缺口。外壁施薄酱釉。器壁较光洁规整。无刻划符号或文字。高 9.3～13.1、口径 14～17.5、底径 15～20 厘米。

标本 T1④：405，口沿下刻划凹弦纹一道。高 11.4、口径 20.1、底径 18.4 厘米（附图 3－43，9；图版八七，4）。

Ⅱ式　18 件（T1④：383、384、387、397、401、403、404、407～413，T2④：74，③：193、197，Y1③：6）。器壁较平直，微向上内倾，器壁特厚重，底部更厚，有的厚达 3 厘米。夹粗砂胎，色泽灰紫。腹下部镂有气孔。气孔较Ⅰ式少、而且小。口沿开有半圆形气孔。有的器壁有釉，有的有刻划纹样或符号。高 15.2～18.5、口径 18.5～19.5、底径 19.5～20.5 厘米。

标本 T2③：193，外壁刻划纹样。内底黏结三只叠烧青瓷碗。高 15.5、口径 16.2、底径 19.2 厘米。

标本 T1④：413，高 19.2、口径 19.2、底径 21 厘米（附图 3－43，10；图版八七，5）。

Ⅲ式　4 件（T1③：532、534、536、537）。腹壁较平直，下部微内收，底足沿外撇，胎壁较Ⅱ式轻薄。夹粗砂灰质胎，外壁呈紫灰或紫黑色。制作粗糙。腹下部镂二个小圆形气孔，口沿切有半圆形气孔。有的外壁有釉。有的外壁均刻划有纹样或符号。

标本 T1③：534，内壁粘连器物口沿。高 15.8～17、口径 16～20、底径 19 厘米（附图 3－43，11；图版八七，6）。

标本 Y1③：6，腹壁口沿下，中部与近底部有凹棱各一道。中部划刻有符号。高 16.4、口径 16.4、底径 19 厘米。

Ⅳ式　21 件（T1③：399、515～530、533、535、538、539）。器壁上部微鼓，近底内束至足沿又外撇。腹下部镂有对称不规则椭圆形气孔二个，气孔较Ⅲ式小。口沿切有镂半圆形气孔，口沿外饰宽凹弦纹一道。夹粗砂灰色胎。器外壁多有刻划纹样或符号。高 6.8～16、口径 15.5～17、底径 16.5～18 厘米。

标本 T1③：538，高 7.8、口径 19.2、底径 19.5 厘米（附图 3－43，12；图版八七，7）。

标本 T1③：520，高 10.5、口径 18.6、底径 18 厘米（附图 3－43，13）。

标本 T1③：535，高 16.2、口径 15.9、底径 16.8 厘米（附图 3－43，14）。

Ⅴ式　标本 T1③：531，最大腹径在上部，中部以下内收至底渐外撇。夹砂粗灰胎。露胎。器表呈紫灰色。器腹下部镂有二个不规则小圆形气孔，口沿开二个半圆形气孔。外壁刻划纹样。高 9.5、口径 18.6、底径 16.2 厘米（附图 3－44，1；图版八八，1）。

F 型　16 件（T1④：398、402、406，T1③：540、541，T2②：411～416 等）。器壁厚重。造型高大。口沿下多刻划宽凹弦纹一道。夹砂铁灰色胎，质地粗涩。可分三式。

Ⅰ式　7 件（T2②：411～416，T5④：116）。敛口、厚唇、弧壁、足沿微外撇。口沿下饰宽凹弦纹道。腹下部镂刻一不规则小圆形气孔。孔径约 1.5 厘米。口沿切有一半圆形气孔。孔径约

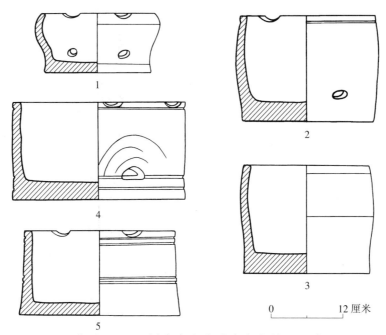

附图 3 - 44　罗湖象山窑址出土窑具（匣钵）

1. E 型 V 式 （T1③：531）　　2. F 型 I 式 （T2②：416）　　3. F 型 I 式 （T2②：415）
4. F 型 Ⅱ 式 （T1④：402）　　5. F 型 Ⅲ 式 （T1③：541）

1.5 厘米。质地粗涩。胎呈铁灰色。露胎。有的粘连有盘、碗、钵等器物。高 16.8 ~ 16.9、口径 20.9 ~ 22.6、底径 23.2 ~ 23.4 厘米。

标本 T2②：416，高 17、口径 22.8、底径 22.2 厘米（附图 3 - 44，2）

标本 T2②：415，高 17.1、口径 21.9、底径 21 厘米（附图 3 - 44，3）。

Ⅱ式　4 件（T1④：398、402、406，T1①：151）。腹壁较平直微内斜。圆唇、厚壁、大平底，底心下塌，底厚达 3.2 厘米。腹下部镂有二个不规则圆形气孔，口沿开半圆形气孔。夹砂粗胎，紫灰色胎。无釉。

标本 T1④：402，外壁口沿及下部刻凹弦纹三道，气孔周沿还刻划有弧形纹样。高 16.5、口径 30.6、底径 30 厘米（附图 3 - 44，4；图版八八，2）。

Ⅲ式　5 件（T1③：540、541，Y1②：81、84、87）。浅筒腹，腹壁较平直，足沿微外撇。底壁较Ⅱ式轻薄。夹砂粗灰胎。外壁均施灰白泛青色釉。口沿下饰宽凹弦纹二道。腹下部镂二个对称小圆形气孔，口沿切有半圆形缺口。有的腹中部有刻划纹。高 13 ~ 13.1、口径 24 ~ 26、底径 25 厘米。

标本 T1③：541，高 13.5、口径 25.1、底径 27 厘米（附图 3 - 44，5；图版八八，3）。

7. 匣钵盖

9 件。分三型。

A 型　3 件（C1①：90，C1②：16、28）。圆饼形，盖沿上翘，盖上下宽平。盖壁厚重。高 2.5 ~ 2.7、直径 19 ~ 21 厘米。分二式。

Ⅰ式　标本 C1①：90，盖沿塑竖棱一道，微敛，盖面较宽平，盖底平直，壁厚重。灰红色夹砂泥质胎，盖面及沿周施淡青色釉，底施酱色薄釉。高 2.7、直径 19.5 ~ 21 厘米（附图 3 - 45，1；图版八八，4）。

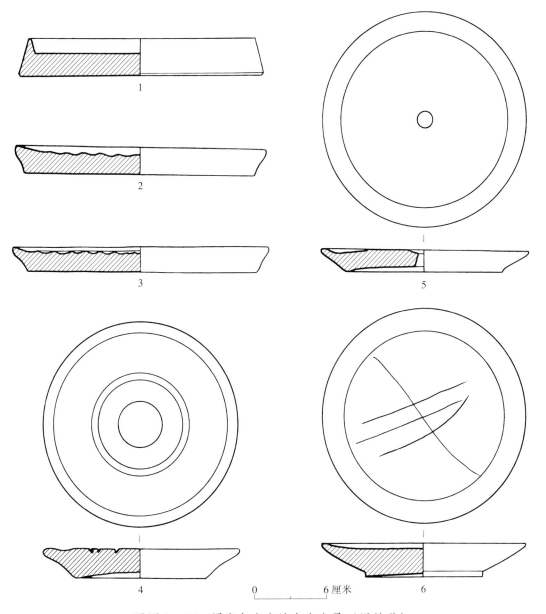

附图3-45 罗湖象山窑址出土窑具（匣钵盖）

1. A 型Ⅰ式（C1①：90） 2. A 型Ⅱ式（C1②：28） 3. A 型Ⅱ式（C1②：16） 4. B 型Ⅰ式（C1②：27）
5. B 型Ⅱ式（T1④：380） 6. C 型Ⅰ式（T1②：512）

Ⅱ式 盖沿斜翘，沿周薄，盖面微内凹，有旋削凹痕，盖底面朝内斜削，底面平直。

标本 C1②：28，红褐色夹粗砂泥质，盖面施酱色薄釉，盖底露素胎。高2.5、直径20.5厘米（附图3-45，2）。

标本 C1②：16，高2、直径21.3、底径19.2厘米（附图3-45，3）。

B 型 4件（T1④：380，T1③：514、515，C1②：27）。圆饼形，盖面微下凹，盖沿旋削呈斜面形，盖底微凸，剖面似覆盘。盖底心有的刻划一同心圆纹。胎色有灰、灰褐、灰黄之分。高1～2.9、直径16～18厘米。分二式。

Ⅰ式 3件（T1③：514、515、C1②：27）。盖面微内凹，盖沿斜面较长，器壁厚重。高2～2.9、直径17～18厘米。

标本 C1②：27，灰褐胎。盖面与盖底满施青淡灰色釉。高2.4、直径16.5、底径10.8厘米（附图3-45，4；图版八八，5）。

Ⅱ式　标本 T1④：380，盖沿斜面较短，器壁较薄，盖顶镂一圆孔，盖面粘有二垫块。灰黄胎。盖面施酱釉。高1.6、直径17.3、底径12.9厘米、孔径2.4厘米（附图3-45，5）。

C型　2件（T1②：512、Y1：94）。圆饼形，盖面内凹。可分为二式：

Ⅰ式　标本 T1②：512，盖沿斜薄，盖面内凹，假矮圈足。盖面划制有符号。灰胎。高2.6、直径16.8、底径10.1厘米（附图3-45，6；图版八八，6）。

Ⅱ式　标本 Y1：94，盖沿较薄微斜，盖面厚重，矮圈足。高4、直径18、足径10厘米。

第四节　分期与年代

一　分期

1. 地层分组

象山窑地堆积层次及包含物丰富。整个堆积可分为四层，四层以下为一陈腐池。出土标本多达3179件。

从 T1 地层情况看，第①层厚度为10~60厘米。土质深灰质地疏松，表土杂有草根。出土遗物有平底钵及锯齿形支圈等。

第②层平均厚度为20厘米。最厚处约50厘米。土色灰黑伴有草根，质地松软。出土遗物有碗、碟、钵、盏，及大量厚重粗糙的匣钵碎片。遗物胎色以深灰为主，砖红色次之，灰白胎最少，釉色以青褐为主。

第③层厚度为10~50厘米。土黄色土质。出土遗物有大量器形完整、釉色明亮的青瓷碗、高足盘、钵、盏、杯和多足圆砚等，以及较为精细的匣钵。釉色以青泛黄最多，青釉次之，青黄釉最少。常见有模印松、柏以及圆圈纹饰。

第④层夹杂有厚约30厘米的红色窑砖，窑渣及匣钵碎片等堆积物。红砖以下堆积厚薄不均，最厚处呈圆堆状，厚达90厘米。薄处在圆堆四周，平均厚约30厘米。土质红色，较为坚硬。出土大量比较完整的器物，其中以青瓷碗、平底钵最多，次为盏、杯、罐等一类器，鸡首壶、盘口壶较少。胎质灰白。釉色多青釉。

陈腐池（C1）位于 T1 中心偏北、偏东。北部伸入 T1 之北壁，西距 T1 西壁约1米，东距 T1 东壁约0.5米。池口开口在 T1④层之下，距地表约1.2米。该地未经扰乱，保存较好。C1 地层堆积可分二层。第①层：平均厚度约10厘米。主要包含物有碎窑砖、窑渣，青瓷平底钵、盘口壶、鸡首壶、罐等，盏较少见。多以素胎为主。胎色灰白。以青釉为多。第②层：堆积物基本上未见土块，各类青瓷器多相互叠集，十分纯净。厚处在池中心，约1.1米。出土器物丰富，碗类减少，平底钵最多，盘口壶、鸡首壶、罐有所增加，盏较多，匣钵装烧的莲瓣纹碗数量不少。

2. 年代与分期

依据 T1 各层位出土的遗物分析，第②层属唐代，第③层属隋代，第④层属南朝至东晋，上限可达西晋。各层位相互衔接，因袭相沿。

从象山窑场出土的各式双唇罐、六系罐、四系罐，盘口壶、鸡首壶、擂钵、重圈纹带座水盂、唾壶、钵、三足砚、高足豆盘、莲瓣纹大盘、托（杯）盘、熏香炉、盘、"σ"形把杯、杯、莲瓣纹碗、盏、碗等器形分析，双唇罐为西晋至南朝遗物。系有不同时代区别，半环纽早于桥形纽。西晋器扁矮，东晋器修长。B 型 Ⅲ 式（Y1①：164）瓜棱罐、G 型罐（Y1①：154）等均属唐代遗物。盘口壶多东晋南朝器，Ⅴ 式（Y1①：155）、Ⅵ 式（Y1①：156）为隋唐器。C 型鸡首壶（C1①：43）形体修长，为南朝典型器。所出唾壶（C1②：851）颈粗、盘口、腹扁鼓，假圈足，是南朝典型断代器。各式平底钵类中，A 型 Ⅰ 式（C1②：294）、A 型 Ⅱ 式（C1②：955）、B 型 Ⅰ 式（C1②：276）口微敛，上腹弧鼓至底渐内收，小平底，口沿下饰凹弦纹，近似西晋器特点。C 型 Ⅰ 式（C1②：356）、E 型 Ⅱ 式（C1②：486）、F 型 Ⅰ 式（C1②：340）、F 型 Ⅱ 式（C1②：415）等，敞口、深腹微鼓或腹壁微斜削，大平底，口沿多饰褐彩斑，显具东晋器作风。G 型印花钵（T1②：4、T1③：4）以及多数高足豆盘均为各地隋墓出土常见器。其中 B 型 Ⅱ 式（C1③：143）大圈足豆盘时代偏早，南朝墓常见。Ⅰ 式莲瓣纹大盘（T1④：92）、Ⅲ 式（T1③：224）莲瓣纹大盘为隋唐墓典型器。莲瓣纹刻花盏托杯（C1②：603、841）颇具南朝造型特征。圆孔熏香炉（C1②：851），为东晋墓典型断代器。各式大平底盘多属南朝器。而 C 型、D 型、E 型、F 型等青瓷盘，内有衬块支钉痕迹，多为南朝器。其中 F 型 Ⅱ 式（T1②：293）、F 型 Ⅲ 式（T2②：292）敛口、小平底、浅斜腹，黄褐彩釉，当属隋唐造型。"σ"形把杯（T4②：41）是唐代仿金银器典型产品。在杯类器中，A 型 Ⅰ 式（C1②：831）、B 型 Ⅱ 式（C1②：839）、B 型 Ⅵ 式（T1④：262）、B 型 Ⅶ 式（T1④：265）以及 F 型 Ⅱ 式（C1②：618），均为南朝造型及纹饰。C 型 Ⅲ 式（C1②：704）、Ha 型 Ⅰ 式（T1④：203）、Hb 型 Ⅱ 式（T1④：293）、Hb 型 Ⅴ 式（T1③：445）、Hb 型 Ⅵ 式（T1③：444）、J 型 Ⅰ 式（T1②：241）等，均属隋代器。在盏形器中，Ac 型 Ⅴ 式（T1③：393）、Bb 型 Ⅴ 式（T1③：431），假圈足外撇，施青泛灰绿色釉，形似南朝晚期造型。各式刻花莲瓣纹碗与南朝墓所出物相近似，属南朝典型代表器。在碗一类器中，其中包括东晋、南朝以及隋唐各个时代产品。如 Ab 型 Ⅵ 式（C1②：509），内粘锯齿形垫圈，口沿饰褐色彩斑，显系东晋晚期产品。在南朝产品中有 Aa 型Ⅱ式（C1②：265）、Aa 型 Ⅲ 式（C1②：266）、Ab 型Ⅳ式（T2③：52）等器形。隋代器有 Ac 型 Ⅱ 式（T1②：47）、C 型 ⅩⅢ 式（T1②：5）、D 型 Ⅱ 式（T1③321）、Ca 型Ⅳ式（T1③：320）、Cb 型 Ⅴ 式（T1②：4）和 Cb 型Ⅳ式（C1②534）等。唐代典型器有 Ec 型 Ⅱ 式（Y1①：161）、Ec 型 Ⅱ 式（Y1①：160）等。罗湖象山窑场主要为东晋至中唐阶段盛烧，其上限可到西晋，下限可延续到中唐。

3. 遗迹所属的期别

龙窑是南方地区常见的一种瓷窑。有的地区称"长窑""蜈蚣窑"或"蛇窑"。一般多依山势倾斜砌筑，因其形状似龙而得名。一般长约 30～80 米。倾斜度 8°～20° 左右，结构简单，分窑头、窑床和窑尾三部分。燃烧室除窑头设有单独的火膛外，其余均在烧成室的通道内，投柴孔（火眼）设在两则窑墙上的拱脚处，对称排列。窑的尾端一般不设烟囱，紧靠出烟口有挡火墙和烟火道，多以茅柴、树枝和芦苇等为燃料。其优点是利用自然山坡建造和火焰自然上升等原理，造价低，升温快。据目前考古资料表明，商代有浙江上虞、江西樟树吴城和鹰潭角山龙窑①、广东增城龙

---

① 李荣华、周广明、杨彩娥等：《鹰潭角山发现大型商代窑址》，《中国文物报》2001 年 3 月 21 日。

窑，东汉、三国、两晋有江西丰城石滩港圹和曲江郭桥缺口城以及浙江上虞龙窑[①]、南朝有浙江丽水龙窑，隋唐有江西丰城曲江寺前山和象山龙窑[②]、江苏宜兴龙窑。宋代有江西吉州永和龙窑[③]，以及浙江龙泉、广东潮安、广西西村和福建建阳和德化等地龙窑，明清时期有云南建水、四川荣昌和广东石湾等地的龙窑。至今一些地区烧造日用陶瓷仍采用此类龙窑生产。

1979～1994 年间，在寺前山先后发掘的 4 座龙窑，其中两座保存较为完好。1979 年揭示的唐代晚期龙窑，斜长 18、宽 1.8 米，窑壁残高 0.7 米。倾斜度 15°～19°。火膛平面呈等腰梯形。其长度与象山龙窑（18.55 米）长度几近相等。但象山龙窑火膛与寺前山龙窑也同是等腰梯形。火膛隔墙亦采用素面单砖横平铺砌。结构特征多相接近[④]。陈腐池第①层出土青瓷平底钵、盘口壶、鸡首壶为多，罐、盏较少，釉质灰白，釉色青泛绿。不少为素胎器。第②层平底钵数量最多，盘口壶、鸡首壶亦较多，罐数量有所增加，盏较多，匣钵装烧的莲瓣纹碗数量不少。池内两层遗物造型、釉色和花纹以及其烧造工艺特征颇为相似，年代相近。据此分析，该陈腐池遗迹当属东晋至南朝晚期，其上限甚至可上溯到西晋。

二　各期特点

根据象山窑所出各类遗物分析，西晋时期青瓷器，坯泥淘洗较汉代精细，质地较细腻，呈青灰或灰白色。器物内外施青绿或黄绿色釉，外壁均施釉不及底。釉质莹亮，开冰裂细片。常见的平底钵、盘口壶、双唇罐、鸡首壶、莲瓣纹碗和熏香炉等一类器，装饰简朴，通常饰几道弦纹，多具江西地方特色。器物口沿的釉下装饰多为大而稀疏的褐色点彩斑。西晋盘口壶的盘口加大，颈部增高，腹部由浑圆变得修长，各部位的比例渐趋协调，重心转向下部。西晋罐类器较三国时期而言，器体变高，下腹变宽，器底增大。四系罐形制与鸡首壶颇多有相似之处，多直口、鼓腹、小平底，肩部多塑四半环形横纽，口径与底径略等。象山所出四系盖罐体形扁矮，盖面饰多饰褐色点彩斑。西晋双唇罐外唇外撇的角度变小，腹鼓向下微内收，形体较三国器修长。西晋熏香炉，分体式，上部为炉体作扁圆形，腹部上端镂刻两层（三角形）气孔，下部为喇叭形承柱托座，承托盘形似碗盏。

褐色点彩是西晋青瓷装饰一大特点，至东晋普遍流行。西晋点彩特征是常施于器物口沿、腹部及盖面之上，散布匀称，彩斑较东晋点块大而稀疏。象山窑所出青瓷器多与西晋器特征吻合。

象山窑所出东晋时期的青瓷器有莲瓣纹碗、碗、钵、盏、壶、罐、熏香炉等日用器。青瓷器胎质细腻灰白。器物多素面无纹饰，除盛行的弦纹装饰外，出现了莲瓣纹。釉面开冰裂细片。釉上装饰常见的褐色点彩斑较西晋点小而细密。器物口沿褐彩斑作细小线条状，排列整齐、细密。器物造型与江、浙、闽一带比较，更具较多的时代共性。唯青瓷壶器腹部较肥大，口颈显得细小。罐、壶一类器盛行桥形纽。

① 江西省文物考古研究所、北京大学考古学系、江西省丰城市博物馆：《江西丰城洪州窑遗址调查报告》，《南方文物》1995 年第 2 期。
② 汪庆正主编：《简明陶瓷词典》，上海辞书出版社，1989 年。
③ 余家栋、陈定荣：《江西吉州窑遗址发掘简报》，《考古》1982 年第 5 期；余家栋、陈柏泉：《江西赣州七里镇窑址发掘简报》，《江西文物》1990 年第 4 期。
④ 余家栋、程立宪、刘林：《江西丰城罗湖窑发掘简报》，文物编辑委员会编《中国古代窑址调查发掘报告集》，文物出版社，1984 年。

东晋盘口壶，盘口加大，颈增高，腹部显得长，重心向下，各部位比例趋向协调。造型较西晋优美，线条柔和。出土的一件熏香炉向经济实用方向演变，炉身仍作罐形，腹周沿镂刻圆孔形烟孔两层，形体近似西晋器，但腹部烟孔由三角形变为圆孔形。东晋四系罐形体更高，肩部由西晋半环形纽变为桥形纽。碗、钵一类器，形体变化也是向高的方向发展，口部增大，器壁多瘦削，底径增大，器物重心向下，置放渐趋平稳，开始注意把器物的实用性与装饰艺术性更好地结合。已流行莲瓣纹图案，且多为单、双线刻划莲花瓣纹。出土器物的器形特征与东晋墓所出青瓷器多相近似。

象山窑所出南朝青瓷器，胎质仍以灰白色为主，细腻洁白。釉汁以青泛黄、米黄色为主，开冰裂细片，釉层厚，玻璃质感强，易脱落。出土器物如青瓷碗、盏、盘、多足圆砚、五盅盘、四系罐、盘口壶、唾壶、鸡首壶等一类，与各地出土南朝青瓷器特征相同。釉上仍流行褐色点彩。由于受佛教影响，十分盛行莲瓣纹图案。此时已出现中国最早的匣钵装烧工艺。对口烧芒口瓷也同时出现。所出唾壶，盘口，长束颈，腹部扁鼓，圆饼形假圈足。所出鸡首壶，鸡颈细壶身高，壶柄高出盘口，鸡冠高，肩部为双桥形纽。所出圆砚，砚沿外延，不见水槽，砚面上凸，多五兽形足。所出碗、钵、盏一类，常刻划复线仰姿莲，形似一朵盛开的莲花。

象山所出隋代青瓷器有壶、罐、碗、盘、唾壶等。在造型上显得修长、挺秀。青瓷壶有带流和不带流两种。带流器以鸡首为流、称鸡首壶；无流者均系盘口，称为盘口壶。所出隋代鸡首壶其壶身由扁鼓发展到修长，盘口显得更高，颈部变得更细长，肩略斜，鸡的头部趋于写实。这与南朝时期壶类器多浅盘口、浑圆鼓腹有着明显的区别。所出盘口壶通体修长，盘口更高，颈长而直。所出隋代唾壶，盘口，束颈，溜肩、扁鼓腹，大圆饼形足，形体较南朝唾壶显得修长、丰硕，是江西纪年隋墓常见器。所出高足杯是江西隋墓常见器，南朝以前未见此类器。所出圆砚，其子口渐趋简化，砚心上凸向下凹演变，砚面低矮周壁高出砚面，砚足塑于底沿，体形显得高大。砚足有兽蹄或乳形足之分。所出高、矮足豆盘是隋代广泛流行的器皿，盘内压印朵花、蔷薇等图案。所出莲瓣纹盘、碗和重圈纹杯亦是隋代典型器。

象山窑所出唐代青瓷器造型奇特、纹饰华丽和烧造技法高超，是洪州窑的一处重要烧瓷窑场。所出仿金银器"σ"形把手折腹杯，造型雅致，塑制精美。所出青瓷碗，多深腹，底足由圆饼形实足向"玉璧形"或宽圈足发展。釉多呈黄褐色或酱褐色。钵、罐多敛口、鼓腹、圆饼形实足，外壁多压印有宝相花或垂帐纹图案，底腹交接处多有一道旋削面。所出双唇罐形体趋于矮小，外唇内敛且高于内唇。所出圆形牛蹄足砚为唐墓常见器。

三 年代推断

综上一大批出土遗物与遗迹推断，象山窑址始烧于西晋中晚期，发展于东晋时期，盛烧于南朝至唐代，下限可延续到中唐阶段。

后　记

本报告是根据 1992～1994 年江西省文物考古研究所、北京大学考古学系、丰城市博物馆联合对洪州窑遗址考古发掘出土资料编写而成的。

权奎山、余家栋、张文江、余江安、路菁、李梅田、吴小红、丁柯、万德强参加了整理和研究工作。文稿由权奎山、余家栋、张文江、余江安撰写。具体分工为：第一章由余家栋执笔；第二章、第三章、第六章、第七章、第八章由权奎山执笔；第四章由余江安执笔；第五章由张文江执笔。初稿完成后，由权奎山统稿、定稿。

本报告的器物线图由黄信虎测绘；器物、窑炉遗迹等线图由程浩上墨清绘；照片由赵可明拍摄。

在发掘和整理、研究中，得到了北京大学宿白教授的关心、指导，以及考古学系主任李伯谦教授的支持；在整理、研究工作中，江西省文物考古研究所所长樊昌生研究员做了大量的协调工作；在发掘工作中，得到了江西省文化厅文物处、丰城市文化局和丰城市曲江镇、同田乡、石滩乡有关部门的热情帮助；在修改报告初稿和定稿过程中，北京大学博士研究生孟原召同学做了大量的技术性工作。

中国科学院高能物理研究所、中国科学院核分析技术重点实验室冯向前、冯松林先生等和北京大学考古文博学院科技考古实验室陈铁梅教授等对出土瓷片标本以中子活化分析等方法进行了分析研究。

在此我们向上述个人和单位表示衷心的感谢！

编者

2005 年 10 月 20 日

补记：

本报告为教育部人文社会科学重点研究基地北京大学中国考古学研究中心 2002 年度重大研究项目成果，于 2005 年结项。报告初稿完成后，余家栋先生撰写的罗湖象山窑址文稿因故未能进行统改，故未放入结项报告中。然而罗湖象山窑址是丰城洪州窑遗址的重要窑场之一，发掘资料丰富，若不刊布，甚为遗憾。不幸的是，期间权奎山先生、余家栋先生先后辞世，经江西省文物考古研究所（2017 年 1 月更名为江西省文物考古研究院）、北京大学考古文博学院商议决定，余家栋先生撰写的罗湖象山窑址文稿，由其子余江安在充分保留余家栋先生原稿内容的基础上进行适当调整修改，作为附录编入本报告。在修改、编校过程中，本着尽量多保留原始发掘信息、尽量多刊布发掘出土标本、尽量多发表器物线图和图片资料的原则，除对客观错误进行修正外，尽量保留了余家栋先生文稿的原貌，未就行文体例与其他章节进行统一，特此说明。

在报告编辑过程中，江西省文物考古研究院张文江研究员专程到北京调校图版颜色，并通览了全稿，修改了部分图文，补充了部分遗址测图并大量照片。国家文物局水下文化遗产保护中心孟原召博士参与了报告的编辑出版，为本报告的最后修改、校订做了大量工作。

本报告的出版，得到北京大学考古文博学院赵辉院长、杭侃院长、刘绪教授，北京大学中国考古学研究中心徐天进主任，江西省文物考古研究院（所）樊昌生所长、徐长青院长以及丰城市博物馆赖洪生馆长的关心、协调和支持。特此致谢。

编者

2017 年 11 月 13 日

Hongzhou Kiln Sites in Fengcheng

Hongzhou Kiln is one of the famous celadon kilns which was used from the late Eastern Han Dynasty to the Five Dynasties. The kiln is distributed among 10 villages of 5 towns in Fengcheng City, Jiangxi Province, with a total of 31 kiln sites found so far. All the kiln sites are located on mountain slopes and hilly areas along Ganjiang River or at shores of rivers and lakes which interlink with Ganjiang River. Stretching along Ganjiang River from north to south for about 20 km and being about 1 km at its widest point, the area possesses good condition for porcelain production. Fengcheng City was under the administration of Hongzhou State in Sui and Tang Dynasties as well as the Five Dynasties, so the kiln here is called "Hongzhou Kiln".

For a long time, research on Hongzhou Kiln was around the issue "Where Hongzhou Kiln is located". Now, the study has achieved a breakthrough, for the location of the kiln has been determined, the distribution range has been made clear, and the basics of its products are known. However, due to the lack of data, comprehensive and systematic research on Hongzhou Kiln has not yet been carried out. Given this situation, from 1992 to 1994, a large-scale archaeological excavation was carried out at the site of Hongzhou Kiln. 7 kiln sites which are distributed within the range of Hongzhou Kiln Site were chosen to be excavated. These are: Gangtang Qingfenghe Kiln, Longfeng Wuguishan Kiln, Longfeng Lizigang Kiln, Luohusi Qianshan Kiln, Luohu Shangshan Kiln, Luohu Xiangshan Kiln, as well as Zaigang Kiln Site of Qujiang Kiln. A number of artifacts like porcelain and kiln furniture were unearthed. In order to publish these data comprehensively and objectively, as well as for the convenience of further study, data of these 7 kilns were collected and studied separately.

At the beginning of each chapter is the introduction of location and stratigraphic accumulation. Then, we objectively analyze the types of unearthed artifacts in detail. Next, based on stratums of each kiln and types of unearthed artifacts, we carry out periodization study of the unearthed data, and summarize the characteristics of each kiln in each stage. Finally, according to conclusive data, the time of each kiln's each stage is made out.

In the epilogue, we summarize and discuss the general development of Hongzhou Kiln along with several distinctive issues based on unearthed data of the 6 kilns and related research results detailed in the main body. According to the corresponding relationship of each stage in the 6 kilns and stage characteristics, the development of Hongzhou Kiln can be divided into 8 stages: the 1st stage was from the late Eastern Han Dynasty to the Eastern Wu Period, the 2nd stage was from the early Western Jin to the Eastern Jin Dynasty, the 3rd stage was from the middle and late Eastern Jin to the early Southern Dynasties, the 4th stage belonged to the middle and late Southern Dynasties, the 5th stage belonged to the Sui Dynasty, the 6th stage belonged to the early Tang Dynasty, the 7th stage belonged to the middle Tang Dynasty, and the 8th stage was from the late Tang Dynasty to the Southern Tang Period of the Five Dynasties. In conclusion, Hongzhou Kiln came into use in the late Eastern Han Dynasty (around the second half of the 2nd Century), and stopped firing after Southern Tang of the Five Dynasties (937 – 975 AD). Through comparison of the usage and prosperous time of the 31 kiln sites within the range of Hongzhou Kiln site, we find out that the production center differed from stage to stage, which had kept moving. This may have direct relationship with transportation, geographical environment, raw materials, labor sources and product sale of that time. The body and glaze of Hongzhou Kiln porcelain have distinctive features in each stage, of which the development and evolution is quite clear. Significant changes took place between the 1st and 2nd stages, the 4th and 5th stages, the 5th and 6th stages, as well as the 7th and 8th stages. Decoration techniques and contents of Hongzhou Kiln kept developing and changing in an orderly way. The 1st stage to the 5th stage were on the way up, and the peak was reached during the 5th stage. Artifacts were simplified in the 6th stage, then came to a low point in the 7th stage. During the 8th stage, there were attempts to recover, but that was impossible. Decoration techniques of Hongzhou Kiln had distinctive characteristics and artistic style, which developed in a series. Firing process of Hongzhou Kiln had been constantly explored, improving or innovating in order to meet the needs of development. Especially after the invention of sagger and sagger firing technique, quality and yield of the products increased significantly.

These data were unearthed from 7 kilns of the Hongzhou Kiln Site, covering a relatively large area. Lasting from the late Eastern Han Dynasty to the Southern Tang Period of the Five Dynasties and leaving no gap in the middle, these data are also very systematic. Composed of various porcelain and kiln furniture, the findings are of rich connotation as well. What's more, some data were found for the first time, and some even were the earliest findings of the same kind in China. These data have important academic significance and research value, which can help to establish time scale for the study on Hongzhou Kiln, to find out the developing law of Hongzhou Kiln, and to carry out research on sale, art and technique of Hongzhou Kiln porcelain, etc. These data are of great academic value for not only comprehensive and in – depth study of Hongzhou Kiln but also the history of Chinese ceramics. Through arrangement and study of these data, we can have a comprehensive, concrete and vivid understanding of the important role Hongzhou Kiln played in the history of Chinese ceramics, as well as the contribution it had made to the development of Chinese ceramics.

彩版

1. 新村窑址（局部）

2. 清丰河窑址第一地点

彩版一　港塘新村及清丰河窑址外景

1. 清丰河窑址第三地点

2. D 型陶罐（T2②：12）

3. A 型钵（T2②：19）

彩版二　港塘清丰河窑址外景及出土器物

1. 乌龟山窑址（局部）

2. Ⅱ式罐（T2④：303A）

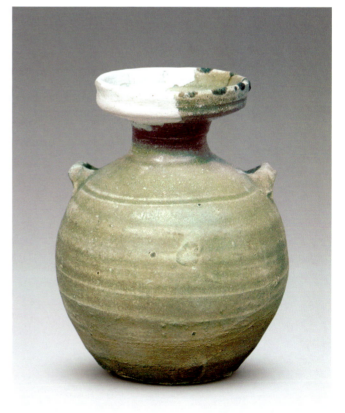

3. Ⅲ式小盘口壶（T2③：305）

彩版三　龙凤乌龟山窑址外景及出土器物

1. Aa型Ⅱ式碗（T2④：46）

2. Aa型Ⅱ式碗（T2④：56）

3. B型Ⅱ式莲瓣纹杯（T2②：115）

4. B型Ⅱ式菊瓣纹杯（T2③：252）

5. Bd型Ⅲ式盏（T2③：154）

6. 香熏（T2④：300、305）

彩版四　龙凤乌龟山窑址出土瓷碗、莲瓣纹杯、菊瓣纹杯、盏及香熏

1. Ab 型Ⅲ式器盖（T2③：311）

2. Ad 型间隔具（T2④：351）

3. Ae 型间隔具（T2③：398）

4. B 型试火具（T1②：267）

彩版五　龙凤乌龟山窑址出土器盖、间隔具、试火具

1. Af 型间隔具（T2 ②：170）

2. Bb 型间隔具（T2 ③：406）

3. Cb 型Ⅱ式间隔具（T2 ③：422）

彩版六　龙凤乌龟山窑址出土间隔具

1. 李子岗窑址外围

2. 李子岗窑址（局部）

彩版七　龙凤李子岗窑址外景

1. Ab 型Ⅲ式莲瓣纹碗（T1②：109）

2. Ac 型Ⅰ式莲瓣纹碗（T2②：110）

3. Ac 型Ⅲ式莲瓣纹碗（T1②：193）

4. Bb 型Ⅰ式莲瓣纹碗（T2②：114）

5. Bb 型Ⅲ式莲瓣纹碗（T1②：72）

6. Aa 型Ⅰ式碗（T2②：118）

彩版八　龙凤李子岗窑址出土瓷莲瓣纹碗、碗

1.左，B型Ⅰ式碗（T2②：47）；右，B型Ⅱ式碗（T1②：80）

2.左，Ⅲ式盏托（T1②：197）；右，Ⅱ式盏托（T1②：196）

彩版九　龙凤李子岗窑址出土瓷碗、盏托

1. 寺前山窑址

2. 寺前山窑址保护棚近景

彩版一〇　罗湖寺前山窑址外景

彩版一一　罗湖寺前山窑址Y1全景

1. 釜（T1 ⑤：6）

4. B 型Ⅲ式盘口壶（T2 ② A：7）

2. B 型 I 式双唇罐（Y1 ①：3）

5. 三足壶（T2 ② A：135）

3. A 型Ⅲ式罐（T8 ④：2）

6. Ba 型 I 式钵（T9 ②：12）

彩版一二　罗湖寺前山窑址出土瓷釜、双唇罐、罐、盘口壶、三足壶、钵

1. Ba 型 III 式钵 (T8 ③：100)

2. Ba 型 VI 式钵 (T8 ②：1)

3. Ba 型 VII 式钵 (T6 ③：14)

4. Ba 型 VII 式钵 (T8 ②：3)

5. II 式莲瓣纹碗 (T9 ③：21)

6. II 式莲瓣纹碗 (T7 ④：10)

彩版一三　罗湖寺前山窑址出土瓷钵、莲瓣纹碗

1. B 型 Ⅱ 式大足碗（T1 ⑤：28）

2. Ba 型 Ⅶ 式高足盘（T9 ②：105）

3. Bb 型 Ⅱ 式高足盘（T9 ②：52）

4. B 型 Ⅷ 式杯（T7 ②：26）

5. C 型 Ⅲ 式杯（T7 ③：40）

彩版一四　罗湖寺前山窑址出土瓷大足碗、高足盘、杯

1. C 型 V 式杯（T8 ②：122）

2. C 型 V 式杯（T8 ②：161）

3. E 型 I 式杯（T5 ③：120）

4. I 式唾盂（T8 ③：310）

5. 七联盂（T8 ②：193）

6. B 型三足炉（T2 ② A：134）

彩版一五　罗湖寺前山窑址出土瓷杯、唾盂、七联盂、三足炉

1. 擂钵 (T1 ⑤: 18)

4. C 型 I 式匣钵 (T8 ③: 314)

2. A 型 I 式匣钵 (T9 ④: 93)

3. A 型 Ⅲ式匣钵 (Y1 ③: 195)

5. E 型 Ⅳ式匣钵 (T8 ②: 195)

彩版一六　罗湖寺前山窑址出土擂钵、匣钵

1. 尚山窑址

2. 尚山窑址近景

彩版一七　罗湖尚山窑址外景

1. C 型 Ⅲ 式钵（T1 ③：54）

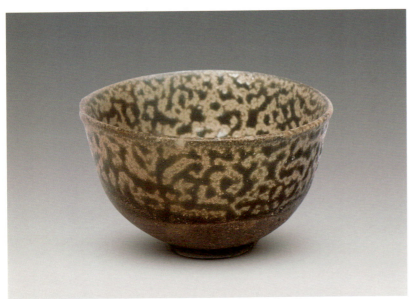

2. C 型 Ⅰ 式杯（T1 ③：89）

3. C 型 Ⅱ 式杯（T1 ③：90）

彩版一八　罗湖尚山窑址出土瓷钵、杯

1. 窑仔岗窑址远景

2. 窑仔岗窑址（局部）

彩版一九　曲江窑仔岗窑址外景

1. 象山窑址远景

2. 象山窑址近景

彩版二〇　罗湖象山窑址外景

1. A 型双唇罐（C1②：4）

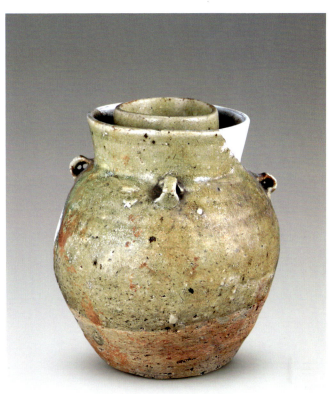

2. B 型 I 式双唇罐（C1②：5）

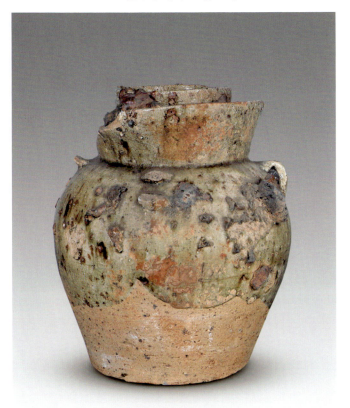

3. B 型 I 式双唇罐（C1②：1）

4. A 型 I 式罐（C1②：44）

彩版二一　罗湖象山窑址出土瓷双唇罐、罐

1. A 型 I 式罐（C1 ②：80）

3. A 型 I 式罐（C1 ②：118）

2. A 型 I 式罐（C1 ②：90）

4. A 型 II 式罐（C1 ②：32）

彩版二二　罗湖象山窑址出土瓷罐

1. A 型 II 式罐（C1 ②：93）

4. A 型 III 式罐（T1 ④：46）

2. A 型 III 式罐（C1 ②：34）

3. A 型 III 式罐（C1 ①：2）

5. A 型 III 式罐（C1 ①：201）

彩版二三　罗湖象山窑址出土瓷罐

1. B 型 I 式罐（C1 ②：55）　　　　　2. B 型 I 式罐（C1 ②：129）

3. B 型 Ⅲ 式罐（Y1 ①：153）　　　　4. E 型 Ⅱ 式罐（Y1 ①：162）

5. F 型罐（Y1 ①：164）

彩版二四　罗湖象山窑址出土瓷罐

2. I式盘口壶（C1②：49B）

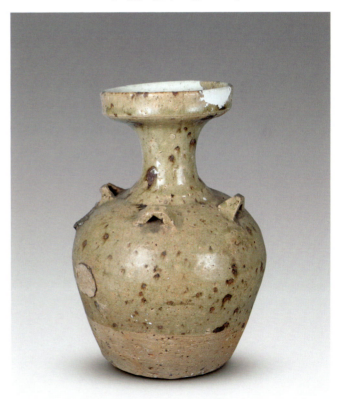

1. I式盘口壶（C1②：40）

3. II式盘口壶（C1②：50）

彩版二五　罗湖象山窑址出土瓷盘口壶

1. C 型鸡首壶（C1①：43）

2. C 型鸡首壶（C1②：194）

3. 唾盂（C1②：851）

4. A 型 II 式钵（C1②：445）

彩版二六　罗湖象山窑址出土瓷鸡首壶、唾盂、钵

1. G 型Ⅲ式钵（T1 ③：21）

3. G 型Ⅳ式钵（T1 ③：54）

4. Ⅰ型Ⅱ式钵（T2 ②：59）

2. G 型Ⅳ式钵（T1 ③：29）

5. Ⅰ型Ⅱ式钵（T2 ②：25）

彩版二七　罗湖象山窑址出土瓷钵

1. B 型砚台 (T1 ④: 361)

2. 香薰 (C1 ②: 851)

3. B 型 I 式盘 (C1 ②: 595)

4. Eb 型 I 式盘 (T1 ③: 124)

5. G 型 I 式盘 (T2 ②: 324)

彩版二八　罗湖象山窑址出土瓷砚台、香薰、盘

1. Hb 型Ⅲ式杯（T1 ④：116）

2. Hb 型Ⅴ式杯（T1 ③：442）

3. Ⅰ型Ⅰ式杯（T2 ②：361）

4. Ⅰ型Ⅰ式杯（T2 ②：395）

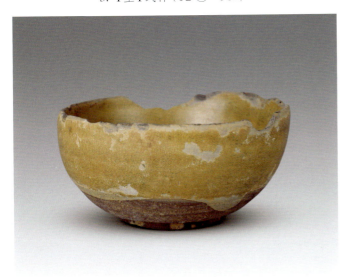

5. Ⅰ型Ⅱ式杯（T2 ②：352）

6. Ⅰ型Ⅱ式杯（T2 ②：386）

彩版二九　罗湖象山窑址出土瓷杯

1. Aa 型 Ⅲ 式莲瓣纹碗（C1 ②：502）

3. Ba 型 Ⅱ 式莲瓣纹碗（Y1 ③：11）

2. Aa 型 Ⅳ 式莲瓣纹碗（T1 ④：133）

彩版三〇　罗湖象山窑址出土瓷莲瓣纹碗

3. C 型莲瓣纹碗（C1②：512）

1. Ba 型Ⅳ式莲瓣纹碗（T1④：154）

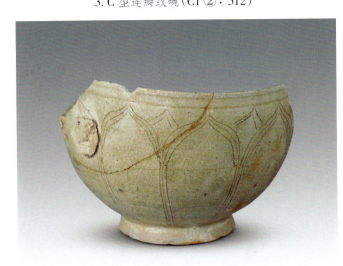

4. D 型 I 式莲瓣纹碗（C1②：528）

2. C 型莲瓣纹碗（C1①：55）

5. D 型Ⅱ式莲瓣纹碗（C1②：531）

彩版三一　罗湖象山窑址出土瓷莲瓣纹碗

3. Ab 型 Ⅷ 式碗（C1 ② ：554）

1. Ab 型 Ⅶ 式碗（C1 ② ：558）

4. Ba 型 Ⅱ 式碗（T1 ④ ：192）

2. Ab 型 Ⅶ 式碗（C1 ② ：574）

5. Ba 型 Ⅵ 式碗（T1 ③ ：344）

彩版三二　罗湖象山窑址出土瓷碗

3. Eb 型Ⅱ式碗（T2 ②：88）

1. D 型Ⅱ式碗（T2 ②：263）

4. B 型Ⅲ式匣钵（T2 ③：190）

2. D 型Ⅲ式碗（T2 ②：249）

彩版三三　罗湖象山窑址出土瓷碗、匣钵

图 版

1. D 型罐(T2 ②：12)

2. A 型钵(T2 ②：19)

3. 碗(T2 ②：27)

4. A 型支具(T1 ②：24)

图版一　港塘清丰河窑址出土瓷罐、钵、碗及支具

1. I式罐（T2④：275）

2. II式罐（T2④：303A）

3. III式罐（T2③：304）

4. 鸡首（T1②：4）

图版二　龙凤乌龟山窑址出土瓷罐、鸡首

1. A 型钵（T2 ④：7）

2. Ba 型 II 式钵（T2 ④：34）

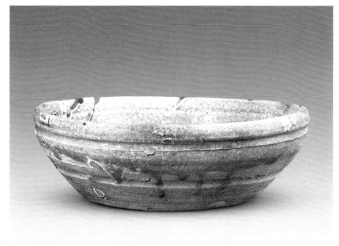

3. Bb 型 I 式钵（T2 ④：41）

4. Bb 型 I 式钵（T2 ④：26）

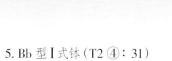

5. Bb 型 I 式钵（T2 ④：31）

6. Bb 型 II 式钵（T2 ④：39）

图版三　龙凤乌龟山窑址出土瓷钵

1. Bb 型 II 式钵（T2 ④：43）

2. Bc 型 I 式钵（T2 ④：4）

3. Bc 型 II 式钵（T2 ④：1）

4. Bc 型 II 式钵（T2 ③：36）

5. Ca 型 I 式钵（T2 ④：23）

6. Ca 型 II 式钵（T2 ④：38）

图版四　龙凤乌龟山窑址出土瓷钵

1. Cb 型 I 式钵 (T2 ④：36)

2. Cb 型 II 式钵 (T2 ③：40)

3. Cc 型 I 式钵 (T2 ④：13)

4. Cd 型 I 式钵 (T2 ④：8)

5. B 型 I 式莲瓣纹碗 (T2 ④：260)

6. B 型 II 式莲瓣纹碗 (T2 ③：241)

图版五　龙凤乌龟山窑址出土瓷钵、莲瓣纹碗

1. B 型 II 式莲瓣纹碗（T2 ③：432）

2. B 型 III 式莲瓣纹碗（T2 ②：110）

3. C 型 I 式莲瓣纹碗（T2 ③：245）

4. C 型 II 式莲瓣纹碗（T3 ①：140）

5. C 型 III 式莲瓣纹碗（T3 ①：106）

6. Aa 型 I 式碗（T2 ④：50）

图版六　龙凤乌龟山窑址出土瓷莲瓣纹碗、碗

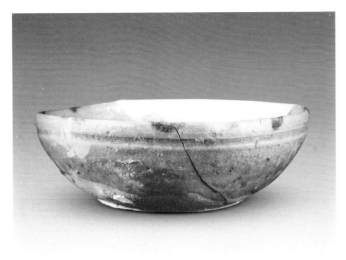

1. Aa 型 I 式碗（T2 ④：57）

2. Aa 型 II 式碗（T2 ④：56）

3. Aa 型 IV 式碗（T1 ②：323）

4. Ab 型 I 式碗（T2 ④：44）

5. Ba 型 I 式碗（T2 ④：53）

6. Ba 型 II 式碗（T2 ④：48）

图版七　龙凤乌龟山窑址出土瓷碗

1. Ba 型 II 式碗(T2 ④: 58)

2. Ca 型碗(T2 ③: 57)

3. Cb 型碗(T3 ①: 134)

4. D 型碗(T3 ①: 92)

5. A 型 I 式莲花纹盘(T3 ②: 9)

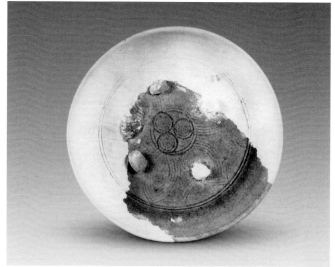

6. A 型 II 式莲花纹盘(T3 ①: 148)

图版八　龙凤乌龟山窑址出土瓷碗、莲花纹盘

1. A 型 II 式莲花纹盘（T3 ②：10）

2. Aa 型 I 式盘（T2 ④：317）

3. Aa 型 II 式盘（T2 ③：318）

4. Aa 型 III 式盘（T1 ②：22）

5. Aa 型 III 式盘（T1 ②：440）

6. C 型盘（T3 ①：152）

图版九　龙凤乌龟山窑址出土瓷莲花纹盘、盘

1. A 型 II 式莲瓣纹杯（T2 ③：240）

2. B 型 I 式莲瓣纹杯（T2 ③：259）

3. C 型 I 式莲瓣纹杯（T2 ③：255）

4. C 型 II 式莲瓣纹杯（T2 ②：119）

5. A 型 I 式菊瓣纹杯（T2 ③：254）

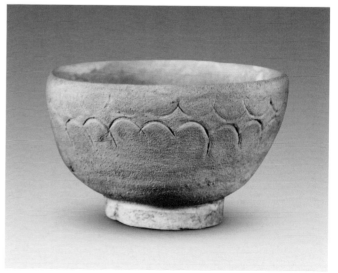
6. A 型 II 式菊瓣纹杯（T2 ②：116）

图版一○　龙凤乌龟山窑址出土瓷莲瓣纹杯、菊瓣纹杯

1. B 型 I 式菊瓣纹杯（T2 ③：253）

2. A 型 Ⅲ 式杯（T1 ②：48）

3. Ba 型 Ⅱ 式杯（T2 ④：236）

4. Ad 型 I 式盅（T2 ④：259）

5. B 型 I 式盅（T2 ③：267）

6. C 型 Ⅱ 式盅（T1 ②：43）

图版一一　龙凤乌龟山窑址出土瓷菊瓣纹杯、杯、盅

1. Bc 型 Ⅱ式小盏（T2 ③：250）

2. Bf 型 Ⅰ式小盏（T2 ④：129）

3. Bf 型 Ⅱ式小盏（T2 ④：240）

4. Db 型 Ⅲ式小盏（T2 ③：150）

5. Aa 型 Ⅰ式盏（T2 ④：114）

6. Ab 型 Ⅱ式盏（T1 ②：57）

7. Bb 型 Ⅰ式盏（T2 ④：167）

8. Bb 型 Ⅱ式盏（T2 ④：113）

图版一二　龙凤乌龟山窑址出土瓷小盏、盏

1. Bb 型 II 式盏（T2 ④：205）

2. Bb 型 IV 式盏（T2 ②：80）

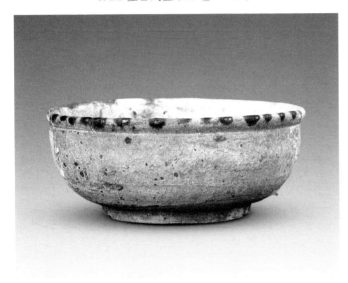

3. Bc 型 II 式盏（T2 ④：232）

4. Bd 型 I 式盏（T2 ④：162）

5. Bd 型 III 式盏（T2 ③：154）

6. 香熏罐（T2 ④：305）

图版一三　龙凤乌龟山窑址出土瓷盏、香熏罐

1. 香熏托座（T2④：300）

2. 香熏托座（T2④：298）

3. 灯（T2④：297）

4. 灯（T2④：296）

5. 灯（T2④：405）

6. 灯（T2④：299）

图版一四　龙凤乌龟山窑址出土瓷香熏托座、灯

1. 砚台（T3①：41）

4. 纺轮（左，T2②：336；右，T2②：146）

5. C 型纺轮（左，T1②：394；右，T1②：389）

2. 擂钵（T2④：306）

6. Aa 型 I 式器盖（T2④：281）

3. 纺轮（左，T2③：337；右，T1②：390）

7. Aa 型 II 式器盖（T2④：294）

图版一五　龙凤乌龟山窑址出土瓷砚台、擂钵、纺轮、器盖

1. Ab 型 Ⅱ 式器盖 (T2 ④：286)

2. Ab 型 Ⅲ 式器盖 (T2 ③：311)

3. Ab 型 Ⅲ 式器盖 (T2 ③：309)

4. Ac 型 Ⅱ 式器盖 (T1 ②：25)

5. Ad 型 Ⅰ 式器盖 (T1 ②：30)

6. Ad 型 Ⅱ 式器盖 (T1 ②：26)

7. Ba 型 Ⅱ 式器盖 (T2 ③：308)

8. Bd 型 Ⅰ 式器盖 (T2 ③：315)

图版一六　龙凤乌龟山窑址出土瓷器盖

1. Bd 型 Ⅱ 式器盖 (T2 ③：313)

2. Bd 型 Ⅲ 式器盖 (T1 ②：27)

3. Bd 型 Ⅳ 式器盖 (T2 ②：138)

4. A 型 Ⅰ 式支具 (T2 ④：307)

5. B 型 Ⅰ 式支具 (T2 ④：322)

图版一七　龙凤乌龟山窑址出土瓷器盖、支具

1. Ca 型支具 (T2 ④：318)

2. Da 型 I 式支具 (T2 ④：310)

3. Db 型 I 式支具 (T2 ③：346)

4. Aa 型间隔具 (中者, T2 ④：46)

5. Ad 型间隔具 (T2 ④：357)

6. Ad 型间隔具 (T2 ④：351)

图版一八　龙凤乌龟山窑址出土支具、间隔具

1. Af 型间隔具 (T2 ③: 401)

2. 间隔具 (左, T2 ②: 201; 右, T2 ④: 382)

3. 间隔具 (左, T2 ③: 421; 中, T2 ③: 419; 右, T2 ②: 418)

4. Ab 型 Ⅱ 式匣钵 (T2 ③: 354)

图版一九　龙凤乌龟山窑址出土间隔具、匣钵

1. 盘口壶（T2②：7）

2. I式莲花纹钵（T2②：81）

3. A型平底钵（T2②：146）

4. B型平底钵（T2②：147）

5. Aa型II式莲瓣纹碗（T2②：78）

6. Aa型II式莲瓣纹碗（T2②：79）

图版二〇　龙凤李子岗窑址出土瓷盘口壶、莲花纹钵、平底钵、莲瓣纹碗

1. Aa 型Ⅲ式莲瓣纹碗（T2②：77）

4. Ac 型Ⅱ式莲瓣纹碗（T1②：108）

2. Ab 型Ⅱ式莲瓣纹碗（T2②：109）

3. Ac 型Ⅰ式莲瓣纹碗（T2②：110）

5. Ac 型Ⅳ式莲瓣纹碗（T1②：93）

图版二一　龙凤李子岗窑址出土瓷莲瓣纹碗

1. Bb 型 I 式莲瓣纹碗 (T2 ② : 114)

2. Bb 型 III 式莲瓣纹碗 (T1 ② : 72)

3. Cb 型莲瓣纹碗 (T2 ② : 82)

4. I 式莲花纹碗 (T1 ② : 146)

5. II 式莲花纹碗 (T1 ② : 143)

6. III 式莲花纹碗 (T1 ② : 141)

图版二二　龙凤李子岗窑址出土瓷莲瓣纹碗、莲花纹碗

1. Ⅲ式莲花纹碗(T1②：145)

2. A型Ⅱ式碗(T2②：86)

3. A型Ⅲ式碗(T1②：120)

4. Ab型碗(T2②：112)

5. B型Ⅱ式碗(T1②：80)

6. C型Ⅰ式碗(T2②：353)

图版二三　龙凤李子岗窑址出土瓷莲花纹碗、碗

1. C 型 I 式碗（T1 ②：94）

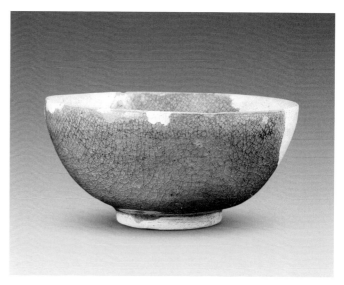

2. C 型 II 式碗（T2 ②：87）

3. C 型 III 式碗（T1 ②：39）

4. A 型 I 式莲花纹盘（T1 ②：178）

5. A 型 I 式莲花纹盘（T1 ②：181）

6. A 型 II 式莲花纹盘（T1 ②：168）

图版二四　龙凤李子岗窑址出土瓷碗、莲花纹盘

1. A 型 II 式莲花纹盘 (T1②: 167)

2. I 式盘 (T2②: 127)

3. 盏盘 (T1②: 160)

4. A 型莲瓣纹杯 (T2②: 51)

5. Ab 型 I 式杯 (T2②: 48)

6. Ab 型 I 式杯 (T2②: 49)

图版二五　龙凤李子岗窑址出土瓷莲花纹盘、盘、盏盘、莲瓣纹杯、杯

1. Bc 型 I 式杯（T2②：18）

2. Ca 型 I 式杯（T2②：55）

3. Ca 型 II 式杯（T1②：223）

4. Cb 型 II 式杯（T2②：10）

5. Cb 型 III 式杯（T2②：14）

6. I 式芒口杯（T1②：158）

图版二六　龙凤李子岗窑址出土瓷杯

1. Ⅱ式芒口杯(T1②：159)

2. B型Ⅱ式盅(T1②：14)

3. Ⅱ式盏托(T1②：196)

4. Ⅲ式盏托(T1②：197)

5. 支具(T1②：9)

6. A型间隔具(T2②：230)

图版二七　龙凤李子岗窑址出土瓷芒口杯、盅、盏托、支具、间隔具

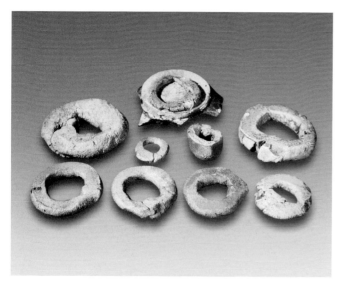

1. B 型间隔具

2. B 型间隔具（T2②：334）

3. C 型间隔具

4. A 型匣钵（T1②：3）

5. B 型匣钵（T1②：1）

6. C 型匣钵（T2②：196）

图版二八　龙凤李子岗窑址出土间隔具、匣钵

1. C 型匣钵（T2②：195）

2. D 型匣钵（T2②：174）

3. D 型匣钵（T2②：177）

4. 火照（T2②：163）

图版二九　龙凤李子岗窑址出土匣钵、火照

1. A 型双唇罐（Y1③：189）

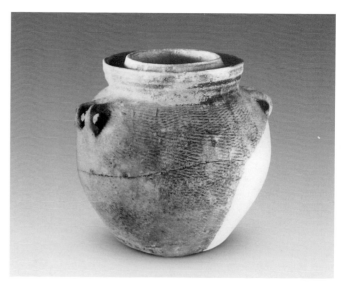

2. B 型 I 式双唇罐（Y1①：3）

3. A 型 II 式罐（T1⑤：13）

4. A 型 III 式罐（T8④：1）

5. B 型 I 式罐（H2：1）

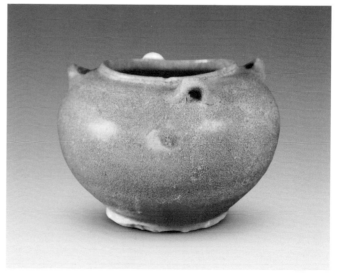

6. B 型 III 式罐（T7⑥：1）

图版三○　罗湖寺前山窑址出土瓷双唇罐、罐

1. B 型 V 式罐 (T7 ② : 5)

2. C 型 II 式罐 (T3 ② B : 15)

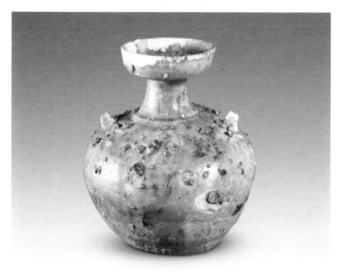

3. 小盘口壶 (T8 ⑤ : 17)

4. B 型 I 式盘口壶 (T6 ③ : 190)

5. B 型 III 式盘口壶 (T2 ② A : 7)

6. I 式瓶 (T7 ③ : 3)

图版三一　罗湖寺前山窑址出土瓷罐、盘口壶、瓶

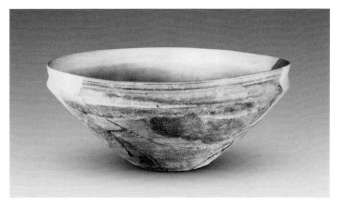

1. A 型 I 式盆（T5 ③：1）

2. A 型 II 式盆（Y1 ①：6）

3. Aa 型 I 式钵（T8 ⑤：27）

4. Aa 型 II 式钵（T9 ④：3）

5. Ab 型 I 式钵（H2：2）

6. Ab 型 II 式钵（T8 ⑤：14）

7. Ab 型 III 式钵（T1 ⑤：26）

8. Ba 型 I 式钵（T8 ③：64）

图版三二　罗湖寺前山窑址出土瓷盆、钵

1. Ba 型 I 式钵 (T8 ③：49)

2. Ba 型 I 式钵 (T8 ③：62)

3. Ba 型 I 式钵 (T9 ②：12)

4. Ba 型 I 式钵 (T8 ③：83)

5. Ba 型 I 式钵 (T9 ②：51)

6. Ba 型 Ⅵ式钵 (T8 ②：1)

7. Ba 型 Ⅶ式钵 (T6 ③：14)

8. Ba 型 Ⅶ式钵 (T8 ②：3)

图版三三　罗湖寺前山窑址出土瓷钵

1. Bb 型 I 式钵（T6 ③：18）　　　　　　2. Bb 型 V 式钵（T7 ②：21）

3. Bc 型 I 式钵（T4 ② B：21）　　　　　　4. Bc 型 II 式钵（T4 ② B：8）

5. Bc 型 III 式钵（T2 ② A：129）　　　　　　6. Bc 型 IV 式钵（Y1 ③：11）

图版三四　罗湖寺前山窑址出土瓷钵

1. Ⅱ式莲瓣纹碗（T9③：21）

2. Ⅱ式莲瓣纹碗（T8③：197）

3. A型Ⅱ式大足碗（T8⑤：25）

4. A型Ⅱ式大足碗（T8⑤：35）

5. B型Ⅰ式大足碗（T8⑤：24）

6. A型碗（T8④：75）

图版三五　罗湖寺前山窑址出土瓷莲瓣纹碗、大足碗、碗

1. A 型 I 式碗（T8 ④：93）

2. A 型 I 式碗（T7 ⑥：10）

3. B 型 I 式碗（T7 ⑥：52）

4. B 型 IV 式碗（T7 ⑥：4）

5. B 型 V 式碗（T9 ②：139）

6. B 型 VI 式碗（T7 ⑤：38）

7. B 型 VII 式碗（T8 ③：129）

8. Ca 型 II 式碗（T8 ④：91）

图版三六　罗湖寺前山窑址出土瓷碗

1. Ca 型Ⅳ式碗（T8④：58）

2. Ca 型Ⅳ式碗（T7⑥：3）

3. Ca 型Ⅴ式碗（T8④：62）

4. Ca 型Ⅶ式碗（T9②：138）

5. Ca 型Ⅸ式碗（Y1①：117）

6. Ca 型Ⅸ式碗（T6④：51）

7. Ca 型Ⅹ式碗（T6④：50）

8. Ca 型Ⅺ式碗（T5③：55）

图版三七　罗湖寺前山窑址出土瓷碗

1. Cb 型 I 式碗（T5 ③：35）

2. Cb 型 II 式碗（T1 ③：17）

3. Cc 型 I 式碗（T2 ② A：41）

4. Da 型 I 式碗（T9 ②：140）

5. Da 型 I 式碗（T8 ③：194）

6. Da 型 II 式碗（T8 ③：57）

7. Da 型 III 式碗（T8 ③：168）

8. Da 型 IV 式碗（T8 ②：44）

图版三八　罗湖寺前山窑址出土瓷碗

1. Da 型 V 式碗（T8 ② : 90）

2. Da 型 Ⅵ 式碗（T6 ③ : 59）

3. Da 型 Ⅷ 式碗（T2 ② A : 44）

4. Db 型 Ⅱ 式碗（T1 ③ : 18）

5. Dc 型 Ⅲ 式碗（T3 ② A : 17）

6. E 型 Ⅰ 式碗（T1 ② : 14）

7. E 型 Ⅱ 式碗（T1 ② : 9）

8. A 型 Ⅰ 式高足盘（T7 ⑥ : 32）

图版三九　罗湖寺前山窑址出土瓷碗、高足盘

1. A 型Ⅲ式高足盘（T8 ③：213）

2. A 型Ⅳ式高足盘（T7 ⑤：26）

3. A 型Ⅳ式高足盘（T7 ⑤：25）

4. Ba 型 I 式高足盘（T8 ④：119）

5. Ba 型Ⅳ式高足盘（T9 ②：106）

6. Ba 型Ⅵ式高足盘（T8 ③：205）

7. Ba 型Ⅶ式高足盘（T9 ②：105）

8. Ba 型Ⅸ式高足盘（T8 ②：175）

图版四〇　罗湖寺前山窑址出土瓷高足盘

1. Bb 型 I 式高足盘 (T9 ②: 53)

2. Bb 型 II 式高足盘 (T9 ③: 2)

3. I 式莲瓣纹盘 (T9 ④: 55)

4. II 式莲瓣纹盘 (T9 ④: 52)

5. A 型盘 (T8 ⑤: 49)

6. Ba 型 I 式盘 (T9 ④: 67)

7. B 型 II 式盘 (T8 ④: 143)

8. Bb 型 I 式盘 (T6 ④: 12)

图版四一　罗湖寺前山窑址出土瓷高足盘、莲瓣纹盘、盘

1. Bb 型Ⅲ式盘（T5②B：1）

2. Bb 型Ⅳ式盘（T4②B：3）

3. Bc 型Ⅰ式盘（Y1①：190）

4. Bc 型Ⅱ式盘（Y1①：168）

5. Bc 型Ⅲ式盘（T2②A：72）

6. Bd 型Ⅰ式盘（Y1①：194）

7. Bd 型Ⅰ式盘（Y1①：187）

8. Bd 型Ⅱ式盘（T6②A：10）

图版四二　罗湖寺前山窑址出土瓷盘

1. Be 型 I 式盘（Y1 ③：181）

2. Be 型 I 式盘（T5 ③：67）

3. Be 型 I 式盘（T5 ③：70）

4. Be 型 Ⅲ 式盘（T3 ② B：124）

5. Ca 型盘（T7 ⑥：41）

6. Cb 型 Ⅱ 式盘（T1 ②：15）

7. Cc 型盘（T3 ② B：126）

8. I 式碟（T1 ②：23）

图版四三　罗湖寺前山窑址出土瓷盘、碟

1. Ⅱ式碟（T2②A：59）

2. A 型 Ⅰ 式高足杯（T8④：187）

3. B 型高足杯（T8③：254）

4. C 型 Ⅰ 式高足杯（T8③：253）

5. B 型把杯（T5③：121）

6. A 型 Ⅳ 式杯（T8④：193）

7. A 型 Ⅷ 式杯（T1③：40）

8. A 型 Ⅸ 式杯（Y1①：251）

图版四四　罗湖寺前山窑址出土瓷碟、高足杯、杯

1. B 型 II 式杯（T7 ⑥：63）

2. B 型 III 式杯（T1 ④：5）

3. B 型 III 式杯（T8 ④：189）

4. B 型 V 式杯（T9 ②：182）

5. C 型 IV 式杯（T7 ③：40）

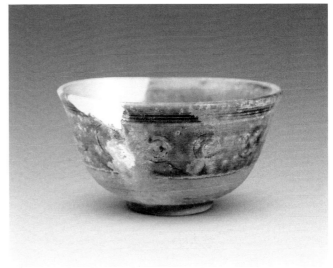

6. C 型 V 式杯（T8 ②：143）

图版四五　罗湖寺前山窑址出土瓷杯

1. D 型 I 式杯（T3 ② B：135）

2. D 型 II 式杯（T2 ② A：111）

3. E 型 I 式杯（T5 ③：120）

4. F 型 I 式杯（Y1 ①：225）

5. F 型 II 式杯（T7 ②：29）

6. A 型 I 式盅（H2：20）

7. A 型 II 式盅（T8 ⑤：106）

8. B 型 II 式盅（左，T7 ④：84；右，T8 ③：324）

图版四六　罗湖寺前山窑址出土瓷杯、盅

1. Aa 型 I 式盏（H2：19）

2. Aa 型 II 式盏（T9②：196）

3. Ab 型 I 式盏（T1⑤：36）

4. Ab 型 II 式盏（T8⑤：61）

5. Ac 型 II 式盏（T8④：234）

6. Ac 型 III 式盏（T7⑤：30）

7. Ac 型 IV 式盏（T8③：309）

8. Ac 型 V 式盏（T8③：299）

图版四七　罗湖寺前山窑址出土瓷盏

1. 烛台 (T1 ⑤：19)

2. A 型 I 式大水盂 (T6 ④：3)

3. A 型 II 式大水盂 (Y1 ①：270)

4. B 型大水盂 (T6 ② B：55)

5. B 型大水盂 (T6 ③：3)

6. C 型大水盂 (T5 ② B：20)

7. D 型 I 式大水盂 (Y1 ①：268)

8. D 型 I 式大水盂 (T5 ② B：24)

图版四八　罗湖寺前山窑址出土瓷烛台、大水盂

1. A 型 I 式小水盂（T8 ④：304）

2. A 型 II 式小水盂（T7 ③：27）

3. A 型 I 式砚台（T8 ③：31）

4. B 型 I 式砚台（T6 ③：4）

5. A 型三足炉（T9 ②：221）

6. A 型 I 式器盖（T8 ⑤：114）

图版四九　罗湖寺前山窑址出土瓷小水盂、砚台、三足炉、器盖

1. B 型 I 式器盖 (T6 ③: 109)

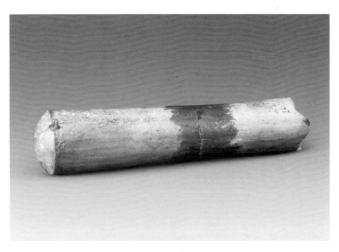

2. 擂棒 (T6 ③: 107)

3. A 型支具 (T8 ⑤: 137)

4. 间隔具上 1, A 型 I 式 (T1 ⑤: 60); 上 2, E 型 (T7 ②: 34); 上 3, A 型 II 式 (T8 ④: 359); 下 1, B 型 (T8 ⑤: 133); 下 2, I 型 (T8 ④: 328); 下 3, E 型 (T6 ② B: 54); 下 4, C 型 (T8 ⑤: 134)

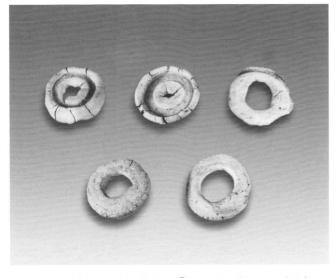

5. 间隔具上 1, H 型 I 式 (T8 ④: 374); 上 2, H 型 II 式 (T8 ④: 362); 上 3, G 型 (T8 ④: 372); 下 1, F 型 I 式 (T8 ④: 370); 下 2, F 型 II 式 (T3 ② A: 31)

6. A 型 I 式匣钵 (T8 ④: 383)

图版五〇　罗湖寺前山窑址出土瓷器盖、擂棒、支具、间隔具、匣钵

1. A 型Ⅲ式匣钵（T3 ② B：181）

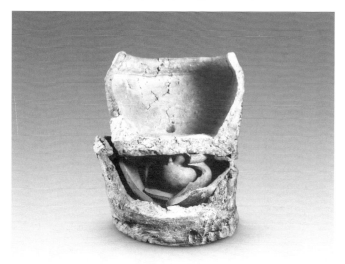

2. A 型Ⅲ式匣钵（T3 ② B：180）

3. A 型Ⅲ式匣钵（T5 ② B：16）

4. B 型Ⅰ式匣钵（T9 ④：197）

5. C 型Ⅰ式匣钵（T8 ③：315）

6. C 型Ⅰ式匣钵（T7 ④：28）

7. D 型匣钵（T7 ⑥：89）

图版五一　罗湖寺前山窑址出土匣钵

1. E 型 I 式匣钵 (T8 ⑤：116)

4. E 型 IV 式匣钵 (T8 ②：195)

2. E 型 II 式匣钵 (T8 ④：330)

5. A 型 II 式匣钵盖 (T9 ②：223)

6. A 型 II 式匣钵盖 (T8 ③：321)

3. E 型 III 式匣钵 (T8 ④：310)

7. 印模 (T5 ③：119)

图版五二　罗湖寺前山窑址出土匣钵、匣钵盖、印模

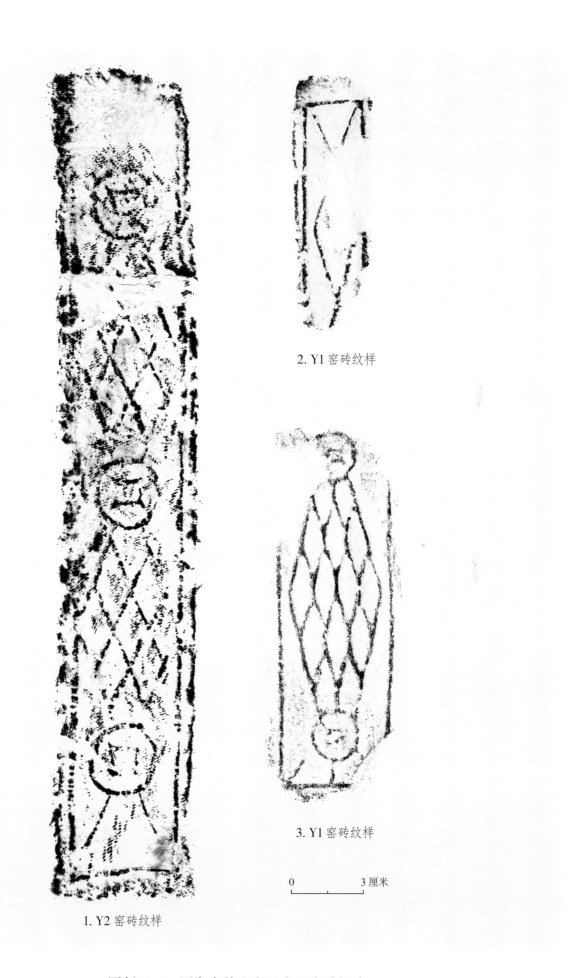

2. Y1 窑砖纹样

3. Y1 窑砖纹样

0   3 厘米

1. Y2 窑砖纹样

图版五三　　罗湖寺前山窑址出土窑砖拓片

1. A 型支具（T8⑤：137）

2. A 型 I 式匣钵（T8④：331）

3. A 型 I 式匣钵（T7⑥：21）

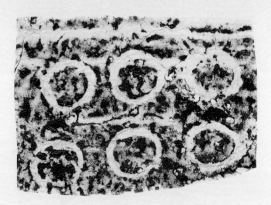

4. A 型 I 式匣钵（T8④：327）

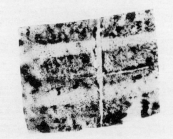

6. A 型 I 式匣钵（T8④：383）

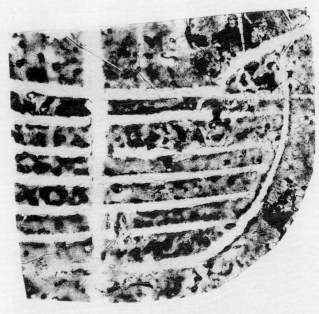

5. A 型 I 式匣钵（T8④：338）

7. E 型 Ⅲ 式匣钵（T8④：306）

0   3厘米

图版五四 　罗湖寺前山窑址出土支具、匣钵拓片

1. A 型 I 式（T8④：326）

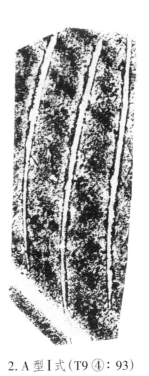

2. A 型 I 式（T9④：93）

3. A 型 I 式（T7⑥：87）

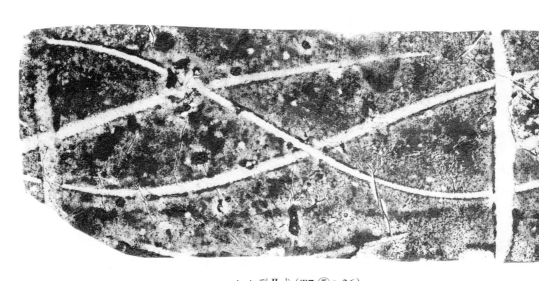

4. A 型 II 式（T7⑤：36）

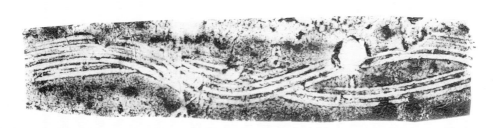

5. C 型 I 式（T8③：328）

0 ————— 3厘米

图版五五　罗湖寺前山窑址出土匣钵拓片

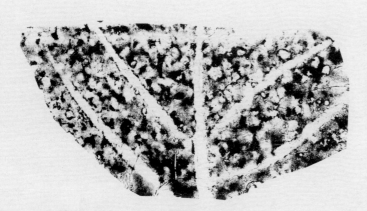
1. C 型 I 式（T8③：314）

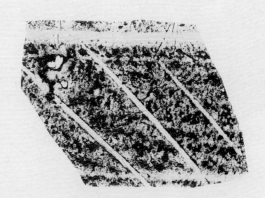
2. C 型 I 式（T9②：224）

3. D 型（T7⑥：89）

4. E 型 II 式（T8④：314）

5. E 型 II 式（T8④：330）

6. E 型 II 式（T8④：349）

7. E 型 II 式（T9④：90）

8. E 型 III 式（T8④：307）

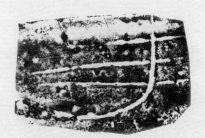
9. E 型 III 式（T8④：311）

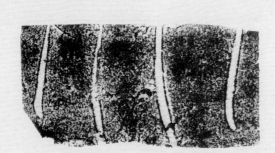
10. E 型 III 式（T8④：313）

11. E 型 IV 式（T8②：228）

0　　　　　3厘米

图版五六　　罗湖寺前山窑址出土匣钵拓片

1. A 型Ⅲ式钵（T1 ③：30）

2. B 型Ⅰ式钵（T1 ④：9）

3. B 型Ⅱ式钵（T1 ③：53）

4. B 型Ⅲ式钵（T1 ③：50）

5. C 型Ⅱ式钵（T1 ④：11）

6. C 型Ⅲ式钵（T1 ③：45）

7. D 型Ⅰ式钵（T1 ④：7）

8. D 型Ⅱ式钵（T1 ③：38）

图版五七　罗湖尚山窑址出土瓷钵

1. A 型 I 式碗 (T1 ④：13)

2. A 型 III 式碗 (T1 ②：1)

3. B 型 I 式碗 (T1 ④：22)

4. B 型 II 式碗 (T1 ③：25)

5. B 型 II 式碗 (T1 ③：8)

6. C 型 I 式碗 (T1 ③：26)

7. D 型 II 式碗 (T1 ③：10)

8. A 型 I 式高足盘 (T1 ④：78)

图版五八　罗湖尚山窑址出土瓷碗、高足盘

1. A 型Ⅳ式高足盘 (T1③：56)

2. A 型盘 (T1③：87)

3. B 型Ⅰ式盘 (T1③：85)

4. B 型Ⅱ式盘 (T1③：86)

5. B 型Ⅲ式盘 (T1③：83)

6. A 型Ⅱ式杯 (T1③：110)

7. B 型Ⅰ式杯 (T1④：109)

8. C 型Ⅰ式杯 (T1③：93)

图版五九　罗湖尚山窑址出土瓷高足盘、盘、杯

1. C 型Ⅱ式杯(T1 ③：92)

2. A 型Ⅱ式盏(T1 ④：29)

3. B 型Ⅰ式盏(T1 ④：19)

4. B 型Ⅱ式盏(T1 ④：35)

5. B 型Ⅱ式盏(T1 ④：56)

6. 水盂(T1 ③：117)

7. Ⅰ式砚台(T1 ③：118)

8. 研磨棒(T1 ①：15)

图版六〇　罗湖尚山窑址出土瓷杯、盏、水盂、砚台、研磨棒

1. B 型罐（T1②：8）

2. D 型 I 式罐（T1②：9）

3. D 型 II 式罐（T1②：5）

4. A 型 I 式执壶（T1②：43）

5. A 型 II 式执壶（T1②：47）

6. B 型 I 式执壶（T1②：29）

图版六一　曲江窑仔岗窑址出土瓷罐、执壶

1. C 型 Ⅱ 式执壶（T1 ② : 35）

2. Da 型 Ⅱ 式执壶（T1 ② : 32）

3. E 型 Ⅱ 式执壶（T1 ② : 24）

4. E 型 Ⅱ 式执壶（T1 ② : 36）

图版六二　罗湖窑仔岗窑址出土瓷执壶

1. 钵（T1②：49）

2. 碗（T1②：63）

3. 碗（T1②：64）

4. 碗（T1②：57）

5. Ba 型盘（T1②：71）

6. Bb 型盘（T1②：68）

7. A 型盏（T1②：86）

8. B 型盏（T1②：91）

图版六三　罗湖窑仔岗窑址出土瓷钵、碗、盘、盏

1. Ⅱ式灯（T1②：73）

2. Aa 型器盖（T1②：100）

3. Ab 型器盖（T1②：103）

4. 擂钵（T1②：104）

5. 碾槽（T1②：110）

6. 碾轮（T1②：111）

7. Aa 型支具（T1②：109）

8. Ab 型支具（T1②：107）

9. B 型支具（T1②：108）

图版六四　罗湖窑仔岗窑址出土瓷灯、器盖、擂钵、碾槽、碾轮、支具

1. A 型双唇罐(T1 ④: 1)   2. B 型 Ⅱ 式双唇罐(C1 ①: 1)

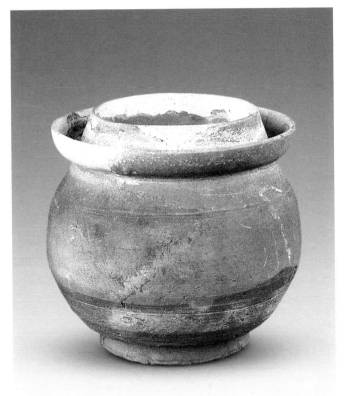

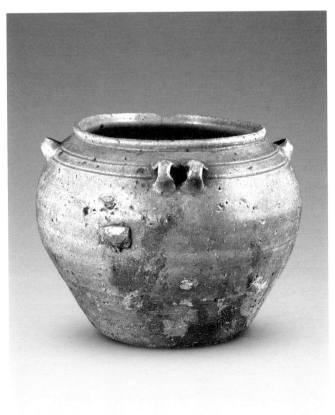

3. D 型双唇罐(T5 ②: 3)   4. A 型 Ⅰ 式罐(C1 ②: 39)

图版六五　罗湖象山窑址出土瓷双唇罐、罐

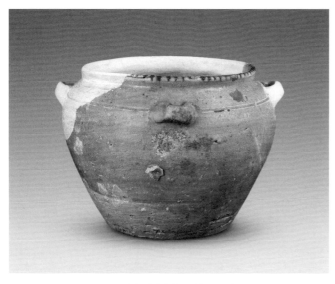

1. B 型 II 式罐（C1 ②：65）

2. C 型 I 式罐（C1 ②：45）

3. C 型 II 式罐（C1 ②：49A）

4. D 型罐（T1 ④：47）

5. G 型罐（Y1 ①：154）

图版六六　罗湖象山窑址出土瓷罐

1. II式盘口壶（C1②：33）

2. II式盘口壶（C1②：35）

3. III式盘口壶（C1②：251）

4. V式盘口壶（Y1①：155）

5. VI式盘口壶（Y1①：156）

6. VII式盘口壶（Y1①：157）

图版六七　罗湖象山窑址出土瓷盘口壶

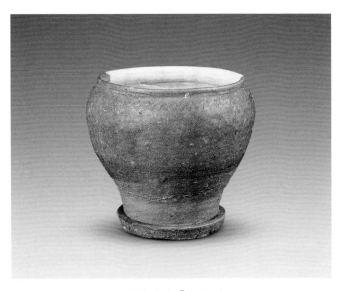

1. 擂钵（C1②：950）

4. C 型 I 式钵（C1②：356）

2. A 型 II 式钵（C1②：955）

5. D 型 II 式钵（C1②：451）

6. E 型 I 式钵（C1②：341）

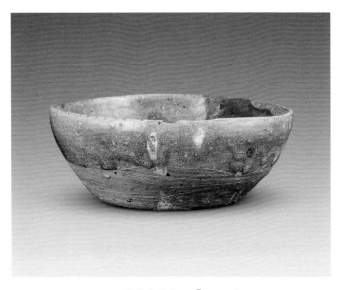

3. B 型 II 式钵（C1②：310）

7. E 型 II 式钵（C1②：468）

图版六八　罗湖象山窑址出土瓷擂钵、钵

1. F 型Ⅱ式钵（T1④：75）

2. F 型Ⅰ式钵（C1②：376）

3. G 型Ⅰ式钵（T1③：44）

4. G 型Ⅰ式钵（T1③：60）

5. G 型Ⅲ式钵（T1③：30）

6. Ⅰ型Ⅰ式钵（T2②：82）

7. Ⅰ型Ⅱ式钵（T2②：3）

8. Ⅰ型Ⅲ式钵（T2②：78）

图版六九　罗湖象山窑址出土瓷钵

1. I型V式钵（T2②：51）　　　　　2. I型VI式钵（T2②：17）

3. 砚台（T4②：1）　　　　　4. B型I式高足盘（T1③：191）

5. B型II式高足盘（T1③：143）　　　　　6. B型III式高足盘（T1③：144）

7. B型V式高足盘（T1③：162）　　　　　8. B型VII式高足盘（T1③：165）

图版七〇　罗湖象山窑址出土瓷钵、砚台、高足盘

1. I式莲花纹大盘（T1④：92）　　　　　　　2. II式莲花纹大盘（T1④：93）

3. III式莲花纹大盘（T1③：224）　　　　　　　4. 灯台（C1②：654）

5. B型I式盘（C1①：92）　　　　　　　6. B型II式盘（C1②：589）

7. B型II式盘（C1②：850）　　　　　　　8. B型III式盘（T1④：109）

图版七一　罗湖象山窑址出土瓷大盘、灯台、盘

1. B 型 V 式盘（T2 ③：68）

2. C 型 Ⅲ 式盘（T1 ②：21）

3. Da 型盘（T1 ④：113）

4. Db 型 Ⅰ 式盘（T1 ③：232）

5. Db 型 Ⅱ 式盘（T1 ④：94）

6. Eb 型 Ⅰ 式盘（T1 ④：114）

7. Eb 型 Ⅱ 式盘（T1 ④：103）

8. Eb 型 Ⅳ 式盘（T1 ③：229）

图版七二　罗湖象山窑址出土瓷盘

1. Ec 型 I 式盘（T1 ②：16）

2. Ec 型 II 式盘（T1 ②：15）

3. F 型 I 式盘（T2 ②：284）

4. F 型 II 式盘（T2 ②：293）

5. F 型 III 式盘（T2 ②：292）

6. II 式把杯（T4 ②：40）

7. A 型 I 式杯（C1 ②：831）

8. B 型 II 式杯（C1 ②：839）

图版七三　罗湖象山窑址出土瓷盘、把杯、杯

1. B 型Ⅳ式杯（T1 ④：290）

2. B 型Ⅵ式杯（T1 ④：262）

3. B 型Ⅶ式杯（T1 ④：265）

4. C 型Ⅲ式杯（C1 ②：604）

5. C 型Ⅳ式杯（C1 ②：529）

6. D 型Ⅰ式杯（C1 ②：552）

7. D 型Ⅱ式杯（C1 ②：723）

8. E 型Ⅱ式杯（C1 ②：24）

图版七四　罗湖象山窑址出土瓷杯

1. G 型 I 式杯（T1 ④：307）

2. G 型 II 式杯（T1 ④：317）

3. G 型 VI 式杯（T1 ③：286）

4. Ha 型 I 式杯（T1 ④：203）

5. Ha 型 II 式杯（T1 ④：332）

6. I 型 II 式杯（T2 ②：384）

7. I 型 III 式杯（T2 ②：402）

8. J 型 II 式杯（T2 ②：340）

图版七五　罗湖象山窑址出土瓷杯

1. J 型Ⅲ式杯（T2 ②：376）

2. K 型杯（T6 ②：135）

3. A 型 I 式盅（T1 ④：343）

4. B 型Ⅲ式盅（T1 ④：340）

5. Aa 型Ⅲ式盏（T2 ③：78）

6. Aa 型Ⅳ式盏（T2 ③：127）

7. Aa 型Ⅴ式盏（T2 ③：134）

8. Ab 型Ⅱ式盏（T2 ③：141）

图版七六　罗湖象山窑址出土瓷杯、盅、盏

1. Ab 型 IV 式盏（T2 ③：90）

2. Ac 型 I 式盏（T1 ④：207）

3. Ac 型 I 式盏（T2 ③：88）

4. Ac 型 II 式盏（T1 ④：226）

5. Ac 型 VI 式盏（T1 ③：471）

6. Ba 型 I 式盏（T1 ③：84）

7. Bb 型 VI 式盏（T1 ③：389）

8. Cc 型 III 式盏（T1 ④：304）

图版七七　罗湖象山窑址出土瓷盏

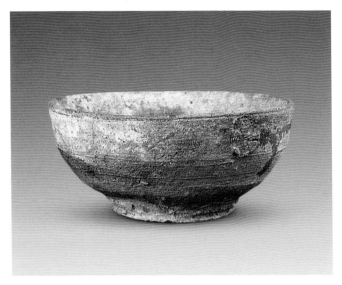

1. Cc 型 V 式盏（T1 ③：403）

2. Aa 型 III 式莲瓣纹碗（C1 ①：60）

3. Ab 型莲瓣纹碗（T1 ③：337）

4. Aa 型 I 式碗（C1 ②：436）

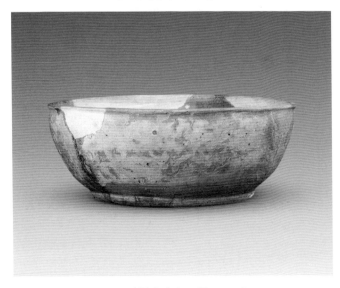

5. Aa 型 II 式碗（C1 ②：265）

6. Aa 型 III 式碗（C1 ②：266）

图版七八　罗湖象山窑址出土瓷盏、莲瓣纹碗、碗

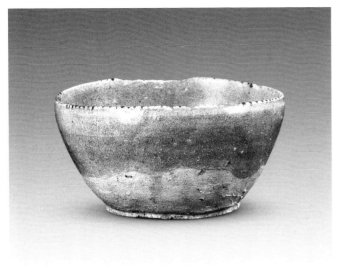

1. Ab 型 II 式碗（T1 ④：49）

3. Ab 型 VII 式碗（C1 ②：504）

4. Ac 型 I 式碗（T1 ④：182）

2. Ab 型 V 式碗（T2 ③：55）

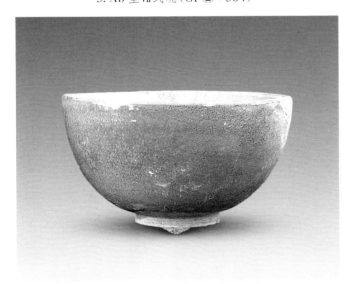

5. Ac 型 IV 式碗（T1 ④：164）

6. Ac 型 X 式碗（T1 ③：362）

图版七九　罗湖象山窑址出土瓷碗

1. Ac 型 XIII 式碗（T1②：5）

2. Ac 型 XIV 式碗（T1②：8）

3. Ad 型 I 式碗（T1④：146）

4. Ba 型 I 式碗（T1④：185）

5. Ba 型 VII 式碗（T1③：350）

6. D 型 I 式碗（T2②：91）

图版八〇　罗湖象山窑址出土瓷碗

1. Ea 型 III 式碗（T2 ②：112）

2. Ea 型 IV 式碗（T2 ②：98）

3. Eb 型 I 式碗（Y1 ①：55）

4. Ec 型 I 式碗（Y1 ①：161）

5. Ed 型 I 式碗（Y1 ①：158）

6. Ed 型 II 式碗（T2 ②：123）

图版八一　罗湖象山窑址出土瓷碗

1. A 型 I 式支具（C1②：911）

2. A 型 II 式支具（C1②：913）

3. A 型 III 式支具（T2④：71）

4. A 型 I 式间隔具（C1②：881）

图版八二　罗湖象山窑址出土支具、间隔具

1. A 型 I 式间隔具（C1 ② : 889）

2. A 型 II 式间隔具（T1 ④ : 364）

3. A 型 III 式间隔具（T1 ④ : 372）

4. A 型 III 式间隔具（T2 ③ : 178）

5. B 型 I 式间隔具（C1 ② : 872）

6. B 型 III 式间隔具（C1 ② : 890）

图版八三　罗湖象山窑址出土间隔具

1. A 型 I 式环形垫圈 (T1 ④: 355)

2. A 型 II 式环形垫圈 (T1 ④: 492)

3. B 型 I 式环形垫圈 (T1 ④: 356)

4. C 型 II 式环形垫圈 (T2 ②: 408)

5. 塔座式垫圈 (C1 ②: 907)

图版八四　罗湖象山窑址出土环形垫圈、塔座式垫圈

1. A 型 I 式匣钵（C1 ②：919）

2. A 型 I 式匣钵（C1 ②：28）

3. A 型 II 式匣钵（C1 ②：910）

4. A 型 II 式匣钵（C1 ②：909）

5. A 型 III 式匣钵（C1 ②：252）

6. A 型 IV 式匣钵（C1 ②：939）

图版八五　罗湖象山窑址出土匣钵

1. B 型 I 式匣钵 (C1 ②：234)

2. B 型 II 式匣钵 (C1 ②：908)

3. B 型 III 式匣钵 (C1 ②：940)

4. B 型 IV 式匣钵 (C1 ②：942)

5. B 型 IV 式匣钵 (C1 ②：931)

6. B 型 V 式匣钵 (T1 ④：391)

图版八六　罗湖象山窑址出土匣钵

1. C 型 I 式匣钵（T2 ③：194）

2. C 型 II 式匣钵（Y1 ⑤：92）

3. D 型 II 式匣钵（T1 ③：500）

4. E 型 I 式匣钵（T1 ④：405）

5. E 型 II 式匣钵（T1 ④：413）

6. E 型 III 式匣钵（T1 ③：534）

7. E 型 IV 式匣钵（T1 ③：538）

图版八七　罗湖象山窑址出土匣钵

1. E 型 V 式匣钵 (T1 ③：531)

2. F 型 II 式匣钵 (T1 ④：402)

3. F 型 III 式匣钵 (T1 ③：541)

4. A 型 I 式匣钵盖 (C1 ①：90)

5. B 型 I 式匣钵盖 (C1 ②：27)

6. C 型 I 式匣钵盖 (T1 ②：512)

图版八八　罗湖象山窑址出土匣钵、匣钵盖